HEYNE BUSINESS

W0231365

John F. Love

Die McDonald's Story

Anatomie eines Welterfolges

Aus dem Amerikanischen
von
Ulrike Bischoff und Jürgen Braun

Aktualisierte und erweiterte Ausgabe

WILHELM HEYNE VERLAG
MÜNCHEN

HEYNE BUSINESS
22/1024

Titel der amerikanischen Originalausgabe:
McDONALD'S: BEHIND THE ARCHES
Erschienen 1986 und in überarbeiteter Fassung 1995
bei Bantam Books Inc., New York

Dieser Titel erschien bereits unter der
Bandnummer 19/35 in der Sachbuchreihe

Aktualisierte und erweiterte Taschenbuchausgabe
im Wilhelm Heyne Verlag GmbH & Co. KG, München
Copyright © 1985, 1995 by John F. Love
Copyright © der deutschsprachigen Ausgabe 1996
by Wilhelm Heyne Verlag GmbH & Co. KG, München
Printed in Germany 1996
Umschlaggestaltung: Atelier Adolf Bachmann, Reischach
Herstellung: M. Spinola
Satz: Schaber Satz- und Datentechnik, Wels
Druck und Verarbeitung: Presse-Druck, Augsburg

ISBN 3-453-09916-8

*Dieses Buch ist Philip W. Love gewidmet,
meinem Vater, einem eifrigen Leser,
Geschichtenerzähler und Beobachter der
faszinierenden ›Comédie Humaine‹.*

INHALT

VORWORT

Dies ist kein Buch, das im Auftrag eines Unternehmens und zu dem Zweck verfaßt wurde, die Meilensteine seiner Entwicklungsgeschichte für die Nachwelt festzuhalten. Ich bin freischaffender Journalist, und als solcher keiner Zensur und keinem Zwang unterworfen.

Ich möchte jedoch nicht verhehlen, daß ohne die tatkräftige Unterstützung und Kooperationsbereitschaft der McDonald's Corporation die Recherchen, die mir für den Bericht über diesen zwar weltweit präsenten, aber weitgehend unverstandenen und geheimnisumwitterten amerikanischen Konzern erforderlich schienen, wesentlich erschwert worden wären.

Selten hat ein Unternehmen einem Außenseiter so viel über sich selbst enthüllt. Im Fall McDonald's ist diese Freizügigkeit besonders bemerkenswert, denn es gibt kaum ein Unternehmen, das die Öffentlichkeit mehr scheut. Mir gegenüber war man nicht reserviert: Es gab keine Frage, die nicht beantwortet, keine Quelle, zu der mir nicht Zugang gewährt wurde. Ich habe viereinhalb Jahre intensiv an diesem Buch gearbeitet und mehr als dreihundert Gespräche mit firmeninternen wie externen McDonald's-›Experten‹ geführt, aber eine so umfassende Analyse war nur möglich, weil sich der Konzern zu einer Prüfung auf ›Herz und Nieren‹ bereit erklärte. Dafür möchte ich insbesondere dem McDonald's-Präsidenten, Fred Turner, danken.

Danken möchte ich auch all denen, die bereit waren, mir ihre persönlichen Ansichten und Erfahrungen zu offenbaren. Das McDonald's-System – das sich aus Konzernmanagern, Franchisenehmern und Zulieferern zusammensetzt – ist bei weitem zu vielschichtig, als daß man es allein durch Interviews mit dem Topmanagement hätte transparent machen können. Das Ergebnis ist, daß dieses Buch nicht aus einem ›Guß‹ besteht, sondern die individuelle Geschichte und Perspektive unterschiedlicher Persönlichkeiten enthält, deren Geschick mit dem des Konzerns eng verknüpft ist.

Aufgrund der zahllosen Details, die es zu beachten galt, wäre es mir unmöglich gewesen, mein Projekt ohne die Unterstützung verschiedener McDonald's-Mitarbeiter zu vollenden. Besonderen Dank schuld ich Ken Props, dem 83jährigen Lizenzdirektor, der sich als wandelnde McDonald's-Enzyklopädie erwies und die geschichtlichen Daten und Fakten im wöchentlichen Turnus ergänzte. Mein Dank gilt auch Helen Farrell und Gloria Nelson, die das Datenmaterial ständig ordneten, überprüften und auf den neuesten Stand brachten. Eine große Hilfe bei den Recherchen waren auch Merne Bremner und Jan Woody, die Terminabsprachen mit den Interviewpartnern trafen und Kontakte knüpften, die mir sonst vielleicht verschlossen geblieben wären. Und schließlich möchte ich noch Chuck Rubner meinen Dank aussprechen, der sich intensiv an der Suche und Auswahl der inzwischen historischen Fotos des McDonald's-Konzern beteiligt hat.

Die endgültige Version des Buches über die Geschichte McDonald's habe ich nicht zuletzt Ann Poe zu verdanken, die das ursprüngliche Manuskript gelesen und Änderungsvorschläge gemacht hat. Ihr Enthusiasmus an einem besonders kritischen Punkt in jeder schriftstellerischen Tätigkeit – wenn die erste Manuskriptfassung beendet und der Autor ausgelaugt ist – gab mir neuen Ansporn. Sie zeigte mir, daß ein Buch in seiner Aussagekraft gewinnt, wenn man es strafft. Ich befolgte ihre diesbezüglichen Ratschläge, weil ich erkannte, daß sie ebenso an der Qualität des Buches interessiert war wie ich.

Mein größter Dank gilt meiner Frau Jo Ann, der ich vor rund fünf Jahren prophezeite, daß das McDonald's-Projekt in einem Jahr abgeschlossen sein würde. Da ich in den folgenden fünf Jahren beruflich mehr als ausgelastet war, blieb die Erziehung unserer Kinder allein ihr überlassen. Sie stand mir mit Rat und Trost zur Seite, wenn mich die Aufgabe zu überfordern drohte oder frustierte. Und, was noch wichtiger war, sie motivierte mich, das zu tun, was jeder Journalist – wenn auch manchmal widerwillig – tun muß: eine faszinierende Geschichte zu Ende zu schreiben.

JOHN LOVE

McDonald's –
die unbekannte Größe

Neben dem Büro des Vorstandsvorsitzenden Fred Turner, im achten Stock des McDonald's-Gebäudes in Oak Brooks, Illinois, am westlichen Stadtrandgebiet von Chicago, wo die Zentrale des McDonald's-Konzerns ihren Sitz hat, liegt ein kleiner, kreisförmiger Konferenzraum, den Insider das ›Schlachtfeld‹ nennen. Dort finden die Meetings der Topmanager statt, und wenn man der Meinung ist, ›nomen est omen‹, dann zeigt der Name schon, wie ernst das Unternehmen das ›Hamburger-Spiel‹ nimmt.

Die Einrichtung läßt allerdings wenig Rückschlüsse zu. Wie alles bei McDonald's ist der Raum rein funktionell und schmucklos eingerichtet. In der Mitte steht ein großer, runder Tisch, an dem sich die Manager des Unternehmens als gleichrangige Gesprächspartner gegenübersitzen und über die Unternehmenspolitik diskutieren. Es gibt weder die ›obligatorischen‹ Mahagonimöbel noch die schwarzen Ledersessel mit hohen Rückenlehnen oder die teure Holzvertäfelung, die man vielleicht erwartet hat. Dem Raum fehlen die Statussymbole, die man im innersten Heiligtum eines Industriegiganten mit einem Jahresumsatz von elf Milliarden Dollar vermuten könnte.

Selbst das Telefon ist ein Standardmodell von Bell – mit einer Nummer, die nicht nur einmal falsch gewählt wurde. Bei einer der Konferenzen nahm Turner einen Anruf entgegen. »Hallo, hier McDonald's«, meldete er sich. Der Anrufer hatte sich offenbar verwählt und war verwirrt. »Nein, Sie sprechen mit McDonald's, dem Unternehmen«, klärte Turner ihn auf. Als der Anrufer immer noch nicht verstand, half Turner ein letztes Mal nach. »Wir sind die Hamburger-Leute.«

Vergessen wir einmal, daß der Anrufer ungewollt an den Vorstandsvorsitzenden der größten Restaurantkette der Welt geraten war. Das eigentlich Erstaunliche daran ist, daß er nicht wußte, wer und was McDonald's ist. Der Konzern gibt schließlich Jahr für Jahr mehr als 600 Millionen Dollar aus, um sein Markenzeichen weltweit bekannt zu machen. Sein wichtigster Werbeträger – ein Clown namens Ronald – ist in den USA genauso beliebt wie Santa Claus. McDonald's hat mehr Verkaufsstellen in den Vereinigten Staaten als jede andere Unternehmenskette. Wieso hatte der Anrufer Schwierigkeiten, den Namen McDonald's auf Anhieb mit ›Hamburgern‹ in Verbindung zu bringen?

Derartige Anrufe sind im Konferenzraum nichts Neues, ebensowenig wie die Schwierigkeit die Hamburger mit einem Riesenkonzern zu assoziieren. McDonald's gehört heute zu den bekanntesten Markenzeichen, die Organisation, die dahinter steht, ist jedoch immer noch geheimnisumwittert. Das Image des Unternehmens ist legendär, die Unternehmensrealität liegt für viele im dunkeln.

Dafür gibt es verschiedene Gründe. Einer davon ist sicher die Art, wie das Unternehmen in der Presse dargestellt wird. Trotz der Tatsache, daß McDonald's das viertgrößte Einzelhandelsunternehmen in den USA ist, fasziniert die Medien in erster Linie seine schillernde Oberfläche. Als McDonald's sein achttausendstes Restaurant eröffnete oder den fünfzigmilliardensten Hamburger verkaufte – was beides 1984 der Fall war – betrachtete man das als sensationelle Neuigkeit. Aber den Strategien, mit denen es dem Konzern gelang, einen Industriezweig mit einem Jahresumsatz von 130 Milliarden Dollar zu beherrschen und die Führungsposition in einem Markt zu übernehmen, der vom Umfang her doppelt so groß ist wie der der heimischen Computer-Industrie, schenkte man wenig Aufmerksamkeit.

Das Interesse an der eher trivialen Aspekten der Geschäftstätigkeit kann allerdings nicht allein der Presse angelastet werden. McDonald's selbst hatte in seiner Öffentlichkeitsarbeit den Nebensächlichkeiten großen Stellenwert eingeräumt. Von Anfang an förderte man Berichte in den Medien, die sich auf den Hamburger-Absatz konzentrierten. Begonnen hatten damit bereits die Gebrüder McDonald, die den Jahresumsatz 1950 in Neonschrift auf dem Dach ihres Drive-in-Restaurants in Kalifornien verewigten: »Hier wurden mehr als eine Million Hamburger verkauft.« Seither ist McDonald's dazu übergegangen, die astronomischen Verkaufszahlen bildlich darzustellen, z. B. dadurch, wie oft die Anzahl der verkauften Hamburger bis zum Mond und zurück reicht oder wie viele Male man das Flußbett des Mississippi mit dem Ketchup füllen könnte, das bei McDonald's ausgegeben wurde.

Abgesehen davon, daß McDonald's selbst derartige Statistiken in Umlauf brachte, präsentierte es der Öffentlichkeit zahlreiche Anekdoten, die sich um die schillernde und legendäre Figur seines Gründers, Ray A. Kroc, rankten. So wurde für die meisten Menschen Kroc der Inbegriff des Unternehmens, während sie dem Konzern selbst weniger Beachtung schenkten. McDonald's scheint die Anonymität vorzuziehen. Obwohl es darauf bedacht ist, sein Unternehmensimage zu fördern und zu festigen, macht es um alle internen Angelegenheiten ein großes Geheimnis. Die Spitzenmanager erscheinen nur selten auf Messen, und man weigert sich, den einschlägigen Wirtschaftsverbänden beizutreten. Und im Laufe der Zeit hat sich eine immer größere Abneigung gegen Interviews, die in der Fachpresse abgedruckt werden könnten, entwickelt.

Es gibt noch einen weiteren Grund, warum die Insider aus McDonald's ein solches Mysterium machen. Es liegt einfach daran, daß das Erscheinungsbild des Konzerns ein so fester Bestandteil des amerikanischen Lebensstils geworden ist, daß man glaubt, jeder würde die Organisation, die dahinter steht, kennen. 96 % aller Amerikaner haben im vergangenen Jahr mindestens einmal bei McDonald's gegessen. Mehr als die Hälfte der Bevölkerung lebt nicht weiter als drei Minuten vom nächsten McDonald's-Restaurant entfernt. Auf Märkten mit starker Mediawerbung macht der Konzern dreißigmal pro Tag in Fernseh- und Radiosendungen Reklame. Der Absatzgigant McDonald's ist so allgegenwärtig, daß seine Präsenz und Macht als Unternehmen keiner Erläuterung bedürfen. McDonald's ist in den USA die wohl dichteste Einzelhandelskette.

Die Wettbewerbsstärke und Leistungsfähigkeit der insgesamt 14 000 Restaurants weltweit kann nicht mit den üblichen Maßstäben gemessen werden. Jeder weiß, daß McDonald's ein Riesenunternehmen ist, aber keiner ist sich über seine Bedeutung für die amerikanische Wirtschaft im klaren. Wer sich dafür interessiert, kann unter dem Zeichen der Goldenen Bögen lesen, daß McDonald's inzwischen mehr als 100 Milliarden Hamburger verkauft hat. Aber wer weiß schon, daß in einem Wirtschaftszweig mit nahezu 200 000 verschiedenen Restaurationsbetrieben 14 % der Besucher auf McDonald's entfallen – jeder sechste – und der Konzern 6,6 % eines jeden Dollars einnimmt, den der Durchschnittsamerikaner für ein Essen außer Haus ausgibt? Wie viele haben schon gehört, daß McDonald's 18,3 % des amerikanischen Fast food-Marktes, dessen Umsatz auf 72 Milliarden Dollar geschätzt wird, kontrolliert – mehr als die drei nächstgrößten Restaurantketten auf der Markterfolgsskala zusammen? Und wer würde vermuten, daß McDonald's mehr als 34 % aller in Restaurants angebotenen Hamburger und 26 % aller Pommes frites liefert? Das sind Zahlen, die selbst George Rice, den Leiter der GDR/Crest Enterprises, verblüfft haben – und Rice ist der Mann, der die Informationen über Marktanteile sammelt und publiziert! Rice meint dazu: »Unsere erste Reaktion auf diese Zahlen war: ›Das kann doch nicht wahr sein!‹«

Durch die Beherrschung dieser gewaltigen Marktanteile hat McDonald's natürlich einen ungeheuren Einfluß auf die amerikanische Nahrungsmittelverarbeitungsindustrie genommen. Da in den McDonald's-Restaurants pro Jahr mehr als 600 Millionen Pfund Hamburger-Fleisch benötigt werden, ist der Konzern der größte Fleischaufkäufer in den USA. Die Kette bereitet so viele Pommes frites zu, daß sie jedes Jahr 5 % der gesamten amerikanischen Speisekartoffelernte und 2 % aller Hähnchen vereinnahmt. Da McDonald's trotz dieser ungeheuren Mengen ständig Spitzenqualität liefern will, hat es für revolutionäre Veränderungen in der Fleisch- und Kartoffelverarbeitung gesorgt.

McDonald's ist ein so einflußreicher Kunde, daß die erfolgreiche Aufnahme eines neuen Produktes in seine Speisekarte sich auf die Eßgewohnheiten der meisten Amerikaner auswirkt. Auf diese Weise haben schon viele Nahrungsmittelanbau- und -verarbeitungsbetriebe, die mit McDonald's liiert waren, ein Vermögen gemacht. Als die Kette zu Beginn der 70er Jahre den der Egg McMuffin in sein Frühstücksmenü aufnahm, waren die englischen Muffins* nur in bestimmten Regionen des Landes bekannt und beliebt. Durch die Popularität, zu der McDonald's den Muffins nun landesweit verhalf, schuf der Konzern ein Marktsegment, das seither doppelt so schnell gewachsen ist wie die gesamte Brotindustrie. Die Einführung der Chicken McNuggets im Jahre 1982 hatte denselben Effekt. Heute hat sich der Absatz verdoppelt, und McDonald's, der Hamburger-König, gilt als der zweitgrößte Einkäufer von Hühnern (nach Kentucky Fried Chicken).

McDonald's Einfluß hat sich auch auf die Wettbewerbsposition der Großfirmen, die in der Getränkeverarbeitungsindustrie tätig sind, ausgewirkt. Man denke allein an die Softdrink-Branche: in den McDonald's Restaurants werden 5 % aller in Amerika verkauften Colas umgesetzt – ob in Zapfsäulen, Flaschen oder Dosen. Und wenn McDonald's sich entschließen würde, statt Coca-Cola Pepsi-Cola anzubieten, würde das Polster von 8 %, das die marktführende Coke von Pepsi trennt, auf die Hälfte zusammenschrumpfen, und Cokes Zwei-zu-eins-Führung bei den Softdrinks wäre mit Sicherheit dahin.

Die wirtschaftliche Macht, die McDonald's auch für die einzelnen Wirtschaftszweige darstellt, die nicht mit dem Nahrungsmittelsektor zu tun haben, ist noch weniger offenkundig. Es gibt wohl nur wenige Immobilienexperten, die wissen, daß McDonald's 1982 Sears* überholt hat und heute der größte Immobilienbesitzer der Welt ist. Eigentlich erklärt

---

* englische Brötchensorte

McDonald's Vorrangstellung auf dem Immobiliensektor, warum der Konzern in der Lage war, von seiner Marktführerschaft im Restaurationsbereich so ungeheuer zu profitieren. Ohne die Einbindung in das Immobiliengeschäft hätte man niemals solche Summen in den Aufbau der Restaurantketten investieren oder, seit 1965, als es in öffentliches Eigentum überging, eine durchschnittliche Rendite von 25,2 % und eine jährliche Gewinnsteigerungsrate von 24,1 % vorweisen können. McDonald's finanzielle Schlagkraft ist bei den Beobachtern der Szene inzwischen so bekannt und vorhersehbar, daß sie das ständige Wachstum nicht länger aus dem Gleichgewicht bringen kann. Vielleicht können nur diejenigen, die vor zwanzig Jahren McDonald's-Aktien gekauft haben, die Bedeutung dieses Wachstums richtig einschätzen. Die ursprüngliche Investition von 2250 Dollar für hundert Anteile ist seither durch elf Aktiensplits und eine Berichtigungsaktie auf 37 180 Anteile gewachsen und nach dem Kurs vom 30. Juni 1994 mehr als eine Million Dollar wert.

Was jedoch vor allem übersehen wird, ist McDonald's Rolle für den gesamten amerikanischen Arbeitsmarkt. Mit mehr als 500 000 Mitarbeitern gehört der Konzern zu den größten Arbeitgebern in den USA. Da die Kette viele High-School-Absolventen für ihre erste Stellung ausbildet, werden die meisten Mitarbeiter nach kurzer Zeit befördert und arbeiten in einem besser bezahlten Job, was die jährlich knapp hundertprozentige Fluktuationsquote auf unterster Unternehmensebene erklärt. Aber daraus läßt sich auch ablesen, daß McDonald's während der ersten dreißig Jahre seit Bestehen ca. acht Millionen Arbeitskräfte beschäftigt hat, die inzwischen in andere Stellungen oder Unternehmen abgewandert sind – das sind 12 % des gesamten amerikanischen Arbeitskräftepotentials. Jeder fünfzehnte amerikanische Arbeiter hat seine erste Stellung bei McDonald's angetreten, auch wenn die meisten heute anderswo beschäftigt sind. McDonald's war der erste Betrieb, in dem sie mit Arbeitsroutineverfahren, Arbeitsdisziplin und organisierter Team-

---

* amerikanische Warenhauskette

arbeit konfrontiert wurden. McDonald's bildet inzwischen mehr Leute aus als die US-Streitkräfte.

Allein dadurch, daß man die Bedeutung McDonald's für die amerikanische Wirtschaft erläutert, lüftet man das Geheimnis um den Konzern noch nicht. Die größte Unbekannte ist der spezifische Charakter dieses Wirtschaftsgiganten – sein Mitarbeiterstab und die Operationsschemata. Das ist der Punkt, an dem sich Image und Realität am weitesten voneinander entfernen. In diesem Bereich ist das wohl erfolgreichste Dienstleistungsunternehmen des Landes von den Service-Industrien abhängig, und sein Erfolgsgeheimnis wird sorgsam gehütet.

Es verbirgt sich unter mehreren Schichten eines oft irreführenden Images. In den Augen mancher liegt das Geheimnis des Erfolges fast ausschließlich in Krocs unternehmerischen Talent begründet. Krocs Verdienste in der Restaurantbranche sind ungeheuer groß, aber die Legende, die sich um ihn rankt, wird seinem Genie nicht gerecht. Kroc wurde lange Zeit als Träumer betrachtet, der eine völlig neue Service-Form konzipiert hatte. Andere sahen in ihm den Marketing-Pionier, der genau wußte, wie man den Massenumsatz von Hamburgern organisiert. Für einige ist er die autoritäre Vaterfigur, der seine Franchisenehmer wie Kinder betrachtete und sie zwang, sich seinen Regeln zu unterwerfen. Oder er wird als der allmächtige Gründer des Unternehmens angesehen, als Quell aller Unternehmensweisheit. Das Bild, das man sich von ihm macht, ist verständlich. Selbst heute noch sind die Ray-Kroc-Schüler bei McDonald's Legion. Sie halten in alter Treue an seinen Prinzipien fest.

Aber wenn man die Gründe für den Erfolg des Konzerns einmal isoliert betrachtet, fügt sich die Legende des Gründers nicht recht ein. Kroc war ein Träumer, aber er hatte keinen Anteil an der Fast food-Erfahrung, noch war er der erste, der die Gebrüder McDonald entdeckte, denen dieses Verdienst zukommt. Kroc war auch nicht in erster Linie Marketingexperte. Zugegeben, jedes neue Produkt, das er einzuführen gedachte, schlug wie eine Bombe ein – und es waren nicht wenige. Der Gründer war zwar dafür bekannt, hart gegen die Franchisenehmer vorzugehen, die Abfall auf den Parkplätzen herumliegen oder die Hamburger zu lange in der Warmhaltebox ließen, aber seine Kreativität auf dem Franchising-Gebiet übersahen die meisten.

Die wenigsten Außenstehenden haben registriert, daß Ray Krocs außergewöhnliche Gabe darin lag, seine Manager, Franchisenehmer und Lieferanten auszuwählen und zu motivieren. Er hatte eine Spürnase dafür, nur die besten Leute in sein Unternehmen zu holen. Ich möchte betonen, daß Krocs Erfolg bei McDonald's seiner unternehmerischen Einzelleistung zuzuschreiben ist. Aber es steckt noch mehr dahinter: Er war vor allem deshalb auch in großem Stil so erfolgreich, weil er klug und mutig genug war, sich auf Hunderte von anderen Unternehmern zu verlassen.

Kroc war anderen Franchisegebern in der Branche weit voraus, aber nicht aufgrund seiner eisernen Disziplin. Statt dessen nutzte er das Franchisesystem, um die Franchisenehmer zu motivieren, die Interessen McDonald's als ihre eigenen zu betrachten. Obwohl er eine strikte Befolgung der Unternehmensregeln forderte, ließ er ihnen die Freiheit, den Service ihrem Markt entsprechend zu gestalten, und bot ihnen die Gelegenheit, schneller reich zu werden als er. Er sorgte für ihre Wettbewerbsfähigkeit, indem er ein Zuliefersystem schuf, das in der Branche einmalig war und Zeugnis ablegte von seiner Fähigkeit, betriebliche Vorgänge und Verfahren zu perfektionieren. Und da er die Lieferanten ausschließlich unter den Firmen auswählte, die sich im Nahrungsmittel- und Ausrüstungsvertrieb noch im Aufbau befanden, bewiesen sie genausoviel Unternehmergeist und Loyalität gegenüber McDonald's wie die Franchisenehmer. Diese drei Elemente des McDonald's Systems – die Franchisenehmer, die Manager in der Zentrale und die Zulieferfirmen – repräsentieren mehr als 3700 unabhängige Unternehmen, die Kroc mit ungeheurem Geschick zu einer Familie mit einem gemeinsamen Ziel und gemeinsamen Interessen zusammenschmiedete.

Aber Krocs Führungsqualitäten spiegeln sich noch stärker in der Organisationsform wider, die er schuf, um alle

Elemente in ein einziges, großes und reibungslos funktionierendes System einzubinden. Kroc wird oft als der Inbegriff des Firmengründers dargestellt, der seine Untergebenen mit eiserner Hand regierte. Aber das stimmt nicht. Er baute vielmehr eine Organisation auf, die aus kreativen, loyalen und extrem unterschiedlichen Mitgliedern bestand. Die verblüffende Konformität der 14 000 McDonald's-Restaurants könnte den Eindruck erwecken, daß es sich hier um eine Korporation mit einem zentralisierten Verwaltungsapparat handelt. Außenseiter könnten leicht zu der Annahme gelangen, daß McDonald's allein von Ray Kroc geführt wurde.

Die Insider wissen es besser, Kroc hat dieses außerordentlich effiziente Unternehmen nicht dadurch geprägt, daß er den Diktator spielte, sondern indem er seinen Managern einen gewaltigen Entscheidungsfreiraum gewährte. Von Anfang an bestand sein Führungsteam aus den unterschiedlichsten Individuen, und nicht aus den typischen Managern, die es in jedem bürokratisch geführten Unternehmen verstehen, zu überleben. Sie waren keinesfalls mit dieser Schar von ›Angepaßten‹ zu vergleichen, sondern autonome Unternehmer innerhalb einer gigantischen Organisation.

Gewichtige Entscheidungen sind bei McDonald's immer auf die Initiative einzelner zurückgegangen, Ideen nie von Komitees homogen gemacht worden. Neue Wege werden durch Versuch und Irrtum erprobt, und Innovationen stammen aus allen Bereichen des Systems. Das Hauptmerkmal des Krocschen Führungskonzeptes ist die Bereitschaft, Mißerfolge in Kauf zu nehmen und Fehler zuzugeben. James Kuhn, Vizepräsident und mit vierundzwanzig Jahren Betriebszugehörigkeit ein McDonald's-Veteran, beschreibt die Inkongruenz zwischen Image und Realität des Unternehmens besonders plastisch: »Die Öffentlichkeit kennt uns als aalglatte, professionelle und clevere Marketingexperten, die außerdem noch ein wenig opportunistisch und oberflächlich wirken. Aber in Wirklichkeit sind wir eine stark motivierte Gruppe, die etliche Kugeln abfeuert, von denen nicht alle ihr Ziel treffen. Wir haben Fehler gemacht, aber sie haben uns zum Erfolg verholfen, weil wir daraus gelernt haben. Wir sind spontan und manchmal schneller, als wir sein sollten, aber wir haben keine Scheu, den Schaden, den wir angerichtet haben, wiedergutzumachen.«

Das grundlegende Geheimnis des McDonald's-Erfolges besteht darin, daß es dem Konzern gelungen ist, Einträchtigkeit und Loyalität gegenüber seinem System zu schaffen, ohne dabei die Stärke des Individualismus und der Mannigfaltigkeit zu opfern. McDonald's hat es verstanden, Konformität und Kreativität wirkungsvoll zu verschmelzen.

Diese Zweiteilung wird sichtbar an der Beziehung, in der die drei Elemente des McDonald's-Systems – Franchisenehmer, Manager und Lieferanten – zueinander stehen. Alle haben die Funktion eigenständiger Unternehmer. Keiner ist sein eigener Herr, Ray Krocs größter Verdienst besteht wohl darin, daß er einen Weg gefunden hat, sie optimal zu koppeln. Es ist schade, daß der Kult, der um den Firmengründer von McDonald's entstanden ist, ein falsches Bild von ihm zeichnet, indem er ihm alle Attribute des Konzerns zuschreibt. McDonald's ist *nicht* das Produkt eines einzigen Mannes. Es ist nicht einmal ein einzelnes Unternehmen, sondern eine Föderation von Hunderten von unabhängigen Geschäftspartnern, die in einem engmaschigen Netzwerk miteinander verknüpft sind.

Die einzelnen Komponenten des Systems haben gemeinsame wirtschaftliche Interessen und denselben Standard, wenn es um Qualität, Service oder Sauberkeit geht. Aber das ist auch schon alles. Ihre Beziehung untereinander entbehrt einer rigiden Struktur. »Man weiß nie, wer bei McDonald's das Sagen hat«, meint Ted Perlman, der das Unternehmen beliefert. »Es gibt keine Organisationsschemata, die Aufschluß darüber geben könnte.« Das Fehlen einer festgefügten Struktur geht auf Kroc zurück, der es sich zur Gewohnheit gemacht hatte, jede neue und brauchbare Idee aufzugreifen, gleich woher sie kam. Was zählte, war nicht, wer die Idee hatte, sondern ob sie sich in die Praxis umsetzen ließ. Und da man bei McDonald's nach wie vor großen Wert auf individuelle Leistung legt, hat der Konzern trotz seiner immensen Größe nichts von seinem Unternehmergeist und Flair eingebüßt.

Auch wenn die Mitglieder der McDonald's-Familie ihre Interessen verfolgen, nimmt die eigne Leistung nie eine Vorrangstellung ein. Die Verkaufsstellen sind so unterschiedlich und die Stärke ist so aufgesplittet, daß das System keinen ›Herrn und Meister‹ hat. Diese Stärke ist u. a. auf die Tatsache zurückzuführen, daß die Beziehung zwischen Konzernmanagern, den 3500 Franchisenehmern und den 500 Zulieferbetrieben auf dem Konzept der Kontrolle und des Gleichgewichts beruht.

Die sorgfältigen Inspektionstouren seitens der Zentrale, die den Zweck haben, ›Abtrünnige‹ wieder auf den ›rechten Weg‹ zurückzuführen, sind allseits bekannt. Was nicht bekannt ist, ist der Einfluß, den die Franchisenehmer haben, um möglichen Exzessen im Konzern-Management vorzubeugen und zu begegnen. Die Beziehung zu den Lieferanten basiert auf ähnlichen Prinzipien. Die Zulieferer werden nicht als Außenstehende, sondern als Teil der Familie betrachtet und sind genauso für unvermindert gute Qualität verantwortlich wie die Konzern-Manager und Franchisenehmer.

Der Mythos McDonald's enthüllt die Geschichte einer Organisation, die gelernt hat, die Macht der Unternehmer effektiv zu steuern – wobei es sich nicht um einige wenige, sondern um Hunderte handelt. Die Entscheidungen und firmenpolitischen Richtlinien werden durch das Gemeinwohl bestimmt. Aber die Definition dessen, was als Gemeinwohl zu gelten hat, bleibt nicht dem Mann an der Spitze oder einem Führungsgremium überlassen, sondern ist das Ergebnis enger Zusammenarbeit zwischen allen Beteiligten. Ray Kroc hat in nahezu genialer Weise ein System aufgebaut, das von allen Mitgliedern der Organisation die Einhaltung spezifischer Regeln verlangt, aber gleichzeitig individuelle Kreativität fördert.

Gerade in einer Zeit, in der Amerika es schwer hat, sich gegen die ausländische Konkurrenz zu wehren, kann uns die Geschichte des McDonald's-Konzerns lehren, daß der

Traum vom großen Erfolg keine Utopie sein muß, wenn man sich auf die Eigenschaften besinnt, die uns Amerikaner von jeder ausgezeichnet haben. Dies ist nicht nur die Erfolgsstory eines Unternehmens, das die Eßgewohnheiten der amerikanischen Bevölkerung grundlegend verändert, den Gaststättensektor und die Nahrungsmittelverarbeitungsindustire revolutioniert und die inzwischen weit verbreitete Franchisepraxis legitimiert hat. Es ist die Geschichte des unbekannten McDonald's-Konzerns, des ungeheuren Erfolgs eines inzwischen weltweit etablierten US-Wirtschaftsimperiums, und eines Systems, das die Lücke zwischen eigenständigen Unternehmern und der Organisation schließt.

KAPITEL 1

Ja, es gibt McDonald's!

»Im Laufe der Zeit habe ich zahllose Briefe und Anrufe von Fernseh- und Radiostationen, Autoren, Reporten usw. erhalten, die vergeblich versucht hatten, in der McDonald's-Zentrale in Oak Brook sich nach Ihrer Adresse zu erkundigen. Aber man sagte ihnen, man habe keine Ahnung, wo Sie wären und wüßte nicht einmal, ob Sie überhaupt noch am Leben sind. Manchmal erhielten sie sogar zur Antwort, es gäbe gar kein Unternehmen mit dem Namen McDonald's. Das sei nur ein fiktiver Begriff, der sich leichter einprägen ließe.«

Richard J. McDonald schrieb dies in einem Brief, kurz nachdem Donald's bekanntgegeben hatte, daß die Firma, die Kroc 1955 in Des Plaines, einer Vorstadt im Nordwesten Chicagos, gegründet hatte, geschlossen würde. Die Ankündigung forderte den Protest der örtlichen Denkmalpfleger heraus, die verlangten, McDonald's in ein Museum umzuwandeln (was inzwischen geschehen ist). Die Zeitungen im ganzen Lande brachten die Neuigkeit, daß das ›Original-McDonald's‹ seine Pforten schließen wolle. Falls in diesen Nachrichten der Name der Gebrüder McDonald überhaupt erwähnt wurde, dann nur in Zusammenhang mit dem beiläufigen Hinweis, daß Kroc seinerzeit ihren Namen übernommen habe. Kroc, das akzeptierte jeder, war derjenige, der McDonald's schuf.

Der Name der beiden Brüder, der an 9300 McDonald's-Restaurants prangt, ist aus der McDonald's-Legende verschwunden. Im Zeitalter der Massenmedien gilt derjenige, der ein neues Produkt für den Massenmarkt erschließt, als sein Erfinder. Deshalb ist es nicht weiter verwunderlich, daß Kroc, der die Organisation gründete, die das Fast food-Konzept in Mode brachte, als Erfinder des Selbstbedienungsrestaurants gilt. Erstaunlich ist es nicht, jedoch nicht ganz korrekt.

Ray Kroc hat weder den Schnellimbiß noch das Selbstbedienungsrestaurant erfunden. Das Verdienst gebührt den Gebrüdern McDonald, Richard und seinem älteren Bruder Maurice, vielen besser als Dick und Mac bekannt. Sie waren die Erfinder, die eine große Vision hatten, denen jedoch der Antrieb und das organisatorische Talent fehlte, um von ihrer Erfindung zu profitieren. Wenn man verfolgt, wie ihnen die Entdeckung des Fast food-Konzeptes gelang, erhält man faszinierende Einblicke in den Finanzprozeß selbst. Und wenn man sieht, warum sie es versäumt haben, daraus Kapital zu schlagen, versteht man erst, was Ray Krocs Auftauchen für sie bedeutete.

Die Gebrüder McDonald kamen nicht aus dem Gaststättengewerbe, Ihnen fehlten die Voraussetzungen dafür, diese Branche zu revolutionieren. Restaurants waren zu der Zeit fast ausschließlich Familienbetriebe, in denen Tradition und Kenntnisse von Generation zu Generation weitergegeben wurden.

Die Brüder waren nicht in diese Tradition eingebunden. Sie hatten gerade die High-School beendet, als sie ihr heimatliches New Hampshire verließen und sich 1930 auf den Weg nach Kalifornien und zu ›neuen Ufern‹ machten, um nicht das Schicksal ihres Vaters zu teilen, der sein Leben lang als Vorarbeiter in einer Schuhfabrik beschäftigt war, bis die Wirtschaftskrise dafür sorgte, daß er arbeitslos wurde. Die Schuh- und Baumwollfabriken in und um New Hampshire wurden nach und nach geschlossen, und Kalifornien bot den Brüdern einen neuen Start in völlig neuen Wirtschaftsbereichen.

Es ist daher nicht verwunderlich, daß sie sich zuerst dort umsahen, wo sie die besten Aussichten vermuteten: in Hollywood. Sie arbeiteten als Kulissenschieber, hauptsächlich bei Ein-Mann-Shows oder Slapstick-Komödien, in denen Ben Turpin als Star agierte. Fasziniert von den Möglichkeiten dieses brandneuen Industriezweigs eröffneten sie ein

Kino in Glendale. Aber in den vier Jahren, die folgten, waren sie selten in der Lage, die hundert Dollar monatlich für die Pacht aufzubringen, und nur der Großzügigkeit des Verpächters war es zu verdanken, daß sie im Geschäft blieben. Sie hörten allerdings nie auf, nach besseren Einstiegsmöglichkeiten ins Geschäftsleben zu suchen, und fanden sie schließlich in einer neuen Serviceform, die Kalifornien im Sturm eroberte – dem Drive-in-Restaurant.

1937 begann sich in Kalifornien bereits eine extreme Abhängigkeit vom Auto zu entwickeln. Einige freie Unternehmer im Süden des Landes nutzten diesen Trend und konzipierten Restaurants speziell für Autofahrer. Die Idee war nicht neu. Schon in den 20er Jahren gab es im Osten der USA einige Restaurants, in denen geparkten Autos Sandwiches und Getränke servierten. Mitte der 30er Jahre bauten die kalifornischen Restaurantbesitzer dieses Konzept weiter aus. Anstatt diese Serviceform als Zusatzgeschäft zu betrachten, wurde es jetzt zum Aushängeschild. Die knappen und engen Parkplätze am Straßenrand wurden durch riesige, leicht zugängige Parkzonen ersetzt und Ganztagskräfte als Bedienung eingestellt.

Verschiedene Quellen berichten, daß das erste Drive-in-Restaurant namens Pig Stand 1932 an der Grenze zwischen Sunset Boulevard und Vermont Avenue in Hollywood eröffnet wurde. Wie der Name schon sagt, hatte es sich auf gegrillte Schweinefleisch-Sandwiches spezialisiert. Bald wurden größere Drive-ins gebaut, wie beispielsweise das Carpenter's, das sich als erste der zahllosen Drive-in-Ketten in Los Angeles niederließ. Es war Mitte der 30er Jahre von Charles und Harry Carpenter gegründet worden und sah ausschließlich die Bedienung der Kunden am Auto vor. Die Carpenters produzierten sogar einen Schulungsfilm für die ›carhops‹*. Zur gleichen Zeit eröffnete Sydney Hoedemaker, ein bekannter Restaurantbesitzer aus Los Angeles, seine Herbert's Drive-ins und verlieh dadurch einem neuen Segment des Gaststättengewerbes eine Aura von Achtbarkeit,

---

* weibliche Bedienung in den ersten Drive-ins

die bisher gefehlt hatte, weil die Unternehmer, die bis dato die Szene bevölkert hatten, wenig Branchenkenntnisse und Erfahrung vorweisen konnten.

In nur wenigen Jahren wurde Kalifornien das Land der Drive-ins, und die neue Generation von Gastwirten zählte schon bald zu den innovativsten. Sie experimentierten mit allem, was auch nur den geringsten Erfolg versprach. Sie kannten keine Hemmungen, wenn es darum ging, das Tempo beim Service zu vergrößern. Die carhops stiegen sogar auf Rollschuhe um, und auf jedem Parkplatz wurden Telefonsäulen installiert, an denen die Kunden ihre Bestellungen aufgeben konnten.

Die Drive-ins experimentierten auch mit den neuesten und unterschiedlichsten Zutaten, die sie auf ihr Produktangebot ›zuschnitten‹. Als sich z. B. die Mitglieder einer Gruppe, die sich Nacht für Nacht in Bob Wians Drive-in in Glendale traf, über die eintönige Hamburger-Kost beschwerten, kreierte Wian ein Sandwich, das denselben Sättigungseffekt wie ein komplette Mahlzeit hatte – zwei Hamburger-›Patties‹* plus Beilagen, die in einen dreistöckigen Hamburger-bun** geschichtet wurden. Es kam so gut an, daß Wian es in sein Standardmenü aufnahm. Und bevor er überhaupt registrierte, was er ausgelöst hatte, war der Verkehr rund um sein Bob's Panty-Drive-in zum Stillstand gekommen, weil die Kunden in Scharen herbeiströmten, um die Sensation des Städtchens, das neue Sandwich, kennenzulernen. 1937 beschloß Wian, sein Drive-in nach dem neuen Erfolgsprodukt zu benennen, ›Bob's, Home of the Big Boy‹. Innerhalb weniger Jahre war in Kalifornien aus dem Geschäft mit dem Big-Boy-Sandwich eine Drive-in-Kette entstanden, die Wian Anfang der 40er Jahre auch auf andere US-Staaten ausdehnte. Fast ein Jahrzehnt bevor das Fast food-Franchisesystem ›gesellschaftsfähig‹ wurde, begann Wian, Lizenzen für den Verkauf des Big Boy an Gene Kilburg und Ben Marcus (Marc's) in Milwaukee, Dave Frisch in Cincinnati, an die

---

* Hamburger Fleischklops
** spezielles Hamburger-Brötchen

Gebrüder Elias in Detroit, Alex Schoenbaum (Shoney's) in Nashville und ein halbes Dutzend weiterer Drive-in-Pächter zu vergeben.

Als die Gebrüder McDonald 1937 ihr winziges Drive-in im Osten von Pasadena eröffneten, landeten sie in einer Szene, in der die Konkurrenz genauso groß war wie die Faszination, die der Blitz-Service am Parkplatz auf die Branche ausübte. Obwohl das erste McDonald's eindeutig in die Familie der Drive-ins gehörte, war es äußerst bescheiden, selbst nach damaligem Standard. Während Dick und Mac die Hotdogs (nicht Hamburger!) und Milchshakes zubereiteten und die Kunden bedienten, die auf einem Dutzend Stühlen unter einem Baldachin Platz nehmen konnten, befriedigten die drei ›carhops‹ die Wünsche der Kunden, die auf dem Parkplatz im Auto warteten.

1940 eröffneten sie dann ein wesentlich größeres Drive-in an der Ecke 14./E-Street in San Bernardino, ca. fünfzig Meilen östlich von Los Angeles. Vormals Zentrum der Orangenplantagen und religiöser Mittelpunkt der Adventisten vom Siebten Tage*, entwickelte sich San Bernardino in den 40er Jahren zu einer typischen amerikanischen Arbeiterstadt, und seine größte Attraktion war das Drive-in.

Niemand hätte damals vermutet, daß hier dereinst die Wiege einer ganz neuen Generation von Restaurants stehen würde. Mit seinen 600 qm hatte das McDonald's nur einen Bruchteil der Größe, die die etablierten Drive-ins in Los Angeles aufweisen konnten. Außerdem war es für ein Restaurant ungewöhnlich gebaut – nämlich achteckig. Das leicht geneigte, vom Dach bis zur Theke reichende Fenster, das die halbe Vorderfront ausfüllte, war ein Verstoß gegen eines der wichtigsten Prinzipien im Gaststättengewerbe: der Öffentlichkeit niemals Einblick in die Küche zu gewähren. Innen gab es keine Sitzmöglichkeiten; nur draußen, vor dem Tresen, war eine Reihe von Stühlen aufgestellt. Die Außenwände unterhalb der Theke waren aus rostfreiem Stahl.

Das mußte natürlich Aufmerksamkeit erregen, und Mitte

---

* religiöse Gemeinschaft

der 40er Jahre wurde das Drive-in zum beliebten Treffpunkt der Teenager. Eine zwanzigköpfige Belegschaft bediente die Kunden auf den 125 Parkplätzen, die am Wochenende, vor allem abends, voll waren. Die Brüder boten 25 Gerichte an, zu denen Rind- und Schweinefleisch-Sandwiches sowie Spareribs gehörten, die auf dem Grill zubereitet und mit Chips serviert wurden, die die McDonalds aus Arkansas bezogen. Wenn das Drive-in auch vielleicht nicht dem Standard entsprach und bei Insidern auf Befremden stieß – es klingelte jedenfalls in der Kasse, und das war eine Sprache, die alle Gastwirte verstanden. Der Jahresumsatz betrug damals mehr als 200 000 Dollar.

Das winzige Drive-in hatte die Gebrüder McDonald in die Reihen der Oberen Zehntausend von San Bernardino katapultiert. Sie konnten jedes Jahr einen Reingewinn von 50 000 Dollar pro Kopf verbuchen, und plötzlich fanden sie sich auf gleicher gesellschaftlicher Stufe mit dem lokalen Establishment wieder – der Familie Guthrie, Herausgeber der *Daily Sun*, den Gebrüdern Slater, denen die größte Supermarktkette gehörte, und den Harrises, den Besitzern des ersten Warenhauses am Platz. Sie zogen in eines der prachtvollsten Häuser der Stadt, einer Villa mit 25 Zimmern auf einem Hügel im Nordosten von San Bernardino, die sie für 90 000 Dollar erstanden.

Trotz ihres neu erworbenen Reichtums blieben die Brüder unkomplizierte und bescheidene Zeitgenossen. Sie schätzten ein gutes Essen in einem erstklassigen Restaurant und pflegten ihr größtes Hobby, den Besuch der lokalen Boxkämpfe. Da beide Männer eine Abneigung gegen das Fliegen hatten, unternahmen sie nur ganz selten größere Reisen. Sie waren stolz darauf, daß sie als erste in der Stadt den neuesten Cadillac fuhren. Der Autohändler wartete schon begierig darauf, das alte Modell in Zahlung zu nehmen. Einen Cadillac mit einem Kilometerstand von nur fünftausend Meilen zu verkaufen, war für ihn eine Gelegenheit, sein Geld genauso schnell und leicht zu verdienen, als wenn er es selber gedruckt hätte.

1948 hatten die McDonalds mehr Reichtum angesammelt

als sie es sich zehn Jahre zuvor je hätten träumen lassen. Es gab nur einen ›Haken‹: »Die Sache fing an, uns zu langweilen. Das Geld kam auch ohne unser Zutun herein«, erinnert sich Dick McDonald.

Aber das war nicht das einzige Problem. Die Gebrüder McDonald begannen auch, den zunehmenden Konkurrenzdruck zu spüren. Ihr Lokal an der Ecke 14./E-Street war bei der Eröffnung das einzige Drive-in am Ort. 1948 tauchten die ersten Nachahmer auf. Das allein wäre noch kein Anlaß zur Besorgnis gewesen, wenn sich der Markt auch auf andere Kundensegmente als die Teenager ausgedehnt hätte. Aber das war leider nicht der Fall. In dem Augenblick, als die Halbwüchsigen das Drive-in mit Beschlag belegten, blieb eine breitere Kundenschicht, z. B. die Familien, aus. Der Wettbewerb um ein derartig limitiertes Segment wurde geradezu mörderisch, und obwohl McDonald's noch immer marktführend war, machte sich die Konkurrenz bemerkbar.

Und was noch entscheidender war, Dick und Mac entdeckten, daß das Drive-in-Konzept, das sie populär gemacht hatten, schwerwiegende wirtschaftliche Nachteile mit sich brachte. Die Drive-ins wurden immer mit preisgünstigen Menüangeboten in Verbindung gebracht, obwohl sie äußerst kosten- und arbeitsintensiv waren. Sie mußten mit einer hohen Fluktuationsquote unter ihren Mitarbeiter rechnen und hatten genauso hart um das Service-Personal zu kämpfen wie um Kunden. Die Arbeitskräfte, die nicht zur Konkurrenz überwechselten, wanderten in die zahllosen anderen neuen Industriezweige ab, die zur Prosperität der kalifornischen Wirtschaft beitrugen und höhere Löhne und Gehälter boten. Dazu kam, daß aufgrund des Kundenstammes, der sich in erster Linie aus Teenagern zusammensetzte, der Verbrauch an Geschirr und Bestecken genauso hoch war wie die Fluktuationsquote unter den Angestellten. Die horrenden Rechnungen für zerbrochenes oder gestohlenes Geschirr und Besteck zu zahlen, widerstrebte ihrer auf Sparsamkeit gedrillten Mentalität. Die Brüder sehnten sich nach einem weniger komplizierten Betätigungsfeld, ohne die Krux des ständig wechselnden Personals und der Teenager-Szene.

Da ihnen der neue Trend wenig gefiel, waren sie beinahe entschlossen, ihr Drive-in zu verkaufen und ein Hamburger-Restaurant in einem der neuen Einkaufszentren zu eröffnen, die die aufblühenden amerikanischen Vorstädte zu überschwemmen begannen. Damit hofften sie, das Personalproblem gelöst und andere Sorgen endgültig abgeschüttelt zu haben. Das neue Restaurant sollte den Namen THE DIMER erhalten, weil keines der angebotenen alkoholfreien Getränke, Pommes frites und Hamburger-Gerichte mehr als einen oder zwei Dime* kosten sollte. Die McDonalds planten sogar, die Münzen, die als Wechselgeld ausgegeben würden, auf Hochglanz zu polieren. »Wir hatten uns gedacht, daß jeder, der einen glänzenden Dime aus seiner Geldbörse nimmt, an THE DIMER erinnert wird«, meinten die McDonalds dazu.

Die Idee führte zu einer völligen Neukonzeption des Drive-in und zu einer Revolution in der Fast food-Branche. Wie andere Unternehmer hatten auch die McDonalds versucht, den Umsatz durch schnelleren Service zu steigern. Sie beschlossen, den Blitzservice zum Hauptmerkmal ihres Geschäftes zu machen. »Unser ganzes Konzept basierte auf blitzschneller Bedienung, niedrigen Preisen und Absatzvolumen«, erklärten die McDonalds. »Wir hatten es auf den Massenabsatz abgesehen, der sich durch die Preisstruktur und das Selbstbedienungsprinzip ermöglichen ließ. Die carhops waren viel zu langsam. Wir dachten uns, es müsse eine schnellere Servicemöglichkeit geben. Die Autos stauten sich auf den Parkplätzen. Die Kunden meuterten zwar noch nicht, aber sie hatten mit Sicherheit nichts gegen eine schnellere Bedienung einzuwenden. Tempesteigerung war damals das Zauberwort in jeder Industrie. Die Supermärkte und Warenhäuser waren bereits auf Selbstbedienung umgestiegen, und uns war klar, daß hier auch die Zukunft des Drive-ins lag.«

Die Brüder folgten ihrer ›Intuition‹. Im Herbst 1948 schlossen sie ihr lukratives Unternehmen für drei Monate. Die zwanzig ›carhops‹ wurden entlassen, und die beiden

---

* silbernes Zehncentstück

Fenster, an denen sie ihre Bestellungen früher durchgegeben hatten, wurden so konstruiert, daß jetzt der Kunde selbst ordern konnte. Die Küche wurde auf Massenproduktion und verkürzte Zubereitungszeiten umgestellt. Der einzige Grill, ein Standardgerät, wurde durch zwei doppelt so große Grillvorrichtungen ersetzt, die die Brüder bei einem Kücheneinrichtungsfabrikanten in Los Angeles nach Maß anfertigen ließen. Papiertüten, -schachteln und -teller wurden statt des teuren Porzellans und Tafelgeschirrs ausgegeben, was außerdem eine Geschirrspülmaschine überflüssig machte. Statt fünfundzwanzig bot man nur noch neun Gerichte an: einen Hamburger, einen Cheeseburger, drei alkoholfreie Getränke in 0,7-l-Bechern, Milch, Kaffee, Pommes frites und ein Stück Kuchen. Das Gewicht der Hamburger-Patties wurde von 50 g auf 45 g reduziert – aber was noch stärker gesenkt wurde, waren die Preise: statt 30 Cents kosteten sie nur noch 15 Cents. Die Brüder waren nicht einmal bereit, bei der Wahl der Zutaten auf das Fast food-Format zu verzichten: Alle Hamburger wurden mit Ketchup, Senf, Zwiebeln und zwei Gurken serviert. Jeder Sonderwunsch hätte eine Zeiteinbuße bedeutet. Damit gelang es den McDonalds nicht nur, ihre Produktionstechniken maßzuschneidern, sondern die Produkte konnten bereits vor der Bestellung zubereitet werden. Das war ein weiterer Bruch mit den branchenüblichen Praktiken, aber die Brüder glaubten, nur so ließe sich das Konzept des Massenumsatzes durch Blitzservice verwirklichen. »Wenn wir unseren Kunden irgendwelche Konzessionen gemacht hätten, wäre ein absolutes Chaos entstanden«, meinten die McDonalds rückblickend.

Als sie ihr Drive-in im Dezember wiedereröffneten, installierten sie ein neues Werbeschild, das das neue ›Speedy Service System‹ anpries. Aber diese Innovation brachte ihnen nicht die Umsatzsteigerung, mit der sie fest gerechnet hatten. Ganz im Gegenteil – das Geschäft ging auf ein Fünftel des früheren Volumens zurück. »Die ›carhops‹ kamen sogar an und verkündeten, sie würden ihre Uniformen schon einmal aufbügeln«, meinten die Brüder. »Auch die Stammkunden fragten, wann wir wieder zum alten Servicesystem zurückkehren gedächten.«

Die Brüder beschlossen, sich nicht beirren zu lassen, und ihre Geduld trug schließlich Früchte. Innerhalb von sechs Monaten begann ihr Drive-in wieder zu florieren. Der Aufschwung war in erster Linie einem neuen Kundensegment zu verdanken, das das Lokal nun verstärkt frequentierte. Nach dem Verschwinden der ›carhops‹ verlor das Restaurant für die Teenager seinen Reiz – und damit auch sein Image als Treffpunkt der Jugend. Damit war der Weg frei für eine neue Kundenschicht. Auch die kinderreichen Arbeiterfamilien konnten es sich bei den niedrigen Preisen leisten, außer Haus zu essen. Und da das achteckige Gebäude vom Dach bis zum Tresen aus Glas bestand, wurde die Zubereitung der Gerichte eine Attraktion vor allem für Kinder, die neugierig waren, einen Blick auf die Arbeitsweise in einer Großküche zu werfen. Das ›Aquarium‹-Design – wie die McDonalds es später nannten, tat sein übrigens, um den skeptischen Markt der Erwachsenen davon zu überzeugen, daß niedrige Preise nicht unbedingt für mindere Qualität stehen. »Wir verkauften die Hamburger für fünfzehn Cents, und zuerst dachten unsere Kunden, das müßten ja in jeder Beziehung ›Billigprodukte‹ sein«, erklärten die McDonalds. »Aber ein Blick auf unsere Küche öffnete ihnen die Augen. Dort stand ein makellos sauberer Grill, und überall blitzte auf Hochglanz polierter Stahl. Sie konnten sich selbst davon überzeugen, daß unsere Hamburger die besten weit und breit waren.«

Bald stellte sich heraus, daß das neue Konzept besonders auf Kinder wirkte. Art Bender, der erste Mann, der in dem neuereröffneten Restaurant hinter der Theke stand, erinnert sich, daß der allererste Kunde ein neunjähriges Mädchen war, das für die Familie zu Hause ein paar Hamburger zum Mittagessen kaufte. Diese erste Kundin war ein Omen, denn bald stürmten die Kinder das Restaurant, um selbst ihre Bestellungen abgeben zu dürfen. »Die Kleinen genossen es, an der Theke zu stehen. Sie hielten ihr abgezähltes Geld in der Hand und bestellten sich einen Hamburger und eine Cola.

Sie konnten ihre Mütter im Auto draußen noch sehen, und doch fühlten sie sich erwachsen und unabhängig. Ziemlich bald wurde uns klar, daß das ein besonders wichtiger Aspekt in unserem Geschäft war.«

Wichtig war vor allem die Erkenntnis, daß man über die Kinder die Kundenschicht der Erwachsenen erschließen konnte. Die McDonalds machten sich diese Entdeckung zunutze. Sie richteten ihr Marketing auf den neuen Markt aus. In der Werbung wurde McDonald's als Familienrestaurant propagiert, in dem die Kinder verwöhnt wurden und als gern gesehene Gäste galten. Das Personal war angehalten, seinen kleinen Kunden besondere Aufmerksamkeit zu widmen.

In wenig mehr als einem Jahr konnte McDonald's wieder die Rekordumsätze verbuchen, die es seit der Neukonzeption eingebüßt hatte. Aber der erhoffte Massenumsatz blieb noch so lange aus, bis Dick und Mac das antiquierte Gaststättengewerbe genauso aus seinem Dornröschenschlaf rissen, wie Harry Ford die Autobranche mit der Einführung der Fließbandproduktion. In einer Industrie, in der das Personal eine zentrale Rolle spielte, entfachten die Brüder eine Revolution, indem sie veraltete Nahrungszubereitungstechniken durch modernste Fließbandproduktion ersetzten. Ohne es vielleicht zu ahnen, waren sie zu den Begründern einer ganz neuen Ära der Großküchenautomation geworden. Die Brüder griffen gierig jede technische Verbesserung und Neuerung auf, die den Arbeitsprozeß verkürzten und das zwölfköpfige Team – das in einer zwölf mal fünfzehn Meter großen Küchen gepfercht war – zu reibungslos funktionierenden ›Robotern‹ machten.

Damit hatten sie ein völlig neues Servicekonzept geschaffen; aber um ihre Ideen in die Praxis umzusetzen, brauchten sie dringend spezifische Küchengeräte und -utensilien. Da die Standardausrüstung für eine Fließbandproduktion ungeeignet war, entwarfen sie ihre Geräte teilweise selber, die übrigens bald in der Branche Furore machten. Zum Beispiel entwickelte Dick McDonald ein Drehtablett aus rostfreiem Stahl, auf dem 24 Hamburger Platz hatten. Gleich neben dem Grill, in einem gesonderten Arbeitsbereich, wurden die Hamburger durch zwei Helfer mit den Zutaten auf dem rotierenden Tablett versehen, auf einer Arbeitsplatte zum Grill gerollt, mit den fertigen Hamburgern beladen und dann zu der Stelle geschoben, wo sie verpackt wurden.

Den Auftrag für die Herstellung der neuen Küchengeräte erhielt ein Handwerksbetrieb vor Ort, der keine Erfahrung mit der Restaurantbranche hatte – ein ›Handicap‹, das sich als klarer Vorteil erwies, weil er neue Perspektiven eröffnete. Ed Toman gehörte bei weitem nicht zu den renommierten Herstellern von Großküchenzubehör. Seine winzige Fabrikhalle war 1908 erbaut worden und bestand aus Wellblech. Bei der mörderischen Hitze, die im Sommer in und um San Bernardino herrschte, stiegen die Innentemperaturen manchmal auf nahezu 80 Grad Celsius an. Aber Toman schien das nicht zu stören; er arbeitete dort manchmal bis weit nach Mitternacht und entwarf auf dem Reißbrett die ersten Geräte der Fast food-Industrie. Abgesehen von einer Maschine, mit der man Orangenschalen zu Marmelade verarbeiten konnte, waren seine Erfahrungen mit dem Nahrungsmittelverarbeitungssektor gleich Null. Aber das, was er den Brüdern hinzauberte, zeigte, daß der Mangel an einschlägigen Vorkenntnissen auf dem Gebiet der Großküchenautomaten dazu beitrug, den Bedürfnissen und Anforderungen eines so neuartigen Systems wie dem von McDonald's gerecht zu werden.

Einige der Fast food-Geräte, die er entwickelte, zeugten von durchschnittlichem Können, wie z. B. die größte und starre Spachtel, die die konventionellen, für eine Massenproduktion ungeeigneten Produkte am ›Markt‹ ablöste. Andere waren nahezu genial. Um den Arbeitsprozeß zu rationalisieren, bei dem Saucen und Dressings auf die Hamburger verteilt wurden, erfand er eine Handpumpe aus Stahl, bei der das Umlegen eines Hebels genügte, um die erforderliche und abgemessene Portion Ketchup oder Senf gleichmäßig auf dem Hamburger-Pattie zu verteilen. Leider hat Toman sein Gerät nie patentieren lassen. Er verdiente zwar ca. 500 000 Dollar am Verkauf seiner Erfindung an die ersten Fast food-Unternehmen, aber der Markt war weit ergiebiger: Eine Variation des Gerätes gehört heute noch zur Standardausrüstung nicht nur in den 9300 McDonald's-Restaurants, sondern auch der meisten anderen Fast food-Ketten.

Die Technik nach Maß war nicht das einzige Geheimnis der Gebrüder McDonald bei der Temposteigerung im Servicebereich. Sie führten rigide Arbeitsverfahren ein, um die größte Schwierigkeit im Fast food-Service zu überwinden: das menschliche Problem. Vor der Ära der Fast food-Restaurants wurde die kommerzielle Zubereitung der Gerichte als ›Kochkunst‹ betrachtet, die vom einzelnen abhängig war, was sowohl die Qualität als auch die Zeit betraf, die sie beanspruchte. Das Konzept des limitierten Speiseangebotes ermöglichte den McDonalds, den komplexen Zubereitungsprozeß in eine Reihe simpler Routineaufgaben aufzusplittern, die sogar von Mitarbeitern bewältigt werden konnten, die zum erstenmal in ihrem Leben eine Großküche von innen sahen. Als McDonald's seine Produktionstechniken verfeinerte, wurde das Küchenpersonal zu Spezialisten: Es gab die ›grill men‹, die den ganzen Tag nur Hamburger in den Grill schoben, die ›fry men‹, die nichts anderes als Pommes frites zubereiteten, zwei ›dresser‹, die die Hamburger mit Dressing und Einwickelpapier versahen, die ›shake men‹, die die Milchshakes mixten, und drei ›counter men‹, die die Bestellungen der Kunden entgegennahmen. Selbst diese Aufgaben wurden noch in Einzelschritte zerlegt, um Zeit einzusparen. Die McDonalds führten einen bestimmten Code für die Weitergabe der Bestellungen an die ›grill men‹ ein und entwickelten schnellere Verpackungstechniken. Im Arbeitsbereich, in dem die Milchshakes zubereitet wurden, stellten sie vier Multimixer auf; man konnte darin 80 Milchshakes zubereiten, die in einem gekühlten Vorratsschrank auf den Kunden warteten. Als der ersehnte Massenansturm endlich begann, führten die McDonalds ein Verfahren ein, das sie von allen anderen Fast food-Restaurants abhob: Um die Kunden, selbst in Stoßzeiten, in dreißig Sekunden oder schneller bedienen zu können, begann man, die Produkte schon vor und nicht wie sonst üblich nach der Bestellung zuzubereiten und abzupacken. Das führte wiederum dazu, daß bestimmte Verfalldaten für die liegengebliebene Ware eingeführt wurden.

Die einzelnen Verfahren waren bis ins kleinste aufgesplittet und die Arbeitskräfte so spezialisiert, daß die McDonalds nicht nur von der erhöhten Produktionsgeschwindigkeit profitierten, sondern auch von den Personaleinsparungen, die schon Henry Ford zugute gekommen war, als er die Fließbandarbeit in den Produktionsprozeß der Autoindustrie integrierte. Die Brüder konnten jetzt ungelerntes Küchenpersonal mit niedrigem Lohnniveau und minimaler Anlernzeit einstellen, ihre Produkte schnell in Umlauf bringen und mehr auf Qualität achten, als selbst ein Meisterkoch es vermocht hätte. Selbst die Einstellungskriterien der McDonalds spiegeln die nüchterne und funktionelle Fließbandatmosphäre und -mentalität wider, die andere Drive-ins fehlte: Es war vielleicht einer Reaktion auf den Verdruß mit den ›carhops‹ und dem Kundenstamm, den sie anzogen, zuzuschreiben, daß das neue McDonald's ausschließlich Männer beschäftigte.

Während des Jahres nach der Neueröffnung hatten die McDonalds ihr Drive-in in San Bernardino in einen Betrieb mit Fließbandproduktion verwandelt. Die Produktionstechniken waren so verfeinert worden, daß ein Restaurant ganz neuen Zuschnitts entstanden war. Zu den Schlüsselfaktoren dieses neuen Konzeptes gehörten die Selbstbedienung, das Pappgeschirr und der Blitzservice. Es gab in der Branche nichts, was sich mit diesem Organisationstyp vergleichen ließ.

Sicher, auch andere Restaurantbesitzer hatten schon vor den McDonalds eine limitierte Speisekarte und billige Hamburger angeboten. Tatsache ist, daß die erste landesweite Hamburger Kette schon 1921 gegründet wurde, als E. W. Ingram (Billy) einen über Dampf gegarten, mit Zwiebeln gespickten Fleischklops in einem Lokal servierte, dem er den klangvollen Namen ›White Castle‹ gegeben hatte. Er wollte dem Produkt dadurch wohl den Hauch von Exklusivität geben, der ihm ansonsten fehlte. Einige Jähre später hatte Ingram bereits Filialen in elf amerikanischen Staaten. Sie glichen sich wie ein Ei dem anderen.

Ingrams Restaurants hatten zweifellos Fast food-Format. Er animierte die Fans seiner Fünf-Cents-Hamburger, sie gleich ›tütenweise‹ zu kaufen. Und die winzigen Fleischklops (ca. 25 g schwer) wurden in solchen Mengen vertilgt, daß sie als ›Abführmittel‹, wegen ihres angeblich laxativen Effektes, bekannt wurden. Aber das White-Castle-System war im Grunde nicht auf blitzschnelle Selbstbedienung eingerichtet. Die kleinen Restaurants hatten Stühle vor der Thoke, servierten von Porzellangeschirr, und in den meisten waren ein oder zwei Köche beschäftigt, die alle Aufgaben, von der Zubereitung der Hamburger bis zur Entgegennahme der Bestellungen, übernehmen mußten.

Die McDonalds hatten ein wesentlich differenziertes System entwickelt und es auf das Amerika der Nachkriegsperiode angepaßt, das schneller, mobiler und mehr auf Bequemlichkeit und unmittelbaren Erfolg ausgerichtet war. Die Brüder folgten demselben Trend, der den ›Tante-Emma-Laden‹ durch Supermärkte und Discountketten auch in den Wirtschaftsbereichen ersetzte, die nichts mit der Nahrungsmittelindustrie zu tun hatten.

Nirgendwo wurde die Popularität des Selbstbedienungsprinzips deutlicher als im McDonald's Drive-in Ecke 14./E-Street. Während sich vor den beiden Fenstern in Stoßzeiten manchmal mehr als 20 Meter lange Schlangen bildeten, ›klingelte‹ die Kasse. Der Umsatz stieg 1951 auf jährlich 277 000 Dollar; das waren ca. 40 % mehr als vor der Neueröffnung. Und es stellte sich heraus, daß das erst der Anfang war. Mitte der 50er Jahre schnellte der Jahresumsatz durch die zunehmende Automation auf 300 000 Dollar hoch, und die Brüder konnten sich einen Reingewinn von 100 000 Dollar teilen. Mittags und abends, während der Stoßzeiten, drängten sich manchmal hundertfünfzig Kunden um die kleine Hamburger-Imbißhalle. Solche eindrucksvollen Umsätze und Gewinne wären selbst für die großen Drive-ins mit ›carhops‹ und ausreichenden Sitzgelegenheiten beachtlich gewesen; aber sie waren geradezu spektakulär für einen Betrieb, der mit nur einem Drittel des Investitionskapitals und einem Drittel der Arbeitskräfte auskam und ein Produkt für fünfzehn Cents verkaufte. McDonald's Wandel von einem konventionellen Drive-in zu einer ›Fast food-Fabrik‹ hatte zu diesem sensationellen Erfolg geführt.

San Bernardino liegt am Rande der Wüste, ca. fünfzig Meilen östlich von Los Angeles, und war alles andere als der ideale Standort für ein Restaurant größeren Stils. Aber die Neuigkeit vom großen Durchbruch des Fast food-Konzeptes machte in der Branche schnell die Runde. Die Legende will wissen, daß Ray Kroc als erster die klösterliche Abgeschiedenheit der McDonald-Brüder durchdrang und ihr lukratives Geschäft entdeckte. Aber Tatsache ist, daß im Juli 1954, als Kroc die beiden kennenlernte, McDonald's bereits zum Mekka einer Schar von Opportunisten geworden war, die aus dem ganzen Land herbeiströmten. Als das *American Restaurant Magazine* im Juli 1952 einen Artikel über den phänomenalen Erfolg des McDonald's-Konzeptes gebracht hatte, wurden die Brüder mit Briefen und telefonischen Anfragen bombardiert. Mehr als dreihundert im Monat zählte Dick McDonald einmal. »Die Drive-in-Besitzer und Restaurantinhaber, die sich denselben Problemen, wie wir sie gehabt hatten, gegenübersahen wollten wissen, ob sie unser Operationsschema kopieren könnten oder ob wir ihnen irgendwelche schriftliche Aufzeichnungen darüber verkaufen würden«, erklärte Dick. »Bei uns gingen so viele Leute ein und aus, daß Mac und ich nur noch mit Besprechungen beschäftigt waren. Da wußten wir, daß wir einen Franchise-Agenten brauchten.«

Daß Kroc den Brüdern das Franchise-Konzept schmackhaft gemacht haben soll, ist auch ein Teil des Mythos. Die McDonalds hatten schon zwei Jahre, bevor Kroc auf der Bildfläche erschien, ihr Speedy-Service-System in Lizenz vergeben. Sie suchten sogar in einer ganzzeitigen Annonce in einer Fachzeitschrift Franchisenehmer. Man brauchte nur eine Minute, um den Text der Anzeige zu lesen. Die einladende Überschrift lautete: »Dies sind vielleicht die wichtigsten sechzig Sekunden Ihres Lebens.«

Neil Fox, ein freier Tankstellenbesitzer in Phönix, wurde 1952 ihr erster Franchisenehmer. Die Brüder beschlossen, aus ihrem Drive-in den Prototyp für die Kette, die sie jetzt aufbauen wollten, zu kreieren. Sie beauftragten einen Architekten vor Ort – Stanley Meston – mit der Gestaltung der neuen Filiale. Sie sollte doppelt so groß wie die achteckige Konstruktion an der Ecke 14./E-Street werden; aber es waren nicht die Dimensionen, die das Drive-in in Phönix so außergewöhnlich machten. Die Brüder wollten ein attraktives Design. Und Meston lieferte es und leistete damit echte Pionierarbeit: Er entwarf ein farbenfrohes, in Rot-Weiß gehaltenes Ziegelgebäude mit einem Dach, das in scharfem Winkel von der Vorder- zur Rückfront abfiel. Wie beim Original McDonald's bestand die Vorderfront vom Tresen bis zum Dach aus Glas. Dem Blick des Kunden blieb nichts, was in der Küche geschah, verborgen.

Was Meston nicht wissen konnte, war, daß sein eigenwilliges, einem Zirkuszelt ähnliches Design in der Architektur der 50er Jahre zu einem Klassiker, einem Symbol für Dynamik, Experimentierfreude und für den Vormarsch des Fast food-Business werden sollte. Aber das hervorstechendste Merkmal dieses neuen Baustils war nicht auf Mestons Reißbrett entstanden; er hatte die Idee sogar strikt abgelehnt. Dick McDonald erinnert sich: »Ich machte eines Abends noch ein paar Skizzen, um dem neuen Gebäude mehr Höhe zu geben, weil es mir zu flach erschien. Ich zeichnete einen großen Bogen, der parallel zum Gebäude, von einer Seite zur anderen verlief und lustig aussah. Dann malte ich zwei weitere Bögen, die entgegengesetzt verliefen.« Voller Begeisterung ging Dick mit seinem Entwurf zu Meston. Der war mit allem einverstanden, nur nicht mit ›den furchtbaren‹ Bögen. Wenn diese Bögen blieben, müßten sich die McDonalds einen neuen Architekten suchen, drohte er an. Die McDonalds waren nicht bereit, nachzugeben. »Sie gaben dem Ganzen erst Pfiff«, meinte Dick. »Ohne sie war das nur ein rechteckiges Gebäude wie viele andere auch.«

Aber um den einzigen Architekten, den Dick kannte, bei

Laune zu halten, gab er Meston die Anweisung, ohne Bögen an dem Entwurf weiterzuarbeiten. Als er fertig war, ging er damit zu George Dexter, einem Werbeschild-Designer, der Mestons Vorurteile bezüglich der Bögen nicht teilte. Dexter leitete eine Firma, die Neonleuchtreklamen verkaufte. Deshalb war es nicht verwunderlich, daß er auf leuchtend gelbe Bögen verfiel, die man schon aus großer Entfernung sehen konnte. Ursprünglich hatte Dick die Bögen als statische Stütze für das Gebäude vorgesehen, und wenn ein Architekt sie in das Design einbezogen hätte, wären sie das auch wohl geblieben. Aber dem Markendesigner gebührt das Verdienst, daß McDonald's ›goldene Bögen‹ bald zum markantesten Merkmal des neuen Drive-in und zu einem Wahrzeichen des McDonald's-Systems wurden.

Die Brüder McDonald erwiesen sich als ebenso innovativ, als es um die Küche des neuen Gebäudes ging. Sie war mehr als doppelt so groß wie die in San Bernardino, und die Brüder wollten sichergehen, daß sie auf ihr genau definiertes Produktionssystem abgestimmt war. Sie setzten sich in einer ›Brainstorming-Session‹ zusammen. Der Entwurf entstand auf dem Tennisplatz vor ihrem Haus. Nachdem eines Abends das Restaurant an der Ecke 14./E-Street seine Pforten geschlossen hatte, luden die Brüder das Personal, das die Nachtschicht gehabt hatte, zu sich nach Hause ein, um alle Schritte der Hamburger-Fließbandproduktion noch einmal durchzugehen. Die Mitarbeiter marschierten über den Tennisplatz, machten imaginäre Hamburger, Milchshakes und Pommes frites, gefolgt von den Brüdern, die mit roter Kreide die Stelle markierten, an der die entsprechenden Geräte aufgestellt werden sollten. Um drei Uhr morgens war die Planung abgeschlossen. Und für einen Bruchteil der Kosten, die ein Fachmann für sein Design verlangt hätte, hatten die McDonalds ihre detaillierte Küchenskizze. Aber der Designer, den sie umgehend anriefen, hatte keine Lust, mitten in der Nacht mit der Arbeit zu beginnen. Er versprach, gleich am Morgen zu erscheinen. Leider machte ihnen das sonst so beständige Wetter in San Bernardino einen Strich durch die Rechnung. »So einen Wolkenbruch hatten wir schon seit langem nicht mehr erlebt«, erinnert sich Dick. »Auf dem Tennisplatz war nur noch ein Gewirr von roten Streifen zu erkennen.«

Als die Brüder dem Küchendesign den letzten Schliff gaben, war das Lizenzkonzept für das Speedy-Service-System alles andere als perfekt. Fox, dessen McDonald's in Phönix 1953 eröffnet wurde, hatte die Pläne für das neue Gebäude, einen Kredit von Art Bender, der eine Woche reichte, und eine kurze Beschreibung des Speedy-Service-Systems erhalten – alles für eine einmalige Lizenzgebühr von tausend Dollar. Danach war der erste Franchisenehmer, finanziell und verfahrenstechnisch gesehen, auf sich selbst gestollt. Die Brüder hatten weder laufende Einnahmen aus den Lizenzverträgen noch einen Leistungsanreiz zur Hand, um den Franchisenehmer zu motivieren. Außerdem war der Kontraktnehmer nicht an die McDonald's-Verfahren und Regeln gebunden. Das Lizenzprogramm sah im Grunde nicht mehr als die Erlaubnis, den Namen McDonald's zu führen, vor.

Bei der Schar von Interessenten hätten die Donalds mit dem Franchisesystem eigentlich ihre Schäfchen ins Trockene bringen können. Aber sie zeigten wenig Begeisterung, es in großem Stil aufzuziehen, und ihren Bemühungen fehlten das Engagement und der Elan, den sie beim Aufbau ihres Organisationssystems erkennen ließen. Sie schienen sich nicht einmal der Zugkraft ihres Namens bewußt zu sein. Als Neil Fox sich bei ihnen um den ersten Kontrakt bewarb, nahmen sie an, er wolle sein Restaurant in Phönix ›Fox‹ nennen. Sie erlebten eine Überraschung: Fox bestand auf dem Namen McDonald's. »Warum, zum Teufel?« wollte Dick wissen. »Den Namen kennt kein Mensch in Phönix.« Außerdem befürchteten die Brüder, daß auch ihr Geschäft darunter leiden könnte, wenn der Laden in Phönix nicht genausogut geführt würde wie der in San Bernardino. Trotzdem gaben sie Fox' Marketing-Wünschen nach, und die Hamburger-Kette war geboren.

Wenn man diese konservative und schwerfällige Haltung in Betracht zieht, ist es nicht verwunderlich, daß das Franchiseprogramm der McDonalds in jeder Beziehung unergiebig war. In den beiden Jahren vor ihrer Begegnung mit Ray Kroc hätten sie es insgesamt nur auf fünfzehn Lizenznehmer gebracht, von denen zehn unter dem Namen McDonald's operierten. Und das hatte sie nicht einmal viel Mühe gekostet. Die Nachfrage war so groß, daß sie nicht lange zu suchen brauchten. Aber sie zeigten weder große Fähigkeiten noch den Wunsch, die potentiellen Kandidaten zu einer Investition zu überreden. Sie lehnten sogar einen besonders finanzstarken Anwärter ab, der bereit war, für sechs Lizenzen in Sacramento 15 000 Dollar hinzublättern. Der Grund: sie hatten einige Stunden zuvor bereits 2500 Dollar von einem Franchisenehmer in der kalifornischen Hauptstadt kassiert. Als Harriett Charlson, eine Lehrerin mittleren Alters, bei ihnen vorstellig wurde, versuchten die Brüder, ihr den Plan auszureden: »Warum machen Sie nicht eine kleine Boutique auf«, schlug Dick McDonald vor. Die Brüder waren sicher, daß ihre Taktik gewirkt hatte, aber zwei Tage später stand die Frau wieder vor ihrer Tür, mit einem Scheck über 2500 Dollar. Sie erhielt die Lizenz und blieb sechzehn Jahre lang in ihrer Filiale in Alhambra, bis sie 1969 die Konzession und das Grundstück an die McDonalds für 180 000 Dollar zurückverkaufte. Jahre später gaben Dick und Mac zu, daß sie »auf dem Franchisesektor lausige Geschäftsleute« waren.

Die Brüder verpaßten eine Riesenchance, ihr System mit Hilfe der finanzstarken Carnation Corporation, die ihnen Milchprodukte lieferte, auszubauen. Der Konzern suchte noch nach weiteren Abnehmern für seine geeisten Milchshakes. Ein Bevollmächtigter des Unternehmens schlug ihnen vor, die Kette der McDonald's Drive-ins zu beliefern und eine Partnerschaft einzugehen. Carnation wolle den Bau der ersten Filialen in San Francisco finanzieren und die Kette bis zur kalifornischen Küste und danach in Richtung Osten ausdehnen. Aber Mac, der Dick von dem Angebot berichtete, beschrieb ein Szenarium, das keinem von beiden gefiel. »Wir werden Tag und Nacht auf der Landstraße und in Hotels sein und nach geeigneten Standorten und Geschäftsführern herjagen«, klagte er. »Wir hängen uns nur einen Klotz ans Bein, wenn wir uns darauf einlassen!«

Sie lehnten das Angebot ab und bewiesen damit, daß ihr einziges ›Problem‹ darin bestand, daß sie nicht über die Grenzen von San Bernardino hinaussahen und mit dem Status quo zufrieden waren. Aber mit einer derartigen Bescheidenheit und Genügsamkeit baut man kein Wirtschaftsimperium auf. »Wir hatten mehr Geld, als wir ausgeben konnten«, meinten die McDonalds, »und keine Lust, noch mehr zu arbeiten. Unsere Freizeit war uns wichtiger. Wir hatten uns immer gewünscht, einmal finanziell unabhängig zu sein, und dieses Ziel hatten wir erreicht.«

Kurz gesagt: den Brüdern gebührt nicht das Verdienst, eine nationale und international bekannte Kette aufgebaut zu haben, denn diese Vorstellung weckte bei ihnen größtes Unbehagen. Beide reisten ungern. Beide waren damit zufrieden, sich die 100 000 Dollar Jahresgewinn aus dem Geschäft in San Bernardino zu teilen. Wenn sie noch mehr Geld verdienen würden, so argumentierten sie, müßten sie sich nur den Kopf über die nächste Einkommensteuererklärung zerbrechen. Die beiden Brüder waren kinderlos und hatten niemanden, dem sie ihr Vermögen vererben wollten. »Wir hinterlassen alles der Kirche oder irgendeiner anderen Organisation«, meinten sie, »auch wenn wir keine Kirchgänger sind.«

Ende 1953 wurden die Mängel des Franchise-Programms so offensichtlich, daß das ursprüngliche McDonald's-System in dem Chaos nahezu unterging, für das Dutzende von unabhängigen Unternehmern mit einem verworrenen Fastfood-Konzept und ohne die systemkonforme Leistung und Disziplin eines effektiven Franchising sorgten. Zu Beginn des Jahres hatten die Brüder schließlich doch noch einen Franchise-Agenten in ihre Dienste genommen. William Tansey verpflichtete auch tatsächlich einige Lizenznehmer, bis er sich nach nur wenigen Monaten wegen einer Herzerkrankung aus dem Berufsleben zurückzog. Aber die Verträge, die er abschloß, unterschieden sich nicht im geringsten von denen der McDonalds. Die Franchisenehmer erwarben lediglich das Recht, das rot-weiße McDonald's Gebäude zu kopieren, die McDonald's-Bögen zu verwenden, das fünfzehnseitige Verfahrenshandbuch mit der Beschreibung des Speedy-Service-Systems zu benutzen und den Namen McDonald's zu führen. Außerdem wurden sie eine Woche lang im McDonald's in San Bernardino eingewiesen. Danach konnten sie tun und lassen, was sie wollten, und die meisten machten davon reichlich Gebrauch. Sie verkauften die Hamburger zu unterschiedlichen Preisen, setzten neue Gerichte auf die Speisekarte, bauten mehr Servicefenster ein, und einer reduzierte die Bögen sogar auf einen Punkt und gab seinem Drive-in einen neuen Namen: ›Peaks‹.

Der Mangel an Produktionsformität war nicht das einzige Resultat des mangelhaften Kontroll- und Weisungssystems der Gebrüder McDonald. Nur wenige Franchisenehmer führten ihre Restaurants mit derselben Umsicht und demselben persönlichen Engagement, das die Brüder erkennen ließen. Zum Beispiel war kaum eines der Drive-ins so sauber und makellos wie das in San Bernardino, wo täglich die Fenster geputzt, mehrmals am Tag die Böden geschrubbt und stets frische Papierhandtücher bereitgehalten wurden. Deshalb ist es auch nicht verwunderlich, daß der Umsatz bei weitem nicht an den der Brüder herankam.

Im wesentlichen bestand das Problem wohl darin, daß sowohl die Brüder als auch ihre Lizenznehmer das Franchisesystem als eine Möglichkeit ansahen, im Handumdrehen und ohne große Mühe Geld zu verdienen. Die meisten Franchisenehmer investierten nur ihr Kapital und übergaben die Führung der Drive-ins den Managern, die sie einstellten. Für die McDonalds war Franchising ein Weg, Geld zu verdienen, ohne eine komplexe Organisation schaffen zu müssen, welche die Betriebsführung der Systempartner überwachte. Das war keineswegs ungewöhnlich, sondern die damals übliche Konzeption von Franchisesystemen.

Aufgrund dieser Fehlinterpretation merkten die McDonalds zu spät, daß eine Idee oder Erfindung, die nicht vom Initiator gefördert oder geschützt wird, gestohlen werden kann. Anfang der 50er Jahre wurde das Fast food-Konzept der Brüder von unzähligen unabhängigen Unternehmen kopiert und mit größerem Erfolg in die Praxis umgesetzt, als von den McDonald's Franchisenehmern. Die Brüder gewährten ihren Besuchern so großzügig Informationen über und Einblick in ihre Produktionsverfahren, ihre Arbeitsgeräte und deren Bezugsquellen, daß niemand eine Franchiselizenz brauchte, um McDonald's Erfolgsgeheimnis zu ergründen.

Das erste Plagiat entstand 1952, und innerhalb von zwei Jahren wurde der kalifornische Markt zur Wiege einer rasant wachsenden Fast food-Industrie. Dutzende von Drive-ins mit Selbstbedienung und limitierter Speiseauswahl (Hamburger kosteten zwischen fünfzehn und neunzehn Cents, Pommes frites zehn Cents und Milchshakes zwanzig Cents) überschwemmten die Branche, und alle hatten ihre Ursprung in einem einzigen Prototyp: dem McDonald's an der Ecke 14./E-Street. »Wir waren eine verschworene Gemeinschaft und ließen uns von den Jungens (Dick und Mac) durch den Betrieb führen; dann kopierten wir einfach das, was wir gesehen hatten«, gestand James A. Collins, Vorstandsvorsitzender der Collins Food International, heute der größte Franchisenehmer von Kentucky Fried Chicken und Inhaber der Sizzler-Restaurantkette.

Collins hörte 1952 zum erstenmal vom McDonald's Drive-in, gerade bevor er die Planung für ein Café in Cluver City abschließen wollte. Der Repräsentant des Edison-Konzerns, der die voraussichtliche Position der elektrischen Anschlüsse nochmal überprüfen mußte, überredete Collins, die vier Stunden für die Fahrt mit ihm nach San Bernardino zu opfern und sich das brandneue Restaurant-Konzept einmal anzuschauen, bevor er sich auf das alte Format festlegte. Collins kam in der 14. Ecke E-Street in einem Augenblick an, als die mittägliche Stoßzeit gerade begann. »Den Anblick werde ich nie im Leben vergessen«, erklärte Collins. »Die Schlange ging bis zur Straße, und der Parkplatz war überfüllt. So etwas hatte ich noch nie gesehen. An zwei Fenstern wurden alle zehn Sekunden Hamburger ausgegeben. Ich habe meine Pläne für das Café zerrissen und bin ins Hamburger-Geschäft eingestiegen. Abgesehen davon, daß die

Hamburger bei mir neunzehn Cents kosteten, glich mein Restaurant haargenau dem von McDonald's.«

Collins Reaktion war keineswegs ungewöhnlich. Er eröffnete sein Lokal in Culver City im September 1952, allerdings nicht ohne vorherige Einweisung von Ken McConnell, der im Juni des Vorjahres Ken's Drive-in in Long Beach aufgemacht und ebenfalls das McDonald's-System kopiert hatte. Einen Monat später erschien der nächste Imitator. Mel Hall, in Ponoma mit seinem Lokal Mel's auf der Bildfläche. »Wir wurden gute Freunde, und wir haben viel von den McDonalds gelernt«, meinte Collins.

Die ›Lehrer‹ gaben ihr Wissen äußerst bereitwillig preis. Vor der Neueröffnung seines Hamburger Handout suchte Collins die Brüder McDonalds auf und durfte sofort die Küche inspizieren. Er erfuhr, woher sie ihre großen Grillgeräte bezogen, wie sie die Fließbandproduktion organisiert hatten, die Milchshakes und Pommes frites zubereiteten und sogar, woher die automatischen Gewürzspender stammten. Gerade diese Informationen sind es, für die die Franchisenehmer normalerweise zahlen, aber die McDonalds verschenkten sie. Dick McDonald erklärte: »Der ganze Laden bestand aus Glas, es war wie im Aquarium. Wir konnten nicht verheimlichen, was bei uns vorging. Deshalb haben wir die Fragen, die man uns stellte, beantwortet. Die kamen mit Bleistift und Notizblocks an und zeichneten die Küche ab, und mein Bruder und ich fanden das urkomisch.«

Das Lachen sollte ihnen vergehen, denn sie mußten sich bald mit mehr Konkurrenten als Franchisenehmern auseinandersetzen. Diejenigen, die ihre Gratisinformationen von den Brüdern selbst bezogen hatten, gaben ihre frisch erworbenen Kenntnisse des Fast food-Geschäftes an andere Interessenten weiter. Die Kunde von der sensationellen Neuerung der McDonalds begann 1954 bereits den Osten des Landes zu erreichen. Collins forderte inzwischen 100 Dollar pro Tag von der Carnation Corporation, die ihm zukünftige Manager zur Ausbildung brachte. Carnation war am schnellstmöglichen Einsatz der Leute interessiert, deren Hamburger-Restaurants sie mit ihren Milchprodukten zu beliefern beabsichtigten. Insgesamt bildete Collins zehn Branchenneulinge aus, die ihre eigenen ›McDonald's-Ableger‹ in so verschiedenen Regionen der USA wie San Francisco, Seattle und Austin eröffneten.

Ein paar von Collins' ersten Mitarbeitern bauten später ihre eigenen Ketten auf. Eine davon war Henry's, eine Drive-in-Kette, die von der in Chicago ansässigen Bressler Ice Cream Company geleitet wurde, einem frühen Fast food-Marktführer. Auch der Unternehmer Dee Anderson ließ sich von den ersten McDonald's-Nachahmern in San Bernardino anregen. 1983 verkaufte er seine 44 Niederlassungen umfassende Fast food-Kette in Salt Lake City an Hardee's Food Systems. In den frühen 50er Jahren war er ziemlich überraschend vom Fast food-Fieber gepackt worden, als er in Long Beach Ken's Drive-in, eine McDonald's-Kopie, gesehen hatte. Anderson hatte in Salt Lake City einfache Hamburger-Stände geführt und eigentlich vorgehabt, das Restaurant-Gewerbe aufzugeben. Er sah sich in Kalifornien nach Immobilien als Kapitalanlage um. Als er dann allerdings einen Blick auf den McDonald's-Entwurf in Long Beach warf, teilte er seiner Frau mit, daß er nach Salt Lake City zurückgehen werde, um eine Anlage zu bauen, die genauso sei. »Ich dachte, du wolltest aus dem Restaurant-Geschäft aussteigen«, sagte seine Frau. Anderson erwiderte: »Ich bin gerade wieder eingestiegen.«

Sogar einige Dauerkunden begannen, das Fast food-Konzept der Brüder zu imitieren. Glen Bell, ein Telefonleitungsinstallateur, war regelmäßiger Kunde des McDonaldschen Drive-in in San Bernardino, bevor es in ein Fast food-Restaurant umgewandelt wurde. Als er sah, welches Geschäft die Brüder mit dem neugestalteten Unternehmen machten, überredete er seinen Freund Neal Baker, einen Bauunternehmer, ihm ein Selbstbedienungsrestaurant zu bauen. Nachdem Baker Bells erstes Unternehmen errichtet hatte, beschloß er, seine eigene San-Bernardino-Kette von Fast food-Läden aufzubauen. Andere folgten Bell und Baker, und bald schon verwandelte die Nachfrage nach Imitationen der McDonald-Goldgrube San Bernardino in ein Fast food-Paradies. Bell wurde der berühmteste unter den örtlichen McDonald's-Nachahmern. Er weitete das Fast food-Konzept mit einer nach ihm benannten mexikanischen Restaurantkette auf den ethnischen Markt aus – Taco Bell.

Bis zur Mitte der 50er Jahre hatte der kopflose Run auf Fast food in Kalifornien noch keine vorherrschende Kette hervorgebracht. Auch die McDonald-Brüder kamen mit ihren Franchise-Bemühungen nicht von der Stelle. Mit ihren informellen Unterweisungen hatten sie reihenweise Konkurrenten herangezogen. Nahezu alle waren junge Selbständige ohne Kapital, denen die Mittel oder die Erfahrung fehlten, um eine nationale Kette aufzubauen. Darüber hinaus war der Ansturm im Fast food-Bereich auf den neuen Markt derart groß, daß keiner der Konkurrenten auf eine Goldader stoßen konnte. Natürlich hatten einige der ersten Imitatoren mehr Geld verdient, als sie für möglich gehalten hatten. In seinem ersten Jahr mit Hamburger Handout machte der damals sechsundzwanzigjährige Collins einen Umsatz von 420 000 Dollar und erzielte einen Gewinn von 80 000 Dollar. Aber als immer mehr selbständige Unternehmer in den Fast food-Markt drängten, nahmen die einzelnen Geschäftsvolumen wieder ab. So war zum Beispiel keiner von Collins' drei zusätzlichen Hamburger Handouts so erfolgreich wie der erste.

Auf der Suche nach einem wettbewerbsfähigen Unterschied, fingen die meisten Neulinge an, mit den verschiedensten McDonald's-Variationen zu experimentieren, und zwar in einem so starken Maße, daß das Konzept selbst allmählich seine Identität verlor. Die kalifornische Fast food-Industrie veranstaltete einen chaotischen Wettbewerb miteinander konkurrierender Unternehmen, von denen die meisten nicht an Qualität, Hygiene, Produktivität – und Profitabilität – des ursprünglichen McDonald's heranreichten.

Das Versagen der Brüder McDonald oder anderer Fast food-Unternehmer, die Chance zu ergreifen, eine landesweite Hamburger-Kette aufzubauen, hatte zur Folge, daß die Möglichkeit noch immer bestand und nur darauf wartete, von irgend jemand erkannt und genutzt zu werden. Und dieser Jemand betrat im Sommer 1954 die Szene, in Gestalt eines Küchengerätevertriebsleiters namens Ray Kroc. Kroc hatte die nationalen Marketing-Vertriebsrechte für den fünfarmigen Multimixer, mit denen die Gebrüder McDonald ihre Milchshakes zubereiteten. Durch seinen Verkaufsrepräsentanten William Jamison, der für den Westen zuständig war, hielt sich Kroc seit einem Jahr ständig über den Erfolg der Brüder auf dem laufenden. Kroc hatte sogar ein Porträt des McDonald's in einem Info gebracht, das Ende 1953 an seine Vertreter und Händler ausgegeben wurde.

Die McDonalds gehörten bei weitem nicht zu Krocs größten Kunden, aber mit Sicherheit zu den ungewöhnlichsten. In der Regel war in den Lokalen nur ein Multimixer aufgestellt, und selbst die größten brauchten nicht mehr als zwei. Im McDonald's Drive-in waren gleichzeitig immer drei oder vier Mixer in Betrieb. Bis 1954 hatten die Brüder bereits den zehnten geordert, einschließlich derjenigen, die sie als Ersatz oder zusätzlich benötigt hatten. Kroc begann sich natürlich zu wundern. Wozu brauchte ein Hamburger-Restaurant zehn Multimixer? Er konnte seine Neugierde nicht länger bezähmen. Auf seiner nächsten Verkaufstour an die Westküste rief er Dick McDonald an und avisierte seinen Besuch.

Zu dem Zeitpunkt, als Ray Kroc das McDonald's zum erstenmal zu Gesicht bekam, war das Lokal Ecke 14./E-Street in Kalifornien bereits zur Legende und von vielen imitiert worden. Es hatte die Titelseite einer amerikanischen Fachzeitschrift geschmückt und Hunderte von prospektiven Unternehmern und Investoren aus dem ganzen Land angelockt. Aber das konnte Krocs Entdeckerdrang nicht bremsen. Er parkte sein Auto um elf Uhr vormittags auf dem Parkplatz. Schon hatten sich die ersten Schlangen vor den beiden Service-Fenstern gebildet, wo die Hauptbestellungen entgegengenommen wurden. Voll war es auch vor den beiden Seitenfenstern, wo die Pommes frites getrennt bestellt wurden.

Kroc hatte schon Dutzende der Restaurants gesehen, in denen neuerdings Hot dogs, Hamburger und Milchshakes serviert wurden, und auf den ersten Blick schien dieses hier sich nicht von den anderen zu unterscheiden. Im Juli 1954, als Kroc die Brüder aufsuchte, war das neue Design mit den Goldenen Bögen noch im Stadium der Planung. (Als der Umbau ein Jahr später fertig war, wurde er übrigens mit dem typisch McDonaldschen Gespür für Werbewirksamkeit eingeweiht. Die Brüder ließen ein riesiges Werbeschild mit zehn grellen Spotlights auf dem Dach anbringen, das den Himmel von San Bernardino taghell erleuchtete. Sie zogen damit so viele Neugierige an, daß der Verkehr rings um das Lokal zum Erliegen kam. Leider waren die Insektenschwärme, die ebenfalls angelockt wurden, nicht minder groß, und deshalb mußte an diesem Eröffnungstag das Lokal früher als vorgesehen geschlossen werden.)

Wenn Kroc der Mann gewesen wäre, der sich mit einem Blick auf das alte achteckige Gebäude begnügt hätte, wäre sicher alles ganz anders gekommen. Aber nicht die Form interessierte ihn, sondern die Geschwindigkeit, mit der gearbeitet wurde. Bis zwölf Uhr mittags waren die hundertfünfzig Parkplätze besetzt, und die McDonald's-Mannschaft arbeitete auf Hochtouren. Kroc hatte nie zuvor ein Verfahren gesehen, das eine Auslieferung der Bestellung innerhalb von fünfzehn Sekunden ermöglichte. Mit den Worten: »Ich habe noch nie im Leben um einen Hamburger angestanden«, versuchte er, die Kunden zu einer Reaktion zu provozieren. Sofort klärte man ihn über die ausgezeichnete Qualität, die Preise und die Sauberkeit der Küche auf. Was ihn am meisten beeindruckte, waren allerdings die Bestellungen, die abgegeben wurden: Jeder dritte Kunde orderte ein Milchshake, das mit *seinem* Mixer zubereitet wurde. Ein Carnation-Mitarbeiter hatte sich ausgerechnet, daß McDonald's 20 000 Milchshakes im Monat verkaufte, und obwohl Kroc diese Zahlen unbekannt waren, sah er doch andere Anzeichen dafür, wie lukrativ das Milchshake-Geschäft der Brüder war. Die Milchshakes gingen so schnell weg, daß Ed Toman das Rührwerk von Krocs Multimixer um ein paar Zentimeter kürzen mußte, damit die Getränke gleich in dem 0,3-l-Pappbecher zubereitet und serviert werden konnten und nicht wie bei den Getränkeautomaten in 0,5-l-Behältern.

Krocs Firma brachte zusätzlich noch einen fünf Zentimeter breiten Aufsatz aus Stahl auf den Markt, den die Brüder allerdings verschmähten, weil ihnen die Säuberung zuviel Zeit in Anspruch nahm.

Kroc beobachtete den Laden während der mittäglichen Rushhour und fand die Lösung des Multimixer-Rätsels, dessentwegen er nach San Bernardino gereist war. Er konnte seine Begeisterung kaum verbergen, als er seinen beiden Kunden zum erstenmal gegenüberstand. »Mein Gott, ich habe mir das angeschaut und geglaubt, ich dürfe meinen Augen nicht trauen«, erzählte er den Brüdern. Dick und Mac sagten ihm, seine Reaktion sei ganz normal gewesen, genauso wie das Geschäft an diesem Tag. »Und wann läßt der Ansturm nach?« fragte Kroc. »Am späten Abend«, teilte Dick ihm mit. »Irgendwie muß ich eine Möglichkeit finden, in das Geschäft mit einzusteigen«, sinnierte Kroc.

KAPITEL 2

Das Verkaufsgenie

Bevor noch sein Fast food-Unternehmen auf eine dreißigjährige Geschäftstätigkeit zurückblicken konnte, war Ray A.
Kroc zur Legende geworden. Er sicherte sich Unsterblichkeit
als Begründer einer gigantischen neuen Industrie. Seine Leistungen in der Gaststättenbranche lassen sich nur noch mit
denen eines John D. Rockefeller in der ölverarbeitenden
Industrie, eines Andrew Carnegie auf dem Stahlsektor und
eines Henry Ford in der Autoindustrie vergleichen. Man
hielt ihn für einen der wagemutigsten amerikanischen Groß-
kapitalisten und besonders eigenwilligen Individualisten,
der sich auf sein größtes Abenteuer einließ, das ihm zudem
den größten Gewinn bescherte, als er noch genau dreizehn
Jahre bis zum Beginn des Ruhestandalters hatte. Legenden,
die bereits zu Lebzeiten entstehen, haben es an sich, daß sie
oft dem eigentlichen und innersten Wesen eines Menschen
nicht gerecht werden. Sie verzerren die Wirklichkeit, und in
Krocs Fall sogar beträchtlich. Viele Faktoren, die wesentlich
zu einem Erfolg beigetragen haben, sind von den allzu ver-
einfachenden Geschichten, die sich um sein ›über Nacht‹ er-
worbenes Vermögen ranken, übersehen worden. Er wurde
oft als Visionär beschreiben, der eine völlig neue Form des
Food-Service erfand und dem rasanten neuen Lebensstil an-
paßte. Aber zu dem Zeitpunkt, als er McDonald's entdeckte,
waren schon unzählige andere auf das neue Konzept aufmerksam geworden. Einige sind der Meinung, Kroc sei ein
Träumer gewesen, der einfach Glück hatte und auf den
Wogen der gesellschaftlichen Veränderungen, die das Amerika der 50er und 60er Jahre überspülten, nach oben ge-
schwemmt wurde. Aber viele andere, die ebenfalls versucht
hatten, auf dieser Welle zu reiten, waren von ihr in den Ab-

grund gerissen worden. Und es werden auch noch Stimmen laut, die behaupten, Kroc sei ein Unternehmensgründer modernen Stils gewesen. Richtig ist, daß Kroc mit professionellem Management und Unternehmensbürokratie wenig anzufangen wußte.

Mit einem Wort: Ray Kroc war ein Spitzenverkäufer. Er gehörte zu den Männern, die sich in der Aufbauphase der amerikanischen Wirtschaftsszene profilierten. Bis zum Ende der 60er Jahre war der Verkaufsbereich im Geschäftsleben dominierend. Keiner, der nach dem Unternehmensvorsitz schielte, konnte sich eine Chance ausrechnen, wenn er sich nicht vorher durch die Verkaufshierarchie emporgearbeitet hatte. So war die Situation, bevor die Harvard Business School ein MBA*-Diplom als notwendige Voraussetzung für eine Position im gehobenen Management schuf; bevor Bürokraten und Juristen aufgrund der strikten Gesetzgebung des Unternehmensprofil zu prägen begannen; bevor die Wall-Street-Analytiker die Finanzstrategien zum Credo erhoben und bevor die Technologie die Unternehmen mit Technokraten überschwemmten.

In den letzten Jahren hat sich gezeigt, daß das Talent eines Spitzenverkäufers im Topmanagement wenig gefragt ist. Nur gelegentlich weiß man es zu würdigen, wie z. B. bei der inzwischen allseits bekannten Retting des Chrysler-Konzerns durch den wohl berühmtesten Autoverkäufer der Nation, Lee Iacocca. Die Orientierung an der Basis und ihren Stärken läßt das moderne amerikanische Geschäftsleben leider vermissen. Aber als Krocs Karriere bei McDonald's begann, gehörte sein Verkaufsgeschick noch zu den wichtigsten Ingredienzien des amerikanischen Unternehmertums.

Er hatte seine Kenntnisse nicht auf der Schulbank erworben. Kroc verließ die High-School bereits nach dem zweiten Jahr. Er war ein Praktiker, kein Theoretiker. Noch während seiner Schulzeit hatte er ein Musikcafé eröffnet und seine Virtuosität am Klavier kommerziell genutzt. Als der Erste Weltkrieg ausbrach, zog es ihn ins Ausland: Er gab ein

---

* Master of Business Administration

falsches Alter an und verpflichtete sich mit fünfzehn als Fahrer eines Krankenwagens beim Roten Kreuz. Er wurde derselben Kompanie zugeteilt wie ein anderer, inzwischen berühmter Fahrer: Walt Disney. Die Imperien, die beide aufbauten, ähnelten sich seltsamerweise: beiden ist der Hang zur Perfektion und der innovative Geist im Marketingbereich zu eigen. Obwohl sich die beiden Männer gegenseitig bewunderten, waren sie völlig verschiedene Persönlichkeiten. Kroc war offen und kontaktfreudig. Disney war das genaue Gegenteil; keiner seiner Kameraden glaubte, daß je etwas aus ihm werden würde. »Während wir den Mädchen hinterherliefen, saß er da und zeichnete«, erinnerte sich Kroc noch ein halbes Jahrhundert später. »Daraus kann man auch eine Lehre ziehen – seine Zeichnungen gibt es nämlich noch heute, während die Mädchen inzwischen tot sind.«

Nach dem Krieg verband Kroc das Klavierspiel mit dem Verkauf. Er fing 1922 als Vertreter bei Lily Cup Corporation an und verkaufte tagsüber Pappbecher; nachts spielte er bei einem lokalen Radiosender Klavier. Da er noch immer nicht den richtigen Beruf gefunden hatte, ging er Mitte der 20er Jahre nach Florida, um sich in der Immobilienbranche umzusehen. Aber als 1926 der große Run auf Grundstücke in Florida zusammenbrach, mußte Kroc, der inzwischen 1500 Meilen von zu Hause Schiffbruch erlitten hatte, auf sein Talent als Klavierspieler zurückgreifen. Er war fünfundzwanzig Jahre alt, als er nach Chicago zurückging. Er hatte beschlossen, daß er sein Leben nicht als tingelnder Musikant beenden, sondern seine zweite natürliche Gabe, das Verkaufstalent, fördern wollte. Als Kroc zu Lily zurückkam, hatte sich das Gesicht des Unternehmens inzwischen merklich verändert: Es war zu einem neuen und wachstumsorientierten Segment der Fast food-Industrie geworden, in dessen Mittelpunkt die Beratung und Belieferung von Restaurants stand.

Kroc verbrachte die nächsten fünfundzwanzig Jahre damit, die konservative und traditionsbeladene Gaststättenbranche mit neuen Konzepten zu versehen. Er selbst hatte nie ein Lokal geführt, nie einen Hamburger oder Milchshake verkauft, aber am Ende dieser Periode wußte er mehr über die neuesten Trends auf dem Markt als die Service-Experten selbst. Er war längst kein Außenseiter mehr, als er das Drive-in in San Bernardino zum erstenmal in Augenschein nahm. Im Gegensatz zu den Jungunternehmern, die in den 50er Jahren von dem lukrativen neuen Geschäftszweig angezogen wurden, wußte Kroc aufgrund seiner langjährigen Erfahrungen, was die Entdeckung der McDonalds wert war. »Als ich die Brüder kennenlernte, hatte ich nur auf meine große Chance gewartet«, erklärte Kroc. »Bis zu dem Zeitpunkt hatte ich genügend Erfahrung mit dem Gaststättengewerbe gesammelt, um eine Fälschung von einem Original unterscheiden zu können.«

Kroc war imstande, den Markttrend zu erkennen, weil er über ein weiteres Talent verfügte, das für einen Verkäufer besonders wichtig ist: er hatte die Gabe, sich in seine Kunden hineinzuversetzen und ihre Bedürfnisse und Interessen nachzuvollziehen. Er hatte seine Pappbecher hauptsächlich an Straßenhändler, die italienisches Eis anboten, verkauft. Als Lily sich 1929 mit der Firma Tulip Cup zusammenschloß, hatte Kroc eine weit umfangreichere Produktpalette zur Verfügung. Er suchte und fand bald größere und ergiebigere Kunden, wie z. B. Baseballstadien, Lebensmittelketten und die Kantinen der größten Fabriken Chicagos. Jedesmal analysierte Kroc zuvor die Arbeitsverfahren seiner Kunden und machte Verbesserungsvorschläge, durch die sein Umsatz an Pappbechern natürlich steigen sollte.

Seine Vorschläge stießen nicht immer auf Begeisterung. Dies traf vor allem auf die Zusammenarbeit mit Wrigley Field zu, einen von Kroc überaus geschätzten Kunden. Als immer mehr Menschen Baseballspiele besuchten, hätten die Stadien leicht von Auftragsnehmern beliefert werden können. Doch für Kroc war das Verkaufen nie eine passive Angelegenheit. Als alter Baseballfan ging er zum Wrigley Field, sah sich ein Spiel der Cubs an und dachte sich gleichzeitig Werbemaßnahmen aus, die noch mehr Kunden anzogen und seine Becher noch schneller bewegten. Mehrmals stellte er Bill Veeck, einem jungen Geschäftsführer von Wrigley, seine

Ideen vor. Später machte sich Veeck im Baseball mit seiner eigenen ausgefallenen Werbung einen Namen, aber ihn störte Krocs Bevormundung. »Was wissen Sie schon von meinem Geschäft?« herrschte er Kroc an. »Kümmern Sie sich um den Verkauf von Plastikbechern.«

Eine Verkaufsidee änderte Krocs Einstellung bezüglich der Anziehungskraft bequemer Versorgung mit Speisen. Der Durchbruch kam, als er Walgreen Drugs, die größte Lebensmittelkette des Mittleren Westens, überredete, einen Heimservice aufzubauen, damals ein völlig neues Konzept. Die Lebensmittelketten und andere Läden, in denen warme Mahlzeiten serviert wurden, wehrten sich gegen den Gebrauch von Plastikbechern anstelle von Gläsern, da sie glaubten, damit ihre Kosten zu erhöhen, ohne gleichzeitig die Verkaufszahlen zu steigern. Kroc war überzeugt davon, daß der Heimservice dieses Problem lösen würde, und ging mit seinem Vorschlag zu Walgreen's.

Die Läden der Kette faßten jeweils einhundert Leute pro Stunde. Obwohl sie zur Mittagszeit voll waren, glaubte Kroc, daß sich Walgreen eine finanziell lohnende Gelegenheit entgehen ließ. »Vielleicht würden in jedem Ihrer Läden weitere einhundert Leute ein Mittagessen kaufen – aber entweder bekommen sie keinen Platz, oder sie können ihren Arbeitsplatz nicht verlassen«, erklärte Kroc Walgreen's Verkaufsleiter. Der wies diesen Gedanken zurück, aber Kroc ließ nicht locker, bis der Manager sich einverstanden erklärte, in den Heimservice in einem Laden auszuprobieren. Das Experiment war ein sofortiger Erfolg, und Walgreen's bot seinen Heimservice bald auch in den anderen Filialen an. Innerhalb von Monaten wuchs die Kette zu einem von Lily-Tulips größten Kunden an. Kroc war einer der Starverkäufer des Unternehmens.

Krocs Verkaufserfolge lassen sich auch aus seinem Interesse an technischen Neuerungen und Verbesserungen erklären. Er hatte selbst zwar keinerlei technische Begabung, aber ihn faszinierten die Innovationen, die von den Experten auf diesem Gebiet ausgingen. Zugute kam ihm dabei auch sein bemerkenswertes Auge für mangelnde Effizienz und sein Wille, technische Verfahren zu verbessern. Krocs unablässige Suche nach brauchbaren Innovationen, die den Pappbecher-Umsatz zu steigern versprachen, führte ihn schließlich zu dem Produkt, das er für seine größte Entdeckung hielt: den Multimixer.

Bei Lily-Tulip hatte er gewinnbringend Becher an die sogenannten Milchbars verkauft, die während der Prohibition und kurz danach im ganzen Mittleren Westen eine feste Einrichtung gewesen waren. Einer seiner Milchbarkunden war Ralph Sullivan, ein Hersteller von Milchprodukten, der Stabilisatoren, Sirup und Vanillegeschmack in die Milch mischte und so das erste eisgekühlte Milchprodukt erfand, das für Kroc als Milchshake-Bestandteil geeignet war. Statt einen Shake aus dem üblichen Viertelliter Milch und zwei Eiskugeln zu machen, stellte Sullivan einen Shake her, der zu gleichen Anteilen aus Milch und seiner neuen Eismilchmischung bestand. »Das Ergebnis«, erinnert sich Kroc, »war ein kälteres und dickflüssigeres Getränk, das die Leute dem dünnen, halbkühlen, konventionellen Milchshake vorzogen. Es war erfrischender und bekömmlicher, weil man sich danach nicht so aufgeblasen fühlte.«

Sullivans Milchbar in Battle Creek, Michigan, hatte während der Depression großen Erfolg mit dem Verkauf eines Halbliter-Shakes für nur einen Dime verzeichnet. Dieser Preis resultierte aus den kostengünstigen Zutaten. Im Bemühen, seinen Pappbecherverkauf zu erhöhen, machte Kroc Earl Prince, der eine Kette von Eisständen in Chicago besaß, mit dieser Idee bekannt. Prince begnügte sich damit, nur Eis zu verkaufen, aber nachdem Kroc ihn überredet hatte, sich Sullivans Geschäft einmal anzusehen, änderte er seine Meinung und beschloß, den neuen Milchshake in seinen Eisläden einzuführen. Schon bald verkaufte Kroc jährlich fünf Millionen Becher an Prince, der sich bald nach einer Möglichkeit umsah, wie er die Produktion seiner 12-Cent-Milchshakes noch weiter steigern konnte.

Ende der 30er Jahre entwickelte der Maschinenbauer Prince eine neue Mixmaschine, die mit einem großen Motor fünf verschiedene Rührwerke antrieb – eine enorme

Verbesserung gegenüber den in den Soda fountains üblichen Mixern mit einem Rührwerk. Er nannte sie Multimixer. Ray Kroc war von der Maschine fasziniert, weil er die Chance sah, mit ihrer Hilfe die Milchshake-Produktion in den Soda fountains, seinen Hauptkunden, erheblich zu steigern. Aber zu seinem großen Erstaunen lehnte Lily-Tulip das Angebot, Princes Maschine zu vertreiben, ab. Unversehens befand sich Kroc an einer entscheidenden Weggabelung. Im Alter von siebenunddreißig Jahren beschloß er, daß es für ihn endlich an der Zeit sei, das in die Tat umzusetzen, was er schon immer hatte tun wollen: sich selbständig zu machen. Von Prince erhielt Kroc die exklusiven Marketing-Rechte für den neuen Multimixer, während Sterling Manufacturing Company, ein Blechhersteller, die Herstellungsrechte bekam.

1939 gründete Kroc seine eigene Firma, die Malt-A-Mixer Co. (später in Prince Castle Sales Division umbenannt) und begann, aus dem Vorteil, den der Multimixer den Soda fountains brachte, Kapital zu schlagen. Er bemühte sich auch um die weniger renommierten potentiellen Kunden und bot ihnen die technische Neuerung, die inzwischen allgemein Anerkennung gefunden hatte, an, um ihren Umsatz mit Hilfe seines Produktes zu steigern. Er versuchte, die Mixer mit nur einem Rührwerk, die noch in den meisten Lokalen und Restaurants benutzt wurden, durch seines zu ersetzen. Das gelang ihm dadurch, daß er z.B. den Gastwirten neue Mixgetränkerezepte anbot, die sowohl ihre Gewinnspanne bei den Getränken erhöhten als auch den Bedarf an einem leistungsstärkeren Mixgerät weckten. Zu den neuen Getränken, die sich Kroc ausgedacht hatte und die in seiner regelmäßig an die Multimixer-Vertreter verschickten Informationsbroschüre abgedruckt wurden, gehörten der Delacato (Cognac, Grenadine und Eiscreme) und Dusty Road (Kirschsirup, Curacao und Limettensaft). Selbst den Soda fountains pries Kroc den Multimixer nicht nur als ein Gerät an, mit dem man die üblichen Milchmischgetränke mixen, sondern auch ganz neuartige Rezepturen ausprobieren konnte, z.B. auf der Basis von Orangen- oder Zitronensirup, die aufgrund der geringeren Kosten höhere Gewinnspannen zuließen.

Aber kaum hatte Kroc damit begonnen, den Verkauf der Multimixer anzukurbeln, als sein Geschäft auch schon am Rande des Zusammenbruchs stand. Zwei Jahre nach der Gründung von Prince Castle Sales griff Amerika in den Zweiten Weltkrieg ein, und das Kupfer-Embargo, das während der Kriegsjahre über den heimischen Markt verhängt wurde, stoppte die Produktion der Elektromotoren, die den Multimixer antrieben. Kroc durchlebte den Alptraum jedes Kaufmanns: Er hatte eine Nachfrage geschaffen, die er nicht befriedigen konnte.

Der hoffnungsvolle Jungunternehmer mußte nun alles daransetzen, seine Firma vor dem Ruin zu bewahren. Seine Mitarbeiter kündigten und gingen zu ihren früheren Arbeitgebern zurück. Aber Kroc zeigte die Flexibilität, die zu einem Markenzeichen seines Betriebes werden sollte. »Ich mußte mich sofort nach etwas anderem umsehen«, gestand er Jahre später.

Er suchte nach einem Produkt, das vom Krieg profitieren konnte, anstatt ihm zum Opfer zu fallen. Seine Suche führte ihn zu Harry Bruke, Sohn des Gründers von Good Humor, der zu den bekanntesten Eiscremeherstellern der USA gehört. Burke hatte gerade ein neues Produkt entwickelt, das man mit geeister Milch mischen konnte und ohne Zuckerbeigabe süßer und dicker als Eis war. Zucker war damals so stark rationiert, daß kaum noch Eis in den Handel kam. Burkes Produkt bestand aus Sirup und einem unbekannten Zusatz. Als die Milchproduktfirmen es mit eisgekühlter Milch mischten, kreierten sie ein Getränk, das den Fortbestand der Soda fountains, die ja auf ihre Hauptgetränke – zuckerhaltige Säfte und Milchshakes – verzichten mußten, sicherte.

Als Kroc Burkes Zusätze namens Shake-A-Plenty und Malt-A-Plenty sah, wußte er, wie er mit seiner Firma den Krieg überstehen konnte. Er übernahm den landesweiten Vertrieb, aber er machte sich keine Illusionen über die langfristigen Erfolgsaussichten des Produktes. »Sie waren reine Kriegskinder«, erklärte er später.

Trotzdem lernte Kroc aus dieser Erfahrung etwas ganz Entscheidendes: Ein Unternehmen muß in der Lage sein, blitzschnell auf unvorhergesehene Veränderungen am Markt zu reagieren, selbst wenn es dabei den Kurs vollständig wechseln muß. Nach dem Krieg begann sich wiederum ein neuer Trend am Markt abzuzeichnen, und auch jetzt gelang es Kroc, sich darauf in kürzester Zeit einzustellen. Es gab wieder Elektromotoren und Eiscreme, und Kroc machte sich daran, sein Multimixer-Geschäft neu zu beleben, um die durch den Krieg bedingte, verstärkte Nachfrage befriedigen zu können.

Der Multimixer wurde ein voller Erfolg. Der Umsatz stieg bald auf neuntausend Stück pro Jahr. Prince Castle beschäftigte drei Verkäufer in der Zentrale, acht Vertreter, die über Land reisten und drei Angestellte, die für die Direktbestellungen zuständig waren, Kroc verdiente 25 000 Dollar im Jahr – Ende der 40er Jahre ein beachtliches Einkommen. Er ließ sich in den Rolling Green Country Club in Arlington Heights, einer Vorstadt im Nordwesten Chicagos, aufnehmen. Er hatte sogar noch Zeit für ein paar Runden auf dem Golfplatz, z. B. mittwochs, wo er nur bis mittags arbeitete. Zum erstenmal im Leben glaubte Kroc – der inzwischen zu den Veteranen der Branche gehörte –, auf das richtige Produkt gesetzt zu haben, das ihm einen sorgenfreien Lebensabend garantierte.

Die Beschaulichkeit und Zufriedenheit war nicht von langer Dauer. Anfang der 50er Jahre ging der Umsatz der Multimixer auf zweitausend Stück pro Jahr zurück. Kroc war gezwungen, sein Team bis auf einen weiteren Verkäufer, seine Sekretärin und einen Lagerangestellten zu entlassen. Der Traum vom großen, lukrativen Geschäft und vom gesicherten Lebensabend war über Nacht zerronnen.

Zum Teil war daran der starke Wettbewerb schuld. Als Krocs Multimixer auf den Markt kam, konnte er dem Marktführer Hamilton Beach, der ein Mixgerät mit nur einem Rührwerk vertrieb, substantielle Marktanteile abnehmen. Aber Ende der 40er Jahre ›revanchierte‹ sich der Konkurrent mit einem Mixer mit dreiarmigem Rührwerk, der billiger und kompakter war als das Prince-Castle-Produkt. Innerhalb von wenigen Jahren hatte er die Vorherrschaft am Markt zurückerobert.

Krocs untrüglicher Instinkt sagte ihm jedoch, daß der eigentliche unberechenbare Faktor nicht Hamilton Beach, sondern der Markt selbst war. Der Massenexodus der Bevölkerung aus dem Innenstadtbereich in die schnell expandierenden Stadtrandgebiete hatte den meisten Soda fountains, die den Einzelhandel in der Eiscreme-Branche seit Krocs Markteintritt in den 20er Jahren dominierten, die Existenzgrundlage entzogen. Als sich das Geschäftsleben auf die Randgebiete verlagerte, änderte sich auch sein Gesicht, denn jetzt kam Softeis in Waffeln in Mode, zu dessen Herstellung Spezialmaschinen erforderlich waren. Nach dem Zweiten Weltkrieg hatten sich innerhalb von zehn Jahren zwei Softeishersteller zu den attraktivsten Franchisegebern in den USA entwickelt: der Marktführer Dairy Queen und sein Erzfeind Tastee Freez.

Als die beiden Ketten sich in den Vorstädten zu etablieren begannen, hatten sie schnell festgestellt, daß hier ein ganz anderes Verkaufsformat erforderlich war. Das Wohnareal war stark parzelliert und auseinandergezogen und gruppierte sich um die gewerblichen Grundstücke, die an den Hauptdurchgangsstraßen lagen. Die Straßen in den neuen Wohngebieten waren weit besser angelegt als in der Innenstadt. Die Anrainer hielten wenig von einem ein bis zwei Kilometer langen Anfahrtsweg, wenn sie zum Großeinkauf fuhren, der in der Stadt üblich war. Statt der kleinen Einzelhandelsgeschäfte entstanden jetzt riesige Einkaufszentren. Die neuen Softeisläden boten mindestens fünfzehn Kundenparkplätze und bedienten an Service-Fenstern; sie hatten sich auf ihre motorisierte Kundschaft eingerichtet. Für Kroc war diese Entwicklung ein Signal: Wenn man Restaurants in den Stadtrandgebieten ansiedeln wollte, mußte sie in ähnlichem Stil wie das Drive-in von Dairy Queen und Tastee Freez strukturiert sein.

Kroc machte sich umgehend daran, seine Multimixer den Verkaufsstellen von Dairy Queen und Tastee Freez anzubieten, die die Soda fountains zunehmend von der Szene verdrängten. Leider waren die Softeis-Verkäufer weniger an der Produktion von Milchshakes interessiert, weil der Profit beim Softeis hoch genug und die dafür benötigte Spezialmaschine bereits vorhanden war. Während Krocs wertvolle Informationen über den neuen Food-Service-Trend sammelte, hatte der rückläufige Umsatz der Soda fountains verheerende Auswirkungen auf sein Multimixer-Geschäft. Die Soda fountains stellten inzwischen zwei Drittel seiner Stammkundschaft, und die neu gewonnenen Kunden aus dem Softeisbereich konnte diese Lücke nicht schließen.

Ray Kroc kämpfte wieder einmal um den Fortbestand seines Unternehmens. Obwohl er an einem Punkt seines Lebens angelangt war, an dem viele Männer daran denken, von nun an etwas kürzerzutreten, verlor er nichts von seiner ursprünglichen Begeisterung für das Verkaufsmetier. Nun, da sein Unternehmen beinahe gescheitert war, stellte er sich der Aufgabe, den Multimixer mit neuer Kraft zu verkaufen. Als ihn der größte Restaurantausstattungs-Großhändler von Denver anrief und andeutete, er wolle eine größere Menge an Multimixern bestellen, sprang Kroc noch am selben Nachmittag in den Schnellzug Burlington Zephyr und fuhr die ganze Nacht durch, um am nächsten Morgen in dem Großhandelsbüro vorstellig zu werden. Nachdem er auch den letzten Abschnitt seiner Reise hinter sich gebracht hatte – nämlich vier Treppen mit einem schweren Musterkoffer in der Hand – erfuhr Kroc, daß der Händler lediglich an einer Bestellung von zwei Maschinen zu Ausstellungszwecken interessiert war.

Kroc wollte nicht akzeptieren, daß er für eine 300-Dollar-Bestellung eintausend Meilen weit gereist war. Er sprang in ein Taxi und fragte den Fahrer, ob er wisse, welche Läden in der Stadt den größten Umsatz mit Milchshakes machten. Den ganzen Tag lang fuhr er mit dem Taxi von einem Soda fountain zum nächsten, um den Betreibern für die Dauer von dreißig Tagen kostenlos einen Multimixer zur Verfügung zu stellen. Er verkaufte zehn Maschinen. Eine Woche später schrieb der Großhändler an Prince Castle und erklärte, warum er trotz der »Zusage, die wir Ihrem Mitarbeiter gegeben haben«, die zwei Mixer nicht geordert hatte: Die Kunden, für die sie ursprünglich gedacht waren, hatten gerade von jemand anderem Multimixer gekauft.

Krocs Hauptantwort auf den schrumpfenden Multimixer-Markt war eine Erweiterung der Produktpalette seines Unternehmens. Er drängte Sterling, den Hersteller der Multimixer, neue Foodservice-Produkte zu entwickeln. In der Folge entstanden nur nebensächliche Erzeugnisse, nicht die lebensrettenden Produkte, die Kroc wollte. Beispielsweise brachte Prince Castle Sales bald einen rechteckigen Eisschaber heraus, mit dem das Eisschaben weniger Kraftaufwand erforderte und der außerdem den anfallenden Abfall reduzierte. Unglücklicherweise benötigten die Kunden aber mehr Kraftaufwand, wenn sie einen damit gewonnenen Würfel Eiscreme aßen. Al Steiner, der Vorsitzende von Prince Castle, äußerte sich 1986 dazu: »Eis wurde damit in eine Form gebracht, die nicht für die Menschheit gemacht war, weil man es unmöglich auf dem Teller halten konnte.«

Überzeugt, daß der Foodservice-Zweig sein Unternehmen nicht länger aufrechterhalten konnte, sah Kroc sich verzweifelt nach anderen Gelegenheiten um. Einer seiner früheren Verkäufer bei Prince Castle wandte sich mit einem Set aus einem Küchentisch und einer Bank an ihn, das man zusammenklappen und in einen Schrank stellen konnte. Er hatte es Fold-A-Nook getauft. Kroc hielt es für ein womöglich revolutionäres Möbelstück – und sah darin den Rettungsanker für Prince Castle.

Auch Louis Martino, der Mann von Krocs Sekretärin June, interessierte sich für die Einheit. Er und ein Freund bauten eine kleine Fabrik in Addison, Illinois, in der sie das Set serienmäßig produzieren wollten. Kroc war einverstanden, das neue Produkt landesweit auf den Markt zu bringen, und Martino stellte einen Produktionsprototyp von Fold-A-Nook her, den er ihm zeigen wollte. Aber in letzter Minute entschied sich Kroc unvermittelt gegen dieses Wagnis. »Ray brauchte etwas, das er verkaufen konnte«, erinnert sich Martino. »Aber als er sich den Prototyp ansah, warnte ihn eine innere Stimme, daß sich das Gerät nicht dafür eigne.«

Nachdem Kroc Anfang 1954 Fold-A-Nook verworfen hatte, beschloß er, sich einen neuen Markt für den Multimixer zu suchen. Zuerst wollte er einmal herausfinden, warum die beiden McDonald-Brüder in Kalifornien so viele Multimixer brauchten. Sie hatten gerade zwei weitere Geräte – das neunte und zehnte – bei ihm bestellt. »Was machen die bloß damit?« fragte Kroc Jamison, seinen Vertreter, der für die Westküste zuständig war. »Ich schätze, sie haben sie alle in Gebrauch«, erwiderte Jamison. Kroc hatte ebenfalls bemerkt, daß das Drive-in in San Bernardino eifrige Nachahmer gefunden hatte, denn er bekam von vielen neuen Hamburger-Restaurantinhabern Anfragen, die das gleiche Gerät wie die McDonalds wollten. Obwohl sie sicher keine Ahnung davon hatten, machten die Brüder die wirksamste Reklame für den Multimixer, und Kroc beeilte sich, herauszufinden, woran das plötzlich erwachende Interesse lag. Als er das Lokal in San Bernardino sah, wurde ihm der Grund auf Anhieb klar. Er erkannte viel klarer als die McDonalds selbst, welch ungeheures Wachstumspotential dieses neue Fast food-Format barg.

Kroc wußte aus eigener Erfahrung, welche enormen Möglichkeiten der neue Trend bot, in den Stadtrandgebieten attraktive und moderne Restaurants zu eröffnen, die sich am Markt der motorisierten Familien orientierten. Eben derselbe Trend hatte zum Ruin der Soda fountains und des Multimixer-Geschäftes geführt.

Das, was man noch am ehesten als Rettungsaktion für den Multimixer bezeichnen konnte, war von den konventionellen Drive-ins ausgegangen. Sie machten das große Geschäft mit den Milchshakes und bezogen ihre Geräte hauptsächlich von Kroc, Aber er hatte ebenso wie die McDonalds die Probleme erkannt, mit denen sich die konventionellen Drive-ins mit ihren ›carhops‹ und dem nachlassenden Kundenstrom herumschlagen mußten. Da die ersten Drive-ins sowohl Sitzplätze im Restaurant als auch Bedienung am Auto anboten, mußten die Inhaber erst einmal ca.

300 000 Dollar investieren. Mitte der 50er Jahre war das eine ansehnliche Summe für einen unabhängigen Unternehmer. Das allein war schon ein Grund, warum das Franchising nicht recht florierte. Kroc wußte, daß Dairy Queen und Tastee Freez Tausende von Interessenten anzogen, weil hier eine Investition von 30 000 Dollar pro Filiale ausreichte.

Aufgrund seiner Erfahrungen mit den konventionellen Drive-ins war sich Kroc auch darüber im klaren, daß die Kapitalfrage nicht einmal zu den größten Schwächen des Systems gehörte. Viel schlimmer war das negative Image, das die Drive-ins alten Stils hatten. In vielen trieben sich die ›carhops‹ entweder beim Küchenpersonal oder mit den Kunden herum. Der schlechte Ruf schadete selbst den seriösen Unternehmen, die versuchten, dieses neue Restaurant-Format zu legitimieren. Als Bob Wian eine seiner ersten Big-Boy-Filialen in Dallas eröffnete, mußte er zwanzig ›carhops‹ aus Kalifornien einfliegen, weil sich vor Ort kein Personal gefunden hatte, das Wians Vorstellungen entsprach. Wian versuchte dem negativen Image des Drive-ins als Sexeldorado durch besonders strikte Regeln entgegenzuwirken. Einer seiner ehemaligen Geschäftsführer meinte dazu: »Man flog schneller auf die Straße, wenn man nach der Bedienung, als wenn man in die Kasse gelangt hätte.«

Kroc entdeckte, daß aufgrund dieser Probleme ein konventionelles Drive-in in den Stadtrandgebieten kaum ein größeres Publikum anlocken würde. Ein attraktiver Markt waren vor allem die jungen Familien, die nach dem Krieg für den Babyboom sorgten. Er wußte, die Softeis-Ketten profitierten bereits von diesem Kundensegment, aber ihre Produktpalette war zu begrenzt. Und da ihr Franchisesystem und ihre Verfahrenstechniken gravierende Mängel aufwiesen, hatten sich viele Unternehmen ausschließlich auf den Verkauf von Eis konzentriert und anderen Sparten des Restaurationsgewerbes wenig Beachtung geschenkt.

Als Kroc zum erstenmal ein McDonald's sah, ahnte er, daß mit Lokalen diesen Zuschnitts eine riesige Marktlücke zu füllen war. Für die Eröffnung eines McDonald's reichte ein Grundkapital von 75 000 Dollar, einschließlich des Kaufpreises für Gebäude und Grundstück, und deshalb war es das perfekte Franchising-Objekt. Da man auf ›carhops‹ verzichten konnte, wurde vornehmlich die größere Familienmarktsparte angesprochen. Und man verkaufte dort Milchshakes in Mengen, von denen die Soda fountains nur träumen konnten.

Kroc erkannte auf Anhieb das ungeheure Potential, das McDonald's in bezug auf eine landesweite Expansion bot. Im Gegensatz zu den mehr bodenständigen Brüdern war er an ausgedehnte Reisen gewöhnt und sah Hunderte von großen und kleinen Märkten, in denen er sich gute Absatzchancen ausrechnete. Er kannte die Branche und wußte, daß McDonald's ein ernstzunehmender Konkurrent sein konnte.

Die Brüder sahen über ihren begrenzten Horizont nicht hinaus. Neal Baker, dessen Fast food-Kette mit Zentrale in San Bernardino zu den ersten Nachahmern von McDonald's in Kalifornien zählte, glaubt, das allein sei schon eine ausreichende Erklärung dafür, warum die Brüder einen Mann wie Kroc brauchten. Baker teilte die Abneigung der McDonalds in bezug auf das Reisen und ihre Vorstellungen von einem lokal begrenzten Markt. »Wir sahen vor lauter Wald die Bäume nicht mehr«, erklärte er. »Ray Kroc war ständig unterwegs und hatte mit McDonald's große Pläne. Er hatte unzählige Städte im ganzen Land besucht und malte sich aus, in jeder ein McDonald's zu eröffnen.«

Bei seinem ersten Besuch in San Bernardino hatte Kroc herausgefunden, daß die McDonalds einen Ersatz für ihren Franchiseagenten Bill Tansey suchten. Er kehrte nach Chicago zurück, nachdem die Brüder ihm versprochen hatten, ihn von ihrer Wahl zu benachrichtigen, damit er Kontakt zu den neuen Franchisenehmern aufnehmen und ihnen seine Multimixer anbieten konnte.

Nachdem er eine Woche lang über McDonald's nachgedacht hatte, kam er zu einem Entschluß. Er rief Dick McDonald an und fragte ihn, ob er in der Zwischenzeit einen Agenten gefunden habe. »Bis jetzt noch nicht«, antwortete Dick. »Wie wär's denn mit mir?« meinte Kroc.

Am nächsten Tag flog Kroc wieder an die Westküste, dieses Mal, um einen Vertrag auszuhandeln, der ihm das Exklusivrecht sicherte, Franchisenehmer in ganz Amerika zu verpflichten. Die Brüder begrüßten natürlich einen Experten, wie Kroc es war, bestanden aber auf ihren Vertragsbedingungen. Zu den wichtigsten Verhandlungspunkten gehörte die Festsetzung der Franchisegebühren. »Gehen Sie mit Ihren Forderungen nicht zu hoch«, rieten die McDonalds. Das Vertragskonzept der Brüder ließ bereits erkennen, daß Kroc wohl die vielversprechendste – und unrentabelste – Franchise der gesamten Branche offerieren würde. Kroc sollte eine einmalige Lizenzgebühr von 950 Dollar verlangen, und für das nachfolgende Leistungsprogramm nur 1,9 % des Umsatzes pro Filiale. Davon blieben Kroc 1,4 % für die Finanzierung des Franchise-Paketes. Der Rest – 0,5 % des gesamten McDonald's-Umsatzes – behielten sich die Brüder für die Benutzung ihres Namens und ihres Fast food-Systems vor.

Wäre Kroc ein Mann gewesen, der sich vor allem für die finanzielle Ausbeute eines Geschäftes interessierte, hätte er vielleicht bemerkt, wie einseitig der Vertrag war, den man mit ihm schloß. Wären sich die McDonalds bewußt gewesen, daß zum Franchising mehr gehört als der Verkauf ihres Namens und eines detaillierten Verfahrenshandbuches, hätten sie erkannt, daß es Kroc unmöglich gelingen konnte, seine Franchisenehmer aktiv zu unterstützen und einen Gewinn zu erwirtschaften. Daß Kroc den Vertrag akzeptierte, war ein reiner Akt der Verzweiflung. »Ich habe unterschrieben, weil das Multimixer-Geschäft stagnierte, und ich brauchte etwas, das Zukunft hatte«, meinte er später.

Und er erklärte sich nicht zuletzt deshalb mit der Regelung einverstanden, weil er nicht nur eine Verdienstquelle im Franchising, sondern vor allem im Verkauf der Multimixer an seine Abnehmer sah. Er hoffte, sein Absatztief auf dem Multimixer-Markt mit Hilfe seiner möglichen neuen Kunden zu überwinden. Aber schon auf dem Rückflug wurde ihm klar, daß der Multimixer nicht der Kern seines neuen Projektes sein würde. In San Bernardino waren zwar ständig vier Mixer gleichzeitig in Gebrauch, aber die meisten McDonald's-Filialen würden nicht mehr als zwei benötigen. Das galt sogar für das Restaurant in Des Plaines, das Kroc als Modell plante. Selbst wenn es Kroc gelang, in einem Jahr hundert Franchisenehmer zu finden und ihnen zwei Multimixer à 150 Dollar zu verkaufen, trug sich das Geschäft nicht selbst. »Ich begann, mich realistischer mit dem McDonald's-Projekt auseinanderzusetzen«, erinnert sich Kroc. »Der Multimixer hatte eine Lebensdauer von ca. zehn Jahren, aber das Hamburger-Geschäft konnte über Jahrzehnte hinweg, Tag für Tag, florieren.«

Daß Kroc die richtige Entscheidung getroffen hatte, als er sich auf das Hamburger-Geschäft konzentrierte, zeigte sich in den folgenden Jahren am Umsatz der Multimixer. Selbst mit der Unterstützung der neuen McDonald's-Franchisenehmer verkaufte Krocs Prince Castle Sales nicht mehr als zweitausend Geräte pro Jahr. Das Umsatzvolumen war nicht höher als zehn Jahre zuvor und machte nur ein Viertel dessen aus, was in den Zeiten erreicht werden konnte, als der Mixer noch ein echter Verkaufsschlager gewesen war. 1965 wurden die Multimixer bei McDonald's dann endgültig durch Geräte ersetzt, aus denen die bereits fertigen Milchgetränke gezapft wurden, ähnlich den Modellen, die heute in Betrieb sind.

Krocs langjähriger Kontakt mit dem Gaststättengewerbe hatte seinen Blick für die Zukunftschancen der Fast food-Branche und die Möglichkeiten, davon zu profitieren, geschärft. Als Kroc am 2. März 1955 sein neues Franchising-Unternehmen, das McDonald's System, Inc. (das 1960 in McDonald's Corporation umbenannt wurde), gründete, wiesen ihn seine Anfangsstrategien eindeutig als kompetenten Restaurantexperten aus. Davon zeugte u. a. auch die Entscheidung, am Grundkonzept, das die Brüder McDonald entwickelt hatten, festzuhalten. Er führte zwar etliche zum Teil auch umfangreiche verfahrenstechnische Veränderungen ein, um die Effizienz und die Konformität des Gesamtsystems zu verbessern, aber diese Neuerungen waren im Grunde nur eine Verfeinerung, die das ursprüngliche Konzept unangetastet ließen.

Dieser Hang schien ganz natürlich für einen Mann, der aus dem Verkauf kam und sich mehr dafür interessierte, ein bereits vorhandenes Produkt an den Mann zu bringen als ein neues zu erfinden. Nicht alle, die ihr Glück auf dem neuen Fast food-Sektor zu machen hofften, zeigten diese Neigung. So mancher, der das McDonald's-System kopierte, konnte der Versuchung nicht widerstehen, ihm seinen eigenen Stempel aufzudrücken. Auch das ist verständlich, denn diese Branche steckte damals noch in den Kinderschuhen, und niemand hätte sich als anerkannter Experte profilieren können. Wer konnte schon mit Sicherheit behaupten, die McDonalds hätten das beste Fast food-System entwickelt, oder auch nur eines, das ohne substantielle Veränderungen landesweit Erfolg versprach?

Schon vor Krocs Einstieg waren die wenigsten künftigen Unternehmer nach ihrem Besuch im McDonald's in San Bernardino so fasziniert, daß sie auf eigene Ideen bereitwillig verzichteten. Sie kopierten nur das in ihren Augen Wesentliche und gestalteten den Rest nach eigenen Vorstellungen, um ein eigenes optimales System zu schaffen. Natürlich entging ihnen dabei vieles, was tatsächlich ›wesentlich‹ war, und die Kopie war nur selten genausogut oder gewinnträchtig wie das Original. Dieser Fehler wurde noch oft im Verlauf der Fast food-Entwicklung gemacht, vor allem von den Unternehmern, die bereits auf eine langjährige Erfahrung im Gaststättengewerbe zurückblicken konnten, zu den Nachzüglern am Fast food-Markt zählten und überzeugt waren, mehr zu wissen als die ›Pioniere‹, denen nichts anderes als ein ›Kopfsprung ins eiskalte Wasser‹ übrigblieb.

Kroc erkannte die Falle, vielleicht weil er in erster Linie Verkäufer war und nicht aus dem Gaststättengewerbe stammte. Er hätte, wie die anderen Imitatoren, das Konzept der Brüder einfach kopieren und seine Franchise-Version verkaufen können, ohne sie mit 0,5 % am Gesamtumsatz zu beteiligen. Die Erklärung, daß er die Einbuße bereitwillig akzeptierte, um einen Namen führen zu können, der besser als ›Kroc's‹ zu vermarkten war, ist zu oberflächlich. Kroc selbst hat vor mehr als zehn Jahren eine wesentlich logischere geliefert, als er anläßlich einer Schulung für Nachwuchsführungskräfte im Dartmouth College die Frage beantwortete, warum er sich für das McDonald's Franchising entschieden habe, anstatt das System einfach zu ›stehlen‹. Er meinte: »Wenn ich das getan hätte, wäre ich in Teufels Küche gekommen, weil ich unweigerlich all die Fehler gemacht hätte, die den McDonald-Brüdern nicht erspart geblieben sind. Ich hatte absolut keine Lust, diese Fehler zu wiederholen. Wenn einmal etwas funktioniert und sich als gut erwiesen hat, hat man schon einmal einen Riesenvorsprung.«

Als es dann endlich soweit war, das Franchisesystem, das McDonald's oder andere konzipiert hatten, in die Praxis umzusetzen, mußte Kroc feststellen, daß es nicht seinen Vorstellungen entsprach. Ein völlig neues Konzept war notwendig. Auch hier kam ihm seine Erfahrung als Küchengeräte-Verkäufer zugute. Er hatte ausreichend Gelegenheit gehabt, die ersten Franchisegeber auf dem Fast food-Sektor, die in größerem Stil operierten – wie z. B. Dairy Queen und Tastee Freez, die zu seinen Kunden zählten –, und ihre mannigfaltigen Probleme eingehend zu studieren. Er war von den Methoden dieser Franchising-Pioniere fasziniert. Was ihn am meisten beschäftigte, war die Tatsache, daß sie sich auf Kosten ihrer Franchisenehmer so schnell und so problemlos wie möglich zu bereichern versuchten.

Don Conley, der erste Franchise-Vizepräsident von McDonald's und ehemaliger Verkaufsleiter eines Unternehmens, das Warmhaltegeräte an dieselben Kunden lieferte, denen Kroc seine Multimixer verkaufte, erinnert sich, wie verächtlich Kroc über die Franchisegeber sprach, denen er auf Fachmessen begegnete. »Er nannte sie eine Bande von Schmarotzern, die auf Kosten ihrer Lizenznehmer ihre Schäfchen ins Trockene brachten. Ihnen lag nur das eigene Wohl am Herzen; für andere Aspekte des Geschäftes waren sie blind. Ray vertrat eine völlig entgegengesetzte Theorie. Er glaubte, daß ein Franchisegeber automatisch Erfolg hat, wenn er seine Franchisenehmer in ihrem Erfolgsbemühen unterstützt. Er nahm sich vor, seinen Beitrag zum gemeinsamen Wohl zu leisten.«

Krocs Methode ähnelte im wesentlichen der von ihm schon vorher im Multimixer-Geschäft praktizierten: Er suchte nach einem Weg, seinen ›Kunden‹ mit seinem ›Produkt‹ zum Erfolg zu verhelfen. So simpel die Idee auch klingen mag, sie war im Vergleich zu den damals herrschenden Bedingungen in der Fast food-Branche revolutionär. Krocs Vorstellungen von einer ausgewogenen Partnerschaft sind ohne Zweifel sein größtes Vermächtnis.

Bei allen anderen damals gängigen Franchise-Konzepten machten die Franchisegeber den größten und schnellsten Profit: entweder dadurch, daß sie ihre Lizenzen an die Investoren zu horrenden Pauschalgebühren vergaben, oder indem sie die Franchisenehmer mit den notwendigen Produkten, wie z. B. Nahrungsmitteln, Papier oder Geräten versorgten – natürlich zu einem Preis, der weit über dem üblichen Marktpreis lag. Im Gegensatz dazu sollten alle Schritte von Krocs Franchising-Plan zunächst einmal den Erfolg seiner Franchisenehmer stärken; auf dieser Basis würde dann auch McDonald's selbst florieren. Kroc wußte instinktiv, daß ihm ein schneller Geldsegen auf Kosten seiner Franchisenehmer keinen dauerhaften Erfolg brächte. McDonald's war gefordert, den Endverbraucher zu befriedigen, mußte aber – und das wußte Kroc als gewiefter Verkäufer natürlich – auch seine Franchisenehmer unterstützen und sich deren Loyalität sichern. Auch sie waren seine Kunden, und wenn sie keinen Erfolg hatten, hatte er auch keinen Erfolg.

Die Tatsache, daß so viele angehende Unternehmer an einer Partnerschaft mit Kroc in der mageren Anfangs- und Entwicklungsperiode von McDonald's interessiert waren, gibt Aufschluß über sein wohl hervorstechendstes Merkmal als Geschäftsmann: sein Engagement für das Produkt, das er repräsentierte, und die Fähigkeit, andere seine Überzeugung spüren zu lassen und dadurch zu motivieren. Natürlich war Krocs Verkaufstalent eine absolut notwendige Voraussetzung, denn die Idee, eine Hamburger Kette mit einem Produkt aufzubauen, das nur fünfzehn Cents kostete, war für damalige Zeiten mehr als unüblich. Die meisten Profis in der Branche hielten sie für unrealisierbar.

Man hat Kroc vieles angedichtet, was nicht der Wirklichkeit entsprach, aber eines ist verbürgt: er war ein Verkaufsgenie. Er besaß die natürliche Gabe, mit Menschen umzugehen. Er war ein Redner, der durch seine Überzeugungskraft und seine blendende Rhetorik brillierte und dem es immer wieder gelang, die Zuhörer in seinen Bann zu schlagen, wenn er vor ein Mikrofon trat. Fred Turner, Präsident von McDonald's, erinnert sich, wie mühelos Kroc eine Rede aus dem Ärmel schüttelte: »Er hielt aus dem Stegreif die besten Reden, die ich je gehört habe. Er betrat das Rednerpult mit einem Blatt Papier, auf dem nur drei Worte vermerkt waren. Er sprach zehn Minuten lang, blickte auf sein Konzept und ging dann zum nächsten Thema über.«

Wenn Kroc diese Gabe bei einem persönlichen Gespräch einsetzte, konnte er alles verkaufen, selbst eine damals noch so unausgereift wirkende Idee wie das Fast food-Konzept. Krocs ›Werbekampagne‹ für McDonald's war für diejenigen, die sie miterlebten, ein Ereignis, von dem die wenigsten unberührt blieben. »Wenn Ray über das McDonald's sprach, gelang es ihm, die Leute aufmerksam zu lassen, aufzurütteln«, meinte Fred Turner. »Er strahlte Menschlichkeit und Wärme aus, hatte Humor, aber auch einen Sinn für das Wesentliche im Geschäftsleben. Er machte seinen Standpunkt eindeutig klar, z. B. was Qualität und Sauberkeit betraf, aber aus seinem Munde klang es nie unpersönlich. Qualität war kein subjektiver Begriff, sondern eine Tatsache. Wenn er erklärte, wie man die Buns* toastet, konnte man sie direkt vor sich sehen. Und wenn er seine Rede beendet hatte, verspürte man Hunger.«

Kroc mußte sein Redetalent zumeist vor einem kritischen Publikum unter Beweis stellen, vor seinen möglichen Lieferanten, seinem Führungskräftenachwuchs, vor seinem Kreditgebern und Franchisenehmern. Kroc schuf *das* McDonald's, weil es ihm gelang, jeden dieser vier Geschäftspartner zu überreden, für eine gemeinsame Idee zu kämpfen und dasselbe Risiko zu tragen, das auch er einzugehen be-

---

* Hamburger-Brötchen

reit war. Auch wenn Kroc seinen Partnern ein überdurchschnittlich effektives Fast food-Format und ein außerordentlich attraktives Leistungsprogramm anbieten konnte, so war es nicht das System selbst, das sie überzeugte, sondern die Art und Weise, wie Kroc ihnen dieses System schmackhaft machte.

Seine Verkaufstaktik bestand aus einer gelungenen Kombination von markantem persönlichen Stil und verblüffender Offenheit. Kroc war ein Mann, der nur wenige Geheimnisse hatte und suchte, selbst wenn es um so persönliche Angelegenheiten wie sein Einkommen, den Kaufpreis seines Hauses oder seine Schulden ging. Genauso handhabte er es im Geschäftsleben. Er machte seinen Franchisenehmern – im Gegensatz zu vielen anderen Franchisegebern während der 50er Jahre – keine Illusionen oder unhaltbare Versprechungen, sondern konfrontierte sie mit sachlichen, präzisen und an der Wirklichkeit orientierten Informationen.

Von Anfang an bestand Kroc bei seinem Franchisenehmern auf detaillierten Umsatzberichten und Kostenaufstellungen, die er großzügig an seine potentielle Kundschaft weiterleitete. Wenn ein Interessent sich nach dem Gewinn erkundigte, den eine McDonald's Filiale zuließ, so gab er ihm das Muster einer Gewinn- und Verlustrechnung, warnte ihn jedoch davor, daraus den Rückschluß zu ziehen, später einmal selbst dieselbe Bilanz vorweisen zu können. »Die schwierigste Frage, die man mir stellte, war immer die nach dem Gehalt, das der angehende Franchisenehmer sich zahlen würde«, meinte Kroc. »Ich habe darauf geantwortet: ›Sie haben kein Gehalt. Wenn Sie fünfundzwanzig oder fünfzig Dollar brauchen, nehmen Sie sie aus der Kasse. Damit müssen Sie leben. Das Geld, das Ihnen am Ende des Jahres übrigbleibt, ist Ihr Verdienst.‹ Ich wußte nicht, wie hoch ich dies ansetzen sollte.«

Dieselbe Offenheit erwartete Kroc auch von seinen Zulieferfirmen. Sie hatten ihre Kosten und Preise offen darzulegen, und Kroc gab die Zahlen an seine Franchisenehmer weiter, damit sie sahen, daß er sich nicht auf ihre Kosten bereichern wollte. Für Kroc war Offenheit und Ehrlichkeit eines der wichtigsten Verkaufsargumente, insbesondere in einem so nebelhaften Bereich wie im Franchising. »Wenn man etwas verkauft, was so wenig greifbar ist, wird man leicht zum Betrüger gestempelt. Aber wenn der andere merkt, daß man ehrlich ist, sieht die ganze Sache anders aus«, meinte Kroc. »Und ich hatte das Gefühl, daß mich die meisten Franchisenehmer für einen ehrlichen Geschäftsmann hielten.«

Kroc zeichnete sich nicht nur durch seine Freimütigkeit, sondern auch durch seine Fähigkeit aus, zu Hunderten von Mitarbeitern und Geschäftspartnern eine ganz persönliche Beziehung aufzubauen. Selbst als Kroc die Siebzig überschritten hatte und die McDonald's-Familie auf mehrere tausend Mitglieder angewachsen war, verblüffte er die Lizenznehmer, die er zum Teil seit Jahren nicht mehr gesehen hatte, immer wieder mit Details, die er in oft weit zurückliegenden Gesprächen erfahren hatte. »Von dem Augenblick an, wenn Ray jemanden kennenlernte, machte er sich im Kopf ›Notizen‹ über seinen Gesprächspartner, über seine bevorzugten Getränke und Mahlzeiten, seine Lieblingsmusik oder die Schlipse, die er trug. Er vergaß solche Einzelheiten nie und konnte sie noch Jahre später wieder aus seinem Gedächtnis abrufen. Das machte natürlich gewaltigen Eindruck auf die Leute«, bemerkte Fred Turner.

Mit einfachen Worten: Kroc sorgte mit seinem Charisma dafür, daß McDonald's attraktiv wurde. Der eigentliche Zauber bestand in seinem unerschütterlichen Glauben an die Zukunft des Fast food-Geschäftes, das er am Rande der Mojave-Wüste entdeckt hatte. Wenn man die ersten Zulieferfirmen, die den Lizenznehmern verlängerte Zahlungsfristen einräumten, oder die Franchisenehmer, die eine Hypothek auf ihr Haus aufnahmen, um ein McDonald's zu eröffnen, oder die Manager, die eine hoffnungsvolle Karriere aufgaben, fragte, warum sie alles auf eine Karte setzten und ihr Schicksal in die Hände eines 52jährigen Geschäftsmannes legten, der sämtliche Regeln und Traditionen der Branche in Frage stellte, so erhielt man die einstimmige Antwort, daß sie sich von Krocs Begeisterung anstecken ließen.

Als Jack Smith 1958 in die McDonald's-Zentrale platzte, um seine Neugier bezüglich des neuen Fast food-Franchisings zu befriedigen, das in seiner Heimatstadt Chicago aufkam, stellte man ihn sofort Kroc vor. Der zeigte ihm Gewinn- und Verlustrechnungen mit 20 Prozent Endgewinn und erklärte ihm, weshalb der Background als Leiter eines Bekleidungsgeschäftes ›perfekt‹ für ein McDonald's-Franchise war. »Zuerst glaubte ich, ich hätte es mit einem Verrückten zu tun, und überlegte mir schon einen würdigen Abgang«, erinnert sich Smith, ein Franchisenehmer mit acht Läden in Mobile, Alabama. »Ich wußte, daß bei keinem legalen Einzelhandelsgeschäft ein solches Ergebnis herauskam. Aber als ich in seine blauen Augen sah, erblickte ich nur einen seriösen und glaubwürdigen Mann. Ich habe mir Henry's angesehen [eine andere 15-Cent-Hamburger-Kette, die zur gleichen Zeit wie McDonald's in Chicago aufgemacht hatte] und war dort auf einen Angeber gestoßen, der mir erzählte, wie groß sie die Sache aufziehen wollten. Ray war kein Prahlhans, kein Übertreiber. Man fühlte ein Charisma, eine glühende, wenn auch bodenständige Begeisterung. Ich verließ sein Büro mit dem Gedanken, daß sich mein Leben bereichert hatte, selbst wenn ich nie wieder zu McDonald's zurückkehren würde.«

Krocs Begeisterung für McDonald's rührte zweifellos von jenem Charakterzug her, der ihn als Verkäufer vor allem auszeichnete: einem unerschütterlichen Optimismus. Er zweifelte nie an der Zukunft seiner Verkaufsprodukte und schien auch von gelegentlichen Mißerfolgen unbeeindruckt zu bleiben. Selbst als Anfang 1952 sein Multimixergeschäft zugrunde ging, schrieb Kroc seinen Händlern aufmunternde Briefe. In einem Rundschreiben von 1953 merkte er an, daß »jedes Verkaufsteam, das es wert ist dabeizusein, neue Bereiche angehen und neue und bessere Verkaufstricks erproben muß«. Er schloß seine Botschaft mit einem seiner vielen ›Krocismen‹, jenen Äußerungen positiven Denkens, die immer noch McDonald's Unternehmensbüros schmücken und die Perspektive der jeweiligen Manager darin beeinflussen: »Niemand kennt alle Ursachen für einen gestiegenen

Absatz. Sonst wäre man nämlich reif, und wenn man reif ist, verfault man.«

Obwohl Kroc wenige Monate, bevor er McDonald's System gründete, 52 Jahre alt geworden war, schritt sein Reifeprozeß weiter voran. Er besaß die Energie und Vitalität eines Mannes in den Dreißigern. Don Conley, sein erster Lizenzverwalter, erinnert sich, wie er und Kroc das McDonald's-Büro um fünf vor sechs Uhr abends verließen, gerade noch rechtzeitig, um mit einem schnellen Spurt den Sechs-Uhr-Zug an der Northwestern Station vier Querstraßen weiter zu erwischen. Wenn sie einstiegen, konnte Conley nie begreifen, warum er, ein Mann in den Dreißigern, nach Atem schnappte und sein fast zwanzig Jahre älterer Chef nicht.

Auch in einem Alter, wo die meisten Leistungsträger daran denken, ihren Erfolg zu genießen, war Kroc noch bereit, seine unerschöpflichen Energien auf sein neuestes Wagnis zu richten. Er wußte, daß ein neues Unternehmen ihn völlig in Anspruch nehmen würde und er wieder siebzig Stunden in der Woche arbeiten müßte, wie er es als junger Mann getan hatte. Er wußte, daß er andere Leidenschaften wie Golfspielen zurückstellen mußte. (Später gab er zu, daß McDonald's sein Handicap um zehn Schläge erhöht hatte).

Kroc wußte außerdem, daß er in einem Lebensabschnitt, in dem andere allmählich an die eigene finanzielle Sicherheit denken, ein beträchtliches finanzielles Opfer würde bringen müssen. Kroc kam nicht als reicher Mann zu McDonald's. Seine Einkünfte aus dem Multimixer hatten sich auf 12 000 Dollar jährlich halbiert. In den folgenden acht Jahren lebte er von diesen Einkünften; 1961 kassierte er seinen ersten Dollar aus dem McDonald's-Gehalt. Vorübergehend strich er Überflüssiges wie die Mitgliedschaft in seinem Countryclub und bezahlte seine Haushaltsrechnungen zum letztmöglichen Zeitpunkt. Er erhöhte sein persönliches Bankdarlehen und belieh sogar seine Lebensversicherung, um zu gewährleisten, daß die Gehälter einiger neuer Angestellter gezahlt werden konnten.

Fest steht, daß Kroc willens war, die Gelegenheit beim Schopf zu ergreifen und zu McDonald's zu gehen, weil sich die Entwicklung bei Prince Castle so dramatisch verschlechtert hatte. Aber auch, wenn er sicher hoffte, daß McDonald's seine finanzielle Lage auf lange Sicht verbessern würde, war er nicht darauf aus, über Nacht reich zu werden. Tatsächlich scheint Geld für Ray Kroc kein wichtiger Motivationsfaktor gewesen zu sein. Er forderte seine Angestellten auf, sich darauf zu konzentrieren, gute Arbeit zu leisten, und nicht darauf, Geld zu verdienen. Wenn sie hart arbeiteten und ihre Arbeit liebten, sagte er, würden sich die Geldprobleme von selbst lösen. »Wenn jemand nur gern Geld verdient, interessiert er mich nicht«, sagte Kroc Jahre später. »Ich mag jeden, der das, was er tut, gerne macht, weil ich diese Einstellung am meisten schätze.«

Was Kroc mehr als alles andere motivierte, war die feste Überzeugung, daß er schließlich doch noch die Idee gefunden hatte, mit der sich das Unternehmen größeren Stils aufbauen ließ, von dem er seit Ende der 30er Jahre – als er die sichere Karriere bei Lilly Tulip gegen eine ungewisse Zukunft eintauschte – geträumt hatte. Mit zweiundfünfzig suchte er immer noch nach der Zauberformel, die ihm ermöglichte, mit Hilfe seiner in drei Jahrzehnten gewonnenen Verkaufserfahrungen das Tor zum großen Erfolg zu öffnen. McDonald's war in seinen Augen genau der Platz, an den er gehörte und eine Gelegenheit, die sich einem nur ein einziges Mal im Leben bietet. »Für mich ging es im Grunde um Leben oder Tod«, sagte Kroc. »Wenn ich die Chance McDonald's verspielt hätte, hätte ich nicht gewußt, was ich tun sollte.«

KAPITEL 3

Das Franchising-Rennen

Es gibt Unternehmen, deren Erfolg darin begründet liegt, daß sie ganz neue Wege gehen. Apple Computer gehört zu ihnen; sie konnten mit der Einführung des ersten Personal Computers substantielle Marktanteile erzielen. Federal Express ist führend auf dem Gebiet der Expreßzustellung, weil es als erstes Serviceunternehmen den Massenmarkt für diese Dienstleistung entdeckt hat. Xerox konnte sich eine Spitzenposition auf dem Büromaschinensektor erobern, weil es dem Konzern gelungen war, Kopiergeräte marktfähig zu machen. Und weil McDonald's in der Branche eine so dominierende Stellung einnimmt, ist verständlich, warum der Konzern bei einem großen Teil der Bevölkerung als Erfinder des Fast food-Franchising, ja sogar das Franchisesystems schlechthin, gilt: Beides entspricht nicht den Tatsachen.

Als Ray Kroc am 2. März 1955 die Firma McDonald's System, Inc., gründete, gehörte er zu dem kleinen Kreis der Unternehmer, die das Franchising auf die noch in den Kinderschuhen steckende Fast food-Branche auszudehnen gedachten. Krocs McDonald's mußte sich gegen eine starke Franchising-Konkurrenz zur Wehr setzen, wie z. B. Burger King, Kentucky Fried Chicken oder Chicken Delight, die schon länger im Geschäft waren. Innerhalb von wenigen Jahren war das ›Revier‹ überlaufen. Ständig drängten neue Konkurrenten, wie beispielsweise Burger Chef, Burger Queen, Carol's oder Sandy's, auf den Markt. Die neuen Fast food-Ketten orientierten sich damals fast ausschließlich an Franchising-Methoden, die seit der Jahrhundertwende in anderen Wirtschaftszweigen erprobt waren.

Das erste moderne Franchising-Konzept entwickelte sich nach Beendigung des Amerikanischen Bürgerkrieges, als der

Nähmaschinenhersteller Singer eine Kette von Einzelhandelsgeschäften eröffnete und Schutzrechte an örtliche Unternehmer vergab, die im eigenen Namen und für eigene Rechnung tätig waren. Aber das Konzept begann sich erst um die Jahrhundertwende durchzusetzen, als die Auto- und Softdrinkhersteller durch die Lizenzvergabe an örtliche Händler und Getränkedepots ein landesweites Vertriebsnetz aufbauten. Die Vorteile, die dieses Kooperationssystem brachte, lagen klar auf der Hand. Die Investoren trugen in der Aufbauphase die Hauptlast der Kosten und des Risikos. Die Großhandelspreise waren in der Regel stabiler als die Einzelhandelspreise. Und wie im Fall der Autoindustire, wurden die örtlichen Händler und nicht Detroit mit so lästigen Problemen wie Umtausch und Reparaturen konfrontiert. Außerdem rechneten die Hersteller damit, ihren Absatz zu steigern, wenn der Händler vor Ort für den Käufer zum Ansprechpartner wurde. Anfang der 30er Jahre entdeckten auch die Ölgesellschaften die Vorteile des neuen Konzeptes und wechselten zu dieser Form eines organisierten Absatzsystems über.

Das sogenannte Hersteller-Franchising begann sich schon nach kurzer Zeit durchzusetzen und ist auch heute noch ein immenser Wirtschaftsfaktor: Mehr als die Hälfte der Lizenzeinnahmen, die sich jährlich auf ca. 576 Millionen Dollar belaufen, sind – laut Schätzung der Franchise-Experten Charles Vaughn – dieser Franchising-Variante zuzurechnen. In den 30er Jahren begann sich das Franchising auch auf den Einzelhandel und das Dienstleistungsgewerbe auszudehnen, wo es sein größtes Wachstum erreichte. Anfang der 30er Jahre bauten die ersten Autoersatzteile-Distributoren, wie z. B. die Westen Auto Supply Company, ihre Unternehmensketten nach dem Franchising-Prinzip aus. Drugstoreketten wie Rexall, Warenhausketten wie Ben Franklin und Lebensmittelketten wie die IGA (Verband unabhängiger Einzelhandelsunternehmen) folgten ihrem Beispiel.

Mit der wachsenden Beliebtheit der Autos war Amerika zu einer mobileren Gesellschaft geworden und – dank der Erfindung des Radios – außerdem noch zu einem attraktiven

Inlandsmarkt. Nicht nur die Hersteller betrieben mit Hilfe der Mediawerbung Imagepflege, sondern auch der Einzelhandel kämpfte um die Erhaltung seines Marken- und Produktgruppen-Images und damit um Marktvolumen. Die Lösung ihres Problems sahen sie im Franchising.

Zeitgleich mit dem Siegeszug des Automobils begann sich das Franchisesystem auch in der Lebensmittelbranche durchzusetzen. Im Jahre 1924 gründeten zwei Unternehmer namens Allen und White die erste Lebensmittelkette auf Franchise-Basis, um ihren unverwechselbaren Root Beer-Syrup zu vertreiben. Ihre Verkaufsstände, in denen anfangs ausschließlich A & W Root Beer auf der Karte stand, errichteten sie neben Drive-in-Restaurants, erst später wurden auch Speisen angeboten. A & W verkaufte seine ersten Franchiselizenzen für sage und schreibe 2000 Dollar, erzielte seine Profite dann aber mit dem Verkauf von Root-Beer-Konzentrat und Kühlanlagen an die Franchisenehmer. Im Lauf der Zeit entstanden zwar mehrere hundert Verkaufsstellen, der angestrebte Einstieg ins Fast food-Business gelang jedoch nicht. Dazu mangelte es sowohl auf der Speisekarte wie auch in der Geschäftspolitik an Einheitlichkeit.

Heute ist A & W nur noch als Pionier des Franchisesystems in der Nahrungsmittelbranche in Erinnerung. 1927 erwarb J. Willard Marriott die A & W-Lizenz in Washington, D.C. Innerhalb eines Jahres machte er aus A & W Root Beer die beliebte Restaurantkette Hot Shoppe's, deren Erfolg in erster Linie auf gegrillten Sandwiches aufbaute. Wie jedermann weiß, wurde aus der Marriott Corporation später die größte Hotelkette der Vereinigten Staaten.

Das Verdienst, die erste Restaurantkette auf Franchisebasis entwickelt zu haben, wird üblicherweise Howard Johnson zugeschrieben, der 1935 Lizenzen für seine Restaurants und Eissalons zu vergeben begann. Johnson demonstrierte der Branche, welche Marktwirkung eine Unternehmenskette erzielen konnte, die sich auf das Kapital und die unternehmerischen Fähigkeiten ihrer Franchisenehmer stützt. Innerhalb von vier Jahren schmückte der Name Howard Johnson's mehr als hundert Eissalons und sicherte der Kette eine

Führungsposition auf dem amerikanischen Markt. Die Unternehmenserträge wurden fast ausschließlich durch den Verkauf von Eiscreme und anderen Lebensmitteln erzielt, mit denen die firmeneigenen Depots die Franchisenehmer belieferten.

Aber der Franchise-Boom in der Lebensmittelzustellbranche setzte erst ein, als Harry Axene Mitte der 40er Jahre die Franchising-Szene betrat. Axene, Verkaufsleiter der Landmaschinenfabrik Allis Chambers, hielt sich 1944 anläßlich einer Familienfeier in East Moline, Illinois, auf. Dort entdeckte er eine völlig neue Art von Eisdiele. Sie gehörte einem Mann namens Jim Elliott, die Rechte an den technischen Geräten sowie am Herstellungsprozeß allerdings besaß John McCullough, ein Molkereibesitzer aus Davenport, Iowa. Diese wiederum hatte McCullough von Harold Oltz erworben, der eine Maschine entwickelt hatte, die ein spezielles Milchgemisch in einem fünf Fuß langen Zylinder abkühlte und einen steten Fluß weicher Eiscreme produzierte. Dieses Eis war von ähnlicher Konsistenz wie die gefrorene Vanillesoße, die die Kunden mit dem Finger aus dem Becher schleckten. Um in Sekundenschnelle eine Eistüte zu füllen, brauchte man lediglich den Hahn der Maschine zu öffnen. Als Axene an Elliotts Laden vorbeifuhr, war er verblüfft über die vielen Kunden, die davor Schlange standen. »Was verkaufen die da – Nylonstrümpfe?« fragte er seine Schwester. Nylonstrümpfe waren während des Zweiten Weltkrieges ein seltenes Produkt. »Nein«, antwortete seine Schwester, »das ist Dairy Queen.«

McCullough, der das Dairy-Queen-Mixgetränk entwickelt hatte, wußte, daß dieses Softeisprodukt ungeahnte Absatzchancen hatte, aber er konnte es nicht vermarkten. Axene überredete McCullough zu einer Partnerschaft, bei der ihm selbst die Aufgabe zufiel, Franchisenehmer für Dairy Queen zu suchen. Ihm gelang der Durchbruch, als ein Eistütenhersteller aus Chicago ihm half, 26 investitionsfreudige Unternehmer – vorwiegend aus der Eiscremebranche – zu einem Meeting in einem Hotel in Moline zusammenzutrommeln.

Alle 26 Investoren waren bereit, den Exklusivvertrieb von

Dairy Queen zu übernehmen. Manche sicherten sich Absatzgebiete, die nicht nur die Stadt, sondern einen gesamten Staat umfaßten. Axene setzte die Abschlußgebühren zwischen 25 000 und 50 000 Dollar an. Zusätzlich verlangte er 45 Cents für jede Gallone* Softeismix, die sie bei ihm kauften. »Franchisenehmer zu finden, war kein Problem«, erinnert er sich. »Wer das Eis gekostet hatte, wollte es haben.«

Das Franchising-Rennen begann an diesem Tag in einem Hotel in Moline. Mit wenig mehr als einem zugkräftigen Namen, einer unkomplizierten Rezeptur und einem relativ simplen Servicekonzept, das einer neuartigen Eiscrememaschine zu verdanken war, gelang Axene ein sensationeller Start. Vielleicht war er der erste, der ahnte, welch ungeheures Vermögen sich mit dem Fast food-Franchising verdienen ließ. Er hatte keinerlei Pflichten: war nicht gezwungen, Richtlinien festzusetzen, Produktionsverfahren zu überprüfen. Rohstoffe einzukaufen oder das Endprodukt zu vermarkten. Allein die Franchisegebühren machten ihn zum Millionär.

Derartig leicht verdientes Geld lockte zahllose Franchisegeber und -nehmer an. Bevorzugt wurden Restaurants im Drive-in-Format, die aufgrund ihrer festgelegten Menüs und Verfahrenstechniken auch von Anfängern ohne nennenswerte Probleme geführt werden konnten. Da sie sich stark von den konventionellen Restauranttypen unterschieden, waren sie auch bald zu einer Attraktion für branchenfremde Investoren geworden. Drive-ins wie das Dairy Queen waren auch für Interessenten mit wenig Kapital erschwinglich, z. B. für Tausende von GIs, die sich nach dem Zweiten Weltkrieg eine neue Existenz aufbauen mußten. Viele der Veteranen nahmen Kredite auf, die für ganz andere Zwecke bewilligt waren, und finanzierten damit ihren Start ins Geschäftsleben.

Das beispiellose Wachstum von Dairy Queen revolutionierte die gesamte Restaurantbranche. Als Axene 1948 in den Ruhestand trat, gab es bereits 2500 Dairy-Queen-Ver-

---

* 1 Gallone = ca. 3,78 Liter

kaufsstellen, und einige Franchisenehmer hatten inzwischen Hot Dogs und Schnellgerichte in ihr Angebot aufgenommen. 1949 war Axene eine neue Partnerschaft mit Leo Moranz eingegangen, der ein kleineres und leistungsfähigeres Gefriergerät entwickelt hatte, als bei Dairy Queen in Gebrauch war. Die Partner stellten die Eismaschine in den neu eröffneten Tastee-Freez-Verkaufsstellen auf, die Dairy Queen bald stark Konkurrenz machten. Mitte der 50er Jahre verfügte Tastee Freez über etwa 1500 Verkaufsstellen im ganzen Land.

Während Axene und Moranz einen Sektor der Drive-in-Franchising-Industrie entwickelten, leistete Bob Wian auf einem anderen Teilgebiet Pionierarbeit. Wian hatte bereits Ende der 30er Jahre begonnen, eine Restaurantkette nach dem Franchise-Prinzip aufzubauen, die sich inzwischen nicht nur auf den Big Boy, sondern auch auf eine Reihe anderer Schnellgerichte spezialisiert hatte. Der große Durchbruch kam aber erst Ende der 40er Jahre mit dem Franchising der Drive-ins, in denen noch ›carhops‹ arbeiteten, und zwar aufgrund eines Artikels über den BIG BOY im *Time Magazine*. »Danach erhielt ich so viele Anfragen, daß ich einigen Interessenten absagen mußte«, erinnert sich Wian.

Dairy Queen und Big Boy gehörten zu den Außenseitern im Franchise-Rennen. Der Dairy-Queen-Eissalon basierte auf einem einzigen Produkt, war im Winter geschlossen, und die Lizenz kostete weniger als 30 000 Dollar. Wian verkaufte Lizenzen für sein Big-Boy-Restaurant, welches das ganze Jahr über geöffnet blieb, einen vollen Service bot und eine Kapitalinvestition von 250 000 Dollar und mehr erforderte. Anfang der 50er Jahre wurde klar, daß es zwischen diesen beiden Restauranttypen eine Lücke zu schließen galt.

Als Kroc 1954 mit den Gebrüdern McDonald ins Geschäft kam, begann sich diese Lücke bereits zu schließen. Durch den Erfolg von Dairy Queen und Big Boy angelockt, belebten die ersten Lizenzgeber die Szene, die in ihrem Konzept bei beiden Extremen eine Anleihe gemacht hatten. Zwei Jahre vor der Begegnung zwischen Kroc und den McDonalds hatte A. L. Tunick das Fast food-Franchising auch auf andere Bereiche als das Softeisgeschäft ausgedehnt. Tunick, ein Altmetallhändler, hatte in einer Fabrik, die er ausräumen sollte, eine Spezialfriteuse entdeckt. Als der Erfinder des Gerätes ihm demonstrierte, wie man in einem Drittel der sonst üblichen Zeit Hähnchen in dem riesigen Drucktopf fritiert, entschloß sich Tunick, die Serienproduktion zu finanzieren und eine Fast food-Kette nach dem Franchisesystem aufzubauen. Die Franchisenehmer mußten sich verpflichten, die Friteuse, die zum Schwerpunkt des Geschäftes werden sollte, bei ihm zu kaufen. Als Tunick 1964 sein Unternehmen an die Consolidated Food verkaufte, gehörten zu Chicken Delight mehrere hundert Restaurants.

Die größte Kette, die sich auf fritierte Hähnchen spezialisiert hatte, entstand 1952, als Harlan Sanders, ehemaliger Motel- und Restaurantbesitzer in Corbin, Kentucky, Pete Harmon traf. Sanders leitete ein Hamburger-Restaurant in Salt Lake City. Sie lernten sich bei einem Seminar für Gastwirte in Chicago kennen. Kurz danach stattete Sanders seinem neuen Freund einen Besuch ab, als er auf dem Weg zu einer Tagung der Christian Church in Australien war. Als Harmon seinem Gast erzählte, daß er immer noch nach einem ganz speziellen Gericht für seine Speisekarte suche, erklärte Sanders: »Heute abend koche ich.«

Harmon bekam das beste fritierte Hähnchen vorgesetzt, das er je gegessen hatte. Bevor Sanders sich verabschiedete, hatte er ihm das Rezept entlockt, dessen Geheimnis aus elf verschiedenen Gewürzkräutern bestand. Schon nach wenigen Tagen gelang es ihm, seinen Speiseplan damit zu bereichern. Auf der Fensterscheibe des Restaurants prangte der neue Name: Kentucky Fried Chicken. Als Sanders auf dem Rückweg wieder in Salt Lake City Zwischenstation machte, stellte er fest, daß sein Hähnchengericht inzwischen der Renner geworden war und 50 % des Gesamtumsatzes ausmachte. Ein Jahr nach Bestehen von Kentucky Fried Chicken war Harmons Umsatz um das Dreifache, auf 450 000 Dollar, gestiegen. Als er 1952 ein weiteres Restaurant aufmachte, lud er Sanders zur Eröffnungsfeier ein und gab ihm den Namen ›Kentucky Colonel‹.

Harmon überredete Sanders, sein Produkt landesweit zu lizensieren, und 1954 stimmte dieser zu. Sein Programm war einfach: Er gab das Rezept an die Restaurantchefs weiter, die eine Lizenz für die Eröffnung eines Kentucky-Fried-Chicken-Restaurants erwarben, und kassierte eine Gebühr von fünf Cents für jedes verkaufte Hähnchen. Harmon wurde der erste Lizenznehmer; bald darauf folgte Jim Collins, der mit seinem ›Hamburger Handout‹ das Lokal der McDonalds kopiert hatte. Diese beiden Unternehmen gehören auch heute noch zu den größten Kentucky-Fried-Chicken-Konzessionsinhabern mit je 250 Verkaufsstellen und mehr.

1954 standen nicht nur Kroc und Sanders an einem Wendepunkt ihrer Karriere, sondern auch etliche andere Unternehmer: Dave Edgerton wurde z. B. der erste Franchisenehmer von Instaburger King; er erwarb die Lizenz für den gesamten Dade-County-Bezirk, der zu Miami, Florida, gehört, von Keith Kramer und Mattey Burns. Die beiden Geschäftsleute hatten sich als alleinige Lizenzgeber für ein Fast food-System etabliert, in dessen Mittelpunkt eine absolute Novität stand: ein automatischer Grill, den eine Küchengeräte-Firma in Los Angeles entwickelt hatte. Noch im selben Jahr tat sich Edgerton mit Jim McLamore, einem Restaurantbesitzer in Miami, zusammen.

Beiden war eines gemein, das sie von der großen Schar der Fast food-Pioniere abhob: Sie hatten die Hotelfachschule, die der Cornell-Universität angeschlossen war, besucht. Allein das machte sie zu Außenseitern in der Branche, denn Mitte der 50er Jahre war die zukunftsträchtige Fast food-Branche zum Tummelplatz für Abenteurer und seriöse Unternehmer aus den unterschiedlichsten Wirtschaftsbereichen geworden. Es gab nur wenige, die über eine fundierte theoretische Ausbildung oder Branchenerfahrung verfügten. Edgerton und McLamore gelang als einzigen der große Durchbruch mit ihren Instaburger-Restaurants, weil sie die konventionellen Schulweisheiten, die man sie gelehrt hatte, ignorierten. Edgerton korrigierte das fehlerhafte Design des von Instaburger King gelieferten Grills; McLamore verbesserte das Image des Unternehmens, indem er einen Viertelpfünder namens ›Whopper‹ in seine Speisekarte aufnahm. 1957 besaßen die beiden Partner bereits vier Restaurants in Miami und begannen, den neu konzipierten Bräter und das erweiterte Menü als Lizenznehmer von Burger King, das mit dem Slogan ›Heimat des Whopper‹ warb, zu vermarkten. Als die Franchisegeber in Jacksonville einige Jahre später in finanzielle Schwierigkeiten gerieten, erwarben Edgerton und McLamore das Exklusivrecht für das Burger-King-System.

Die beiden erfolgreichen Unternehmer sorgten bald für einen weiteren Konkurrenten im Fast food-Rennen. Um die alten Grills und die Shake-Maschinen, die sie 1954 zusammen mit der InstaBurger-King-Lizenz für Miami erworben hatten, durch neue zu ersetzen, nahmen sie Kontakt zu General Equipment in Indianapolis auf. Die größten Probleme hatte man mit dem Grill, einem von Rube Goldberg hergestelltem Gerät, in dem die Hamburger in Metallkörben durch den Fließband-Grill transportiert wurden. Die Körbe sollten sich am Anfang des Bandes öffnen, um die rohen Brätlinge aufzunehmen, sie dann während des Grillens festhalten und sich am anderen Ende automatisch wieder öffnen, um die fertigen Hamburger freizugeben. Aber das Gerät funktionierte nur selten einwandfrei – es besaß eine fatale Neigung zum Totalausfall und sorgte für so manche schlaflose Nacht.

Edgerton konstruierte einen weit einfacheren, leistungsfähigen Fließband-Grill ohne Körbe, und er und McLamore wandten sich an General Equipment in Indianapolis, die das Gerät bauen sollten. Die Firma hatte sich bereits mit ihren Sani-Softeismaschinen und Sani-Milchshakegeräten einen Namen gemacht. Als sie die Produktion für Burger King übernahmen, hatten sie ein komplettes Fast food-Portfolio beisammen. Die Chance, Burger King Konkurrenz zu machen, statt sie zu beliefern, erschien ihnen verlockender. Deshalb beschlossen Frank und Dave Thomas, die Inhaber von General Equipment, im Jahre 1957, ihre eigene 15-Cent-Hamburger-Kette nach dem Franchisesystem aufzubauen, die auf dem Fließband-Grill basierte. Aufgrund ihrer üppigen finanziellen Ressourcen waren sie im ›Großen Fast food-Rennen‹ dem Konkurrenten Burger King bald um Längen voraus.

Küchengeräte-Hersteller waren nicht die einzigen Betriebe außerhalb des Nahrungsmittelsektors, die Mitte der 50er Jahre vom Franchise-Virus in der Fast food-Branche angesteckt wurden. Auch die Nahrungsmittelindustrie selbst betrachtete Franchising als geradezu selbstverständliche und überaus lukrative Erweiterung ihres ursprünglichen Betätigungsfeldes. Genau wie die Gerätehersteller, die auf den Markt strömten, versprachen sich auch die Lebensmittelproduzenten vom Verkauf ihrer Erzeugnisse an Franchisenehmer die größten Gewinne. Nur fünf Monate, nachdem Ray Kroc 1955 sein erstes McDonald's Restaurant in Des Plaines aufgemacht hatte, öffnete zehn Meilen entfernt die Bressler Ice Cream Company in Chicago ihren ersten 15-Cent-Hamburgerladen, den sie auf den Namen Henry's taufte. Auch in anderer Hinsicht lagen die beiden Unternehmen nicht weit voneinander entfernt: Henry's war fast das genaue Abziehbild eines McDonald's Drive-in, und auch das war kein Zufall. David Bressler, einer der fünf Brüder, denen die Eiscremefabrik gehörte, hatte während eines Aufenthaltes an der Westküste Jim Collins' Hamburger Handout gesehen, eine der Kopien des ersten Restaurants der Gebrüder McDonald. Bressler sprang sofort auf das neue Konzept an und bat Collins, seinen Bruder Charles entsprechend anzuweisen, damit dieser mit Henry's auf den Markt kommen könne. Collins erteilte Chuck Bressler eine dreiwöchige Lehrstunde im Hamburger Handout und flog anschließend selbst nach Chicago, um die Eröffnung des ersten Henry's im Nordwesten des Landes tatkräftig zu unterstützen.

Aber McDonald's und Henry's waren Mitte der 50er Jahre beileibe nicht die einzigen Restaurantketten, die die Hoffnung hegten, das Fast food-Konzept, das gerade Kalifornien eroberte, in den Mittleren Westen verpflanzen zu können. In Illinois hatten mindestens drei andere Kettenbetreiber dieselbe Idee. Chicago war unter anderem auch der Sitz von Golden Point, einer weiteren McDonald's-Kopie, die vielversprechend startete, in den frühen 60er Jahren aber schon wieder dichtmachte. Bei Sandy's wiederum handelte es sich um eine 1957 in Peoria gegründete Kette, die von einigen von Krocs frühesten Franchisenehmern ins Leben gerufen wurde. Sie kopierten einfach das McDonald's-System, was natürlich einen Vertragsbruch bedeutete. Auch Sandy's kam gut aus den Startlöchern, verschmolz aber später mit Hardee's. Carol's schließlich, jene Hamburger-Kette, die Leo Moranz Ende der 50er Jahre in Chicago gründete (und nach seiner einzigen Tochter benannte), war ein Versuch, über das Tastee-Freez-Franchise hinaus zu expandieren, mit dem Moranz Anfang der 50er Jahre begonnen hatte. Carol's hatte zwischenzeitlich etwa zweihundert Verkaufsstellen, bevor es in den späten 60ern vom Markt verschwand, um letztlich als Franchisenehmerin von Burger King geschluckt zu werden.

Als Ray Kroc am 15. April 1954 sein Restaurant in Des Plaines eröffnete, konnte man ihn kaum als Pionier des Fast food-Franchising bezeichnen. Jeder schien plötzlich die große Chance wahrzunehmen, die Kroc entdeckt hatte. Die einzigen, die diesen neuen Markt zu ignorieren schienen, waren die Unternehmen, die vielleicht die geeignetsten Kandidaten im Rennen gewesen wären: die konventionellen Restaurants mit mittleren Preisen. Vielleicht lag es daran, daß das Fast food-Konzept einen so radikalen Bruch mit der gastronomischen Tradition darstellte, daß die konservativen Restaurants sich keine große Zukunft davon versprachen. Welche Gründe auch immer dahintersteckten, das neue Restaurant-Format mit den damals attraktivsten Wachstumsraten weckte bei Branchenkennern wenig Interesse – außer bei denen, die sich vornehmlich an einem ›mobilen‹ Markt orientierten, wie z. B. Fred Harvey, der eine Restaurantkette der mittleren Preisklasse an Bahn- und Busstationen unterhielt, und Howard Johnson, der Hunderte von Lokalen abseits der Hauptverkehrsstraßen eröffnet hatte, die man zu den Vorläufern des Fast food-Franchising zählen muß.

Die etablierten Restaurantketten, die sich auf den Fast food-Sektor wagten, waren zumeist außerstande, die Revolution in ihrer vollen Tragweite zu begreifen, die einige

Außenseiter ausgelöst hatten. Jim McLamore erinnert sich, daß er Mitte der 50er Jahre in das Büro von Howard Johnson Senior bestellt wurde, der sich über das bei Burger King benutzte Fließband informieren wollte. Der damals dreißigjährige McLamore, der wegen des Interesses, das der legendäre Johnson für sein Fast food-Format zu bekunden schien, fast in Panik geriet, packte in Windeseile das Gerät in seinen Lieferwagen und fuhr damit zu Johnsons Büro in Miami, wo sich eine der Zentralen des Konzerns befand. »Mir war, als hätte ich eine Audienz beim Papst«, meinte McLamore. Johnson war vor dem Burger-King-Konzept fasziniert, aber seine Berater fügten zahllose neue Ideen hinzu, um ihm den spezifischen ›Howard-Johnson-Touch‹ zu geben. Sie bestanden darauf, verschiedene Eiscreme-Geschmacksrichtungen anzubieten – ein Hauptmerkmal der Johnson-Kette – und nicht nur Hamburger, sondern auch Sandwiches in die Speisekarte aufzunehmen. Schließlich war es soweit: Johnsons Ho Jo Jr's kündigte seine Teilnahme am ›Großen Rennen‹ an, disqualifizierte sich jedoch bereits kurz nach dem Start aufgrund der allzu umfangreichen Speisekarte und des zu langsamen Service. »Mir hat es jedenfalls Spaß gemacht – und Ray Kroc mit Sicherheit nicht minder –, zuzuschauen, wie die Leute versuchten, unser Fast food-System zu verbessern«, meinte McLamore. »Sie schienen überhaupt nicht zu bemerken, wie simpel es im Grunde war, welche Kundenbedürfnisse es ansprach und was eigentlich hinter dem Fast food-Gedanken stand.«

Kroc war zwar nicht der einzige, der sich eine Chance beim großen Rennen ausrechnete, aber er war mit Sicherheit der einzige, der ein wirksames Konzept hatte. Allen Vorstellungen der Öffentlichkeit zum Trotz muß gesagt werden, daß Kroc weder den Hamburger für 15 Cents, das Selbstbedienungs-Drive-in oder das Fast food-Produktionskonzept erfunden hat. Was Kroc tatsächlich fand, war ein einzigartiges Franchisesystem, eines, das McDonald's von allen Fast food-Pionieren wesentlich unterschied.

Als Kroc die Franchising-Branche, in die er einzutreten geplant hatte, einer genauen Überprüfung unterzog, stellte er fest, daß die Methoden seiner Konkurrenten einige schwerwiegende Fehler aufwiesen. Im Verlauf seiner Tätigkeit als Vertriebsleiter hatte er Einblicke in diese neue Branche gewonnen, die vielen ihrer Vertreter fehlten. Seine Branchenkenntnisse erlaubten ihm eine langfristige Orientierung, während die meisten, die sich in diesen Geschäftszweig wagten, nur den kurzfristigen Profit im Auge hatten. Kroc hatte nur ein einziges Ziel: ein krisensicheres Geschäft aufzubauen, das sich durch Einheitlichkeit und Qualität der Dienstleistungen und Produkte auszeichnete. Um dieses Ziel zu erreichen, verlangte er größere Weisungs- und Kontrollbefugnisse als andere Lizenzgeber, war aber als Ausgleich dazu auch bereit, auf den Gewinn, der für andere vorrangig war, zu verzichten.

In der Aufbauphase tauschte Kroc regelmäßig Tonbandberichte mit den McDonalds aus, die ebenfalls von seinem ausgeprägten Qualitätsbewußtsein zeugen. Ein immer wiederkehrendes Thema seiner elektronischen Episteln war die Klage über die ›Franchising-Mafia‹, die damals zu den größten McDonald's-Konkurrenten zählte. Kroc beurteilte die Entwicklung des Fast food-Franchising mit erstaunlicher Hellsichtigkeit – er sah voraus, daß der extrem hohe Zulauf einen großen Teil der Unternehmen vom Markt verdrängen würde. »In dieser Branche wird es vermutlich bald den härtesten Konkurrenzkampf geben«, heißt es in einer Tonbandaufnahme, die Kroc 1958 an die Brüder schickte. »Aber wir sind die einzigen, die eine solide Methode entwickelt haben. Alle anderen werden eingehen wie die Fliegen. Das sind skrupellose Abenteurer, die auf die Schnelle reich werden wollen und kräftig die Werbetrommel rühren. Ich habe dabei vier ganz bestimmte Hamburger-Ketten im Auge, und keiner weiß, wie viele noch dazukommen. Sie werden sich aufführen wie Berserker. Die Franchisenehmer sind gemeint. Und die ›Namensgeber‹ werden keinen Finger rühren, solange sie Geld sehen. Nur die Stärksten werden überleben, und ich werde dafür sorgen, daß wir auf der Liste ganz oben stehen. Ich weiß, daß wir die einzigen sind, die ehrliche und reelle Geschäfte machen.«

Krocs Franchise-Politik unterschied sich in mehrfacher Hinsicht von der der Konkurrenz. Erstens, und das war vielleicht am wichtigsten, vermied er es, umfassende Territoriallizenzen zu erteilen. Kroc war entschlossen, den Interessenten Verträge anzubieten, die sich auf einen einzigen Verkaufspunkt beschränkten und nicht mehr als eine Gebühr von 950 Dollar kosteten. Er widerstand der Versuchung, der viele andere vor und nach ihm erlegen waren: mit der Vergabe von Exklusivrechten für einen größeren Markt, wie z. B. einen gesamten Staat, um möglichst schnell seine Schäfchen ins Trockene zu bringen. Zu der Zeit, als Kroc in das Franchise-Business einstieg, konnten die Franchisegeber 50 000 Dollar und mehr mit der Erteilung von Gebietsrechten an die Lizenznehmer verdienen, und es war leicht verdientes Geld; der Lizenzgeber war zu keinerlei Gegenleistungen verpflichtet. Auch wenn vertraglich vorgesehen war, daß der Franchisegeber dem Franchisenehmer in der Anlaufphase zu helfen und ihn mit dem Organisationskonzept vertraut zu machen hatte, strich der Lizenzgeber für gewöhnlich den Löwenanteil am erwirtschafteten Gewinn ein.

Gelegentlich wurden die Gebietsrechte auch unterteilt: Lizenznehmer, die die Rechte für einen relativ großen Absatzmarkt erworben hatten, besserten ihr Einkommen durch die Vergabe von Unterfranchisen auf, und diese wurden, wenn das Gebiet sehr groß war, noch einmal aufgesplittert. Aufgrund dieser Praktiken war das Franchising in Verruf gekommen, weil die Lizenznehmer zur leichten Beute derer wurden, die ein Fast food-Konzept verkauften, ohne die geringste Gegenleistung zu bieten.

Als Kroc McDonald's übernahm, sorgte er dafür, daß die Gebietsrechte auch exklusiv blieben. Lizenzen von Dairy Queen und Tastee Freez umfaßten ein riesiges Verkaufsgebiet. Axene verlangte für die Dairy-Queen-Lizenz bis zu 50 000 Dollar, und Moranz hatte insgesamt nur fünfundzwanzig Haupt-Franchisenehmer für Tastee Freez, von denen jeder ein riesiges und exklusives Absatzgebiet beherrschte. Wie zu der Zeit üblich, splitteten die Hauptkonzessionäre ihr Terrain auf, und die Kette der Unterfranchisenehmer bestand nicht selten aus drei oder vier Gliedern. Die Lizenzgebühren, die das letzte Glied der Kette – der einzelne Restaurantinhaber – zu zahlen hatte, waren zwischenzeitlich zu einer Lawine angewachsen. Da alle ihren Anteil am Eiscreme-Umsatz verlangten, blieb ihm nur noch ein geringer Nettogewinn. Die meisten Dairy-Queen-Lizenznehmer hatten schon nach kurzer Zeit keine Lust mehr, so vielen ›Herren‹ zu dienen und ihren Obolus zu entrichten; sie änderten das System sowie den Namen Dairy Queen und arbeiteten auf eigene Rechnung weiter.

Territoriale Lizenzerteilung beschränkte sich aber keineswegs nur auf die Softeis-Branche. Auch die meisten der frühen Hamburger- und Chicken-Ketten bedienten sich dieses Systems. Burger Kings größter Lizenznehmer zum Beispiel, Diversifoods Incorporated, hatte die Franchiserechte für den ganzen Staat Louisiana und für Chicago erworben. In 377 Restaurants wurde ein Reingewinn von mehr als 500 Millionen Dollar erwirtschaftet, was dem Ergebnis einer mittelgroßen selbständigen Fast food-Kette gleichkam. Kein Wunder, daß Pillsbury, die Muttergesellschaft von Burger King, Diversifood 1985 aufkaufte, um ihren größten Franchisenehmer wieder voll unter Kontrolle zu haben. Die Praxis des territorialen Franchisings wurde auch in der jüngeren Vergangenheit weiter betrieben. Der enorme Erfolg von Wendy's International in den 70er Jahren ist nicht zuletzt auf den aggressiven Verkauf großer Territoriallizenzen an potente Investoren zurückzuführen, von denen man verlangte, rasch neue Verkaufseinheiten aufzubauen.

Doch selbst wenn die Ziele der Franchisegeber ehrbar waren, brachte die territoriale Lizenzvergabe gelegentlich schwerwiegende Probleme mit sich. Dairy Queen machten zum Beispiel nicht nur die vielen Abtrünnigen zu schaffen. Aufgrund der territorialen Lizenzerteilung war es extrem schwierig, die Entwicklung der Kette zentral zu steuern. Die großen territorialen Franchisenehmer, die viel Geld in ihre Unternehmen gesteckt hatten, gestalteten ihre Verkaufsgebiete nach eigenem Gusto. Dies hatte zur Folge, daß die Dairy Queen-Verkaufsstellen bald überall unterschiedlich geführt wurden. Manche boten Speisen an, andere nicht, wieder andere verkauften verschiedene Sorten Eisbecher, und sogar die Eistüten waren unterschiedlich groß. Mangels effektiver, zentraler Überwachung war die Qualität der Geschäfte vor Ort höchst schwankend. Wie sich Axene erinnert, hielten manche Betreiber bei Service und Produktangebot einen hohen Standard, während andere ›mogelten‹, indem sie das Eis mit Wasser streckten.

Das eigentliche Problem bei der territorialen Lizenzverteilung bestand jedoch darin, daß man mit der Wahl eines ungeeigneten Franchising-Kandidaten einen Schneeballeffekt auslöste. Wenn ein Lizenzgeber nur ein einziges ›schwarzes Schaf‹ in seiner Herde hat, kann er das verkraften. Aber wenn dieses ›schwarze Schaf‹ das Recht hat, in seinem exklusiven Verkaufsgebiet so viele Restaurants aufzumachen, wie er möchte, leidet der Franchisegeber bald unter Alpträumen.

Axene ging 1948 von Dairy Queen weg und tat sich später mit Leo Moranz zusammen, um Tastee-Freez zu gründen. Die beiden versuchten einige der Probleme auszuschalten, die sich aus der territorialen Lizenzvergabe ergeben hatten. Für Tastee-Freez verwendeten sie eine erheblich verbesserte Eismaschine, die automatisch flüssiges Milchgemisch nachpumpte und so das entnommene ständig durch frisches ersetzte. Im Gegensatz dazu erforderte die Dairy Queen-Maschine, bei der mit der einen Hand gepumpt werden mußte, während mit der anderen das Eis in die Tüte gequetscht wurde, erheblich mehr Geschick.

Das Kühlaggregat war das teuerste Gerät eines Tastee-Freez-Betriebs, die vergleichsweise billige Pumpe jedoch das Herzstück im System. Axene und Moranz hatten sich eine clevere Strategie ausgedacht, um ihre neue Kette besser im Griff zu behalten: Sie verkauften ihren territorialen Franchisenehmern das Kühlaggregat, verpachteten ihnen hingegen die Pumpe. Wenn sich ein Franchisenehmer als ›schwarzes Schaf‹ entpuppte, beendete man einfach den Pachtvertrag für die Pumpe und hielt so den Schaden für das Unternehmen in Grenzen. Im Tastee-Freez-Jargon nannte man die Züchtigung eines aufsässigen Franchsise-nehmers ›die Pumpe ziehen‹.

Dairy Queen und Tastee Freez verloren im Laufe der Zeit an Bedeutung, weil es ihnen trotz aller Bemühungen nicht gelang, ihre Franchisenehmer mit den riesigen Absatzgebieten unter Kontrolle zu halten, vor allem aber deshalb, weil sie es Mitte der 50er Jahre versäumten, ihre große Chance zu ergreifen und auf den ›Fast food-Zug‹ aufzuspringen. Aufgrund der mangelnden Kontrolle waren sie unfähig, ihre Franchisenehmer zu einheitlichen Speisekarten und Serviceleistungen zu bewegen. Und da sie den Absprung ins Fast food-Geschäft nicht geschafft hatten, konnten sie den Immobilienboom der 60er Jahre und den damit verbundenen astronomischen Anstieg der Grundstückspreise nicht verkraften. Zehn Jahre später stand Tastee Freez kurz vor dem Bankrott. Obwohl sich Dairy Queen besser ›schlug‹, büßte es seine Vorrangstellung auf dem Franchise-Markt ein.

Axene gibt heute zu, daß er, wenn er noch einmal ins Franchising-Rennen einsteigen würde, sich an Krocs gemächlichere Gangart halten, mehr Wert auf die Qualität der Produkte und die Serviceleistungen legen und auf den schnellen Gewinn durch die Erteilung von Lizenzen für große Absatzgebiete verzichten würde. »Ich würde mir Zeit lassen und nur erstklassige Qualität akzeptieren«, meinte der Gründer von Dairy Queen. »Wir hatten es viel zu eilig. Wir sahen das große Geld auf der Straße liegen und dachten nur daran, uns unseren Anteil zu holen. Ich habe das Gefühl, Kroc hat aus unseren Fehlern gelernt und ein besseres Konzept entwickelt.«

Kroc schaffte es, die Kontrolle zu behalten, weil er jeweils nur eine Lizenz für ein einziges Restaurant erteilte. Während andere Franchisenehmer die Exklusivrechte für so riesige Einzugsgebiete wie Washington, D.C., Cincinnati und Pittsburgh erhielten, war das Absatzgebiet der Krocschen Lizenznehmer auf einen Radius von etwa zwei oder drei Kilometer beschränkt, und ab 1969 auf das einzelne Restaurant. Selbst in seiner Anfangszeit verkaufte Kroc diese Rechte nicht, sondern er gewährte sie. Die Kontaktnehmer hatten nicht das Recht, so viele McDonald's-Restaurants in ihrem Gebiet zu eröffnen, wie es ihnen beliebte. Die vertragliche Regelung sah vielmehr vor, daß der Lizenznehmer weitere McDonald's aufmachen durfte, wenn der Konzern ihm dazu die Genehmigung erteilte. Er konnte zwar verhindern, daß McDonald's anderen eine Franchising-Lizenz in seinem Gebiet erteilte, aber er konnte für sich selbst keine weiteren Lizenzen fordern.

Auf diese Weise konnte McDonald's bereits in der Anlaufphase seine ›schwarzen Schafe‹ aussortieren und den Schaden begrenzen. Besonders erfolgreiche Lizenznehmer, wie John Gibson und Oscar Goldstein in Washington oder Lou Groen in Cincinnati, brachten es bis Ende der 50er Jahre zwar auf je 43 bzw. 40 Lizenzen, aber viele kamen über die erste nicht hinaus. Das lag daran, daß Kroc es vorzog, Marktanteile zu opfern, um die Qualität des Systems aufrechtzuerhalten. Als McDonald's 1971 seine Zentrale in das achtstöckige Bürogebäude in Oak Brooke verlegte – ein Stadtrandgebiet im Westen Chicagos, dessen Bewohner sich vornehmlich aus Angestellten mit gehobenem Einkommen zusammensetzen –, landete es mitten in einem Markt, in dem es weit unterrepräsentiert war. Der Grund dafür war, daß Joseph Sweeney, dem Kroc 1957 das Gebiet zugeteilt hatte, ein Restaurant führte, das nicht McDonald's hohem Stand entsprach. Sweeney wurde die Lizenz für ein zweites McDonald's verweigert. Das Unternehmen kaufte 1968 seine Lizenz zurück, und heute gibt es dort inzwischen fünfzehn McDonald's-Restaurants.

Natürlich war Kroc sich im klaren darüber, daß die Finanzlage rosiger gewesen wäre, wenn er höhere Gebühren für Territoriallizenzen verlangt hätte. Aber er wußte auch, daß diejenigen die bereit waren, viel Kapital zu investieren, auch etwas für ihr Geld haben wollten – vor allem die Zusicherung, daß sie den Standort bestimmen, das Restaurant nach eigenen Wünschen gestalten und ohne Krocs Einmischung führen konnten. Dank seiner Erfahrung als Multimixer-Repräsentant hatte Kroc bei Ketten wie Dairy Queen und ähnlichen die negativen Auswirkungen beobachten können, die sich aus einem Mangel an zentraler Lenkung ergaben. Was ihm vor allem wichtig schien, war die Einheitlichkeit von McDonald's-Restaurants, die landesweit zu einem Inbegriff für schnelle Bedienung und Produktqualität werden sollte. Und er war davon überzeugt, daß dieses Ziel nur durch strenge Kontrolle über die Lizenznehmer zu erreichen war. Während andere Ketten ihren Franchisenehmern erhebliche Freiheiten gestatteten, gehörte die Forderung nach systemkonformer Leistung zu Krocs unerschütterlichsten Prinzipien. »Ich werde hier kein ›Affentheater‹ dulden (auf seiten der Lizenznehmer)«, teilte Kroc 1958 den Gebrüdern McDonald per Tonband mit. »Wer einen Vertrag unterschreibt, sollte wissen, was drin steht. Sobald er unterzeichnet ist, hat er sich an unsere Richtlinien zu halten, und wir werden dafür sorgen, daß er es nicht vergißt.«

Es ist daher kein Wunder, daß Kroc der Vorstellung nichts abgewinnen konnte, McDonald's größten Aktivposten – die Lizenz – einem finanzstarken Kapitalanleger zu überlassen, der ihn womöglich eines Tages an Macht und Erfolg übertreffen könnte. »Wenn das Territorium zu groß ist«, überlegte Kroc, »überlassen wir das Geschäft demjenigen, der das Gebiet beherrscht. Er ersetzt praktisch die lizenzgebende Firma und läßt sich nicht mehr kontrollieren.«

Dadurch, daß Kroc sich die Entscheidung vorbehielt, wie viele McDonald's ein Lizenznehmer eröffnen durfte, konnte er die Anleger außerdem dazu veranlassen, sich an die Regeln des Systems in bezug auf einheitliche Qualität, Serviceleistungen, Hygiene und Preisgestaltung zu halten. In Krocs Augen waren diese strengen Richtlinien absolut notwendig, um eine langfristige Rentabilität zu erreichen. Für ihn zählte dies zu der Zeit übliche Streben nach schnellem Profit durch die Vergabe von Exklusivrechten zu astronomischen Preisen zu den Schattenseiten des Franchising. Kroc sagte einmal über diese ›Shylocks‹ der Branche: »Sie waren geldgierig, aber ich hatte nie Angst vor ihnen. Auf die Idee, daß man auch auf anständige und ehrliche Weise sein Geld verdienen kann, wären sie nie gekommen.«

Kroc widerstand auch der Versuchung, vom Verkauf firmeneigener Produkte und Ausrüstung an die Lizenznehmer zu profitieren. Auch das war gegen die Gepflogenheiten der Branche. Fast alle größeren Fast food-Kontraktgeber erzielten beachtliche Gewinne durch Aufpreise auf die Güter und Waren, die sie an ihre Franchisenehmer lieferten. Tastee Freez verkaufte seine Gefriergeräte. Dairy Queen verlangte 45 Cents von jeder Gallone des Mixgetränkes, das die Molkereiprodukteheraller an die Lizenznehmer lieferten. General Equipment verkaufte Mixgetränke, Grills und Küchenmaschinen an seine Burger-Chef-Franchisenehmer. Chicken Delight forderte von seinen Lizenznehmern die Abnahme der firmeneigenen Hühnergrillgeräte. Howard Johnson baute Fabriken, in denen Eis und Süßigkeiten für seine Franchisenehmer hergestellt wurden, und errichtete riesige Depots, in denen die Lizenznehmer sich mit Waren eindecken konnten. Und Burger Kings Tochtergesellschaft, DavMor Industries (benannt nach den Gründern David Edgerton und James McLamore), produzierten die Grillgeräte für ihre Lizenznehmer und richteten ebenfalls riesige Lebensmitteldepots für sie ein. Im Gegensatz dazu verkaufte Kroc seinen Franchisenehmern lediglich zwei Multimixer à 150 Dollar, und das auch nur in den ersten zehn Jahren seit dem Bestehen von McDonalds.

Franchisegeber müssen selbstverständlich auf irgendeine Weise Geld verdienen. Aber durch den Verkauf der eigenen Produkte an die Lizenznehmer könnte der – richtige oder falsche – Eindruck erweckt werden, daß es dadurch zwangsläufig zu einem Interessenkonflikt zwischen Lizenzgeber und Lizenznehmer kommen muß. Und in der Tat haben sich einige Fast food-Franchisegeber mit diesen Praktiken ganz gehörig in die Nesseln gesetzt. Chicken Delight katapultierte sich z. B. selbst aus dem Geschäft, als der Konzern einen Prozeß wegen Verstoßes gegen das Kartellrecht verlor, den seine Franchisenehmer angestrengt hatten, weil von ihnen die Abnahme der Hähnchen-Grillgeräte verlangt wurde, die die Kette herstellte.

Ein größeres und noch heimtückischeres Problem bei der Belieferung der Lizenznehmer mit firmeneigenen Produkten kann auch dadurch entstehen, daß der Franchisegeber größeres Interesse an den Warendepots und Fabriken entwickelt als an den Restaurants. Er orientiert sich unter Umständen mehr an den Gewinnen, die er als Groß- und nicht als Einzelhändler erzielt – mit dem Ergebnis, daß er das Leistungsniveau seiner Einzelhandelspartner zu ignorieren beginnt.

Das scheint bei Burger Chef der Fall gewesen zu sein, das in den 60er Jahren zu den größten Konkurrenten von McDonald's gehörte. Die Kücheneinrichtung von Burger Chef – im Wert von 25 000 Dollar – stammte zum größten Teil von General Equipment. Die Hamburger-Kette, eine Kopie von McDonald's wurde mit der finanziellen Unterstützung von General Equipment aufgebaut und hatte ein rapides Wachstum zu verzeichnen. 1968, als Burger Chef an General Foods überging, gab es fast eintausend Verkaufsstellen, nur einige weniger, als der Marktführer McDonald's hatte. Aber dann begann für Burger Chef eine wirtschaftliche Talfahrt. Anfang der 70er Jahre mußte General Foods so viele Burger Chefs schließen, daß die halsbrecherische Expansion der Kette abrupt zum Stillstand kam. Später wurde Burger Chef weiterverkauft; die Kette existiert zwar noch, aber sie hat ihre frühere Bedeutung auf dem Fast food-Sektor eingebüßt.

Was ist für diesen Niedergang verantwortlich? Am naheliegendsten ist die Erklärung, daß die Burger-Chef-Muttergesellschaft die Kette in erster Linie als Absatzmarkt für ihre Geräte betrachtete und weniger Wert auf einen reibungslosen Geschäftsablauf legte. Jack Roshman, einst Burger Chefs größter Franchisenehmer und danach einer der Mitbegründer der Steakhouse-Kette Ponderosa Inc., spricht von einem naturgegebenen Interessenkonflikt zwischen Burger Chef als Geräthersteller und Burger Chef als Restaurantbetreiber. Roshman, der über hundert Burger Chefs in Ohio eröffnet hatte, führt ins Feld, daß das Burger-Chef-System auf Pfannen statt auf Grills aufbaute, weil General Equipment Pfannen verkaufte und keine Grills. »Ich wollte [bei Burger Chef] immer einen gegrillten Hamburger haben und habe auch dafür gekämpft, weil ich glaube, daß die Amerikaner gegrillte Hamburger lieber mögen als gebratene«, sagt Roshman. »Aber wir verkauften eben Pfannen, also benutzten wir in unseren Restaurants Pfannen.«

Roshmans Ansicht nach stammte die beste Friteuse, die damals auf dem Markt war, von einer Chicagoer Firma namens Keating, die auch McDonald's belieferte. Auch die Burger-Chef-Restaurants verwendeten anfänglich diese Friteuse, bis General Equipment selbst eine baute, die laut Roshman aber schlechter war. Wenn ein Gerätehersteller nur zu dem Zweck in die Restaurantbranche einsteigt, um seine Geräte an den Mann zu bringen, so Roshman, »neigt man dazu, [für die Fast food-Kette] nicht die besten Produkte zu kaufen, sondern die, die man selbst herstellt. Man geht einfach davon aus, daß die eigenen Produkte genauso gut sind.«

General Equipment lieferte am Ende rund drei Viertel aller in einem Burger-Chef-Restaurant benötigten Gerätschaften, woraus Roshman den Schluß zieht, daß Mittel, die man besser in die Optimierung des Restaurantbetriebs gesteckt hätte, wohl für die Entwicklung neuer Gerätetypen verwendet wurden. Er glaubt sogar, daß General Equipment Burger Chef hätte retten können, wenn man den Franchisenehmern gestattet hätte, ihre Geräte auf dem freien Markt einzukaufen. Diese Meinung wird von Frank Thomas, der General Equipment zusammen mit seinem Bruder Dave leitete, nicht geteilt. »Beide Unternehmen gut zu führen war ein Ding der Unmöglichkeit«, meint Roshman. »Sie hätten mir erlauben sollen, dort Geräte zu kaufen, wo ich das beste Produkt zum besten Preis bekomme, statt mir ihre Geräte unterzuschieben.«

Kroc hatte die Schwächen des Konzeptes, Exklusivrechte für ein umfangreiches Gebiet zu verkaufen oder von der Belieferung der Franchisenehmer zu profitieren, klar erkannt: Der Lizenzgeber strich den Löwenanteil des zu erwartenden Gewinnes bereits ein, bevor das Restaurant überhaupt eröffnet hatte, und war deshalb in geringerem Maße am geschäftlichen Erfolg seines Franchisenehmers interessiert. Deshalb, meint McDonald's-Präsident Fred Turner, konnten sich die

Ketten, die McDonald's kopierten und ihr Geld auf leichte Weise durch die Erteilung von Exklusivrechten oder die Belieferung der Lizenznehmer mit eigenen Produkten und Geräten verdienten, nie mit dem Leistungsniveau des Originals messen. Baustil, Produkte, Service oder Hygiene waren zweitrangig. Turner meint: »Das Restaurant an sich interessierte die Franchisegeber nicht. Dort verdienten sie nicht ihr Geld. Wenn sie den größten Teil ihrer Einkünfte schon vor der Eröffnung des Restaurants durch den Verkauf der Arbeitsgeräte oder überhöhte einmalige Lizenzgebühren einstreichen können, bleibt ihnen nicht mehr viel zu tun. Die Probleme, die für den Lizenznehmer jetzt erst beginnen, sind nicht ihre.«

Im Gegensatz dazu hat der Umsatz der Restaurants für McDonald's einen ungeheuer großen Stellenwert, denn Kroc erteilte ausschließlich Einzellizenzen, anfangs für nur 950 Dollar. Die Haupteinnahmequelle waren die Servicegebühren in Höhe von 1,9 % des Umsatzes, die das Unternehmen von jedem McDonald's erhob. Es verdiente weder an der Erteilung von Exklusivrechten noch am Verkauf eigener Geräte, abgesehen von den geringen Gewinnen, die Krocs Prince Castle mit dem Verkauf der Multimixer erzielte. »Die Höhe unserer Gewinne war fast ausschließlich vom Umsatzvolumen der einzelnen Franchisenehmer abhängig«, erklärte Turner. »Deshalb gab es auch keine Interessenkonflikte zwischen uns. Ihr Erfolg war der unsrige.«

Mit anderen Worten: Während andere Lizenzgeber bemüht waren, ihre eigenen Bilanz so weit wie möglich aufzubessern, konzentrierte sich McDonald's darauf, für eine Aktivbilanz aller Systempartner zu sorgen. Wenn ihnen das gelang, so erklärte Kroc seinen Mitarbeitern immer wieder, würden Franchisegeber und Franchisenehmer gleichermaßen profitieren. Und da der Erfolg der einzelnen Verkaufsstellen für das McDonald's-System von zentraler Bedeutung war, verzichtete Kroc rigoros und konsequent darauf, seine Lizenznehmer wirtschaftlich zu benachteiligen und damit auch ihre Wettbewerbsposition zu schwächen. McDonald's sollte, so schloß er, eine dominierende Rolle bei der Wahl der Lieferanten für die Lizenznehmer zukommen, um die Preisvorteile wahrnehmen zu können, die sich aufgrund der größeren Kaufkraft des Gesamtsystems boten. Kroc gab diese Preise direkt an die Franchisenehmer weiter, ohne, wie damals bei vielen der ersten Fast food-Ketten üblich, die Rabatte der Zulieferer einzubehalten.

Kroc war außerdem davon überzeugt, daß die Neigung einiger Franchisegeber, die Rabatte der Zulieferfirmen in die ›eigene Tasche zu stecken‹, zu den größten Schwächen des Franchisesystems zählte. Zweck der Franchising war seiner Meinung nach, die kollektive Kaufkraft zu nutzen, so daß die Systempartner ihre Produkte zu niedrigeren Preisen anbieten konnten, als er einem Einzelbesteller möglich gewesen wäre. »Niemand konnte uns beschuldigen, Schmiergelder oder Provisionen kassiert zu haben, ohne mit einer Verleumdungsklage in Millionenhöhe rechnen zu müssen«, teilte Kroc den Gebrüdern McDonald in einer seiner ersten Tonbandaufzeichnungen mit. »Unsere Lizenznehmer wissen, auf welcher Seite ihres Brotes die Butter ist. Wenn man ihnen einen guten Grund gibt, sich kooperativ zu zeigen, kann man sich auch auf ihre Mitarbeit verlassen.«

Kroc war der Meinung, daß die Lieferbedingungen und -praktiken anderer Ketten die Franchisenehmer geradezu zum Widerstand herausforderten. »Viele Howard-Johnson-Franchisenehmer operieren inzwischen wie eine Bande von Alkoholschiebern, weil Howard Johnson so überhöhte Preise berechnet, daß der Verfall der Moral kein Wunder ist«, berichtete Kroc den McDonald-Brüdern 1958. »Das ist schlecht fürs Geschäft. Howard Johnson ist zweifellos auf dem Weg ins ›Abseits‹.«

Kroc lehnte es so strikt ab, an den Rabatten zu verdienen, die die Zulieferfirmen dem Großkunden McDonald's gewährten, daß er sogar ganz harmlose Dankbarkeitsbezeugungen ausschlug. Harry Smargon, der 1952 in Chicago eine kleine Firma eröffnet hatte, die Backfette verkaufte, erhielt telefonisch Aufträge von Kroc, der von einem anderen Zulieferer auf den kleinen Betrieb aufmerksam gemacht worden war. Damals schrieb man das Jahr 1956; Kroc hatte gerade McDonald's Systems gegründet, und es gab erst drei Restaurants in der Gegend von Chicago. Die Aufträge – es handelte sich jedesmal um mindestens 500 Pfund Backfett – waren in Smargons Augen riesig, und er beschloß, seinen neuen Wohltäter persönlich kennenzulernen.

»Ich erlebte zum erstenmal, daß mir ein Kunde telefonisch einen Auftrag gibt, ohne dafür einen Gegenleistung zu verlangen«, erklärte Smargon Kroc. »Was kann ich für Sie tun?« fragte er, und meinte damit, ob er McDonald's vielleicht irgendwie zu Diensten sein könne.

»Ich will von Ihnen weder eine Einladung zum Essen noch ein Weihnachtsgeschenk«, antwortete Kroc. »Alles was ich brauche, ist ein Spitzenbackfett!«

Smargons Firma, die Interstate Foods, mauserte sich zum größten Backfett-Lieferanten der Fast food-Industrie, mit Jahreserträgen von über 100 Millionen Dollar. Smargons Sohn Kenneth, der das Geschäft noch zehn Jahre, nachdem es von CFS Continental übernommen worden war, weiterführte, erinnert sich noch gut daran, daß andere Fast food-Ketten an jedem Pfund Backfett, das Interstate an ihre Lizenznehmer verkaufte, verdienen wollten, und warum sein Vater sich weigerte, Geschäfte mit solchen Leuten zu machen. »Das Geld stand ihnen nicht zu«, meinte Ken Smargon, »der Inhaber des Restaurants wurde benachteiligt. Es war reine Habgier. Dadurch, daß McDonald's solche Praktiken ablehnte, zeigte es den Zulieferfirmen und den Franchisenehmern, daß es an lang- und nicht an kurzfristigen Geschäftsbeziehungen interessiert war.« Und er fügte hinzu: »Kein Wunder, daß die Ketten, die nur auf ihren eigenen Vorteil bedacht waren, heute nicht mehr existieren.«

Dadurch, daß McDonald's es ablehnte, auf Kosten der Franchisenehmer zu profitieren, gab das Unternehmen deutlich zu verstehen, daß die finanzielle Position der Lizenznehmer ihm wichtiger war als die eigene. Die Essenz von Krocs einzigartiger, aber erstaunlich einfacher Franchising-Philosophie bestand darin, daß der Lizenzgeber nicht aus dem ›Schweiß‹ seiner Lizenznehmer Kapital schlagen, sondern seinen eigenen Erfolg dadurch sichern sollte, daß er den Systempartnern zum Erfolg verhalf. Eine solche Philosophie zeugt nicht nur von Menschlichkeit und Gerechtigkeit, sondern auch von Geschäftssinn, denn eine harmonische Beziehung zwischen den Systempartnern ist eine der wichtigsten Voraussetzungen für den Erfolg.

Letztlich kann man sagen, daß Kroc sein enormes ›Franchise-Talent‹ dadurch bewies, daß er seine Lizenznehmer wie gleichberechtigte Partner behandelte. Er war nur einer aus der weitläufigen Schar derer, die das ungeheure Potential des Schnellimbiß-Restaurants erkannt hatten – aber er hatte dort Erfolg, wo alle anderen versagten: Er konnte die Lizenznehmer auf seine Seite bringen. Da Kroc die Interessen des gesamten Systems in den Mittelpunkt gestellt hatte, fiel es ihm nicht schwer, die Lizenznehmer zu seiner Einstellung zu bekehren. Was McDonald's letztlich aus der Masse der Fast food-Ketten abhob, war Krocs Fähigkeit, Hunderte von Unternehmern – die Lizenznehmer – dazu zu bringen, nicht nur die eigenen Interessen, sondern die der gesamten McDonald's-Familie zu verfolgen, die in Krocs Augen die gleichen waren.

KAPITEL 4

Die Systempartner

Im allgemeinen läßt die Unternehmenskultur erkennen, wie flexibel das Management ist. In manchen Firmen hält man starr an festgefügten Traditionen fest. Wenn man einmal ein Erfolgsrezept gefunden hat, weicht man um keinen Deut davon ab. Andere Unternehmen zeigen sich experimentierfreudiger, weil sie davon ausgehen, daß das, was gestern ein Erfolg war, morgen überholt sein kann.

Es mag den Anschein erwecken, daß das McDonald's zur ersten Kategorie gehören müsse. Das Unternehmen hat sich auf das Geschäft beschränkt, von dem es etwas versteht. Es hält nach wie vor unbeirrt an seinen überlieferten Franchising-Prinzipien und an seinen unerschütterlichen Forderungen in bezug auf Qualität, Service und Hygiene fest: Markenzeichen einer Kette, die durch systemkonforme Leistung besticht.

Aber unter dem Mantel der Konformität verbirgt sich eine Unternehmenskultur, die Flexibilität in den Mittelpunkt stellt. Das McDonald's-Management ist stolz auf seine Fähigkeit, sich jeder Situation anzupassen. Man ist bereit, sorgfältig ausgearbeitete Pläne buchstäblich über Nacht fallenzulassen, wenn Veränderungen am Markt es erfordern. Man scheut sich nicht, zu experimentieren und dabei auch Fehler einzukalkulieren. Man kennt keine Hemmungen, das Problem beim Namen zu nennen und nach Lösungsmöglichkeiten zu suchen.

Die Mentalität, aus Versuch und Irrtum zu lernen, reicht bis in die Zeit zurück, in der Ray Kroc seine ersten Franchisenehmer suchte. Seine Franchise-Prinzipien schienen logisch und ließen keine Kompromisse zu, aber die erhoffte magische Wirkung blieb aus, als Kroc sie Mitte der 50er

Jahre in die Praxis umzusetzen begann. Er lernte in erster Linie durch Versuch und Irrtum, und die erste Lektion hatte die Wahl des Standorts zum Thema.

Kroc hatte beschlossen, seine Kette von Kalifornien aus aufzubauen. Kalifornien galt als Land des Automobils. Das Klima war vorteilhaft und gestattete eine ganzjährige Öffnung der Drive-in-Restaurants. Hier war das Terrain, auf dem die Gebrüder McDonald – und der größte Teil der Fast food-Branche – zuerst Fuß gefaßt hatten. Zu dem Zeitpunkt, als Kroc den Franchisevertrag mit den Brüdern unterschrieb, gab es bereits neun McDonald's-Restaurants; acht der Lizenzen hatten die Brüder selbst erteilt. Alle bis auf eine (in Phoenix) waren in Kalifornien. Dieser Bundesstaat schien der ideale Markt für einen Franchisegeber. »In diesem Teil des Landes wußten wir mehr über Drive-ins als anderswo«, erklärte Kroc später.

Die Hälfte der achtzehn McDonald's-Lizenznehmer, die Kroc für McDonald's in dem Jahr nach Vertragsabschluß mit den Brüdern anwerben konnte, war für die in Kalifornien geplanten Restaurants bestimmt. Der Verkauf der Lizenzen war hier zwar einfach, aber Kontrolle über die Franchisenehmer auszuüben fast unmöglich. Die Restaurants waren ungefähr zweitausend Meilen von Krocs Zentrale in Chicago entfernt, und das noch in der Aufbauphase befindliche McDonald's System Inc. sah sich nicht in der Lage, den Restaurants an der Westküste den notwendigen Service angedeihen zu lassen, die Qualität ihrer Produkte und die von Kroc geforderte systemkonforme Leistung zu überwachen. Deshalb begannen die Franchisenehmer, sich an anderen McDonald's-Restaurants oder an der Konkurrenz zu orientieren, die das System kopiert hatten. Da den meisten ein klares Konzept fehlte, war das Ergebnis katastrophal. Krocs neue Lizenznehmer experimentierten bald mit neuen Produkten, neuen Verfahren und neuen Preisen (die natürlich höher waren). Nur wenige konnten sich, was die Qualität der Produkte und die Sauberkeit des Restaurants betraf, mit McDonald's in San Bernardino messen. 1957 schickte Kroc einen jungen Mitarbeiter, Fred Turner, an die Westküste, um das Organisationskonzept in Augenschein zu nehmen. Der erste Eindruck war verheerend.

Es steht außer Frage, daß Kroc Turner mit diesem Auftrag zeigen wollte, was aus einer Fast food-Kette wird, die die Kontrolle über die Qualität ihrer einzelnen Verkaufsstellen verliert. Die Lektion hätte nicht wirkungsvoller sein können. »Ray schien genau gewußt zu haben, was mich dort erwartete«, erinnerte sich Turner. »Es muß für ihn eine Genugtuung gewesen sein, daß mein Bericht genauso ausfiel, wie er vermutet hatte. Die McDonald's in Kalifornien glichen in ihrer Vielfalt einem riesigen Zoo. Die Hamburger hatten das unterschiedlichste Gewicht; bei manchen wurden die Zwiebeln gleich, bei anderen – der Vorschrift entsprechend – nur auf Wunsch zugefügt. Und statt des geplanten, aus zehn Hamburgern bestehenden Angebots wurden die exotischsten Gerichte verkauft: Tortillas, Enchiladas, Hot dogs, Tacos, gegrillte Maiskolben, Chili, Pizza und Roastbeef-Sandwiches. Die Preise zeigten dieselbe Bandbreite: In manchen Restaurants kosteten die Hamburger fünfzehn Cents, in anderen siebzehn, achtzehn, neunzehn oder einundzwanzig. Von ›Hygiene‹ schien man dort noch nie etwas gehört zu haben. Ich hatte Kroc immer wieder über die Konformität hinsichtlich des äußeren Erscheinungsbildes, der Speisenauswahl, der Größe der Portionen, der Preise und der Produktqualität predigen hören. Diese Begriffe waren uns in ›Fleisch und Blut‹ übergegangen, unser ›Credo‹ geworden. Aber als ich aus Kalifornien zurückkam, hatte ich den Glauben an die Menschheit fast verloren.«

Turner ist jedoch nach wie vor überzeugt davon, »daß die anfänglich schlechte Erfahrung mit den Lizenznehmern das Beste war, was McDonald's passieren konnte, weil wir erst dadurch feststellten, welche Auswirkungen es hat, wenn man den Systempartnern zu großen Freiraum gibt. Wir wissen jetzt, daß wir mit diesen gerissenen Geschäftemachern um alles kämpfen müssen, um Preise, Portionen und sogar darum, daß jeder dieselbe Schokolade verwendet.«

Die Erfahrungen in Kalifornien veranlaßten Kroc, das Franchising an der Westküste zeitweilig einzustellen und sich auf die unmittelbare Umgebung zu konzentrieren. Er begann in Illinois und dehnte die Lizenzvergabe von da aus auf die benachbarten Staaten aus. Zum Glück hatte Kroc Anfang 1955 zusammen mit seinem Partner Art Jacobs, einem Architekten und Mitglied des Rolling Green Country Club in Arlington Heights (dem auch Kroc angehörte), der zu 50 % an dem Joint Venture beteiligt war, sein eigenes McDonald's in Des Plaines errichtet. Das Restaurant war als Modell geplant, mit dem man Franchisenehmer im Mittleren Westen zu gewinnen hoffte, die sich keine Vorstellungen von einem Drive-in mit Selbstbedienung machen konnten. Nach dem Mißerfolg des Franchise-Konzeptes in Kalifornien war Des Plaines plötzlich in den Brennpunkt des Interesses gerückt und wurde Ausgangsbasis für Krocs Suche nach Lizenznehmern im Umkreis seiner Heimatstadt.

Aber dieser Kurswechsel brachte neue Probleme mit sich. Kroc sah sich mit einem neuen Fast food-Rivalen konfrontiert, der seinen revidierten Franchising-Plänen einen vernichtenden Schlag versetzen konnte. Im Gegensatz zu anderen Konkurrenten hatte dieser nämlich etwas, das Kroc allein zu besitzen glaubte – das Exklusivrecht für das McDonald's-System in diesem Bezirk. Frejlich Ice Cream Company hatte die Lizenz zur Eröffnung von vier McDonald's-Restaurants für 10 000 Dollar von den Gebrüdern McDonald erworben, bevor Kroc den Vertrag unterschrieb, der ihm das Franchising auf nationaler Ebene sicherte. Da die McDonalds noch vierzehn weitere Exklusivlizenzen für ein begrenztes Absatzgebiet verkauft hatten, wäre dieser Franchisenehmer kaum ins Gewicht gefallen, wenn es dabei nicht einen gravierenden Unterschied gegeben hätte: die Frejlich-Lizenz umfaßte Cook County, Illinois – mit der Metropole Chicago, Tagungsort der National Restaurant Association*, Hauptsitz von Price Castle Sales und seinem Gründer, Ray Kroc. Hier hatte Kroc dreißig Jahre lang auf seine große Chance – McDonald's – gewartet und hier hatte er die besten Kontakte zur Gastronomie. Chicago war der günstig-

---

* gastronomischer Dachverband in den USA

ste und vielleicht einzig mögliche Standort für das Hauptquartier von McDonald's System, Inc. Und hier sollte nach Krocs Plan der Prototyp des McDonald's entstehen, was durch den Frejlich-Vertrag vereitelt werden konnte.

Kroc hatte mit der Planung des McDonald's in des Plaines bereits begonnen, als er die Frejlich-Brüder aufsuchte, um ihnen einen Multimixer zu verkaufen. Zufällig erwähnte er das Geschäft, das er gerade mit den McDonalds abgeschlossen hatte. Die Neuigkeiten, mit denen die Frejlichs aufwarten konnten, trafen ihn wie ein Keulenschlag.

Wutentbrannt rief er von seinem Büro aus die McDonalds an. »Glauben Sie denn, ich lasse mich auf dieses Geschäft (das nationale Franchising) ein, wenn ich keine Exklusivrechte habe?« schäumte er.

Dick McDonald versuchte, ihn zu beruhigen. »Ray, wir können aus dem Frejlich-Vertrag nicht mehr aussteigen«, sagte er. »Und außerdem bleibt Ihnen ja noch der Rest des Landes.«

McDonald hatte genau das Falsche gesagt, und Kroc wurde noch erregter. »Das ist mein Gebiet«, erwiderte er.

McDonald blieb unnachgiebig. »Das ist Ihr Gebiet, sicher, außer dem Teil, den die Frejlichs erhalten haben.«

»Aber ich lebe in Cook County; wie können Sie das Gebiet da an jemand anderen vergeben?« brüllte er. »Das ist mein Territorium!«

McDonald, der für seine Neuengland-Mentalität, d. h. für seine Reserviertheit und Entschlußkraft, bekannt war, legte den Hörer einfach auf. Zwei Tage später erhielt Kroc ein kurzes Telegramm mit der Botschaft: »Unsere Geschäftsbeziehung ist beendet.«

Einige Tage später schickte Kroc seinen Multimixer-Vertreter für die Westküste, Bill Jamison, in einer ›Friedensmission‹ nach San Bernardino, um die McDonalds zu einer Meinungsänderung zu bewegen. Es war Krocs Glück, daß die Frejlichs mehr an dem Profit interessiert waren, den der Verkauf der frisch erworbenen Lizenz brachte, als an der Eröffnung eines McDonald's. Kroc erbot sich, ihnen die Lizenz für Cook County abzukaufen. Sie waren einverstanden und nannten ihren Preis: 25 000 Dollar – keine geringe Gewinnspanne!

Kroc stellte, ohne mit der Wimper zu zucken, den Scheck aus. »Warten Sie ein paar Tage, bevor Sie ihn einlösen«, meinte er beiläufig. »Ich weiß noch nicht genau, wie ich das Geld auftreiben werde.«

Sein erstes McDonald's war noch nicht eröffnet, und schon hatte Kroc Schwierigkeiten, seine Franchise-Pläne zu finanzieren. Als die ersten Versuche, Kredite bei den Banken aufzunehmen, scheiterten, begann Kroc, verschiedenen Investoren, die er kannte, Anteile an seiner neuen Franchising-Firma zu verkaufen. Er bot ihnen die Hälfte seines Unternehmens für eine Einlage von nur 25 000 Dollar an. Dreißig Jahre später hätte ein Anleger Milliarden dafür zahlen müssen, aber Anfang 1955 fand sich trotz des großzügigen Angebotes kein Interessent. Schließlich gelang es Kroc, doch noch einen Kredit bei einer Bank ›lockerzumachen‹, um die Frejlichs auszahlen zu können, und den Rest hoffte er von den McDonald-Brüdern zu bekommen. Wenn die Brüder die 10 000 Dollar Lizenzgebühren wieder an die Frejlichs zurückzahlen würden, konnte Kroc ein Darlehen über die restlichen 15 000 Dollar aufnehmen. Die McDonalds erklärten sich einverstanden, und Kroc kaufte die von den Frejlichs erworbenen Rechte zurück. Dieses Arrangement änderte zwar nichts an Krocs Plänen, außer daß seine persönlichen Schulden jetzt noch um weitere 15 000 Dollar gestiegen waren, aber er änderte seine Meinung über die Brüder McDonald, deren Namen er in aller Welt berühmt machen sollte. »Sie waren naiv und unerfahren«, erklärte er später. »Überhaupt keine Geschäftsleute.«

Nachdem das Frejlich-Problem gelöst war, konnte Kroc am 15. April 1955 sein McDonald's in Des Plaines eröffnen. Da es auf Kunden und prospektive Franchisenehmer gleichermaßen wirken sollte, sorgte er persönlich dafür, daß das Restaurant in jeder Beziehung vorbildlich war. Er erschien jeden Morgen um sieben Uhr, um mit dem Manager die täglichen Vorbereitungen zu besprechen. Dann ging er zu Fuß zum nächsten Bahnhof und fuhr mit dem Zug in sein Büro.

Pünktlich um achtzehn Uhr kehrte er auf gleichem Wege wieder ins McDonald's zurück. Fred Turner, Präsident von McDonald's System, der seine Karriere als ›grill-man‹ im Restaurant in Des Plaines begonnen hat, erinnert sich noch heute daran, wie Kroc Abend für Abend die Straße zum McDonald's entlangkam: »Er ging immer dicht am Rinnstein entlang und hob jedes Stück Einwickelpapier und jeden Pappbecher, der von uns stammte, auf. Wenn er im Restaurant ankam, hatte er meistens beide Hände voll. Er war McDonald's privater Straßenkehrer.«

Das Ergebnis war ein McDonald's, das den Vergleich mit dem der Brüder in San Bernardino nicht zu scheuen brauchte. Kein anderes Lokal im ganzen Mittleren Westen konnte sich mit ihm messen. Turner schildert den ersten Eindruck, den er vom McDonald's in Des Plaines hatte: »Alles war blitzsauber, hell und farbenfroh. Es war wie bei einem Wettbewerb für Meisterköche. Jeder konnte sehen, wie die Gerichte zubereitet wurden. Die Küchengeräte waren auf Hochglanz poliert, und das Personal trug weiße und makellos saubere Arbeitskleidung.«

Trotz des Modellcharakters konnte Kroc in diesem Teil des Landes nicht so viele Franchisenehmer gewinnen, wie er gehofft hatte. Das Problem war, daß sie konventionellen Drive-ins im Mittleren Westen, in denen Hamburger und Hot dogs verkauft wurden, im allgemeinen Ein-Mann-Unternehmen mit niedrigem Budget waren, die zudem noch fünf Monate im Jahre schließen mußten. Sie galten nicht unbedingt als vielversprechende Investition – und keinem McDonald's, nicht einmal einem so mustergültigen –, wäre es gelungen, diese Vorurteile über Nacht abzubauen. Kroc mußte seine Franchising-Pläne also noch einmal ändern. Er wandte sich an seine Freunde, insbesondere an seine Golfpartner aus dem Rolling Green Country Club.

Ray Kroc war ein typischer Vorstadtbewohner. Er lebte mit seiner Frau Ethel in einem großen und gepflegten Eigenheim im Landhausstil in einer der besseren Wohngegenden von Arlington Heights, 30 km nordwestlich von Chicago. An den Wochenenden beschäftigte er sich morgens mit Gartenarbeit, und nachmittags ging er in den Golfclub, wo er trotz einer beginnenden Arthritis zu den Besten zählte. Auch mittwochs stahl er sich schon mittags aus dem Büro, um im Club zu essen und eine Runde Golf zu spielen. Am Abend speiste er dann gemeinsam mit Ethel im Club.

Rolling Green war der Mittelpunkt im gesellschaftlichen Leben der Krocs. Zum einen lag ihr Haus nicht weit vom Golfclub entfernt, zum anderen paßte die Atmosphäre dort zu ihrem Lebensstil. Da die Mitglieder fast ausschließlich der Mittelklasse angehörten, fehlte Rolling Green die Steifheit, die den elitären Privatclubs im Norden Chicagos anhaftete. Da das Clubrestaurant für seine ausgezeichnete Küche bekannt war, trafen sich die Krocs dort oft mit ihren Freunden und Bekannten zum Essen. Hier kam Krocs Verkaufstalent am meisten zur Geltung. Er war extrovertiert, ein hervorragender Gesprächspartner, einem Vergnügen nie abgeneigt und hatte Dutzende von Freunden im Rolling Green Country Club. Er selbst besaß zwar wenig Humor, konnte aber über Witze, die andere erzählten, herzlich lachen. Aus einem Abendessen im Club wurde oft eine gelungene Stegreif-Party, mit Kroc im Mittelpunkt, am Klavier.

Krocs Freundeskreis im Country Club setzte sich hauptsächlich aus Männer seinesgleichen zusammen: unabhängige Geschäftsleute, die kleine bis mittelgroße Firmen leiteten. Banker oder Topmanager in riesigen Konzernen gehörten nicht dazu. Im Rolling Green Club waren sämtliche Berufe vertreten; mit der Fast food-Branche hatte außer Kroc niemand etwas zu tun. Zu den Mitgliedern gehörten damals Art Jacobs, ein Architekt; Jerry Olson, ein Autohändler, und Tony Weissmuller, dem eine Heizungs- und Belüftungsfirma gehörte. Art, Jerry, Tony und Ray waren unzertrennlich. Vorsitzender des Clubs war Bill Paley, Besitzer eines Bestattungsunternehmens. Zu den weiteren Clubmitgliedern zählten die Taubensee-Brüder, Tom und Jack, die ein Eisenwarengeschäft führen; Phil und Vern Vineyrd, Buchhalter; Chris Oberheide, Inhaber eines Kohlenhandels; Bill Godfrey, Verkaufsleiter bei der Firma Kelvinator; Don Coffey, dessen Firma Schrauben und Gewinde herstellte; Joe Sweeney, Ver-

laufsleiter bei Skil Tolos, und Dick Picchietti, der als Stukka-
teur arbeitete, sowie der Anzeigenvertreter Bob Dondanville.
Letzterer war vielleicht Krocs engster Freund. Als Kroc 1955
sein Restaurant in Des Plaines eröffnete, hatten die Freunde
wahrscheinlich nur eines gemeinsam: Sie waren alle Mitglieder im Rolling Green Club. 1958 traten sie einem zweiten
Club bei; dem der McDonald's Franchisenehmer.

Bis zum Ende der 50er Jahre war es Kroc gelungen, achtzehn Lizenznehmer aus den Reihen der Clubmitglieder zu
rekrutieren. Um der Wahrheit die Ehre zu geben, sie waren
Krocs einzige Hoffnung, in dem Kampf mit der Konkurrenz
überhaupt starten zu können. Aber er ließ sich nie anmerken, wie verzweifelt seine Situation war. »Ray wirkte immer
gelassen«, erinnert sich Weissmuller. »Wir hatten gehört,
daß er mit den McDonald-Brüdern in Kalifornien ins Geschäft gekommen war, aber er hat uns nie gedrängt, mit einzusteigen. Wenn jemand das Thema anschnitt, holte er Bilder und Einkommensteuererklärungen (von seinem Restaurant) hervor.« Die Reaktion unter den Clubmitgliedern war
anfangs eher zurückhaltend. »Ray, du mußt den Verstand
verloren haben«, meinte Weissmuller, als Kroc ihm erzählte,
daß er alles auf eine Karte – einen Hamburger für fünfzehn
Cents – gesetzt habe. »Mit einem Gewinn von 1,9 % kannst
du keine Reichtümer ansammeln.«

Er stellte jedoch bald fest, daß das Geschäft für den Franchisenehmer äußerst lukrativ schien. Krocs Bilanzen aus
dem eigenen McDonald's-Restaurant bewiesen das zur Ge-
nüge. Bei einem Jahresumsatz von 200 000 Dollar – den
Kroc bereits im zweiten Geschäftsjahr zu verzeichnen
hatte – konnte ein Lizenznehmer vor Abzug der Steuern
einen Gewinn von 20 % oder 40 000 Dollar verbuchen, und
das bei einer Kapitaleinlage, die nur einen Bruchteil der
Summe ausmachte, die für ein konventionelles Drive-in mit
›carhops‹ erforderlich war. Die Untergrenze der Kapitalinvestition lag dort bei ca. 250 000 Dollar – einschließlich Grundstück, Gebäude und Ausrüstung –, während man ein Mc-
Donald's schon mit weniger als 80 000 Dollar eröffnen
konnte. Wenn ein Lizenznehmer den Besitzer dazu bewegen

konnte, ihm das Land und das Gebäude zu verpachten, und die Bank, ihm eine Hypothek auf das Haus zu bewilligen, reichten sogar 30 000 Dollar aus, um die Ausrüstung, die Werbung und den ersten Warenbestand zu finanzieren, und sei es mit Hilfe eines Darlehens.

Weissmuller investierte, z. B. nur 17 000 Dollar Eigenkapital in sein erstes McDonald's. Der Gewinn war schon im ersten Jahr doppelt so hoch. Manche Franchisenehmer kamen mit noch weniger Startkapital aus, z. B. mit nur 5000 Dollar. Als im Rolling Green Club bekannt wurde, welche ansehnlichen Gewinne sich mit den rot-weißen McDonald's erwirtschaften ließen, brauchte Kroc seine Freunde nicht mehr zu überreden. Sie waren nur allzu gerne bereit, mit einzusteigen.

In den ersten drei Jahren als Franchisegeber rekrutierte Kroc die Hälfte seiner Lizenznehmer aus den Reihen seiner Clubkameraden. Im Club wurde der Grundstein für eine neue Fast food-Kette gelegt. Leider war der Grundstein nicht so solide und haltbar, wie Kroc es erhofft hatte. Mit wenigen Ausnahmen gehörte die Rolling-Green-Gruppe zu den schlechtesten Managern seit der Geburtsstunde des McDonald's vor dreißig Jahren. Es waren Männer, die ihren Lebensunterhalt in anderen Wirtschaftsbereichen verdienten und McDonald's lediglich als zusätzliche Einkommensquelle betrachteten.

Sie konnten es sich erlauben, einen Teil ihrer Ersparnisse aufs Spiel zu setzen, nicht jedoch ihren Lebensunterhalt. Kroc sah von Anfang an die Notwendigkeit, daß sich ein Franchisenehmer bei McDonald's unbedingt fulltime um seinen Betrieb kümmern mußte, und das erzählte er auch seinen Clubkameraden. »Ray war ganz entschieden gegen eine zentralistische Unternehmensführung«, erinnert sich Weissmuller. »Der springende Punkt für den Erfolg der ganzen Unternehmung war für ihn, daß der, der investierte, selbst aktiv mitarbeitete.«

Die Probleme mit den Rolling-Green-Franchisenehmern waren vielfältig; am meisten ärgerte es Kroc jedoch, daß sich viele von ihnen den Forderungen des Gründers nach einheitlicher Betriebsgestaltung und Sauberkeit widersetzten. Der schwierigste Fall von allen – zumindest was die Einheitlichkeit betraf – war Krocs bester Freund in Rolling Green, Bob Dondanville.

Zwei Jahre, bevor Kroc McDonald's aus der Taufe gehoben hatte, war Dondanville ins südliche Kalifornien gezogen, wo er ein Hamburger-Restaurant namens Choo Choo eröffnet hatte. Sein Konzept stammte von einem Chicagoer Betrieb, der seine Hamburger auf einer Modelleisenbahn (Lionel train set) von der Küche in den Gastraum transportierte. Dondanville war das erste Rolling Green-Mitglied, das Kroc anwarb. Von Beginn an mußte man sich mit der schmerzlichen Tatsache auseinandersetzen, daß der lebenslustige Clubkamerad besser in einem ungewöhnlichen Ambiente wie dem Choo Choo aufgehoben gewesen wäre als in einer Fast food-Kette – und schon gar nicht in einer, die von einem Franchisegeber geführt wurde, der vom Konformitätsgedanken geradezu besessen war.

Kroc predigte unablässig die Notwendigkeit, sich an die aus zehn Angeboten bestehende Speisekarte zu halten, die er von den McDonald's-Brüdern geerbt hatte. Dondanville dagegen fand diesen Grundsatz für seinen Laden in Reseda, Kalifornien, zu bescheiden. Er und Kroc diskutierten ständig über dieses Thema, wobei Dondanville nicht von der Haltung abrücken wollte, daß McDonald's unbedingt seine Speisekarte erweitern müsse, um mehr Kundschaft anzulocken. Ohne Krocs Zustimmung vergrößerte er in seinem McDonald's bald das Speisenangebot. Mit der Einführung von Roastbeef ähnelte sein Restaurant in Reseda bald mehr einem Roastbeef-Stand als einer Hamburgerbude. Dondanville plazierte eine riesiges Bratenstück in sein mittleres Fenster – zwischen den beiden Verkaufsfenstern –, setzte sich eine Kochmütze auf und schnitt eigenhändig und vor seinen Kunden das Fleisch herunter.

Was Kroc jedoch am meisten störte, war, daß Dondanville den Preis für seine Hamburger von 15 auf 18 Cent erhöhte. Er rechtfertigte dies mit finanziellen Gründen; wie die anderen McDonald's Läden in Kalifornien auch, kam der Laden in Reseda kaum aus den roten Zahlen heraus, und Dondanville begann, langsam aber sicher zu verzweifeln. »Zu Hause aßen wir siebenundzwanzig Tage lang Hamburger, bis wir es einfach satt hatten«, erinnert er sich. »Da beschloß ich, die Preise zu erhöhen.«

Kroc war außer sich. Der 15-Cent-Hamburger war für das McDonald's-Image von zentraler Wichtigkeit; und obwohl er keine Möglichkeit hatte, die Preise seiner Franchisenehmer zu diktieren, redete und handelte er doch entsprechend. Sobald er von Dondanvilles Preiserhöhung erfuhr, schickte er ein Telegramm nach Reseda. »Nimm Deine Bögen runter«, stand darauf geschrieben.

Dondanville ignorierte es ebenso wie Krocs beständige Ermahnungen, er solle endlich seinen Bart abrasieren. Kroc, selbst ein Musterbeispiel für ein gepflegtes Äußeres, gestattete es keinem seiner Angestellten, sich einen Bart wachsen zu lassen, und die Vorstellung eines bärtigen Dondanville, der im Schaufenster eines McDonald's-Drive-in Roastbeef schnitt, brachte ihn zur Weißglut. Dondanville hatte sich den Bart wachsen lassen, während er auf die Fertigstellung seines Restaurants gewartet hatte. Eigentlich hatte er vorgehabt, sich am Eröffnungstag zu rasieren, doch dann hatte er den Bart weiter wachsen lassen – vielleicht weil er Krocs Abneigung gegen Bärte kannte.

Kroc wußte, daß er bei Dondanville auf Granit beißen würde, wenn er ihm einfach befehlen würde, seinen Bart abzunehmen. Also besann er sich auf das einzige Lockmittel, das unter Umständen Erfolg haben könnte: Publicity. Dondanville war wohl der publicityträchtigste aller frühen McDonald's-Mitarbeiter. Für sein Restaurant warb er wiederholt in der Lokalpresse, und sein Chevrolet-Kombi – geschmückt mit zwei vergoldeten Bögen – war ein fahrendes Werbeplakat. Die Bögen spannten sich über die gesamte Länge des Wagens, so daß man wirklich Probleme hatte einzusteigen, aber, so Dondanville, »sie waren ein echter Blickfang«.

Wohl weil er um Dondanvilles Schwäche für Publicity wußte, wählte Kroc dessen Drive-in für einen Presseauftritt, auf dem die neuesten Meilensteine des Hamburgerverkaufs bei McDonald's verbreitet werden sollten. Um möglichst viele Medienvertreter anzulocken, lancierte Kroc in der Lokalpresse das Gerücht, der Restaurantchef in Reseda habe sich den Bart wachsen lassen, um ihn zur Feier der neuesten Verkaufserfolge abrasieren zu können. Kroc schlug vor, daß sich Dondanville vor dem Restaurant in einen Rasiersessel setzen solle, um sich den Bart abrasieren zu lassen, während man das Schild ›der einmillionste Hamburger‹ am McDonald's-Schriftzug befestigen würde. Wohl wissend, daß sich kein Fotoreporter diesen Schnappschuß entgehen lassen würde, ließ sich Dondanville auf die Sache ein. Er selbst servierte den gefeierten Hamburger, brachte eigenhändig das Schild mit dem neuen Rekord an, plauderte munter mit den Reportern und posierte für die Fotografen. Er tat alles, was Kroc wollte, nur eines nicht – er ließ sich nicht rasieren.

Doch erst als Dondanville ein weiteres Restaurant eröffnete, fügte er seinem Verhältnis zu Kroc und McDonald's einen irreparablen Schaden zu. Franchisenehmern von McDonald's ist es verboten, ähnliche Restaurationsbetriebe zu besitzen. Die Eröffnung von Dondanvilles zweitem Restaurant – Hamburger King – bedeutete also einen offenen Vertragsbruch. Natürlich erhielt Dondanville nie mehr eine weitere McDonald's-Lizenz, was ihn aber nicht weiter ärgerte. »Ich hasse es, Befehle entgegenzunehmen«, gibt er zu, »aber Ray konnte sich halt auch nicht mit Widersachern wie mir herumschlagen, wenn er vorhatte, ein landesweites Image aufzubauen. McDonald's kann froh sein, daß ich mich so aufsässig benahm, denn von diesem Moment an war man bei der Auswahl der Franchisenehmer viel vorsichtiger.«

Dondanvilles Opposition war zwar besonders schillernd, aber keineswegs der einzige Widerstand aus der Rolling-Green-Gemeinschaft, der Kroc schlaflose Nächte bereitete. Weissmuller bekam nie eine Lizenz für ein drittes Restaurant, weil er auch bei diesem – wie bei den beiden anderen – Eigentümer der Immobilie sein wollte. Die McDonald's-Strategie sah damals vor, daß das Unternehmen die

Immobilie kaufte oder pachtete und sie an den Franchise-nehmer weitervermietete. Joe Sweeney, dem eine Exklusiv-lizenz für McDonald's-Betriebe in sechs westlichen Vororten Chicagos eingeräumt worden war, erhielt keinen weiteren Franchisevertrag, weil er nach Krocs Ansicht sein erstes Restaurant nicht ordentlich in Schuß hielt. Das bestätigte sich auch, als McDonald's 1968 Sweeneys Betrieb aufkaufte. Michael Quinlan – heute Vorsitzender der McDonald's Corporation, damals noch ein Grünschnabel –, der Sweeneys Laden übernehmen sollte, entdeckte auf seinem ersten Rundgang im Keller einen Stoffetzen, der um ein Rohr gewickelt und von einer seltsam aussehenden schwarzen Flüssigkeit durchtränkt war. Als Quinlan den Fetzen lockerte, traf ihn fast der Schlag: Die Quelle des Übels war eine verfaulte Kartoffel, die ein Loch in einem Rohr der Zuleitung für die nichtalkoholischen Getränke stopfte. Man hatte sie dort hineingesteckt, um das Leck zu ›reparieren‹.

Die meisten Reibungen in der Verbindung Rolling Green und McDonald's gab es jedoch zwischen Kroc und Richard Picchietti, den Kroc beschuldigte, immer minderwertigere Lebensmittel zu beziehen, um weniger bezahlen zu müssen. Picchietti war der erste Rolling-Green-Franchisenehmer, der im Raum Chicago ein Restaurant eröffnet hatte. Es lag in Skokie – nur zwei Vororte von Krocs Restaurant in Des Plaines entfernt – und war immens wichtig, um weitere Mitglieder aus dem Country Club in den McDonald's Club abzuwerben. Gleichzeitig bedeutete es für Kroc aber auch eine Quelle endloser Frustrationen.

Die Streitereien zwischen Kroc und Picchietti begannen, als der Gründer dem Restaurant in Skokie kurz nach der Eröffnung seinen ersten Besuch abstattete. Dabei offenbarte Kroc zum ersten Mal seine Neigung, Mißstände scharf und für jedermann vernehmbar anzuprangern. In diesem Fall nahm er einen Bediensteten zur Seite, um ihn wegen dessen schmutziger Fingernägel zu schelten. Picchietti wertete das als Affront gegen seine Autorität. Das Restaurant in Skokie war sein Restaurant, nicht Krocs, und er nahm wohl an, Kroc hätte nicht das Recht, sich einzumischen. »Fang bloß nicht an, meinen Leuten zu sagen, was sie machen sollen, sonst sag' ich dir, was du mich kannst«, warnte er Kroc.

Kroc war sprachlos. So wie er es sah, verkörperte er McDonald's, wenn es um Fragen der Qualität und Uniformität ging. In seinem Kopf war jeder McDonald's sein McDonald's, denn jeder einzelne war ein Glied der Kette, die er aufzubauen beabsichtigte. »Es war dumm, einfach dumm«, erinnerte er sich Jahre später. »Im Grunde wollte ich ihm nur behilflich sein, und er warf mir dann sowas an den Kopf. Ich nahm Hut und Mantel, machte auf dem Absatz kehrt und kam nie wieder.« Tatsächlich stattete Kroc Picchiettis Restaurant doch noch einen Besuch ab – siebzehn Jahre später. Bis dahin hatte Picchietti seinen einstmals vernachlässigten Betrieb auf Hochglanz gebracht, weil ihm zu Ohren gekommen war, daß seine auf zwanzig Jahre befristete Franchiselizenz sonst nicht verlängert werden würde. Dennoch war es nur Krocs Mitarbeiterstab zu verdanken, daß der einer Verlängerung der Lizenz zähneknirschend zustimmte – der einzigen, die Picchietti jemals bekam.

Die Erfahrungen mit seinen Kameraden von Rolling Green bedeuteten für Kroc eine schwere persönliche Enttäuschung und zerstörten eine Vielzahl seiner ehemals geschätzten Freundschaften. Als McDonald's in den frühen 60er Jahren seinen Triumphzug begann, gingen die Rolling-Green-Leute wie selbstverständlich davon aus, aufgrund ihrer Anfangskontakte davon profitieren zu können. Sie täuschten sich. Obwohl seine Freunde zu den Pionieren von McDonald's gehörten, erhielten nur fünf der insgesamt achtzehn Rolling-Green-Franchisenehmer mehr als einen Betrieb. Von diesen wiederum konnten nur Phil und Vern Vineyard – die Buchhalter – aus ihrem frühen Engagement bei McDonald's Kapital schlagen; sie bekamen schließlich die Lizenzen für 21 Restaurants in Florida. Dies war Ray Krocs deutlichstes Signal, daß sein Grundsatz, Lizenzen nur für jeweils ein Restaurant und nur an Spitzenleute zu vergeben, beinahe unumstößlich blieb.

Der McDonald's-Gründer fühlte sich von vielen seiner

Freunde aus Rolling Green betrogen, und sogar in seinen letzten Lebensjahren fiel es ihm schwer, sie mit ihrem Namen anzusprechen. Er räumt jedoch offen ein, wie wichtig die Lehren waren, die er aus den Erfahrungen mit ihnen gezogen hat. »Sie waren alle noch in anderen Bereichen tätig und gingen davon aus, ein McDonald's besitzen zu können, ohne Zeit darin zu investieren«, urteilte Kroc. »Sie waren so gut wie nie da und nur am Geldmachen interessiert. Keiner von ihnen kümmerte sich darum, was eigentlich verkauft wurde.«

Zu dem Zeitpunkt, als Kroc von seinem investitionsfreudigen Clubkameraden bitter enttäuscht wurde, begann sich sein Franchising-Horizont allmählich zu erweitern. Mehr durch Zufall entdeckte Kroc den Typ von Lizenznehmer, der genau seinen Vorstellungen entsprach. Keiner war reich oder auch nur annähernd kapitalkräftig. Die wenigsten besaßen eine eigene Firma. Sie gehörten eindeutig nicht in die Kategorie von Investoren, auf die ein Fast food-Franchisegeber hoffte. Sie zählten nicht einmal zu denen, die wie Krocs Rolling-Green-Gruppe einen kleinen Teil ihres Kapitals anlegen wollten. Sie gaben eine Karriere in anderen Unternehmen auf und riskierten ihre eigenen Ersparnisse – und oft genug auch die ihrer Freunde und Angehörigen –, um ihr Glück mit McDonald's zu machen. Sie arbeiteten so hart und lange, daß McDonald's ihr zweites Zuhause wurde. Die meisten hatten schon lange geplant, sich selbständig zu machen, aber keine Chance gesehen, ihren Traum zu verwirklichen. Bei McDonald's arbeiteten sie als eigenständige Unternehmer, hatten aber das ›Sicherheitsnetz‹ einen effektiven, umfangreichen Systems, sofern sie bereit waren, sich den Spielregeln zu unterwerfen. Sie waren die ersten echten Systempartner – Arbeitgeber und Arbeitnehmer in einem –, und ihr Engagement festigte das Image, daß eine McDonald's-Lizenz genausoviel wert sei, wie ein Haupttreffer in der Lotterie.

Kroc fand diesen Typ Lizenznehmer nicht durch Zeitungsannoncen. McDonald's hat im Verlauf seiner dreißigjährigen Firmengeschichte seine Franchisenehmer nur ganz selten mit Hilfe einer Anzeige in *Chicago Tribune* gesucht. Die Systempartner, die Kroc nun anwarb, gewann er mit der billigsten Form der Werbung: durch Mund-zu-Mund-Propaganda.

Den Anfang machte Sanford Agate. Als Sandy Agate 1955 zum erstenmal von McDonald's hörte, war er Mitte Vierzig und arbeitete bei einer Zeitung in Chicago. Es war schon seit langem sein Traum gewesen, eines Tages seine eigene kleine Firma aufzumachen. Er hatte sogar an der Abendschule einen Optikerkurs absolviert. Aber das, was er mit seinen neu erworbenen Diplomen nach Feierabend oder am Wochenende verdienen konnte, reichte nicht aus, um seine Stellung bei der Zeitung aufzugeben. Seine Frau Betty beschloß, zum Familienunterhalt beizusteuern, indem sie Bibeln an der Haustür verkaufte. Sie suchte sich dafür eine etwas merkwürdige Zielgruppe aus – die Büros in der Chicagoer City.

Nun mag für manche die Vorstellung, daß eine Jüdin in downtown Chicago mit Bibeln hausiert, nicht besonders vielversprechend sein, doch für die Agates öffnete sich damit eine neue Welt. Einen ihrer ersten Besuche mit Bibeln unter dem Arm machte Betty Agate in 221 North LaSalle, jenem Gebäude, in dem sich der Hauptsitz von Ray Krocs Prince Castle Sales Division sowie die aufstrebende McDonald's System Inc. befanden. Es war Anfang 1955, und Kroc hatte – außer in Kalifornien – noch keine einzige Franchiselizenz an den Mann gebracht. Jeder, der sein Büro betrat – sogar ein Bibelverkäufer – war ein aussichtsreicher Kandidat für einen Franchisevertrag.

Betty Agates Tätigkeit faszinierte June Martino, Krocs kontaktfreudige und für alles Neue aufgeschlossene Sekretärin. »Warum, zum Teufel, verkauft eine Jüdin katholische Bibeln?« wollte sie wissen. »Um meinen Lebensunterhalt zu verdienen«, antwortete Betty Agate. »Warum machen Sie kein McDonald's auf?« schlug June Martino vor.

Diese Direktheit war typisch für Martino, und bei den Agates traf sie damit genau ins Schwarze. Sandy Agate hatte bereits mit dem Einstieg in die Gastronomie geliebäugelt, vorzugsweise in einem Sektor, der keine großen Vorkenntnisse erforderte. Als man sich kurze Zeit später bei den Krocs zum Abendessen traf, erfuhren die Agates mehr über die Verkaufstechnik bei McDonald's, und auf dem Nachhauseweg äußerte Betty ihre Begeisterung für das Fast food-Business. »Strecken wir uns nach den Sternen«, sagte sie zu ihrem Mann.

Noch im selben Jahr zahlten die Agates die von Kroc geforderten 950 Dollar für die McDonald's-Lizenz ein, und Harry Sonneborn, einer von Krocs neuen Mitarbeitern, der für die Standortwahl der künftigen McDonald's-Restaurants zuständig war, bot ihnen ein Grundstück in dem 80 km nördlich von Chicago liegenden Waukegan an, das zu pachten war. Die Bevölkerung setzte sich vorwiegend aus Arbeitern zusammen, also aus der Kundenschicht, die schon von Anfang an McDonald's frequentiert hatte. Trotz der 60 000 Einwohner gab es dort nur ein Hamburger-Drive-in, das im Winter geschlossen hatte. Außerdem fanden die Agates einen Bankier, dem ein Grundstück genau gegenüber dem geplanten Einkaufszentrum gehörte. Nachdem Kroc mit dem Bankier, John O'Meara verhandelt hatte, erklärte sich dieser bereit, auf dem Grundstück ein McDonald's zu bauen und es den Agates zu verpachten. Die Pacht sollte 5 % des Umsatzes betragen, aber nicht mehr als 1000 und nicht weniger als 500 Dollar pro Monat. Die Agates hatten nicht annähernd die Mittel, um den Bau zu finanzieren. als O'Meara sich auf dieses Risiko einließ, war der Umzug nach Waukegan beschlossen.

O'Meara hätte sich nie träumen lassen, daß der winzige Laden mehr als 20 000 Dollar Umsatz machen würde, wobei die festgelegte Höchstgrenze von 1000 Dollar Pacht erreicht war – und das bereits im ersten Monat nach Eröffnung. Das veranlaßte den Bankier, sich wutentbrannt an Kroc zu wenden. »Der Mensch betreibt kein Hamburger-, sondern ein Immobiliengeschäft«, beklagte er sich. »Bei der Pacht ist er in kürzester Zeit Millionär und ich darf mich mit den Krumen begnügen. Sie sollten mir mehr Pacht zahlen.« Kroc blieb eisern. »Ich habe Ihnen doch erklärt, was wir vorhaben«, meinte er. »Aber Sie wollten mir ja nicht glauben. Jetzt sehen Sie es selbst.«

Anders als die Investoren aus Rolling Green nahmen die Agates ihren Einstieg bei McDonald's durchaus ernst. Sanford Agate kündigte seinen Zeitungsjob und nahm selbst den Bratenwender in die Hand, während seine Frau am Tresen arbeitete – damit waren sie das erste Team-Ehepaar bei McDonald's, dem bald Hunderte folgen sollten. Ihre Kaution auf den Pachtvertrag, die Lizenzgebühr sowie die Raten für das Schild und das Inventar hatten die 25 000 Dollar aufgebraucht, die sie sich in den letzten zwanzig Jahren zusammengespart hatten. Da Kroc wußte, wie es um die Finanzen der Agates bestellt war, offenbarte er ihnen nur nach und nach, mit welchen Belastungen sie bei der Eröffnung eines neuen Drive-ins zu rechnen hätten. Zwei Tage vor dem Eröffnungstermin, als Agate praktisch alle seine Reserven aufgebraucht hatte, erklärte Kroc ihm, daß er einhundert Dollar Wechselgeld brauche.

Agate war sauer. »Sie haben mir nicht die volle Wahrheit erzählt«, rief er. »Ich hätte mich nie auf dieses Geschäft eingelassen, wenn ich gewußt hätte, was alles auf mich zukommt.« Krocs Antwort war entwaffnend: »Eben deshalb habe ich Ihnen nichts davon erzählt.« Agate kramte das letzte Geld aus seinem Sparstrumpf – einhundertfünfzig Dollar. Einhundert legte er in die Kasse, den Rest gab er seiner Frau für Haushaltseinkäufe: »Geh vorsichtig damit um«, sagte er.

Am 26. Mai 1955, dem Eröffnungstag, warteten die Agates gespannt darauf, wie sich das Geschäft anließ. Kroc war nicht weniger ungeduldig. Dieser Tag war genauso wichtig für die Zukunft des McDonald's wie für die der Agates. Krocs eigenes Restaurant mit einem Jahresumsatz von 200 000 Dollar ließ zwar nichts zu wünschen übrig, aber er brauchte dringend ein erfolgreiches McDonald's im Mittleren Westen, um die Zugkraft der Kette zu demonstrieren. Abgesehen von der Rolling-Green-Gruppe hatte der einzige Lizenznehmer, der nicht in Kalifornien, sondern in Dallas operierte, beklagenswert niedrige Umsätze zu verzeichnen.

Das Restaurant wurde 1956 von Ross Cole und V. F. Garrett eröffnet, die als vierte eine Lizenz von Kroc erwarben. Sie machten mit Mühe und Not gerade 10 000 Dollar Umsatz, und nachdem sie fünfzehn Monate hintereinander in die roten Zahlen gerieten, gaben sie auf. Die goldenen Bögen sind schon lange entfernt, aber das rot-weiße Gebäude steht noch heute und beherbergt einen Gebrauchtwagenhandel. Nur noch wenige wissen, daß es sich hier um eine Erinnerung an die einzige große Niederlage handelt, die der erfolgreichste Franchisegeber der Welt einstecken mußte. Natürlich gingen im Laufe der Jahre immer wieder McDonald's-Franchisenehmer bankrott – allerdings wegen Verlusten, die mit McDonald's nichts zu tun hatten. Andere McDonald's-Lizenznehmer mußten erst ihre Belegschaft oder den Standort wechseln, um Profite zu machen. Das Cole-Garrett-Geschäft blieb jedoch McDonald's einziger wirklicher Fehlschlag, und es dauerte lange, bis sich die Kette in Texas davon erholte.

Zum Glück war McDonald's in Waukegan von Anfang an ein Riesenerfolg. Schon am Eröffnungstag wurde deutlich, daß die Agates auf einer Goldmine saßen. Der Massenansturm, der einsetzte, war sogar für den Optimisten Kroc unfaßbar. Am Eröffnungstag reichte die Schlange der Kunden bis auf die Straße. Am Morgen hatte der Verkaufsfahrer von Mary Ann Baking in Chicago, einem der ersten McDonald's-Lieferanten, die Agates darauf hingewiesen, daß die 1500 Buns, die sie bestellt hatten, viel zu reichlich bemessen seien und daß sie sie abends wahrscheinlich zum Ballspielen benutzen konnten. Um fünf Uhr nachmittags war der Vorrat aufgebraucht, und Agate mußte nachbestellen. Agate hatte am ersten Tag 450 Dollar eingenommen. »Sie haben es geschafft«, meinte Kroc.

Sie hatten es nicht nur geschafft, sondern von jetzt an begann ein kometenhafter Aufstieg. Am nächsten Tag, einem Freitag, an dem der Hamburgerverkauf in einer überwiegend katholischen Stadt wie Waukegan normalerweise drastisch zurückgeht, reichte die Schlange der Wartenden fast bis zur nächsten Querstraße. Agate nahm achthundert Dollar ein und sah sich mit einer unerwarteten Schwierigkeit konfrontiert: Die Kassen waren zu klein und quollen am Abend förmlich über. Da Agate nicht daran gedacht hatte, sich von seiner Bank einen Geldsack geben zu lassen, und es ihm zu riskant erschien, das ganze Geld im Restaurant zu lassen, stopfte er Scheine und Münzen in braune Papiertüten und nahm sie mit nach Hause.

Ohne jede Vorwarnung und mit nicht mehr als einer einzigen Zeitungsannonce war die Eröffnung des McDonald's-Restaurants – das 15-Cent-Hamburger verkaufte, die viel besser schmeckten, als irgend jemand erwartet hatte – in Waukegan zum sozialen Ereignis geworden. Obwohl es pausenlos regnete, bildete sich am Samstagmorgen um zehn Uhr erneut eine Schlange vor dem McDonald's – eine geschlagene Stunde, bevor Agate öffnete. Erst nachts um eins, zwei Stunden nach Ladenschluß, löste sich die Schlange langsam auf. Agates McDonald's hatte 1000 Dollar eingenommen, ein Ergebnis, das Krocs Laden nie zuvor erzielt hatte.

Der Sonntag verlief nicht anders – die Folge war, daß Agate um fünf Uhr nachmittags das Fleisch ausging. In heller Aufregung rief er seinen Fleischlieferanten an. Als Agate seinen wartenden Kunden mitteilte, daß sie sich eine halbe Stunde gedulden müßten, war er über deren Reaktion vollkommen überrascht: Fast jeder wartete. »Wir waren beinahe außer uns vor Freude, daß wir all das viele Geld nur mit Mundpropaganda einnahmen«, erinnert sich Betty Agate.

Für Kroc war der Erfolg des McDonald's-Restaurants in Waukegan, der sich buchstäblich über Nacht eingestellt hatte, der Beweis dafür, daß sein Instinkt ihn nicht getäuscht hatte: Agate war genau der Typ von Franchisenehmer, den er brauchte, um das Fast food-Rennen zu gewinnen: Er war nicht an seiner sicheren Kapitalanlage interessiert, sondern betrachtete McDonald's als sein Lebenswerk. Er mietete zwar ein Haus in der Nähe seines Restaurants, aber sein eigentliches Zuhause war sein McDonald's. Er stand um sieben Uhr morgens als erster im Laden und verließ ihn als letzter weit nach Mitternacht. Als Kroc sah, daß er sich in Agate nicht getäuscht hatte, widmete er sich seinem nächsten Ziel: mehr Lizenznehmer vom Schlag Sandy Agates zu finden.

Die Nachricht vom überwältigenden Erfolg des Restaurants in Waukegan machte rasch die Runde. Möchtegern-Unternehmer aus Nachbarstädten und sogar aus den umliegenden Staaten pilgerten zu der Stadt am See, um mit eigenen Augen zu sehen, was kaum einer glauben wollte. Die Agates setzten in den ersten zwölf Monaten über 250 000 Dollar um, was ihnen einen Gewinn von 50 000 Dollar bescherte. Ein Jahr später kauften sie ihr erstes Haus, eine 100 000-Dollar-Residenz in einer vornehmen Neubausiedlung der Stadt. Potentiellen Franchisenehmern entging nicht, daß Krocs erster erfolgreicher Partner in einer weitaus luxuriöseren Bleibe residierte als Ray und Ethel Kroc in ihrem Haus in Arlington Heights.

Agate verdiente inzwischen viermal soviel wie Kroc, was der McDonald's-Gründer als ein gutes Omen betrachtete. Im Gegensatz zu den meisten Franchisegebern glaubte er fest daran, daß der Erfolg der McDonald's-Kette im wesentlichen vom Erfolg der Lizenznehmer abhing. Jetzt hatte er gute Aussichten, seinen Traum zu verwirklichen. Er ergriff jede sich bietende Gelegenheit, um den Kandidaten, die aus demselben Holz wie Agate ›geschnitzt‹ waren, vom Erfolg seines Franchisenehmers zu berichten, denn wie Agate waren sie bereit, ihre gesamte Barschaft zu investieren, um nicht länger für andere, sondern auf eigene Rechnung zu arbeiten. Jedem Interessenten, der in die North Lasalle Street 221 kam, zeigte Kroc die Bilanz des McDonald's in Waukegan.

Schon wenige Monate nach der Eröffnung hatte Agate auf seinem Parkplatz Autos bemerkt, die Kennzeichen von anderen Bundesstaaten trugen. Waukegan war kein Touristenzentrum; die Wagen gehörten zukünftigen Lizenznehmern, die ihm Kroc geschickt hatte. Zu ihnen gehörte auch Lou Groen, Mitbesitzer und Geschäftsführer eines Restaurants in Cincinnati. Während einer Gastronomiemesse in Chicago hatte Groen Ray Crocs Restaurant in Des Plaines unter die Lupe genommen. Er war beeindruckt, wußte aber auch, daß es sich nur um ein Vorzeigemodell handelte, das dem Franchisegeber selbst gehörte. »Haben Sie schon Lizenzen verkauft?« fragte er Kroc skeptisch. Kroc schickte Groen nach Waukegan.

Groen war von der Kundenschlange, die sich vor dem Restaurant gebildet hatte, beeindruckt und ging schnurstracks zu Agate. »Meine Investitionen hatten sich schon nach wenigen Monaten amortisiert«, teilte ihm Agate mit. Aber Groen war vom Fach und kannte kein Restaurant, das solche Gewinne abwarf. »Das müssen Sie mir erst einmal beweisen, bevor ich es glaube«, meinte er. »Wenn Sie so erfolgreich sind, zeigen Sie mir doch einmal Ihren Einkommensteuerbescheid!«

Agate nahm Groen mit zu sich nach Hause, setzte ihn an den Küchentisch und holte die Unterlagen aus dem Aktenschrank. »Ich habe noch nie in meinem Leben soviel Geld verdient«, gestand Agate seinem Besucher, der den Einkommensteuerbescheid überflog und über Agates plötzlichen Reichtum nur noch staunte. Groen hatte angebissen; und obwohl er es damals nicht ahnen konnte, sollte er mit seinem McDonald's noch mehr Geld als Agate verdienen. Am Ende führte Groen vierzig Verkaufsstellen. Heute leitet er zwei, ebenso viele wie sein Sohn. Vier der Restaurants gehören zwei seiner ehemaligen Angestellten, die übrigen der McDonald's Company. Groen lobt noch heute Agates Offenheit, durch die er zu McDonald's kam: »Sandy Agate war vielleicht der beste Partner, den McDonald's jemals hatte. Er war McDonald's erster ›Tellerwäscher‹, der es zum Millionär brachte.«

Wie Groen erging es Dutzenden anderer potentieller Franchisepartner. Reuben Taylor, ein Vertreter für LKW-Teile aus Wisconsin, der nach Franchise-Möglichkeiten suchte, war von Agates Laden ebenso angetan. 1957 erwarb er eine Lizenz in Hamden, Connecticut, warf seinen alten Job ihn und widmete sich ganz seinem Restaurantbetrieb. Wie Agate erzielte auch er in kürzester Zeit enorme Gewinne. Der große Durchbruch gelang Taylor zwei Jahre später, als er in Newington sein zweites Restaurant eröffnete – an der Mautstelle zwischen Boston und New York.

Im Vegleich dazu verblaßten Agates Zahlen, und Kroc erkannte, daß das McDonald's ein wesentlich größeres Potential barg, als er sich je hätte träumen lassen. 1964 gelang es dem McDonald's-Restaurant in Newington, die magische Grenze von 500 000 Dollar Jahresumsatz zu durchbrechen; die Summe war mehr als doppelt so hoch wie der Durchschnitt der gesamten Kette. Damit begann für den Franchisenehmer Taylor eine märchenhafte Karriere, in deren Verlauf er es auf insgesamt fünfundzwanzig Verkaufsstellen brachte. Im Augenblick hat er sechzehn.

Das Restaurant in Waukegan machte nicht nur auf Neugierige aus anderen Bundesstaaten Eindruck, sondern auch auf Agates Freunde und Verwandte. Agate konnte seinen Bruder Barney für eine Verkaufsstelle in Evanston, Illinois, gewinnen, seinem Schwager verschaffte er eine Lizenz in Mishawaka, Indiana. Betty Agates Bruder, Edward Traisman, gehörten bald fünf Restaurants in Madison, Wisconsin.

Die kleine Verkaufsstelle in Waukegan sollte sich rasch zu einem wahren Segensbringer für McDonald's entwickeln. Am meisten beeindruckt von Agates Restaurant in Waukegan zeigte sich eine Gruppe einheimischer Geschäftsleute, die Tag für Tag die endlose Prozession zu McDonald's beobachteten. Als erster wurde Harold Stern darauf aufmerksam, der gegenüber ein kleines Damenkonfektionsgeschäft leitete. Als Betty Agate ihn überredete, sich einmal mit Kroc in Chicago zu unterhalten, nahm er seinen Freund Mel Garb mit. Garb arbeitete als Manager in einem Lederwarengeschäft. die beiden übernahmen zusammen ein Restaurant in Saginaw, Michigan, das 1958 eröffnet wurde. Bevor sie zehn Jahre später ihre Lizenz für 25 Millionen Dollar mehr an McDonald's zurückverkauften, hatten sie insgesamt 46 McDonald's in Michigan, Wisconsin, Oklahoma, Nevada und Kalifornien aufgebaut.

Nach dem Einstieg des ›Garb-Stern-Gespannes‹ in McDonald's, meldeten mehrere Geschäftsleute aus Waukegan ihr Interesse an. Arthur Korf, der Besitzer des Konfektionsgeschäftes, in dem Stern Geschäftsführer war, erhielt 1959 eine Lizenz in Asheville, North Carolina, und baute zusammen mit seinem Partner Richard Frankel 29 Filialen auf, bevor sie sich 1976 zur Ruhe setzten. Fritz Casper, Besitzer einer kleinen Boutique, erwarb eine Lizenz für Tampa und brachte es schließlich auf fünfundzwanzig Filialen. Bill O'Brien, ein Drogist aus Waukegan, führte zwei McDonald's in Iowa City, Iowa.

Insgesamt verhalf Sandy Agates Restaurant McDonald's in den ersten drei Jahren zu zwei Dutzend weiterer Franchisenehmer. Krocs Partner in den 50er Jahren rekrutierten sich etwa zur Hälfte aus Freunden von Rolling Green, die andere Hälfte kam zum Großteil über Agate ins Geschäft. Im Unterschied zu den Rolling-Green-Partnern handelte es sich bei Agates Anwerbungen um Eigner bzw. Betreiber, die Vollzeit arbeiteten und bald überall im Land über einhundert weitere Restaurants aufmachten. Viele von ihnen würden Mel Garbs Urteil zustimmen, daß die Verkaufsstelle in Waukegan genau das war, was Kroc brauchte, um eine landesweit operierende Fast food-Kette aufzubauen: »Sandy Agates Laden war der Keim, aus dem ein riesiger Baum werden sollte.«

Obwohl er so entscheidend zu McDonald's Durchbruch beigetragen hatte, hielt sich Agates finanzieller Erfolg vergleichsweise in Grenzen. Drei Jahre nach der Eröffnung in Waukegan gewährte ihm Kroc eine zweite Lizenz. Anfragen nach weiteren Verkaufsstellen wurden hingegen negativ beantwortet, denn für Kroc wurde Agate mehr und mehr zum Problemfall. McDonald's Kundschafter erteilten seinem Restaurant schlechte Noten, und Agate wurde ›Pfennigfuchserei‹ nachgesagt, weil er bei seinen Lieferanten mehr auf den Preis als auf die Qualität achtete. Selbst Betty Agate räumt ein, daß sich ihr verstorbener Mann starrköpfig weigerte, grundlegenden Vorgaben der Konzernleitung Folge zu leisten. »Ich habe Sandy immer wieder ermahnt, ihr Spiel mitzuspielen«, erinnert sie sich heute, »aber er antwortete stets: ›Zum Teufel damit, ich bin mein eigener Herr.‹«

Insgesamt sorgte Sandy Agates Restaurant in den ersten drei Jahren für zwei Dutzend weiterer Franchisenehmer.

Agates Eigenmächtigkeit führte schließlich dazu, daß er für Kroc und McDonald's untragbar wurde. Seit Jahren hatte er Kroc darauf hingewiesen, daß Pepsi in seinem Restaurant größeren Anklang finden würde als Coca-Cola. McDonald's ließ seinen Franchisenehmern normalerweise großen Freiraum bei der Wahl ihrer Lieferanten, aber Coke war und ist die einzige Marke, die McDonald's führt. Niemand weiß, wie attraktiv das Angebot gewesen sein mag, daß der Pepsi-Distributor Agate zu Beginn der 60er Jahre machte. Zu diesem Zeitpunkt war McDonald's bereits ein wichtiger Softdrink-Kunde geworden, und die Konkurrenz wartete nur darauf, Cokes Monopolstellung zu durchbrechen.

Agate war der erste Riß in McDonald's Panzer als Großabnehmer von Softdrinks. Obwohl die Verweigerung weiterer Lizenzen sicher noch auf andere Gründe zurückzuführen war, sprach sich schnell herum, daß er von Kroc für seinen eigenmächtigen Wechsel von Coke zu Pepsi bestraft wurde. 1975 teilte ihm McDonald's mit, daß seine Lizenz, die für zwanzig Jahre galt, nicht erneuert werden würde. Daraufhin verkaufte Agate seine beiden Restaurants und stieg aus dem System aus. Seit dem Pepsi-Verfall und nach Bekanntwerden seiner Konsequenzen versuchte kein McDonald's-Mitglied mehr, die ›Pepsi-Herausforderung‹ anzunehmen.

Krocs Reaktion war für alle McDonald's-Franchisenehmer eine Warnung, daß seine Forderung nach Konformität keine leeren Worte waren. Er macht damit unmißverständlich klar, daß er nicht bereit war, auch nur die geringste Abweichung von den ehernen Gesetzen des McDonald's-System zu dulden.

Ende der 50er Jahre war es Kroc endlich gelungen, den idealen Typ von Franchisenehmer zu finden, den McDonald's brauchte. Obwohl er auch weiterhin Lizenzen an reine Anleger erteilte, wurde ihm klar, daß die Restaurants, deren Inhaber – wie Sandy Agate – gleichzeitig auch zupackende Geschäftsführer waren, weit bessere Resultate erzielten. Sie leisteten eine aktiven und nicht wie die Anleger einen passiven Beitrag zum Unternehmenserfolg. Und da nahezu alle branchenfremd waren, zeigten sie sich aufgeschlossen und bereit, das neuartige McDonald's-System zu akzeptieren.

Krocs Franchising-Konzept, jeweils nur eine Lizenz für ein McDonald's-Restaurant zu vergeben, war ihren Bedürfnissen und ihrer Situation angepaßt. Es war geeignet, die Kreativität des einzelnen in Bahnen zu lenken, die ein hohes Qualitätsniveau des gesamten Systems versprachen. Mit dieser neuen und flexiblen Kategorie von Franchisenehmern, die Kroc nach dem Erfolg mit Sandy Agate zu rekrutieren suchte, konnte er eine ideale Partnerschaft aufbauen. Er motivierte die Lizenznehmer, eigene Verbesserungsvorschläge zu machen, ließ gleichzeitig aber auch unmißverständlich erkennen, daß er Abweichungen von der Norm, die nach seiner Meinung dem System schadeten, nicht dulden würde.

Das klingt autoritär, aber dadurch, daß Kroc sich die Kontrolle über die Errichtung neuer Verkaufsstellen – im Gegensatz zur Praxis der territorialen Lizenzvergabe – vorbehielt, hatte er ein Druckmittel zur Hand, um die Einheitlichkeit des Systems zu erzwingen. Und als er diese Macht seinem ersten und wichtigsten Lizenznehmer – Agate – spüren ließ, machte er jedem klar, daß *er* derjenige war, der den Standard festlegte. Betty Agate meinte dazu: »Ray war von unglaublicher Sturheit und er konnte weder vergessen noch verzeihen.«

KAPITEL 5

Der Schmelztiegel

»Wenn es in einem Unternehmen zwei Führungskräfte gibt, die dasselbe denken, ist einer überflüssig.« So lautete Ray Krocs Antwort auf die Frage eines Teilnehmers an einem Seminar für angehende McDonald's-Führungskräfte, das 1973 in der Amos Tuck Graduate School of Business Administration am Dartmouth College abgehalten wurde. Der McDonald's-Gründer hatte gerade über die zunehmende Einmischung des Staates in die freie Wirtschaft referiert, als ihn ein Student fragte, ob all seine Manager seine konservativen Ansichten teilten. Krocs Antwort spiegelt die Führungsphilosophie wider, auf die er sich beim Aufbau der McDonald's Corporation gestützt hatte.

Fred Turner, den Kroc gerade an die Spitze des Unternehmens berufen hatte, gab den Seminarteilnehmern ein anschauliches Beispiel für die Meinungsvielfalt, die Kroc nicht nur duldete, sondern förderte: 1972, als McDonald's die erste negative Publicity wegen einer Wahlspende in Höhe von 250 000 Dollar erntete, mit der Kroc den Präsidentschaftskandidaten Richard Nixon unterstützt hatte, gehörte der von Kroc als sein Nachfolger designierte Turner zu der Handvoll von Topmanagern, die für den Erzliberalen George McGovern stimmte. Diese Eröffnung war für Dr. John G. Kemeney, den liberalen Rektor des sonst überaus konservativen Dartmouth College ein solcher Lichtblick, da er sich während der anschließenden Cocktail-Party sofort auf Turner stürzte, überzeugt, endlich eine ihm verwandte Seele gefunden zu haben.

Er hatte sich gründlich getäuscht. Um zu demonstrieren, daß seine Wahlentscheidung keinesfalls auf einer Doktrin beruhte, erklärte Turner, McGovern habe 1972 mit Sicherheit nur wenige Wähler wie er gehabt – 1964 habe er nämlich noch für Barry Goldwater aus dem konservativen Lager gestimmt. »Kemeney ließ mich fallen wie eine heiße Kartoffel«, meinte Turner.

Diese Begebenheit illustriert das wohl wichtigste Merkmal von McDonald's-Management. Es ist alles andere als homogen. Die Konzernmanager denken und handeln nicht einheitlich. Sie weisen wenig Gemeinsamkeiten in ihren beruflichen Werdegang oder in ihrer persönlichen Entwicklung auf. Und das ist keineswegs ein Zufall. Es schient, als ob die einzige Gemeinsamkeit, die Kroc bei seinem Managern forderte, ihre Loyalität gegenüber dem McDonald's war. Obwohl er auf der Einheitlichkeit seines Fast food-Systems bestand, lehnte er Uniformität unter den Männern, die sie gewährleisten sollten, strikt ab.

Er war vielmehr an Mitarbeitern interessiert, die auf die eine oder andere Weise ›Extremisten‹ waren, die auf ihrem Gebiet besonderes Engagement und außergewöhnliche Fähigkeiten bewiesen. Für Kroc zählte bei der Einstellung und Beförderung von Mitarbeitern ausschließlich die Leistung. Nicht selten waren darunter ausgesprochene Exzentriker, deren Verschrobenheit er stillschweigend überging, weil er ihre Leistung respektierte.

Obwohl dies selten herausgestellt wird, muß man betonen, daß Kroc eine geniale Managerpersönlichkeit war. Daß dies wenig bekannt ist, mag daran liegen, daß Krocs scheinbare Willkür und seine Temperamentsausbrüche seine außergewöhnlichen Führungsqualitäten in den Schatten stellen. Er war ein extrem emotionaler Mensch mit einem festgefügten Weltbild und hohen Erwartungen an sich selbst und seine Mitmenschen. Sein Weltbild war schwarz-weiß gefärbt und ohne Kompromisse. Aber Kroc hatte auch ein Gespür dafür entwickelt, welche Art von Mitarbeitern McDonald's brauchte, um seine Marktvorherrschaft zu behaupten. Schon als er sein erstes Führungsteam zusammenstellte, verstand er es, seine persönlichen Vorlieben und Abneigungen bei der Einstellung und Beförderung seiner Mitarbeiter zurückzustellen und der individuellen

Leistung den Vorrang einzuräumen. Selbst wenn ihre Gewohnheiten ihn manchmal zur Raserei brachten, gelang es ihm, seinen Ärger vorbeiziehen zu lassen, um seine begabten Leute nicht zu verlieren.

Kroc scharte die wohl vielfältigste und individuellste Führungstruppe um sich, die es im amerikanischen Topmanagement je gegeben hat. Auch heute noch gehört diese Einstellungspolitik zu den Merkmalen des McDonald's-Imperiums – für Außenstehende allerdings sicher verborgen hinter der nahezu legendären Uniformität der Fast food-Kette. »Krocs Genialität äußerte sich darin, daß er Mitarbeiter rekrutierte, deren Talent den Erfolg des Konzerns gewährleisteten, selbst wenn ihre Persönlichkeit seiner eigenen widersprach«, meint Edward Schmitt, ehemaliges Vorstandsmitglied von McDonald's. »Rays Unternehmensphilosophie, die im gesamten McDonald's-System ihren Niederschlag gefunden hat, war für den Erfolg des Unternehmens von zentraler Bedeutung.«

Kroc stellte nicht nur Individualisten ein, er gab ihnen zusätzlich auch noch enormen Freiraum. Trotz der weit verbreiteten Meinung, McDonald's sei weitgehend ein Ein-Mann-Unternehmen, delegierte Kroc wesentlich mehr Verantwortung und Autorität als die meisten starken und dominierenden Gründerpersönlichkeiten.

Selbst in Insider-Kreisen, wozu auch die heutigen McDonald's-Mitarbeiter zählen, sieht man Kroc häufig als wohlwollenden Diktator. In gewisser Hinsicht ist diese Vorstellung verständlich, denn Kroc gefiel sich gelegentlich in der Rolle des Autokraten. Er haßte alles, was auch nur den Anschein persönlicher Ungepflegtheit erwecken konnte: schmutzige oder abgekaute Fingernägel, zerknitterte Anzüge oder unordentliche Haare. Er hatte auch kein Verständnis für Leute, die Kaugummi kauten, Comics lasen oder weiße Socken trugen. Am Ende eines Arbeitstages hatte der Schreibtisch aufgeräumt und die Schreibmaschine abgedeckt zu sein. Er verlangte sogar von seinen Angestellten, daß sie ihre Autos regelmäßig putzten.

Seine Ansichten über äußeres Auftreten und gepflegte

Umgangsformen wurden für die McDonald's-Manager zu Dogmen, auch wenn sie teilweise für niemanden außer für Kroc selbst einen Sinn ergaben. Er zuckte zum Beispiel förmlich zusammen, wenn er sah, daß einer seiner Angestellten einen Manhattan trank – nicht weil er selbst abstinent war (ganz im Gegenteil), sondern weil er einen Manhattan für einen leitenden Angestellten als unpassend einstufte. Aus demselben Grund verachtete er Sakkos als Ersatz für Anzüge, und sogar im Sommer waren langärmelige Hemden Pflicht.

Diese Ge- und Verbote spiegelten größtenteils seine eigene Pingeligkeit wider. Er verbot, Pfeife zu rauchen, und scheute sich dabei nicht, den Mund eines Pfeifenrauchers mit einem Vulkan zu vergleichen. Er titulierte ihn ›Vesuv mit Mundgeruch‹. Und obwohl er Zigarettenrauchen prinzipiell gestattete (er rauchte selbst), durften die weiblichen Angestellten nur an ihren Schreibtischen rauchen. Ein gepflegtes Äußeres war ihm so wichtig, daß er oft die Privatsphäre anderer verletzte. Mitunter befahl er seinen Managern, sich die Nasenhaare zu kürzen oder sich die Zähne zu putzen. Jegliche Gesichtsbehaarung war strikt verboten, sogar bis in die 70er Jahre hinein, als Haare an sich in Mode waren. Burt Cohen, einer der Leiter der Franchise-Abteilung, brachte einmal von einem Sport-Wochenende einen Bart mit zurück. Schuldbewußt ging er als erstes in Krocs Büro. »Reg dich nicht auf, Ray, morgen kommt er runter«, sagte er. »Ich weiß«, antwortete Kroc trocken.

Verstöße gegen Krocs Verhaltenscodex waren nicht selten ein Kündigungsgrund – zumindest vordergründig. Als einer seiner Anwälte mit einer Jagdmütze ins Büro marschierte – mit einer jener blauen Wollmützen, die einem in Chicago an kalten Wintertagen auf Schritt und Tritt begegnen – ließ Kroc den Mann mit der Begründung feuern, daß Manager Hüte trügen, keine Wollmützen. Dasselbe Schicksal widerfuhr einem Außendienstler aus der Immobilienabteilung, der den McDonald's-Gründer vom Flughafen abholte und ihn um zwei Dollar für die Parkgebühr bat. Kroc war außer sich, daß sich sein ›Gastgeber‹ nicht vorher um Kleingeld gekümmert hatte. Und als ihm sein Repräsentant für Oklahoma in der Ankunftshalle in Cowboystiefeln gegenübertrat und ihn in einem schmutzigen Cabriolet abholte, ließ Kroc auch ihn feuern – nachdem er ihn zur nächsten Autowaschanlage geschickt hatte.

Fristlose Kündigungen erfolgten allerdings nur dann, wenn er ›unter Hochspannung‹ stand. Auch wenn Kroc vielleicht dann und wann am liebsten all seine Manager gefeuert hätte – er selbst sprach die Kündigungen selten aus. Er schien eine direkte Konfrontation mit denen, die ihm ein ›Dorn im Auge‹ waren, zu scheuen. Er zog es statt dessen vor, seinen Ärger hinunterzuschlucken und Dritte mit der Kündigung zu beauftragen.

Als Kroc mitbekam, daß einer seiner Manager Chateaubriand auf der Spesenabrechnung stehen hatte, ließ er wutentbrannt Gerry Newman, seinen damaligen Chefbuchhalter, herbeizitieren. »Ich war bei dem Abendessen nicht dabei«, erinnert sich Newman, »aber am nächsten Morgen ließ Kroc *mich* antanzen, um ihn zur Schnecke zu machen.«

Die Entlassungen wurden oft genug zwar ausgesprochen, aber nicht ausgeführt. Selbst Kroc erinnert sich daran, daß er eines Morgens einen seiner Manager im Büro aufsuchte, weil es ein dringendes Problem gab, und feststellen mußte, daß der gerade seinen Schreibtisch räumte. »Was machen Sie denn da?« fragte Kroc. »Ich trete gerade den Rückzug an«, antwortete dieser. »Sie haben mich gestern abend entlassen.« Kroc hatte den Disput vom vorherigen Abend bereits vergessen und sagte ihm, er möge seine Sachen wieder einräumen und mit der Arbeit beginnen.

Wenn jemand entlassen wurde, hatte das selten nur mit Verstößen gegen den ›Verhaltenskodex‹ zu tun, sondern geschah eher deshalb, weil der Angestellte keine Leistung brachte. Turner erinnert sich zum Beispiel, daß er sich damals weigerte, die Entlassung des Repräsentanten aus Oklahoma zu vollstrecken, aus dem einfachen Grund, weil er einer der fähigsten Leute der Firma war. »Wenn sich Ray in eine seiner Launen verrannt hatte, warf ich deswegen niemanden raus«, meint Turner. »Ich kämpfte für ihn.«

Kroc überdachte derartige Entscheidungen nie. Tatsächlich traten die meisten seiner Entlassungen nicht in Kraft, weil diejenigen, die sie in die Praxis umsetzen sollten, sich darüber im klaren waren, daß Kroc nur ›Dampf abgelassen‹ hatte. Meistens war June Martino, Krocs langjährige Sekretärin, dafür zuständig, sie auszuschreiben. Sie war weise genug, sie so lange zurückzuhalten, bis sich ihr Chef wieder beruhigt hatte. »Wenn er anordnete, jemanden zu entlassen, und ich hätte mich geweigert, die Kündigung zu schreiben, hätte er uns beide vor die Türe gesetzt«, meinte June Martino. »Deshalb habe ich oft geantwortet: ›Du hast recht, er taugt nichts‹, aber einen Tag später habe ich nachgehakt: ›Ich wette, daß du deine Meinung änderst, wenn du gründlich darüber nachdenkst.‹ Meistens war Rays Wut auf den Betreffenden schon nach kurzer Zeit verraucht.«

Krocs persönliche Mitarbeiter wußten also, daß er zwar oft bellte, aber selten biß und im Grunde eher ein Pragmatiker war als ein Autokrat. Insgesamt gab er sich viel toleranter als andere Chefs, die ihren Angestellten laufend Honig ums Maul schmierten. Wenn seine Manager dazu beitrugen, sein McDonald's groß zu machen, standen sie auf seiner Seite – ganz egal, wie sich ihre Charaktere von seinem unterschieden. Während des Vietnamkriegs, als lange Haare die wohl verbreitetste Auflehnung gegen das Establishment waren, verkniff es sich Kroc mehr als einmal, Angestellte mit langen Haaren zurechtzuweisen. Eines Nachmittags, als Kroc mit seinem PR-Berater Al Golin das McDonald's-Hauptquartier verließ, entdeckte er auf der anderen Seite des Parkplatzes seinen neuen Werbemanager Barry Klein, dessen schulterlanges Haar im Wind wehte. Kroc verabscheute lange Haare so, daß er Klein wohl auf der Stelle gefeuert hätte, wenn dieser nicht bereits bei der Entwicklung der Werbefigur Ronald McDonald seine Fähigkeiten unter Beweis gestellt hätte. »Der Hurensohn sollte sich besser benehmen«, grummelte Kroc mit einem Seitenblick auf Golin.

Kroc praktizierte nicht nur eine hohe Frustationstoleranz, er ›sorgte‹ auch selbst dafür, indem er Mitarbeiter einstellte, deren Charaktereigenschaften ihm von vornherein mißfielen. Nach drei Jahrzehnten intensiver Suche wußte er, mit McDonald's auf Sieg gesetzt zu haben; aber zur Verwirklichung seiner ehrgeizigen Ziele brauchte er die richtigen Mitarbeiter. James Kuhn, der 1962 als Personalchef zu McDonald's ging, erinnert sich, einen Artikel im *Time Magazine* gelesen zu haben, in dem berichtet wurde, daß Kroc gedroht habe, jeden zu entlassen, der seinen Pappbecher neben dem Getränkeautomaten im Büro liegenließ. »Als ich das las, dachte ich, was ist denn das für ein Spinner«, meinte Kuhn, heute Vizepräsident von McDonald's. Als er seine Stellung antrat, war er jedoch überrascht, daß sich hinter Krocs »starr durchstrukturierter und rigider Fassade eine große Flexibilität verbarg. Der Mann war so besessen davon, das Richtige zu tun, daß er jeden Vorschlag, von dessen Richtigkeit man ihn überzeugt hatte, akzeptierte, gleichgültig, von wem er kam.«

Einigen seiner Mitarbeiter war Krocs gespaltene Persönlichkeit sehr wohl bewußt. Ihnen war klar, daß Kroc stillschweigend Charaktereigenschaften duldete, die ihm im Grunde verhaßt waren. Turner erinnert sich, daß June Martino ihn schon an seinem ersten Arbeitstag bei McDonald's mit dem Verhaltenskodex vertraut machte. »Ihr Sakko behalten Sie während der Arbeit an, und am Schreibtisch wird nicht geraucht«, teilte sie ihm mit. Das war um acht Uhr dreißig. Um neun Uhr dreißig hatte Turner sich seiner Jacke entledigt, die Ärmel hochgekrempelt und die erste Zigarette in der Hand. Um Turner auf seine Aufgaben vorzubereiten, übersah Kroc geflissentlich den Verstoß gegen die Regeln: Er sagte nichts.

Genauso verfuhr er bei Ed Schmitt, der so ganz und gar nicht Krocs Ideal des schlanken Managers entsprach. Trotz seiner Gewichtsprobleme arbeitete sich Schmitt schnell nach oben und wurde schließlich Vizevorsitzender. »Ray kannte seine eigenen Schwächen sehr gut«, urteilt der heutige Eigner und Betreiber Schmitt rückblickend. »Er kompensierte sie, indem er sich mit Leuten umgab, die diese Lücken schließen konnten.«

Bei diesen Lücken, die Kroc zu füllen trachtete, handelte

es sich nicht unbedingt um solche, wie man sie auch in anderen großen Firmen findet. Kein Wunder, denn bei dem Unternehmen, das er hochziehen wollte, handelte es sich ja auch nicht um ein herkömmliches Unternehmen. Bei der Mehrheit der Unternehmen, die sich Mitte der 50er Jahre auf Fast food-Franchising spezialisiert hatten, hatte die Vergabe von Lizenzen höchste Priorität. Die Führungskräfte wurden angehalten, sich vornehmlich auf diese Tätigkeit zu konzentrieren. Kroc wollte mehr – eine abgerundete Organisation und Personal, das in den verschiedensten Geschäftsbereichen firm war: im Marketing, Finanzwesen, auf dem Immobiliensektor, im Bereich des Ausstattungs- und Gebäudedesigns sowie der Lebensmittel- und Materialbeschaffung. Im Prinzip schuf er das erste Fast food-Franchising-System, das seinen Lizenznehmern eine umfangreiche Servicepalette anbot. Die Voraussetzungen, die das Team erfüllen mußte, um den vielfältigen Anforderungen gerecht zu werden, machten es Kroc unmöglich, Mitarbeiter einzustellen, die ihm – oder sich untereinander – glichen.

Dazu kam, daß das Fast food-Konzept noch so neu war, daß eine Ausbildung im Betrieb ausgeschlossen war. Selbst die besten Hotel- und Restaurantfachschulen hatten kein Franchising zu bieten, das Krocs Konzept gerecht geworden wäre. Das Ergebnis war, daß Krocs Manager sich wesentlich von dem Typ unterschieden, der von der traditionellen Gastronomie bevorzugt wurde. McDonald's war absolutes Neuland. Kroc sah sich deshalb gezwungen, auf Talente zu setzen, die sich erst noch bewähren mußten, oder mit extremen Individualisten und auch Außenseitern, die in anderen Unternehmen wenig Chancen gehabt hätten, vorliebzunehmen.

Diese Bedingungen waren ganz in Krocs Sinn. Er war nicht daran interessiert, Mitarbeiter aufgrund ihres akademischen Grades oder ihrer intellektuellen ›Kühnheit‹ einzustellen. Ihm waren die Aktivisten, die ›Macher‹ und Praktiker lieber als die tiefen Denker. Wie er selbst hatten die wenigsten Manager, die er damals einstellte, ein abgeschlossenes Studium vorzuweisen; Kroc war der Meinung, daß keine Theorie die praktische Erfahrung und den gesunden Menschenverstand ersetzen kann. Er hatte sogar gewisse Vorurteile gegen Leute, die vom College kamen und sich um eine Stellung bei ihm bewarben. »Die meisten College-Absolventen hatten wenig Lust, hart zu arbeiten«, rechtfertigte Kroc seine Einstellungspolitik. »Sie wollten sich hinterm Schreibtisch ausruhen und glaubten, das kennzeichne den Geschäftsmann. Mir waren Leute lieber, die hart zupacken konnten, sich auch unter schwierigen Bedingungen zu helfen wußten, und die für ein gemeinsames Ziel kämpften.«

Als sich Jim Kuhn 1962 bei McDonald's bewarb, vernahm er mit großer Erleichterung, daß für eine Führungsposition nicht unbedingt ein College-Abschluß erforderlich war (und ist). »Bestechend an McDonald's war, daß man mich aufforderte, mir die besten Leute zu suchen und einen gründlichen Blick auf *sie* und nicht auf ihren Lebenslauf zu werfen. Wir haben damals Mitarbeiter eingestellt, die es in anderen Firmen nie geschafft hätten, einen Fuß über die Schwelle zu setzen, nicht weil sie unfähig waren, sondern weil sie nicht den traditionellen Vorstellungen entsprachen.«

Von Anfang an besann sich Kroc auf Mitarbeiter, von denen er annahm, daß sie sich in einem unkonventionellen Unternehmen wohl fühlen würden. Wenn es überhaupt eine Gemeinsamkeit unter den ansonsten sehr heterogenen Managern Krocs gab, war es die, daß sie alle mit dem Establishment auf Kriegsfuß standen. Ihre Haltung gegenüber dem Establishment reichte von Gleichgültigkeit bis hin zu offener Ablehnung. Dies kann man sicher als Grund dafür werten, weshalb sie sich für ein Betätigungsfeld entschieden, das in den 50er Jahren alles andere als prestigeträchtig war. Zu dem Zeitpunkt, da sich die frühen McDonald's-Manager entschlossen, in einer Branche zu arbeiten, die sich auf 15-Cent-Hamburger spezialisierte, »waren ihre Familien nicht unbedingt begeistert«, erinnert sich Turner, der bei McDonald's einstieg, nachdem er sein Studium an der Drake University schon im ersten Jahr hingeschmissen hatte. »Ich habe noch heute den Ausdruck im Gesicht meines Vaters vor Augen.«

Turners Freunden erging es kaum anders. Bob Rhea, in

Drake einer von Turners Verbindungskameraden, erinnert sich noch lebhaft daran, daß er versuchte, sich von seinem früheren Kommilitonen zu distanzieren, nachdem beide vom Militärdienst zurückkamen. »Ich dachte, er brät in einer versifften Bude Hamburger und ist völlig auf den Hund gekommen«, meint Rhea heute. »Meiner Frau erzählte ich damals, daß ich mich lieber nicht mit den Turners treffen wolle, schließlich hätten sie zwei Kinder, und das würde mich völlig fertig machen.« Rhea kann von Glück reden, daß er doch wieder Kontakt zu Turner aufnahm: Er wurde zunächst McDonald's-Franchisenehmer in Cleveland, und ein paar Jahre später gehörten ihm 45 % aller McDonald's in Großbritannien.

Kroc erkannte, daß die Struktur seines Mitarbeiterstabes einen flexiblen Führungsstil erforderte. Nirgendwo ist die Divergenz zwischen den einzelnen Persönlichkeiten sichtbarer als in dem Kontrast zwischen den drei Gründungsmitgliedern und ursprünglichen Geschäftsinhabern: Ray Kroc, June Martino und Harry Sonneborn. Obwohl Kroc später noch vielen anderen Managern die Möglichkeit gab, sich um Wachstum und Entwicklung von McDonald's verdient zu machen, waren diese der Motor des Unternehmens. Obwohl ihre Verdienste weitgehend unbeachtet blieben, wurden sie honoriert: Da Kroc ihnen nicht die Gehälter zahlen konnte, die sie eigentlich verdient hätten, erhielten sie Ende der 50er Jahre Aktienanteile am Unternehmen – June Martino 10 %, Sonneborn 20 %. Weniger als ein Jahrzehnt später, als McDonald's zur Aktiengesellschaft umstrukturiert und zum ›heißen Börsentip‹ wurde, waren Krocs erste Partner Multimillionäre.

Beide kamen aus einfachen Verhältnissen. June Martino hatte als Sekretärin und Buchhalterin für Krocs Prince Castle Sales gearbeitet, und obwohl sie Krocs Sekretärin blieb, wurden ihr wichtige Aufgaben anvertraut – die der Chefsekretärin des gesamten Konzerns und der Schatzmeisterin. Sie wurde sogar in den Unternehmensvorstand gewählt. Aber ihr eigentlicher Beitrag hatte nichts mit ihren Fähigkeiten als Sekretärin oder ihrem neu erworbenen Titel zu tun.

Um zu verstehen, wie eine Sekretärin in den Besitz von 10 % der McDonald's-Anteile kommt, muß man sich vor Augen halten, daß ihre Fähigkeit, mit Menschen umzugehen und die Firma ›zusammenzuhalten‹ gerade in der Aufbauphase von unschätzbarem Wert war. Da die unterschiedlichen Persönlichkeiten auf engstem Raum und oft unter Streß zusammenarbeiteten, war von Anfang an klar, daß Kroc jemanden brauchte, der ›den Finger am Puls hatte‹ und die Rolle des ›Vermittlers‹ übernahm, der Krisen zu bewältigen verstand, die McDonald's-Familie einte, und, was noch wichtiger war, der verhinderte, daß Konflikte die Arbeitsatmosphäre und in der Folge das ganze Unternehmen zerstörten. Das war June Martinos eigentliche Aufgabe. Turner sagt über sie: »June war der Klebstoff, der uns alle zusammenhielt.«

Die Bezeichnung ›Sekretärin‹ läßt Martinos Rolle und Charakter in einem völlig falschen Licht erscheinen – vor allem, wenn man die Umstände der 50er Jahre mit in Betracht zieht. Sie gehörte zu der Handvoll Frauen ihrer Zeit, die weit über die engen Grenzen dieser Berufsbezeichnung hinauswuchsen, weil sie sich – anders als viele ihrer Geschlechtsgenossinnen – nicht von der männlich dominierten Arbeitswelt einschüchtern ließen.

June Martino hatte sich schon vorher in der Männerwelt durchgeboxt. Als frischgebackene High-School-Absolventin war sie nach dem Ersten Weltkrieg eine von zwei Frauen unter fünfhundert Männern, die vom Army Signal Corps an der Northwestern University in ein achtzehn Monate dauerndes Ausbildungsprogramm zum Elektronik-Experten aufgenommen wurden. Im Zweiten Weltkrieg kam sie in Fernmeldeeinheiten zum Einsatz, die eine Vielzahl typisch männlicher Aufgaben zu erfüllen hatten wie das Testen von Radarsystemen oder die Wartung von Funkgeräten in Kampfflugzeugen. Anschließend hatte sie mit ihrem Ehemann Lou ein kleines Unternehmen gegründet, das mithalf, die Stromversorgung in den ländlichen Gebieten Wisconsins aufzubauen.

Obwohl ihre Unverblümtheit und ihr direktes Auftreten

nicht zu einer Sekretärin paßten, engagierte Kroc sie trotzdem. Schließlich brauchte er eine tatkräftige Person, die sein Büro bei Prince Castle leitete, da er die meiste Zeit unterwegs war. Ihre Fähigkeit, in Abwesenheit der Spitzenmanager rasch die richtigen Entscheidungen zu treffen, machte sie für McDonald's unersetzlich. Krocs Jungmanager waren ständig unterwegs, um die Leistungen bestehender Verkaufsstellen zu dokumentieren oder um neue Standorte auszukundschaften, und Martino wurde bald zur ›Leitstelle‹ für die McDonald's-Führungskräfte. Ihre Stellung als Kommunikationszentrale – wie auch ihre wachsende Macht in der Firmenhierarchie – blieb nicht unbeachtet. Schon 1961 widmete ihr die *Chicago Tribune* ein Feature, das ihre Ausnahmestellung in der damaligen amerikanischen Geschäftswelt hervorhob, Zitat: »Mrs. Martino bewältigt jedes Problem mit entwaffnender Gelassenheit. Sie verfügt über einen Scharfsinn, dem – wie einer ihrer Kollegen kommentiert – ›jene Belanglosigkeit, die das Denken der meisten Frauen bestimmt, völlig fremd ist.‹«

June Martino gehörte zu den Frauen, die schon vor der Emanzipationswelle Karriere gemacht hatten. Sie war erfolgreich, weil sie Charakterstärke besaß – und nicht aufgrund ihrer akademischen Bildung. Ihre direkte Art, Probleme in Angriff zunehmen, war entwaffnend. In der Aufbauphase von McDonald's bestellte sie einmal eine Platte mit Wurstbroten für die Mitarbeiter, die spät abends noch in einer Konferenz saßen. Als das Essen geliefert wurde, fiel ihr ein, daß Freitag war und die Gesprächsrunde vornehmlich aus strenggläubigen irischen Katholiken bestand. Da sich das McDonald's zu dieser Zeit nicht leisten konnte, irgend etwas zu verschwenden, holte sie sich einen Dispens von den ranghöchsten örtlichen Kirchenvertretern. Sie wurden an Cardinal John Cody verwiesen.

Cody war der spirituelle Führer der größten katholischen Erzdiözese in den Vereinigten Staaten, und McDonald's gehörte zu diesem Zeitpunkt bei weitem noch nicht zu den etablierten Unternehmen in Chicago. Dennoch gelang es Frau Martino, sich trotz ihres ›trivialen‹ Problems bei einem

Mitarbeiter Codys Gehör zu verschaffen. Dieser holte unverzüglich seinen Vorgesetzten ans Telefon. Cody gewährte ihr auf der Stelle einen Dispens.

Trotz ihrer wachsenden Bedeutung blieb Martino mit beiden Füßen auf der Erde. Da sie nie ein Blatt vor den Mund nahm und sich für ungewöhnliche Dinge interessierte, kam sie manch einem auch ein wenig sonderbar vor. Außer mit psychologischen Phänomenen beschäftigte sie sich auch mit so ›exotischen‹ Themen wie Phrenologie (dem Studium der menschlichen Schädelformen). »Wenn ich über diese Dinge spreche, halten mich die meisten für ein wenig bekloppt«, so ihre Einschätzung. Aber auch bei eher profanen Fragen war ihre Herangehensweise zumindest ungewöhnlich. Als McDonald's an die Börse ging, schlug sie vor, die aktuellen Aktienkurse in den Restaurants neben dem Verkaufstresen aufzuhängen. Ein Manager kann sich noch erinnern, wie June bei einer großen Managerkonferenz von ihrem neuen Fitneß-Programm berichtete: »Die meisten Menschen würden einfach davon erzählen, aber June legte sich auf den Boden und machte zehn Liegestützen.«

Vor allem war June Martino eine warmherzige und aufgeschlossene Person. Schon bevor sie reich war, adoptierte sie im Laufe der Jahre acht Kinder, obwohl sie bereits zwei eigene hatte. Sie kannte keine Hemmungen, wenn es darum ging, sich für andere einzusetzen. Kurz nachdem Turner zum Vizepräsidenten von McDonald's ernannt wurde, tauchte sie ohne Voranmeldung im Turnerschen Haus auf, um alte Möbel für eine notleidende puertorikanische Familie zu sammeln. Sie erbettelte ein Sofa, das sie in ihrem Lieferwagen verstaute.

Dieselbe Hilfsbereitschaft legte sie auch in ihrem Job an den Tag. In der Anfangszeit, als die McDonald's-Franchisenehmer ebenso arm waren wie das Unternehmen selbst, stellte sie neuen Franchisenehmern ihre Wohnung zur Verfügung, wenn sie sich zur Schulung in Chicago aufhielten. Einer von ihnen tauchte sogar mit Ehefrau, fünf Kindern und ebenso vielen Schlafsäcken vor Junes Haustür auf. Wenn McDonald's-Mitarbeiter von persönlichen oder familiären Problemen gepeinigt wurden, fragten sie in der Regel June um Rat.

Aufgrund ihrer außerordentlichen Menschenkenntnis war ihr Einfluß bei Vorstellungsgesprächen immens. Ihr war es vor allem zu verdanken, daß so schwierige Kandidaten wie Sandy und Betty Agate in den Kreis der Franchisenehmer aufgenommen wurden. Ihr Kriterium war in erster Linie, ob der Bewerber zu McDonald's paßte, und auf diese Weise zeichnete sie auch für die Besetzung einiger Schlüsselpositionen verantwortlich. Dazu zählte unter anderem ihr Ehemann Lou, der fünf Jahre lang McDonald's einzigartige Forschungsabteilung leitete. Ihr Sohn bat sie einst, sich für einen seiner College-Freunde als Teilzeitkraft einzusetzen. June war von dem jungen Mann beeindruckt, verschaffte ihm zunächst einen Job in der Poststelle, beobachtete wohlwollend seine Leistungen und legte bei anderen ein gutes Wort für ihn ein. Dieser Junge von der Poststelle hieß Michael Quinlan und ist heute Präsident von McDonald's.

Martinos Rolle bei Personalfragen und anderen Management-Entscheidungen war bewußt unauffällig, bisweilen sogar geheimnisvoll. 1957 tauchten einmal zwei Versicherungsvertreter im damals fünf Räume umfassenden Büro von McDonald's auf, um Lebensversicherungen und Kapitalanlagen zu verkaufen. June Martino, an der die beiden zunächst vorbei mußten, offenbarten sie, daß sie eigentlich keine typischen Klinkenputzer, sondern gelernte Juristen seien, die vorher für das Finanzamt gearbeitet hätten. Beide waren nett und höflich, und am Ende ihrer Ausführungen war June davon überzeugt, daß sie das Zeug dazu hatten, um McDonald's Finanzabteilung auf Vordermann zu bringen, was damals dringend nötig war.

Sie marschierte in Harry Sonneborns Büro und verkündete, daß zwei Finanzbeamte ihn zu sprechen wünschten. »Mir rutschte fast das Herz in die Hose«, gibt Sonneborn, den Kroc ein Jahr zuvor mit Finanzierungsfragen beauftragt hatte, heute zu. »Ich wußte nicht, ob die beiden mich oder die Firma prüfen wollten.« Als Sonneborn die vermeintliche

List erkannte, mit der sich zwei Versicherungsvertreter Zugang zu seinem Büro erschlichen hatten, war er darüber nicht nur belustigt, sondern von ihrem Einfallsreichtum tief beeindruckt. Er stellte beide ein.

Erst fünfundzwanzig Jahre später gab Martino zu, daß sie die Täuschung veranlaßt hatte. »Wenn ich Harry erzählt hätte, daß die beiden ihm Lebensversicherungen verkaufen wollten, wären sie nie bis in sein Büro gekommen«, kommentierte sie. Wie sich herausstellen sollte, gehörten die zwei jungen Männer zu den wichtigsten Erwerbungen, die McDonald's in der Gründungsphase machen sollte: Es handelte sich um Robert Ryan, den späteren Leiter der Finanzabteilung, und Richard Boylan, der sich 1983 von seinen Ämtern als Vizepräsident und geschäftsführender Direktor zurückziehen sollte.

Vielleicht verstand niemand besser als June Martino Krocs Wunsch, McDonald's für Lizenznehmer aus den unterschiedlichsten sozialen Schichten zu öffnen. Als eine der Lehrerinnen an der High-School ihres Sohnes sich mit einem Italiener verlobte, besorgte ihm Frau Martino die Arbeitserlaubnis, die für die Immigration in die USA erforderlich ist. Luigi Salvaneschi hatte promoviert und sprach neun Sprachen – außer Englisch. Frau Martino war jedoch überzeugt, daß es ihm gelingen würde, diese Sprachbarriere zu überwinden, und sie engagierte Salvaneschi für ihr McDonald's in einem Vorort von Chicago, das sie mit ihrem Mann zusammen aufgebaut hatte. Obwohl Salvaneschi das McDonald's-System schnell erlernte und innerhalb weniger Monate zum Geschäftsführer aufstieg, ließen seine Englischfortschritte nach wie vor zu wünschen übrig. Im November stimmte Martino Salvaneschis Bitte zu, einen Weihnachtsgruß am großen McDonald's-Schild vor dem Restaurant anbringen zu dürfen. Als sie jedoch die Botschaft laß, bedauerte sie es bitterlich, Salvaneschi nicht genauer gefragt zu haben. Auf dem Schild stand zu lesen: RUHE IN FRIEDEN. Aber dennoch hatte Martino mit Salvaneschi eine gute Nase. Er stieg rasch in die Führungsetage auf und wurde Vizepräsident der Immobilienabteilung. Später verließ er Mc-

Donald's und wurde geschäftsführender Vizepräsident bei Kentucky Fried Chicken.

Es ist eigenartig, daß Kroc Martino so viel Einfluß zugestand. Als überzeugter Konservativer war Kroc alles andere als ein Pionier der Frauenbewegung. Wie sonst wäre zu erklären, daß er bis Ende der 60er Jahre nur männliche Angestellte in den McDonald's-Restaurants akzeptierte? »Einer Frau so viel Macht einzuräumen widersprach Rays Grundüberzeugungen zutiefst«, meint James Kuhn, der aber davon ausgeht, daß Kroc seine fundamentalen Ansichten zu revidieren begann, als er Martinos Leistung erkannte.

June Martinos steile Karriere bei McDonald's war vielleicht das erste Zeichen dafür, daß Kroc nunmehr bereit war, Autorität an Mitarbeiter zu delegieren, die aus einem ›anderen Holz geschnitzt‹ waren als er selbst. Davon, daß er plante, McDonald's zu einem Schmelztiegel der unterschiedlichsten Persönlichkeiten zu machen, zeugt vor allem die Tatsache, daß er Harry Sonneborn eine ungeheure Machtposition einräumte.

Sonneborn und Kroc waren so verschieden wie Feuer und Wasser. Sonneborn gehörte zu Krocs ersten Partnern, und seine Rolle beim Aufbau von McDonald's war so bedeutend, daß man ihn eigentlich als Mitbegründer bezeichnen kann. Aber das war auch die einzige Gemeinsamkeit zwischen den beiden Männern. Kroc war kontaktfreudig, offen, hatte ein einnehmendes Wesen und ungeheuren Charme. Sonneborn war introvertiert, und die meisten McDonald's-Manager und Franchisenehmer hielten ihn für unnahbar und verschlossen. In Kroc konnte man wie in einem offenen Buch lesen, Sonneborn hingegen war ungewöhnlich reserviert. Kroc setzte ein nahezu sträfliches Vertrauen in seine Mitmenschen; Sonneborn traute niemandem.

Dazu kam, daß Sonneborn im Geschäftsleben all das schätzte, was Kroc aufs äußerste mißfiel. Ihn faszinierten Zahlen, während Kroc sich so wenig dafür interessierte, daß er nur mit Mühe und Not eine Bilanz lesen konnte. Und während Kroc die Hamburger-Branche zu seinem bevorzugten Terrain deklarierte – und routinemäßig die einzelnen

Restaurants aufsuchte, um sie zu überprüfen –, war es Sonneborn im Grunde egal, ob er Pizzas oder Hamburger verkaufte. »Ich dachte immer, irgend jemand wird sich schon finden, der die Restaurants anständig führt«, meinte Sonneborn. »Die Qualität der Hamburger oder das Aussehen des Lokals waren mir völlig egal. Ich wußte, daß beides wichtig war, aber ich hatte absolut keine Lust, mich selbst damit zu beschäftigen. Die ersten fünfzehn Restaurants habe ich noch persönlich aufgesucht; ich war der erste Kunde und gab jedem einen signierten Dollarschein. Danach habe ich mich dort nie wieder blicken lassen.«

Während sich Kroc mit seinen Franchisenehmern identifizierte – und sie sich mit ihm –, war Sonneborn mehr an den Bankern und Anwälten im eleganten Nadelstreifenanzug interessiert, die Kroc stets als notwendiges Übel betrachtete. Kroc hatte sich zum Ziel gesetzt, seinen Lizenznehmern zu Wohlstand zu verhelfen. Sonneborn war eher stolz auf die Millionen, die die Kapitalgeber in McDonald's investierten, und seine größte Stunde war gekommen, als das Unternehmen in den seiner Ansicht nach elitärsten Club Amerikas aufgenommen wurde: die New Yorker Börse. Kurz gesagt, Sonneborn war Krocs schweigsamer Partner, ein Finanzgenie, das immer im Schatten der schillernden Persönlichkeit des Gründers stehen sollte.

Die Tatsache, daß Kroc Sonneborn überhaupt engagiert hatte, ist Beweis für die Bereitschaft des Gründers, ungeschliffenen Talenten eine Chance zu geben. Obgleich er unter Beteiligung des New York City College ein anspruchsvolles Highschool-Programm mit Bravour absolviert hatte, gab Sonneborn sein Studium an der University of Wisconsin auf und verdingte sich statt dessen in der Textilfabrik seines Stiefvaters. In den 40er Jahren machte er sich mit mehreren kleinen Textilunternehmen selbständig, was in erster Linie seiner angeborenen Fähigkeit zu verdanken war, skeptische Bankiers zu überzeugen, ihm Geld zu leihen.

Anfang der 50er Jahre entdeckte er die Möglichkeiten, die das Franchising bot. Da riet ihm Don Conley, zu dem Zeitpunkt noch als Vertreter für Helmco-Lay tätig und später der erste Vizepräsident der Lizenzabteilung von McDonald's, sich mit Ray Kroc in Verbindung zu setzen, um festzustellen, ob es in seiner neuen Firma nicht eine Verwendungsmöglichkeit für ihn gab. »Ich glaube, er hat etwas gegen Juden«, meinte Sonneborn darauf. Conley versicherte ihm, da Kroc trotz gelegentlicher Anspielungen auf die ethnische Zugehörigkeit keine rassischen Vorurteile habe. (Kroc bezeichnete sich selbst oft – aufgrund seines beruflichen Werdegangs, als ›Zigeuner‹.)

Kroc stellte Sonneborn ein, weil er eine Hilfe bei den Lizenzvergaben brauchte. Sonneborn hatte Erfahrung auf diesem Gebiet bei Tastee Freez gesammelt und war so begeistert von der Aussicht, für McDonald's zu arbeiten, daß er ein Gehalt von nur 100 Dollar akzeptierte – ein Viertel von dem, was er bei seinem alten Arbeitgeber verdient hatte. Bald zeigte sich, daß er ein echtes Finanzgenie war, womit Kroc nicht gerechnet zu haben schien. Kroc zollte ihm Anerkennung, indem er ihn zum zweitwichtigsten Mann im Unternehmen machte und ihm uneingeschränkte Macht über die Finanzen einräumte. Er honorierte damit ein Talent, das ihm völlig fehlte. Sein Vertrauen erwies sich als gerechtfertigt. Obwohl der Name Sonneborn den wenigsten geläufig war und ist, kommt ihm das Verdienst zu, McDonald's in ein Finanzimperium verwandelt zu haben.

Als Kroc Sonneborn einstellte, war ihm bewußt, daß er sich einen Partner einhandelte, mit dem er viele Konflikte haben würde. »Geld war mir damals egal; es war ein Teil des Busineß, den ich völlig vernachlässigte«, gab Kroc später zu. »Alles, was ich wollte, war, in der Hamburger-Branche groß herauszukommen. Gewinne schienen mir dabei eine Selbstverständlichkeit. Harry hingegen konnte mit Hamburgern oder Pommes frites überhaupt nichts anfangen. Wenn es darum ging, was die Firma verkaufte oder wen man als Franchisenehmer gewinnen sollte, war Harry immer völlig abwesend. Was ihn interessierte, war Geld, sonst nichts. Und so jemanden brauchte ich.«

Die Konstellation Kroc–Sonneborn–Martino machte offenbar Schule, denn die nächsten drei für das Unternehmen wichtigen Mitarbeiter – Fred Turner, Jim Schindler und Don Conley – waren vom Charakter her nicht minder unterschiedlich. Aber auch hier erwies sich Krocs bewährte Einstellungspolitik als Erfolg. Da jeder verschiedene Interessen und Charaktermerkmale hatte, ergänzten sie sich perfekt: Turner entwickelte ein Organisationsschema für die Restaurants, das der gesamten Fast food-Industrie als Modell dienen sollte; Schindler profilierte sich mit architektonischen Neuerungen und Designs, die in der Branche den Trend bestimmen sollten. Conley verfügte über die nötige Diplomatie, um die autonomen Franchisenehmer – die Basis von McDonald's – in die Kette zu integrieren. In gewisser Hinsicht war gerade der Individualität der von Kroc rekrutierten Manager die Uniformität des gesamten McDonald's-Systems zu verdanken.

Man hätte erwarten können, daß Kroc bei der Wahl der Manager, die das Leistungsniveau der einzelnen Restaurants zu überwachen hatten, zuerst an Kollegen aus der Gastronomie denken würde, die wie er Branchenerfahrung und ein gewisses Alter hatten. Fred Turner, der gerade dreiundzwanzig war, als er Kroc kennenlernte, entsprach eindeutig nicht diesem Typus. Im Februar 1956 tauchte Turner zusammen mit seinem Bruder Don, Dons Schwiegervater J. W. Post und Posts Sohn Joe in Krocs Büro auf. Don hatte mit seinem Schwiegervater nach einer lohnenden Investition auf dem Franchise-Sektor gesucht. Es wurde vereinbart, daß Don Turner und der ältere Post die Finanzierung, und Fred Turner und Joe Post die Führung eines Restaurants übernehmen sollten. Joe entdeckte zufällig eine kleine Anzeige in der *Chicago Tribune*, in der Franchisenehmer für das McDonald's gesucht wurden. Am darauffolgenden Wochenende fuhr Fred Turner, der gerade seine zweijährige Dienstzeit in der Schreibstube der Army beendet hatte, von Chicago nach Fort Dix im Staat New Jersey, um zusammen mit seinem Partnern den Firmengründern von McDonald's aufzusuchen. Am Abend zuvor hatten Turner und Joe Post drei Stunden lang McDonald's in Des Plaines ›ausgekundschaftet‹ und mit Erstaunen die endlose Schlange der Kunden registriert, die, der eisigen Februarkälte trotzend, auf ihre Hamburger warteten, um sie dann im Auto zu verzehren. Noch mehr beeindruckt waren sie allerdings von dem Kundentyp, den sie dort vorfanden. »Wir sahen ganze Familien und Gruppen ähnlicher Größenordnung anstehen, was für die Branche ungewöhnlich war. Selbst ein objektiver Beobachter hätte zugeben müssen, daß das Geschäft fantastisch lief.«

Am nächsten Tag hörten sich die Partner an, was Kroc über McDonald's zu sagen hatte. Kroc sprach von seinem Ziel, den Umsatz der Restaurants auf 300 000 Dollar zu steigern und den Gewinn von McDonald's in Des Plaines zu verdoppeln. Aber was Turners Entscheidung beeinflußte, waren nicht Zahlen und Fakten, sondern Krocs persönliche Ausstrahlung. »Seine Offenheit und sein Engagement haben mich tief beeindruckt«, meinte Turner. »Seine Begeisterung wirkte nicht aufgesetzt, sondern echt.«

Turner hatte sein Medizinstudium nach dem zweiten Semester abgebrochen und war eigentlich entschlossen gewesen, es nach dem Austritt aus der Army wieder aufzunehmen. Aber an diesem Tag, sagte er, sei die Entscheidung endgültig gegen die akademische Laufbahn gefallen. Die vier Partner zahlten die 950 Dollar Lizenzgebühr und sahen sich nach einem geeigneten Standort um. In der Zwischenzeit arbeitete Turner als ›counterman‹ im McDonald's in Des Plaines, um den Lebensunterhalt für seine Familie zu verdienen und sich mit dem System vertraut zu machen. Für ihn war die Ausbildungszeit bei McDonald's faszinierend gewesen, und als man ihm eine Stellung als zweiter Geschäftsführer in einem neu eröffneten Restaurant in der Cicero Avenue in Chicago anbot, griff er ohne Bedenken zu, obwohl das Anfangsgehalt pro Woche nur einhundert Dollar betrug. Seinen letzten Tag bei Fuller Brush verbrachte Turner mit seinem Musterkoffer auf einer Bank im Bahnhof LaSalle Street und dachte über sein neues McDonald's-Restaurant nach.

Von nun an gehörte Turner zur McDonald's-Familie. Als das neue Restaurant an der Cicero Avenue im September 1956 eröffnet wurde, hatte Turner nur noch ein Ziel vor

Augen: Er wollte lernen, wie man ein Restaurant führt. Am Ende desselben Jahres forderte Kroc ihn auf, für Mc-Donald's System, Inc., zu arbeiten; er sollte den neuen Franchisenehmern bei der Eröffnung und Führung ihrer Restaurants zur Hand gehen. Turner hatte das Post-Turner-Gemeinschaftsprojekt bald vergessen – zumal man sich immer noch nicht auf einen Standort geeinigt hatte – und begann, ein Organisationskonzept für McDonald's auszuarbeiten, das beispiellos ist.

Kroc engagierte Turner aufgrund »seiner Jugend, seiner Charakterfestigkeit und seiner Begeisterungsfähigkeit«, aber was er wirklich bekam, war ein Mitarbeiter, der von einer fast erschreckenden Intensität war. Wie Turner selbst eingesteht, erledigte er kaum etwas ausgeglichen; alles, was man betreiben konnte, konnte man auch übertreiben. Er wechselte von einem Extrem ins andere, auf der unablässigen Suche nach etwas, was seiner Intensität Nahrung gab. In seinem Anfangsjahr in Drake konzentrierte er seine ganze Kraft auf sein Studium und wurde mit einem 4,0-Schnitt belohnt. Als er jedoch in eine Verbindung eintrat, vernachlässigte er das Studium völlig, nahm mit ganzer Energie an wilden Parties teil und schwänzte seine Seminare, was zur Folge hatte, daß seine Leistungen stark nachließen. Seine Begeisterung für die Studentenverbindung war derart groß, daß seine Verbindungsbrüder ihn zum Präsidenten wählen wollten. Aber kurz darauf ging Turner von der Universität ab und meldete sich freiwillig beim Militär – angewidert von seinem Fehler, sich dem Studium von Büchern verschrieben zu haben.

Bei McDonald's konnte Turner seine Arbeitsintensität und seinen Sinn fürs Detail kanalisieren. Kroc hatte die allgemeinen Richtlinien hinsichtlich der Qualität, der Serviceleistungen und der Hygiene der McDonald's-Restaurants aufgestellt, und Turner setzte alsbald – wie Sonneborn auf dem Finanz- und Immobiliensektor – neue Normen. Innerhalb weniger Monate hatte er das gesamte Organisationskonzept neu definiert, einen Leitfaden für die Lizenznehmer verfaßt und das erste effektive System entwickelt, mit dem sich die

Leistungen der Franchisenehmer überwachen und beurteilen ließen. Ebenso wie Kroc gelang es Turner, auf seinem Fachgebiet die Qualität und Uniformität zu erzielen, die zum Markenzeichen von McDonald's und zum Maßstab der gesamten Fast food-Industrie wurden.

Während man noch behaupten kann, daß Kroc Sonneborn eine solche Machtposition gab, weil er selbst kein Interesse am Finanzwesen zeigte, läßt sich die Autorität, die er einem unerfahrenen jungen Mann in einem Bereich erteilte, in dem er selbst kompetent war, nicht mit diesem Argument erklären. Trotz der strikten Forderungen, die Kroc an die Lebensführung, das Aussehen und Verhalten seiner Mitarbeiter stellte, motivierte er sein Team dadurch, daß er ihnen enormen Freiraum gewährte. »Er führte uns an der langen Leine«, meinte Turner. »Er hat nie jemanden abgekanzelt. Wir wußten, er war cholerisch und ging leicht in die Luft, aber er gab jedem die Chance, seinen Standpunkt darzulegen. Er hörte zu und sagte uns anschließend seine Meinung dazu. Und wenn ich meine Argumente überzeugend vorbrachte, hat er mir meistens meinen Willen gelassen. Deshalb hatten wir keine Scheu, die Initiative zu ergreifen, weil wir wußten, daß uns damit seine Anerkennung sicher war.«

Turners Arbeitsintensität wurde durch das ausgeglichenere Temperament eines weiteren wichtigen Mitarbeiters in der Aufbauphase von McDonald's wettgemacht. Don Conley wurde der erste Vizepräsident der Franchiseabteilung. Conley repräsentierte den Typ des traditionellen Geschäftsmannes: Er war diplomatischer, umgänglicher, sanfter und subtiler als Kroc. Conley hatte sich vom Expedienten zum Verkaufsleiter bei Helmco-Lay hochgearbeitet – ein Unternehmen, das Restaurants mit Warmhaltegeräten belieferte und denselben Kundenstamm hatte wie Krocs ehemaliger Prince Castle Sales Service. Kroc wußte: Conley teilte seine Einstellung, daß primär das Wohl der Franchisenehmer für den Erfolg des Franchisegeber wichtig ist, und war überzeugt, daß dessen ›sanftere‹ Methode bei angehenden Lizenznehmern gut ankommen würde. Ihm war ebenfalls klar, daß dieser

Mann der Aufgabe gewachsen war, ungeduldige Franchise-nehmer, die unter Umständen ein Jahr und länger auf die Eröffnung ihres Restaurants warten mußten, bei Laune zu halten. Der vorzeitig weiße Haarschopf gab ihm etwas Distinguiertes, das dem McDonald's-System eine Integrität und Glaubwürdigkeit verlieh, die anderen Franchisegebern fehlte.

Conley brachte bei McDonald's ein weiteres, dringend benötigtes Talent ein: Er war im Besitz einer Fluglizenz. Der erste Vizepräsident der Franchiseabteilung konnte auf eine beachtliche Flugerfahrung zurückblicken, die er im Zweiten Weltkrieg als Bomberpilot erworben hatte, und wurde deshalb außerdem noch als Privatpilot eingesetzt – er flog die McDonald's Manager mit seiner einmotorigen Cessna 195 kreuz und quer durchs Land. Das scheint vielleicht trivial, aber es ermöglichte Kroc und Sonneborn, wirtschaftlicher zu reisen und zu jeder beliebigen Zeit die kleineren Städte und abgelegenen Ortschaften ohne weitläufiges Verkehrs- oder Flugnetz anzusteuern, in denen sich McDonald's zu etablieren suchte. Das war natürlich ein entscheidender Vorteil gegenüber der Konkurrenz in einem Rennen, in dem die Standortwahl und Finanzierung neuer Verkaufsstellen von zentraler Bedeutung ist. Eine enorme Hilfe erhielt dadurch auch Fred Turner, der dabei war, ein kurzfristig einsetzbares Serviceteam aufzubauen, das vor Ort operierte und den neuen Franchisenehmern das entsprechende Training angedeihen ließ, ihre Fortschritte überwachte und die Verbindung zu den ortsansässigen Lieferanten herstellte.

Aufgrund der positiven Erfahrung mit Conley begann McDonald's bald die Vorteile eines eigenen Flugbetriebes zu entdecken. 1959 kaufte das Unternehmen (mit einem Eigenkapital von weniger als 100 000 Dollar) eine Beechcraft Bonanza und eine Aero Commander im Wert von 70 000 Dollar – eine sechssitzige, zweimotorige Turbopropmaschine. Die kleine Privatflotte gab McDonald's eine Mobilität, die der Konkurrenz fehlte. Außerdem gelang es den jungen Managern, die im Firmenflugzeug anreisten, bei den ortsansässigen Zulieferbetrieben, den Grundstücksbesitzern und Banken der Kleinstädte – auf deren Kooperationsbereitschaft McDonald's dringend angewiesen war, um zu expandieren – Eindruck zu machen und Vertrauen zu wecken. Der schlechte Ruf der Fast food-Franchisegeber ließ sich nicht so ohne weiteres ausmerzen, aber bis zu einem gewissen Grad gelang es McDonald's mit Hilfe eben dieser Privatflotte, das negative Image der Branche zu verbessern.

Nirgendwo wird Krocs Talent, in der Aufbauphase des McDonald's die richtigen Mitarbeiter für die verschiedenen Unternehmensbereiche zu finden, sichtbarer als bei der Wahl des inzwischen verstorbenen James Schindler zum Leiter der Abteilung Bauwesen und Ausstattungsdesign. Trotz ihrer unterschiedlichen Persönlichkeiten wären Martino, Sonneborn, Turner und Conley sehr wohl in der Lage gewesen, in großen, etablierten Unternehmen Karriere zu machen. Das galt nicht für Schindler, er war ein Intellektueller, der wenig Bezug zum Alltag des Unternehmens hatte und keine Zeit mit Unternehmenspolitik verschwendete, sondern sich endlos abmühte, Konzepte und Theorien zu entwickeln, wie z. B. die These, daß die Perfektion des Menschen im Vergleich zu der Gottes genau 64 % beträgt.

Obwohl McDonald's in seiner Wachstumsphase strukturell erstaunlich flexibel blieb, schien Schindler mit der Vorstellung, für ein milliardenschweres Unternehmen zu arbeiten, Schwierigkeiten zu haben. Zu einer Zeit in den 70er Jahren, als Schindler sich wegen der scheinbaren Unzulänglichkeiten in der Firmenstruktur besonders unwohl fühlte, ersuchte er um einen Termin für eine Diapräsentation für die etwa zwanzig leitenden Manager, den damaligen Präsidenten Turner sowie den früheren Vizepräsidenten Schmitt eingeschlossen. Schindler war eben erst von einer Safari in Afrika zurückgekehrt und versuchte diese neue Erfahrung in seine persönlich Kritik an den Strukturen bei McDonald's einzuarbeiten. Schmitt schildert die Begebenheit so: »Zuerst richtete er sich an die Abteilungsleiter und zeigte ein Bild mit Hinterteilen von Zebras. Der ›Operations Group‹ widmete er ein Dia mit Schakalen, die sich Flöhe aus dem Fell bissen. Anschließend kam er zum ›Brain Trust‹ der Firma, den Finanzmaklern, und zeigte ein Dia mit Pavianen. Er wollte uns damit vor den Kopf stoßen, aber es war so lustig, daß sich alle vor Lachen bogen. Jim war stinksauer, nahm seine Dias und dampfte ab.«

Schindler bediente sich einer so obskuren Sprache – einer Mischung aus Technikerjargon und philosophischer Grübelei –, daß seine Ausführungen Krocs eher schlichtes Gemüt oft verwirrten. »Ray verstand nie, was Jim meinte, dazu redete er einfach zu kompliziert«, erklärt Schmitt. »Jim blieb Ray immer ein Rätsel, aber er hatte sein vollstes Vertrauen, weil er über ein kreatives Potential verfügte, das nicht nur in unserem Unternehmen, sondern in der gesamten Restaurant-Branche einzigartig war.«

Schindler hatte seine genialen Fähigkeiten auf dem Gebiet der Technik und des Designs primär in der Praxis erworben. Er besuchte zwar regelmäßig Abendschulen, um seine Kenntnisse im Bereich Architektur oder Industriechemie zu vervollkommnen, konnte jedoch keinerlei Diplome vorweisen. Aber seine praktischen Erfahrungen und seine originäre Arbeitsweise waren wesentlich mehr wert als jedes Diplom. Sein Talent machte sich schon während seiner Schulzeit bemerkbar, als er seinem Vater, der eine kleine Stukkateurfirma hatte, auf den Baustellen zur Hand ging und nebenbei die Arbeitsmethoden der verschiedenen Baubranchen studierte. Während der High-School schrieb er sich für Fortgeschrittenen-Kurse in Architektur und technischen Zeichnen ein und ging nach dem Abschluß in die Konstruktionsabteilung von Albert Pick – ein Unternehmen, das so komplexe Produkte wie Kühlanlagen und Theken für Restaurants und Cafés herstellte. Dort befaßte er sich zum erstenmal mit Küchendesign und entwickelte sein Talent, das er später bei McDonald's zur vollen Entfaltung brachte. Er schuf ein Modell, das für die gesamte Fast food-Branche einen neuen Standard setzte. Während des Krieges wurde er einem technischen Bataillon zugeteilt. Dort konstruierte er Geräte zur Munitionsherstellung und befaßte sich mit der Kunst der Lithographie. Er entwarf sogar Küchen für U-Boote, was ihm besonders im Hinblick auf die beengten Verhältnisse in den ersten McDonald's-Küchen zugute kam. Nach dem Krieg nahm er eine Stellung als leitender Ingenieur bei der Leitner Equipment Company an – einem der unzähligen Großküchenausstatter, die Schränke und Theken für Restaurants herstellten oder die Küchenausrüstung anderer Herstellerfirmen installierten.

Dort lernte Kroc ihn im Jahre 1955 kennen; er wandte sich an Schindler wegen eines Problems in seinem Restaurant in Des Plaines: Die Theke, ein Holzgerüst mit einer dünnen Metallverkleidung, die auf der Seite, an der gearbeitet wurde, verlötet war, begann sich aufzuwellen. Schindler ersetzte sie durch vorgefertigte rostfreie Stahlteile, die zwanzigmal dicker und an den Nahtstellen durch Bolzen und Schrauben gesichert waren. Kroc sah: Schindler hatte bei seinem Design die Temperaturunterschiede berücksichtigt, die sich auf den Zustand des Mobiliars in einem ganzjährig geöffneten Restaurant auswirken. Sein umfangreiches Wissen auf dem Gebiet von Konstruktion und Design und sein Qualitätsbewußtsein machten auf Kroc großen Eindruck, der ihn 1958 in die McDonald's-Familie aufnahm.

Natürlich war die Herausforderung, so unterschiedliche Charaktere in sein Unternehmen zu integrieren, nur eine der vielfältigen Aufgaben. Wichtig war vor allem auch, für ein harmonisches Arbeitsklima zu sorgen. Kroc hatte nicht nur Experten in ihrem Fachbereich, sondern auch Menschen mit den unterschiedlichsten Persönlichkeitsmustern engagiert und somit eine hochexplosive Atmosphäre geschaffen.

Eine Zentralisierung der Macht wäre unter diesen Umständen vielleicht die vielversprechendste Möglichkeit gewesen, persönliche Differenzen und Machtkämpfe im Unternehmen zu verhindern. Aber Kroc lehnte eine derartige Unternehmensstruktur strikt ab. Er hatte bewußt Individualisten engagiert, die sich nur schwer in eine Gußform pressen ließen. Seiner Ansicht nach war der einzige Weg, sie zusammenzuschweißen, der, ihnen möglichst großen Freiraum zu gewähren.

Die Entscheidung für eine dezentralisierte Unternehmensstruktur war nicht nur ein strategischer Schachzug, sondern für Kroc ein natürliches Bedürfnis. Obwohl er auf den ersten Blick für manche wie ein Despot wirkte, war er seinem innersten Wesen nach ein liberaler Mann, der kein Interesse daran hatte, die Kreativität seiner Führungskräfte zu bremsen. Er war ein Pragmatiker par excellence, der einsah, daß er seinen Traum am besten verwirklichen konnte, wenn er seinen Managern den größtmöglichen Freiraum ließ. Er beriet, dozierte und forderte in jenen Bereichen, in denen er sich sicher fühlte, aber er diktierte nicht. »Ich mag keine Diktatoren, ich könnte nie für einen arbeiten«, sagte Kroc. »Ich gab gern Autorität ab und schätzte besonders jene Mitarbeiter, die über ihren eigenen Tellerrand hinaus nach Alternativen suchten.«

Kroc hatte erkannt, daß es ihm nicht zustand zu befehlen, weil er in der Fast food-Branche genauso ein Grünschnabel war wie seine Mitarbeiter. Er lehnte nur wenige neue Ideen ab – zum Beispiel die Aufnahme von Hot Dogs ins Angebot (weil sie seiner Ansicht nach ›minderwertiges Fleisch‹ enthielten) oder die Installation von Musicboxes (weil er glaubte, daß sie ein McDonald's vom Familienrestaurant zum Teenager-Treff machen würden). Meistens ermunterte Kroc seine Manager, Differenzen offen auszusprechen und mit neuen Ideen zu experimentieren. »Ich hatte keine Erfahrung mit der Hamburger-Branche«, erklärte er. »Niemand konnte hieb- und stichfeste Gründe, die für eine bestimmte Methode sprachen, anführen. Wenn sich unsere Vorstellungen unterschieden, habe ich ihnen sechs Monate Zeit zum Experimentieren gegeben und ihnen dabei auf die Finger geschaut. Ich habe genauso Fehler gemacht wie sie, und das hat uns einander nähergebracht.«

Kroc spornte seine Mitarbeiter an, indem er die Zügel locker ließ. Konflikte konnten zum Teil deshalb vermieden werden, weil jeder Manager so mit seinem Bereich beschäftigt war, daß er weder Zeit noch Lust hatte, sich an internen Debatten zu beteiligen. Dies traf in der Anfangszeit ganz besonders auf zwei überaus unterschiedliche Geschäftsführer zu – Kroc und Sonneborn. Weniger als ein Jahr nach seiner

Einstellung bei McDonald's schlug Sonneborn vor, die Firmenstrategie hinsichtlich des Immobilienerwerbs für die Restaurants radikal zu verändern. Pachtverträge, Grundstückserwerb und Hypotheken – für Kroc waren das alles Fremdwörter. Sonneborn schlug eine für einen Fast food-Franchisegeber geradezu revolutionäre Strategie vor – die zudem erhebliche finanzielle Risiken barg –, aber zu seiner eigenen Überraschung ließ Kroc ihn gewähren, und das war für Sonneborn die Initialzündung. »Ray war im Grunde der nettere von uns beiden«, gesteht er. »Er gab mir viel öfter recht als ich ihm. Er ließ sich auf die Immobiliengeschichte ein, vertraute aber [in diesem Bereich] ganz auf mein Urteil.«

Kroc stimmte dem zu: »Ich kam mit Harry gut aus, weil ich ihn in Ruhe ließ. Ein- oder zweimal mußte ich ihn daran erinnern, daß ich zwar eine Menge Toleranz besitze, es aber dennoch begrüßen würde, wenn er sich ab und zu daran erinnerte, daß mir die Firma gehörte.«

Kroc schien verstanden zu haben, daß seine Manager ihre Fehler selbst begehen mußten – um aus ihnen zu lernen. Obwohl also Sonneborn einen Chef hatte, der ganz anders dachte als er, war er bereit, mit ihm am selben Strang zu ziehen. »Harry respektierte Ray, weil Ray ihm die Chance bot, jemand zu sein und sich zu beweisen«, meint Martino.

Auch in der Wachstumsphase von McDonald's zog die dezentralisierte Entscheidungsfindung des Unternehmens Führungskräfte an, die es aufgrund ihrer Individualität schwer gehabt hätten, in einer traditionsbewußteren Organisation Fuß zu fassen. Daher zeigt sich auch bei der zweiten Manager-Generation von McDonald's dieselbe Pluralität, die schon die alte Führungsgarde aufwies. Das persönliche Engagement und die Kooperationsbereitschaft waren im gleichen Maß vorhanden. Turner meint dazu: »Für diejenigen, die ihre Talente bisher nicht voll entfalten konnten, war McDonald's eine einmalige Chance!«

Die Manager kannten kaum interne Rivalitäten. Sie entwickelten ein Gefühl der Zusammengehörigkeit, das die McDonald's-Familie noch heute kennzeichnet. Nur wenige Führungskräfte teilen ›Freud und Leid‹ wie die bei Mc-

Donald's. Wenn jemand aus dem Unternehmen ausscheidet, empfindet man den Verlust nicht minder schmerzlich als den eines geschätzten Familienmitgliedes. Hat sich der Betroffene von der Konkurrenz abwerben lassen, betrachtet man ihn als Verräter. Das war z. B. der Fall, als Donald Smith 1976 völlig überraschend kündigte und eine Woche, nachdem er Vizepräsident des McDonald's geworden war, den Vorsitz von Burger King übernahm. Das Gefühl der Bitterkeit, das dieser Schritt – und vor allem der Zeitpunkt seines Ausscheidens – hinterlassen hat, blieb. Selbst als Smith nach Chicago zurückkehrte und Vorstandsvorsitzender von International Diversifoods wurde, galt es als ungeschriebenes Gesetz im Kreis der McDonald's-Manager, ihn zu meiden.

Dieses Gefühl, eine einzige, große Familie zu sein, ist zum größten Teil auf Krocs ›Sendungsbewußtsein‹ zurückzuführen. Obwohl die Führungskräfte so verschieden voneinander waren, gelang es Kroc, sie zusammenzuschweißen, weil er sie überzeugen konnte, auf ein großes, gemeinsames Ziel hinzuarbeiten – nämlich eine 15-Cents-Hamburger-Kette auf nationaler Ebene aufzubauen – eine Idee, die andere für reichlich vermessen hielten. Sie alle hatten das starke Bedürfnis, ihren Familien, Freunden und den etablierten Unternehmen zu beweisen, daß sie in einer Branche Pionierarbeit leisteten, die eines Tages ungeheuren Einfluß auf den amerikanischen Lebensstil und auf das amerikanische Wirtschaftsleben haben würde.

Kroc selbst glaubte an die ›Mission‹ von McDonald's, und er wurde nicht müde, über seine Lieblingsthemen, die ›Mafia-Methoden‹ anderer Franchisegeber und den Mangel an Einheitlichkeit und Qualität ihrer ›aus dem Boden gestampften‹ Fast food-Ketten, zu diskutieren. Aber Kroc fand auch subtilere Mittel und Wege, sein Team zum vollen Einsatz zu motivieren. Turner erinnert sich beispielsweise, daß der Gründer jedem seiner Manager eine Ausgabe von Walter Schwimmers *What Have You Done For Me Lately?* schenkte, eine Abhandlung über die Werbewirtschaft. »Ich las Schwimmer, aber ich dachte Kroc«, sagt Turner. »Ray

161

sah McDonald's als ein innovatives Unternehmen, und es war seine Art, uns zu sagen, daß wir ständig am Ball bleiben müßten, und daß das, was wir heute erreichten, bald ›Schnee von gestern‹ sein würde. Danach haben wir alle noch ein bißchen härter gearbeitet.«

Als Folge davon wurde bei McDonald's das Fast food-Geschäft genauso ernst genommen wie bei IBM Computer, bei Delta der Luftverkehr und bei Boeing Flugzeuge. Die Tatsache, daß Außenstehende die Bedeutung des McDonald's noch nicht erkannt hatten, ließ die ersten Konzern-Manager noch enger ›zusammenrücken‹. Kuhn sagte: »Wenn man an das glaubt, was man tut, ist man auch bereit, mit Leuten zusammenzuarbeiten, die man nicht ausstehen kann. Wenn uns nicht die Größe der gemeinsamen Aufgabe bewußt gewesen wäre, hätte nichts und niemand uns motivieren können.« Der Gemeinschaftsgeist, der sich bei McDonald's entwickelte, wurde außerdem noch dadurch gefördert, daß Kroc sich weigerte, Arbeit und Privatleben voneinander zu trennen. Selbst als die Firma nur aus drei Mitarbeitern bestand, waren Sonneborn und June Martino oft bei den Krocs zu Gast, um bei einem gemütlichen Essen Expansionspläne zu besprechen. Auch als das Unternehmen wuchs, hielt Kroc die Tradition aufrecht, daß sich die Manager in Schlüsselpositionen nach Dienstschluß noch privat zusammensetzten.

Diese Zusammenkünfte halb beruflicher, halb privater Natur wurden auch dann noch fortgesetzt, als sich McDonald's zur Klasse der Milliardenunternehmen gemausert hatte und das gesellige Beisammensein entsprechend teurer wurde. Es gibt nur wenige Unternehmen, die so viele Manager und ihre besseren Hälften zu Betriebsfeiern, Seminaren und Konferenzen einladen, um Beruf und Privatleben miteinander zu verbinden. McDonald's gibt jährlich ca. zehn Millionen Dollar für Meetings zwischen Konferenz-Management und Franchisenehmer aus. Alle zwei Jahre findet eine Zusammenkunft der Lizenznehmer aus aller Welt und ihrer Familien statt, die sich mitunter über Wochen hinzieht. 1986 nahmen 6000 Restaurant-Geschäftsführer an einer Tagung in Las Vegas teil, wo über Firmenangelegenheiten bei vorzüglichen Diners und Shows, die McDonald's gesponsort hatte, diskutiert wurde. Und selbst wenn Tausende von Konzern-Managern und Franchisenehmern sich zu einem festlichen Bankett in der McDonald's-Zentrale treffen, versucht man, die familiäre Atmosphäre zu wahren, indem man die Unternehmenshierarchie ignoriert: Es gibt z. B. keinen separaten Vorstandstisch.

Um den Familiensinn zu festigen, mußte McDonald's eine matriarchalische und patriarchalische Systemsstruktur schaffen. Die ›Mutterrolle‹ fiel dabei June Martino zu, die vielleicht mehr als jeder andere dazu beigetragen hat, trotz der Individualität der McDonald's-Mitarbeiter ein Chaos zu verhindern. Obwohl sie wenig formale Anerkennung dafür erntete, war sie bei allen gleichermaßen beliebt.

Sie sammelte überall Sympathien, weil sie die lebenswichtige Funktion der Friedensstifterin erfüllte. Für eine aufstrebende Firma ohne durchorganisiertes Management, die dringend einer engeren – und damit anfälligeren – Kooperation ihrer Mitarbeiter bedurfte, war dies einer der Schlüssel zum Erfolg. Wenn eine Sekretärin kurz vor dem Zusammenbruch stand, weil sie ein verheirateter Manager, der eine Affäre weniger ernst nahm als sie, abblitzen ließ, nahm Martino sie für ein paar Tage bei sich auf und brachte das zerrüttete Nervenkostüm wieder in Ordnung. Wenn ein neu eingestellter Manager mit zerknittertem Anzug, schmutzigen Fingernägeln oder sonst einer Unzulänglichkeit im Büro erschien, fing sie ihn ab, bevor er Kroc in die Hände lief. Und es war natürlich Martino, die die Ehefrauen in die McDonald's-Familie einband oder sich den Klagen über die ununterbrochen arbeitenden Ehemänner widmete. Als Kroc Turner am Ende seines ersten Jahres einen Bonus von 1500 Dollar gab, schnappte sich Martino den jungen Manager, als er aus Krocs Büro kam. »Los, kommen Sie mit«, sagte sie. »Wohin?« fragte Turner. »Wir kaufen Ihrer Frau eine Nerzstola.« Der Bonus, mit dem sich Turner ein zweites Auto hatte kaufen wollen, wanderte schnurstracks in eine 1700-Dollar-Nerzstola für Patty Turner. »Obwohl sie drei Kinder hatten und

Fred ständig außer Haus war, hat sich Patty nie beklagt«, lobt June. »Die Frauen hatten einen großen Anteil am Anfangserfolg von McDonald's, und ich fand immer, sie sollten auch etwas davon haben.«

Der Gedanke, eine einzige große Familie zu sein, zeigte sich am stärksten in der ungewöhnlichen Loyalität gegenüber dem McDonald's-Patriarchen Ray Kroc. Kroc verstand besser als jeder andere, daß ein Chef nur dann Loyalität erwarten kann, wenn er selbst Loyalität beweist. Ähnlich wie bei seinen Franchisenehmern schuf er diese Loyalität vornehmlich dadurch, daß er sich gegenüber den Konzern-Mitarbeitern, die zum Teil beträchtliche Gehaltseinbußen in ihrer neuen Firma hinnehmen mußten, ungewöhnlich großzügig erwies, sogar in der mageren Aufbauphase des Unternehmens. Sonneborn verdiente anfangs z. B. 100 Dollar pro Woche statt 25 000 jährlich als Vizepräsident von Tastee Freez. Conleys finanzieller ›Abstieg‹ war sogar noch größer. Aber als McDonald's über die nötigen Ressourcen verfügte, belohnte Kroc seine Mitarbeiter mit entsprechend generösen Aktienpaketen und Gehaltserhöhungen.

Schon bevor McDonald's ein gewinnträchtiges Unternehmen war, zeigte sich Kroc nicht kleinlich, wenn es um Gehälter ging. Um Schindler für das McDonald's zu gewinnen, zahlte Kroc ihm 1958 12 000 Dollar pro Jahr – genausoviel wie er selbst mit Prince Castle Sales verdiente (Kroc selbst bezog bis 1961 weder ein festes Gehalt noch Spesen vom McDonald's). Zu der Zeit operierte das Unternehmen ständig am Rande des Bankrotts, und Kroc konnte Schindler das verlangte Gehalt nur deshalb zahlen, weil er seine eigene Lebensversicherung belieh.

Zwei Jahre vorher war Kroc bereitwillig auf Fred Turners Gehaltsforderung von 475 Dollar monatlich eingegangen. Er selbst hatte 425 vorgeschlagen. Turner hatte Kroc eine Liste mit all seinen Haushalts- und Fahrtkosten vorgelegt, um seine Forderung zu untermauern. Rückblickend ist er jedoch überrascht, daß Kroc dem höheren Gehalt zustimmte. »Ray nahm keinen Pfennig aus der Firma, aber er gab mir das Geld, ohne zu zögern«, erinnert sich Turner.

Krocs Rolle als Patriarch ging jedoch weit über die finanziellen Aspekte hinaus. Es gelang ihm, seine Mitarbeiter zu einer Großfamilie zusammenzuschweißen – nicht dadurch, daß er sie ›maßregelte‹, sondern indem er fundamentale Prinzipien aufstellte, mit denen sie sich als Gruppe identifizieren konnten. Kroc wurde für seine Manager, die zum Teil zwanzig oder dreißig Jahre jünger waren als er, zur Vaterfigur.

Er leitete sie an, und viele seiner Lektionen und Reden bezogen sich nicht direkt auf geschäftliche Entscheidungen, sondern enthielten Regeln für das tagtägliche Zusammenleben, die Kroc für angemessen hielt und dem Wohl seiner Leute dienen sollte.

Der Gründer von McDonald's hielt sich an kompromißlose, puritanische Wertvorstellungen. Die Arbeitsmoral hatte für ihn einen ungeheuren Stellenwert. Er glaubte daran, daß ein ansprechendes Erscheinungsbild etwas über den Charakter eines Menschen aussagte. Seine spartanische Lebensweise war – nicht zuletzt wegen seines bisherigen Lebens als Bohemien – so ausgeprägt, daß er sie auch noch in der Periode beibehielt, als der Erfolg von McDonald's aus ihm einen der wohlhabendsten Männer des Landes gemacht hatte. Noch als Achtzigjähriger kaufte er preisbewußt. Er ließ sich im Rolls Royce zu den Discountläden in Kalifornien fahren, weil die Zigaretten (für seine Frau) dort billiger waren als anderswo. »Für Ray war Verschwendung eine Todsünde, gleichgültig, wieviel Geld jemand besaß«, sagte Turner. »Prasserei war in seinen Augen gedankenlos, selbstsüchtig und dumm.«

Die Regeln, die er im Unternehmen aufstellte, zeugen von derselben puritanischen Ethik. Er predigte seinen Managern ständig, sich allein auf den langfristigen Gewinn zu konzentrieren, der in seinen Augen das Ergebnis von erstklassiger Qualität war, und nicht den kurzfristigen Profiten nachzujagen, die sich auch ohne Beachtung der Details einstellten. Wenn sie ihre Aufgabe richtig machten – versicherte er immer wieder – würde sich die finanzielle Seite des Problems von alleine lösen. Seine Lektionen wurden so oft wiederholt, daß Dutzende von ihnen als ›Krocscher Kodex‹ noch heute die Büros der McDonald's-Manager zieren. Ein Beispiel: »Der Erfolg ist nicht ohne Sinn, ebensowenig wie der Mißerfolg.« Oder: »Keiner von uns ist so gut wie wir alle.« Oder: »Ob das freie Unternehmertum eine Chance hat, hängt von Ihnen ab.«

Kroc war zwar kein praktizierender Christ (er betrat die Kirche nur zu Hochzeiten und Beerdigungen), aber zutiefst von seiner Weltanschauung überzeugt. Seine Perspektive war schwarzweiß; für ihn gab es keine Kompromisse. Verwunderlich ist, da er eine neue Fast food-Ära schuf, die sich strikt an ›alten‹ Werten orientierte. Der Journalist George Will schrieb über ihn: »Ray Kroc war ein Mann des neunzehnten Jahrhunderts, den es ins zwanzigste verschlagen hatte.« Aufgrund seiner unerbittlichen Prinzipien, die Kroc seinen Mitarbeitern immer wieder – ähnlich einem Vater, der seine Kinder unterweist – vor Augen führte, schuf er ein gemeinsames, unlösliches Band. So unterschiedlich die einzelnen Mitarbeiter auch waren, sie teilten die Philosophie des McDonald's-Gründers. »Nach heutigen Maßstäben könnte man vielleicht mit Recht behaupten, daß Krocs Regeln einen Eingriff in die Privatsphäre darstellten«, meinte Fred Turner. »Aber damals lebten wir in einem anderen Zeitalter. Die von ihm aufgestellten Prinzipien waren keine Anmaßung und hatten nichts Negatives. Wir wußten, daß sie Ray wichtig waren, deshalb akzeptierten wir sie. Er war der beste Chef, den man sich vorstellen kann.«

KAPITEL 6

Bahnbrechende
Innovationen

Anfang der 60er Jahre stand Jack Roshman in seinem neu
eröffneten Burger Chef in Springfield. Das Lokal war nur
eines der mehr als hundert Burger Chefs, die er in Ohio
gründen sollte, aber mit der Eröffnung dieses Restaurants
hatte es seine besondere Bewandtnis: Auf der gegenüberliegenden Straßenseite war eine Baukolonne gerade dabei, ein
brandneues McDonald's fertigzustellen. Das war Roshmans
erster unmittelbarer Kontakt mit seinem Erzrivalen.

Ein Mann überquerte die Straße und kam zu ihm ins Restaurant; Roshman nahm an, daß es sich um den neuen Mc-
Donald's Franchisenehmer handelte. der Besucher war niemand anderer als Ralph Lanphar, McDonald's Standortent-
wicklungsexperte. Roshman war auf ein paar freundliche
und unverbindliche Worte gefaßt; er hatte sogar den Vorschlag in Erwägung gezogen, sich im Notfall gegenseitig mit
Hamburger-patties, Buns und anderen Fast food-Zutaten
auszuhelfen. Ihm war bekannt, daß McDonald's in dem Ruf
stand, die Konkurrenz nicht gerade liebenswürdig zu behandeln, aber mit der Begrüßung, die folgte, hatte er nicht gerechnet. »Guten Tag; ich gehöre zum McDonald's-Team«,
eröffnete ihm Lanphar, »Ihre Tage hier sind gezählt!«

Dieses Image des Überlegenen, Unbesiegbaren verfolgte
Roshman mehr als zwei Jahrzehnte lang. Für ihn spielte es
McDonald's dominierendes Ziel, die beste Hamburger-Kette
aufzubauen, und die feste Überzeugung des Unternehmens
wider, daß eine Zusammenarbeit mit der Konkurrenz nichts
anderes zu bieten hatte, als die Übernahme schlechter Gewohnheiten. Roshman verglich die McDonald's-Operationen
mit den Gepflogenheiten, die bei der Marine herrschen: ex-

trem hartes Training, strikte Regeln und strenge Ausbilder. »Die Leute, die die Hamburger University das McDonald's-Trainings-Center absolviert hatten, hielten sich für die besten Gastronomen der Welt und für absolut unschlagbar«, meinte Roshman. »Burger Chef hatte ähnlich strenge Vorschriften in bezug auf Qualität, Service und Hygiene, aber sie waren in der Praxis weniger effektiv. In unserer Branche gibt es keine Geheimnisse: ein Hamburger ist ein Hamburger. Aber ich glaube, wir waren weniger auf Qualität fixiert als McDonald's.«

Fred Turner weist den Vergleich mit dem Marinecorps von sich. Nach seiner Ansicht kann von einer strikten Reglementierung schon deshalb keine Rede sein, weil der Großteil der Marketingstrategien und Produktinnovationen auf die Initiative einzelner McDonald's-Franchisenehmer zurückgeht. »Das ist eine Behauptung, die oberflächlich ist und jeder Grundlage entbehrt«, meint Turner. »Die Autarkie unserer Franchisenehmer verhindert von vornherein jede strikte Reglementierung. Sie orientieren sich zwar prinzipiell am McDonald's-System, aber sie sind angehalten, Verbesserungen und Änderungen einzuführen, von denen die Gemeinschaft profitiert. Das System garantiert ein gewisses Maß an Einheitlichkeit, aber von Reglementierung kann man in diesem Zusammenhang keinesfalls sprechen.«

Ungeachtet seiner Einwände läßt sich wohl nicht leugnen, daß der Erfolg von McDonald's nicht zuletzt auf das Bestreben nach systemkonformen Leistungen zurückzuführen ist. Mehr als jedes andere der zahllosen Unternehmen aus der Pionierzeit der Fast food-Branche war McDonald's darauf bedacht, seine Verfahrenstechniken zu vereinheitlichen, Leistungsstandards zu setzen und das Leistungsniveau seiner Zulieferer und Franchisenehmer zu überwachen. Diese Aufgaben haben auch heute noch Priorität.

Die Richtlinien der Unternehmenspolitik wurden natürlich von Ray Kroc konzipiert. Seine Qualitäten als Franchisegeber und Führungskraft mögen unterschätzt worden sein, aber sein persönliches Engagement für Qualität, Service und Hygiene war und ist unbestritten. QSC (Quality,

Service, Cleanliness) – ein von Kroc geprägter Begriff – wurde zum Leitspruch der gesamten Fast food-Branche und trug von Anfang an dazu bei, McDonald's von allen seinen Konkurrenten positiv abzuheben. Kroc hatte von den Brüdern McDonald kein Geheimrezept für die Zubereitung von Hamburgern, Milchshakes oder Pommes frites übernommen. Er konnte kein außergewöhnliches Produkt vorweisen. Er hatte weder die Xerox-Kopierer noch die Polaroid-Kameras erfunden.

Die Manager anderer Fast food-Ketten wußten, daß ihre Produkte bei entsprechend sorgfältiger Zubereitung durchaus mit denen von McDonald's konkurrieren konnten. Es mag viele Gründe für den kometenhaften Aufstieg des Konzerns in einer Branche geben, in der sich niemand eines besonderen Marktvorteiles rühmen konnte; die Konkurrenz ist jedoch einhellig der Meinung, daß McDonald's seine dominierende Position der außergewöhnlichen Uniformität seines Systems zu verdanken hat, die es von allen übrigen Wettbewerbern unterschied.

Systemuniformität zu erzielen gehört wohl zu den größten Herausforderungen, mit denen ein Franchisegeber konfrontiert wird. Im Gegensatz zu einem Herstellungsbetrieb, in dem man Produktuniformität allein schon durch die Zentralisierung der Herstellung erreicht, verkauft ein Fast food-Franchisegeber ein Produkt, das vor Ort von verschiedenen Erzeugern und damit auch in unterschiedlicher Qualität angeboten wird. Im wesentlich besaß McDonald's ein Betriebsgeheimnis, das ihm einen beachtlichen Vorsprung in der Branche sicherte: es fand einen Weg, den Herstellungsprozeß einheitlich zu gestalten, ohne die Kreativität seiner Hersteller durch exzessive Reglementierung zu unterminieren.

»Wer behauptet, er habe ebenso gute Hersteller wie McDonald's, der lügt«, erklärt Richard Kearns, der es mit der Red-Barn-Hamburgerkette auf stattliche dreihundert Einheiten brachte, bevor er sie 1968 an die Servomation Company verkaufte. »Keiner unserer Betriebe konnte McDonald's das Wasser reichen. Wir hatten zwar einige Spitzenbetriebe, die es mit den besten McDonald's aufnehmen konnten, aber insgesamt waren wir hoffnungslos unterlegen. Ray Krocs Motor war nie das Geld, sondern sein Ehrgeiz. Sein Anspruch an sich selbst war so groß, daß er durchdrehte, wenn er ein schlechtes McDonald's-Restaurant sah. Er behandelte QSC wie eine Religion. Jeder bei McDonald's tat das.«

Jim Collins, dessen Collins Food International zweihundertfünfzig Kentucky Fried Chicken-Restaurants betreibt, sieht das genauso: »Ich habe McDonald's in Tokio, Wien und Australien gesehen und war schwer beeindruckt, daß in jedem identische Produkte verkauft wurden. Nur ganz wenige im Fast food-Business haben die nötige Disziplin für so viel Beständigkeit. Ich glaube, das liegt am guten alten Ray Kroc, der seinen Betreibern einbleute: ›Mach es so, wie ich sage, sonst kannst Du gehen.‹«

Das McDonald's-System zeugt weniger von Genie als von Beharrlichkeit. Die Fast food-Ketten haben nur dann Überlebenschancen, wenn sie ihre Organisation zentralisieren, um einen bestimmten Operationsstandard bei all ihren Franchisenehmern zu erreichen. Sie sind gezwungen, ihre Zulieferer und deren Produkte genauestens zu prüfen. Und es ist unerläßlich, daß sie das System überwachen, um sicherzustellen, daß sich sowohl die Lizenznehmer als auch die Lieferanten an die Richtlinien halten.

So logisch und unabdingbar dieses Konzept heute auch scheinen mag – in den 50er Jahren galt es als revolutionär. Der Durchbruch von McDonald's ist nur zu verstehen, wenn man sich vor Augen hält, daß die Franchisegeber auf dem Fast food-Sektor sich vorher kaum um so zentrale Aufgaben wie Beschaffung, Produktionsstandards oder Ausbildung der Lizenznehmer kümmerten. Der größte Teil ihrer Zeit und Energie wurde auf den Bereich verwendet, der bei McDonald's bestenfalls sekundär war, nämlich den Verkauf der Franchisen. Nach Vertragsabschluß richteten sie ihr Augenmerk nur mehr darauf, die Franchisegebühren zu kassieren und weitere Restaurants zu eröffnen, um ihre Einnahmen zu maximieren. Ihr Operationssystem war auf ›Automatik geschaltet‹.

Als McDonald's 1955 in den Wettbewerb eintrat, hatten

Diary Queen und Tastee Freez, die beiden größten Fast food Ketten, bereits die Weichen gestellt. Sie verkauften Lizenzen für große Absatzmärkte, die von den Franchisenehmern aufgesplittet und weitervergeben wurden; damit waren die territorialen Franchisenehmer für die Leistungen ihrer Unter-Franchisenehmer verantwortlich. Verständlicherweise ließ sich damit kein einheitliches Niveau erzielen. Manche Franchisenehmer überprüften ihre Geschäftspartner und Lieferanten genau, andere waren nachlässiger.

Die regionalen Franchisenehmer waren für die Einhaltung der Richtlinien letztlich nicht zu belangen, denn der nationale Franchisegeber verlangte schließlich keine Systemuniformität. Harry Axenes Dairy-Queen-Kette war im Grunde ein Ein-Mann-Unternehmen. Leo Moranz, der Gründer von Tastee Freez, beschäftigte nur fünf Mitarbeiter, selbst als die Kette sich auf 1500 Restaurants ausgeweitet hatte. Zur Belegschaft gehörten zwei Sekretärinnen, ein Mann, der die Lizenzgebühren kassierte, einer, der sich um den Einkauf kümmerte (der über die Tastee Freez Buying Association abgewickelt wurde), und einer, der kreuz und quer im Land herumreiste, um den frischgebackenen Franchisenehmern bei der Eröffnung ihrer Restaurants Hilfestellung zu leisten. Laut Moranz habe Harry Sonneborn nicht zuletzt deshalb Tastee Freez verlassen, weil es für einen Mann mit seinen Talenten wenig Verwendung gab. »Wenn er bei uns geblieben wäre, wäre er zeitlebens ein Niemand gewesen, denn ich war die Seele des Geschäfts.«

Sobald Moranz den gesamten Inlandsmarkt in kleinste Absatzgebiete aufgeteilt hatte, blieb ihm nichts weiter zu tun, als seine Lizenzgebühren in Höhe von zehn Cents für jede Gallone des Mixgetränkes zu kassieren, die seine Franchisenehmer bei den von ihm gewählten Hersteller von Molkereiprodukten zu kaufen hatten. Moranz glaubte über eine Geld-Druckerpresse zu verfügen, die kein Öl braucht. »Ich konnte pro Jahr und Restaurant 600 Dollar Lizenzgebühren einnehmen«, erinnert er sich. »Das scheint nicht üppig, aber multiplizieren Sie die Summe mit 1500 und vergessen Sie nicht, daß ich keinerlei Kosten hatte.« Moranz verdiente auch daran, daß er die Gefriergeräte, die seine Firma herstellte, an die Franchisenehmer verkaufte, und wenn man diese Einnahmen dazurechnet, kommt man, wie Moranz bestätigte, auf einen Gewinn von über eine Million Dollar pro Jahr – eine gigantische Summe in den 50er Jahren. »Sechs Monate im Jahr während der Winterzeit, habe ich mich in Palm Springs aufgehalten«, meinte Moranz. »Das Geschäft lief von selbst.«

Die meisten Fast food-Franchisegeber hatten ein ähnliches Konzept. Obwohl sie vielleicht härter arbeiteten, kam ihnen nicht in den Sinn, ein einheitliches Kontroll- und Weisungssystem für ihre Lizenznehmer einzuführen. Harlan Sanders vergab Kentucky-Fried-Chicken-Lizenzen großen Stils, und vor dem Verkauf seiner Kette an ein Syndikat (unter dem Vorsatz des Gouverneurs von Kentucky, John Y. Brown) war seine zentrale Organisation nicht größer als die von Moranz. Die Hamburger-Barone der Pionierzeit konnten sich nicht an Präzedenzfällen orientieren. Bob Wian arbeitete bei der Vergabe seiner Big-Boy-Lizenzen mit einem Team von nur fünf Mitarbeitern; er verließ sich darauf, daß die regionalen Franchisenehmer ihre Operationen selbst überwachen konnten.

Keiner der Lizenzgeber in der Fast food-Branche hatte Anstalten gemacht, ein Weisungs- und Kontrollsystem zu konzipieren, wie es Kroc vorschwebte. Selbst Konkurrenten wie Henry's, das über die finanziellen Ressourcen verfügte, an denen es Kroc mangelte, verschwendeten weder Zeit noch Geld an die Realisierung eines zentralen Operationsprogramms. Henry's, das zur Bressler Ice Cream Company gehörte, ist ein Paradebeispiel für einen Vergleich zwischen dem McDonald's und der Konkurrenz. Wie das McDonald's hatte auch diese Kette ihre Basis in Chicago; das erste Restaurant wurde nur fünf Monate nach Krocs McDonald's in Des Plaines eröffnet. Es war eine Nachahmung von Jim Collins Hamburger Handout in Los Angeles, das seinerseits eine exakte Kopie des Drive-in-Restaurants der Gebrüder McDonald in San Bernardino darstellte. Jim Schindler, der junge Küchendesigner, den Kroc später für McDonald's engagierte, entwarf die erste Küche für Henry's. Aufgrund der schier unerschöpflichen finanziellen Unterstützung durch den Bressler-Konzern konnte Henry's anfangs im selben Tempo wie McDonald's expandieren. Vom finanziellen Standpunkt aus hatte Henry's weit bessere Chancen, den 15-Cent-Hamburger-Markt zu beherrschen. Aber 1965, als McDonald's in eine AG umgewandelt wurde und sich anschickte, seine siebenhundertste Filiale zu eröffnen, war Henry's in der Versenkung verschwunden.

Die Probleme von Henry's waren verfahrenstechnischer Art und ließen sich auf Bresslers Konzept zurückzuführen, die Hamburger-Kette primär als Verkaufspunkt für die hauseigene Eiscreme zu betrachten. Dadurch entstand ein enormer Druck, Franchisenehmer zu finden und innerhalb kürzester Zeit möglichst viele Restaurants zu eröffnen, die Bressler-Produkte führten. Folglich war niemand motiviert, ein organisiertes Absatzsystem mit arbeitsteiligem Leistungsprogramm zu entwickeln. Charles Bressler, einer der fünf Brüder, die den Familienbetrieb aufgebaut hatten, und der für Henry's zuständig war, sah das größte Problem darin, daß die einzelnen Verkaufsstellen damals nicht adäquat angeleitet und überwacht wurden. Er erinnert sich z. B. daran, daß sein Vorschlag, mehr Personal einzustellen, um den Service zu verbessern, auf taube Ohren stieß. Als er Geld für die Einrichtung eines Trainingscenters, ähnlich dem 1961 von McDonald's gegründeten, forderte, lehnte man sein Ansinnen mit der Begründung ab, »dafür sei es noch zu früh«. Als er Jim Schindler einstellen wollte, erklärte man ihm, man habe kein Geld für zusätzliches Personal. Henry's verlor Schindler und sein außergewöhnliches Talent als Designer an McDonald's.

Als er für ein strengeres Auswahlverfahren für Franchisenehmer plädierte, die auch an schwierigen Standorten weitgehend selbständig zurechtkämen, mußte er erkennen, daß andere in seinem Familienbetrieb mehr daran interessiert waren, erst die Franchiselizenz zu verkaufen und dann Fragen zu stellen. Als er zur Eröffnung des ersten – und einzigen – Henry's in Phoenix kam, stellte er zu seinem Entsetzen fest, daß der Franchisenehmer nur einen Arm hatte.

»Haben Sie einen Bruder, einen Sohn oder eine Frau, die Ihnen helfen?« fragte Bressler den neuen Franchisenehmer. »Nein«, lautete dessen Antwort, »ich bin ganz allein.« Dieses Beispiel bringt für Bressler die Franchise-Vergabepraxis der Firma auf den Punkt. »Man kann dem Mann keine Schuld daran geben, daß er nur einen Arm hat, aber wie um alles in der Welt kann man jemandem eine Franchiselizenz verkaufen, der nicht einmal einen Hamburger einwickeln kann? Ich will meine Brüder nicht schlecht machen, aber im Drive-in-Wettlauf hatten sie keinen Ehrgeiz. Ihnen ging es mehr um den Eiscreme-Wettlauf.«

Im Gegensatz zu den üblichen Praktiken in der Fast food-Branche Mitte der 50er Jahre bemühte sich McDonald's darum, sein Organisationskonzept zu verbessern und wirksam in die Praxis umzusetzen. Eigentlich war das ungewöhnlich, denn das Unternehmen hatte seit den Anfängen in San Bernardino ein bemerkenswert detailliertes System entwickelt und erprobt. Doch Kroc folgte seiner Intuition: Er ging davon aus, daß es Möglichkeiten gab, das Speedy-Service-System der Gebrüder McDonald entscheidend zu verbessern und daß ihm dieser Durchbruch gelingen würde. Vom juristischen Standpunkt aus schien seine Annahme keinesfalls berechtigt: In seinem Vertrag mit den McDonalds war festgelegt, daß die Brüder jeder Änderung schriftlich zustimmen mußten, aber sie genehmigten keine einzige.

Kroc beschloß, seine Kette landesweit auszudehnen. Er beabsichtigte, Hunderte von Branchenneulingen in seine ›Familie‹ aufzunehmen. Dazu war eine weit komplexere Unternehmenstruktur notwendig als die der McDonalds in San Bernardino. Er brauchte ein System, das so solide und trotzdem so einfach war, daß selbst branchenfremde Kandidaten innerhalb kürzester Zeit integriert und dasselbe Leistungsniveau wie die ›alten Hasen‹ erreichen konnten. Deshalb begannen Kroc und sein Team, die Verfahrenstechniken der Brüder McDonald merklich zu verändern, obwohl ihnen bewußt war, daß sie damit gegen die vertragliche Regelung verstießen.

In den Augen der Experten, die Kroc eingestellt hatte,

mußte das neue McDonald's-System vier Hauptbereiche abdecken: die Produktentwicklung, die Festlegung der Beziehungen zu den Lieferanten, die Verbesserung der Bautechniken und Betriebsausrüstung und die Zusammenstellung eines Schulungs- und Überwachungsteams, das vor Ort eingesetzt wurde und Weisungs- und Kontrollbefugnis gegenüber den Franchisenehmern hatte. Kroc war Initiator und legte die allgemeinen Richtlinien fest. Das Team, welches das neue McDonald's-System entwickelte, bestand aus Fred Turner, dem Küchendesigner Schindler und Nick Karos, einem jungen Mann, dessen Familie im Norden Chicagos ein Lokal namens The Carousel führte, in dem Eis und Sandwiches verkauft wurden. Karos hatte zuvor erwogen, sich um eine Lizenz für ein Henry's Restaurant zu bewerben, hatte dann aber – von den Praktiken der Kette enttäuscht – Krocs Angebot angenommen, zusammen mit Turner im Entwicklungsbereich von McDonald's zu arbeiten.

Die Effizienz solcher Experten wie Turner, Schindler, Karos und weiterer, von Kroc angeheuerter Spezialisten, zeigt sich am deutlichsten in den Resultaten, die auf dem Gebiet der Qualitätssteigerung, der Schnelligkeit des Service und der Hygiene erzielt und für das amerikanische Drive-in-Restaurant richtungsweisend wurden. Sie setzten einen neuen Standard für die gesamte 45-Milliarden-Dollar-Fastfood-Branche. Aber ihr Einfluß geht weit darüber hinaus. Das Primärziel von McDonald's – Qualität, Service, Hygiene –, das zum Entstehen eines völlig neuartigen Restaurantformats führte (auf das die wenigsten Lieferanten vorbereitet waren), revolutionierte auch branchenfremde Wirtschaftsbereiche, wie beispielsweise die Nahrungsmittelverarbeitung, die Großküchenausrüstung und sogar große Teile der amerikanischen Landwirtschaft.

Man kann sagen, daß McDonald's gerade auf Wirtschaftszweige prägenden Einfluß ausübte, die dem Verbraucher verborgen blieben. Die Spezialisten von McDonald's veränderten von Grund auf in ihrem Bemühen um Verbesserungen die gesamte Logistik der Nahrungsmittel- und Materiallieferungen. Sie arbeiteten sowohl neue Kartoffel-Anbaumethoden für die Landwirtschaft als auch Verarbeitungsmethoden für Industriebetriebe aus. Sie führten neue Methoden in der Milchproduktion ein. Sie veränderten die Rinderaufzuchtmethoden der Farmer und die Art und Weise der Herstellung von Endprodukten durch die Fleischverarbeitungsbetriebe. Sie erfanden die wirkungsvollsten Küchenausrüstungen, die die Branche je gesehen hatte. Sie leisteten Pionierarbeit auf dem Gebiet von Produktverpackung und Distribution. Kein anderes Unternehmen hat in den letzten vier Jahrzehnten mehr für die Modernisierung und Rationalisierung auf dem Gebiet der Nahrungsmittelverarbeitung und der Absatzpolitik getan als McDonald's.

Es begann damit, daß das McDonald's-Team ein Handbuch über die Zubereitung der populärsten Gerichte in der Fast food-Branche verfaßte: Hamburger, Pommes frites und Milchshakes. Während die Feinschmeckerlokale die Kochkunst zum Nonplusultra erhoben hatten, war niemand in der Fast food-Industrie auf den Gedanken gekommen, aus der Zubereitung von Gerichten mit Massenappeal eine Wissenschaft zu machen. Darüber hinaus gab es keinen einheitlichen Standard für die Qualität solcher Massenprodukte. Als McDonald's in Des Plaines seine Pforten öffnete, bestand das Hamburger-Fleisch noch aus den Resten, die der Metzger nicht mehr verwerten konnte. Auch die Experten in der kartoffelverarbeitenden Industrie hatten noch keine Methode entwickelt, qualitativ anspruchsvolle Pommes frites herzustellen. In den Restaurants wurden sowohl ölige und schwammige als auch knusprige und goldfarbene Pommes frites serviert. Und obwohl die Qualität der Milchshakes in den Soda fountains durchweg als zufriedenstellend galt, entwickelten sich die Milchshake-Automaten in den Drugstores für die Inhaber zum ›Groschengrab‹, da das System veraltet und äußerst arbeitsintensiv war. Die Softeis-Getränke begannen die Eisportionierung von Hand nach und nach zu ersetzen, aber keine der zahlreichen Ketten kam auf die Idee, die neue Technologie für die Zubereitung von Milchshakes zu nutzen.

McDonald's führte drastische Veränderungen ein, indem

man der Zubereitung von Hamburgern, Pommes frites und Milchshakes mehr Aufmerksamkeit widmete, als sich die Branche je hätte träumen lassen. Ausgangspunkt war das von Kroc und Turner angestrebte Ziel, den Service in diesem neuen Fast food-Bereich auf dieselbe Art zu rationalisieren und ›maßzuschneidern‹, wie es Jahre zuvor die Fließbandproduktion getan hatte. Die Bemühungen um erstklassige Qualität motivierte McDonald's, die Herstellungsverfahren zu perfektionieren, und das aus nur zehn Gerichten bestehende Speiseangebot von McDonald's kam diesem Bedürfnis entgegen. Bis Mitte der 50er Jahre hatten sich aufgrund der zunehmenden Spezialisierung in den meisten wichtigen Wirtschaftszweigen grundlegende Verbesserung durchgesetzt. Eine Ausnahme bildete die Gastronomie, deren breites Speiseangebot eine Rationalisierung erschwerte. McDonald's gehörte zu den ersten der Branche, die größere Effizienz im Servicebereich vorweisen konnten, weil sie nicht zögerten, aus der Spezialisierung Vorteile zu ziehen. »Es lag mit Sicherheit nicht daran, daß wir cleverer waren«, meint Fred Turner, »sondern daran, daß wir eine begrenzte Speisenauswahl anboten und dadurch auch die Zahl unserer Lieferanten einschränken konnten. Das gab uns die Möglichkeit, unser Augenmerk auf die Details zu richten.«

Das McDonald's-Team konnte noch einen weiteren Vorteil für sich verbuchen: Es war mit den gängigen Praktiken der Gastronomie-Branche nicht vertraut. Mit Ausnahme von Karos waren alle branchenfremd. Und da das Konzept des Fast food-Restaurants damals etwas völlig Neues darstellte, war der Mangel an konventioneller Ausbildung ein Plus und kein Handikap. Selbst heute noch werden bei McDonald's die Absolventen renommierter Hotelfachschulen nicht bevorzugt eingestellt. Die Pionierzeit von McDonald's war durch Experimente geprägt, auf die man sicherlich verzichtet hätte. »Da keiner von uns Branchenerfahrung vorweisen konnte, gab es für uns kein absolut sicheres Erfolgsrezept«, meinte Turner. »Wir mußten uns alles selber erarbeiten.«

Die Pionierarbeit des Teams Turner–Schindler–Karos

stellte die Weichen für die weitere Entwicklung des Mc-Donald's-Systems. Jeder Schritt beruhte auf der Lernmethode von Versuch und Irrtum. Es gab keine Idee, über die nicht diskutiert wurde. Die meisten waren so unlöslich in das Gesamtsystem integriert, daß sie nicht durch bessere ersetzt werden konnten. Mit wenigen Worten: Das Mc-Donald's-System war das Ergebnis unzähliger, in der Praxis erprobter Experimente. Turner kommentierte: »Wir suchten ständig nach Verbesserungsmöglichkeiten, die laufend revidiert wurden.«

Nirgendwo wird diese Entwicklung so deutlich wie in der Geschichte der Pommes frites. Als die McDonald's System, Inc., entstand, hatten die Pommes frites in den USA einen Anteil von ca. 5 % am gesamten Kartoffelmarkt. Heute ist er auf mehr als 25 % gestiegen, und die meisten Experten sind sich darin einig, daß die Verbesserungen, die McDonald's einführte, wesentlich zu diesem Boom beigetragen haben. Sie stärkten auch das Image des Unternehmens, denn die Pommes frites-Tüten zum Preis von zehn Cents sorgten für eine einzigartige Produktdifferenzierung. Selbst die Verbraucher, die bezweifelten, daß eine 15-Cents-Hamburger-Kette Qualitätsware liefern konnte, wurden bald anhand der Pommes frites eines Besseren belehrt. Manche Leute glaubten, daß die Pommes frites für den Erfolg von McDonald's noch wichtiger waren, als die Hamburger – eine Meinung, die durch den Umstand erhärtet wurde, daß selbst heute noch vier von sechs McDonald's-Kunden Pommes frites bestellen. »Unsere Konkurrenten können dieselben Hamburger wie wir bestellen«, erklärte Kroc einmal. »Das würde uns noch nicht von anderen Ketten abheben. Aber unsere Pommes frites sind einmalig; hier kann niemand mit uns konkurrieren. Man merkt, daß sie mit Liebe zubereitet sind.«

Die außergewöhnliche Qualität der Pommes frites war kein Zufall, noch wurden sie nach einem Geheimrezept der McDonald-Brüder hergestellt. Sie waren das Ergebnis ständiger Forschung. Gerry Newman, McDonald's Vizepräsident und Leiter des Rechnungswesen, schätzt, daß das Unternehmen in den ersten drei Jahrzehnten mehr als drei Millionen

Dollar für die Verbesserung seiner Pommes frites ausgab – eine beträchtliche Investition für jedes in der Gastronomie tätige Unternehmen und für einen Newcomer wie McDonald's atemberaubend.

Zunächst ging es primär darum, die Zubereitung der Pommes frites in den Restaurants zu überwachen und die Temperatur und Fritierzeit festzulegen. Aber was zunächst wie eine ganz simple Aufgabe schien, stellte sich als großes Problem heraus. Die McDonald's-Experten stellten fest, daß die Temperatur, die mittels eines Thermostats an den Friteusen einzustellen war, und die tatsächliche Temperatur des Fritieröls nicht immer übereinstimmten. Manche Geräte erreichten, wenn die kalten Pommes frites hineingegeben wurden, die vorgesehene Temperatur schneller als andere. Als Turner klar wurde, daß das Zeit-Temperatur-Problem noch nicht gelöst war, beschäftigte er sich noch intensiver damit. »Ich hatte damals, wenn ich die einzelnen Restaurants aufsuchte, immer ein Thermometer in der Tasche, mit dem ich die Temperatur des Öls prüfte«, meinte er schmunzelnd.

Selbst als Turner ein in seinen Augen optimales Fritiergerät entwickelt hatte, beklagten sich die Geschäftsführer der Restaurants, daß manche Pommes frites ausgebacken schienen, während andere trotz ihrer goldbraunen Farbe innen noch roh waren. Dieser Qualitätsunterschied blieb auch dann noch, als man zu einer festeren, von der Form her besser geeigneten Kartoffelsorte überwechselte. Niemand konnte sich dieses Phänomen erklären. Wie in so vielen anderen Bereichen war auch hier McDonald's das erste Unternehmen, das auf ein Problem aufmerksam machte und Fragen stellte.

Mit wachsender Erfahrung fanden Turner und Kroc schließlich die Antwort: Der Qualitätsunterschied war auf die Lagerung der Kartoffeln zurückzuführen. Die länger im Keller eingelagerten waren von besserer Qualität als die, die direkt nach Lieferung zubereitet wurden. Dabei machte man eine Entdeckung, die heute in der gesamten Fast food-Branche Allgemeingut geworden ist: Die für Pommes frites vorgesehenen Kartoffeln müssen vor der Zubereitung mindestens drei Wochen lagern, so daß genug Zucker in Stärke umgewandelt werden kann. Andernfalls verursacht der hohe Zuckergehalt eine zu starke Oberflächenbräunung, während die Pommes frites innen noch roh sind.

Diese Entdeckung veranlaßte Turner und Karos, sich noch eingehender mit den Verbesserungsmöglichkeiten bei der Zubereitung von Pommes frites zu befassen. Sie erfuhren von den Kartoffelanbauern, daß sich die verschiedenen Sorten in ihrer Festigkeit stark unterscheiden – was sich auf die Knusprigkeit der fritierten Kartoffel auswirkt. Deshalb begannen sie, die einzelnen Kartoffelsorten, die aus Idaho stammten, genauestens zu prüfen und nur noch die Kartoffeln zu nehmen, die einen Festgehalt von mindestens 21 % aufweisen konnten. Die McDonald's-Spezialisten schwärmten aus und rückten den Kartoffellieferanten und ihren Produkten mit einem Hydrometer zu Leibe – ein Instrument, mit dem die Schwerkraft und somit der Festgehalt von in Flüssigkeit treibenden Objekten gemessen werden kann. Der Anblick der jungen, mit Hydrometern ausgerüsteten McDonald's-Manager verschlug so manchem die Sprache. Daß jemand bei ihnen aufgetaucht war, um die Kartoffeln eingehenden Tests zu unterziehen oder sie auf ihre Festigkeit zu überprüfen, war etwas völlig Neues. »Die Kartoffellieferanten waren eine Spezies für sich«, meinte Kroc, »ganz schön rauhe Burschen. Die meisten hatten nie etwas vom Festgehalt gehört, aber wir konnten sie davon überzeugen, daß er für uns sehr wichtig war.«

Die Verteiler zu überzeugen war nicht einmal der schwierigste Teil der Aufgabe. Auch wenn sie noch nie ein Hydrometer zu Gesicht bekommen hatten – die durchschnittliche Bestellmenge von ca. dreitausend Pfund Kartoffeln pro Woche, ein ungeheures Volumen für einen Unternehmer, ließ es ratsam erscheinen, sich nach den Wünschen von McDonald's zu richten, wobei sie allerdings wenig Einfluß auf die Qualität der Produkte hatten, die ihnen geliefert wurden. Deshalb war McDonald's gezwungen, den Weg der Kartoffel bis zur Quelle zurückzuverfolgen: also bei den Anbau- und Verarbeitungsfirmen nachzuhaken.

Karos reiste also nach Idaho und suchte dort die Kartoffelanbaugebiete auf, wo er die Anbau- und Düngepraktiken studierte. Er stellte fest, daß die meisten Lieferanten die Kartoffeln in künstlichen, mit Torfsoden ausgelegten Höhlen lagerten. Diese Entdeckung war ein Schock. Die Probleme, die McDonald's mit den verfaulenden Kartoffeln hatte, waren also nicht auf zu lange Lagerung in den Restaurants, sondern auf archaische Lagerungsmethoden der Kartoffelanbauer zurückzuführen. Von einer regelmäßigen Kontrolle der Lagerungstemperaturen schien man in dieser Branche nie etwas gehört zu haben. »Wenn es im Lager zu heiß wurde, entfernte man einfach eine Sode, damit Luft hereinkam«, erinnerte sich Turner.

1962 hatte McDonald's bereits über vierhundert Verkaufsstellen eröffnet. Der Kartoffelbedarf betrug mehr als sechs Millionen Pfund pro Jahr. Damit besaß das Unternehmen eine Kaufkraft, die die kartoffelproduzierende Branche anspornte, sich auf die Bedürfnisse ihres Großkunden einzustellen. McDonald's begann, Einfluß auf die Anbau- und Düngemethoden zu nehmen, um einen größeren Festgehalt der Kartoffeln zu erzielen, und sich nach Verarbeitungsfirmen umzusehen, die bereit waren, in eine moderne Lagerhaltung mit automatischer Temperaturkontrolle zu investieren. Durch diese Forderungen setzte McDonald's grundlegende Verbesserungen in einem Wirtschaftszweig durch, von deren Existenz vor der Eröffnung der Krocschen Restaurants im Jahre 1955 nur wenige Notiz genommen hatten.

Nicht alle Fortschritte auf dem Gebiet der Pommes frites-Zubereitung waren auf Eingriffe in die Beschaffenheit des Rohmaterials zurückzuführen. Noch dramatischer waren die Schritte, die unternommen wurden, um den Fritierprozeß in den Restaurants zu verbessern. Kurz nach der Eröffnung des McDonald's Restaurants in Des Plaines schlug Dick Keating, dessen Firma die Gas-Friteusen lieferte, Kroc vor, einen Hotdog-Imbißstand namens Sam's in einem Vorort im Norden Chicagos zu besichtigen. Hier wurden wie an zahllosen anderen Hot-dog-Ständen Wiener Würstchen und Pommes frites angeboten, die nach einer bestimmten Methode zubereitet waren: Anstatt die rohen Pommes frites fünf Minuten lang im heißen Öl zu lassen, wurden sie morgens drei Minuten lang blanchiert und dann in der Friteuse ausgebacken. Diese Methode ermöglichte einen schnelleren Service in den Stoßzeiten; außerdem war Keating überzeugt, daß dadurch die Pommes frites besonders knusprig wurden. Kroc stimmte ihm zu und ließ den von den Gebrüdern McDonald übernommenen Ein-Stufen-Prozeß durch dieses neue Verfahren ersetzen.

Keating schlug McDonald's auch vor, die Verwendung von Rindertalg, den die Hot-dog-Stände für das Fritieren benutzten, in Erwägung zu ziehen. Er verwies Kroc an die damals noch winzige Herstellerfirma Interstate Foods Company, die von Harry Smargon gegründet worden war. Da Smargon sich damals die für die Herstellung von reinem Pflanzenfett notwendige Hydrieranlage nicht leisten konnte, bestand sein Backfett aus einer Mischung von Pflanzenöl und Rindertalg. Da Kroc von der Qualität der von Keating empfohlenen Pommes frites beeindruckt war, beschloß er, Smargons-Fry-All shortening* zu testen.

Aus Gründen, die er selbst heute kaum noch erklären kann, behauptete Smargon damals steif und fest, daß die Pommes frites in seiner Backfett-Mischung knuspriger und schmackhafter waren als die in reinem Pflanzenfett fritierten. Als Kroc sich seiner Meinung anschloß, wurde McDonald's zum größten Kunden von Interstate. Smargon entwickelte sogar eine Backfett-Mischung speziell für McDonald's, die er Formel 47 nannte, in Anlehnung an das beliebte McDonald's-Menü, das 47 Cents kostete und aus einem Hamburger für 15 Cents, einer Tüte Pommes frites für 12 Cents und einem Milchshake für 20 Cents bestand.

Inwiefern das Backfett ›Formel 47‹ zur Qualitätsverbesserung der Pommes frites beitrug, ist eine Frage des persönlichen Geschmacks. Aber mit der Wahl des Fetts wurde McDonald's richtungsweisend für die gesamte Branche. Smargons Firma, die 1955, als Kroc seine erste Bestellung aufgab, aus insgesamt drei Mitarbeitern bestand, gehört nun zur

---

* zum Braten, Backen und Fritieren besonders geeignetes Fett

CFS-Continental-Unternehmensgruppe, mit einem Umsatz an pflanzlichen und tierischen Fetten von schätzungsweise 125 Millionen Dollar im Jahr. Der Konzern beliefert nicht nur sämtliche 14 000 McDonald's-Restaurants mit seinem ›Formel 189‹-Produkt, sondern auch Ketten wie Burger King, Wendy's, Hardee's und Jack-in-the Box. Mit einem Marktanteil von ca. 40 % gehört Interstate zu den Branchenführern. Ohne den Einfluß von McDonald's würde zweifellos Procter and Gamble, Wesson oder einer der anderen Marktgiganten den Markt beherrschen.

Aber selbst mit diesen bahnbrechenden Veränderungen gab sich McDonald's noch nicht zufrieden, um sein seit Ende der 50er Jahre wichtigstes Produkt zu verbessern. Das Unternehmen mit einem Eigenkapital von weniger als 100 000 Dollar begann nun, den Kartoffel-Fritierprozeß zu erforschen. 1957 erhob Louis Martino, der Ehemann von Krocs Sekretärin June, die Kunst des Fritierens zu einer Wissenschaft. Martino, der früher als Elektroingenieur für Motorola gearbeitet und dann zusammen mit seiner Frau ein McDonald's-Restaurant in Glen Ellyn eröffnet hatte, studierte das Fritierverfahren mehrere Monat lang im Keller seines Restaurants. Er war überzeugt, daß McDonald's ein eigens Forschungslabor brauchte. Trotz aller Verbesserungen blieb die Qualität der Pommes frites nach wie vor unterschiedlich. Martino gelangte zu der Überzeugung, daß sich das Problem nur durch eine vollautomatische Zubereitung endgültig lösen ließ. »McDonald's glaubte, daß ein Kind innerhalb einer Woche lernen könne, wie man Pommes frites zubereitet«, meinte Martino. »Da war wohl der Wunsch der Vater des Gedankens.«

Kroc stimmte Martinos Vorschlag zu, ein kleines Laboratorium in Addison, einem Vorwort im Westen Chicagos, einzurichten. Kraft, Heinz und andere große und renommierte Nahrungsmittelfirmen hatten längst ihre eigenen Forschungslabors. Für die noch in den Kinderschuhen steckende Fast food-Branche bedeutete das eine Sensation. Martino konnte außerdem mit einem passenden Gebäude aufwarten: Die Fabrik, die er für die Fertigung des Küchenmobiliars der Fold-A-Nook-Serie, die ein Flop gewesen war, gebaut hatte.

Als Martino die Fabrikhallen zum McDonald's-Labor umfunktioniert hatte, begann er mit Experimenten, die selbst die großen branchenverwandten Firmen bisher außer acht gelassen hatten: Er studierte Schritt für Schritt den Fritierprozeß bei Pommes frites. Er testete die Temperatur des Fettes und der Kartoffelchips mit Hilfe von Sensoren und legte eine Meßtabelle an. Er tauchte die Kartoffeln sogar in ein Farbbad, um Proben davon unter dem Mikroskop untersuchen zu können. Schließlich stellte McDonald's den Lebensmittel-Technologen Lamb West ein, der Martino bei seiner Forschung unterstützten sollte.

Nach mehr als einem Jahr intensiver Studien machten Martino und Lamb eine Entdeckung, die sie auf der Suche nach einer Problemlösung weiterbringen sollte. Martino stellte fest: Wenn man kalte, nasse Pommes frites in heißes Fett gibt, fällt die Temperatur zunächst um einige Grad ab, bevor sie wieder steigt. Er fand außerdem heraus, daß die Pommes frites optimal ausgebacken waren, wenn die Temperatur des Fetts drei Grad Fahrenheit über dem Tiefstpunkt erreicht hatte.

Martinos sensationelle Entdeckung führte zur automatischen Temperaturkontrolle bei der Pommes frites-Zubereitung. Er erfand ein Gerät, das ›Kartoffel-Computer‹ genannt wurde, wobei es sich lediglich um einen Sensor handelte, der anzeigte, wann die optimale Temperatur erreicht war. Schon bald wurden alle Fritiergeräte bei McDonald's damit ausgestattet; eine moderne Version gehört heute noch zur Standardausrüstung. Die automatische Kontrolle des Fritiervorgangs wurde von der Pommes frites-Zubereitung auch auf andere fritierte Gerichte, wie z. B. den Fischmäc oder die Chicken McNuggets ausgedehnt.

Die Verbesserung der einzelnen Produktionsschritte blieb nicht nur auf die Pommes frites-Zubereitung beschränkt, sondern wurde auf sämtliche Produkte ausgedehnt. Auch hier gelangen McDonald's bahnbrechende Neuerungen. Kroc verlor keine Zeit, seine dreißigjährige Erfahrung im Umgang mit

Molkereiprodukten in die Verbesserung der Milchshake-Herstellung einzubringen. Die Brüder McDonalds hatten ihre Milchshakes wie in den Soda fountains üblich zubereitet: Das gefrorene Milcheis wurde von Hand in ein Gefäß portioniert und mit Milch und anderen Ingredienzen im Multimixer gemischt. Diese Methode war nicht nur arbeitsintensiv, sondern erforderte auch große Kühlanlagen für das gefrorene Milcheis sowie unzählige Regale, in denen die ca. achtzig, im voraus zubereiteten Milchshakes bis zur Bestellung gelagert wurden. Der Milchshake-Bereich in den ersten McDonald's-Restaurants in Kalifornien nahm nahezu ein Viertel der gesamten Küche ein. Deshalb sann Kroc auf Abhilfe.

Er wußte, daß es neue Technologien gab, mit deren Hilfe sich die Milchshakes automatisch zubereiten ließen. Dabei wurde ein Milchshake-Mix-Konzentrat benutzt, das in großen platzsparenden Dosen geliefert, in die Maschine eingefüllt und dort automatisch zu einer softeisähnlichen Konsistenz eingefroren wurde. Dann konnte man es im Becher mit Sirup und anderen Geschmacksstoffen mischen. Die Milchshakes mußten nicht mehr – damit man in Stoßzeiten gerüstet war – lange im voraus zubereitet werden. Dadurch wurden auch die Vorratsregale, die die Brüder McDonalds in San Bernardino eingeführt hatten, überflüssig. Kroc setzte die Maschine in seinem McDonald's Musterbetrieb in Des Plaines ein und konnte damit eine erhebliche Leistungssteigerung erzielen. Aufgrund des verbesserten Geräts und der neu angelegten Vorratskeller ließ sich die erforderliche Ladefläche ganz erheblich reduzieren.

Kroc war zwar nicht der erste, der mit dem neuen Milchshakegerät experimentierte, aber McDonald's wurde zum größten Abnehmer in der Fast food-Branche. Die Einführung des Geräts blieb nicht die einzige Herausforderung an die Molkereiprodukt-Lieferanten. »Die großen Molkereiproduzenten klammerten sich an den Status quo«, kritisierte Kroc das in Traditionen erstarrte Management. Der Markt in Chicago wurde von einigen wenigen Unternehmen beherrscht, die die Preise – die um ein Drittel höher als anderswo waren – und die Gewinnspanne diktierten und sich gegen jegliche Neuerung ihres sehr bequemen Status quo zur Wehr setzten.

Aber Kroc war entschlossen, den ›Machtfaktor McDonald's‹ einzusetzen, um eine Änderung zu erzwingen. Die McDonald's-Restaurants bestellten jährlich mehr als 6000 Hektoliter Milchshake-Mix – fünfmal soviel wie diejenigen, die man normalerweise als Großabnehmer betrachtete. Ein Stammkunde mit einem derartigen Auftragsvolumen stellte für die kapitalintensiven Molkerei-Firmen, die am rentabelsten arbeiteten, wenn die Bestellmengen groß und prognostizierbar waren, eine Überlebensgarantie dar. »Unser Auftragsvolumen brachte die Leute auf Trab, und sie stürmten Krocs Büro wie ein Schwarm Fische, der nach dem Köder schnappte«, meinte Turner.

Kroc forderte, daß sich die Molkereien von der gefrorenen auf die flüssige Milchshake-Mixtur umstellten, die zudem noch dicker sein sollte als bisher, und daß die Bestellungen im Turnus von drei statt von fünf Tagen ausgeliefert wurden. Als man ihm daraufhin die flüssige Milchshake-Basis in zehn Ballonen-Kanistern abfüllte, bestand er auf Fünf-Ballonen-Kanistern, die sich von nur einem Mann tragen ließen. Wichtig war ihm vor allem auch, daß sich die Kaufkraft von McDonald's am Preis bemerkbar machte, den die Molkereiproduzenten für alle Kunden gleich hoch angesetzt hatten. Kroc, der sich sein Leben lang nach ihren Spielregeln gerichtet hatte, machte es ungeheuren Spaß, den Spieß nun umzudrehen. »Ray genoß die Verhandlungen mit den Repräsentanten der Molkerei-Firmen. Er wußte, jetzt war er ›am Drücker‹. Sie hatten sich seinen Wünschen in allen Punkten anzupassen. Und er gewann in jedem Punkt«, erinnert sich Turner.

Kroc erreichte tatsächlich alles, was er sich vorgenommen hatte, einschließlich einer Preisminderung von einem Dollar auf 72 Cents pro Gallone Milchshake-Mix. Noch wichtiger war jedoch, daß die McDonald's-Milchshakes – wie von Kroc gefordert – von der Konsistenz her dicker wurden als die handelsüblichen. Die ersten Milchshakes, die auf den Markt kamen, waren so dünn wie geschmolzenes Fruchteis; Turner und Howard Sorensen von der Firma Elgin Dairy gelang es, ein cremigeres, speziell für Milchshakes geeignetes Rezept zu entwickeln.

Die Forschungs- und Entwicklungsarbeit nahm genausoviel Zeit in Anspruch wie die Studien des Fritierprozesses bei der Pommes frites-Zubereitung. In erster Linie befaßten sich die beiden ›Forscher‹ mit dem Stabilisator, von dem die Menge der Eiskristalle in der Mixtur abhängig ist. Turner vertiefte sich so intensiv in die Erforschung der ›Kristallisierungsprozesse‹, daß die Konkurrenz mit Befremden reagierte. McDonald's führte ein Milchshake ein, das aufgrund seiner höheren Menge an Kristallanteilen und Milchbestandteilen dicker und kälter war und außerdem besser den Durst löschte als alle handelsüblichen Produkte. Kroc fand außerdem, daß seinem Milchshake der übliche Nachgeschmack fehlte. »Viel besser bekömmlich«, lautete sein Urteil, womit er meinte, daß der Kunde nicht noch drei Stunden nachher sein Milchshake ›verdaute‹. Aber der Schlüssel zum Erfolg war der richtige Anteil an Kristallen, und nachdem McDonald's den neuen Milchshake populär gemacht hatte, wurde er bald zum Standard in der Fast food-Branche.

McDonald's leistete auch im Hinblick auf die Verpackung der Milchprodukte Pionierarbeit. Krocs Bemühungen um entscheidende Verbesserungen auf diesem Gebiet waren bald von Erfolg gekrönt. Das McDonald's-Labor entdeckte das optimale Verpackungsmaterial: stabile und dennoch leichte Plastikbeutel, die in Pappkartons geschichtet wurden. Als Kroc zum erstenmal sah, wie man mit der Abfüllung von Flüssigprodukten in Plastikbeuteln, die sich in Kartons stapeln ließen, experimentierte, war er sicher, die perfekte Verpackungsform für den McDonald's-Milchshake-Mix gefunden zu haben: Sie war leichter, wegwerfbar und hygienischer als die damals üblichen wiederverwendbaren Kanister. Außerdem erwiesen sich die quadratischen Kartons als wesentlich platzsparender. »Die meisten Leute hätten in den Kanistern nur einen Milchbehälter gesehen«, meinte Turner. »Kroc hatte bemerkt, wieviel Platz zwischen den Kanistern ungenutzt blieb, und das machte ihn verrückt.« Die neue Verpackungsform wurde zuerst von Sam Lerner übernommen, der in seiner Molkerei-Firma nie zuvor ein Milchshake-Konzentrat angeboten hatte und deshalb auch die neue Technologie problemlos einführen konnte, ohne über ein Inventar von Kanistern verfügen zu müssen. Aus diesem Grund erklärten sich auch nur wenige Molkereien bereit, sich auf die von McDonald's gewünschte Verpackungsform umzustellen, worauf Kroc kurzerhand seine Bestellungen nur noch bei Sam Lerners Firma Dairy Fresh und ähnlich flexiblen Unternehmen aufgab. Der massive Druck, den ein Großkunde wie McDonald's ausübte, bewirkte schließlich, daß die Molkereifirmen nach und nach von Kanistern und Glasbehältern zur heute üblichen Plastiverpackung übergingen.

Was den Einfluß von McDonald's auf ganze Wirtschaftszweige angeht, so kann man wohl sagen, daß er auf dem Gebiet der Hamburger-Zubereitung wohl am größten ist. Bevor Turner und Karos das Rezept fanden, konnte von einem typischen Hamburger nicht die Rede sein, denn es fehlten Standardregeln für seine Konsistenz. Der Hamburger war das Sorgenkind der Fleischindustrie, weil dieses Produkt noch so unerforscht und reformbedürftig war wie Anno 1906 die amerikanische Fleischindustrie, die nach Erscheinen von Upton Sinclairs Exposé *The Jungle* (Der Dschungel) nach Sinclairs Enthüllung saniert und standardisiert wurde. Die Vorschriften auf dem Gebiet der Hamburger-Zubereitung sahen allerdings lediglich vor, daß das Rinderhackfleisch nicht mehr als 30 % Fett enthalten dürfe.

Die Fleischfabriken konnten von dieser vagen Formulierung ausgiebig profitieren. Woraus ein Hamburger genau bestand, war ein Geheimnis, aber oft enthielt er billige Beimischungen, wie Sojaprotein, ein Fleisch-›Streckmittel‹, das den Fleischsaft absorbierte und dem Schrumpfungsprozeß während des Bratens entgegenwirkte. Viele Hamburger enthielten besonders viel Blut, um den hohen Fettanteil zu überdecken, oder Nitrate, um das Fleisch rosig aussehen zu lassen. Außerdem wurden Rindermägen – oder andere billige Rinderteile – beigemischt. »Das Hamburger-Rezept wurde mit dem Taschenrechner zusammengestellt«, meint

Jim Williams, Präsident der Golden State Foods Corp., der viele unabhängige Drive-in-Restaurants in Kalifornien versorgte, bevor er zum Hauptlieferanten von McDonald's wurde. »Wir haben einen Preis mit dem Restaurant-Manager ausgehandelt und das Produkt, das er dafür erhielt, entsprechend zusammengestellt. Daß ein Hamburger aus reinem Rindfleisch bestand, war ein Mythos. Es gab nur wenige Beimischungen, die nicht benutzt wurden.«

Turner und Karos setzten den höchsten Standard für Hamburger, den es je gegeben hatte. Die Qualität ist weder in Supermärkten noch in der restlichen Fast food-Branche zu finden. In den USA ist laut Gesetz ein Festanteil bis zu 30 % erlaubt; die McDonald's-Hamburger enthalten maximal 17 bis 22,5 % Fett. Auch heute noch ist die Zugabe von Füllstoffen, die nicht aus Rindfleisch bestehen, an der Tagesordnung; bei McDonald's ist diese Praxis verpönt. Turner und Karos entschieden, daß ihre Hamburger 83 % Rindfleisch aus der Schulter und 17 % Rindfleisch aus der Hüfte enthalten mußten. Die Einführung der strengen Richtlinien war nur ein Aspekt des Problems. Der andere war, daß sich die Fleischlieferanten selten an die Vorgaben der Restaurants hielten. Betrügereien waren die Regel, nicht die Ausnahme.

Die Lieferanten hatten guten Grund zu der Annahme, mit Verstößen gegen die McDonald's-Vorschriften ungestraft davonzukommen. Da die Kette in den ersten zwölf Jahren ihres Bestehens ausschließlich Frischfleisch verwendete, bevorzugte man Lieferanten vor Ort. Bevor man 1968 zu tiefgefrorenen Produkten überging, hatte McDonald's ca. 175 Fleischlieferanten, von denen viele den kostenintensiven Standard ignorierten – in der Hoffnung, McDonald's würde bei der wachsenden Zahl der Zulieferer die Übersicht verlieren. Sie hatten allerdings nicht mit der ›Sturheit‹ des Konzerns gerechnet, für den der einmal gesetzte Standard unantastbar war: Anstatt sich auf die in der Branche übliche grobe Kontrolle zu beschränken, wiesen Turner und Karos die Franchisenehmer an, das Fleisch regelmäßig Labortests zu unterziehen.

Karos entwickelte ein Testverfahren, bei dem das Fleisch

anhand einer fünfzig Punkte umfassenden Skala von den Lizenznehmern selbst auf Beimischungen hin geprüft werden konnte. Die Franchisenehmer waren angehalten, von jeder Lieferung einige Hamburger auf dem Grill zu testen und auf Merkmale zu achten, die – wie Karos herausgefunden hatte – für eine mindere Fleischqualität sprachen. Hamburger, die zäh wie Leder waren oder nicht braun wurden, bestanden mit großer Wahrscheinlichkeit aus Bullenfleisch. Hatte der Hamburger eine zu rosige Farbe, waren dem Fleisch möglicherweise Nitrate beigesetzt worden. Fleisch, das während des Grillvorgangs zuviel Saft abgab, ließ auf das Vorhandensein von Sojaproteinen schließen. Hamburger, die sich auf dem Grill wölbten, zeigten an, daß das Fleisch nicht vorschriftsmäßig fasciert worden war. Karos entwickelte sogar ein Verfahren, das den Lizenznehmern erlaubte, mit Hilfe einer minimalen Menge Blausäure die Hamburger auf ihren Fettgehalt zu prüfen.

McDonald's erwarb sich schon nach kürzester Zeit den Ruf eines Kunden, den man nicht so leicht hinters Licht führen konnte; aber nicht alle Fleischlieferanten gelangten rechtzeitig zu dieser Einsicht. Einige wurden von Turner und Karos – die es sich zur Gewohnheit gemacht hatten, mitten in der Nacht bei den Lieferanten, die ihnen suspekt erschienen, Kontrollen durchzuführen – ›in flagranti‹ ertappt. Als Karos z.B. in einem McDonald's-Restaurant in Ohio feststellte, daß bei den Hamburgern während des Grillens Gase freigesetzt wurden, vermutete er sofort, daß das Fleisch Bakterien enthielt; sein Verdacht wurde bei einer Laboranalyse bestätigt. Karos und der Restaurant-Manager statteten der Fleischfabrik, die für die Lieferung verantwortlich war, um drei Uhr morgens einen Überraschungsbesuch ab und entdeckten dabei, daß die Fleischreste von McDonald's, die die Fabrik am Abend abgeholt hatte, wieder für die Hamburger verwendet wurden, die am nächsten Tag geliefert werden sollten. Innerhalb von wenigen Tagen hatte man einen neuen Lieferanten gefunden.

Bei einer seiner Inspektionstouren stieß Turner auf Hamburger, die beim Hineinbeißen ›wie eine Grapefruit spritzten‹. Die Laboranalyse ergab, daß man das Fleisch mit Sojamehl und Wasser ›gestreckt‹ hatte. Am nächsten Morgen tauchte Turner in aller Frühe in der Fleischfabrik auf. Der Fabrikbesitzer folgte ihm argwöhnisch auf Schritt und Tritt. Turner begann, an den augenfälligsten Plätzen nach dem Sojamehl zu suchen. Er ging davon aus, daß jemand, der leichtsinnig genug ist, die strikten Vorschriften von McDonald's zu mißachten, auch leichtsinnig genug sein würde, den Beweis für seinen Verstoß offen herumliegen zu lassen. Und er wurde fündig: Der Sack mit Sojamehl stand griffbereit in einem Pappkarton unter dem Wasserbecken, damit die Mischung möglichst schnell zubereitet werden konnte. Turner warf nur einen einzigen Blick auf den Missetäter. »Das war's dann wohl«, meinte er lakonisch. Am selben Tag ging ein Rundschreiben an alle McDonald's-Inspektoren mit dem Wortlaut: »Bei der Kontrolle der Fleischlieferanten sollten Sie besonders auf Pappkartons achten, die griffbereit unter Becken mit fließendem Wasser deponiert sind.«

McDonald's kontrollierte sämtliche Lieferanten mit derselben Gründlichkeit. Ähnlich wie bei den Fleischlieferanten waren auch in anderen Bereichen der Lebensmitteldistribution Betrügereien an der Tagesordnung. McDonald's erwischte z. B. die Kartoffellieferanten dabei, da sie gewöhnliche Kartoffeln in Säcke mit der Aufschrift ›Idaho Nr. 1 Russets‹ – der von McDonald's bevorzugten Marke – abfüllten. Mit der Zeit lernten die Inspektoren und Franchisenehmer, solche Täuschungsmanöver auf Anhieb zu erkennen, ohne dazu die Säcke öffnen zu müssen. »Wenn jemand so gerissen war, uns eine mindere Kartoffelsorte unterzuschieben, war er meistens nicht gerissen genug, um die Schnur, mit der die Säcke zugebunden wurden, wieder durch die Originallöcher zu fädeln.«

In den Anfangsjahren von McDonald's waren solche ›Blitzüberfälle‹ auf Fleisch- und Kartoffellieferanten keine Seltenheit, denn der hohe Standard war ungewöhnlich, und viele glaubten, ihn ignorieren zu können. Die meisten Kunden akzeptierten das, was ihnen die Fleischfabriken als ›Hamburger‹ und die Kartoffellieferanten als zum Fritieren

›bestens‹ geeignete Sorte verkauften. Die mangelnde Qualitätskontrolle erleichterte den Zulieferfirmen ihre kleinen und größeren Manipulationen. McDonald's kam vor allem auch deshalb so vielen Betrügern auf die Schliche, weil sich niemand hatte träumen lassen, daß eine Fast food-Kette ihre Produkte so ernst nehmen könnte. »Das waren alles hartgesottene Burschen«, meinte Turner. »Ihre Praktiken waren bekannt. Als wir sie dabei erwischten, bekamen sie Ärger und verloren ihren besten Kunden.«

Jedes McDonald's-Restaurant orderte ca. 1800 Pfund Hamburger-Fleisch pro Woche; die Kartoffellieferanten konnten mit Bestellmengen von dreißig 100-Pfund-Säcken pro Wochen rechnen. Das Auftragsvolumen war fünfmal größer als das ihrer anderen Großkunden. Als Joan Kroc 1959 mit ihrem ersten Mann Rollie Smith ein McDonald's in Rapid City, South Dakota, eröffnete, ignorierte ein ungläubiger Kartoffellieferant namens Fred Kypers ihre Bestellung und stand am Vortag der Eröffnung mit einem einzigen Sack Kartoffeln vor der Tür. Erst nachdem ihn die neuen Restaurantbetreiber von der Richtigkeit ihrer Bestellung überzeugt hatten, plünderte Kypers seine Kartoffelbestände und lieferte sie in den Keller des neuen Ladens. »Sie werden da unten verfaulen«, meinte er verächtlich. Am Ende der Woche waren sie aufgebraucht.

Das beispiellose Bestellvolumen erregte natürlich die Aufmerksamkeit der Kartoffel- und Fleischlieferanten, die nun begannen, die hohen Ansprüche von McDonald's genauso ernst zu nehmen wie die Kette selbst. Bald folgten andere Fast food-Ketten dem Beispiel. Der McDonald's-Standard setzte sich in allen betroffenen Branchen durch: bei den Fleisch-, Kartoffel- und Molkereiprodukte-Erzeugern. Dadurch änderte sich auch das Machtverhältnis zwischen Nahrungsmittellieferanten und Gaststättengewerbe. Bevor McDonald's seine Marktpräsenz demonstrierte, waren die Lieferanten in einer Position, in der sie ihre Konditionen diktieren und nur ihre eigenen Interessen verfolgen konnten, die sich nicht zwangsläufig mit denen der Restaurants deckten. McDonald's sorgte aufgrund seines Nachfragevolumens für ein Gleichgewicht der Kräfte. Ähnlich wie die Supermärkte, die auf regionaler Basis wegen ihrer großen Nachfrage nicht zu ignorieren sind, entwickelte sich McDonald's mit seiner zunehmenden Anzahl von Verkaufsstellen in den verschiedensten amerikanischen Staaten zur ersten Fast food-Kette, die einen echten Machtfaktor darstellte.

Möglicherweise konnte Kroc seinen ersten Franchisenehmern keine größeren Dienst erweisen – und sich damit ihre Loyalität gegenüber McDonald's sichern –, als die Beschaffung von Lebensmitteln und Papier zu koordinieren und für alle aufgrund des Einkaufvolumens günstige Rabatte auszuhandeln. Obwohl er stets bereit war, für besondere Qualität ein wenig mehr zu zahlen, war der Gründer von McDonald's darauf bedacht, seine Lieferanten auf die langfristigen finanziellen Vorteile des Mengeneinkaufs hinzuweisen, wenn es ihm gelingen würde, sein System auf tausend Restaurants (wie Ende der 50er Jahre von ihm geplant) auszudehnen. Und da er beabsichtigte, den Preisnachlaß – im allgemeinen ca. 30 % auf Lebensmittel und 15 % auf Papierwaren – an seine Franchisenehmer weiterzugeben, gewissermaßen als Lohn für ihre Treue, wurde aus der Beziehung zu den Lieferanten eine echte Partnerschaft, die dem Aufbau des McDonald's-Systems dienen sollte.

Steve Barnes, der damals als Repräsentant von Perlman Paper arbeitete, einer Firma, die Pappgeschirr an die Fast food-Branche lieferte, erinnert sich noch genau an Krocs eindrucksvolles Auftreten. »Er sprach oft davon, daß die Kette eines Tages tausend Restaurants zählen würde. Daß er es schaffen könnte, erschien uns ganz logisch, wenn man bedenkt, daß Leute wie Lou Perlman ihren Beitrag dazu leisten würden.« Barnes begleitete seinen Chef, Lou Perlman, als dieser Kroc 1954, einige Monate bevor das Restaurant in Des Plaines eröffnet wurde, zu einem Verkaufsgespräch aufsuchte. »Wenn es ihm gelang, den Lizenznehmern zu beweisen, daß sie durch eine Bestellung über das McDonald's-System Rabatte erhalten würden, die man ihnen als Einzelbesteller niemals gewährt hätte, war die Nachfrage nach Lizenzen kein Problem. Für sein Restaurant in Des Plaines brauchte er nur zehntausend Pappbecher, aber er bestand auf einem Preisnachlaß, den wir normalerweise nur bei einer Bestellmenge von 250 000 Stück gewähren.«

»Perlman erklärte sich mit Krocs Forderungen einverstanden«, meinte Barnes, weil »Ray uns davon überzeugen konnte, daß er bald die größte Restaurant-Kette in den USA haben würde. Das gelang ihm bei jedem Lieferanten, was beweist, wie groß seine Überzeugungskraft war.« Barnes war von Krocs Verkaufspräsentation so beeindruckt, daß er abends seiner Frau erklärte: »Irgendwann werde ich für diesen Mann arbeiten.« 1961 wurde er Krocs erster Beschaffungskoordinator; heute ist er im Vorstand von McDonald's International. Er gehörte zu dem knappen Dutzend Lieferanten, die an Krocs Pläne glaubten und reichlich dafür belohnt wurden. »Die Zulieferfirmen, die von Anfang an hinter Kroc standen und die geforderten Preiskonzessionen machten, sind heute allesamt Multimillionäre«, erklärte Barnes.

Kroc ging es nicht nur um Preisnachlässe, sondern vor allem auch um das persönliche Engagement seiner Lieferanten. Die wenigsten der in den 50er und 60er Jahren von ihm gewählten Lieferanten waren branchenführend. Wie Perlman Paper, Golden State und Interstate Foods handelte es sich um kleine Firmen, die denselben Unternehmergeist besaßen wie Kroc. Die meisten von ihnen gehören auch heute noch zu den McDonald's-Lieferanten. Nur aufgrund dieser Geschäftsbeziehung konnten sie sich eine Spitzenposition in dem extrem harten Wettbewerb erobern. Für den Großteil stellte Krocs wachsendes Unternehmen die wichtigste, wenn nicht sogar einzige Einnahmequelle dar. Sie wurden Gefangene des Systems. Ihr Image basierte eher auf der Verbindung mit McDonald's als auf sonstigen Verdiensten.

Kroc gestaltete das gesamte Konzept der Beziehung zu den Zulieferern und Kunden in der Branche neu. McDonald's schuf damit eine ganz besondere Spezies von Lieferanten, was vor allem daran lag, daß sich die etablierten Zulieferfirmen weigerten, Krocs Konzept zu akzeptieren. Die kleineren, aufstrebenden Firmen waren in dieser Hinsicht wesentlich flexibler. McDonald's begann nach und nach, das

Einkaufsvolumen bei großen, renommierten Firmen wie Kraft, Heinz oder Swift zu reduzieren, nicht zuletzt deshalb, weil – nach Turners Meinung – diese mehr an Einzelhandel als am Großhandel interessiert waren.

Beide Märkte zu bedienen erforderte eine differenzierte Denkweise. Die großen Zulieferfirmen waren überzeugt, aufgrund ihres überlegenen Marketing eine Nachfrage nach ihren abgepackten Einzelhandelsprodukten schaffen zu können. Sie waren nicht in der Lage, den individuellen Service zu liefern, den Restaurants wie McDonald's benötigten. »Die kleine Zulieferfirmen waren für uns weit geeigneter als die großen, die sich primär am Einzelhandel orientierten«, meinte Turner. »Für die Branchenriesen waren wir nur ein lästiges Anhängsel, dem man wenig Beachtung schenkte. Deshalb haben wir uns Lieferanten gesucht, die bereit waren, auf unsere Bedürfnisse einzugehen.«

McDonald's bewies seine Loyalität gegenüber den Lieferanten, die sich an den Standard hielten. »Andere Fast food-Ketten wechselten den Lieferanten, wenn sie ihre Ware irgendwo auch nur um einen halben Cent billiger bekamen«, meint Kenneth Smargon, Sohn des Gründers von Interstate Foods, die McDonald's mit Backfett belieferten. »McDonald's ging es in erster Linie um die Qualität. Man feilschte nicht um den Preis und gestand auch dem Lieferanten seinen Verdienst zu. Viele Leute glauben, auf einem Lieferanten könne man ›herumtrampeln‹. Kroc hat uns immer respektvoll behandelt, auch als McDonald's zu den ganz Großen gehörte. Wenn McDonald's gesagt hätte, ›Spring!‹ wäre von vielen Lieferanten die Frage gekommen, ›Wie weit?‹ McDonald's war anders, und deshalb wurde es auch noch in der Zeit, als Interstate begann, die Konkurrenz zu beliefern, bevorzugt behandelt.«

Die Loyalität von McDonald's war für die Zulieferfirmen etwas völlig Neues; sie waren daran gewöhnt, daß ihre Kunden häufig wechselten und sich an die Firmen wandten, die ihnen den günstigsten Preis boten. Jim Williams von Golden State Foods, einem Unternehmen, das Mitte der 50er Jahre Hamburger an verschiedene Restaurants lieferte, erinnert sich, daß in ihrer Branche derjenige das Geschäft machte, der als erster kam und die Preise unterbot. »Jeder versuchte, den Preis zu drücken; unsere Kunden wechselten ständig. Die Zahlungsmodalitäten waren wichtiger als was er unter Loyalität verstand. Wenn man sich an die Wünsche von McDonald's hielt und die Preise nicht höher waren als die der Konkurrenz, konnte man mit einer langfristigen Geschäftsbeziehung rechnen.«

Krocs Verhalten den Lieferanten gegenüber war rein pragmatisch. Weder er noch seine Mitarbeiter hatten genug Zeit, sich jede Woche eine neue Bezugsquelle zu suchen, die preisgünstiger schien. »Wir waren viel zu beschäftigt«, sagte Kroc. »Unseren ersten Lieferanten habe ich prophezeit, daß sie eines Tages mit uns Geschäfte machen würden, von denen sie nicht einmal zu träumen wagten. Ich habe nur eine Bedingung gestellt: keine Tricks. Sie sollten nicht glauben, sie könnten mich übervorteilen, nur weil ich mich auf sie verließ. Hätte ich je entdeckt, daß sie mich hintergehen, wären sie aus dem Rennen gewesen.«

Jim Williams glaubt, daß Krocs Loyalität gegenüber seinen Lieferanten seinem System gerade in der Aufbauphase, als der Konkurrenzdruck besonders spürbar wurde, enorme Zeiteinsparungen brachte. »McDonald's war in der Lage, sich voll und ganz auf die Unternehmensentwicklung zu konzentrieren, während andere Fast food-Ketten neunzig Prozent ihrer Zeit damit vergeudeten, herauszufinden, wie man bei der Beschaffung Geld einspart«, meinte Williams.

Da McDonald's sich auf eine beschränkte Anzahl von Lieferanten stützte, die gewillt waren, seine Forderungen zu erfüllen und hofften, mit dem Konzern zusammen zu wachsen, konnte es seine Ressourcen in die Entwicklung seiner Produkte investieren. Das galt in den Augen Krocs und seines Teams als eine absolute Notwendigkeit, da der Restauranttyp so neuartig war, daß die vorhandenen Produkte die spezifischen Bedürfnisse von McDonald's nicht befriedigen konnten. McDonald's weigerte sich, Standardprodukte zu führen. Seine Produkte basierten entweder auf der Entwicklung völlig neuer Konzeptionen oder auf einer Abwandlung alter Produktideen. Und ein entscheidendes Element der Entwicklung war die Beziehung zwischen McDonald's und seinen Lieferanten.

Nirgendwo wird dieses Konzept maßgeschneiderter Produkte sichtbarer als auf Jim Schindlers Fachgebiet, nämlich in der Architektur und im Küchen- und Gerätedesign. Kroc fand bald heraus, daß die Standardausstattung der traditionellen Restaurants die spezifischen Bedürfnisse von McDonald's nicht befriedigen konnte. Im Grunde schuf McDonald's nicht einen neuen Restauranttyp, sondern eine für die Branche völlig neue Nahrungsmittelproduktion. Da das Speisevolumen fünfmal größer war als in den traditionellen Restaurants und die Zubereitung weitgehend automatisiert und auf ungelernte Arbeitskräfte abgestimmt war, stellte jedes McDonald's-Restaurant eine kleine Fabrik dar. Alles, was zur Ausstattung und Ausrüstung gehörte, setzte daher einen neuen Standard voraus, der die Faktoren Schnelligkeit, Einfachheit und Dauer berücksichtigte.

Die Gebrüder McDonald hatten ebenfalls versucht, diesem Bedürfnis Rechnung zu tragen; aber Kroc erkannte, daß das Produktionsverfahren im Restaurant in San Bernardino für ein landesweit operierendes System wenig geeignet war. Der Tresen, der in Krocs McDonald's in Des Plaines Wellen warf, war nur ein Beweis dafür. Als Schindler die Theke neu konstruierte und mit dickeren Metallplatten verstärkte, verdoppelten sich die Kosten auf fünfhundert Dollar pro Stück, aber er setzte damit ein Signal, dem McDonald's bereitwillig folgte: daß es sich nämlich letztlich auszahlt, für Qualität etwas mehr auszugeben. »Qualität ist für mich dasselbe, wie Hafer auf dem Markt kaufen«, lautete eine seiner Lebensweisheiten. »Wenn man ihn zuerst durch das Pferd durchläßt, bekommt man ihn immer billiger.«

Schindler konstruierte buchstäblich jeden Winkel des rotweißen Gebäudes neu, dessen Stil von den McDonald-Brüdern übernommen war. Dabei handelte es sich nicht nur um rein kosmetische Veränderungen. Ihm ging es vielmehr darum, die Strukturen stabiler zu gestalten und für den Massenansturm vorzubereiten. Nichts ist dem Image eines

Fast food-Restaurants abträglicher, als wenn die Fassade bereits nach kurzer Zeit abzubröckeln beginnt. Obwohl Schindler das zirkuszeltähnliche rot-weiße Gebäude mit dem Winkeldach in seiner ursprünglichen Form beließ, gelang es ihm, daraus den funktionellsten und solidesten Bau zu machen, den die Drive-in-Szene je gesehen hatte.

Schindler bestand auf der Verwendung qualitativ hochwertiger Baumaterialien. Probleme bei den schon vorhandenen McDonald's-Restaurants – z. B. Risse in den Decken und Wänden der Gebäude oder unzureichende Kanalisation – löste er durch ein verbessertes Design. Die Küchen wurden funktioneller gestaltet, beispielsweise Schränke an den Wänden angebracht, um Platz zu sparen und die Reinigung zu erleichtern. Selbst die goldenen Bögen erneuerte er, um größere Witterungsbeständigkeit zu gewährleisten und die Illusion zu schaffen, daß das Gebäude ›schwebte‹. Statt der Stahlplatten wurde Profilstahl für die Bögen verwandt, um eine gleichmäßigere Biegung zu erzielen. Die Neonröhren, die vormals außen angebracht waren, ersetzte er durch moderne fluoreszierende Lichtquellen, die innerhalb der Bögen installiert wurden. Die Neukonstruktion war so solide, daß Schindler stolz behauptete, es würde Hurrikans, Tornados, Springfluten und einer geballten Ladung Dynamit trotzen. Die Stadtverwaltung von Cleveland machte sich diese ›Schutz- und Trutzfunktion‹ von McDonald's sogleich zunutze: Sie erklärte die McDonald's Drive-ins offiziell zu bombensicheren Luftschutzkellern.

Schindlers größtes Verdient war jedoch der Entwurf der ersten ›maßgeschneiderten‹ Großküche der Fast food-Branche. Er gelangte zu der Schlußfolgerung, daß die Standardküchenausrüstung für ein Restaurant mit dem Verkaufsvolumen einer McDonald's-Gaststätte ungeeignet war. »Mit der marktüblichen Ausrüstung ließ sich die Kapazität eines McDonald's-Restaurants nicht nutzen«, meinte Schindler.

Die funktionsgerechte Innenausstattung einer McDonald's-Gaststätte erforderte ein völlig neues Großküchendesign. Die Soft-Drink-Automaten mußten mindestens 250 Gallonen fassen – fünfmal soviel, wie in anderen Restaurants benötigt wurden. Das hatte zur Folge, daß auch die Kühlvorrichtungen verbessert werden mußten. Der Grillrost wurde verstärkt, um vorzeitigen Verschleiß vorzubeugen – was für Lokale, die nicht alle vier Minuten 24 Hamburger zubereiteten, selten ein Problem war. Auch die Kapazität der Fettauffangschalen vor den Grillgeräten war in konventionellen Restaurants ausreichend; bei McDonald's waren sie schon nach kürzester Zeit mit heruntergefallenen Zwiebeln und Fett verstopft, und da sie sich in unmittelbarer Nähe der offenen Flamme befanden, bestand erhebliche Brandgefahr. Schindler vergrößerte die Fettauffangschalen und plazierte sie an den Seiten des Grillgerätes. Aufgrund seiner Verbesserungen stiegen die Kosten pro Grill von 350 auf 800 Dollar, aber McDonald's erhielt dafür genau das Gerät, das seinen Bedürfnissen entsprach. »Ich bin öfter als andere ›gefeuert‹ worden, weil ich ständig für Kostensteigerungen gesorgt habe«, bemerkte Schindler.

Die Heizung und Entlüftung stellte für Schindler die größte Herausforderung dar. Es galt, eine kompakte Entlüftungsanlage zu konstruieren, die die Anforderungen einer kleinen Fabrik mit Massenproduktion erfüllte. Im Original-McDonald's wurde auf nur neunhundert Quadratmetern ein solches Produktionsvolumen erreicht, daß die Luft alle drei Minuten erneuert werden mußte, um die Küchendämpfe zu vertreiben. Die einzigen am Markt befindlichen Klimatisierungsanlagen waren auf die Industrie zugeschnitten, und abgesehen davon, daß sie extrem teuer waren, hätten sie die Hälfte des Vorratslagers im Keller des McDonald's beansprucht.

Bevor Schindler das Problem gelöst hatte, waren die McDonald's-Franchisenehmer gezwungen, mehr oder weniger in einem ›Vakuum‹ zu arbeiten. Die Luft entwich so schnell durch die Servicefenster, daß es ständig ›knallte‹. Während der Stoßzeiten befand sich das Personal im Restaurant buchstäblich in ›Gefangenschaft‹, weil der Sog ein Öffnen der Türen unmöglich machte. Schindler arbeitete zusammen mit der Mammoth Furnace Company die erste kommerzielle Dachheizung und eine Entlüftungsanlage aus, die die Produktionskapazität eines kleinen Industriebetriebes bewältigen konnte, aber um ein Drittel platzsparender und kostengünstiger war als Standardmodelle. Heute werden ähnliche Anlagen in Geschäften, kleine Bürogebäuden und Apartmenthäusern benutzt. Schindler sagte später einmal, McDonald's habe »den Grundstein für die Entwicklung der florierenden Klimatisierungsindustrie in den USA gelegt«.

Manchen Anforderungen konnte Schindler nur dadurch gerecht werden, daß er sich auf seinen Ideenreichtum verließ, denn selbst mit beträchtlicher Modifizierung bestehender Produkte wäre McDonald's nicht gedient gewesen. Als das Unternehmen Mitte der 60er Jahre beschloß, die Buns auf einem Toaster statt auf dem Grill zu rösten, um Platz zu sparen – mit den handelsüblichen Geräten ließen sich nicht 24 Oberseiten und Unterseiten gleichzeitig toasten – entwickelte Schindler ein Gerät, das mit einem überdimensionalen Waffeleisen Ähnlichkeiten hatte. Es hatte eine weit größere Kapazität als die handelsüblichen automatischen Toaster und kam dem spezifischen Massenzubereitungskonzept von McDonald's entgegen.

Selbst die unauffälligsten Funktionen entgingen den scharfen Augen der McDonald's Küchendesigner nicht. Als sich z. B. die Lizenznehmer darüber beklagten, daß die Schaufeln, mit denen die Pommes frites in Tüten gefüllt wurden, zu unhandlich wären und den Service verlangsamten, beauftragte Lou Martino einen seiner Ingenieure namens Ralph Weimer mit der Problemlösung. Weimer entwickelte ein einfaches, aber geniales Gerät – eine V-förmige Aluminumschaufel mit trichterförmigem Griff, mit der sich die Pommes frites nicht nur in einem einzigen Arbeitsgang portionieren ließen, sondern auch noch exakt vertikal ausgerichtet waren. Noch heute – fünfunddreißig Jahre nach dieser sensationellen Erfindung – sind die Weimerschen Alu-Schaufeln in 14 000 McDonald's-Restaurants in aller Welt in Gebrauch.

Diese Schaufel zählt heute zu den am meisten verwendeten Küchengeräten des Gastronomiegewerbes. Prince Castles, Krocs alte Multimixer-Firma, verkauft es an zahllose Fast food-Restaurants außerhalb des McDonald's-System. Das Unternehmen hat außerdem den Vertrieb vieler für McDonald's kreierter Küchenmaschinen und -geräte übernommen, z.B. Martino's Kochcomputer, Schindlers Toaster und Weimers Alu-Schaufel. Kroc hat von diesem Boom nicht profitiert, weil er die Firma 1963 für nur 150 000 Dollar an eine Gruppe von McDonald's-Managern verkaufte. Drei Jahre später ging sie für 900 000 Dollar in die Hände von Martin Brower, McDonald's Pappgeschirr-Lieferanten über, weil die Vorschriften der New Yorker Börse eine Unternehmensverflechtung, die zu einem Interessenkonflikt führen konnte, verbieten.

Prince Castle stellt heute noch die für McDonald's entworfenen Produkte her, die in geänderter Version auch an andere Ketten verkauft werden. Das hat zur Verbreitung der McDonald's-Technologie in der gesamten Fast food-Branche beigetragen. Eben dieser Punkt erbitterte Turner – einen der acht Anteilseigner der Prince Castle. Er war der Meinung, daß urheberrechtlich geschützte McDonald's-Produkte nicht in die Hände der Konkurrenz fallen sollten. Sein Einwand wurde allerdings ignoriert. Turner meint dazu: »Wir haben damals unser Know-how verschenkt.«

Heute ist McDonald's darauf bedacht, die inzwischen wesentlich ausgereifteren Erfindungen seiner Experten auf dem Gebiet der Küchengeräte schützen zu lassen. Zu diesen zählt z.B. der ›Muschelgrill‹, mit dem alle McDonald's-Restaurants ausgerüstet wurden. Die Zubereitungszeit der Hamburger wird damit um die Hälfte verkürzt, weil beide Seiten gleichzeitig gegrillt werden. Als Schindler sich bemühte, den Grill des Krocschen McDonald's in Des Plaines zu verbessern, legte er den Grundstein für den Aufbau einer Konstruktionsabteilung, die sich hinsichtlich ihres Potentials mit der eines Fabrikationsbetriebes mittlerer Größe vergleichen läßt. McDonald's beschäftigt heute weltweit mehr als 530 Ingenieure, und diese verdanken ihre Stellung Schindlers beharrlicher Forderung, McDonald's müsse eine eigene Konstruktionsabteilung besitzen.

Kroc und Turner waren sich darin einig, daß trotz der fortschrittlichen Automatisierung der Produktion es dem Unternehmen wenig diene, wenn man nicht dem Leistungsniveau der Franchisenehmer dieselbe Aufmerksamkeit widmete. Gerade hier wird die von Kroc immer geforderte Einheitlichkeit am stärksten sichtbar; die Grundsätze, die McDonald's für seine Systempartner aufstellte, beinhalteten eine Servicequalität, die in der Branche einzigartig war.

Die ersten organisationstechnischen Anweisungen stammten noch von den McDonald-Brüdern. Turner und seine jungen Spezialisten fügten etliche neue ›Ge- und Verbote‹ hinzu. Turner und Karos waren vom Wert ihrer Entdeckungen und Verbesserungsvorschläge so sehr überzeugt, daß sie ihre Erkenntnisse innerhalb kürzester Zeit in einem Handbuch zusammenfaßten, das zu den umfangreichsten in der Fast food-Branche zählte. Dies war für die Franchisenehmer ein unmißverständliches Zeichen, wie wichtig McDonald's die Einhaltung eines hohen Standards nahm – ein Signal, das die meisten Fast food-Franchisegeber zu setzen versäumten.

Kurz nachdem Turner zu McDonald's übergewechselt war, brachte er ein fünfzehnseitiges Handbuch heraus, das bald von einem Leitfaden mit achtunddreißig Seiten abgelöst wurde. Doch nach einem Jahr täglicher Gespräche mit den Angestellten folgte 1958 ein fünfundsiebzigseitiges, gedrucktes und gebundenes Exemplar. 1961 gab Karos ein Werk mit zweihundert Seiten heraus, und inzwischen hat es sich zu einem sechshundert Seiten starken, vier Pfund schweren Wälzer entwickelt. Allerdings war erst Turners dritte Auflage für den künftigen Kurs von McDonald's richtungsweisend und eine Bestätigung der Annahme, daß ein Franchisegeber aus den kollektiven Erfahrungen seiner Linzenznehmer nur lernen könne. Während andere Systeme sich um ihre Franchisenehmer nach Eröffnung ihrer Restaurants nicht kümmerten, studierte man bei McDonald's jeden ihrer Schritte und versuchte zu ergründen, was funktionsgerecht war und was nicht.

Turner machte aus der Kunst, ein Restaurant zu führen, eine Wissenschaft. Sein drittes Handbuch enthielt einen zehnseitigen Fragebogen, mit dessen Hilfe die Geschäftsfüh-

rer der Restaurants ihren Waren- und Bargeldbestand überprüfen, finanzielle Transaktionen vorbereiten sowie Arbeits-
pläne und Umsatzprognosen erstellen konnten. McDonald's
überschwemmte seine Franchisenehmer mit Formularen,
mit deren Hilfe sich sämtliche finanziellen Aspekte ihres Geschäftes in kleinste Schritte aufgliedern und analysieren
ließen. Die Lizenznehmer wurden nicht nur um eine Ge-
winnprognose gebeten, sondern mußten auch angeben, wieviel Prozent vom Umsatz auf Lohnkosten, Lebensmittelbe-
schaffung und andere Betriebskosten entfielen. Die Zahlen
aller McDonald's Restaurants wurden gesammelt, so daß die
Franchisenehmer ihre Kosten mit denen der anderen vergleichen konnten. Auf diese Weise waren die Lizenznehmer
in der Lage, ihre Einnahmen und Ausgaben zu kontrollieren. Das Turnersche System war hervorragend geeignet, Ko-
stenüberhänge, Probleme bei der Qualitätskontrolle und bei
der Gewinnberechnung aufzuspüren.

Turners Handbuch zielte aber hauptsächlich darauf ab,
die Betriebsgrundsätze aufzustellen, die Geheimnisse hoher
Umsätze enthielten. Turner machte damit unmißverständlich
klar, daß es eine richtige und eine falsche Art gab, ein
McDonald's-Restaurant zu führen, und daß Lizenznehmer,
die sich nicht an den Standard des Systems hielten, keine
Erfolgschancen hätten. Diese Ansicht bekundete er bereits
im ersten Satz des Handbuches. Es lautet: »Die einzig richtige Methode ist folgende ...« Turner ließ auch erkennen,
welchen Stellenwert er selbst dem geringsten Detail beimaß.
»Ein umsatzstarkes McDonald's wird immer wie eine Glucke
sein, die ihre Augen überall hat und nie ganz zufrieden ist«,
schrieb er. »Sie müssen sich zum Perfektionisten entwickeln!
Es gibt unzählige Details, die ihre Aufmerksamkeit verdienen. Sie dürfen keine Kompromisse schließen. Achten Sie
auf die Feinheiten – und Sie werden sehen, daß der Umsatz
steigt. Wenn Sie die notwendige Sorgfalt vermissen lassen –
weil Ihnen das Geschäft nicht liegt –, sind Sie zwangsläufig
zur Mittelmäßigkeit verurteilt. Gehören Sie zu dieser Kategorie, sollten Sie sich schleunigst nach einem anderen Betätigungsfeld umsehen!«

Turner verankerte seine Liebe zum Detail in seinem Handbuch. Die Franchisenehmer erhielten minuziöse Anweisungen, wie man ein Milchshake mixt, Hamburger grillt oder Pommes frites zubereitet. Von jedem Produkt sind genaue Zeit- und Temperaturangaben enthalten. Die einzelnen Handgriffe und Zutatenmengen sind exakt festgelegt, z. B. wieviel Zwiebeln auf einen Hamburger oder wieviel Gramm Käse auf einen Cheeseburger gehören. Sogar die Maße der Pommes frites sind angegeben. Die Qualitätskontrolle bei McDonald's war und ist in der Branche einmalig; beispielsweise wurde damals schon verfügt, daß Pommes frites oder Fleisch, das länger als zehn Minuten in den Warmhaltegeräten aufgehoben wurde, nicht mehr verkauft werden darf.

Das Handbuch befaßt sich außerdem eingehendst mit den spezifischen Techniken, die der McDonald's-Produktion Fließbandcharakter verleihen. Es enthält eine genaue Beschreibung des gesamten Produktionsablaufs nebst detaillierter Arbeitsplatzbeschreibung, ausgearbeitet für ein Restaurant mit zwei Managern im Schichtdienst und jede einzelne der ›Stationen‹. Die Aufgabenverteilung des neunköpfigen Teams war genau definiert: Es gab drei ›window men‹, die die Bestellungen entgegennahmen, einen Mann am Grill, einen, der für die Milchshakes, einen anderen, für die Zubereitung der Pommes frites zuständig war, zwei Leute, die die Produkte verpackten und einen Mann, der für z. B. angehalten, die Hamburger von links nach rechts in sechs Reihen zu je sechs Stück auf den Grill zu legen. Da die ersten beiden Reihen von der Feuerstelle am weitesten entfernt waren, wurde die Anweisung erteilt (die übrigens heute noch gültig ist), zuerst die dritte, dann die vierte, fünfte und sechste Reihe vom Grill zu nehmen, und danach die beiden ersten.

Das Handbuch war mitunter zu detailliert. Die Preise für jedes einzelne Produkt waren aufgeführt – was heute ein Verstoß gegen die kartellrechtlichen Grundsätze wäre –, und das Prinzip, ausschließlich männliche Mitarbeiter einzustellen, war diskriminierend. Obwohl im Handbuch keine entsprechenden Vorschrift zu finden ist, galt es in den ersten zehn Jahren von McDonald's als ungeschriebenes Gesetz, keine Frauen zu beschäftigen. Man rechtfertigte diese Einstellungspolitik mit der Behauptung, viele der anfallenden Aufgaben könnten nur von Männern, aufgrund ihrer stärkeren körperlichen Konstitution, bewältigt werden – z. B. zentnerschwere Kartoffelsäcke aus dem Keller zu holen. Aber der wahre Grund ließ sich damit kaum verschleiern: Kroc fürchtete, daß weibliches Personal – wie zu Zeiten der ›carhops‹ in den Drive-ins – männliche Altersgenossen in Scharen anlockten und daß sich McDonald's-Restaurants in ein Teenager-Eldorado verwandeln könnten. Dies hätte Krocs Plan, aus McDonald's Familienrestaurants zu machen, vereitelt. Deshalb war das ungeschriebene Gesetz, keine Frauen einzustellen, genauso ›heilig‹ wie das (heute noch bestehende) Verbot, Musik- und Zigarettenautomaten oder Telefone aufzustellen. »Ich habe erlebt, daß alle Hamburger-Restaurants mit Musikboxen, Zigarettenautomaten und Telefonen laut und verräuchert waren und ein Publikum anzogen, das meine und Ihre Frau abschrecken würde«, erklärte Kroc einmal einem Reporter.

Besonders ernst nahm Kroc das Verbot, Automaten aufzustellen. Während der Aufbauphase von McDonald's, als das Unternehmen zusätzliche Einnahmen gut hätte gebrauchen können, um den laufenden Verpflichtungen nachzukommen, widerstand Kroc der Versuchung, sich dieses leicht verdiente Einkommen zu sichern, möglicherweise deshalb, weil er Gerüchten um die angebliche Verbindung der Automatenindustrie mit dem organisierten Verbrechen Glauben schenkte. Er erinnerte sich noch gut daran, wie er einmal einem Automatenaufsteller seinen Standpunkt klarmachte und die Antwort erhielt: »Das ist Ihre Entscheidung. Wenn ich Sie wäre, würde ich dabei bleiben.« Kroc fing das versteckte Signal auf: »Das sollte wohl heißen, wenn ich meine Meinung ändern und zur Konkurrenz geben würde, wäre ich erledigt.«

Was zur Festigung des McDonald's-Image in besonderem Maße beitrug, war der Faktor Hygiene, dem Kroc höchsten Stellenwert einräumte. Die meisten unabhängigen Drive-in-

Inhaber legten auf diesen Punkt weniger Wert. Turner gab in einem 1958 erschienen Handbuch klar zu erkennen, daß gerade dieser Forderung von McDonald's unbedingt Folge geleistet werden mußte. Auf mehreren Seiten waren die einzelnen Reinigungsprozeduren genauestens beschrieben. Selbst die Konkurrenz gibt heute zu, daß McDonald's mit seinen strikten Hygienevorschriften einen neuen Standard gesetzt hat, der inzwischen zwar von allen akzeptiert, aber nur selten erreicht wird. Jim Collins von Colins Foods meinte dazu: »McDonald's ist das sauberste Restaurant in der ganzen Branche.«

In Turners Manual war vorgeschrieben, daß jeden Tag die Fenster geputzt, die Böden feucht gewischt und die Abfallkörbe und -container gesäubert werden mußten. Jeden zweiten Tag hatten alle Teile aus Stahl poliert zu werden, einschließlich der leicht zu übersehenden, wie z. B. die Abzugshauben. Die Reinigung der Decke war einmal pro Woche angesagt. Böden und Theke mußten permanent feucht gewischt werden, und der Putzlappen war für jeden McDonald's-Mitarbeiter unentbehrlich. »Wer Zeit hat, herumzustehen, hat auch Zeit, herumzuputzen«, lautete Krocs Devise.

Daß Hygiene und Sauberkeit zu einem Markenzeichen von McDonald's wurden, ist zweifellos Kroc zu verdanken. Sein Ordnungssinn und seine Genauigkeit spiegeln sich am deutlichsten in McDonald's in Des Plaines wider. An Wochenenden übernahm er nicht selten die anfallenden Reinigungsarbeiten. Er wischte eigenhändig die Böden, leerte die Abfalleimer und kratzte mit einem Messer Kaugummi von den Wänden. Daß er selbst bereit war, mit anzupacken, machte auf Turner und Karos großen Eindruck; was ihnen aber am meisten imponierte, war, daß Kroc auch die Bereiche im Auge behielt, die im allgemeinen leicht übersehen werden. »Ich habe einmal an einem Samstagmorgen beobachtet, wie Ray mit einer Zahnbürste die Löcher im Aufsatz des Putzeimers reinigte«, erinnert sich Turner. »Auf dieses Detail hatte bisher niemand geachtet. Kroc sah, daß die Löcher verstopft waren und meinte, daß der Schrubber nach der Säuberungsaktion besser funktionieren würde. Ray hat das, was er gepredigt hat, vorgelebt, und damit erreicht, daß Karos und ich die drei wichtigsten Faktoren – Qualität, Service und Hygiene – nie vergaßen.«

Krocs ausgeprägter Sinn für Ordnung und Sauberkeit zeigte sich auch hinsichtlich des Hamburgers, seines wichtigsten Produktes. Bei einer Weihnachtsfeier für die McDonald's-Mitarbeiter im Jahre 1958 machte Dolores, die Frau des Vizepräsidenten der Lizenzabteilung Don Conley, dem Firmengründer den Vorschlag, nur noch auf Bitte der Kunden hin den Hamburger mit Gurkenscheiben zu servieren. »Viele Leute mögen keine Gurken«, meinte sie, »und die Parkplätze sind damit übersät.« Mit dieser Bemerkung rannte sie bei Kroc, der unzählige Gurkenscheiben auf dem Parkplatz seines Restaurants in Des Plaines aufgelesen hatte, offene Türen ein. Am nächsten Morgen erhielt Turner den Auftrag, eine Mitteilung an alle McDonald's-Manager zu schicken, dieses Mal zum Thema ›Gurken‹. Sie lautete: »Aufgrund unserer Erfahrungen, Überlegungen und Gespräche mit den McDonald's-Geschäftsführern halten wir es für ratsam, bei der Zubereitung unserer Hamburger in Zukunft auf Gurken zu verzichten.« Sechs Monate später stellte Kroc fest, daß die Gurken Opfer einer Überreaktion seinerseits geworden waren. Die Gurken wurden also wieder eingeführt und krönen die McDonald's-Hamburger heute noch.

Selbst als Kroc sein Restaurant in Des Plaines nicht mehr selbst führte, betätigte er sich als ›firmeneigene Putzfrau‹. Auf seinen häufigen Inspektionstouren schlenderte er über den Parkplatz des Restaurants und hob jedes Stück Papier auf. »Es war manchmal direkt peinlich, zuzuschauen, wie Ray Ordnung schaffte«, meint Don Conley. »Aber die Lizenznehmer zogen daraus eine Lehre: Wenn diese Arbeiten nicht unter der Würde des Chefs sind, konnten sie auch nicht unter ihrer Würde sein.«

Ein unordentliches Restaurant erregte Krocs Zorn, und seine Temperamentsausbrüche wurden zu einer gefürchteten Waffe. »Wenn Ray einem Manager wegen mangelnder Sauberkeit die Leviten las, konnte man ihn meilenweit hören«, sagte Karos. »Sie sind hier am falschen Platz, und

Sie sollten sich schleunigst etwas anderes suchen«, herrschte Kroc den Missetäter an. Wenn er seiner Wut Luft gemacht hatte, sprach er mit ihm wie ein Vater und erklärte, was er in Zukunft besser machen müsse. Er ging immer davon aus, daß sich jeder Mensch ändern kann, wenn er will, und bewies damit, daß er auch tolerant sein konnte.

Wenig Toleranz zeigte Kroc jedoch gegenüber denen, die das ganze System unterminierten – durch Eigenmächtigkeit und Abweichungen von den Grundsätzen, die Turner und Karos festgelegt hatten. Kroc war überzeugt, daß die gängige Praxis, den Franchisenehmern unbegrenzten Freiraum zu lassen, für das McDonald's-System nicht geeignet war. Aus einer seiner elektronischen Episteln an die Gebrüder McDonald Ende der 50er Jahre geht hervor, wie wenig er davon hielt, die Lizenznehmer sich selbst zu überlassen. Er wies von Anfang an darauf hin, daß der Aufbau einer landesweiten Fast food-Kette ein systemkonformes Verhalten der Franchisenehmer unabdingbar machte. »Ich habe festgestellt, daß es immer wieder Leute gibt, die zu den Nonkonformisten zählen«, heißt es in einem Bericht aus dem Jahre 1958. »Wir werden Sie schleunigst zum Konformismus bekehren. Selbst die allerbesten Freunde halten sich nicht immer an die Spielregeln. Sie haben vielleicht eine andere Vorstellung von der Produktqualität oder den Produktionsverfahren. Wenn wir expandieren und eine solide Grundlage behalten wollen, müssen wir sichergehen, daß jeder das tut, was man von ihm erwartet, und das erreichen wir nur, wenn wir ihm keine andere Möglichkeit lassen, als auf der ganzen Linie zu kooperieren. Es ist absolut falsch, jemanden an der ›langen Leine‹ zu führen. Wir können dem einzelnen nicht trauen; aber der einzelne muß uns vertrauen oder sich darüber klarwerden, daß er bei uns am falschen Platz ist.«

Mit dieser Einstellung schuf Kroc ein Weisungs- und Kontrollsystem, das in der Fast food-Branche einmalig ist. Der erste Schritt dazu erfolgte im Januar 1957, als Fred Turner beauftragt wurde, die Restaurants gründlich zu ›inspizieren‹. Turner sah darin eine Mission. Nach zwei Monaten hatte er bereits einen siebenseitigen Katalog entwickelt, anhand dessen sich die Leistungen der Franchisenehmer und die Einhaltung der Hygiene-, der Qualitäts-, der Zubereitungs- und der Servicevorschriften präzise bewerten ließen.

Turners erste Inspektionstour führte ihn in ein McDonald's, das in einer ländlichen Gegend in Illinois angesiedelt war. Das Ergebnis war der wohl sorgfältigste und minuziöseste Bericht, der je über ein Drive-in erstellt wurde. Es gab nur ein Problem: Kroc konnte sich nicht überwinden, ihn zu lesen. »Er blätterte die Seiten durch, meinetwegen. Aber ich sah, daß er nicht wirklich las. Ray konnte mit langen Berichten nichts anfangen. Ich wette, er hat nicht einmal unsere Jahresberichte gelesen.«

Turner löste das Problem dadurch, daß er den gesamten Bericht auf ein Benotungssystem reduzierte (A, B, C, D und F für die schlechteste Note). Vier Bereiche wurde abgedeckt: der Reihenfolge nach ›Service‹, dann ›Qualität‹, ›Sauberkeit‹ und schließlich ›Gesamteindruck‹. Später bat Kroc Turner, Qualität als erstes zu setzen, und schuf damit einen Begriff, der heute noch in der gesamten Fast food-Branche bei der Leistungsbewertung zugrunde gelegt wird: ›QSC‹ (die Anfangsbuchstaben von Quality, Service, Cleanlines)*. Mitte der 60er Jahre fügte Kroc ein ›V‹ für Value hinzu (Wert). Den Restaurantbetreibern blieb jedoch die formelle Benotung hierfür erspart, denn als unabhängigen Geschäftsleuten war ihnen die Preisgestaltung überlassen. Dieses Leistungsbewertungssystem hat sich über drei Jahrzehnte erhalten und hat heute noch seinen Platz im McDonald's-Jahresbericht.

Ende der 50er Jahre, als Turners Team vergrößert wurde, entwickelte sich die Inspektion der McDonald's-Restaurants zu einer Vollzeitbeschäftigung. Die Position des Außendienstmitarbeiters wurde geschaffen. Seine Aufgabe bestand anfangs weniger darin, über die Systemqualität zu wachen, als vielmehr, den Lizenznehmern mit Rat und Tat zur Seite zu stehen: bei der Ausbildung des Personals, bei der Eröffnung des Restaurants, der Kontaktaufnahme zu den Liefe-

---

* Qualität, Service, Hygiene

ranten vor Ort, der Verbesserung des Leistungsniveaus und der Entwicklung lokaler Marketingprogramme. Erst als diese Aufgabe von Spezialabteilungen bei McDonald's übernommen wurden, war der Außendienstmitarbeiter allein für die Überwachung der Systemuniformität zuständig. Mitte der 60er Jahre diente das Turnersche Leistungsbewertungssystem als Entscheidungshilfe bei der Frage, ob einem Franchisenehmer weitere Lizenzen gewährt werden konnten. Der Position des Außendienstberaters wurde große Bedeutung beigemessen, und Erfahrungen auf diesem Gebiet waren eine notwendige Voraussetzung, wollte man bei McDonald's Karriere machen.

Heute beschäftigt McDonald's in den USA mehr als 330 Außendienstberater, die einzig und allein damit beschäftigt sind, mehrmals pro Jahr durchschnittlich einundzwanzig Restaurants zu kontrollieren. Bei jedem Besuch werden zusammen mit dem Restaurantbetreiber seitenweise Berichte über QSC & V, Umsätze und Gewinne erstellt. Allein 1992 investierte McDonald's über siebenundzwanzig Millionen Dollar in den Kontrollbereich. Heute ist die Leistungsbewertung eines der wichtigsten Kriterien bei der Entscheidung über eine Vergabe weiterer Lizenzen. Wer nicht mindestens die Note B erhält, kann seine Hoffnung auf Expansion begraben.

Das Kontroll- und Weisungssystem von McDonald's ist das wohl meistkopierte der Welt. Obwohl es zahllose Nachahmer gefunden hat, geben viele Konkurrenten zu, nicht denselben Eifer im Hinblick auf die Einhaltung des vorgeschriebenen Standards bewiesen zu haben. Wie ernst es McDonald's damit war, zeigte sich vor allem in den 50er Jahren, als sich Turner und Karos mit den ersten McDonald's-Geschäftsführern auseinandersetzen mußten, die zum Teil zehn oder zwanzig Jahre älter waren als sie. Turner erinnert sich noch, daß er in der Anfangszeit immer wieder zwei Fragen der Lizenznehmer beantworten mußte: »Wie alt sind Sie?« und »Wie lange sind Sie schon bei McDonald's?« Er trug sogar einen Hut, um älter zu wirken. Das Altersproblem war allerdings schnell vergessen, wenn die Lizenznehmer sahen, wie ernst er seine Aufgabe nahm. »Ich war zwar nicht undiplomatisch, aber hart wie Eisen«, meinte Turner. »Und weil die Leute mein Engagement spürten, konnte ich ihre Anerkennung gewinnen.«

Turners detaillierte Kenntnisse des neuen Fast food-Konzeptes verfehlten nicht ihre Wirkung auf die Lizenznehmer, die sich in dieser Hinsicht nicht mit ihm messen konnten. Er stand seinen Mann, selbst wenn er es mit Franchisenehmern aufnehmen mußte, die zu Krocs Rolling-Green-Freunden zählten. »Wir hatten einige hitzige Debatten«, erinnert er sich. »Viele waren der Ansicht, sie hätten eine bessere Methode, und das gesamte System sei gut beraten, sich nach ihnen zu richten.«

Mit Tony Weissmuller, einem Rolling-Green-Mitglied, der ein McDonald's-Restaurant in Aurora, Illinois, leitete, hatte Turner harte Kämpfe auszufechten. Der Streit entbrannte um den Ausschuß bei der Zubereitung von Pommes frites. Um seinen Standpunkt zu erhärten, legte Turner Weissmuller Testergebnisse vor, aber dieser blieb uneinsichtig. Andere hätten den Disput vielleicht lächerlich gefunden, aber nicht so Turner. »Für mich war das keine Bagatelle. Ich nahm den Kampf auf, der sich manchmal bis Mitternacht hinzog.« Solche ›Rededuelle‹ machten Eindruck auf andere Lizenznehmer, die erkannten, daß Turner, Karos und das Operating-Team nicht bereit waren, nachzugeben, wenn es um die Einhaltung der Vorschriften ging. Auch Weissmuller nötigten sie Achtung ab: Er bot Turner eine Beteiligung an seinem neuen McDonald's in Ann Arbor an. Das war nicht das einzige Angebot, das Turner von Franchisenehmern erhielt. »Wenn man mir nicht einmal pro Monat eine Stellung anbot, hatte ich das Gefühl, nicht genug gearbeitet zu haben«, lautete Turners Kommentar.

Ohne Krocs massive Rückendeckung wäre es Turner wohl kaum möglich gewesen, die Einhaltung der Richtlinien durchzusetzen. Noch wichtiger war sie für Karos, dessen vehementer Arbeitsstil dem des Firmengründers ähnelte. Karos ging dazu über, Verstöße z. B. gegen die Hygienevorschriften, in Fotografien festzuhalten, eine noch heute bei

McDonald's gängige Methode. Karos Hang zum Dramatisieren forderte nicht selten heftige Reaktionen der ›Missetäter‹ heraus. Als er z. B. in der unmittelbaren Umgebung eines McDonald's-Lokales in New Jersey Abfall entdeckte – der Lizenznehmer hatte offensichtlich die Vorschrift mißachtet, innerhalb eines bestimmten Umfeldes für Sauberkeit zu sorgen –, sammelte er soviel Abfall, wie er tragen konnte, ein und warf ihn dem verdutzten Lizenznehmer auf die Theke. »Wie können Sie es wagen, diesen Mist herumliegen zu lassen?« brüllte er. Erst viel später erfuhr er von Turner, wie nahe er daran war, sich damit eine handfeste Abreibung einzufangen: Der Mann war ein Ex-Football-Spieler, ein Schwergewicht, neben dem sich Karos wie ein Zwerg ausnahm. »Der hätte dich glatt in Grund und Boden stampfen können«, meinte Turner lakonisch.

Trotz gelegentlich unvermeidbarer ›Zusammenstöße‹ bestand die Hauptaufgabe der ersten Außendienstmitarbeiter darin, die Franchisenehmer mit den Feinheiten des Systems vertraut zu machen. 1957 hatte das McDonald's die ersten rudimentären Trainingssequenzen entwickelt. Die Filme wurden von Conley aufgenommen; ›Star‹ war Fred Turner, der die Einzelheiten des Hamburger-Systems demonstrierte. Die laienhaften Trainingsfilme wurden bald durch professionelle ersetzt. 1961 stand das erste Trainingsprogramm, das die Fachwelt wie auch die Öffentlichkeit gleichermaßen faszinierte: McDonald's eröffnete seine Hamburger-Universität.

In den Jahren zuvor hatte man die Lizenznehmer allein durch praktische Anleitung auf ihre neuen Aufgaben vorbereitet. »Wir brauchten die Klassenzimmer-Atmosphäre, um unsere Leute mit der Philosophie und Theorie des McDonald's-Systems bekannt und vertraut zu machen«, erklärte Karos. »Die rein praktische Einweisung reichte nicht aus.«

Kein anderes System wäre damals auf die Idee gekommen, ein eigenes Trainingscenter einzurichten. Für Turner und Karos war es das fehlende Bindeglied, mit dem sie den Uniformitätsgedanken von McDonald's allen Systempartnern nahebringen wollten. Obwohl diese Neuerung gerechtfertigt schien, wurde sie nicht von allen McDonald's-

Führungskräften unterstützt. Sonneborn z. B. war wenig geneigt, die erforderliche Summe von 25 000 Dollar (die sich schließlich auf 100 000 Dollar erhöhte) für die Errichtung eines Trainingscenters im Keller eines McDonald's-Restaurants zur Verfügung zu stellen. Geplant war, sämtliche McDonald's-Geräte in einer Art Hörsaal aufzustellen und die ›Studenten‹ ganztägig daran auszubilden. Trotz Sonneborns Einwand befürwortete Kroc das Modell, und im Februar 1961 konnten sich die ersten fünfzehn Studenten an der neu gegründeten Hamburger-Universität immatrikulieren, die in einem neuen McDonald's-Restaurant in Grove Village, einer Vorstadt im Nordwesten Chicagos, untergebracht war. Karos übernahm das Amt des Dekans.

Mit der Errichtung der Hamburger-Universität war McDonald's der Konkurrenz wieder einmal um Längen voraus. Seit der Eröffnung seines Restaurants in Des Plaines hatte Kroc nach Mitteln und Möglichkeiten gesucht, das negative Image, das der Fast food-Branche im allgemeinen und dem Hamburger für 15 Cents im besonderen anhaftete, entgegenzuwirken. Bis 1961 war die Öffentlichkeit noch der Meinung, daß ein Billigprodukt – am allerwenigsten eines, das ganz auf den Geschmack des ›Fußvolkes‹ zugeschnitten war – qualitativ minderwertig sein müsse. Nichts frustrierte Kroc mehr als dieses Vorurteil. 1962 ordnete er an, den Preis von allen McDonald's-Markenzeichen zu entfernen, und als Dick McDonald ihm eine Skizze des Familienwappens der McDonald-Brüder zusandte, fügte er es diesem Zeichen als Qualitätssymbol hinzu und ersetzte damit Speedee, das ursprünglich von den McDonalds gewählte Symbol des Speedee Service Systems. Als das Wappen jedoch von den McDonald's-Mitarbeitern als zu marktschreierisch empfunden wurde, suchte man nach einem stilvolleren Symbol. Turner und Schindler machten sich an die Arbeit und entwickelten ein Logo, auf dem das geneigte Dach von McDonald's zu sehen war, das von den goldenen Bögen in Form eines ›M‹ durchbohrt wurde. (1958 verzichtete man auf das Dach und fügte den Namen McDonald's ein. Diese Version hat sich bis auf den heutigen Tag erhalten.)

In der Aufbauphase konnte jedoch nichts so sehr das Image von McDonald's aufwerten wie das Interesse, das die Medien für die neue Hamburger-Universität bekundeten. Die Presse äußerte sich positiv, obwohl nichts leichter gewesen wäre, als diese revolutionäre Neuerung als lächerliche ›Grille‹ abzustempeln. Al Golin, der PR-Berater, den Kroc 1957 einstellte, um McDonald's in der Öffentlichkeit mehr Geltung zu verschaffen, erinnert sich, daß das Magazin *Life* die Reporterin Nancy Fraser und Fotografen nach Elk Grove entsandte, um ein (inzwischen weltberühmtes) Feature über die Hamburger-Universität zu machen. Diese Dokumentation brachte McDonald's einen Prestigegewinn, auf den die Konkurrenz mit Neid blickte. Regionale und überregionale Zeitungen schickten anschließend ihre eigenen Berichterstatter, und eine Sendung in den Abendnachrichten der renommierten Fernsehstation CBS sorgte dafür, daß Millionen von Zuschauern auf McDonald's aufmerksam wurden. Nach Erscheinen des *Life*-Artikels gestand Nancy Fraser dem PR-Mann von McDonald's, es sei eigentlich ihre Absicht gewesen, eine Satire über ein Unternehmen zu schreiben, das den ›plebejischen‹ Hamburger ein wenig zu ernst nimmt. Aber nachdem sie eine Woche lang den Unterricht in Elk Grove beobachtet hatte, änderte sie ihre Ansichten. »Ich stellte fest, wie engagiert alle waren«, erklärte sie Golin. »Die Hamburger-Universität hätte eine solche Herabwürdigung nicht verdient.«

Die Hamburger-Universität war nicht aus einer ›Laune‹ heraus entstanden. Auch wenn manche sie belächelten und fragten, wie hoch beim Examen in der ›Hamburgerologie‹ wohl die Durchfallquoten seien, so nahm McDonald's sein neuestes Projekt sehr ernst. Karos stellte einen detaillierten, zweiwöchigen Lehrplan für das erste Semester auf. Er selbst hielt Vorlesungen über die Unterschiede in der Kartoffelqualität oder über die Herstellung von Hamburgern. Er zerlegte die McDonald's-Geräte in ihre einzelnen Bestandteile, um seine Studenten mit der Konstruktion und Arbeitsweise vertraut zu machen. Die Universität besaß zu Demonstrationszwecken sogar eine Maschine, mit der McDonald's-Lieferanten die Hamburger-Patties produzierten.

Die Konkurrenz wurde bald auf die Vorteile der theoretischen Ausbildung aufmerksam. Heute haben alle Fast food-Ketten eigene Trainingszentren. Aber keine investiert in ihre formale Ausbildung annähernd so viel wie McDonald's.

1968 gab McDonald's 500 000 Dollar für seine Hamburger-Universität aus, die mit den neuesten audiovisuellen Geräten ausgerüstet wurde. 1983 investierte man weitere 40 Millionen Dollar in ein Trainingscenter, das sich mit den modernsten und bestausgestatteten der Welt messen kann. Die einzelnen Hörsäle fassen 60 bis 300 Studenten, die neue Hamburger-Universität bietet insgesamt 750 Ausbildungsplätze. Jeder Hörsaal ist mit Videogeräten und Dolmetscherkabinen ausgerüstet, um den ausländischen Studenten die Möglichkeit zu geben, dem Unterricht zu folgen. In den Laborräumen gibt es Grillgeräte, Mixer und alle bei McDonald's im Einsatz befindlichen Küchengeräte. Der Lehrkörper besteht aus 30 Spezialisten, die mehr als acht verschiedene Fächer unterrichten und Seminare über Themen wie angewandte Technologie oder Leistungssteigerung abhalten. Die McDonald's-Hamburger-Universität ist die einzige Fachhochschule der Fast food-Branche, die mit 36 Wochenstunden ganztägig ausbildet und vom amerikanischen Ministerium für Unterricht und Erziehung anerkannt ist. Zur Universität gehört außerdem ein Wohnkomplex, in dem 227 Studenten untergebracht werden können.

Die Tatsache, daß die Systemuniformität bei McDonald's einen so großen Stellenwert einnimmt, könnte die Vermutung nahelegen, daß dem einzelnen wenig Möglichkeiten bleiben, Eigeninitiative zu entwickeln. Doch ganz im Gegenteil, der Kreativität und Urteilskraft der Franchisenehmer wird genauso große Bedeutung wie der Uniformität beigemessen. »Wir haben zwar bestimmte Verfahren, die dem einzelnen keinen allzu großen Spielraum lassen«, gibt Fred Turner zu, »aber wer annimmt, daß wir unsere zahllosen Restaurant-Manager in allen Bereichen streng reglementieren, braucht sich unsere Leute nur einmal genau anzusehen, um festzustellen, daß er sich geirrt hat.«

Das Erfolgsgeheimnis von McDonald's besteht nicht in

seiner strikten Reglementierung, sondern darin, daß es für ein einheitliches Organisationskonzept gesorgt hat, ohne dem Unternehmergeist seiner Lizenznehmer Grenzen zu setzen. In dieser Hinsicht ist McDonald's die Antwort auf die Herausforderung der Japaner, die sich am Konsens orientieren. Ohne die Freiheit, die der Konzern seinen Franchisenehmern und Lieferanten gestattet, ihre eigenen Ideen, Produkte und Verfahren zu erproben, ja sogar das System selbst in Frage zu stellen, hätte das McDonald's seine vielgerühmte Uniformität vielleicht erreicht, aber einen hohen Preis dafür gezahlt. Es hätte auf die immense Kreativität seiner Lizenznehmer und Lieferanten, die eine der Stärken des Systems ist, verzichten müssen und unter Umständen den hautnahen Kontakt zum Markt verloren.

Turner hat als Erfinder des Systems wohl am ehesten erkannt und zugegeben, daß seinem Werk Grenzen gesetzt waren. Die Richtlinien, die er aufgestellt hatte, waren nur ein grober Rahmen und nicht dazu geeignet, das wahre Potential eines Franchising-Systems – den Einfallsreichtum von Hunderten von freien Unternehmern – freizusetzen und zu entwickeln. Der spektakuläre Erfolg von McDonald's ist in erster Linie darauf zurückzuführen, daß gerade die Organisationsfanatiker, allen voran Kroc, erkannten, daß selbst das sicher beste Organisationssystem der Branche nicht ausreichend war.

KAPITEL 7

Das große Geld

1957 hatte Kroc alle Voraussetzungen erfüllt, um sich mit McDonald's beim großen Rennen an die Spitze zu setzen. Seine Franchising-Politik war insbesondere auf Lizenznehmer mit Unternehmergeist und geringem Eigenkapital zugeschnitten, da die Lizenzgebühren gering und die Bezugspflichten fair waren. Der Erfolg des Systems zog zahlreiche Franchisenehmer-Kandidaten in seinen Bann, die gewillt waren, ihre gesamten Ersparnisse in das Hamburger-Geschäft zu investieren. Unzählige kleine, innovative Zulieferbetriebe erhielten die Chance, sich zu profilieren und aufgrund des Nachfragevolumens von McDonald's beachtliche Gewinne auf redliche Weise zu erzielen. Das McDonald's-System erforderte ein hohes Maß an Disziplin und sorgte für einen höheren Standard hinsichtlich Qualität, Serviceleistungen und Hygiene, als er in der Branche jemals üblich war.

Es gab nur eine Schwachstelle in Krocs Plan: McDonald's machte keine Gewinne. Kroc faszinierte das Prinzip der Massenproduktion und das Absatzpotential eines Produktes für nur 15 Cents, ebenso wie die Effizienz des Fließbandservice. Er war entschlossen, das McDonalds's-Modell, daß er in San Bernardino vorgefunden hatte, weiterzuentwickeln und daraus eine landesweit betriebene, respektierte Fast food-Kette zu entwickeln und die Geschäftsmethoden bei den Nahrungsmittelerzeugern und -verarbeitungsbetrieben zu verändern. Aber ans Geldverdienen dachte er nicht. Obwohl er später als einer der reichsten Männer des Landes galt – sein Vermögen wurde 1984, nach seinem Tod, auf rund 600 Millionen Dollar geschätzt –, sprach er nie über Geld. Geld konnte ihn nicht motivieren. Er hatte ein Geschäft nie nach Gewinn oder Verlust beurteilt und sich nicht einmal für die Bilanz seines eigenen Unternehmens interessiert.

Folglich hatte er auch wenig Zeit an den Gedanken verschwendet, aus McDonald's ein Unternehmen zu machen, das mit Gewinn arbeitete. Er war den McDonald-Brüdern gegenüber zu großzügig gewesen, hatte sich zu sehr bemüht, seinen Lizenznehmern zu Wohlstand zu verhelfen und zuviel Ehrlichkeit bei seinen Beschaffungspraktiken für die Lizenznehmer gezeigt. Die Erträge seines Unternehmens stammten vornehmlich aus den Servicegebühren in Höhe von 1,9 % vom Umsatz seiner Franchisenehmer, wovon ein Viertel – 0,5 % – allein an die Gebrüder McDonald ging. Die einmaligen Lizenzgebühren betrugen anfangs nur 950 Dollar und wurden 1956 auch nur geringfügig – auf 1500 Dollar – erhöht. (Im Augenblick kostet eine Lizenz 45 000 Dollar.) Am Einkauf von Rohprodukten und Ausrüstungen für die McDonald's-Lizenznehmer verdiente er wenig. Seine Prince Castle Sales Division rüstete die McDonald's-Restaurants mit 150-Dollar-Multimixern aus; Krocs Gewinnspanne war unbedeutend. Im Prinzip lehnte Kroc die gängigen Praktiken der Franchisegeber ab, aber er hatte sie nicht durch eine ihm angemessen erscheinende Ertragssteigerungsmethode ersetzt.

Jeder profitierte von McDonald's, außer Ray Krocs eigene Gesellschaft. Die Restaurants hatten Ende der 50er Jahre einen Umsatz von 200 000 Dollar zu verzeichnen; Kroc behielt davon nur 2800 Dollar an Servicegebühren ein. 1000 Dollar gingen an Tantiemen an die Gebrüder McDonald. Im Vergleich dazu konnten seine Lizenznehmer im Schnitt bis zu 40 000 Dollar jährlich verdienen. McDonald's konnte kaum die Kosten minimaler Serviceleistungen für die Lizenznehmer decken, geschweige denn eines so umfangreichen Leistungsprogrammes, wie Krocs Team es ausgearbeitet hatte. Heute verlangt McDonald's von seinen Lizenznehmern Servicegebühren in Höhe von 3 % ihres Umsatzes, obwohl die Kosten für das Dienstleistungssystem – von der Marktforschung über die Produktentwicklung bis hin zur

Schulung und Beratung der Lizenznehmer – sich mindestens auf 4 % aller Umsätze belaufen. Wenn sich McDonald's ausschließlich an Krocs Finanzpolitik orientiert und sein vielschichtiges und kostenintensives Serviceprogramm beibehalten hätte, wäre es 1985 wohl kaum zu einer der rentabelsten Einzelhandelsketten in den USA mit Nettoerträgen von einer Milliarde Dollar und einem Jahresumsatz von 23,6 Milliarden Dollar avanciert. Um es kurz zu sagen: Krocs Finanzkonzept hätte McDonald's an den Rand des Bankrotts gebracht.

Der spektakuläre Wandel vom unrentablen zum gewinnträchtigen Unternehmen ist weder Ray Kroc noch den Gebrüdern McDonald, ja nicht einmal der Popularität der Hamburger, Pommes frites oder Milchshakes zu verdanken, sondern allein der Geschäftigkeit von McDonald's auf dem Grundstücksmarkt und einem wenig bekannten, von Sonneborn entwickelten Erfolgsrezept. Sonneborn, der in einer Führungsposition bei Tastee Freez gearbeitet hatte und 1956 zu McDonald's überwechselte, galt als Krocs verschlossener und ein wenig obskurer Partner. Während Ray Kroc in der amerikanischen Wirtschaftsszene zur Legende wurde, ist der Name Sonneborn den wenigsten außerhalb des kleinen Kreises der McDonald's-Veteranen bekannt. Selbst die heutigen McDonald's-Mitarbeiter wissen kaum, wer Sonneborn war oder was er für den Konzern geleistet hat, obwohl McDonald's ihm seine starke Wettbewerbsposition und Finanzkraft zu verdanken hat. »Harry hat es geschafft, McDonald's in ein florierendes Unternehmen zu verwandeln«, gestand Kroc wenige Monate vor seinem Tod. »Er war von der Vorstellung besessen, McDonald's reich zu machen.«

Al Golin, langjähriger PR-Mitarbeiter von McDonald's, sah in dem Duo Kroc – Sonneborn ein klassisches Beispiel für das Zusammenwirken einer extrovertierten mit einer introvertierten Persönlichkeit. Kroc, der charismatische Gründer, der McDonald's den Stempel seiner Persönlichkeit aufdrückte, war eine so schillernde Figur, daß der verschlossene, nur mit den Finanzen befaßte Sonneborn immer in seinem Schatten stand.

Dennoch waren es gerade Sonneborns geniale Investitionsstrategien auf dem Grundstücksmarkt, die McDonald's eine in der Fast food-Branche einmalige Machtposition verschafften. Ihm gebührt das Verdienst, das nahezu fehlerlose, von Kroc und Turner konzipierte System in ein blühendes Unternehmen verwandelt zu haben. Das gelang ihm durch ein völlig neues Ertragskonzept, das mit Krocs Sinn für Fairneß gegenüber Franchisenehmern und Lieferanten nicht in Konflikt geriet. Anstatt die Lizenzgebühren zu erhöhen oder einen Prozentsatz von den Verkäufen der Lieferanten an die Franchisenehmer zu profitieren, sah sein Plan vor, Gewinne aus Grundstücken zu ziehen, die McDonald's den Franchisenehmern verpachtete.

Sonneborns Gewinnmaximierungsformel deckte sich mit Krocs Vorstellungen von einer echten Systempartnerschaft mit dem Franchisenehmer, weil sich damit eine Lösung des größten Problems bei der Rekrutierung von Lizenznehmern anbot: das nötige Kapital zum Landerwerb und zum Bau der rot-weißen McDonald's-Restaurants zu beschaffen. Hätte Kroc Franchisen für ausgedehnte Gebiete mit zahlreichen Verkaufsstellen erteilt, wie Wendy's, Burger King und andere Franchisegeber, so wären vornehmlich Investoren mit ausreichenden Ressourcen angelockt worden, die ihre eigenen Restaurants finanzieren konnten. Durch die Vergabe von Einzellizenzen war Kroc zwar in der Lage, die Entwicklung des Systems zu überwachen, aber der Typ von Franchisenehmer, den er für das McDonald's gewann, war in der Regel nicht im Besitz der durchschnittlich 30 000 Dollar für das Grundstück oder der 40 000 Dollar für die Errichtung des Gebäudes. Die meisten hätten nicht einmal Kredite in der notwendigen Höhe auftreiben können.

Sonneborns Problemlösung war verblüffend einfach. McDonald's sollte eine separate Immobilienfirma gründen – eingetragen unter dem Namen Franchise Realty Corporation –, die von Grundstückseigentümern, die gewillt waren, die Baukosten zu übernehmen, Land pachtete und dieses mitsamt dem darauf stehenden Gebäudekomplex an die Franchisenehmer weiterverpachtete. Die Firma Franchise

Realty sollte die auf zwanzig Jahre festgelegten Pachtverträge mit einer Meliorationsauflage abschließen und die Restaurants gegen einen Aufpreis als Dienstleistungsgebühren an die Lizenznehmer weiterverpachten.

Sonneborn hatte Tastee Freez ein ähnliches Immobilienprogramm vorgeschlagen, war aber bei Leo Moranz auf Ablehnung gestoßen. Tastee Freez konnte sich diesen Verzicht leisten, denn der Konzern verfügte über eine gesicherte Einkommensquelle, die McDonald's nicht hatte: Er war am Umsatz der Produkte beteiligt, die die Molkereien seinen Franchisenehmern lieferten. McDonald's Problem bestand nach Sonneborns Ansicht primär darin, daß »aufgrund des Kostenüberhangs das Franchise-Geschäft im Grunde unrentabel war«.

Die Vorzüge der Sandwich-Position, die McDonald's als Bindeglied zwischen Grundstückseigentümern und Franchisenehmern einnahm, lagen darin, daß die Gewinne prognostizierbar und höher waren, als wenn der Konzern dazu übergegangen wäre, vom Verkauf firmeneigener Geräte oder Rohprodukte zu profitieren. Bei den Verhandlungsgesprächen mit den Grundstückseigentümern lehnte Sonneborn einen Pachtzins, der sich aus einem bestimmten Prozentsatz des Umsatzes errechnete, strikt ab und bestand auf einer Pauschalsumme, die sich normalerweise auf 500 bis 600 Dollar belief. Als Pachtgebühren setzte Sonneborn zunächst 20 %, später 40 % des Pachtzinses an. Ein Franchisenehmer hatte also für ein Lokal, das McDonald's 600 Dollar Pacht kostete, mindestens 840 Dollar pro Monat zu zahlen. Sonneborn erhöhte den Pachtzins der Franchisenehmer sogar um einen Zinsbetrag für McDonald's-Investitionen auf dem Grundstücksmarkt: »Unser Pachtkonzept war einmalig und machte uns zu einem Großinvestor auf dem Immobilienmarkt«, berichtete Sonneborn voll Stolz.

Solange McDonald's seine Restaurants unterverpachten konnte, war ihm die Gewinnspanne von mindestens 40 % sicher. Die Grundstückskosten blieben für die Dauer von zwanzig Jahren konstant. Außerdem handelte es sich bei dem von McDonald's eingenommenen Unterpachtzins um

Nettobeträge, d. h., daß die Lizenznehmer nicht McDonald's sämtliche Grundstücksversicherungen und die Grundsteuern, die sich sicher im Laufe der Zeit erhöhen würden, zu zahlen hatten. »Wir hatten eine absolut sichere Einkommensquelle über den Pachtzins hinaus und keine weiteren Kosten«, erklärte Sonneborn.

Der Zuschlag von 40 % auf die von McDonald's ausgehandelte Pacht war übrigens nur das Minimum, das ein Lizenznehmer zu zahlen hatte, es finanzierte McDonald's Dienstleistung. Weit größer waren die Erträge, die Sonneborn aufgrund seiner Bestimmung in seinem Pacht-Programm erzielte: Der Lizenznehmer hatte nämlich entweder eine feste Pacht oder (anfangs) 5 % von seinem Umsatz an McDonald's abzuführen, je nachdem, welcher Betrag höher war. Damit bot sich für McDonald's die Möglichkeit, vom wachsenden Umsatz der Kette zu profitieren. Sonneborns Konzept versagte den Grundstückseignern eine Umsatzbeteiligung, die er andererseits von den Franchisenehmern forderte. »Ich war niemandem Rechenschaft schuldig. Entweder akzeptierten die Betreffenden die Bedingungen, oder sie ließen es. Ich habe mich grundsätzlich nicht auf Diskussionen mit den Franchisenehmern eingelassen. Die Pacht stand fest und es wurde nicht gefeilscht.«

Franchise Realty schaffte es, die Ertragslage von Anfang an merklich zu verbessern. Als McDonald's begann, Grundstücke an seine Franchisenehmer unterzuverpachten, wurde von ihnen eine Kaution von 7500 Dollar verlangt. Die Hälfte der Summe wurde nach fünfzehn Jahren, die zweite bei Ablauf des Franchisevertrages, also nach zwanzig Jahren, zurückerstattet. (1963 wurde die Kaution auf 10 000 Dollar erhöht; sie beträgt jetzt 15 000 Dollar). Mit diesem Geld konnte McDonald's arbeiten, und Sonneborn verwendete es, um die zweite Phase des Immobilienprogramms einzuleiten: den Kauf der Grundstücke und Gebäude. Zunächst wurde das Land ›geleast‹ und die Gebäude gekauft, wobei ein Teil der Kautionen als Sicherheit für das Leasing diente und ein Teil als Anzahlung auf die Hypothek auf das Gebäude. Anfang der 60er Jahre ging Sonneborn dazu über, volles Eigentum zu erwerben und auch das Land zu kaufen, wobei der Grundstückseigentümer ihm Ratenzahlungen auf zehn Jahre einräumte, während die Gebäude mit Hilfe von Bankkrediten finanziert wurden.

Der Plan war kühn. McDonald's erwarb, ohne sein Eigenkapital anzutasten, Eigentum an Land und Gebäuden. Das Geld stammte von den Franchisenehmern, den Grundstücksbesitzern und Banken. Ein risikoreiches Projekt, aber ein äußerst lukratives, wenn es sich als erfolgreich erwies. Kroc hatte einen Partner gefunden, der seine eigenen Schwächen im Finanzbereich mehr als kompensierte.

Sonneborn war einzig an der finanziellen Seite des Unternehmens interessiert. Ihm ging es darum, aus McDonald's ein ›hochkarätiges‹ Geschäft zu machen. Krocs persönliches Interesse am Schicksal der Drive-in-Lokale teilte er nicht. Seine Begabung für finanzielle Transaktionen hätte er in jeder Branche unter Beweis stellen können. Er sah das Fast food-Geschäft lediglich als Mittel zum Zweck, mit dem sich auf dem Grundstücksmarkt das große Geld verdienen ließ. Insofern war er das perfekte Gegenstück zu Kroc. Ihn motivierte die Aussicht, Geld zu machen, der Kroc wenig abgewinnen konnte. So wie Kroc wenig Hemmungen zeigte, von seinen Lizenznehmern die Beachtung des QSC-Standards zu verlangen, sah Sonneborn keine Bedenken dabei, daß sich McDonald's den Service, der seinen Lizenznehmern geboten wurde, angemessen bezahlen ließ. »Der finanzielle Aspekt hatte für mich immer Vorrang«, gestand Sonneborn. »Es ging nur allein um den Gewinn.«

Der Gewinn war nicht der einzige Vorteil, den Sonneborns Grundstückspolitik McDonald's bescherte: Kroc und Sonneborn waren der Meinung, daß das Unternehmen durch den Einstieg ins Immobiliengeschäft die Franchisenehmer besser kontrollieren konnte, als es Franchisegeber normalerweise aufgrund des Franchisevertrages möglich war. Heute sind die Rechte und Pflichten der Systempartner durch Gerichtsurteile weitgehend festgelegt; in den 50er Jahren waren sie rechtlich nur unzureichend geklärt. Was hielt z.B. einen Lizenznehmer davon ab, das Mc-

Donald's-Schild zu entfernen, den Namen des Restaurants zu ändern und die Lizenzgebühren einzubehalten? Welche Macht besaß McDonald's gegenüber den ›Systemabweichern‹, die sich weigerten, die Richtlinien bezüglich des Speiseangebots oder des Organisationskonzepts einzuhalten? Sonneborn meinte dazu: »Ich war immer der Meinung, daß ein Lizenzvertrag nicht einmal das Papier wert war, auf dem er geschrieben stand. In einem Rechtsstreit hatte er keinerlei Gewicht. Das Gericht sah nur, daß hier eine große Gesellschaft gegen den ›kleine Mann‹ vorging, und der Große hätte im Kampf gegen den Schwachen unweigerlich verloren.«

Bei einem Pachtvertrag war das anders. Er war ein anerkanntes, rechtsgültiges Dokument, dem McDonald's eine Klausel beifügte, in der sich der Lizenznehmer verpflichtete, die Systemrichtlinien zu befolgen. »Wir haben den Pachtvertrag mit der Lizenz gekoppelt, so daß ein Verstoß gegen die Franchise eine Kündigung des Pachtvertrages nach sich ziehen konnte«, erklärte Sonneborn.

So weigerten sich die Gerichte, zwischen Pacht- und Franchiseverträgen zu differenzieren, die McDonald's als Komponenten seines Franchise-Paketes betrachtete. Sonneborns Einstellung zum Franchising war Kroc besonders Mitte der 50er Jahre eine Hilfe, als sich die Schwierigkeiten mit seinen Rolling-Green-Freunden und den kalifornischen Lizenznehmern, die als Eigentümer der Restaurants eingetragen waren, häuften. Als Kroc Sonneborns Grundstücksprogramm 1956 akzeptierte, dachte er weit mehr an die Befugnisse, die er dadurch gegenüber den Franchisenehmern erhielt, als an den Gewinn seines Unternehmens. »Endlich habe ich eine Möglichkeit gefunden, die Lizenznehmer hundertprozentig unter Kontrolle zu bringen«, berichtete Kroc Anfang 1957 den Gebrüdern McDonald, denen er Sonneborns Plan erklärte. »Sobald die Franchise Realthy Corporation die McDonald's System, Inc., von Verstößen der Franchisenehmer gegen den Qualitäts- und Servicestandard in Kenntnis setzt, wird der Pachtvertrag innerhalb von dreißig Tagen gekündigt. Jetzt haben wir ein Druckmittel zur Hand.

Nun ist Schluß mit der sanften Tour. Wir haben es nicht mehr nötig, um ihre Mitarbeit zu betteln.«

Einer der größten Vorteile des Einstiegs in das Grundstücksgeschäft war jedoch, daß McDonald's sein Geld verdiente, ohne moralische Entrüstung zu provozieren. Wie jeder Unternehmer muß auch der Franchisegeber Gewinne erwirtschaften, aber anders als diese steht er oft in dem Ruf, die Arbeitskraft anderer schamlos auszubeuten. Wer für Gebietsfranchisen hohe Gebühren verlangt, erzielt in den Augen der Öffentlichkeit Gewinne, die er nicht selbst verdient hat. Wer vom Verkauf der eigenen Produkte an die Lizenznehmer lebt, profitiert von dem Interessenkonflikt, der sich aus dieser Konstellation ergibt. Und wer die Rabatte, die er aushandelt, in die eigene Tasche steckt, bringt seine Lizenznehmer um nicht unerhebliche Summen, die eigentlich ihnen zustehen.

Sonneborn hatte nicht nur ein äußerst gewinnbringendes Konzept gefunden, sondern darüber hinaus auch noch eines, um auf moralisch vertretbare Weise Gewinne mit dem Franchising-Geschäft zu erzielen. McDonald's profitierte nicht auf Kosten der Lizenznehmer, was Sonneborns Vorhaben moralisch wie rechtlich absicherte. In einer Serie von Prozessen, die in den 60er und 70er Jahren geführt wurden, machten die Gerichte unmißverständlich klar, daß sie auf seiten der Franchisenehmer standen, wenn diese von den Franchisegebern gezwungen wurden, Produkte oder Ausrüstungen ausschließlich bei ihnen zu kaufen. Die Forderung von McDonald's, daß die Lizenznehmer Grundstück und Gebäude von der Realty Corporation zu pachten hatten, ließ sich juristisch nicht anfechten. Das Gericht befand, daß die Wahl und Kontrolle des Standorts für eine Restaurant-Kette eine natürliche Funktion sei und keinen Interessenskonflikt zwischen Franchisegeber und Franchisenehmer darstellte.

Die geschäftliche Tätigkeit von McDonald's im Grundstücksbereich mußte vielmehr im Interesse der Lizenznehmer liegen. McDonald's profitierte erst dann, wenn der Franchisenehmer aufgrund seines Geschäftsvolumens nicht mehr den minimalen Pachtzins, sondern einen bestimmten

Prozentsatz seines Umsatzes als Pacht zahlte. Anfangs lag die prozentuale Pacht bei 5% des Umsatzes, seit 1970 bei 8,5%. McDonald's muß sich zwar gedulden, bis seine Investition eine gute Rendite abwirft, aber bei den durchschnittlichen Wachstumsraten eines McDonald's-Restaurants ist die Wartezeit selten lang.

Im Schnitt erreichen nur 500 der insgesamt 9300 Restaurants das Umsatzvolumen nicht, da seiner prozentualen Pacht zugrunde liegt. McDonald's ist mit Ausnahme von zwei Fällen mit 8,5% am Umsatz der franchisierten Verkaufsstellen in Form von Pachterträgen beteiligt: Weitere 3% machen die Servicegebühren aus. (Im Vergleich dazu verlangen die meisten anderen Franchisegeber in der Fast food-Branche ca. 4% Lizenzgebühren, aber da sie das Potential des Pachtgeschäftes erst viel später als McDonald's erkannten, beherrschen alle größeren Systeme nicht in vergleichbarer Weise den Grundstückssektor, noch konnten sie vergleichbare Pachteinnahmen vorweisen.)

Aufgrund des Sonnebornschen Pachtkonzeptes war McDonald's in der Lage, das Leistungsniveau seiner Restaurants entscheidend zu verbessern. Während andere Franchisegeber an der Franchisevergabe und der Eröffnung jedes neuen Restaurants verdienten, war die Rentabilität von McDonald's von Krocs Fähigkeit abhängig, seine Lizenznehmer zu Leistungs- und Umsatzsteigerungen zu motivieren. Krocs Bemühen um Qualität, Service und Hygiene war nun auch ökonomisch gerechtfertigt. Präsident Fred Turner meint dazu: »Unsere Erträge wurden zunehmend vom Umsatz der bereits vorhandenen Restaurants abhängig, weniger von der Anzahl neuer Restaurants.«

In den Augen von Finanzspezialisten wie Sonneborn war der Einstieg von McDonald's ins Pachtgeschäft eine einmalige Chance. Nachdem McDonald's den Sprung an die Börse geschafft hatte, erzählte man den Effektenberatern gerne, McDonald's sei eine Immobilienfirma und nicht in der risikoreichen Fast food-Branche tätig. Schon lange vorher hatte McDonalds damit die Nerven der potentiellen Geldgeber beruhigt, die keine Bedenken hatten, ihr Kapital in eine Immobilienfirma zu investieren, das Fast food-Geschäft jedoch zu riskant fanden. Natürlich war diese Differenzierung von seiten Sonneborns eine Übertreibung, die Kroc verständlicherweise erboste. Aber vom rein rechnerischen Standpunkt gesehen, ist Sonneborns Behauptung wohl zutreffender, als man bei McDonald's zuzugeben bereit gewesen wäre.

Kaum eine andere Firma hat vom Immobilienboom der 60er und 70er Jahre so profitiert wie McDonald's. Da das Unternehmen einen Großteil seiner vorstädtischen Immobilien just zu der Zeit erwarb, als der ›Run‹ in die Vorstädte eben erst einsetzte, kam es ausgesprochen billig weg. Während McDonald's später wie alle anderen auch immer mehr für Immobilien bezahlen mußte, hielt man die Kosten für die bestehenden Restaurants so konstant, weil man entweder günstige, langfristige Pachtverträge abgeschlossen hatte, oder weil die Immobilie ohnehin dem Unternehmen gehörte. Konkurrenten dagegen, die in den 60er Jahren die Entwicklung auf dem Immobiliensektor verschwitzt hatten, wurden in den 70ern von den emporschnellenden Immobilienpreisen empfindlich getroffen.

Während die Immobilienkosten für McDonald's relativ gleich blieben, stiegen die Gewinne durch Immobilien an – aufgrund der Auswirkungen der Inflation auf die Nahrungsmittelpreise, die Restaurantumsätze und natürlich auf die sich am Umsatz orientierenden Pachten. Die zweistelligen Inflationsraten der 70er Jahre waren für McDonald's ein Segen, kein Fluch. Obwohl dadurch der Preis eines Hamburgers von 15 Cent im Jahr 1967 auf mehr als das Dreifache im Jahr 1980 anstieg, bedeutete die prozentual errechnete Pacht, die McDonald's von all seinen Restaurants erhält, eine Gewinnsteigerung von 8,5 Prozent.

Das vorzügliche Timing des Immobilienerwerbs brachte Sonneborn seinem Ziel näher, zu einer ›Kollektion‹ wertvoller Immobilien zu kommen. Aufgrund der emporschnellenden Grundstückspreise wurde McDonald's zu einem Immobilienimperium, um das es die ganze Einzelhandelsbranche beneidet. Heute gehören McDonald's in den USA 69 % seiner Verkaufsstellen, im Ausland beträgt der Anteil 35 % (der

Rest ist gepachtet). 1982 übertraf der Nettowert der Mc-Donald's-Immobilien und -ausstattungen erstmals jenen der Handelsgruppe Sears, Roebuck and Company und machte das Unternehmen damit zum Besitzer der wertvollsten Immobilien im Einzelhandel weltweit. Ende 1991 betrug der Nettowert aller McDonald's-Immobilien 8,8 Milliarden Dollar, wobei der tatsächliche Marktwert noch um einiges höher liegen dürfte.

Der eigentliche wirtschaftliche Wert des Grundeigentums sind jedoch die Pachteinnahmen. 39 % der Nettoerträge stammen aus den 29 % Verkaufsstellen, die nicht an Franchisepartner abgegeben wurden, sondern in Eigenregie betrieben werden. Der gesamte Rest der Erträge fließt jedoch aus den Franchise-Restaurants, wovon wiederum 90 % aus Operationen auf dem Immobiliensektor stammen.

Sonneborns Leistung bestand weniger darin, die Möglichkeiten des Immobilienmarktes zu entdecken, sondern effektiv zu nutzen. 1956, als die Franchise Realty gegründet wurde, waren die Erfolgsaussichten für eine derartige Investitionstätigkeit gering. Kroc hatte McDonald's 1954 mit einem Startkapital von 1000 Dollar übernommen; drei Jahre später, als man mit dem Grundstückserwerb begann, war das Unternehmen auch erst 24 000 Dollar wert. Ein Franchise-Geschäft, das sich – wie aus den Bilanzen ersichtlich – einzig auf die Franchisevergabe von Drive-ins stützte, die auf ein Produkt für nur 15 Cents spezialisiert waren, schien den wenigsten Anlegern attraktiv. Es hätte sich kaum ein Grundstückseigentümer gefunden, der bei den Banken ein Darlehen beantragt hätte, um ein McDonald's-Restaurant zu bauen und zu verpachten. Als McDonald's Land und Gebäude zu kaufen begann, waren die Chancen, selbst Kredite aufzunehmen, noch geringer. In der Regel zeigten die Banken wenig Neigung, in ein Geschäft, das sich in der Aufbauphase befand, zu investieren, schon gar nicht in ein so risikoreiches Projekt wie ein Restaurant.

Trotz aller Hemmnissen gelang es McDonald's, Grundstückseigentümer, Banken und Versicherungsgesellschaften zu finden, die bereit waren, Pachtverträge abzuschließen beziehungsweise Hypotheken zu gewähren, denn McDonald's zeigte ein ›Janusgesicht‹: Das Management war in zwei Lager gespalten. Auf der einen Seite standen Gastronomie-experten, die sich einzig für Hamburger, Pommes frites und Milchshakes zu interessieren schienen; auf der anderen Seite die Finanzexperten und Immobilienfachleute, die sich darauf konzentrierten, für McDonald's Grundstücksge-schäfte abzuwickeln, und es verstanden, Gutsbesitzer und Banken zu einem Wagnis zu überreden. Die Öffentlichkeit sah nur die glänzende Fassade; die Finanzexperten von Mc-Donald's und die Kapitalgeber, die das geschäftliche Risiko trugen, blieben im Hintergrund.

Das Finanzexperten-Team von McDonald's setzte sich aus den unterschiedlichsten Persönlichkeiten zusammen. Er-staunlicherweise zählte auch Kroc zu dieser Gruppe; auf sein einzigartiges Talent als Verhandlungsführer konnte man nicht verzichten. Ihm gelang es immer wieder, Grund-stückseigentümer – wie vordem seine potentiellen Fran-chisenehmern – davon zu überzeugen, daß McDonald's mit seinen 15-Cents-Hamburger-Geschäft eine einmalige Chance war. Sein Instinkt bei der Standortwahl war untrüglich. Auch als McDonald's eine eigene Immobilienabteilung ein-gerichtet hatte, deren Sachkunde nicht zu übertreffen war, begab sich Kroc noch selbst auf die Suche nach einem ge-eigneten Areal für die neuen McDonald's-Restaurants. Der *Editor & Publisher Market Guide,* ein umfangreiches Hand-buch, in dem sämtliche in den USA erscheinenden Tages-zeitungen nebst Analysen der Bevölkerungs- und Wirt-schaftsstruktur der Orte, in denen sie publiziert werden, auf-gelistet sind, wurde Krocs Pflichtlektüre, auch dann noch, als er die Unternehmensführung längst an Fred Turner übergeben hatte. »Ray nahm das Handbuch sogar mit ins Bett«, meinte Wilburn H. Sutherland, der Vizepräsident von McDonald's Immobilienabteilung. »Wenn Kroc eine Stadt entdeckt hatte, die noch ein McDonald's gebrauchen konnte, stürzte er sofort ans Telefon und bat Sutherland, sich den Standort einmal anzusehen.«

Die dominierende Rolle in der Immobilien- und Finanzgruppe kam allerdings Sonneborn zu, der die Sprache der Juristen, Banker und Immobilienmakler beherrschte. Er war einer von ihnen; er besaß sowohl den Blick für Zahlen als auch für vorteilhafte Verträge. Seinem Geschick bei Verhandlungen mit Banken und Anlegern hat McDonald's zu verdanken, daß das Unternehmen alle Hindernisse auf dem Grundstücksmarkt überwinden konnte. Sonneborn, von Natur ein emotionsloser Mensch, zeigte nie, wieviel ihm daran gelegen war, Grundstückseigentümer zu finden, die in den Bau eines McDonald's-Restaurants investierten, und dieser psychologische Trick wirkte Wunder. Sonneborn spielte den Überlegenen: Der Grundstückseigentümer sollte dankbar dafür sein, daß McDonald's sein Anwesen überhaupt in Betracht zog. »Harry arbeitete mit negativen Verkaufsargumenten«, erinnert sich Don Conley. »Er erzählte dem Eigentümer, daß er noch andere Grundstücke in dem Gebiet zu besichtigen habe, und daß seines zwar nicht schlecht, aber auch nicht optimal sei.«

Sonneborn stellte seine Forderungen, selbst als McDonald's keineswegs aus einer Position der Stärke heraus verhandeln konnte. Grundstückseigentümer, die auf einem längeren Pachtvertrag oder auf einem am Umsatz orientierten Pachtzins bestanden, klammerte er von vornherein aus. Wer seine Verhandlungstatik verfolgte, wunderte sich, wie es ihm immer wieder gelang, die Eigentümer dadurch zum Nachgeben zu zwingen, daß er eisern bei seinem ›Nein‹ blieb, wenn die Forderungen der Gegenseite den Interessen vom McDonald's widersprachen. Sonneborn konnte seine Verhandlungspartner davon überzeugen, daß McDonald's mehr finanzielle Substanz besaß, als aus den Bilanzen hervorging. »Harry verhandelte immer aus einer Position der Stärke heraus, obwohl sie in Wirklichkeit eine der Schwäche war«, meinte Richard J. Boylan, einer der McDonald's-Direktoren und Finanzexperten.

Sonneborn wußte allerdings auch, wenn er Kompromisse schließen mußte. Er war der Auffassung, daß sich ein Unternehmen in der Aufbauphase am einfachsten mit Krediten finanzieren ließ und um diese Kredite zu erhalten, war er bereit, höhere Zinsen als andere zu zahlen. Selbst in der Zeit, als die Rückzahlung der Kredite McDonald's schwerfiel, ließ er keine Gelegenheit aus, Kapital aufzutreiben. 1957 schickte ihn Kroc nach Peoria, Illinois, zu Verhandlungen mit Harry Blanchard und Carl Young, die sich im Einzelhandel und im Brauereigeschäft als Partner etabliert und gerade begonnen hatten, ihr Geld in risikoreiche Projekte zu investieren, die von den Banken abgelehnt worden waren. Blanchard und Young hatten sich bereit erklärt, ein McDonald's in Peoria zu finanzieren, aber Sonneborn witterte eine günstige Gelegenheit. »Wenn Sie schon ein Restaurant finanzieren wollen, warum dann nicht gleich sechs?« fragte er. »Ich kann Ihnen verschiedene geeignete Standorte dafür zeigen.«

Die beiden Investoren pachteten das Land für alle sechs Restaurants und finanzierten die Gebäude. Sonneborn hatte einen Coup gelandet: McDonald's hatte zu der Zeit nur 39 Restaurants, und weder das Land noch die darauf stehenden Gebäude gehörten dem Unternehmen. Mit einem Schlag ließ sich die Kette um 15 % vergrößern, und McDonald's erwarb zum erstenmal Grundstücke für Drive-ins. Blanchard und Young verlangten außerdem 7 % Zinsen, das waren nur 2 % mehr als der übliche Zinssatz für Hypothekenkredite. Einen Haken hatte das Arrangement allerdings: McDonald's erhielt pro Restaurant ein Darlehen in Höhe von 25000 Dollar, hatte aber den Investoren 40000 Dollar je Restaurant zurückzuzahlen, was den tatsächlichen Zinssatz auf stolze 18 % erhöhte. Blanchard und Young waren zwar Provinzler, aber sie konnten sich, was ihre Methoden des Geldverleihers betraf, durchaus mit den Gangsterbossen Chicagos messen. Trotzdem ließ sich Sonneborn auf den Handel ein, denn er rückte das Ziel, das große Geld zu verdienen, in greifbare Nähe, und wenn McDonald's seinen finanziellen Verpflichtungen pünktlich nachkommen konnte, ließen sich weitere Kredite leichter beschaffen und vorteilhaftere Zinssätze aushandeln. Und um dieses Nahziel zu erreichen, mußte McDonald's in Sonneborns Augen bereit sein, den ersten ›teuren Schritt‹ zu tun.

Das Kreditabkommen mit Blanchard und Young galt von

nun an als Finanzierungsmodell. Sonneborn war zwar nie mehr gezwungen, Zinssätze zu akzeptieren, die an Wucher grenzten, aber er blieb bei seiner Einstellung, daß McDonald's vornehmlich mit Fremdkapital finanziert werden sollte. Durch Sonneborns unkonventionelles Finanzierungsprogramm konnte McDonald's weit schneller als andere Ketten expandieren, welche Schuldenmachen für unklug hielten. White Castle war beispielsweise dreißig Jahre von Kroc ins Hamburger-Geschäft eingestiegen und genoß wie McDonald's einen ausgezeichneten Ruf. Aber das Wachstum dieser Kette wurde durch die allzu konservativen Finanzierungsmethoden gebremst. Daß White Castle nicht in der Lage war, sich trotz des vielversprechenden Starts in der Hamburger-Branche zu behaupten, mag nicht zuletzt an der Abneigung des Gründers ›Bill‹ Ingrams gegen Fremdkapital liegen. Noch Anfang der 80er Jahre wiesen die Bilanzen von White Castle nicht einen einzigen langfristigen Kredit aus. Die Kehrseite der Medaille ist der Preis, den die Kette für ihre ultrakonservative Finanzierungspolitik zahlt: White Castle hat nur 230 Restaurants.

Ebenso wichtig wie die Finanzierungspolitik war das Team, das Sonneborn um sich scharte. Schon zu Beginn der 60er Jahre reisten die Immobilienexperten in drei firmeneigenen Flugzeugen kreuz und quer durchs Land und besichtigten auf der Suche nach neuen Standorten Hunderte von potentiellen Standorten. Im Gegensatz zu der Operating-Gruppe, die sich vornehmlich aus Mitarbeitern ohne Branchenerfahrung zusammensetzte, bestand Sonneborns Mannschaft aus Experten. Sechs seiner acht Spezialisten hatte er von großen Ölfirmen abgeworben, die zu den ersten gehörten, die im Immobilienmarkt der Klein- und Vorstädte ihre Chance witterten. In der Zwischenzeit hatte Kroc ein firmenexternes, dichtmaschiges Netz von externen Immobilienmaklern geschaffen, das vornehmlich für McDonald's tätig war. Auch wenn diese firmeninternen und -externen Teams gelegentlich kollidierten, konnten sie mit der vollen Unterstützung von Kroc oder Sonneborn rechnen. Dieser Rückhalt verlieh ihnen eine Stärke, die einmalig war. Die Grundstückseigentümer, die sich am Bau eines McDonald's Restaurants interessiert zeigten, wurden regelrecht in die Mangel genommen, und es waren nicht selten zwanzig Interessenten, mit denen sie für jeden Abschluß verhandelten.

Sonneborn stellte außerdem eine Gruppe von Finanzexperten zusammen, die sich ebenso aggressiv wie er für die Beschaffung von Hypothekengeldern einsetzte. Sie nahmen Kontakt zu Bankdirektoren und institutionellen Anlegern auf und gingen jeder Spur nach, wobei sie ungewöhnlich hohe Zinsen und auch Vorteile anboten. Der Immobilien- und Finanzbereich zeigte damit eine manchmal sogar riskante Expansionsbereitschaft, die Kroc für das gesamte McDonald's-System forderte.

Das Tempo der finanziellen Entwicklung von McDonald's zeigt sich besonders im Grundstücksgeschäft. In der Anfangsphase hatte der Grundstückseigentümer die nötigen Hypotheken zu beschaffen und auf seinem Grund ein Restaurant im Wert von 40 000 Dollar zu bauen, das er für monatlich 700 Dollar an McDonald's auf zwanzig Jahre verpachtete. Sein Risiko war groß: McDonald's war nahezu unbekannt, das Geschäft mit Hamburgern für 15 Cents absolut neu und das Lokal, das er baute, für keinen anderen Zweck geeignet.

Sonneborn und sein Team machten sich jedoch die damals herrschenden Umstände zunutze: Kroc hatte sich bei seiner Standortwahl vor allem auf die Vorstädte konzentriert, die für sein Familienrestaurant optimal geeignet scheinen. »Haltet nach Schulen, Kirchtürmen und Neubausiedlungen Ausschau«, lautete seine Anweisung an die Grundstücksexperten. Zu diesem Zeitpunkt waren die Vorstädte für die gewerbliche Erschließung noch jungfräulicher Boden. Es gab ausreichend unbebautes Land an den Hauptverkehrsstraßen. Das Terrain war zwar als Wohngebiet erschlossen, aber Geschäfte gab es kaum. Einzig die Ölgesellschaften begannen sich hier niederzulassen; sie bauten Tankstellen an jeder größeren Kreuzung. Damals gab es noch keine Kmarts, 7-Elevens, keinen Pacific Stereo, keine Mida-Werkstätten oder Toys-'R'-Us-Läden. Einkaufszentren sollten erst ein Jahrzehnt später ›erfunden‹ werden. »Sobald ein Grundstück bebaut ist, kann man es eigentlich vergessen, denn es dauert gewöhnlich lange, bis man es sich leisten kann, etwas abzureißen«, urteilt Richard Schubot, ein ehemaliger McDonald's-Franchisenehmer in Palm Beach, der vorher als Makler für McDonald's mehr Grundstückskäufe eingefädelt hatte als irgend jemand sonst. »Es war in den 50er Jahren einfach viel leichter, unbebautes Land zu finden, weil damals im Vergleich zu heute viel weniger Nutzungsmöglichkeiten dafür bestanden.«

Da McDonald's nur einen einzigen größeren Konkurrenten bei der Erschließung von Bauland für gewerbliche Zwecke hatte, hielt es sich an die Strategie, den Grundstückseigentümern einen besseren Handel als die Ölgesellschaften anzubieten, die keinen Wettbewerb zu fürchten brauchten und deshalb das Land zu einem Schleuderpreis – jährlich ca. 7 % des Marktwertes von Land und Gebäuden – pachteten. McDonald's war den renommierten Ölgesellschaften gegenüber zwar im Nachteil, weil die Grundstückseigentümer nur schwer Hypotheken für ein unbekanntes Drive-in beschaffen konnten und McDonald's wenig mehr als ein Versprechen für die Zukunft darstellte. Aber McDonald's machte dieses Handikap durch ein Angebot wett, das selten abgelehnt wurde: Es offerierte eine jährliche Pacht von 10 % des Marktwertes des Grundstücks. »Wir haben den Grundstückseigentümern eine Kapitalverzinsung geboten, die sie nirgendwo erhielten«, erklärte Schubot. »Das war ein ungeheurer Anreiz. Sie setzten Himmel und Hölle in Bewegung, um das Restaurant zu finanzieren.«

McDonald's interessierte sich auch für Land, das die Marketingexperten der Ölgesellschaften für ungeeignet hielten. Tankstellen wurden aufgrund des höheren Verkehrsaufkommens vornehmlich auf Eckgrundstücken gebaut. Für ein McDonald's – mit Parkplätzen vor dem Gebäude sowie an den Seiten und einer Straße, die U-förmig um das Gebäude verlief – kam auch eine Parzelle in der Mitte eines Blocks in Frage, die zudem nur halb so teuer war wie ein Eckgrundstück. Die zentrale Lage erwies sich sogar als noch vorteilhafter, weil es keine ampelgeregelten Kreuzungen gab, die die Zufahrt zu einem Drive-in blockierten. »In der Mitte der Blocks gab es zahllose, unbebaute Grundstücke, und alles, was die Besitzer vorweisen mußten, war eine Bescheinigung des Finanzamtes, daß die Grundsteuer bezahlt war. Durch den Vertrag, den wir mit ihnen abschlossen, sicherten sie sich eine Rendite, die ihnen sonst niemand geboten hätte.«

Ein weiterer Pluspunkt in der Grundstückspolitik von Mcdonald's war der Entschluß, nicht nur firmenintern nach neuen Standorten zu suchen, sondern zusätzlich ortsansässige Immobilienmakler damit zu beauftragen. Sie kannten ihre Märkte und Investoren besser als McDonald's, und da das Unternehmen sich bei Maklergebühren großzügig zeigte, waren sie entsprechend motiviert.

Einer der Makler, der hier eine große Chance witterte, war Dick Schubot, ein junger und unerfahrener Mann aus Cleveland, der 1958 für McDonald's zu arbeiten begann. Bevor er unter die McDonald's-Franchisenehmer ging, hatte er rund 250 Pachtverträge abgeschlossen und die Errichtung von ca. einem Viertel der in den 60er Jahren gebauten McDonald's-Restaurants ermöglicht. Er zählte zu den erfolgreichsten McDonald's-Maklern, vor allem weil er die ganze Woche rund um die Uhr im Einsatz war. Er studierte die Immobilienmärkte noch gewissenhafter als das McDonald's-Team, und er hatte seine eigene Methode, mit den Grundstückseigentümern und ihren Anwälten zu verhandeln. Als er den Markt in Ohio und den angrenzenden Staaten zu entwickeln begann, schoß er ganze Serien von Fotografien, um das Vorhandensein von Hauptverkehrsstraßen, Schulen und Kirchtürmen und folglich auch von Krocs Zielgruppe – Vorstadtfamilien – zu dokumentieren. Schubot fuhr dann in einem Mietwagen die Straßen ab, zeichnete sie auf einer Karte ein und beobachtete den Verkehrsfluß. So verfügte er bald über eine umfangreiche Kartei, und die Kollegen, die ihn anriefen, um McDonald's auf Weisung ihrer Klienten ein Grundstück anzubieten, waren zweifellos verblüfft, daß Schubot mehr Informationen als sie selbst besaß.

Schubots Verhandlungsmethode beruhte auf derselben Arroganz, die Sonneborn so meisterhaft beherrschte. Wenn ein Grundstückseigentümer auch nur den leisesten Anflug von Interesse zeigte, stellte er, ohne mit der Wimper zu zucken, seine Forderungen. »Ich repräsentiere McDonald's, aber Sie zahlen meine Provision«, hieß es. »Ich liefere ihnen den Service, den Sie brauchen, um das Geschäft unter Dach und Fach zu bringen. Ich kümmere mich um den Pächter, spreche mit Ihrer Bank und Ihrem Anwalt. Aber wenn Sie an meiner Provision sparen wollen, suchen Sie sich besser einen anderen Partner!« Das war reichlich kühn für einen Makler, der ein Unternehmen vertrat, von dem damals nur wenige gehört hatten. Aber die Aggressivität und Entschlossenheit, die hinter seinen Worten spürbar war, wirkte entwaffnend und verfehlte nur selten ihre Wirkung. »Ich mußte sie oft regelrecht herausfordern, damit sie den Vertrag unterschrieben«, meinte Schubot.

Schubot war bald dafür bekannt, daß er hielt, was er versprach. Wenn der Grundeigentümer bei seiner Bank um eine Hypothek auf eine McDonald's-Verkaufsstelle ersuchte, war auch Schubot zur Stelle, und wenn der Bankdirektor die Hypothek ablehnte, schlug Schubot dem Grundeigentümer – in Anwesenheit des Bankers – vor, eine andere Bank aufzusuchen. In einem anderen Fall drohte der Neubau eines McDonald's an der fehlenden Baugenehmigung zu scheitern. Schubot erschien auf der Sitzung der Baubehörde mit einer Stenotypistin. »Was um Himmels willen haben Sie vor?« fragte der Vorsitzende ihn. »Sie macht Notizen«, antwortete dieser, »damit ich genau weiß, wie ich Sie belangen kann, wenn Sie mir Schwierigkeiten machen.« Die Baugenehmigung wurde erteilt.

Schubot traf seine Grundstückswahl oft auf sehr unorthodoxe Weise. 1964 legte er McDonald's einen ordnungsgemäß unterzeichneten Pachtvertrag für ein Grundstück am südlichen Stadtrandgebiet von Ithaca im Staat New York vor. Es erfüllte eindeutig nicht Sonneborns Anforderungen, der nur Grundstücke akzeptierte, die an Straßen mit hohem Verkehrsaufkommen und in einer Umgebung lagen, die für Kunden attraktiv war. Schubots Grundstück in Ithaca befand sich an einer stark befahrenen Straße, hatte aber ansonsten wenig zu bieten. Die Cornell-Universität, die McDonald's dabei als potentiellen Kundenkreis im Auge hatte, war fünf Kilometer entfernt. Auch die Umgebung bot kein Trostpflaster für die ungünstige Lage: Rings um das Grundstück zog sich ein Schrottplatz.

Sonneborn lehnte ab, aber Kroc stimmte dafür und konnte sich durchsetzen. Als McDonald's aber keinen Lizenznehmer für das Lokal fand und selbst die zuständige Abteilung des Unternehmens den Standort für indiskutabel hielt, hatte Sonneborn das letzte Wort. »Ich schlage Ihnen ein Geschäft vor«, erklärte er Schubot. »Sie selbst können die Franchise für das Restaurant in Ithaca haben.« Zu dem Zeitpunkt waren selbst Schubot die ersten Zweifel gekommen. Aber als er Sonneborns Büro verließ, rief ihn Kroc zu sich und sagte: »Jetzt zeig einmal, was du kannst. Nimm das Angebot an!«

Genau das tat Schubot; er hoffte, daß der Mangel an Restaurants in Campusnähe die Studenten motivieren würde, die fünf Kilometer zu McDonald's in Kauf zu nehmen. Seine Rechnung ging auf: Die Studenten kamen in Scharen. Er mußte sogar Lotsen einstellen, die den Verkehr rund um das Terrain mit Sprechfunkgeräten regelten. Im zweiten Geschäftsjahr betrug der Jahresumsatz der Ithaca-Verkaufsstelle mehr als 500 000 Dollar und war doppelt so hoch wie der durchschnittliche Umsatz der übrigen McDonald's Mitte der 60er Jahre.

Die richtigen Grundstücke und Eigentümer zu finden, die gewillt waren, sie zu verpachten, erwies sich nicht als die größte Herausforderung, mit der sich McDonald's konfrontiert sah, als man sich anschickte, Sonneborns Immobilienpolitik in die Praxis umzusetzen. Weit schwieriger war die Aufgabe, das für Immobilienkäufe nötige Kapital zu beschaffen. Sonneborn hatte 1956 geplant, sowohl die Grundstücke als auch die daraufstehenden Gebäude zu pachten. Aber schon nach kurzer Zeit war auch der Kauf von Grundstücken und Gebäuden in seinen ehrgeizigen Plänen vorgesehen.

Angesichts der schwachen Finanzlage des Unternehmens schien die Idee, Immobilien zu kaufen, noch gewagter als das Vorhaben, durch Pacht den Grundstücksmarkt zu beherrschen. Um Grundbesitz zu erwerben, brauchte McDonald's Hypotheken von den Banken, die weit weniger risikofreudig als Grundstückseigentümer waren. »Das Grundkonzept der Banken besteht darin, nur den Leuten Geld zu leihen, die es nicht brauchen«, meinte Sonneborn. »Die Leute, die Geld benötigen, sind ein Risikofaktor, und keine Bank ist daran interessiert, ihr Geld in Risiken zu investieren.«

Da sich die Banken wenig kooperativ zeigten, mußten Sonneborn auf die größere Bereitschaft der Grundstückseigentümer setzen, ihr Land langfristig zu optimalen Konditionen zu verpachten. Das Pachtland diente als Sicherheit für die Kredite, mit denen er den Bau der Restaurants finanzieren wollte. Sonneborn wußte, daß die Banken die Gebäude niemals als Sicherheit akzeptiert hätten, da sie nur als McDonald's-Restaurants nutzbar waren, und daß sie einer Kette, die Hamburger für 15 Cents verkaufte, ganz geringe Überlebenschancen einräumten. Aber wenn es ihm gelang, die Grundstückseigentümer zum Verzicht auf ihr erstes Recht auf dem Land zu bewegen, falls McDonald's mit der Bedingung der Hypotheken in Verzug geraten sollte, würden die Banken aufmerksam.

Der Plan war verwegen, aber McDonald's fand tatsächlich genügend Grundstückseigentümer, die sich mit den Bedingungen einverstanden erklärten, weil sie nirgendwo eine höhere Rendite erzielen konnten. McDonald's-Restaurants rückten aufgrund ihrer Umsatzstärke immer mehr in den Blickpunkt des Interesses. Zwar konnten nicht alle einen Bruttogewinn von 50 000 Dollar pro Jahr vorweisen – wie beispielsweise Agate in Waukegan, Taylor in Newington oder Gibson und Goldstein in Washington, D.C. –, aber in eine prekäre Finanzlage geriet – außer den Franchisenehmer Cole/Garrett in Dallas – keines der Restaurants.

Ende der 50er Jahre hatte McDonald's genügend Grundstückseigentümer gefunden, die sich mit den Pachtkonditionen einverstanden erklärten. Das war für Sonneborn das Signal, die nächste Phase seines Planes einzuleiten, nämlich selbst Land zu kaufen. Die Franchise Realty verpachtete das Land an die Franchisenehmer und verlangte eine Kaution von 10 000 Dollar, die bald darauf auf 15 000 Dollar erhöht wurde. Dadurch verbesserte sich schlagartig die Cash flow, und Sonneborn konnte das Land auf Teilzahlungsbasis erwerben und mit den Kautionen der Franchisenehmer die Anzahlung leisten. Der Plan war im Grunde so vermessen, daß er nur von einem so absolut kühlen Rechner und einem Mann mit so starken Nerven wie Sonneborn stammen konnte, denn schließlich kaufte McDonald's Land von dem Geld der Franchisenehmer und verpachtete es dann noch an sie. Das für den Landkauf nötige Kapital lieferte letztlich der Grundstückseigentümer, der auf das erste Recht auf das Grundstück verzichtete, damit McDonald's eine Hypothek bei den Banken aufnehmen konnte. Solange das Hamburger-Geschäft florierte war, – dank Sonneborns Idee – der Fortbestand des McDonald'sschen Immoblien-Imperiums gesichert. »Wir haben ausschließlich mit Fremdkapital gearbeitet und selber keinen einzigen Nickel investiert«, erklärte Sonneborn später stolz.

McDonald's mußte aber nicht nur Grundstückseigentümer finden, die bereit waren, die Konditionen zu akzeptieren, sondern auch Banken, die ihm die nötigen Kredite bewilligten. Auch dabei zeigten die firmeninternen Immobilienspezialisten erstaunlichen Einfallsreichtum. 1959 stellte Sonneborn einen gewieften, einunddreißig Jahre alten Anwalt namens John Jursich ein, der sich auf Immobilienrecht spezialisiert hatte und nun schließlich mit der Kreditbeschaffung befaßt war. Trotz seiner Jugend fehlte es ihm nicht an der nötigen Erfahrung. Mit zweiundzwanzig hatte er sein Examen an der renommierten De Paul University gemacht und in den neun Jahren Berufspraxis einen ganz eigenen Stil entwickelt. Bevor er seinen Fulltimejob in Sonneborns Team übernahm, hatte er für eine Maklerfirma gearbeitet und u. a. auch deren Klienten McDonald's-Kredite beschafft und beachtliche Provisionen kassiert. Sonneborn blieb gar keine andere Wahl, als den Mann reich zu machen – oder einzustellen.

Jursichs Stil ließ sich durchaus mit dem Schubots vergleichen. Er bettelte bei den Banken nicht um Kredite, er forderte sie. Als er seine Stellung antrat, hatte McDonald's mit den großen Chicagoer Banken keinen Kontakt: Kroc hatte seine Geschäfts- und Privatkonten von der Harris Bank in Chicago der American National Bank übertragen, weil die Harris Bank sich geweigert hatte, ihm den Kredit von 25 000 Dollar zu bewilligen, den er als Einstieg bei McDonald's brauchte.

Da Jursich es für aussichtslos hielt, bei den Großbanken in Chicago Kredite für den Ankauf von Land mit mehreren McDonald's-Restaurants zu beschaffen, konzentrierte er sich zunächst auf die Banken und Kreditinstitute in den Kleinstädten, in denen ein Lokal geplant war. Jursich verfolgte damit lediglich dieselbe Politik wie Kroc, der sich vornehmlich auf die Erschließung der Märkte in Vor- und Kleinstädten konzentrierte. Er ging davon aus, daß die örtlichen Banken ein wirtschaftliches Interesse an einem Unternehmen haben müßten, das im Schnitt fünfunddreißig neue Arbeitsplätze schuf.

Jursich wußte auch, daß die kleinen Banken aufgrund der geringen lokalen Kreditnachfrage überschüssige Einlagen hatten, die sie zu einem Niedrigzinssatz bei den Sammelbanken deponierten. Deshalb rechnete Jursich damit, daß sie einen höheren Zinssatz vorziehen würden – ähnlich wie Schubot, der mit seinem überdurchschnittlich hohen Pachtzins bei den Grundstückseigentümern sein Ziel erreichte. »Jeder Mensch ist auf seinen Vorteil bedacht, und ich gab den Banken die Chance, ihren Vorteil zu wahren«, meinte Jursich unbekümmert. Die Spar- und Darlehenskassen, die für Eigenheimhypotheken normalerweise um die 5 % Zinsen verlangten, wurden hellhörig, als Jursich ihnen für eine Hypothek mit einer Laufzeit von zehn Jahren 7 % Zinsen bot plus eine Courtage in Höhe von 5 %. Die meisten waren von diesem lukrativen Geschäft so angetan, daß sie ihre Vorurteile gegenüber dem riskanten Gastronomie-Gewerbe kurzerhand beiseite schoben. Manche der Bankdirektoren hatten so wenig Erfahrung mit Geschäftskrediten, daß sie sogar Jursichs Angebot, die Verträge für sie aufzusetzen, akzeptierten.

Auch bei anderen örtlichen Banken war Jursich erfolgreich. Er sicherte ihnen zu, daß die Restaurant-Inhaber ihre Einnahmen bei der Bank deponieren würden, die McDonald's das für den Bau benötigte Darlehen von 40 000 Dollar bewilligte. Er zeigte den Bankdirektoren sogar die Kontoauszüge von Franchisenehmern, die im Schnitt ein Guthaben von 15 000 Dollar auswiesen. Dabei stellte er die Schlüsselfrage: »Nennen Sie mir nur einen Kunden, der ein Drittel des Debets als Saldo vorweisen kann!«

Jursichs Arbeitsstil war genauso wohlüberlegt wie die Kreditkonditionen, die er aushandelte. Ebenso wie das Immobilien-Team reiste auch er im firmeneigenen Flugzeug an, und das allein trug dazu bei, das negative Image, das die gesamte Fast food-Branche bei den Anlegern hatte, abzubauen. Er betrat die Banken in einem konservativen Anzug mit Weste, in der Hand einen Aktenkoffer, prall gefüllt mit Farbfotografien von neuen McDonald's-Restaurants, Umsatzberichten und anderen Unterlagen, die die Liquidität des Unternehmens dokumentieren sollten. Er verhandelte grundsätzlich nur mit dem Bankdirektor. »Ich wollte schließlich einen Kredit, für dessen Vergabe es noch keine Vorschriften gab, und rangniedrigere Bankangestellte halten sich immer an die Vorschriften. Der einzige, der sich eine Ausnahme erlauben darf, ist der Mann an der Spitze.«

Mit dieser Einstellung verursachte Jursich nicht selten einen Aufruhr. Als der Vizepräsident der Tucson Federal Savings and Loan Bank mit ihm verhandeln wollte – was Jursich ablehnte-, teilte man ihm mit, daß der Präsident bereits neunzig Jahre alt sei, sich nur eine Stunde am Tag in der Bank aufhielt und für Kredite nicht zuständig sei. Jursich drohte gerade damit, zu gehen, als der Präsident den Schauplatz betrat und sich offensichtlich geschmeichelt fühlte, daß ein Geschäftsmann aus Chicago gekommen war und nur ihn zu sehen wünschte. Bei einem gemeinsamen Mittagessen bombardierte er Jursich mit seinen Erinnerungen, wie er z. B. während der mexikanischen Revolution als Pancho Villas ›Privatbankier‹ Geld für diesen über die Grenze schaffte. Als die beiden nach dem Essen in die Bank zurückkamen, empfing der Vizepräsident sie mit finsterem Blick. Jursich nahm davon keine Notiz, den Kredit hatte der Präsident bereits bewilligt.

Jursich zeigte auch keine Hemmungen, die Finanzchefs ›in die Enge zu treiben‹. Als der Präsident einer Bank in Mobile, Alabama, den Kredit verweigerte, blätterte Jursich den Jahresbericht der Bank durch und fragte ganz beiläufig: »Ist das die Liste mit den Namen sämtlicher Direktoren?« Als das bestätigt wurde, meinte er: »Gut, dann werde ich sie alle der Reihe nach anrufen.« »Wozu?« wollte der Präsident wissen. »Sie halten vielleicht nichts davon, uns den Kredit zu bewilligen, aber ich wette, Ihre Direktoren sind da anderer Meinung.« Jursich machte Anstalten, zu gehen. Der Direktor rief ihn zurück, und der Vertrag wurde aufgesetzt.

Solche Methoden mögen etwas unkonventionell erscheinen, aber McDonald's blieb gar keine andere Wahl. Jursich und die anderen Immobilien-Experten zeigten die Bilanzen von McDonald's nur dann, wenn die Kapitalgeber und Grundstückseigentümer darauf bestanden. Sie erweckten durch ihr Verhalten zwar den Anschein, als ob die Kette finanziell auf ›gesicherten Füßen‹ stand, aber das entsprach, wie aus den Bilanzen ersichtlich, keineswegs den Tatsachen. Zwar war der Umsatz der Restaurants vielversprechend, aber das Unternehmen selbst konnte überhaupt kein Einkommen vorweisen, weil es ständig in die Entwicklung des Systems investierte. Selbst Ende der 50er Jahre war es trotz der neuen Immobilien-Strategie nicht gelungen, der anämischen Bilanz ein etwas gesunderes Aussehen zu geben. Anfang 1958, als Sonneborns Bemühungen um Kredite für Grundstückskäufe begannen, hatte McDonald's einen Nettowert von nicht mehr als 24 000 Dollar. Die Erträge des Vorjahres beliefen sich auf 26 000 Dollar und setzten sich vornehmlich aus den Eintrittsgebühren neuer Franchisenehmer zusammen. Im Jahr davor hatte es sogar 7000 Dollar Verlust zu verzeichnen. Zu der Zeit gehörten nur 38 Restaurants zur

Kette, wobei die Mehrzahl der Grundstücke und Gebäude noch gepachtet war. 1958 plante man den Bau 50 weiterer Restaurants; das Land sollte zum größten Teil gekauft werden. McDonald's verfügte somit über Immobilien im Werte von 3,5 Millionen Dollar. Kaum jemand hatte damals geglaubt, daß es dem Unternehmen gelingen könnte, auf diesem brüchigen Fundament ein Immobilien-Imperium aufzubauen. Aber McDonald's schaffte es, und in den nächsten beiden Jahren expandierte die Kette in einem atemberaubenden Tempo. Ende 1960 gab es bereits 228 Restaurants, wobei außer 56 Lokalen alle auf firmeneigenen Grundstücken standen. Der Wert der Immobilien belief sich auf insgesamt 16 Millionen Dollar.

Dieses ungeheure Wachstum war nicht nur Sonneborns unerschrockenem Team oder Krocs Enthusiasmus zu verdanken. Um in den Besitz der Immobilien zu gelangen, mußte McDonald's mit hartgesottenen, extrem skeptischen Anlegern verhandeln, die sich nur schwer beeindrucken ließen. Im Laufe der Zeit stellte Sonneborn fest, daß er Kapitalgeber großen Stils brauchte, die bereit waren, zehn und mehr McDonald's auf einmal zu finanzieren. Wegen eines einzelnen Restaurants jedesmal mit Grundstückseigentümern und Banken zu verhandeln war einfach zu zeitraubend und bremste McDonald's Wachstum.

Um Großanleger an Land zu ziehen, mußten die McDonald's-Bilanzen positiver aussehen, das war Sonneborn klar. Diese Erkenntnis wollte er beim nächsten Restaurant sofort in die Tat umsetzen, aber 1958 spielte McDonald's, finanziell gesehen, noch in der zweiten Liga. Um für Großbanken kreditwürdig zu sein, mußten McDonald's-Bilanzen vorteilhafter aussehen, sonst würden seine ehrgeizigen Immobilien-Pläne Utopie bleiben. Sonneborn fand eine einfache Problemlösung: die Entwicklung völlig neuer Bilanzierungsmethoden, die den Vermögensstand in ein vorteilhaftes Licht rückten.

Sonneborn war auf diese ›kosmetische Korrektur‹ dringend angewiesen. Schon in den ersten Kreditgesprächen hatte er, wie er später selbst zugab, die Zahlen von Krocs

Restaurant in Des Plaines leicht verschönt. »Ich habe die Kosten ein bißchen niedriger und die Erträge ein wenig höher angesetzt. Gerade auf dem Grundstücksmarkt braucht man tadellose Bilanzen, und die hatte das McDonald's-Lokal in Des Plaines nicht vorzuweisen«, gestand Sonneborn.

Seine ›kosmetischen Veränderungen‹ waren natürlich völlig legal; aber wie zwei Köche, die aus denselben Zutaten zwei völlig unterschiedliche Gerichte zaubern, so kann man auch Bilanzen und Umsatzübersichten aus einer unterschiedlichen Perspektive darstellen. Sonneborn brauchte dringend vorteilhafte Bilanzen, und deshalb auch einen Mann, der das Rechnungswesen perfekt beherrschte und die Zahlen zugunsten von McDonald's zu interpretieren verstand. Er fand ihn in Richard J. Boylan, einem Anwalt und Buchprüfer, der acht Jahre lang im Finanzamt in der Einkommensteuer-, Erwerbssteuer- und Schenkungssteuerabteilung gearbeitet hatte, bevor er 1958 zu McDonald's ging. Als Jurist und Experte auf dem Gebiet der Grundstücksbewertung und -besteuerung war er bestens für die ihm von Sonneborn zugedachte Aufgabe geeignet.

Boylan verwandte bei der Taxierung des Realwertes die bei den Finanzbehörden üblichen Methoden. Genauso wie das Finanzamt in künftigen Einnahmen aus einem Nachlaß einen aktuellen Wert sieht, war Boylan der Meinung, daß die zu erwartenden Pachteinnahmen von McDonald's den Aktiva des Unternehmens zuzurechnen seien. Da diese Summe zehnmal höher war als die laufenden jährlichen Pachteinnahmen, hatte Boylan eine Möglichkeit entdeckt, den Bilanzen ein freundlicheres Aussehen zu geben. Es gab dabei nur ein Problem: Pachteinnahmen waren damals in den für alle Unternehmen geltenden Bilanzierungsrichtlinien – den GAAP – (Generally Accepted Accounting Principles) nicht als Kapitalisierungsfaktor vorgesehen.

Boylan kam zu der Schlußfolgerung, daß bei dieser Form der Taxierung der Realwert der McDonald's-Immobilien nicht berücksichtigt wurde. Da die gepachteten Grundstücke und Gebäude mit einem Aufpreis an die Franchisenehmer weiterverpachtet wurden, stellten sie eine kontinuierliche

Einkommensquelle dar, die mit jedem neu eröffneten Mc-Donald's-Restaurant wuchs. Boylan konnte Doty and Doty, eine in Chicago ansässige Revisionsfirma, die für das Mc-Donald's arbeitete, überreden, die Pachtverträge als Kapitalisierungsfaktor und das daraus zu erwartende Einkommen als Vermögenswert aufzuführen. Dadurch wurde das McDonald'ssche Betriebsvermögen ballonartig aufgebläht. 1960 zeigen die Bilanzen ein Gesamtvermögen von 12,4 Millionen Dollar, viermal soviel wie im Vorjahr. Diese drastische Veränderung war vornehmlich einem mysteriös klingenden Eintrag zu verdanken: dem geschätzten Zuwachs an unrealisierten Unternehmenswerten, womit Pachteinnahmen in Höhe von 5,8 Millionen Dollar gemeint waren.

Diese Bilanzierungsmethode, die die Aktiva von Mc-Donald's erheblich verbesserte, wurde bis 1964 beibehalten. Als McDonald's sich auf den Eintritt an die Börse vorbereitete, mußte es, den Regeln der Wall Street entsprechend, eine der anerkannten Revisionsfirmen – Arthur Young und Company – engagieren. Arthur Young lehnte Boylans Bilanzierungsmethoden strikt ab, und so war McDonald's gezwungen, 1964 auf die Hälfte der in der Vorjahresbilanz aufgeführten Vermögenswerte in Höhe von 17,4 Millionen Dollar zu verzichten. Aber zu diesem Zeitpunkt hatte der Kapitalisierungsfaktor ›Pacht‹ seinen Zweck – Sonneborn die Kreditbeschaffung für den Bau von mehreren McDonald's zu erleichtern – bereits erfüllt. »Uns blieb gar nichts übrig, als den Investoren auf diese Weise die Rentabilität unserer Immobilienprojekte vor Augen zu führen«, meinte Boylan.

Boylan war ebenso erfinderisch, wenn es um die Erträge von McDonald's ging. Obwohl die Kette beachtlich expandierte und die Franchisenehmer nicht wenig verdienten, waren die Erträge des Konzerns gering, weil die Kosten der Systemerweiterung in der Bilanz auftauchten, bevor die Einkünfte von neuen McDonald's-Restaurants zu Buche schlugen. 1958, als der Konzern ins Immobiliengeschäft einstieg, waren die Gewinne praktisch gleich Null. Obwohl der Umsatz des gesamten Systems sich in diesem Jahr verdoppelt hatte und auf zehn Millionen Dollar gestiegen war, betrug das Nettoeinkommen des Unternehmens nicht mehr als 12 000 Dollar, weniger als die Hälfte des Vorjahres. »Bei einer derartigen ungesunden Ertragslage kann ich keine Kredite beschaffen«, stöhnte Sonneborn. »Wir müssen etwas unternehmen.«

Boylan nahm die Kostenexplosion bei der Baulanderschließung ins Visier. Er konnte die Kosten zwar nicht reduzieren, aber nach Möglichkeiten suchen, sie in der Einkommensteuererklärung weniger bedrohlich darzustellen. Bisher hatte McDonald's, den Bilanzierungsrichtlinien entsprechend, die Erschließungskosten bei Fälligkeit aufgeführt. Boylan schlug vor, sie erst neun Monate später, wenn das Land tatsächlich erschlossen war, als Einkünfte zu bilanzieren. Kosten und Erträge sollten nach Boylans Meinung aufeinander abgestimmt sein, und die Grundstückskosten begannen erst dann Erträge abzuwerfen, wenn ein neues Restaurant eröffnet war. Aus demselben Grund kapitalisierte Boylan auch die Hypothekenzinsen während der Errichtung eines Restaurants und tilgte diese während der Laufzeit der Franchiseverträge, also auf zwanzig Jahre verteilt. Durch diese Änderung bei der Buchung der Entwicklungskosten verbesserte Boylan angesichts der schnellen Expansion von McDonald's die Ertragslage des Unternehmens wie durch Zauberhand: Die Bilanzen wiesen Gewinne auf, die vorher nicht existierten.

Keine dieser Buchungsmethoden waren nach den damaligen Bilanzierungsrichtlinien zulässig, aber da Boylan es schaffte, die Revisionsfirma Doty and Doty zu seiner Methode zu ›bekehren‹, machten sich 1960 bereits die ersten Auswirkungen in der Einkommensteuererklärung bemerkbar. In diesem Rechnungsjahr konnte McDonald's ein Nettoeinkommen von 109 000 Dollar vorweisen – ungefähr zehnmal soviel wie 1958. Die Tatsache, daß Boylans System sich nicht mit den Bilanzierungsrichtlinien vereinbaren ließ, störte Sonneborn wenig. Er wollte schließlich die Bankiers, und nicht die Buchhalter beeindrucken. Sonneborn erklärte: »Das war ein wirksamer Trick, den Boylan sich da mit der

Kapitalisierung der künftigen Pachterträge ausgedacht hatte. Die Banken waren irritiert, denn so etwas hatten sie noch nie gesehen, aber dadurch konnten wir unsere Kredite beschaffen.«

McDonald's machte aus seinen neuartigen Bilanzierungsmethoden keinen Hehl, aber die in den Fußnoten angegebenen Erläuterungen verblaßten neben den imposanten Zahlen. »Wer liest schon das Kleingedruckte?« meinte Gerry Newman, stellvertretender Vorstandsvorsitzender und Leiter des Rechnungswesens. »Unsere Zahlen wirkten zwar ein wenig seltsam, aber ohne sie hätten wir nicht das Kapital aufgebracht, das wir zur Expansion brauchten, denn wir konnten keine realen Gewinne vorweisen. Aber sämtliche Zahlen waren belegbar und nicht unserer Fantasie entsprungen.«

Boylans Methode stellte keine Verletzung der Grundsätze des Rechnungswesens dar, lediglich eine Abweichung von den Standardmethoden. Später wurden diese Innovationen nicht nur von anderen Firmen übernommen, sondern auch zum Teil in den allgemeinen anerkannten Bilanzierungsrichtlinien verankert, einschließlich der Methode der Kapitalisierung von Zinsen auf die Herstellungskosten.

Diese Korrekturen bewirkten zwar ein respektierlicheres Aussehen der Bilanzen, lösten aber nicht eines der schwerwiegendsten finanziellen Probleme: den ständigen Bargeldmangel. Es ist erwiesen, daß die meisten jungen Unternehmen mit ehrgeizigen Zielen zeitweilig darunter leiden, aber die ersten Franchisegeber in der Fast food-Branche waren selten davon betroffen. Für sie erforderte Fast food-Franchising wenig Investitionen, um auf Anhieb sofortige Gewinne durch den Verkauf von Franchisen zu verbuchen, und die meisten investierten nicht, um auf größere Investitionen auf eine langfristig gesunde Ertragslage hinzuarbeiten. Sie stiegen ins Franchise-Geschäft ein, kassierten ab und verschwanden.

Kroc widerstand der Versuchung solcher schnellen Gewinne. Sein Plan, ein partnerschaftliches und dauerhaftes System zu schaffen, verlangte, daß McDonald's mindestens sechs ›magere‹ Jahre durchstehen und auf Gewinne verzichten mußte. Obwohl die Kette in den 60er Jahren Hamburger, Pommes frites und Milchshakes im Wert von 75 Millionen Dollar umgesetzt hatte, konnte McDonald's in den ersten sechs Jahren nicht mehr als 159 000 Dollar Gewinn verbuchen. Ende der 60er Jahre hatte die Kette zwar schon 228 arbeitende Verkaufsfilialen – mehr als jede andere in der Branche – aber das Eigenkapital des Unternehmens wurde auf nur 95 000 Dollar geschätzt. Und nur Boylans Bilanzierungsmethoden war zu verdanken, daß man überhaupt Gewinne vorweisen konnte. Ray Kroc bezog zu diesem Zeitpunkt noch gar kein Gehalt von McDonald's; und wären nicht die Bezüge in Höhe von 1000 Dollar pro Monat aus seiner Prince-Castle-Firma und die 500 Dollar aus einem Restaurant in Des Plaines gewesen, hätte der Gerichtsvollzieher wohl nicht lange auf sich warten lassen. Sonneborn, der ranghöchste McDonald's-Mitarbeiter, erhielt als Präsident eines Unternehmens mit vierzig Angestellten und höchstbezahlter Experten ein bescheidenes Jahresgehalt von 27 500 Dollar; andere Führungskräfte, wie beispielsweise Fred Turner, als Vizepräsident der Betriebsabteilung, nur 10 500 Dollar im Jahr.

So bescheiden die Gehälter auch waren, sie überforderten gelegentlich den kläglichen Bargeldzufluß des Unternehmens. Ob die Gehälter auch wirklich jede Woche – wie damals üblich – gezahlt werden konnten, war nicht immer sicher, Sonneborns Grundstückpolitik begann zwar ›die ersten Früchte zu tragen‹, aber sie konnte kaum Schritt halten mit der doppelten Aufgabe, betriebliche Verbesserungen durchzuführen und die Grundstückinvestitionen zu tätigen. Vor dem Zahltag rief June Martino in ihrer Verzweiflung häufig die Franchisenehmer an, um sie an die Entrichtung der fälligen Lizenzgebühren zu erinnern. Wenn auch dieses Geld nicht ausreichte, um die Gehälter voll zu zahlen, wandte sich Conley, der Vizepräsident der Lizenzabteilung, an künftige Franchisenehmer, die bei McDonald's auf der Warteliste standen. Wer die gesamte Kaution von 10 000 Dollar oder zumindest einen Großteil der Summe sofort überweisen konnte, erhielt von ihm die Zusicherung, der nächste zu sein, der ein Restaurant eröffnen konnte.

Derartige Krisensituationen bei Gehaltszahlungen ergaben sich immer wieder, trotz Sonneborns Anweisung, keine Rechnungen über 1000 Dollar auf einmal zu zahlen und damit so lange zu warten, bis die Gehälter gesichert waren. Aber Sonneborn selbst machte es Gerry Newman schwer, das ›Unternehmenskonto‹ auszugleichen. Sonneborn, der den größten Teil seiner Zeit während der fünfjährigen Tätigkeit für McDonald's auf Reisen verbrachte, trug ständig einige Blankoschecks in der Tasche, um die Anzahlungen auf Grundstücke leisten zu können. Manchmal vergaß er, Newman zu erzählen, in welcher Höhe er das Konto wieder einmal belastet hatte, und als Newman es herausfand, war für die Gehaltszahlungen nichts mehr übrig.

An einem Freitag, dem ›Zahltag‹ bei McDonald's, stellte Newman nachmittags um drei fest, daß es wieder einmal soweit war und keine der üblichen Geldquellen angezapft werden konnte. Das Topmanagement befand sich bereits außer Haus, und Newman mußte allein entscheiden, ob er ›ungedeckte Schecks‹ ausstellen oder gegenüber den Antragsstellern zugeben sollte, daß die Geldkassetten leer waren. Keine der Alternativen schien Newman besonders erfreulich; deshalb verfaßte er ein Rundschreiben an die Mitarbeiter, das ebenso kreativ war wie Boylans Bilanzierungsmethode. Obwohl er keinerlei formale Befugnisse hatte, in die Gehaltspolitik von McDonald's einzugreifen, kündigte er an, daß ab sofort die Gehälter nicht mehr wöchentlich, sondern im vierzehntägigen Turnus ausgezahlt würden. Die Finanzkrise war überstanden, weil dieser besagte Freitag als Zahltag einfach gestrichen wurde. Seither werden die McDonald's-Gehälter alle vierzehn Tage statt wöchentlich gezahlt.

Diese Schwierigkeiten verblaßten aber neben der Finanzkrise, die sich 1959 abzuzeichnen begann. Eine Baufirma aus Milwaukee, die für eine von McDonald's beauftragte Grundstückserschließungsgesellschaft gearbeitet hatte, schickte Sonneborn ihre Rechnung. Zunächst nahm dieser wenig Notiz davon, aber als ähnliche Forderungen von Firmen, die im Auftrag derselben Erschließungsgesellschaft gearbeitet hatten, sich häuften, sah sich McDonald's plötzlich mit den Risiken der Sonnebornschen Grundstückspolitik konfrontiert. Wenn ein Franchisenehmer nicht den gewünschten Erfolg hatte und ausschied, büßte McDonald's lediglich die Servicegebühren ein. Die eigentlichen Verlierer waren der Lizenznehmer, der jetzt auf der Straße stand, und der Grundstückseigentümer, der ein leerstehendes, für andere gewerbliche Zwecke ungeeignetes Gebäude besaß. Aber wenn McDonald's selbst als Grundstückseigentümer eingetragen war, hatte das Unternehmen auch die finanziellen Risiken zu tragen.

Wie groß das Risiko war, merkte man erst, als die Erschließungsfirma, General Associates, ihren Verpflichtungen nicht nachgekommen war. Clem Bohr, der Firmenleiter, hatte sich damit einverstanden erklärt, Grundstücke zu kaufen und mit dem Bau von neun Drive-ins zu beginnen. Die Kautionen der Franchisenehmer sollten als Anzahlung für die Kaufsumme dienen. Bohr hatte geplant, die Grundstückseigentümer zur Zusammenarbeit mit den Banken zu überreden, die bereit waren, General Association Kredite für den Bau der rot-weißen McDonald's-Lokale zu gewähren. McDonald's sollte General Associates Land und Gebäude innerhalb von zehn Jahren auf Raten abkaufen – ein Plan, der so recht nach Sonneborns Geschmack war: Mit geringen Anfangsinvestitionen würde McDonald's zum erstenmal in den Besitz von Land und Gebäuden kommen.

Aber was auf dem Papier zu fantastisch aussah, sollte für Sonneborn bald zum Alptraum werden. Bohr hatte, mit den Kautionen der McDonald's-Franchisenehmer als Anzahlung, Land gekauft und verschiedene Firmen mit den Bauarbeiten beauftragt. Aus Gründen, die bis heute unklar sind, konnte er jedoch die nötigen Hypotheken nicht beschaffen. Bis Herbst 1959 hatten die Bauunternehmen noch kein Geld erhalten und weigerten sich daher, weiterzuarbeiten, und, was noch schlimmer war, Bohr war von der Bildfläche verschwunden.

Das war für McDonald's keine Krise mehr, sondern eine

Katastrophe. Die sieben Restaurants in Wisconsin und zwei in Ohio, die Bohr bauen sollte, waren Sonneborns größtes Grundstücksgeschäft und stellten eine Expansion der Kette um 10 % dar. Die ausstehenden Zahlungen allein an die Baufirmen beliefen sich auf ca. 400 000 Dollar, ganz zu schweigen von der Summe, die noch an die Grundstückseigentümer zu zahlen war. Die Kautionen der Franchisenehmer waren bereits investiert, was weitere Schulden in Höhe von 135 000 Dollar bedeutete. Aus dem vielversprechenden Geschäft waren für das kleine McDonald's eine unvorhergesehene Verbindlichkeit von 500 000 Dollar geworden, die das Zwanzigfache des Firmenvermögens ausmachte. McDonald's war nicht in der Lage, einen Kredit in dieser Höhe aufzutreiben.

Auch wenn Sonneborn die Meinung vertrat, daß der Schuldner Bohr und nicht McDonald's sei – die Baufirmen forderten ihr Geld von McDonald's. Und die Franchisenehmer hatten dem Franchisegeber, und nicht Bohr, ihre Kautionen anvertraut und würden bei ihm ihre Ansprüche geltend machen. Sonneborn sah schon eine unaufhaltsame Prozeßlawine auf sich zukommen, die McDonald's unter sich begraben würde. Wenn er nicht innerhalb der nächsten beiden Monate 500 000 Dollar beschaffen konnte, würde seine Firma – wie zahllose andere aufstrebende Unternehmen – ein Opfer der ›natürlichen Auslese im Fast food-Business‹ werden, wie Anlageberater Robert Emerson es nannte. Und den größten Fehlschlag würde Ray Kroc einstecken müssen, denn gerade in dem Augenblick, in dem sich sein Traum von einer revolutionären Veränderung des amerikanischen Lebensstils zu erfüllen begann, würde das McDonald's gezwungen sein, den Konkurs anzumelden.

Kein Wunder, daß Fred Turner diese Zeit als traumatisch empfand. Das Bohr-Fiasko schuf solch ungeheure Spannungen, daß selbst der emotionslose Sonneborn, der unter Streß eine Ruhe ausstrahlte, die von vielen als Arroganz gedeutet wurde, davon nicht verschont blieb. Von Überheblichkeit konnte bei ihm keine Rede mehr sein. »Ich stand kurz vor dem Selbstmord«, gestand er. »Wir sahen keine Möglichkeit, die Firma aus dieser Sackgasse herauszuführen. Ich habe damals viele schlaflose Nächte verbracht.«

McDonald's brauchte sofort Barkapital, um die Baufirmen zu bezahlen. Sonneborn wandte sich an die Geschäftspartner, die ihm am solventesten schienen – die Zulieferfirmen. Sie hatten sich bisher ›eine goldene Nase‹ am McDonald's verdient und mußten ebenso am Schicksal ihrer wichtigsten Einkommensquelle interessiert sein wie ihr Großabnehmer selbst. Sonneborn wandte sich an fünf Zulieferer – Continental Coffee, Perlman Paper Company, Honey Hill Dairy, Mary Ann Baking und Interstate Foods –, in der Hoffnung, daß sie eine Schuldverschreibung über 25 000 Dollar akzeptieren würden. Er brauchte dazu keinerlei Überredungskünste. »Louie Kuchuris (Inhaber der Brotfirma Mary Ann Baking) wollte nicht einmal einen Schuldschein«, erinnert sich Sonneborn. »Wir aßen zusammen, und er schrieb auf der Stelle einen Scheck aus. Wenn uns unsere Lieferanten nicht unter die Arme gegriffen hätten, hätte McDonald's keine fünf Minuten länger gelebt.«

Die finanzielle ›Spritze‹ von 125 000 Dollar gab Sonneborn die Zeit, sich auf die Suche nach den dringend benötigten Bankkrediten für die Expansion von McDonald's zu machen, ohne die das Unternehmen an den Rand des Bankrotts gekommen wäre.

Im Nachhinein war das Bohr-Fiasko das Beste, was McDonald's passieren konnte. Jetzt war Sonneborn gezwungen, sich mit Banken und professionellen Kreditgebern großen Stils zu befassen. Er verhandelte von nun an in erster Linie mit Versicherungsgesellschaften, Immobilienmaklern und Investmentbanken in La Salle Street, ein Finanzzentrum Chicagos. »Ich hatte meine Fühler überall, ging zu jedem, der mich anhören wollte, ich ging ›betteln‹. Stolz konnte ich mir nicht leisten«, meinte er.

Er verfolgte jeden Hinweis, und einer führte ihn in das Büro von E. E. Ballard, dem Präsidenten der All-American Life and Casualty, einer Lebensversicherungsgesellschaft, die heute als Tochter der U.S. Life zu den größten in den USA zählt. 1959 war All-American ein zwar kleines, aber dank Ballards aggressivem Marketing erfolgreiches Unternehmen gewesen. Ballard schien der Idee, in einer 15-Cents-Hamburger-Kette zu investieren, nicht abgeneigt. Wenige Tage später suchte sein Sohn Kroc auf, um mit ihm über eine Franchise zu verhandeln. Kroc ergriff die Chance, durch diesen Kontakt den älteren Ballard für eine größere Investition zu gewinnen. Kroc und Ballard kannten sich bis zu diesem Zeitpunkt nicht persönlich, obwohl Ballard in Krocs Nachbarschaft wohnte und gelegentlich im Rolling Green Club Golf spielte. Aber Ballard hatte bereits von der neuen Fast food-Kette gehört und war sofort bereit, Kroc zu empfangen.

Jetzt bot sich Kroc die große Chance, seine Firma zu retten, und er setzte all seinen Charme ein. »Was mich vor allem faszinierte«, bemerkte Ballard, »war das Feuer, das Ray besaß. Ich werde nie vergessen, wie perfekt er sein Metier beherrschte. Er wußte genau, was er wollte. Ich bewunderte sein Engagement, seine Integrität und Offenheit.«

Am nächsten Tag schickte Ballard seine Buchprüfer zu McDonald's und obwohl das Bohr-Fiasko unentdeckt blieb, war die ›Bilanz‹, die sie zeigten, alles andere als erfreulich. Trotz fehlender Aktivmasse empfahl Ballard eine Finanzierung sämtlicher neun Restaurants, die Bohr zu bauen begonnen hatte. Die All-American gab McDonald's einen Zehn-Jahres-Kredit in Höhe von 260 000 Dollar, zu einem Zinssatz von 6 %. Da die Grundstückseigentümer ihre Eigentumsrechte gegenüber den Hypotheken der All-American zurückstellten, war das finanzielle Risiko für die Versicherung gering. Das Land hatte nämlich mindestens denselben Wert wie die Gebäude, die All-American finanzierte, wodurch diese genügend gesichert war. Und wenn McDonald's seinen Verpflichtungen nicht nachkommen konnte, würden die Grundstückseigentümer, und nicht die Versicherung, das Nachsehen haben.

Mit Ballard als Fürsprecher wurde der Kredit genehmigt. McDonald's hatte einen Retter gefunden. Wie nahe am Abgrund die Kette damals stand, wußte Ballard nicht. Er machte sich nicht einmal die Mühe, die Bauten, die sein Unternehmen finanzierte, zu inspizieren. »Das klingt, als ob ich allzu vertrauensselig gewesen wäre«, meinte Ballard. »Aber Menschen vom Schlag Ray Krocs konnte man vertrauen. Ray war entschlossen, seinen Unternehmen zum Erfolg zu verhelfen, und ich wußte, er würde es schaffen.«

All-American war der erste institutionelle Geldgeber, und Sonneborn erkannte auf Anhieb, welches Potential sich hier bot. Das McDonald's hatte mit einem Federstrich den Bau von neun Restaurants finanziert, anstatt in mühevoller und zeitraubender Kleinarbeit Grundstückseigentümer oder Kleinstadtbankiers zur Finanzierung eines einzigen McDonald's zu bewegen. Mit Kleinkrediten ließ sich keine landesweit operierende Kette aufbauen.

Sonneborn war sich bewußt – vielleicht eher als jeder andere –, daß der Zugang zu den großen Geldmärkten von zentraler Bedeutung war. Gerade auf den Geldmärkten ist der ›Herdentrieb‹ besonders stark ausgeprägt. Investoren – vor allem auf dem Immobiliengeschäft – legen ihr Geld mit Vorliebe dort an, wo andere bereits investiert haben. Jetzt war Sonneborn in der Lage, den klangvollen Namen der All-American als Referenz vorzuweisen. Und schon bald hatte sich der nächste Investitionswillige gefunden, die Central-Standard-Life-Lebensversicherung, deren Hauptsitz ebenfalls Chicago war.

Versicherungsgesellschaften aus dem Mittleren Westen Amerikas als Kreditgeber zu gewinnen, war zwar ein Erfolg, aber es verlieh McDonald's nicht das finanzielle Prestige, das Sonneborn vorschwebte. Das Unternehmen war nach wie vor eine Drive-in-Kette, ein Aufsteiger in einer Branche, die in der Welt der Hochfinanz geringes Ansehen genoß. Solange es McDonald's nicht gelang, sich von diesem Stigma zu befreien, würde es sich damit abfinden müssen, auf des Messers Schneide zu leben, ständig auf der Suche nach Kapital, und niemals sicher, es zu bekommen. Jetzt konnte Sonneborn auf eine größere Karte setzen: Darlehen von den elitären Kreditgebern der Ostküste. Er hatte sich ein hohes Ziel gesetzt: einen Kredit von einer Million Dollar. Eine geringere Summe hätte zwar auch genügt, aber Sonneborn ging es um den Prestigegewinn, der sich in der Bilanz bemerkbar machen würde.

Der Sieg in diesem ›Pokerspiel‹ fiel Sonneborn in den Schoß. Wenige Monate, nachdem All-American und Central Standard als Kreditgeber gewonnen waren, nahm er Kontakt zu einem kapitalkräftigen Geldgeber aus Manhattan auf. Der Anleger zeigte sich von McDonald's innovativer Immobilienstrategie beeindruckt und zog eine Investition in Erwägung, die Sonneborns kühnste Träume überstieg. Als er nach New York eilte, um den Vertrag abzuschließen, lag auf dem Schreibtisch der Anwälte ein Scheck, der zeigte, wie ernst es dem Mann war: »Zahlbar an die Fa. McDonald's: 22 000 000 Dollar.«

Das war für das McDonald's wie ein Haupttreffer in der Lotterie: Zu Beginn des Jahres stand er kurz vor dem Bankrott, und jetzt sollte es einen Kredit erhalten, der das jährliche Nettoeinkommen um das 350fache überstieg. Für 22 Millionen Dollar ließen sich mehr als 200 neue McDonald's-Lokale bauen, womit sich die Kette um das Doppelte vergrößerte. Ich habe es geschafft, dachte Sonneborn, als er die Anwälte begrüßte. In diesem Augenblick klingelte das Telefon. Der Anleger war am Apparat. »Ich möchte ein paar geringfügige Veränderungen in den Vertrag aufnehmen«, erklärte er Sonneborn. Er verlangte, buchstäblich alles zu ändern, und die neuen Bedingungen waren für das McDonald's so ungünstig, daß weder die Franchisenehmer noch der Franchisegeber einen angemessenen Verdienst gehabt hätten. »Als ich Sie kennenlernte, habe ich geglaubt, es mit seriösen Geschäftsleuten zu tun zu haben«, sagte Sonneborn und stand auf. »Jetzt weiß ich, daß ich an Gangster geraten bin.« Damit verließ er die Kanzlei. Seine Enttäuschung verbarg er hinter seiner bravourösen Replik. Er war am Boden zerstört. Er hatte gehofft, die Kanzlei als Sieger zu verlassen. Als Geschlagener kehrte er in sein Hotel zurück.

Sonneborns Verzweiflung war nicht von langer Dauer. Er hatte ein dichtes Netzwerk von Kontakten geknüpft, und es war nur eine Sache der Zeit, bis sich ihm das ›Tor zum Osten‹ öffnen mußte. Nicht lange nach der Niederlage in

New York fand Sonneborn ›seinen Mann‹. Sein Name war Milton Goldstandt; er erfüllte keine der Voraussetzungen, die Sonneborn für notwendig hielt: Zum einen stammte er nicht aus dem Osten Amerikas, sondern aus Chicago, und zum anderen war er kein Banker, sondern in der Lebensversicherungsbranche. Aber Kroc hatte gehört, daß er unter Umständen die richtigen Kontakte knüpfen könne und bestand darauf, daß Sonneborn diesem Hinweis nachging.

Sonneborn fand heraus, daß Goldstandt nicht nur Versicherungsagent war sondern die besten Verbindungen zum Topmanagement des John-Hancock-Konzerns hatte, das die Investitionspolitik des Hauses bestimmte. Goldstandt kam die Funktion eines ›Hühnerhundes‹ zu, der dem Jäger die Beute zutreibt – wie es ein Kenner der Bostoner Banker-Szene einmal umschrieb. Im Rahmen seiner Vermittlungstätigkeit hatte er die besten Kontakte zu finanzstarken Klienten. Die vielversprechendsten vermittelte er an seinen guten Freund Lee Stack, den Vizepräsidenten der Investment-Abteilung von Hancock, der im Laufe der Zeit ein innovatives und hochkarätiges Investment-Portfolio mit Steuervorteilen für reiche Anleger zusammengestellt hatte. Stack gehörte zweifellos nicht zu denen, die nur erstklassigen Unternehmern eine Chance gaben.

Als Sonneborn Goldstandt von McDonald's finanziellen Engpaß berichtete, trug dieser das Anliegen sofort Stack vor, der inzwischen das Ruhestandsalter erreicht hatte und aus dem Hancock-Konzern aussteigen wollte. Er plante jedoch eine Partnerschaft mit Paine Webber, einem renommierten Börsenmakler, einzugehen und auch weiterhin eine aktive Rolle in Bostons Finanzelite zu spielen. Zu dem kleinen Kreis der Auserwählten gehörten u. a. auch Dick Wilson, Stacks Gegenspieler von der State Mutual Life Insurance; John Gosnell, Leiter der Investment-Abteilung der Paul-Revere-Lebensversicherung, und Bill Brown, Leiter der Kreditabteilung der First National Bank in Boston. Obwohl alle in Firmen arbeiteten, die für ihre konservative Investitionspolitik bekannt waren, teilten Stacks Freunde seine Bereitschaft, ein größeres Risiko einzugehen, um eine höhere Rendite zu erzielen. Sie waren keine Spekulanten, aber ständig auf der Suche nach vielversprechenden jungen Unternehmen, die den hohen Wellengang heil überstanden hatten und nun ruhigere Gewässer anstrebten.

Nach langer Suche hatte Sonneborn endlich die Ader gefunden, die McDonald's den dringend benötigten ›Lebenssaft‹ zu spenden versprach. John Hancock sicherte ihm Hypotheken für 15 McDonald's zu, weitere größere Kredite erhielt er von der First National in Boston. Dieser Erfolg beflügelte ihn. Anfang 1960 bat er Stack um einen Kredit in Höhe von 1,5 Millionen Dollar. Stack trug John Hancock das Anliegen vor, aber sein ehemaliger Arbeitgeber lehnte ab. In seinen Augen war ein Kredit dieser Größenordnung – fünfzehnmal höher als die Vermögenswerte von McDonald's im Jahre 1959 – ein zu großes Risiko, insbesondere für eine Gesellschaft, deren Kunden mit Abschluß einer Lebensversicherung eine langfristige sichere Kapitalanlage suchten. Und McDonald's war alles andere als eine sichere Investition.

Als Hancock ablehnte, wandte sich Stack an Wilson von der State-Mutual-Lebensversicherung. Wilson war interessiert und bat Fred Fedelli zu sich, ein junges und äußerst erfolgreiches Mitglied der Investment-Gruppe. Obwohl dieser mit der Vergabe von Risikokapital wenig Erfahrung hatte, erkannte er das ungeheure Wachstumspotential von McDonald's. Selbst wenn die Wachstumsprognosen, die Sonneborn aufgestellt hatte, um 100 % übertrieben waren, müßte die Kette seiner Ansicht nach in der Lage sein, die Kredite zurückzuzahlen. Ausschlaggebend dafür, McDonald's als Kandidaten in Betracht zu ziehen, war jedoch der fette Bonus, den Sonneborn zu zahlen bereit war, wenn die Gesellschaft sich entschloß, den Kredit zu bewilligen: 20 % Anteil am McDonald's-Kapital. Da keiner der möglichen Geldgeber die Kette kannte, wurde Fedelli nach Chicago entsandt, um vor Ort zu recherchieren.

Sonneborn traktierte ihn mit seinem Lieblingsthema: der Position, die sich das McDonald's auf dem Grundstücksmarkt aufzubauen gedachte. »Harry meinte, ich solle mir keine Sorgen machen. Selbst wenn die Restaurants nicht das hielten, was sie versprachen, wäre da immer noch der Grundbesitz von McDonald's. Er hatte keine Ahnung, wie die Verkaufsstellen funktionierten. Ihn interessierte einzig die Möglichkeit, mit ihrer Hilfe ein Immobilienimperium zu errichten«, erinnert sich Fedelli. Das Argument machte auf ihn ebenso großen Eindruck, ebenso wie Sonneborns Kompetenz im Finanzwesen. Aber er wußte auch, daß er keinen Kredit befürworten würde, nur weil der Kreditnehmer wertvollen Grundbesitz hatte. McDonald's konnte keine ausreichenden Sicherheiten bieten, und wenn die Kette Konkurs anmelden müßte, würden die Ansprüche der State-Mutual-Lebensversicherung allen anderen Forderungen nachgehen. Deshalb war nicht der Grundstückseigentümer, sondern das Leistungsniveau der Restaurants der Schlüsselfaktor, und wenn das sich als schwach erweisen sollte – so schloß Fedelli –, war eine Kreditvergabe nicht zu verantworten.

Um sich ein genaues Bild zu machen, flog Fedelli an den nächsten beiden Tagen in der firmeneigenen Aerocommander zu zwanzig Verkaufsstellen. Als die Inspektion beendet war, stand sein Entschluß fest. »Ein Menü aus Hamburger, Pommes frites und Milchshakes kostete weniger als fünfzig Cents, und das Essen war ausgezeichnet. Das war ein realer Wert. Die Restaurants und Parkplätze waren ungewöhnlich sauber und gepflegt. Das war nicht für meinen Besuch inszeniert, denn ich habe mir mindestens zwanzig McDonald's angesehen, und alle machten denselben ausgezeichneten Eindruck.«

Als Fedelli nach Boston zurückkehrte, überredete er seinen Vater und seinen Bruder, mit ihm nach Newington, Connecticut zu fahren, um das nächstgelegene McDonald's in Augenschein zu nehmen. Er wollte noch ein letztes Restaurant in seiner Heimat inspizieren, bevor er den Kredit befürwortete. Er hatte sich, ohne es zu ahnen, ein Restaurant ausgesucht, das in der McDonald's-Familie Geschichte machen sollte. Es lag an einer Autobahnzahlstelle zwischen Boston und New York und wurde von Reub Taylor geführt, der dabei war, den Umsatzrekord bei McDonald's zu brechen. Während alle anderen Restaurants im Durchschnitt einen Jahresumsatz von 250 000 Dollar vorzuweisen hatten, erreichte er als erster die 500 000-Dollar-Grenze. »Um halb zwölf kamen wir dort an, und der Parkplatz war bereits überfüllt. Vor den beiden Servicefenstern standen die Leute Schlange.«

Das gab den Ausschlag. Fedelli war für den Kredit, nicht, weil ihn Sonneborns Argumente überzeugt hatten, sondern weil ihn Krocs Betriebskonzept faszinierte. »Wenn das Essen schlecht, die Parkplätze mit Abfall und die Kittel der Bedienungen mit Flecken übersät gewesen wären, hätte das McDonald's den Kredit mit Sicherheit nicht bekommen, gleichgültig, was Sonneborn auch in die Waagschale geworfen hätte.«

Auf Fedellis Empfehlung hin schlug Wislon dem Investitionsausschuß McDonald's als Kandidaten vor. Aufgrund des Risikos bestand die State Mutual darauf, daß die Paul-Revere-Lebensversicherung sich mit 1,5 Millionen Dollar an dem Kredit beteiligte. Der Bonus von 20 % der McDonald's-Anteile sollte geteilt werden. Stack und Goldstandt würden 2,5 % Anteile als Provision bekommen.

Es war nicht leicht für McDonald's, die Kreditkonditionen zu akzeptieren und 22,5 % der Firmenanteile aus der Hand zu geben. Einige Manager, u. a. auch John Jursich, der zur Grundstücksabteilung gehörte, waren der Meinung, Kroc würde das Unternehmen ohne Grund verschleudern, denn die Kredite, die McDonald's brauchte, könne es auch in Form von Kleinkrediten bei den lokalen Banken beschaffen. Jursich war über diese Entwicklung so frustriert, daß er kündigte. Auch Kroc war alles andere als erfreut über den ›Ausverkauf‹, aber Sonneborns Argumente gaben ihm zu denken. »Du solltest nicht vergessen, Ray, daß 78 % von etwas besser sind als 100 % von nichts, und was wir bis jetzt erreicht haben, ist nichts«, meinte Sonneborn.

Zu dem Zeitpunkt – 1960 – kannte niemand den genauen Wert der 22,5 %, die Sonneborn geopfert hatte, um sich Zutritt zur Welt der Hochfinanz zu verschaffen. Erst als das McDonald's fünf Jahre später in eine Aktiengesellschaft umgewandelt wurde, stellte sich heraus, daß die Versicherungsgesellschaften das größte Geschäft ihres Lebens gemacht hatten: Sie besaßen McDonald's-Anteile im Wert von 3,3 Millionen Dollar, die sie im Laufe der folgenden zwanzig Jahre wieder abstießen, weil niemand wirklich den Mut hatte, das Glück noch weiter herauszufordern. Die Aktien brachten ihnen eine Rendite von knapp 20 Millionen Dollar, und der Kredit wurde am Ende der 15jährigen Laufzeit pünktlich abgelöst.

Der ›McDonald's-Coup‹ machte Fedelli zu einem der progressivsten Portfolio-Manager und katapultierte ihn 1979 an die Spitze der State Mutual. Noch heute hält er die McDonald's-Investition für die beste, die er je empfohlen hat. Er erzählte stolz: »Es war gar nicht so einfach, eine Gruppe von älteren, konservativen Direktoren zu einem solchen Risiko zu überreden.« Um seinem Überschwang einen Dämpfer aufzusetzen: Er war auch derjenige, der Mitte der 70er Jahre veranlaßte, die Anteile von State Mutual, die damals ca. 12 Millionen Dollar wert waren, zu verkaufen. Hätte das Unternehmen seine 150 000 Aktien – die zu dem Zeitpunkt rund 10 % des gesamten Aktienkapitals ausmachten – behalten, hätte die State Mutual auf einer Goldmine gesessen, denn heute wären diese Aktien mehr als 975 Millionen Dollar wert.

Sonneborn hatte einen teuren Preis für den Prestigegewinn gezahlt, den ein Kredit von den etablierten Lebensversicherungsgesellschaften der Ostküste brachte. Er war so stolz auf seinen Erfolg, daß er das Geld sechs Monate lang nicht anrührte. Die McDonald's-Bilanz bekam dadurch ein so vorteilhaftes Aussehen, daß er damit nun auch die Bankiers überzeugen konnte, die einer Kreditvergabe bisher äußerst skeptisch gegenübergestanden hatten. Als sie sahen, daß renommierte Unternehmen ihr Geld in die Kette investiert hatten, waren auch sie eher bereit, die McDonald's-Verkaufsstellen zu finanzieren. Für eine Firma, die Schulden hat, räsonierte Sonneborn, ist es leichter, noch mehr Schulden zu machen.

Die Kredite der Versicherungsgesellschaften verschafften McDonald's Zutritt zu den etablierten Geldgebern – eine zur damaligen Zeit in der Fast food-Branche einmalige Verbindung. Krocs gastronomische Experten hatten die Kette zur fortschrittlichsten der gesamten Branche gemacht: Sonneborns aggressive Finanzabteilung gab ihr einen meilenweiten Vorsprung vor der Konkurrenz, denn sie hatte das Problem gelöst, das für die noch in den Kinderschuhen steckenden Fast food-Unternehmen am schwerwiegendsten war: das zur Expansion nötige Kapital zu beschaffen. Während die Konkurrenz hart zu kämpfen hatte, um die Finanzierung eines einzigen neuen Restaurants zu sichern, war McDonald's der erste Franchisegeber, der mehrere Lokale gleichzeitig in Betrieb nehmen konnte, der erste, der substantielle Kredite von renommierten Instituten erhielt, und der erste, der durch die Ausgaben eigener Aktien Kapital beschaffte. Der Wettbewerb wurde härter, und der große ›Ausverkauf‹ begann: Burger King ging schließlich an Pillsbury, Burger Chef an General Foods, Pizza Hut und Taco Bell an Pepsico, Red Barn an Servomation, Big Boy an Marriott und Hardee's an Imasco. McDonald's hatte sich durch die Umwandlung in eine AG die finanzielle Unabhängigkeit gesichert. Und es ist Sonneborns Finanzgenie zu verdanken, daß die Aktienmehrheit – und das Schicksal – des Konzerns heute in seinen eigenen Händen liegt, was außer McDonald's nur noch einer einzigen anderen Fast food-Kette gelungen ist: Wendy's International.

Die Kapitalbeschaffung war auch weiterhin kein Kinderspiel. Trotz des Kredites der State Mutual und Paul-Revere-Lebensversicherungsgesellschaft war das Wachstum von McDonald's vom finanziellen Standpunkt aus auch in den nächsten zehn Jahren nicht garantiert. Aber Sonneborn wußte, die schwerste Hürde war mit den ersten großen Krediten genommen; das Tor zur Welt der Hochfinanz hatte sich geöffnet, und McDonald's schritt hindurch, um Ende der 60er/Anfang der 70er Jahre die wohl massivste Expansion in der Geschichte des Einzelhandels zu finanzieren.

»Mit dem 1,5 Millionen-Kredit gab McDonald's einen großen Aktienanteil ab«, räumt Dey Watts ein. Watts arbeitete zunächst bei der Chicagoer Kanzlei Chapman and Cutler, die bei dem Kredit als Versicherungsgeber fungierten, und wurde später von Sonneborn als Anwalt bei McDonald's unter Vertrag genommen. »Andererseits«, so Watts weiter, »erhielt McDonald's aber endlich einen finanziellen Rückhalt, auf dem sich aufbauen ließ. Wenn ein seriöses Institut wie dieses McDonald's ohne Sicherheiten Geld für 7 % lieh, konnte weiteren Krediten, die von handfesten Immobilien gedeckt wurden, nichts im Wege stehen. Durch diesen Kredit wurde McDonald's in der Hochfinanz glaubwürdig, was unabdingbar ist, um ein Unternehmen groß zu machen.«

KAPITEL 8

Die Trennung

Dick McDonald wartete am anderen Ende der Leitung auf eine Antwort. Es kam keine. Zehn Sekunden Schweigen können wie eine Ewigkeit anmuten, und Dick glaubte schon, die Verbindung zu seinem Franchisegeber in Chicago sei unterbrochen. McDonald hatte Ray Kroc gerade eröffnet, daß er ihm die Rechte für den Namen McDonald's und das Fast food-System für 2,7 Millionen Dollar verkaufen wolle; keine Schuldscheine, keine Teilzahlungsbasis – die gesamte Summe in bar.

Die Brüder hatten sich ausgerechnet, daß ihnen nach Abzug der Steuern von dieser Summe je eine Million Dollar bleiben würde, und das war genau die ›Gage‹, die sie für ihre Rolle als Gründer der Fast food-Branche verlangten.

McDonald wurde ungeduldig. »Bist du noch da, Ray?« fragte er. »Hast du den Krach nicht gehört?« erwiderte Kroc. »Ich bin gerade aus dem Fenster gesprungen.«

Kroc war außer sich vor Wut, aber er zeigte es nicht. »Dick, das ist eine Zumutung. Können wir noch einmal über den Preis reden?« Dick blieb stur. »2,7 Millionen Dollar und keinen Cent weniger. Das sind eine Million Dollar für mich, eine Million für Mac und 700 000 für das Finanzamt.«

In dieser Minute schlugen Krocs ohnehin schon seit Jahren zwiespältige Gefühle für die Brüder in Haß um. Dick und Mac mußten wissen, daß er das Geld nicht in so kurzer Zeit aufbringen konnte. »Sie haben den Preis mit Absicht so hoch angesetzt«, meinte Kroc später. »Wenn es mir gelungen wäre, die Summe zu beschaffen, hätten sie sich natürlich die Hände gerieben. Aber im Grunde rechneten sie gar nicht damit.«

Daß die Brüder mit ihrer Annahme recht behielten, schien

mehr als wahrscheinlich. 2,7 Millionen Dollar war für ein Unternehmen wie McDonald's eine astronomische Summe. 1961, als zum erstenmal von einer Trennung die Rede war, hatten die 228 Verkaufsstellen einen Jahresumsatz von 37,8 Millionen Dollar zu verzeichnen; davon erhielten die Brüder 0,5 % – oder 189 000 Dollar – Lizenzgebühren für die Vergabe ihres Namens und des Hamburger Systems. Für den Verzicht auf ihre Rechte verlangten sie das fünfzehnfache ihrer derzeitigen Lizenzeinnahmen.

McDonald's schien kaum in der Lage, die geforderte Summe aufzubringen. Der magere Gewinn des Vorjahres – 77 000 Dollar – konnte sich nicht einmal mit dem Gewinn messen, den die Brüder mit ihrem Restaurant in San Bernardino erwirtschaften konnten (100 000 Dollar). Außerdem hatte McDonald's gerade erst einen Kredit von 1,5 Millionen Dollar von der Bostoner Versicherungsgesellschaft erhalten und war außerstande, weitere Kredite in Höhe der Ablösesumme zu beschaffen. Der Schuldenberg von insgesamt 5,7 Millionen Dollar war ungefähr zweiundzwanzigmal größer als das klägliche Eigenkapital von 262 000 Dollar. Wie sich eine noch größere Verschuldung in der Bilanz ausmachen würde, wollte man sich gar nicht erst vorstellen.

1961 war eine Trennung von den Brüdern auch in Krocs Augen unerläßlich geworden. Da er so begierig darauf gewesen war, für das ganze Land die Franchiserechte für das Fast food-System, das die Brüder entwickelt hatten, zu erhalten, hatte Kroc sich vom juristischen Standpunkt aus eine ›Zwangsjacke‹ anlegen lassen. Die Anwälte von McDonald's, die später den Vertrag mit den Brüdern prüften, staunten über die Beschränkungen, die Kroc in Kauf genommen hatte. Obwohl Kroc mit seinem brandneuen Restauranttyp ein völlig unbekanntes Terrain betreten hatte – ein Terrain, das sich überdies noch ständig veränderte und daher ein Höchstmaß an Flexibilität forderte –, waren ihm rein rechtlich die Hände gebunden.

Nach dem Vertrag hatte Kroc lediglich die Befugnis, auf landesweiter Ebene für die Brüder Lizenzen zu vergeben; von einer Berechtigung, ein Absatzsystem zu gestalten und zu steuern, das Leistungsniveau der Lizenznehmer zu überwachen, neue Produkte, Verfahren und Arbeitsgeräte entwickeln oder die Standorte für die neuen Drive-ins zu bestimmen, war nirgendwo die Rede. Vielmehr war aus dem Vertrag ersichtlich, daß all diese Funktionen nicht in Krocs Zuständigkeit fielen. Man ging davon aus, daß das Grundkonzept des in San Bernardino erprobten Systems keiner Verbesserung bedurfte und ohne Änderungen auf andere Märkte übertragen werden konnte. »Der Lizenzbevollmächtigte«, hieß es im Vertrag, »sei nicht berechtigt, ohne vorherige schriftliche Einverständniserklärung eine der genannten Komponenten von McDonald's-Speedy-System auch nur geringfügig zu verändern, zu streichen oder zu erweitern.«

Während der sieben Jahre, in denen Krocs McDonald's-System, Inc., Lizenzen im Auftrag der Brüder verkaufte, hatte Kroc wiederholt darum gebeten, die ihm dringend notwendig scheinenden Änderungen zu bewilligen; nur selten erhielt er eine mündliche Zusage, ganz zu schweigen von der im Vertrag festgelegten Einverständniserklärung. Kroc wußte: Wenn er sich strikt an die Vertragsbestimmungen hielt, wäre der Plan, eine landesweit operierende Hamburger-Kette aufzubauen, zwangsläufig zum Scheitern verurteilt. Er kam zu dem Schluß, daß die Anwälte in ihrem Bemühen, die Rechte der Brüder zu ›schützen‹, Bedingungen gestellt hatte, die theoretisch zwar fundiert, praktisch jedoch unhaltbar waren.

Krocs Reaktion war typisch für einen extremen Pragmatiker: Er ignorierte das Dokument. Schon seine erste Handlung als Mcdonald's-Franchisegeber – sich selbst die erste Franchise zu erteilen – stellte eine Vertragsverletzung dar. Er sah die einzige Chance, genügend Franchisenehmer zu finden, darin, ein McDonald's-Restaurant mit Modellcharakter zu errichten. Auch das Design des Prototyps in Des Plaines entsprach nicht den Vorschriften – angefangen von den neuen Milchshake-Geräten, die das arbeitsintensive Handmix-Verfahren der Brüder ersetzten, über die von Schindler entworfene Theke aus rostfreiem Stahl, bis hin zu der Glasüberdachung vor dem Verkaufsfenster, das die Kunden vor

Kälte und Regen schützen sollte. Ein weiterer Verstoß gegen die Vertragsbedingungen waren die Heizanlage und der Keller; das McDonald's-Lokal in San Bernardino hatte für beides keine Verwendung. Obwohl die Brüder einsehen mußten, daß diese Neuerungen aufgrund der Wetterlage in Des Plaines absolut notwendig waren, gaben sie dazu niemals ihr schriftliches Einverständnis. Kroc fühlte sich brüskiert. »Sie haben auf meine Änderungsvorschläge einfach nicht reagiert«, sagte er Jahre später. »Ich habe ihnen die ganze Arbeit abgenommen, und sie zeigten nicht die geringste Neigung, mir zu helfen. Also blieb mir nichts anderes übrig, als mir zu sagen: ›Dann zum Teufel mit ihnen.‹«

Mit der Expansion nahmen auch die Verstöße gegen die Vertragsbestimmungen zu. McDonald's schien zwar, zumindest aus der Perspektive Außenstehender, in den ersten fünf Jahren das Grundkonzept der Brüder beizubehalten, aber es hatte unzählige Details geändert, um das Leistungsniveau zu verbessern – natürlich ohne Zustimmung der McDonald's. Diese weigerten sich hartnäckig, auch nur die geringfügigste Abweichung zu akzeptieren. Sie hielten sich an die Devise: »Es ist ein Fehler, an einem System ›herumzupfuschen‹, das so erfolgreich ist.«

Die McDonalds drohten Kroc wegen seiner Eigenmächtigkeit zwar nicht mit dem Entzug der Rechte, aber sie machten auch keine Anstalten, Kroc vor dem ›Damoklesschwert‹, das in Form des Vertrages über seinem Haupt schwebte, zu befreien. Wenn es ihnen je in den Sinn gekommen wäre, Kroc und sein Unternehmen wegen Vertragsbruch gerichtlich zu belangen, hätten sie mehr als genügend Beweismittel gehabt. Sonneborn mußte dieses Risiko beseitigen, um Kredite für die Expansion beschaffen zu können.

Das Darlehen der Lebensversicherungen State Mutual und Paul Revere in Höhe von 1,5 Millionen Dollar war ein einmaliger Glücksfall, der sich mit Sicherheit nicht so schnell wiederholen würde, wenn McDonald's nicht größeren Ermessensfreiraum erhielt. Noch vor der Kreditbewilligung hatte der Anwalt der Versicherungsgesellschaft bei Durchsicht des Vertrages zwischen Kroc und den Brüdern

McDonald die rote Flagge aufgezogen. »Die McDonalds hatten«, so sagte er, »Kroc so in die ›Zange‹ genommen, daß er kaum atmen konnte. Es war ein Risiko, einer Firma, die ihre Entscheidungen nicht allein treffen konnte, einen so hohen Kredit zu gewähren. Eines ist sicher: Wenn es diesen Vertrag heute noch gäbe, wäre McDonald's nie zu dem geworden, was es ist.« Der Kredit wurde nur deshalb bewilligt, weil der Anteil von 20 % an McDonald's ein ungeheurer Anreiz war – und für Kroc und Sonneborn ein Opfer, zu dem sie kein zweites Mal bereit gewesen wären.

Aber die rechtliche Ohnmacht von McDonald's aufgrund des Master-Franchisevertrages beschränkt sich nicht allein auf den finanziellen Aspekt. Hätten die Brüder einen Prozeß wegen Vertragsbruch angestrengt und gewonnen, wäre Krocs Unternehmen gezwungen worden, den Namen McDonald's von den Restaurants zu entfernen. Der eigentliche Franchisegeber waren die Brüder. Kroc hätte mit sämtlichen Franchisenehmern neue Verträge aushandeln und damit rechnen müssen, daß diese ihre neuen Franchises bei den Brüdern direkt – und nicht bei Krocs Firma – erwarben. Zum Glück war McDonald's dank Sonneborns Grundstückskonzept bereits als Eigentümer einer Reihe von Restaurants eingetragen, was einen Wechsel des Franchisegebers erschwerte. Das Prozeßrisiko wurde dadurch zwar gemindert, aber nicht völlig ausgeschaltet.

Der Vertrag mit den Brüdern McDonald wurde zu Beginn der 60er Jahre für Kroc noch aus einem anderen Grund bedrohlich: Er lief nämlich aus. Kroc blieben noch vier Jahre bis zum Ende der zehnjährigen Laufzeit, und obwohl er die Option auf eine Verlängerung von weiteren zehn Jahren hatte, konnte sie ihm aufgrund der zahlreichen nachweisbaren Abweichungen vom Originalkonzept verweigert werden. Auch ohne gerichtliche Schritte wären die Brüder in der Lage gewesen, durch ihre Weigerung, den Vertrag zu erneuern, die McDonald's-Lizenznehmer voll unter ihre Kontrolle zu bringen. Das wäre für Krocs Unternehmen eine Katastrophe gewesen, die es wohl kaum überlebt hätte.

Die Notwendigkeit, sich rechtlich abzusichern, veranlaßte

Kroc, 1960 neue Verträge auszuhandeln. Er forderte eine Laufzeit von 99 Jahren und größere Befugnisse im Hinblick auf Veränderungen des Franchisesystems sowie das Recht, nicht-franchisierte Restaurants unter dem Namen McDonald's zu eröffnen. Krocs Verhandlungspartner war Frank Cotter, der Anwalt der Gebrüder McDonald, den Kroc aus zwei Gründen in steter Erinnerung behielt: Erstens war er der Bruder von Jayne und Hudrey Meadows, und zweitens sein größter Feind. »Cotter haßte Kroc ebenso wie Kroc ihn haßte, und Mac und ich waren der Puffer«, klagte Dick McDonald.

Cotter akzeptierte prinzipiell nichts, was Krocs Anwälte vorschlugen. »Er war eine außergewöhnlich harte Nuß«, meinte Frank Bernard, der Cotters hartnäckige Weigerung, auch nur einen Buchstaben des alten Vertrages zu ändern, miterlebte. Dieselbe Unnachgiebigkeit zeigte er auch gegenüber seinen eigenen Klienten, den McDonalds, die vielleicht eher zum Nachgeben bereit gewesen wären. »Cotter lehnte es ab, Kroc auch nur ein Jota mehr an Kontrolle zu überlassen. Seine Aufgabe hatte der Verkauf der Franchisen zu sein und sonst nichts.«

Vom rein juristischen Standpunkt war Cotters unnachgiebige Haltung durchaus verständlich, denn das einzige, was seine Mandanten zu Franchisegebühren von 0,5 % berechtigte, war die Vergabe ihres Namens und des von ihnen entwickelten Systems. Wenn Kroc zugebilligt wurde, dieses System im Laufe der Zeit zu modifizieren, konnte er am Ende mit Recht behaupten, es sei seines, und nicht das der Brüder. Kroc brauchte lediglich seine Kette umzubenennen und neue Lizenzen zu gewähren, um die Einkommensquelle der Brüder zum Versiegen zu bringen. Deshalb bestand Cotter auf einem Vertrag, der den McDonalds für den Fall einer gerichtlichen Auseinandersetzung die ›Oberhand‹ gab.

Als grundlegender Fehler in diesem Vertrag erwies sich, daß er auf Mißtrauen gegründet war, und keine Geschäftsverbindung kann auf solchem Fundament gedeihen. Der Vertrag war nur in einem Milieu sinnvoll, das jedem Unternehmen abträglich ist: vor Gericht. Er gestattete McDonald's nicht die Flexibilität, die unabdingbar ist, wenn man am

Markt Erfolg haben will. Kroc war sich dieser Beschränkungen durchaus bewußt, und je mehr er über den 1954 abgeschlossenen Vertrag nachdachte, desto wütender wurde er. »Ray wollte größere Befugnisse, damit er nicht mit jeder Kleinigkeit zu uns kommen mußte«, meinte Dick McDonald. »Er hatte das Gefühl, wir sitzen da unten in Kalifornien und kassieren eine Menge Geld fürs Nichtstun. Ich konnte ihn verstehen. Wenn ich an seiner Stelle gewesen wäre, hätte ich genauso gedacht.« – Dennoch hielten sich die Brüder an die Empfehlungen ihres Rechtsberaters. »Man sollte auf seinen Anwalt genauso hören wie auf seinen Arzt. Wozu braucht man sie denn, wenn man ohnedies nicht vorhat, ihre Ratschläge zu befolgen?«

Nach harten Verhandlungen machte man Kroc geringfügige Konzessionen. Der neue Vertrag sicherte ihm das Recht zu, »das Konzept, die Größe und das Design der Drive-ins zu verändern, sofern diese Änderungen nicht wesentlich vom Original abweichen«. Der zweite und weit bedeutungsvollere Sieg, den Kroc errang, war die Erlaubnis, eigene, also nicht-franchisierte McDonald's-Lokale zu eröffnen. Diese beiden Zugeständnisse änderten jedoch nichts an der Tatsache, daß Kroc ohne schriftliche Einwilligung der Brüder keine grundlegenden Eingriffe in dem McDonald's-System vornehmen durfte.

Was die Feindschaft zwischen Kroc und Cotter jedoch am meisten schürte, war die Laufzeit des neuen Vertrages. Kroc hatte sich 99 Jahre ausbedungen, Cotter bestand auf 20 Jahren. »Er versteht einfach nicht, daß wir uns gegenseitig trauen«, heißt es in einer Tonbandaufzeichnung, die Kroc den McDonalds schickte. »Wenn er glaubt, ein Zwanzigjahresvertrag würde reichen, hat er noch eine ganze Menge zu lernen.« In diesem Punkt folgten die Brüder einmal nicht dem Rat ihres Anwalts. Am 5. Februar 1960 unterschrieben sie einen Vertrag, der Kroc die Lizenzrechte für 99 Jahre sicherte.

Aber der Schaden, der bis dahin angerichtet wurde, war schon zu diesem Zeitpunkt nicht mehr gutzumachen. Als Kroc die Brüder McDonalds im Jahre 1954 kennenlernte, hatte er ihren Unternehmergeist bewundert und sich um eine enge und gute Beziehung zu ihnen bemüht. Sein Ziel war, in seinen McDonald's-Verkaufsstellen dasselbe Leistungsniveau zu erreichen, das die Brüder in ihrem Restaurant in San Bernardino aufweisen konnten, und Dick und Mac McDonald wußten diesen Ehrgeiz zu schätzen. Aber im Laufe der Zeit kühlte die Beziehung merklich ab. Kroc war frustriert über die in seinen Augen maßlose Naivität der Brüder hinsichtlich aller geschäftlichen Belange. Er plagte sich für sie ab, und sie zeigten nicht die mindeste Kooperationsbereitschaft. Als die Vertragsverhandlungen begannen, war von dem ehemals guten Verhältnis zwischen Kroc und den McDonalds nichts mehr zu spüren. Sie nahmen Kroc jede Möglichkeit, sich aus den vertraglichen Fesseln zu befreien. Jetzt waren Kroc und Sonneborn bereit, alle persönlichen Bindungen zu vergessen und den Rat ihres Anwaltes zu befolgen, der gemeint hatte: »Wenn Sie McDonald's eine Überlebenschance geben wollen, müssen Sie sich die Brüder vom Hals schaffen!«

Um den absolut notwendigen Freiraum zu erhalten, war Kroc gezwungen, Übernahmebedingungen zu akzeptieren, die er mit seinem gesunden Menschenverstand im Grunde nur schwer vereinbaren konnte. Was ihn dabei am meisten erboste, war die Forderung der Brüder, die Summe bar zu entrichten. Abgesehen davon schien Kroc der Kaufpreis von 2,7 Millionen Dollar langfristig gesehen sogar akzeptable, wenngleich er für ein Unternehmen dieser Größe gigantisch war. Kroc war zuversichtlich, die Kette im Laufe der Zeit auf 1000 Verkaufsstellen ausbauen zu können, und da Mitte der 60er Jahre bereits 250 McDonald's-Lokale in Betrieb waren, schien dieses Ziel nicht mehr utopisch. Die Wachstumsrate belief sich auf Hunderte neue Filialen pro Jahr, und bei diesem Tempo ließ sich die magische Zahl 1000 nach vorsichtiger Schätzung noch vor Ende des Jahrzehntes erreichen. Selbst wenn sich der augenblickliche Jahresumsatz von 210 000 Dollar pro Restaurant nicht mehr steigern ließ, würde Kroc den Brüdern am Ende der Dekade mehr als eine Million Dollar an Lizenzgebühren zahlen müssen.

Diese Progression stärkte in Kroc den Wunsch, sich so schnell wie möglich von den Brüdern zu trennen. Die Mc-Donald's waren nicht weniger darauf erpicht zu verkaufen, denn die Franchisegebühr fiel unter die normale Einkommensteuersätze, und diese waren bei einer Summe von einer Million Dollar nicht gering. Noch bedrohlicher war der Gedanke an die Erbschaftssteuer, für den Fall, daß einer von ihnen starb. »Dick, Sie und Ihr Bruder sollten zusehen«, sagte ihr Steueranwalt, »daß Sie gesund bleiben, denn sollten Sie in fünf Jahren sterben und Franchisegebühren in Höhe von jährlich einer Million Dollar einnehmen, so wird das Finanzamt das Fünffache Ihres Vermögens als Nachlaßwert zugrunde legen. Woher soll Ihre Frau das Geld nehmen? Sie wird alles verkaufen müssen, was sie besitzt.«

Die McDonalds zogen es vor, ihr zukünftiges Einkommen an Franchisegebühren angesichts einer 50 % betragenden Einkommensteuer in einen Kapitalgewinn von 2,7 Millionen Dollar zu verwandeln, der mit 25 % besteuert wird. So würde jeder ein steuerfreies ›West-Ei‹ von einer Million Dollar besitzen.

Die Brüder wußten, daß es finanziell vorteilhafter gewesen wäre, die Rechte am Fast food-System zu behalten, aber für sie bedeuteten diese Rechte in erster Linie Ärger – vor allem mit dem Finanzamt. Dick McDonald erklärte später, daß er seine Entscheidung niemals bereut habe. »Ich wäre doch nur in einem Büro in der dreißigsten Etage eines Wolkenkratzers gelandet, mit Magengeschwüren und mindestens acht Steueranwälten zur Seite, die sich über meine Einkommensteuer den Kopf zerbrochen hätten.«

Den Brüdern ging es vornehmlich darum ein sorgenfreies Leben zu führen, und dieses Ziel war in greifbarer Nähe gerückt. »Seit der Zeit in der wir während der Depression mit dem Theater bankrott gingen, haben wir uns nach finanzieller Sicherheit gesehnt«, meinte Dick McDonald. »Wir haben oft gedacht, wie herrlich wäre es, wenn die nächste Miete gesichert wäre. Nun, dieser Tag kam. Mein Bruder und ich hatten mehrere Cadillacs in der Garage, ein Haus in Palm Springs, eines in San Bernardino und eines in Santa

Barbara. Ich erinnere mich noch daran, wie Mac einmal sagte: ›Erklär mir um Himmels willen, was wir mit fünf Millionen Dollar anfangen sollen; wir können uns doch jetzt schon alles leisten!‹«

Als Kroc die Bedingungen akzeptiert hatte, wurde Bernard beauftragt, den Kaufvertrag auszuarbeiten. Aber schon tauchte das erste Problem auf: Kroc hatte sich mit den Brüdern in Verbindung gesetzt, um die Einzelheiten des Vertrages zu besprechen, und dabei ganz beiläufig erwähnt, was er mit dem McDonald's-Restaurant in San Bernardino vorhatte. Der Kaufpreis war für Kroc nicht zuletzt deshalb annehmbar, weil er davon ausging, daß ihm auch das Restaurant der Brüder zufallen würde, das damals 100 000 Dollar Gewinn pro Jahr abwarf.

»Was soll das heißen, das Restaurant in San Bernardino?« erkündigte sich Dick McDonald. »San Bernardino gehört dazu«, antwortete Kroc. »Kommt nicht in Frage«, wehrte Mcdonald ab. »Aber ihr habt mir eure Zusage gegeben«, wandte Kroc ein. »Nie und nimmer«, beharrte McDonald und erklärte, daß er das Restaurant in San Bernardino (ohne das Grundstück) zwei langjährigen Angestellten versprochen habe.

Kroc war wütend. Er hatte das Lokal in San Bernardino als Teil des Handels betrachtet und fest mit den dortigen Einnahmen gerechnet. »Ich schätze, aus dem Geschäft wird nichts«, meinte er und legte den Hörer auf. Er konnte seinen Zorn nicht länger verbergen. »Ich bin in meinem Büro auf und ab gelaufen und habe den McDonalds sämtliche Schimpfnamen gegeben, die mir einfielen. Am liebsten hätte ich alles kurz und klein geschlagen. Mein Gott, war ich sauer!« Er dachte daran, wie oft er die beiden gebeten hatte, diese oder jene Änderung zu genehmigen, und jedesmal war er auf Ablehnung gestoßen. Er erinnerte sich an die Gebietslizenz, die sie der Eisfirma gegeben hatten – und das in seiner Heimatstadt! Er erinnerte sich an die Kämpfe mit ihrem schwierigen Anwalt. Er dachte an seine 74-Stunden-Woche und an das Geld, das die Brüder verdienten – ein Vielfaches von seinem bescheidenen Einkommen. Er überlegte, wie selten sie nach Chicago gekommen waren, weil sie sich weigerten, zu fliegen. Seit Jahren hatte er Toleranz geübt, aber jetzt war es mit seiner Geduld vorbei. Das war für ihn der endgültige Bruch.

Trotz seiner Drohung, vom Geschäft zurückzutreten, dachte Kroc nicht im Traum daran, kampflos aufzugeben. »Natürlich war das eine Menge Geld für einen Namen«, meinte er später. »Ich hätte mir sagen können: Laß bloß die Finger davon, aber ich wurde schließlich älter – zu alt, um meine Zeit zu vertrödeln. Deshalb beschloß ich, die Bedingungen anzunehmen.«

Jetzt galt es, die nächste Hürde zu überwinden: die Beschaffung des nötigen Barkapitals. Hätte Sonneborn nicht im Jahr zuvor Kontakt zu den großen Geldgebern geknüpft und einen Kredit in Höhe von 1,5 Millionen Dollar erhalten, wäre McDonald's wohl kaum in der Lage gewesen, weitere Kredite zu beschaffen, um die Brüder auszuzahlen. Was noch erschwerend hinzukam, war, daß das Geld innerhalb kürzester Zeit zur Verfügung stehen mußte. Der Wert der Franchising-Rechte stieg ständig, und Kroc war sicher, daß die Forderung von 2,7 Millionen Dollar unter Umständen ebenfalls erhöht werden würde.

Der erste Kredit war schon verbraucht und in die Expansion der Kette investiert worden. Sonneborn wandte sich unverzüglich an seinen ›Retter in der Not‹, an John Gosnell von der Paul Revere Life Insurance, die McDonald's bereits einen Kredit von 1,5 Millionen Dollar gewährt hatte und möglicherweise an einer Aufstockung interessiert war. Aber Gosnell lehnte ab; die Konzentration einer solchen Kapitalmenge auf ein einziges Unternehmen schien ihm nicht empfehlenswert. Aber da Paul Revere schon mit 10 % an McDonald's beteiligt war, versprach Gosnell, sich nach einem anderen Kreditgeber umzusehen.

Seine Suche hatte Erfolg. Er fand einen Interessenten: John Bristol, einen Anlageberater in Manhattan, zu dessen Kundschaft große Konzerne, Privatschulen und Stiftungen gehörten. Er war ständig auf der Suche nach lohnenswerten Investitionen und auch einem Risiko nicht abgeneigt.

Gosnell hätte keinen geeigneteren Mann finden können. Ganz abgesehen davon, daß Bristol wesentlich risikofreudiger als Banken und Kreditinstitute war, zeigte er sich auch von der Grundstückspolitik von McDonald's stark beeindruckt. Als Sonneborn in Bristols Büro erschien, stellte er auf Anhieb fest, daß sie auf derselben ›Wellenlänge schwammen‹. »Die Leute aus dem Osten Amerikas haben keine Ahnung vom Fast food-Geschäft«, meinte Bristol, dem der Name ›McDonald's‹ bis dato unbekannt war. Aber ihn faszinierte Sonneborns Konzept, Grundstücks- und Hamburger-Geschäft zu koppeln. »Harry machte großen Eindruck auf mich. Man merkte auf Anhieb, daß er etwas von seinem Metier verstand. Er ging von der Überlegung aus, daß sich die Investitionen von McDonald's auf dem Grundstücksmarkt durch die Verpachtung an die Franchisenehmer innerhalb kurzer Zeit amortisiert haben würden und einen substantiellen Wert darstellten.«

Sonneborn hatte endlich jemanden gefunden, der das Verdienst seines Immobilienprogramms erkannt hatte und außerdem in der Lage war, McDonald's sofort mit dem nötigen Kapital zu versorgen. Bristol verwaltete das Investment-Portfolio renommierter Kunden wie der Princeton University, die bereits damals einen Wert von mehr als einhundert Millionen Dollar hatte, und die Treuhandvermögen anderer elitärer Privatschulen wie des Colby College, der Universitäten Howard und Syracuse, des Institute of Advanced Study in Princeton sowie des Swarthmore College. Zu seinen weiteren Kunden zählten eine Reihe von Stiftungen wie die Good Will Home Association, der Samual S. Fels Fund (eine Stiftung, die vom Gründer des ›Seifenimperiums‹ Fels-Naphtha ins Leben gerufen worden war), die New World Foundation (gegründet von Cyrus McCormicks Enkelin) und die Bulletin Contributionship (die Wohltätigkeitsstiftung des ehemaligen Philadelphia Bulletin). Er wickelte sogar Investitionen für den Rentenfonds der Sharpless Corporation ab (die später von Penwalt übernommen wurde) sowie für den Beteiligungsfonds von J. Walter Thompson.

Bristols Kunden stammten aus den unterschiedlichsten

Kreisen und waren bisher nur an sicheren Kapitalanlagen wie AT & T-Aktien interessiert gewesen. Trotzdem akzeptierten sie Bristols Vorschlag, 2,7 Millionen Dollar in eine Hamburger-Kette zu investieren, die keiner von ihnen kannte.

Sonneborn hatte seit drei Jahren versucht, Kontakt zu den Geldgebern aufzunehmen, die nicht erst seit ›gestern‹ im Geschäft waren, sondern seit mehr als einem halben Jahrhundert nach einer guten Rendite Ausschau hielten. Bristol war es gelungen, sie für die immensen Möglichkeiten in der brandneuen Fast food-Branche zu interessieren. Er arrangierte auch die Bündelung der Kredite: Eine Million Dollar entfielen auf die Princeton-Universität, der Rest auf verschiedene Colleges, Stiftungen und Rentenfonds. Um seinen Kunden die Investition schmackhaft zu machen, hatte er eine sorgfältige recherchierte Finanzanalyse und eine Wachstumsprognose von McDonald's erstellt, wobei er mit einer Expansion der Kette auf rund 1500 Verkaufsstellen rechnete. Außerdem macht er einen Bonus für die Anleger zur Bedingung, der sich auf der Umsatzsteigerungsbasis von McDonald's errechnete und bei einer fünfzehnjährigen Laufzeit des 2,7-Millionen-Dollar-Kredites zwischen 7,1 und 9 Millionen Dollar rangieren würde – was eine Kapitalverzinsung von 150 bis 225 % bedeutete.

Bristol befürwortete die Investition und konnte auch seine zwölf finanzstärksten Kunden überzeugen. Als die Anwälte in die erste Verhandlungsrunde gingen, hatten Kroc und seine Getreuen einen treffenden Spitznamen für die Bristol-Klienten gefunden: die Zwölf Apostel.

Sie hatten allen Grund aufzuatmen. Sonneborn war das schier Unmögliche gelungen; ausreichende Kredite für ein Unternehmen zu beschaffen, das über eine hauchdünne Eigenkapitaldecke verfügte. Ungewöhnlich war auch die Struktur des Kredites, den die ›Zwölf Apostel‹ zur Verfügung stellen sollten. Sonneborn hatte dieses Mal der Lebensversicherungsgesellschaften State Mutual und Paul Revere, nicht nachgegeben. Im Hinblick auf die Größe und das Risiko der Investition war diese Forderung zwar verständlich, aber Kroc, Sonneborn und June Martino sperrten sich dagegen, weitere Firmenanteile aus der Hand zu geben. Deshalb entschied sich Sonneborn für das Bonussystem; die Anleger hatten somit den zusätzlichen Anreiz, ihr Kapital zu investieren, und McDonald's wiederum einen Ansporn, den Kredit vorzeitig abzulösen. Das Kreditpaket erreichte all dies, wodurch McDonald's auch seine Liquidität entscheidend verbessern konnte.

McDonald's sollte den Kredit in Höhe von 2,7 Millionen Dollar zu einem Zinssatz von 6 % erhalten; die monatliche Tilgungsrate belief sich auf 5 % des Umsatzes der gesamten Kette. Das war genau die Summe, die jeden Monat an die Brüder McDonald als Lizenzgebühr gezahlt wurde. Der Zeitraum, den McDonald's zur Ablösung des Kredites und der Firma brauchte – so wurde vertraglich festgelegt –, sollte die Dauer der Periode bestimmen, in der die Anleger den Bonus erhielten. Wenn also die Tilgung nach acht Jahren erfolgte, hatte McDonald's *weitere* acht Jahre lang 0,5 % vom Gesamtumsatz als Bonus zu zahlen. Und da mit einem explosiven Wachstum des Unternehmens in der Bonusperiode zu rechnen war, konnte man davon ausgehen, daß der Bonus um ein Vielfaches größer sein würde als das investierte Kapital.

Richard Boylan, der Sonneborn beriet, fügte dem Kreditabkommen noch eine Klausel bei, die den finanziellen Engpaß bei McDonald's beseitigen half. Er schlug vor, daß McDonald's während der Kreditrückzahlungs- und Bonusphasen 20 % der laufenden Zahlungen erst nach Beendigung der beiden ersten Phasen auf eine dritte Phase verschieben könnte. Dadurch verschuldete McDonald's seinen Geldgebern 0,5 % seiner Umsätze während der ersten und zweiten Phase und hatte ihnen de facto nur 0,4 % sofort auszuzahlen und konnte den Rest von 0,1 % bis zur dritten Periode zurückhalten, nämlich bis McDonald's Zahlungsschwierigkeiten voraussichtlich überwunden waren. Kurzum, McDonald's würde die Brüder McDonald vermittels eines Kredits auszahlen, durch den McDonald's an seine Kreditgeber 20 % im Monat weniger zahlen würde, als ihr Unternehmen jeweils als Franchisegebühren an die Brüder entrichtete. Sonneborn war der ›große Coup‹ gelungen, den er mit seiner Frau und seinen Mitstreitern in Las Vegas gebührend feierte.

Der Jubel war leider verfrüht. Sonneborn hielt sich gerade im Kasino auf, als June Martinos Anruf ihn erreichte. Ein Komitee von Führungskräften, das die ›Zwölf Apostel‹ repräsentierte, hatte sich in New York getroffen und entschieden, daß die Kreditvergabe an ein Unternehmen aus dem Gastronomiegewerbe zu riskant sei.

Sonneborn rief sofort Bristol an und bat ihn, die Gruppe am nächsten Morgen in der Wall Street zu einem Meeting ›zusammenzutrommeln‹. Während des Fluges arbeitete er einen Schlachtplan aus, der die Anleger umstimmen und McDonald's den nötigen Freiraum sichern sollte. Wenn es ihm nicht gelingen würde, McDonald's von den Brüdern zu befreien, hätte es seine Hoffnung auf Expansion und eine starke Wettbewerbsposition gegenüber Konkurrenten wie Burger Chef, Burger King oder Kentucky Fried Chicken, die ähnlich ehrgeizige Pläne hatten, begraben müssen.

Sonneborn kam um neun Uhr Ortszeit auf dem LaGuardia-Flughafen von New York an – unrasiert und übermüdet, weil er in der Nacht zuvor keinen Schlaf gefunden hatte. Er stieg in einen Helikopter, um pünktlich um zehn im Büro von Dean Mathey zu sein, dem Präsidenten einer Anlagebank, die sich auf Investitionen in der Erdölbranche spezialisiert hatte und maßgeblich am Aufbau der Louisiana Land and Exploration, einer der größten unabhängigen Bohrgesellschaften in den USA, beteiligt war. Mathey gehörte ebenfalls zum Investmentkomitee, als Vertreter der Princeton-Universität. Sobald Sonneborn das Büro betreten hatte, wußte er, wem der Ärger zu verdanken war. »Möchten Sie einen Drink?« fragte ihn Mathew. Das Angebot, morgens um zehn einen Whiskey zu nehmen, konnte nur eines bedeuten: Der Mann hatte es darauf angelegt, ihn zu verunsichern.

Nun war Sonneborn klar, wer den Widerstand in letzter Sekunde ›organisiert‹ hatte. »Mr. Sonneborn, wir lehnen den Kredit ab, weil wir grundsätzlich nicht im Gastronomiegewerbe investieren. Gerade in dieser Branche ist die Mißerfolgsquote ungeheuer hoch.«

Sonneborn hatte dieses Argument schon mehr als ein dutzendmal zu hören bekommen und war darauf vorbereitet. »Mr. Mathey«, antwortete er mit Bestimmtheit, »ich glaube, daß Sie die wahre Natur von McDonald's verkennen. Wir sind nicht in der Fast food-Branche tätig, sondern in erster Linie auf dem Grundstücksektor. der einzige Grund, warum wir Hamburger für 15 Cents verkaufen, ist der, daß sich mit diesem Produkt die größten Gewinne erzielen lassen, was unsere Pächter (d. h. die Franchisenehmer) in die Lage versetzt, uns pünktlich ihre Pachten zu zahlen. Nirgendwo gibt es ein solches Massenpotential wie in der Fast food-Branche, und unsere Pachteinnahmen errechnen sich am Umsatz. Die Umsatzberichte unserer Pächter lege ich Ihnen gerne als Beweis vor.«

Eine Stunde hob Sonneborn die Geschäftstätigkeit auf dem Grundstücksmarkt und die Bedeutung der Fast food-Branche als einträgliche Geldeinnahmequelle hervor – was zeigt, wie sehr sich Krocs und seine Auffassung von McDonald's unterschieden. Kroc betrachtete sein Unternehmen aus dem Blickwinkel des Romantikers. Kroc war durch und durch Realist. McDonald's als Immobiliengesellschaft zu deklarieren, grenzte für den Gründer an Ketzerei.

Häresie hin oder her – Sonneborns Perspektive war die einzige, der finanzorientierte Manager wie Mathey etwas abgewinnen konnten. Nach seiner beherzten Präsentation bat der völlig erschöpfte Sonneborn um eine kurze Pause, er habe die Nacht im Flugzeug verbracht und wolle sich im Bad ein wenig frisch machen. »Ich war mit meinen Nerven am Ende und fest überzeugt, daß jetzt alles verloren sei«, erinnert sich Sonneborn. Als das Komitee die Entscheidung gefällt hatte, zeigte einer der Anwesenden Mitleid und ging Sonneborn nach, um ihn über das Resultat zu informieren. An diesem profanen Ort, zwischen Waschbecken und Toilette, erfuhr Sonneborn, daß er auf ganzer Linie gesiegt hatte. »Harry, Sie haben uns restlos überzeugt. Ihr Kredit ist bewilligt.«

In den folgenden Wochen zeigten die McDonalds ihren Bekannten und Geschäftsfreunden voller Stolz die Schecks über eine Million Dollar, die ihnen die Transaktion eingebracht hatte. In dem Augenblick, als das Geschäft perfekt war, ließ Kroc seiner in sieben Jahren angestauten Wut auf die Brüder freien Lauf. Er sprang in das nächste Flugzeug, kaufte ein Grundstück an der Ecke 15./E-Street – einen Block entfernt von dem Restaurant, das die Brüder nicht aus der Hand gegeben hatten, und ordnete dort den Bau eines brandneuen McDonald's-Lokals an. Dieser ›Zug‹ diente nur einen Zweck: das Restaurant der Brüder ›schachmatt‹ zu setzen. Dick und Mac wurden gezwungen, das McDonald's-Schild zu entfernen, denn der Name war jetzt Krocs Unternehmen vorbehalten, und ihr Restaurant in ›Big M‹ umzutaufen.

Während Kroc sich an der Westküste aufhielt, stattete er Art Bender, dem McDonald's-Lizenznehmer in Fresno, einen Besuch ab. Dieser konnte Krocs Gefühle besser als jeder andere verstehen. Er hatte 1948, als das Drive-in in San Bernardino in ein Fast food-Restaurant umgewandelt wurde, als counterman für die Brüder gearbeitet. 1955 hatte er bei der Eröffnung des McDonald's-Restaurant in Des Plaines geholfen und war ein Jahr später Krocs erster Franchisenehmer geworden. Bender war wie Kroc der Meinung, daß die Brüder nicht ungestraft davonkommen sollten. »Art, ich bin normalerweise kein rachsüchtiger Mensch, aber diesen Lumpen werde ich es zeigen!«

Und Kroc zahlte es ihnen mit voller Münze heim. Die Brüder hatten 1955 die Architektur des Restaurants geändert. Es hatte wie alle McDonald's-Lokale die typische achteckige Form, die von Dick McDonald entworfenen goldenen Bögen und die Farben Rot und Weiß erhalten. Krocs benachbartes Restaurant war im Hinblick auf die äußere Form, das Speiseangebot und die Zubereitungstechniken mit dem der Brüder identisch. Der einzige Unterschied bestand darin, daß das neue Lokal den Namen McDonald's trug.

Dieser Unterschied gab den Ausschlag. Viele der Stammkunden von McDonald's nahmen an, es hatte den Standort gewechselt und besuchten nun das neue Lokal. Krocs Mc-

Donald's hatte anfangs nur einen bescheidenen Umsatz zu verzeichnen, aber er wirkte sich verheerend auf den des Originals aus. Das Big M – das nun von zwei langjährigen Mitarbeitern der Brüder geführt wurde – hatte seit dem Eröffnungstag des neuen McDonald's-Lokals (Mitte des Jahres 1962) Umsatzeinbrüche zu verkraften. 1967 war der ehemals spektakuläre Jahresumsatz von 400 000 Dollar auf magere 81 000 gesunken. 1968 wurde Big M an Neal Baker, eine lokale Fast food-Kette, die sich auf Hamburger und Tacos* spezialisiert hatte, verkauft. Auch Baker gelang es nicht, das angeschlagene Unternehmen zu sanieren, und 1970 wurde es geschlossen. Das einzige, was blieb, war das Firmenschild Big M, das die Brüder vor dem Drive-in aufgestellt hatten. Heute ziert der Name eines Musikladens die Geburtsstätte der Fast food-Branche.

Was ist aus den Gebrüdern McDonald geworden? Mac, der Betriebsspezialist, starb 1971. Dick, der sich vornehmlich mit dem Marketing befaßt hatte, lebt heute in Bedford, New Hampshire, wo er sich nach seinem Ausstieg bei McDonald's zur Ruhe gesetzt hatte. Obwohl sein Lebensabend gesichert ist, gehört er zu der kleinen Schar derer, die sich die Chance ihres Lebens entgehen ließen, weil sie McDonald's den Rücken kehrten. An dem Verkauf hatte er zwar eine Million Dollar verdient, aber das war nichts im Vergleich zu der Summe, auf die er verzichtete.

Wenn er auf Krocs Vorschlag, die Lizenz auf 99 Jahre zu verlängern und dafür mit 0,5 % am Umsatz des McDonald's beteiligt zu sein, eingegangen wäre, würde er heute zu den reichsten Männern des Landes zählen und über ein Vermögen verfügen, das dem Krocs gleichzusetzen ist. Seit der Trennung von den Brüdern hat McDonald's einen Gesamtumsatz von 77 Milliarden Dollar gemacht, das heißt, der Anteil der Brüder hätte sich bis dato auf insgesamt 388 Millionen Dollar belaufen, und sie würden noch heute jährlich mehr als 55 Millionen Dollar Franchisegebühren einnehmen. Obwohl Kroc es damals nicht ahnen konnte, sollte der

---

* mexikanisches Gericht

Preis von je einer Million Dollar, mit dem er sich von den Brüdern loskaufte, seine größte Rache sein.

Viel wichtiger war jedoch, daß McDonald's nun frei war, auch wenn dafür ein hoher Preis gezahlt wurde. Der Kredit von 2,7 Millionen Dollar konnte zwar schon nach fünfeinhalb Jahren abgelöst werden – fast drei Jahre früher, als Bristol errechnet hatte –, aber aufgrund der Bonus-Regelung stiegen die Gesamtkosten der Finanzierung auf 14 Millionen Dollar. Aber ohne die Ressourcen der Investment-Gruppe wäre McDonald's sicher nicht in der Lage gewesen, eine Expansion großen Stils zu betreiben. Produkte und Konzepte den Bedürfnissen des Marktes anzupassen und sich aus der wachsenden Schar der Konkurrenten positiv abzuheben. Am 28. Dezember 1961, als die Trennung endgültig vollzogen war, besaß McDonald's die nötige Flexibilität, um sich an die Spitze des Rennens zu setzen, zu dem die Brüder den Startschuß gegeben hatten.

Zu diesem Zeitpunkt war die Kette zweifellos die größte der Branche, aber es gab Dutzende neuer Konkurrenten, mit denen man langfristig rechnen mußte. Mit 323 Verkaufsstellen war McDonald's noch weit davon entfernt, die Fast food-Branche zu beherrschen. Noch immer gab es in den USA Verbraucher, die nie den Namen McDonald's gehört hatten, geschweige denn, auf seine Produkte schworen. Aber nach der Trennung von den Brüdern hatte McDonald's endlich die Möglichkeit, das System nach seinen eigenen Vorstellungen zu vermarkten, und man verlor keine Zeit, diese Chance zu nutzen.

KAPITEL 9

Partner

Die Trennung von den Gebrüdern McDonald gab Kroc die
volle Kontrolle über die franchisierten Restaurants. Seine Inspektoren wachten über die Einhaltung der Betriebseinrich-
tung, wie es in keiner anderen Fast food-Kette üblich war.
Sein Franchising-Plan wies keine Schwachstellen auf: Die
Franchisenehmer erhielten keine Gebiets-, sondern Einzellizenzen, und wenn sie von der Systemuniformität ab-
wichen, hatten sie keine Expansionschancen mehr. Krocs
Team kontrollierte die Einhaltung der Normen bei allen Systempartnern. Harry Sonneborn hatte McDonald's Zugang
zum Grundstücksmarkt verschafft, was keinem der Konkurrenten bis dato in den Sinn gekommen wäre. Und dank seiner Finanzstrategie besaß McDonald's die für die Expansion
nötigen Ressourcen, ohne Banken und Kreditgebern auf Ge-
deih und Verderb ausgeliefert zu sein.

1960 war für McDonald's die Zeit gekommen, seine
Fähigkeiten sowohl als Franchisegeber wie auch als Restaurantinhaber unter Beweis zu stellen. 1959 hatte man
die Franchise für ein Restaurant in Brentwood/Missouri
zurückerworben, an dem Milo Kroc, ein entfernter Cousin
des Gründers, gescheitert war. Ein Jahr später entstanden
in Columbus, Ohio, die ersten vier McOpCo (McDonald's
Operating Company) Filialen, die von McDonald's erworben und geführt wurden. Da das Gelände gerade für ein
Einkaufszentrum erschlossen wurde, hatte der Bauherr
Kroc vorgeschlagen, dort Verkaufsstellen zu eröffnen, vorausgesetzt, daß diese nicht von einem Franchisenehmer,
sondern vom Unternehmen selbst betrieben würden. Mc-
Donald's nahm das Angebot an, zum einen, weil Sonneborn hier eine lohnende Grundstücksinvestition sah, und

zum anderen, weil sich Turner damit eine ausgezeichnete Gelegenheit bot, Ausbildung auf firmeneigenem Terrain zu betreiben.

Kroc hoffte, mit seinen betriebseigenen Filialen – den ›firmengesteuerten‹, wie er es nannte – Franchisenehmern, die ein Leistungsdefizit vorzuweisen hatten, eine endgültige Entscheidung über ihren Verbleib in der Kette zu erleichtern. Manchmal schien es, als ob er die franchisierten Restaurants nur aus rein praktischen Erwägungen heraus behielt und sie ihn davon abhielten, eine ganze Kette eigener Restaurants ohne Franchisenehmer zu betreiben. »Wenn wir in der Lage gewesen wären, die Expansion der Kette allein und im erforderlichen Zeitraum zu finanzieren, wäre ich nahe daran gewesen, ganz auf die Franchisevergabe zu verzichten«, meinte er. »Keine noch so gut geführte franchisierte Verkaufsstelle kann eine betriebseigene ersetzen, denn wenn ein Mensch etwas von seinem Geld investiert hat, will er auch etwas zu sagen haben.«

Die Finanzierung einer Kette betriebseigener Restaurants mußte eine Wunschvorstellung bleiben. Aber Kroc war nun in der Lage, die Unternehmenspolitik – von seinem Büro in der 21. Etage des Hauses North LaSalle Street 221 aus – zu bestimmen. Oberflächlich betrachtet, hätte man den Eindruck gewinnen können, als ob eine zentralisierte Steuerung schon immer Ray Krocs Ziel gewesen sei.

Die Insider wußten es besser. Kroc hatte zwar ein in der Geschichte des Franchising beispielloses Maß an Kontrolle über das Leistungsniveau seiner Restaurants eingeführt, aber auch ein angeborenes Gespür dafür, daß Aktivität wie Verkaufsförderung, Werbung oder Produktentwicklung nicht von der Geschäftsleitung diktiert werden dürfen, wenn man den hautnahen Kontakt zum Markt nicht verlieren will. Um sich auf die Bedürfnisse des Kunden einzustellen, mußte McDonald's – so hatte Kroc erkannt – auf jeden einzelnen Markt individuell reagieren. Die Marketingkonzepte mußten von der Basis – und nicht aus luftigen Höhen – entwickelt werden. Er war überzeugt, daß McDonald's seine Marktchancen nur dann wahrnehmen könne, wenn die Kreativität seiner Systempartner, der Lizenznehmer und Lieferanten berücksichtigt wurde.

Für diese Einstellung gab es zwei Gründe. Erstens waren das Marketing bei einer landesweiten Fast food-Kette, die nach Massenabsatz strebte, nicht mit den betriebstechnischen Maßnahmen zu vergleichen. Das Marketing großen Stils war eine Kunst und für McDonald's absolutes Neuland. Als Ende der 50er Jahre die ersten Fernsehcommercials in einigen ausgewählten Testmärkten ausgestrahlt wurden, hatte der Konzern jungfräuliches Gebiet betreten. Zu diesem Zeitpunkt machte die Gastronomie weder im Fernsehen noch in anderen Medien Werbung, sondern verließ sich vielmehr auf die Mundpropaganda. Die branchenüblichen formalen Marketingprogramme beschränkten sich auf gewerbliche Anzeigen in Fachzeitschriften oder einen Aushang in Plakatform. Kroc erkannte, daß das nicht ausreichte, und kam zu der Schlußfolgerung: Je mehr neue Ideen entwickelt würden, gleichgültig von wem, desto größer der Bekanntheitsgrad seines Unternehmens.

Aber es gab noch einen viel pragmatischeren Aspekt, der erklärt, warum sich Kroc im Werbe- und Produktentwicklungsbereich auf seine Partner verließ: Sein Team hatte sich bislang so stark auf Betrieb und Finanzen konzentriert, daß es nur wenig Marketing-Know-how entwickelt hatte.

Kroc selbst zeigte in diesen Bereichen wenig Ambitionen. Sein Verkaufstalent konnte er primär im persönlichen Gespräch entwickeln. Er hatte keine Medienerfahrung, und als McDonald's begann, an die Öffentlichkeit zu gehen, war er hieran nicht maßgeblich beteiligt.

Krocs permanente Suche nach neuen Produkten war nicht nur eine Besessenheit, sondern auch Anlaß ständiger Frustrationen. Ihm war bewußt, daß McDonald's mit Hilfe einer größeren Produktpalette an Attraktivität gewinnen würde, aber er selbst zählte nicht zum Kreis derer, die mit Einfallsreichtum gesegnet sind. Seinem untrüglichen Instinkt für erfolgversprechende Produkte ist allerdings zu verdanken, daß McDonald's nur eine minimale Anzahl von ›Flops‹ zu verzeichnen hatte.

Kroc war der Ansicht, daß das McDonald's-Menü mit einem Dessert abgerundet werden mußte. Während der 50er Jahre schlug er daher die Einführung von Schokoladen- und Erdbeertörtchen sowie von pound cakes* vor. Er rechnete mit einem Umsatz von mindestens tausend Stück pro Tag und Verkaufsstelle. Diese Zahl wurde jedoch nie erreicht, und der Gang wurde bald darauf sang- und klanglos gestrichen. Das gleiche Schicksal ereilte ein Gericht namens Kolacky, eine osteuropäische Spezialität, für die sich zwar Kroc, aber nicht der amerikanische Massenmarkt begeistern konnte.

Da Kroc der katholischen Tradition des Fleischverbots an Freitagen Rechnung tragen wollte, kreierte er ein Sandwich aus gegrillten und mit Käse überbackenen Ananasscheiben. Um die Einheitlichkeit der Produktlinie zu wahren, nannte er es Hulaburger. Auch dieses Gericht fand keinen Anklang. Kroc hatte zwar ungeheures Verkaufstalent, aber keine zündenden Produktideen.

Auch beim Aufbau eines effizienten Marketingteams zeigte er weit weniger Engagement als bei der Einstellung seiner Betriebsführungs- und Immobilienspezialisten. Der erste Marketingmanager des Unternehmens wurde Don Conley, Vizepräsident der Lizenzabteilung und erster firmeneigener Pilot. Seine Bemühungen gingen kaum über sporadische Werbeanzeigen in Zeitungen oder Wurfsendungen per Post hinaus. Sie wurden von Austin White, der sich mit der Coca-Cola-Werbung einen Namen gemacht hatte, künstlerisch gestaltet. McDonald's zahlte für fünf seiner Entwürfe zwar rund 100 000 Dollar, aber von einer gezielten Kampagne konnte nicht die Rede sein, denn das Unternehmen warb nicht für sich selbst, sondern stellte den Franchisenehmern gegen Bezahlung das Material für regionale Werbeaktionen zur Verfügung.

Obwohl der Name McDonald's heute einen Machtfaktor in den Medien, vor allem in der Fernsehwerbung darstellt, ließen die ersten Werbeprogramme keinesfalls eine solche

---

* sandkuchenähnliches Gebäck

Entwicklung vermuten. Erst 1961 wurde unter der Leitung von John Horn eine eigene Werbeabteilung gegründet, und die ersten Anzeigen, die über regionale Werbeträger hinausgingen, erschienen nicht vor 1963 – kurz bevor McDonald's in eine Aktiengesellschaft umgewandelt wurde –, und zwar in Form einer ganzseitigen Annonce im *Readers Digest*. Erst jetzt ging man zur Produktion von Commercials über – Zeichentrickfilme von 32 Sekunden Dauer, in denen eine Figur namens ›Archie McDonald‹ um eine McDonald's-Theke hüpfte. Ein ähnliches Konzept hatten schon die Brüder mit ihrem ›Speedy‹ entwickelt, der die Werbeschilder des Driveins in San Bernardino schmückte. Horn gab dem Protagonisten sowohl ein neues Aussehen als auch einen neuen Namen, denn er erinnerte allzusehr an die Speedy-Alka-Seltzer-Werbung, und keiner Fast food-Kette konnte daran gelegen sein, mit einem Kopfschmerz- und Katermittel in Verbindung gebracht zu werden. Aber nur wenige Franchisenehmer erwarben diese Spots von McDonald's und kauften Sendezeit in ihren regionalen Märkten. 1964 nahm McDonald's – heute der drittgrößte Fernsehwerbungskunde der USA – Kontakt zu einer der größten Werbeagenturen des Landes, D'Arcy Advertising, auf und startete 1967, ein Jahr, bevor es eine eigene Marketingabteilung gründete, sein erstes landesweites Werbeprogramm.

Obwohl eine aggressive Marketingplanung fehlte, spielte McDonald's eine Schlüsselrolle im Marketing, indem es für seine Partitur bisher den Ton angab. Kroc war entschlossen, eine landesweit tätige Fast food-Kette aufzubauen und die Verwirklichung dieses Ziels nicht durch den Mangel an originellen Marketingideen zu gefährden. Trotz seiner Forderung nach systemkonformer Leistung waren der Experimentierfreudigkeit seiner Franchisenehmer im Bereich Produktentwicklung und Verkaufsförderung keine Grenzen gesetzt. McDonald's betrieb zwar keine landesweite Werbung, aber die Franchisenehmer waren gehalten, mehr und mehr für die regionale Werbung zu sorgen. 1959 wurde vertraglich festgelegt, daß jedes Restaurant 2,5 % seines Umsatzes als Werbebudget anzusetzen hatte. McDonald's war eine der ersten Fast food-Ketten, die die Werbung als wichtigen Bereich der Marktpolitik erkannte und die Franchisenehmer in ihr Werbekonzept integrierte. (Das Werbebudget wurde 1969 auf 4 % des Umsatzes erhöht.)

Auch hier erwies sich Kroc wieder als treibende Kraft. 1957 wandte er sich an die Chicagoer Werbeagentur Cooper, Burns und Golin, um mit Hilfe der Medien auf seine neue Hamburger-Kette aufmerksam zu machen. Das Honorar – 500 Dollar pro Monat – war selbst nach damaligen Standard bescheiden, aber für ein Unternehmen wie McDonald's, dessen Erträge sich 1957 auf 243 000 Dollar beliefen, ein enormer Kostenfaktor, den manche von Krocs Mitarbeitern, u. a. auch Sonneborn, für überflüssig hielten.

Kroc vertrat jedoch den Standpunkt, daß McDonald's kein typischer Konsumgüterhersteller, ja nicht einmal ein Restaurant im klassischen Sinn sei, sondern aufgrund seines Blitzservices und Aquarium-Designs Informations- und Unterhaltungswert habe, der darin bestand, daß hier dem Kunden die Gelegenheit geboten wurde, eine Großküche in Aktion zu sehen. »McDonald's ist nicht in der Gastronomie, sondern im Showgeschäft anzusiedeln«, eröffnete Kroc seinen Franchisenehmern und Managern.

Um dieses Image in der Öffentlichkeit zu festigen, konnte Kroc sich kein besseres Team als Max Cooper, Ben Burns und Al Golin aussuchen. Für 500 Dollar im Monat erhielt McDonald's Werbekampagnen, deren Wirksamkeit nichts zu wünschen übrig ließ. Heute verstehen sich viele Werbeagenturen in erster Linie als Finanzexperten. Themen wie Unternehmensgewinne, Rendite u. ä. haben Vorrang, und den besten Agenturen ist es gelungen, mit Hilfe der Medien die Zielgruppe zu erreichen, die sie besonders umwerben: die Anleger. Kroc hatte eine eher konservativ orientierte Agentur gewählt, die ihre Aufgabe vornehmlich darin sah, Öffentlichkeit zu schaffen. »Zwischen der Periode, in der die traditionelle Pressearbeit, und der Periode, in der die moderne Version der Public-Relations-Arbeit dominierend war, gab es eine Interimszeit, in der man für Publicity sorgte und genau das haben wir getan«, erklärte

Cooper, der heute 24 McDonald's-Restaurants in Birmingham, Alabama, leitet.

Für Cooper, Burns und Golin war ein Unternehmen mit Unterhaltungseffekt, das unter der Leitung eines Mannes stand, dessen schillernde Persönlichkeit sich werbewirksam vermarkten ließ, ein willkommener Kunde. Cooper hatte die Agentur Mitte der 50er Jahre gegründet und mit den von ihm gelieferten ›Schlagzeilen‹ seine Klienten, die hauptsächlich aus dem Showgeschäft kamen, in die Klatschspalten der Chicagoer Presse gebracht.

Auch Golin stammte aus diesem Milieu. Er hatte nach dem Zweiten Weltkrieg als Presseagent – oder ›Ausbeutungsspezialist‹, wie es im Fachjargon hieß – bei MGM Karriere gemacht. Seine Aufgabe bestand darin, die Stars auf ihren Tourneen zu begleiten und dabei mit Hilfe einer effektiven Werbung auf neue Filme aufmerksam zu machen. Für Kroc war Golin der richtige Mann, denn ihm lag nicht daran, seine Kunden aus der Presse herauszuhalten, sondern sie vielmehr erst ins Gespräch zu bringen. Golin erinnert sich z. B. daran, daß er einmal Clark Gable und seine Filmpartnerin in Chicago vom Bahnhof abholte. Die Dame beklagte sich darüber, wie schrecklich es sei, ständig von Fans umlagert und um Autogramme gebeten zu werden. »Schätzchen, schrecklich wird es erst, wenn man dich nicht mehr darum bittet«, meinte Gable lakonisch.

Krocs neue Public-Relations-Agentur dachte wie Gable und sorgte dafür, daß innerhalb weniger Jahre unzählige Geschichten über McDonald's in den regionalen Zeitungen des ganzen Landes erschienen, und daß 1961 das TIME Magazine einen Artikel über den erfolgträchtigen Newcomer brachte.

Einige ihrer Werbemethoden gelten nach heutigen Maßstäben als veraltet, aber sie hatten die erhoffte Wirkung: die Medien für die neue Fast food-Kette zu interessieren und den Namen McDonald's zu einem Synonym für Hamburger zu machen.

Von nun an war der Name Kroc regelmäßig in den Klatschspalten der Chicagoer Presse zu finden, im Zusammenhang mit geistreichen oder scharfsinnigen Äußerungen, die die Aufmerksamkeit des Lesers wecken und für McDonald's Reklame machen sollten. Da hieß es beispielsweise in der *Chicago Tribune*: »Ray Kroc, Chef der McDonald's-Drive-in-Kette, sagt, jeder Chiropraktiker sei ein verkappter Disjockey.« (Eine Anspielung auf die gemeinsame Vorliebe für Schallplatten.) Oder, wie in der *Sun-Times* zu lesen war: »Ray Kroc (McDonald's Drive-ins) meint, es gäbe nichts Schlimmeres als eine Frau, die kochen kann, aber nicht mag – es sei denn eine Frau, die kochen mag, aber nicht kann!«

McDonald's-Publicity-Team sorgte ebenfalls dafür, daß die Lizenznehmer auf regionaler Ebene durch effektive Werbeaussagen von sich reden machten. Zum Beispiel stellte man mit Hilfe von Presseverlautbarungen die eindrucksvollen Hamburger-Produktionszahlen in ansprechender Verpackung vor: Das für die Hamburger-Buns benötigte Mehl würde den Grand Canyon oder das Ketchup den Michigan-See füllen, hieß es. Oder man errechnete, wie oft sich mit den Milliarden verkaufter Hamburger, hintereinander aufgereiht, die Entfernung zwischen Erde und Mond zurücklegen ließ.

Turner gebot schließlich der von ihm wenig geschätzten ›Hamburger-zum-Mond‹-Publicity Einhalt, aber die Presse zeigte sich noch Jahre davon fasziniert. Selbst das renommierte *Time Magazine* konnte sich dieser ungeheuren Wirkung nicht entziehen, denn in einem Artikel aus dem Jahre 1973 heißt es, daß die zwölf Milliarden Hamburger, die McDonald's bis dato verkauft habe, »eine 783mal größere Pyramide ergäbe als die von Cheops erbaute«. Ferner war zu lesen: »Wenn alle Viehherden, die für McDonald's ihr Leben lassen mußten, sich versammelten, würde den sie trotz qualvoller Enge ein Gebiet von der Größe Londons, einschließlich aller Außenbezirke, besetzen.«

Cooper, Burns und Golin versuchten darüber hinaus, McDonald's als unbestrittene Autorität im Hamburger-Geschäft zu propagieren und diese Position weidlichst zu Publicity-Zwecken auszunutzen. Beispielsweise publizierte

McDonald's jedes Jahr die Ergebnisse einer landesweiten Hamburger-Umfrage, in der bis zur zehnten Dezimalstelle ausgerechnet worden war, wie viele Hamburger der Amerikaner im Durchschnitt wöchentlich konsumierte. Niemand sonst verfügte über ein so präzises Zahlenmaterial, das selbst in der Fachwelt Aufsehen erregte und vorbehaltlos akzeptiert wurde. McDonald's gab nie sein großes Geheimnis preis, nämlich daß die Hamburger-Statistiken allein auf Interviews mit ein paar Hundert Chicagoer Bürgern beruhten, die von Cooper, Burns und Golin und der McDonald's Publicity-Agentur durchgeführt wurden.

Überraschenderweise kamen solche, nach heutigen Maßstäben trivial anmutenden Werbegags bei Presse und Verbrauchern gleichermaßen gut an. Man hatte die Hamburger bestenfalls zur Kenntnis genommen; die Presse sorgte jetzt dafür, daß sie auch ernstgenommen wurden. Golin erklärte: »Niemand hatte dem Hamburger-Geschäft große Erfolgschancen eingeräumt, und die McDonald-Statistiken waren eine Riesenüberraschung.«

Für Werbewirksamkeit sorgte auch die Entstehungsgeschichte des Hamburgers dessen Geburtsstunde sich, laut Cooper, Burns und Golin noch auf die Zeit vor der Weltausstellung in St. Louis im Jahre 1904, der offiziellen Genesis, zurückdatieren ließ. Angeblich sei der Hamburger von russischen Seeleuten in Hamburg eingeführt worden, welche Sandwiches, belegt mit rohen Rindfleischscheiben, aßen. Der Effekt dieser Geschichte war wichtiger als die Frage nach der Authentizität. Als McDonald's Mitte der 60er Jahre dem Bürgermeister von Hamburg vor versammelter Presse einen Hamburger servierte, um die ›Rückkehr zu seiner Geburtsstätte‹ zu feiern, ›schluckte‹ dieser den Hamburger sicher leichter als seine unverbürgte Entstehungsgeschichte. »Soll das ein Hamburger sein?« fragte der ›Bürgermeister‹. »Ich bin ein waschechter Hamburger.« Am nächsten Tag war das Zitat – und der Name McDonald's – in sämtlichen deutschen Zeitungen zu lesen.

Aber am meisten Beachtung fand McDonald's nicht aufgrund der geschickten Kampagnen der Werbeagentur, sondern wegen der schillernden Persönlichkeit seines Gründers. Kroc verstand es, den Reportern seinen großen Traum vom Aufbau eines Hamburger-Imperiums zu verkaufen. Da Golin erkannt hatte, daß Kroc einzig aufgrund seiner Persönlichkeitsstruktur für die Presse ein ergiebiges Objekt war, brauchte er lediglich die Meute der Journalisten auf ihn zu hetzen; den Rest würde Kroc schon alleine besorgen. Golin meinte: »Kroc war ein Mensch, von dem jeder PR-Mann träumte.«

Golins großer Tag kam, als er ein Interview für Kroc mit Hal Boyle, dem späteren Gewinner des Pulitzer-Preises und freien Mitarbeiter von Associated Press arrangierte, der mit seinen Publikationen in ganz Amerika Aufsehen erregte. Boyle galt nicht nur als brillanter Journalist, sondern auch als extrem vergeßlich. Golin rief ihn Monate lang regelmäßig einmal pro Woche in New York an, um sich zu erkundigen, ob Boyle das eingesandte Pressematerial bereits gesichtet habe. Jedesmal hatte Boyle es verlegt, und jede Woche – insgesamt ein halbes dutzendmal – schickte ihm Golin neue Unterlagen.

Schließlich gelang es ihm doch, ein Treffen zwischen Boyle und Kroc zu arrangieren. Einen Tag vor dem Termin erinnerte Golin den Journalisten noch einmal an das bevorstehende Gespräch. »Haben Sie auch das Interview morgen nicht vergessen?« »Mit wem?« fragte Boyle. Golin erklärte ihn noch einmal, daß er morgen mit Kroc zum Mittagessen verabredet sei. »Morgen kann ich nicht. Da ist ein Essen bei Associated Press angesagt.« Golin schlug vor, daß Kroc ihn morgens im Büro von AP aufsuchen würde.

Als Kroc in Boyles Büro eintrat, herrschte dort die typische Hektik, die man in jeder Presseagentur vorfindet. Dutzende von Reportern gingen ein und aus, Telefone klingelten und Schreibmaschinen klapperten. Aber für Kroc, der wegen seines schlechten Gehörs ohnehin lauter als normal sprach, war es kein Problem, sich über den Geräuschpegel hinweg Gehör zu verschaffen. Schon nach wenigen Minuten hatte er mit seiner Präsentation von McDonald's nicht nur Boyles Interesse geweckt, sondern auch die Schreibmaschinen zum Verstummen gebracht.

Plötzlich war Boyles Schreibtisch umlagert. Mehrere Reporter fragten, wie sie eine McDonald's-Lizenz erwerben könnten. Boyle hatte anfangs wenig Begeisterung gezeigt, aber aus der Reaktion seiner Kollegen schloß er, daß er hier auf eine ›heiße Spur‹ gestoßen war. Das Interview dauerte eineinhalb Stunden, und am nächsten Tag erschien in mehr als sechshundert Zeitungen ein packender Bericht über McDonald's. »Ich habe den Hamburger aufs Fließband gelegt«, zitierte Boyle den Firmengründer.

Zum erstenmal erreichte die Kette einen überregionalen Leserkreis, und nach wenigen Tagen wurde sie mit Lizenzanträgen überschwemmt. Franchisenehmer zu finden war schon bisher nicht schwierig gewesen; durch die landesweite Werbung entstand nun das unvorhergesehene Problem, der Flut der Anträge Herr zu werden. Die Warteliste wurde immer länger, und manche Bewerber mußten sich zwei Jahre und länger gedulden, bis sie ein Lokal übernehmen konnten.

Boyles Artikel hatte einen ungeheuren Schneeballeffekt. Plötzlich kam McDonald's in den kostenlosen Genuß der Publicity, die es sich nicht hatte leisten können. Berichterstatter aus dem ganzen Land, die Golin zuvor vergeblich umworben hatte, stürmten nun sein Büro und bettelten um Interviews. *Time, Life, Newsweek,* das *Wallstreet Journal* und *Forbes* rissen sich um Kroc und rannten offene Türen ein.

Die Interviews mit Kroc waren nicht das einzige Mittel, um auf McDonald's aufmerksam zu machen. Die Franchisenehmer waren angehalten, für gemeinnützige Zwecke in ihren Gemeinden zu spenden, was immer in der Presse Erwähnung fand. Cooper, Burns und Golin schickten sogenannte Spendenprogramme an die Lizenznehmer, in denen aufgelistet war, welche gemeinnützigen Einrichtungen werbewirksam unterstützt werden konnten. Zum Beispiel wurde der Vorschlag gemacht, die Hamburger-Gewinne für den Kauf von Trikots für ein Schulsportteam zur Verfügung zu stellen; damit ließ sich einerseits die Definition von McDonald's als Familienrestaurant hervorheben, und andererseits ein jugendliches Publikum dazu motivieren, bei den Erwachsenen Gratiswerbung für McDonald's zu machen. Die Spendenprogramme enthielten nicht nur Hinweise darauf, wie man die Presse auf die Aktionen aufmerksam macht, sondern auch Einzelheiten darüber, welche Art von Pressefotos nachhaltige Wirkung beim Leser versprachen.

Je größer die fotografische Ausbeute bei einer Spendenaktion, desto besser, meinte die Agentur. Ende der 50er Jahre reisten Turner und sein Team mit einem Vehikel, ›Santa Wagon‹ genannt, durch die Chicagoer Loop. Der Lastwagen war zum rollenden McDonald's-Drive-in umgebaut worden, komplett mit allen Küchengeräten und den weithin sichtbaren Goldenen Bögen ausgestattet. Die Manager teilten dort eigenhändig gegrillte Hamburger und Kaffee an die Wohltäter der Menschlichkeit, die Heilsarmee aus. Ein Foto des ›Santa Wagon‹ machte in der gesamten Chicagoer Presse Furore.

Golin war der Meinung, daß karitative Veranstaltungen weit effizienter waren als die beste Werbekampagne. »Zunächst war diese kostenlose ›Einzelwerbung‹ für die Franchisenehmer geeigneter als die Gemeinschaftswerbung«, erklärte Golin. »Sie konnten damit ihre Märkte auf direktem Weg erreichen.«

Spendenaktionen, die die Aufmerksamkeit von Presse und Verbraucher erregen, sind nicht nur eine billigere, sondern auch eine wirksamere Form der Werbung. Eine Drive-in-Kette, die die mannigfaltigen Vorurteile gegenüber der gesamten Branche zu überwinden hat, kann sich keine das Image mehr fördernde Publicity wünschen. Allerdings sollte man nicht vergessen, daß die Wohltätigkeit nicht nur auf rein altruistischen Motiven beruhte, denn dahinter stand stets das höchst eigennützige Ziel, den Hamburger-Umsatz zu steigern. »Unser soziales Engagement war zu 99% auf rein kaufmännische Überlegungen zurückzuführen. Für uns war dies eine kostenlose und wirksame Werbemaßnahme. Außerdem konnten wir damit die Vorurteile abbauen, die damals viele gegen eine Hamburger-Kette hatten, deren Hauptprodukt nur 15 Cents kostete. Es war wirklich zu 99 Prozent kommerziell«, erklärte Fred Turner.

Diese überaus wirksame Marketing-Strategie machte bald in der gesamten McDonald's-Familie Schule, und die einzelnen Franchisenehmer begannen, eigene Werbekampagnen auf Wohltätigkeitsbasis zu starten. Innerhalb weniger Jahre fungierte die Unternehmensleitung nur mehr als Clearingstelle für soziale Projekte, die von den Restaurantbetreibern erfolgreich in Gang gebracht worden waren. Wenn ein Lizenznehmer zum Beispiel Orangensaft für Wohltätigkeitsveranstaltungen spendete und dadurch sein soziales Engagement unter Beweis stellte, sponserten überall im ganzen Land McDonald's-Restaurants ›Orange Bowls‹ – so benannt nach den automatischen gläsernen Mixgeräten, aus denen man das Getränk zapfte. Dabei traten die Restaurantangestellten in Uniform in Aktion und stellten so McDonald's schnellen Service unter Beweis.

Der Einfallsreichtum der Franchisenehmer kannte keine Grenzen. Ob man nun Vereine, Schulen, Pfadfinder oder Krankenhäuser unterstützte – die Spendenfreudigkeit entwickelte sich zu einer Art Epidemie im gesamten McDonald's-System. Erst als McDonald's dann endlich in der Lage war, sein Marketing mit Hilfe finanziell tragbarer Werbung zu entwickeln, diente die karitative Tätigkeit nicht länger primär als Verkaufsförderungsstrategie.

Der Großteil der Wohltätigkeitsaktionen wird heute von den Franchisenehmern in Eigenregie durchgeführt, ohne daß die Konzernleitung, die 1991 mehr als 700 000 Dollar für karitative Zwecke verteilte, Druck ausübt. Für die meisten bedeutet das soziale Engagement in ihren Heimatgemeinden mehr als eine Public-Relations-Kampagne. Dahinter steht ein tiefverwurzeltes psychologisches Bedürfnis. »Der einzelne leitet daraus ein Gefühl für die eigene Identität ab, zumal er in einer Branche arbeitet, in der diese Identität leicht verlorengeht«, meint Golin. »Dadurch, daß er sich aktiv für die Gemeinschaft einsetzt, wird ihm persönliche Anerkennung zuteil. Er gilt in seiner Heimatstadt als ›Mr. McDonald's‹.«

Welche Motivation auch immer relevant sein mag – das Engagement für gemeinnützige Zwecke ist zu einer der stärksten Waffen im Marketingarsenal von McDonald's geworden, und das ist nicht dem Unternehmen als Ganzes, sondern den Einzelaktionen der Franchisenehmer zu verdanken. Zum Beispiel geht die Gründung der Ronald-McDonald-Häuser auf die Initiative der Franchisenehmer – nicht des Unternehmens – zurück. In den Gebäuden, die in unmittelbarer Nähe von Krankenhäusern gelegen sind, werden Familien, deren Kinder über einen längeren Zeitraum in stationärer Behandlung sind, kostenlos oder gegen geringes Entgelt beherbergt und verpflegt. Diese Idee stammt von Elkman Advertising, der Werbeagentur, die mit den McDonald's-Restaurants in Philadelphia zusammenarbeitet. Den Anstoß dazu gab Fred Hill, ehemals Verteidiger der berühmten Footballmannschaft Philadelphia Eagles, dessen Tochter an Leukämie erkrankt war. Er kannte die Probleme der gleichermaßen betroffenen Familien aus eigener Erfahrung. Die McDonald's-Franchisenehmer spendeten 50 000 Dollar für den Bau des ersten Ronald-McDonald-Hauses, das 1974 in Philadelphia eingeweiht werden konnte. Heute gibt es 162 Ronald-McDonald-Häuser in zwölf Ländern, die alle von Franchisenehmern finanziert werden und bislang 1,5 Millionen Familien ein vorübergehendes Heim boten.

Als Ray Kroc 1984 starb, rief der Konzern die Stiftung Ronald McDonald Children Charities (RMCC) ins Leben, um die Tradition des Gründers fortzuführen, der seine Dankbarkeit der Gesellschaft gegenüber durch die Unterstützung von Kindern und Familien unter Beweis gestellt hatte. Seit ihrer Gründung hat die Stiftung über einhundert Millionen Dollar an Tausende von Kinderorganisationen gespendet.

Das starke Engagement der Franchisenehmer auf sozialem Gebiet deutete darauf hin, daß sie auch im Marketingbereich aktiv werden wollten, zumindest in der ersten kritischen Phase, als McDonald's versuchte, das positive Image beim Verbraucher zu festigen. Aufgrund der schlechten Erfahrungen mit den Franchisenehmern, die McDonald's primär als lohnende Nebenerwerbsquelle betrachtet hatten, war Kroc Ende der 50er Jahre dazu übergegangen, vorrangig Franchisenehmer mit Unternehmergeist und Engagement zu rekrutieren. Da sie mit ihrer Aufnahme in die McDonald's-Familie alles riskiert hatten, zeigten sie sich eher bereit, selbst Hand anzulegen und sich an die Richtlinien des Systems zu halten. Der Kurswechsel in der Lizenzpolitik zahlte sich nicht nur im Betriebsführungs-, sondern auch im Marketingbereich aus. Diese nunmehr ›echten‹ Systempartner lieferten eine Fülle brauchbarer Marketingkonzepte, auf die Kroc nicht verzichten wollte, weil sie eine weit effektivere Verkaufsförderung für McDonald's darstellten, als sein Chicagoer Team ersinnen konnte.

Warum sich die Franchisenehmer zu einem so innovativen und starken Marketingfaktor entwickelten, läßt sich nicht eindeutig klären. Ein Grund dafür könnte sein, daß die meisten nicht aus dem traditionsbeladenen Gastronomiegewerbe kamen, sondern aus der Verkaufs- oder Werbebranche und durch Mundpropaganda angeworben wurden. In ihren Augen mag die Werbung für McDonald's mit dem Marketing irgendeines beliebigen Produktes vergleichbar gewesen sein. Und wenn dieses Marketing innovativ war, so vielleicht deshalb, weil die Franchisenehmer keinen Vergleichsmaßstab hatten.

Eine andere Erklärung wäre, daß die Lizenznehmer im Marketing eine Chance sahen, ihre individuelle Kreativität in ein System einzubringen, das ihnen ansonsten wenig Gelegenheit zur Selbstentfaltung bot. Die Betriebstechniken waren bis ins kleinste Detail im Betriebs-Handbuch festgelegt, und Kroc duldete nicht die geringste Abweichung. Als Kroc das unternehmerische Potential seiner Franchisenehmer erkannte, entschloß er sich zu einem inoffiziellen Tauschhandel: strikte Befolgung der Betriebsinstruktionen gegen einen nahezu unbegrenzten Freiraum im Marketingbereich.

Als Kroc erkennen ließ, daß er das aggressive Marketing seiner Franchisenehmer unterstützte, gab er den Startschuß für eine Entwicklung, die McDonald's zum kreativsten Marketingexperten in der Fast food-Branche machen sollte. Das Massen-Marketingkonzept stammt zwar nicht von einem einzelnen Franchisenehmer, aber zu den innovativsten unter denen, die ihren Beitrag dazu leisteten, zählt zweifellos Jim

Zien. Zien war Besitzer eines gutgehenden Restaurants in St. Paul sowie mehrerer Kinos, als er sich um ein McDonalds-Franchise bewarb. Wie andere Kinobesitzer annoncierte er in den Zeitungen, aber er hatte auch schon die Idee gehabt, Werbefilme in den eigenen Kinos zu zeigen. »Wir haben damals Werbeplakate auf Autos geklebt und sind den ganzen Tag durch die Stadt gefahren. Werbung zu machen lag mir einfach.«

Als er sein erstes McDonald's-Restaurant eröffnete, war der Gedanke, sich nicht auf die Mundpropaganda zu verlassen, sondern den Umsatz mit effektiven Werbemaßnahmen zu unterstützen, naheliegend. Zien kam dabei auf eine Idee, die bisher kein anderer Franchisenehmer gehabt hatte: Er beschloß, 3 % seines Umsatzes als Werbebudget zu veranschlagen und bat Patty Crimmins, eine weitere McDonald's-Franchisenehmerin in St. Paul, denselben Betrag beizusteuern und damit eine gemeinschaftliche Werbung zu finanzieren. Mit einem Einsatz von je 600 Dollar wurde eine Werbekampagne ausgearbeitet, die sich zunächst nur auf das spärliche, von McDonald's gelieferte Werbematerial stützte. Deshalb beauftragten Zien und Crimmins eine Werbeagentur vor Ort – Jaffe, Naughton and Rich – mit der Ausarbeitung einer zugkräftigeren Werbeaktion.

Nicht einmal Al Jaffe, einer der Agentur-Partner, konnte verstehen, warum Zien Geld in die Werbung für ein 15-Cents-Hamburger-Restaurant investieren wollte – und schon gar nicht eine solche Summe! »Ich hatte dieses merkwürdige Gebäude, das sich deutlich vom üblichen Baustil abhob, schon gesehen«, meinte Jaffe. »Als Zien dafür auch noch Werbung machen wollte, wurde mir klar, daß er etwas wußte, was mir nicht bekannt war.«

Ziens Bruch mit den Traditionen der Gastronomie beschränkte sich nicht nur auf die aggressive Werbung. Die Agentur entschied – ganz in Ziens Sinn –, daß Zeitschriften, das damals bevorzugte Medium für die ohnehin spärlichen Werbeaktionen des Restaurants, für einen so brandneuen Restauranttyp wie McDonald's ein ungeeigneter Werbeträger seien.

Deshalb investierte Jaffe den von Ziens und Crimmins bereitgestellten Werbeetat in eine Kampagne in ein von der Branche wenig genutztes Medium: das Radio. Die Agentur plante einen simplen, aber einprägsamen Werbesong, dem weitere folgten, die im Laufe der Zeit in der amerikanischen Popkultur allesamt zu Hits wurden. Der erste stammt aus der Feder von Sid Rich und betont eines der hervorstechendsten Merkmale von McDonald's: den niedrigen Preis für ein komplettes Menü, bestehend aus Hamburger, Pommes frites und Milchshake. »45 Cents für ein Drei-Gänge-Mahl erleichtert mir die Qual der Wahl«, hieß es dort sinngemäß. Schon nach kurzer Zeit wurde der Slogan zum Hit.

Durch die Radiowerbung stieg Ziens Jahresumsatz 1959 auf 315 000 Dollar und lag rund 61% über dem Durchschnitt der McDonald's-Restaurants. Im darauffolgenden Jahr wurden Rekordumsätze verbucht. Als Zien von anderen Franchisenehmern auf seinen spektakulären Erfolg angesprochen wurde, überließ er ihnen die Tonbänder und berechnete nur die Kosten für das Band. Kurz darauf waren die Werbesongs auch in Washington, Connecticut und in anderen Städten zu hören. Als Zien begann, die Kombination aus Hamburger, Pommes frites und Milchshake als ›All American Meal‹, also als eine Art Nationalgericht, zu propagieren, griffen die Franchisenehmer im ganzen Land den Slogan auf, und McDonald's hatte seine erste systemumfassende Gemeinschaftswerbung. Ziens Beispiel, Werbeideen kostenlos weiterzugeben, machte Schule und prägte eines der wichtigsten Marketingprinzipien von McDonald's: Alle Franchisenehmer gelten als Partner, und die Konzepte, die ein einzelner entwickelt, um das Leistungsniveau seines Lokals zu verbessern, werden der Gemeinschaft kostenlos zur Verfügung gestellt, um die Leistungen des gesamten Systems zu steigern.

1959, ein Jahr nach der ersten Radiowerbung, machte Zien erneut von sich reden, denn er entdeckte den Werbeträger, auf den heute der größte Teil des 600 Millionen Dollar betragenden Werbe- und Verkaufsförderungsbudgets von McDonald's entfällt: das Fernsehen. Dieses Medium war vom Gastronomiegewerbe bislang völlig ignoriert worden. Zien sah darin eine Möglichkeit, den Marktsektor zu erreichen, der den Zugang zu allen übrigen versprach. »Ich wußte, wir konnten über die Kinder die Familien für uns gewinnen«, meinte Zien. »Welcher Vater sagt schon ›nein‹, wenn sein Sprößling ihn bittet, mit zu McDonald's zu gehen, vor allem, wenn das Essen preiswert ist.«

Auch andere Franchisenehmer hatten bereits erkannt, welches Potential sich über die Zielgruppe Kinder entwickeln ließ. Die Mehrzahl der Erwachsenen lehnten McDonald's anfangs ab, weil sie glaubten, Hamburger für 15 Cents müßten von minderer Qualität sein. Für Kinder war McDonald's attraktiv, weil sie hier bei der Zubereitung ihrer Lieblingsgerichte zuschauen und ihre Bestellungen selbst aufgeben konnten. Zien war überzeugt, daß er diese Zielgruppe am besten mit dem Medium Fernsehen erreichen konnte.

Das Fernsehen war Ende der 50er Jahre für seine Zwecke tatsächlich ein optimaler Werbeträger; das Kinderprogramm wurde damals noch nicht von großen Syndikaten gesteuert. Die Sendungen wurden auf regionaler Ebene produziert und hatten die höchsten Einschaltquoten zu verzeichnen. Die Moderatoren waren zu Idolen der Jugend geworden, und die Produkte, die sie empfahlen, Renner. Außerdem war ein Werbespot im Nachmittagsprogramm erheblich billiger als in den Abendsendungen.

Zien investierte sein gesamtes Budget in Werbespots, die in drei Kinderprogrammen in Minneapolis ausgestrahlt werden sollten. Gezeigt wurden die damals wie heute beliebten und zum Standardprogramm gehörenden Cartoons und Unterhaltungsserien für Kinder, die im Studio vor Publikum von einem Moderator präsentiert wurden. Zien kaufte Sendezeit für alle drei Programme, und da die Moderatoren den Werbespot ansagten und allein dadurch kostenlose Reklame für McDonald's machten, hatten sich die Produktionskosten des Spots schon amortisiert.

Ziens Fernseh-Werbeerfolge blieben anderen Franchisenehmern nicht lange verborgen, und Anfang der 60er Jahre waren viele seinem Beispiel gefolgt. Außerdem hatten mehrere Franchisenehmer begonnen, mit den verschiedensten Werbe- und Promotionstechniken zu experimentieren, und ihre Innovationen wurden bald fest in das gesamte System integriert.

Jim Pihos, der als Verkaufsförderungsmanager in der Firma Ryerson Steel gearbeitet hatte, bevor er eine McDonald's-Franchise in Milwaukee erwarb, war einer der ersten, der Ziens Werbestrategie übernahm. Auch er investierte zwischen 3 und 4 % des Umsatzes – zusammen mit dem ebenfalls in Milwaukee ansässigen McDonald's-Lizenznehmer Peter Wietzmann – in eine gemeinschaftliche Werbekampagne. Aber Pihos investierte zudem noch einen Teil seines Etats in eine andere Form der Werbung: für die Direktwerbung per Postversand.

Er verschickte alle drei Monate ca. 20 000 Handzettel an die Haushalte rings um sein Restaurant und bot einen Hamburger als Werbegeschenk an. Diese ›Pull‹-Strategie, die zum größten Teil von Franchising-Direktor Conley erfunden worden war (er hatte die Handzettel mit Werken von Austin White bedrucken lassen), verfehlte ihre Wirkung nicht: Der Umsatz stieg rapide und selten um weniger als 50 % – ein beachtlicher Effekt für ein Direct-Mail-Programm. Pihos Erfolge bewirkten, daß die Direktwerbung zu einem wirksamen Marketinginstrument für alle McDonald's-Franchisenehmer wurde.

In der Zwischenzeit machte auch ein anderer Franchisenehmer, der ehemalige Industriekaufmann Reub Taylor, von sich reden. Er hatte ein Lokal im Nordosten der USA eröffnet, wo neue Produkt- und Dienstleistungskonzepte bekanntlich nur zögernd akzeptiert werden. Taylor hatte sich nicht nur in der äußerst konservativen Neuengland-Atmosphäre zu behaupten, sondern war auch in das Machtzentrum eines der größten McDonald's-Konkurrenten, der Howard-Johnson-Kette, eingedrungen.

Taylors Spezialität war die Point-of-Sale-Werbung*, als

---

* Werbung am Verkaufsort

deren wichtigste Komponente er die Serviceleistung betrachtete. Da er der Meinung war, daß nichts wichtiger für den Geschäftserfolg sei als eine freundliche und effiziente Bedienung, schulte er sein Verkaufspersonal besonders sorgfältig mit Hilfe von Tonbandlektionen. »Meine Leute müssen freundlich, höflich und schnell sein«, forderte er.

Die Tonbandlektionen enthielten Anweisungen über jede einzelne Phase des Kundenkontaktes, der normalerweise fünfzehn Sekunden dauerte. Das Personal war angehalten, bestimmte Standardfragen zu stellen: »Sie wünschen, bitte?« Und am Schluß: »Vielen Dank. Bitte kommen Sie bald wieder.« Die Reihenfolge der einzelnen Schritte während der Aufnahme und Ausführung der Bestellung war bis in alle Einzelheiten festgelegt, und Taylor erinnert sich sogar daran, daß die »besonders appetitlich aussehenden Hamburger weiblichen Kunden und diejenigen, bei denen Senf oder Ketchup an den Seiten heruntergelaufen waren, den Lastwagenfahrern ausgehändigt werden sollten«.

Daß Taylors Verkaufsmethoden erfolgreich waren, ließ sich nicht bestreiten. Seine Lokale hatten kontinuierlich einen überdurchschnittlichen Umsatz vorzuweisen, und sein drittes McDonald's-Restaurant in Newington, Connecticut, gab – wie Sie sich vielleicht erinnern – den Ausschlag dafür, daß Fred Fedelli von der State-Mutual-Lebensversicherung den 1,5-Millionen-Dollar-Kredit empfahl, der Kroc und Sonneborn den Zugang zur Welt der Hochfinanz verschaffte. Der Umsatz dieses Restaurants war meistens doppelt so hoch wie der landesweite Durchschnitt, und als es 1964 als erstes die 500 000-Dollar-Marke überschritt, strömten die Franchisenehmer – auch von anderen Ketten – herbei, um mit eigenen Augen zu sehen, wie die Taylor-Mannschaft höflich und freundlich Bestellungen bewältigte, von denen man in der Fast food-Branche nicht einmal zu träumen gewagt hatte.

Taylors Tonbandkassetten erwiesen sich als so effektiv, daß Fred Turner sie als Grundlage für einen professionelleren Lehrfilm über den Service benutzte, der dann in allen McDonald's-Lokalen eingesetzt wurde. Heute gibt es nur wenige Fast food-Ketten, die sich nicht an den von Taylor entwickelten und in Connecticut erprobten Richtlinien orientieren.

In der Reihe der Franchisenehmer, die das Marketing von McDonald's entscheidend beeinflußten, dürfen zwei Namen nicht fehlen: John Gibson und Oscar ›Goldy‹ Goldstein, denen Kroc 1956 eine Exklusivlizenz für Washington, D.C., erteilte. Gibson, ehemals als Vertreter von Miller-Bier in Nordvirginia tätig, und Goldstein, Besitzer eines Lokals und Delikatessengeschäftes, das von Gibsons Firma beliefert wurde, gelten heute als die erfolgreichsten Franchisenehmer in der Geschichte des McDonald's. Ihre Filialen in Washington – bekannt als Gee Gee Corporation – führten sie mit demselben Geschick und Unternehmergeist, der Kroc und Sonneborn zu eigen war.

Goldstein teilte Krocs Liebe zum Detail; sein Partner Gibson zeigte Qualitäten auf dem Gebiet der Finanzen und des Grundstücksgeschäfts, die sich durchaus mit denen Sonneborns messen konnten. Da Gibson und Sonneborn ihre Franchisen erworben hatten, bevor McDonald's auf dem Immobilienmarkt Fuß zu fassen begann, und zudem über die nötigen finanziellen Ressourcen verfügten, waren und blieben Haus und Grund in ihrem Eigentum. Während alle übrigen Franchisenehmer ihre Lokale nach 1958 von der soeben gegründeten McDonald's Franchise Realty pachteten, zahlte die Gee Gee Corporation lediglich Servicegebühren in Höhe von 1,9 % des Umsatzes. Eine umsatzstarke Verkaufsstelle war für sie also eine Goldmine.

Goldstein erwies sich als die treibende Kraft dieses Teams – und als Verkaufsförderungsexperte. Von Juli 1957 an, als die Gee Gee Corporation ihr erstes Restaurant in Alexandria, Virginia, eröffnete, hatte Goldstein die renommierte Werbeagentur Kal, Ehrlich und Merrick verpflichtet, die er noch aus seiner Zeit als Verteiler kannte – andernfalls wäre die Agentur wohl niemals bereit gewesen, einen Kunden aus der anrüchigen Fast food-Branche zu akzeptieren. »Wie tief bin ich gesunken«, klagte der inzwischen verstorbene Bill Mullett, der Halbbruder von Harry Merick Sr.,

einem der Partner, der schon Miller Bier und nun Mc-
Donald's zu betreuen hatte. »Nach all den Jahren muß ich
Reklame für eine Hamburger-Imbißstube machen!«

Der neue Kunde sollte für Mullett die Ursache noch
größerer Frustrationen sein. Viele Unternehmen investierten
in der Anfangsphase hohe Summen in die Werbung, aber
Goldstein war ganz extrem. Er verlangte von Mullett, gleichzeitig im Fernsehen, im Radio und in der *Washington Post*
für McDonald's zu werben. Mullett konnte einfach nicht
glauben, daß Goldstein die fundamentalen Gesetze der Branche nicht verstand, die eine massive Medienwerbung, deren
Wirkung äußerst zweifelhaft war, verbot. »Goldy hat Mullett
mit seinen Forderungen wahnsinnig gemacht«, meinte Harry
Merrick Jr., der seinem Onkel bei der Betreuung dieses Kunden half. »Die beiden saßen in Goldsteins erstem Lokal,
unter der Treppe, auf Holzkisten, und stritten sich über die
Medienwahl. Goldy bestand darauf, all die Werbeträger und
-mittel zu nutzen, die nur für einen Großinserenten in Frage
kamen.«

Anfangs konnte Mullett Goldstein noch überreden, seinen
Werbeetat in kleinere Radiostationen und Zeitungen zu investieren. Aber zu Beginn der 60er Jahre, als Gee Gee bereits das fünfte Restaurant in Washington eröffnet hatte,
bestand Goldstein darauf, nun endlich Werbung großen
Stils zu betreiben. WRC – eine Tochter des Fernsehsenders
NBC – strahlte gerade eine neue Show namens *Bozo's Zirkus* aus, die Goldstein für seine Zwecke optimal erschien,
weil die Sendung ebenfalls ein Franchise-Projekt war. Larry
Harmon hatte die Rechte für Bozo von Capitol Records erworben und ein Drehbuch geschrieben, in dessen Mittelpunkt ein Clown stand. Aufgrund der Rekord-Einschaltquo-
ten waren die Lizenzrechte für die Show von den meisten
größeren Regionalsendern gekauft und für die Rolle des
Clowns waren in jedem Sender Schauspieler engagiert worden, die Harmons Vorstellungen entsprachen.

Goldstein hatte die Idee, diese Sendung zu sponsern,
denn damit konnte er McDonald's inzwischen wichtigsten
Marktsektor, die Kinder, erreichen. Und – was Goldstein zu

diesem Zeitpunkt noch nicht wissen konnte – die Rolle des Bozo im Sendebereich Washington sollte ein außerordentlich beliebter junger Fernsehansager übernehmen, der für die Kinder zum Idol wurde. Sein Name war Willard Scott, heute als ›Wetterfrosch‹ in der NBC-Nachrichtensendung *Today Show* tätig.

Damals kaufte Goldstein mehr oder weniger ›die Katze im Sack‹. Scott hatte sich mit 25 Jahren weder als Schauspieler noch auf irgendeinem anderen Gebiet profiliert. Als er die Rolle des Bozo erhielt, hatte er gerade seine ersten ›Gehversuche‹ als Nachwuchssprecher bei WRC gemacht. »Das Moderatorenteam machte sich einen Spaß daraus, demjenigen, der in der Sendung die meisten Versprecher machte, ein Porzellanei zu überreichen«, erinnert sich Merrick. »Meistens war Scott der Empfänger.«

In dem Augenblick, als Scott die Rolle des Clown Bozo übernahm, wurde er ein ›Vollprofi‹. Er besaß ein ungeheures Einfühlungsvermögen, und die Kinder akzeptierten ihn auf der Stelle als einen der ihren. Es gelang ihm auch die Zielgruppe, Kinder mit seinen Produkten anzusprechen. Seine Präsentation hatte nichts Subtiles, sondern bestand in der direkten Aufforderung: »...Vati und Mutti zu überreden, mit euch zu McDonald's zu gehen.« Scott wirkte fröhlich, unschuldig und überzeugend. »Willard bzw. Bozo war ein Spitzenverkäufer«, erklärte Barry Klein, der damals als Werbetexter für Kal, Ehrlich und Merrick arbeitete und die meisten der Gee-Gee-Werbespots schrieb.

Goldstein war mit der Wirkung der Commercials so zufrieden, daß er Scott bat, bei der Eröffnung der nächsten Gee-Gee-Verkaufsstelle in Alexandria als Bozo aufzutreten. Die Reaktion war selbst für Goldstein eine Riesenüberraschung. Tausende von Menschen waren gekommen, um ihr Idol zu sehen. Der Verkehr war in weitem Umkreis total blockiert, und die Kinder standen mit ihren Eltern Schlange.

Bozo war in Washington eine Berühmtheit geworden, aber, was noch wichtiger war, er wurde der ›Starverkäufer‹ von McDonald's. Wie andere Verkaufsstellen, die ein aggressives Marketing betrieben, gab auch Gee Gee mehr als 3 %

des Umsatzes für Werbezwecke aus, wobei der größte Teil auf Bozo entfiel. Dank der Popularität des Clowns konnte der Umsatz der Gee-Gee-Restaurants in den folgenden vier Jahren um 30 % – auf 325 000 Dollar – gesteigert werden und lag damit um rund 50 % über dem McDonald's-Durchschnitt. Im Laufe der Zeit entwickelten sich Gibson und Goldstein mit 25 Niederlassungen in Washington zu den größten und erfolgreichsten McDonald's-Franchisenehmern. Andere Franchisenehmer führten den Clown Bozo bald in ihren regionalen Märkten ein.

Aber Anfang 1963 wurde der zugkräftige Bozo vom Bildschirm verbannt. WRC hatte beschlossen, die Kindersendung aus dem Programm zu streichen. Bozos Popularität begann zu verblassen; andere Sendungen hatten höhere Einschaltquoten zu verzeichnen. McDonald's mußte auf seinen Starverkäufer in Washington verzichten. »Goldy tobte«, erinnert sich Klein. »Er rief bei den Programmdirektoren an und drohte, nie wieder auch nur eine einzige Minute Sendezeit bei ihnen zu kaufen.«

Kal, Ehrlich und Merrick versuchten alles, was in ihrer Macht stand, um den Marketing-Impuls, den Bozo gegeben hatte, am Leben zu erhalten. Sie setzten andere Berühmtheiten als McDonald's-Sprecher ein, um sowohl die Erwachsenen, die Diskjockeys als auch die Teenager zu erreichen. Sie versuchten ihr Glück mit jedem, dessen Name auch nur irgendwie bekannt war. Aber alle Mühe war vergebens. »Als wir feststellten, daß wir damit nicht an die alten Erfolge anknüpfen konnten, beschlossen wir, selbst eine Figur zu kreieren.«

Goldsteins Promotions-Team – Willard Scott, Harry Merrick, Jr., Barry Klein – sowie die Agentur Kal, Ehrlich und Merrick kamen zu dem Schluß, daß der alte Zauber nur mit einem neuen Clown wiederaufleben könne. »Aber das bedeutete, daß wir nicht mehr auf McDonald's bevorzugten Werbeträger – die Live-Show – zurückgreifen konnten, sondern unsere eigenen Commercials produzieren mußten«, erklärte Merrick.

Bis dato waren alle McDonald's-Commercials relativ einfach strukturiert und bestanden in erster Linie aus einem Skript, das während der Kindersendung live von einem Moderator vorgelesen wurde. Gee Gee betrat nun einen neuen und wesentlich komplexeren Sektor, der der Branche bisher völlig fremd war: die Werbefilm-Produktion. Zu diesem Zeitpunkt, 1963, hatte die McDonald's Corporation gerade erst mit der Produktion von kurzen Zeichentrickfilmen begonnen, die im regionalen Sendebereich der Franchisenehmer ausgestrahlt wurden.

Goldstein bestand auf seinem Clown-Projekt. Janet Vaughn, eine Mitarbeiterin der Agentur, entwarf ein Kostüm, das »den Vergleich mit einem von professionellen Kostümbildnern gefertigten nicht zu scheuen brauchte«, meinte Klein. Der Hut ähnelte einem Tablett, auf dem ein Hamburger, ein Tüte-Pommes frites und ein Milchshake aus Styropor lagen. Die Schuhe waren wie Hamburger-Buns geformt, und die Nase wurde aus einem McDonald's-Becher modelliert. Der Clown trug einen Gürtel mit einer Schnalle die wie ein Hamburger aussah, und während des Spots zauberte er Hamburger aus dem Gürtel.

Die Agentur schlug vor, den Clown Archie McDonald zu nennen, eine Anspielung auf die Goldenen Bögen, die inzwischen zum Wahrzeichen der Kette geworden waren. Aber es gab bereits einen Arch McDonald im Bereich Washington – einen Nachrichtensprecher, der sich mit Sicherheit gegen die kommerzielle Vermarktung seines Namens gewehrt hätte. Willard Scott, der wieder die Rolle des Clowns spielen sollte, schlug einen Namen vor, der sich reimte, und damit war der inzwischen legendäre Ronald McDonald geboren.

Die Figur des Clowns zu konzipieren war leichter, als ihr die Popularität zu verschaffen, die Bozo dank der Kindersendung genossen hatte. Die Agentur schlug vor, in den Mittelpunkt der Commercials eine kurze Geschichte zu stellen, die eine Lektion über Sicherheit im Straßenverkehr oder höfliches Benehmen enthielt. Der Clown sollte dabei auf dem Niveau der Kinder agieren und nicht als Autoritätsperson auftreten. »Ronald tat all die Dinge, die Kindern Spaß machen«, erinnert sich Scott. »In den Commercials zeigten wir ihn beim Rollschuhlaufen, Schwimmen oder Ballspielen. Ronald war für die Kinder wie ein gleichaltriger Freund.«

Ronald McDonald hatte sein Fernsehdebüt im Oktober 1963 in Washington. Der erste Darsteller, Scott, übte auf Anhieb denselben Zauber auf die Kinder aus wie Bozo. Mitte der 60er Jahre gaben die Franchisenehmer in Washington 500 000 Dollar für Werbung aus – den größten Teil für Ronald McDonald. Das Budget war höher als das jeder anderen Fast food-Kette, es überstieg sogar noch den Werbeetat der McDonald's Corporation. Goldstein setzte den Clown zur Eröffnung jedes neuen Restaurants ein und erzielte stets dieselbe Wirkung: ein Verkehrschaos.

1965 wußte Goldstein, daß er den idealen Repräsentanten für die Kette entdeckt hatte und machte Max Cooper, dem ersten Marketing-Direktor von McDonald's, den Vorschlag, ihn landesweit für Werbezwecke einzusetzen. Cooper lehnte jedoch ab, mit der Begründung, diese Form der Werbung sei unter McDonald's Niveau. Als Goldstein ihn daran erinnerte, daß seine Restaurants die ertragreichsten seien, beschloß Cooper, trotz seiner Bedenken Sonneborn eine landesweite Werbekampagne vorzuschlagen, in deren Mittelpunkt Ronald McDonald stehen sollte.

»Sind Sie verrückt geworden«, meinte Sonneborn dazu, »was sollen wir mit einem Clown?« Cooper war inzwischen daran gewöhnt, daß Sonneborn seine Ideen zunächst einmal zurückwies; deshalb beeilte er sich, ihm die Umsatzberichte der Washingtoner Restaurants vorzulegen. Die Zahlen waren ein schlagkräftiges Argument, das Sonneborn überzeugte. 1965 erschien Ronald McDonald zum erstenmal überregional auf dem Fernsehschirm. Heute ist er in den USA genauso bekannt und beliebt wie Santa Claus.

Damit gelang es McDonald's, den ›Kinder-Markt‹ zu beherrschen. Die meisten Fast food-Ketten hatten Anfang der 60er Jahre diesem Marktsegment wenig Beachtung geschenkt; erst zehn Jahre später erkannten sie, daß sie diese Zielgruppe weit unterschätzt hatten. Fest steht, daß wohl kein Marktfaktor in stärkerem Maße dazu beigetragen hat,

McDonald's die Führungsposition in der Fast food-Branche zu sichern, als die Entscheidung, mit Hilfe der Werbung Präferenzen bei den ›kleinen‹ Kunden aufzubauen. Als sich die Konkurrenz dann doch noch – mit einiger Verspätung – der Kundenschicht zuwandte, die sie zuvor verschmäht hatte, konnte nichts und niemand die Loyalität schwächen, die die Kinder inzwischen gegenüber ihrem McDonald's bezeugten. Auch heute noch sind 40 % der McDonald's-Kunden Kinder unter sieben Jahren – ein Marktanteil, der jene 33 %, die McDonald's insgesamt in der Fast food-Branche hat, weit übertrifft.

Nach den positiven Erfahrungen in Minneapolis und Washington akzeptierten die meisten von Mcdonald's-Franchisenehmern das Fernsehen als Werbeträger. Aber eine eigene Marketingkampagne konnten sich die wenigsten leisten. Zien und die Gee Gee Corporation waren aufgrund ihrer Anzahl von Niederlassungen und ihrer Solvenz eine Ausnahme. Anfang der 60er Jahre hatte Kroc beschlossen, keine weiteren Exklusivrechte für Großstädte zu vergeben, sondern die Märkte aufzusplitten. Das erleichterte zwar die Kontrolle über das Leistungsniveau der einzelnen Franchisenehmer, lähmte aber gleichzeitig die Innovationskraft seines wichtigsten Marketinginstrumentes, der Franchisenehmer, denn die wenigsten konnten sich eine kostenintensive TV-Werbung leisten.

Die Lösung dieses Problems lag auf der Hand: eine Gemeinschaftswerbung. Aber die Franchisenehmer in dem Markt, der offensichtlich dafür in Frage kam – Chicago – sperrten sich. Hier hatten sich vornehmlich Krocs Freunde aus dem Rolling Green Country Club etabliert, die mehr als andere auf ihre Unabhängigkeit bedacht waren und McDonald's als günstige Investition betrachteten. Sie waren genausowenig an einer kooperativen Werbung interessiert wie an der Einhaltung des von Kroc gesetzten Standards. Deshalb überrascht es nicht, daß die Restaurants in Chicago nicht den Erfolg hatten, den Franchisenehmer in Washington, Minneapolis oder Connecticut vorweisen konnten, die aggressiv Werbung betrieben.

Nick Karos, der inzwischen Turners Nachfolge angetreten hatte, war entschlossen, in dem neuen Markt Cleveland, den er zu betreuen hatte, schon bei der Auswahl der Franchisenehmer darauf zu achten, daß diese eine Gemeinschaftswerbung unterstützten. »Wir konnten natürlich niemanden dazu zwingen, aber wir haben sie erst einer Art von Gehirnwäsche unterzogen«, meinte Kroc.

Bis zum Sommer 1961 gab es im Bereich Cleveland sechs Franchisenehmer. Das reichte für eine Kollektivwerbung aus. Als die Gruppe zum erstenmal zusammentraf, um die Strategie zu besprechen, erklärte Karos noch einmal die Vorteile einer gemeinschaftlichen marktumfassenden Fernseh-Werbekampagne, die sich ein einzelner niemals hätte leisten können. Die Franchisenehmer ließen sich überzeugen, nicht nur, weil ihnen die Idee schmackhaft gemacht worden war, sondern weil der Umsatz der Verkaufsstellen von 256 000 Dollar im Vorjahr auf 220 000 Dollar zurückgegangen war. Die Gruppe beschloß, 7000 Dollar (oder 3 % des Umsatzes) für Commercials auszugeben, die in den regionalen Kinderprogrammen gesendet werden sollten. Damit war die Gründung des ersten Werbeverbundes besiegelt, der als Modell für alle regionalen und überregionalen, gemeinschaftlichen Werbekampagnen dienen sollte, so wie sie noch heute den größten Teil der McDonald's-Werbung ausmachen.

Der Werbeverbund in Cleveland engagierte die Agentur Nelson Stern, die vorschlug, einen Clown namens Barnaby, der in den Regionalprogrammen des Senders NBC große Popularität genoß, für die McDonald's-Werbespots zu verpflichten. Der erste Sendetag war ein Donnerstag, und am Sonntag waren in einigen Restaurants bereits die Hamburger und Buns ausgegangen. Die ›Talfahrt‹ der Verkaufsstellen in Cleveland war gebremst und der durchschnittliche Umsatz pro Restaurant 1964 wieder auf 256 000 Dollar gestiegen.

Wenn das Experiment in Cleveland die Lizenznehmer noch nicht von den Vorteilen einer kooperativen Werbung überzeugt hatte, dann erreichte die dramatische Umsatzentwicklung in Los Angeles, mühelos dieses Ziel. Kein anderer Markt hatte so niedrige Umsätze zu verzeichnen. Während die übrigen Restaurants 1963 im Schnitt einen Jahresumsatz von 200 000 Dollar vorweisen konnten, erreichten die Mc-Donald's-Lokale im Süden Kaliforniens – der Geburtsstätte der Kette und des Fast food-Restaurants schlechthin – kaum mehr als die 165 000 Dollar-Marke. Das lag zum Teil daran, daß hier McDonald's von so vielen Konkurrenten kopiert worden war.

Im Mai 1962 zog Kroc nach Los Angeles. Er wollte es persönlich übernehmen, in einem neuen Anlauf den Markt im südlichen Kalifornien zu erobern, der für eine Fast food-Kette geradezu prädestiniert war. Er bat Karos, sein Betriebsleiter für die Region zu werden, und dieser berichtete den Franchisenehmern sofort von den ungeahnten Erfolgen der Gemeinschaftswerbung in Cleveland. Diese Franchisenehmer hatten allen Grund, mißtrauisch zu sein, denn aus Chicago waren schon zahllose Wunderkuren für Los Angeles gekommen, die allesamt nicht die erhoffte Wirkung zeigten. Marketing-Chef Cooper hatte sogar die Idee gehabt, sich bei Werbeaktionen vorrangig auf die Zielgruppe der Autofahrer zu konzentrieren und sie an ihrer schwächsten Stelle ›anzugreifen‹: wenn sie nämlich im Berufsverkehr auf den Schnellstraßen rund um Los Angeles im Stau steckten. Er mietete ein Flugzeug, das in Stoßzeiten im Tiefflug über die Straßen hinwegdonnerte und eine Neonleuchtreklame hinter sich herzog. Aber auch damit ließ sich der Markt nicht ›aufweichen‹.

Als es Karos schließlich gelungen war, die Franchisenehmer in Los Angeles für eine Kollektivwerbung zu erwärmen, stellte sich heraus, daß die Verkaufsstellen aufgrund ihrer gespannten Finanzlage nicht in der Lage waren, mehr als 1 % des Umsatzes zu investieren, und Sendezeit im Raum L.A. war extrem teuer. »Ohne Commercials hätten unsere Franchisenehmer dort Konkurs anmelden müssen«, meinte Karos. Sofort schickte er Turner ein Telegramm, um ihm klarzumachen, daß sich McDonald's in den Köpfen der sechs Millionen potentiellen Kunden nur durch ›kontinuierliche Massenstimulation‹ via Fernsehwerbung festsetzen könne. 1964 stellte McDonald's seinen Lizenznehmern in L.A. 187 000 Dollar für diesen Zweck zur Verfügung.

Zum erstenmal hatte der Konzern selbst sich an einer Fernsehwerbung beteiligt; der Lohn ließ nicht lange auf sich warten. Im selben Jahr stieg der Umsatz der Restaurants in Los Angeles um 22 %, im darauffolgenden noch einmal um 21 %. Erst jetzt erkannte man, welches Markterschließungspotential sich mit dem Medium Fernsehen bot und wie wichtig die Gemeinschaftswerbung war. Die Franchisenehmer in anderen Regionen begannen sich daraufhin ebenfalls zusammenzuschließen, und 1967 hatten sich in allen größeren Märkten der USA Werbegruppen gebildet, die regional gesteuert und von Agenturen vor Ort betreut wurden.

In diesem Jahr hatte auch die McDonald's Corporation erstmals ein landesweites Fernseh-Werbeprogramm zusammengestellt. Da sich die regionalen Franchisebetriebe jedoch schon vorher zusammengefunden hatten, war von Anfang an klar, daß die McDonald's-Werbung nicht zentral gesteuert, sondern in der Zuständigkeit der einzelnen regionalen Werbegruppen bleiben sollte. 1992 übertraf das Werbe- und Verkaufsförderungsbudget der Muttergesellschaft die Eine-Milliarde-Dollar-Grenze; kein anderer Markenname wird weltweit mit so viel Aufwand unter die Käufer gebracht. Trotzdem behielten die Franchisenehmer – inzwischen in 165 regionalen Gruppen zusammengefaßt, die achtundvierzig unabhängige Werbeagenturen für sich arbeiten lassen – ihr Mitspracherecht und ihren Einfluß bei der Erstellung des Werbebudgets und der Wahl der Werbeträger sowie bei der Gestaltung aller Werbe- und Verkaufsförderungsprogramme.

Das Werbekonzept von McDonald's zeigt, oberflächlich gesehen, die einheitliche Struktur, die jeder Art von Kollektivwerbung eigen ist. In Wirklichkeit handelt es sich jedoch um eine konzertierte Aktion zwischen der Unternehmenszentrale und regionalen Gruppen, bei der jeder der Partner seine eigenen Prioritäten und Akzente setzt. Die Gründung der regionalen Werbegruppen sorgte auch für ein Gleichgewicht der Kräfte in der Marketingpolitik des McDonald's-Systems.

Der enorme Einfluß der Franchisenehmer blieb nicht auf den Werbebereich beschränkt. Da ihre gemeinsame Kreativität größer war als die des Unternehmens, beherrschten sie bald auch ein weiteres zentrales Marketinginstrument, das McDonald's besser als andere Ketten zu nutzen wußte, um einer Stagnation der Märkte vorzubeugen: die Entwicklung neuer Produkte. Krocs eigene Ideen auf diesem Gebiet waren dürftig und, wie sich bei der Einführung des Desserts gezeigt hatte, wenig erfolgversprechend. Erst 1972, als Fred Turner und der neue Produktmanager Al Bernadin die Einführung eines Viertelpfünders vorschlugen, hatte das Unternehmen selbst einen Verkaufsschlager kreiert. Nur noch Chicken McNuggets, ebenfalls eine Idee von Turner, waren ein Renner. Alle anderen neuen Produkte gingen auf die Initiative der Franchisenehmer zurück. »Ich habe nur Flops geliefert«, klagte Bernadin, der eine Reihe kurzlebiger Produkte einführte – angefangen von einer Erdbeertorte bis hin zu fritierten Muscheln, »Warum ich auf meinem Posten blieb, war mir manchmal selbst nicht klar.«

Daß den Produktideen der Franchisenehmer mehr Erfolg beschieden war, läßt sich zum Teil darauf zurückführen, daß sie den hautnahen Kontakt zum Markt hatten, der den Managern in der Zentrale fehlte. Abgesehen davon, daß sie ein besseres Gespür für Marktchancen entwickelten, war ihre Suche nach neuen Produkten auch intensiver. Die Systemzentrale von McDonald's war in der Anfangsphase alles andere als eine Brutstätte neuer Produktideen, was vor allem daran lag, daß Turner und sein Betriebsleitungsteam befürchtete, durch Veränderungen in der Produktpalette die so mühsam erkämpfte Effizienz einzubüßen. Deshalb blieb der Produktentwicklungsprozeß vornehmlich den Franchisenehmern vorbehalten, die sich bemühten, ihre Kreationen den oft widerwilligen Managern in der Zentrale schmackhaft zu machen.

Die Innovationslawine wurde Anfang der 60er Jahre ausgelöst, als ein Franchisenehmer in Cincinnati zu der Schlußfolgerung kam, daß sein Restaurant nur mit Hilfe neuer Produkte Überlebens- und Wachstumschancen habe. Lou Groens McDonald's-Restaurant gehörte zu den umsatzschwächsten – was er auf die überwiegend römisch-katholische Bevölkerung zurückführte. Freitags, am offiziellen Fastentag, mieden die Kunden McDonald's und gingen zu Dave Frish, einem Franchisenehmer der Big-Boy-Kette, der ein Fischrestaurant mit vollem Service betrieb. Groen war der Überzeugung, daß McDonald's nicht nur freitags, sondern auch an anderen Tagen Kunden an den Konkurrenten verlor. »Viele hatten das Gefühl, wenn ich freitags ihnen schon nichts Geeignetes anzubieten hatte, war ich auch an anderen Wochentagen nicht auf ihr Geld angewiesen«, meinte Groen. »Ich brauche dringend so ein verdammtes Fisch-Sandwich.«

Sein Vorschlag stieß bei den Experten in der Zentrale auf taube Ohren. »Man hielt mir entgegen, daß die Leute Schlange standen, um einen Hamburger zu kaufen, und man deshalb auf ein Fischgericht verzichten könne«, erinnert sich Groen. Er gab die Hoffnung nicht auf: Er stellte Statistiken über den Fischumsatz der Konkurrenz zusammen, errechnete die Summen, die ihm in Ermangelung eines Fischgerichtes bisher verlorengegangen waren und kalkulierte die Kosten für die Einführung eines Fischproduktes. Er demonstrierte den McDonald's-Experten anhand audiovisueller Hilfsmittel, wie er sich die Zubereitung vorstellte, und gab ihnen eine Kostprobe des neuen Produktes: ein Heilbuttfilet, paniert und fritiert, das auf einem Bun serviert werden sollte.

Die McDonald's-Manager waren von Groens Umsicht beeindruckt und gestatteten ihm, das Fisch-Sandwich zu testen. Der Markterfolg war überwältigend. Groens Umsatz am Freitag stieg von 100 auf 500 Dollar, ebenso wie der Hamburger-Umsatz an anderen Wochentagen. Innerhalb von zwei Jahren wuchs das Verkaufsvolumen um 30 %. Das Fisch-Sandwich hatte Groen vor dem Bankrott gerettet.

Leitende Herren von McDonald's und Franchisenehmer aus allen Teilen des Landes kamen nach Cincinnati, um Groen bei der komplizierten Vorbereitung des neuen Produkts zuzusehen. Bereits am Donnerstagmorgen begann Groen, den Heilbutt von Hand in etwa sechs Zentimeter lange Stücke zu schneiden. Das Panieren zog sich bis drei

Uhr am Freitagmorgen hin – ein arbeitsintensiver Prozeß also, der so gar nicht in das Fließband-Konzept von McDonald's paßte. »Natürlich konnten wir diesen Herstellungsprozeß unmöglich in allen unseren Restaurants einführen, dazu war er viel zu umständlich«, erinnert sich Al Bernardin, der mittlerweile ein McDonald's in Kalifornien betreibt. »Er paßte einfach nicht in unsere heilige Ordnung.«

Groens Erfolg räumte jedoch mit dem Vorurteil der Konzernleitung gegen die Einführung eines Fischgerichtes gründlich auf. Man beschloß, ein eigenes Fischprodukt zu entwickeln. Da McDonald's selbst die Möglichkeiten dazu fehlten, wandte sich Bernadin an die Fischlieferanten. Der einzige, der Interesse zeigte, war Bud Sweeney, einer der Verkaufsmanager der Gorton Corporation, eine Großhandelsfirma, die sich auf tiefgefrorenen Fisch spezialisiert, aber nur wenig Kontakt zur Gastronomie hatte. Sweeney, der hoffte, seinen ersten Großkunden zu gewinnen, unterbrach eine Geschäftsreise und erschien am nächsten Morgen mit Mustern in Bernadins Büro. »Al war von meiner schnellen Reaktion mehr beeindruckt als von unseren Produkten«, erinnert sich Sweeney.

Trotzdem wurde Sweeney McDonald's neuer Lieferant. Wie ihm das gelang, ist eine Fallstudie für sich, die zeigt, welche Rolle die McDonald's-Lieferanten generell bei der Entwicklung von neuen Produkten spielten. Sweeneys war von Anfang an eine Art kostenloser Produktentwicklungsberater, der sich auf der Suche nach einem passenden Fischgericht aktiv beteiligte. Groens Produktpalette war wenig geeignet; McDonald's brauchte ein Fischprodukt, das bereits geschnitten und tiefgefroren angeliefert wurde, so daß es nur noch fritiert werden mußte. Außerdem riet Sweeney zu einer anderen Fischsorte, da Heilbutt rar und daher extremen Preisschwankungen unterworfen war.

Sweeney bot eine Reihe von Alternativen an, die er während der nächsten drei Monate in einem der McDonald's-Restaurants eigenhändig testete. Zwischendurch griff er zur Spachtel und wendete Hamburger. Die Gorton-Kunden betreute er in seiner Freizeit. »Meine Kollegen bei Gorton wurden langsam sauer und fragten sich, was ich die ganze Zeit bei McDonald's machte«, erinnert sich Sweeney.

Sweeneys- und Gortons-Geduld wurden auf eine harte Probe gestellt. Nach drei Monaten hatte Sweeney, trotz zahlloser Tests, noch immer kein geeignetes Produkt gefunden. Er arrangierte für Kroc und Turner einen Besuch im Zentralbüro von Gorton in Gloucester, Massachusetts. Kroc und Turner trugen ihre Einwände dem Topmanagement vor: Die Produkte seien vor allem deshalb ungeeignet, weil die Panierung zu grob war und den Fischgeschmack überdeckte; man brauchte einen reineren Fritierteig, den Gorton entwickeln sollte. Das war ein großer Auftrag für eine kleine Kette, die kaum mehr als 200 Verkaufsstellen hatte, aber Sweeney konnte seinen Arbeitgeber überzeugen, daß McDonald's hervorragende Wachstumschancen hatte.

Sweeney verbrachte drei weitere Monate bei McDonald's, um von Gorton entwickelte Produkte zu testen, bis sich schließlich ein paniertes Stück Venusmuschel als Favorit herauskristallisierte. Als es Sweeney jedoch den McDonald's-Managern präsentierte, fing er sich vom Präsidenten Harry Sonneborn ein ernüchterndes Urteil ein: »Sie werden es nie erleben, daß McDonald's etwas anbietet, was nach Fisch schmeckt.« Man kam trotzdem überein, die Muschelstücke, die als ›Deep Sea Dory‹ angepriesen wurden, in fünf weiteren Restaurants zu testen, aber das Ergebnis war ebenso ernüchternd wie Sonneborns Urteil. Das Produkt fiel durch.

Sweeney wollte die Niederlage nicht wahrhaben. Er vergrub sich weitere dreißig Stunden pro Woche im McDonald's in Wheeling und entwickelte schließlich ein Fischgericht, das besser ins McDonald's-Fast-food-System paßte. Drei Monate später – ein ganzes Jahr, nachdem McDonald's erstmals mit ihm Kontakt aufgenommen hatte – präsentierte Sweeney, der eng mit Bernardin zusammenarbeitete, ein Fischsandwich, mit dem er glaubte, den Nagel auf den Kopf getroffen zu haben. Es bestand aus Kabeljau, der in ausreichender Menge und daher zu stabileren Preisen angeboten wurde, mit einer Tartarsauce, die nach einem Rezept hergestellt wurde, das Bernardin von Paul Burnet, dem Chefkoch des berühmten Chicagoer Palmer House Hotel, geborgt hatte. Sweeney servierte den Fisch auf einem gedämpften Bun mit einer persönlichen Note – einer Scheibe Schmelzkäse. »Obwohl ich für eine Fischfirma arbeitete, konnte ich Fisch damals wirklich nicht ausstehen«, gibt Sweeney zu. »Nur mit einer Scheibe Cheddar war Fisch für mich erträglich.«

1962 wurde das neue Produkt in allen McDonald's-Restaurants eingeführt, aber damit war Sweeneys Arbeit noch nicht beendet. Er beteiligte sich an der Suche nach regionalen Fischverteilern, beriet sie bei der Wahl der Tiefkühleinrichtungen und half McDonald's-Designern, ein geeignetes Fritiergerät zu entwickeln. Dann reiste er von Restaurant zu Restaurant, um die Franchisenehmer von der Notwendigkeit zu überzeugen, ihre Speiseauswahl durch ein Fischgericht zu bereichern.

McDonald's setzte Sweeneys Engagement zwar voraus, zeigte aber deutlich, daß es seine Initiative zu würdigen wußte. Gorton wurde McDonald's einziger Fischlieferant – ein lukratives Geschäft, das die Firma in erster Linie Sweeney zu verdanken hatte. Als dieser vier Jahre später Gorton verließ und zu Booth Fisheries wechselte, plazierte auch McDonald's einen Teil seiner Bestellungen bei seinem neuen Arbeitgeber. Bis Mitte der 70er Jahre fiel Gortons Anteil am McDonald's-Geschäft auf etwa 50 %, und er holte Sweeney als unabhängigen Berater für die Verbindung zu McDonald's zurück. Als Sweeney 1989 starb, hatte er erreicht, daß sich McDonald's (das jährlich für 60 Millionen Dollar Fisch einkauft) wieder zu 80 % von Gorton beliefern ließ.

Die Einführung des Fischgerichtes zeigt, daß McDonald's partnerschaftliches Marketing-Konzept sich bewährte. Die Produktidee stammte von einem einzigen Franchisenehmer, der bereit war, auf die Bedürfnisse seines lokalen Marktes einzugehen. McDonald's Corporation griff die Idee auf und entwickelte ein Produkt, das für sämtliche Märkte geeignet und den erprobten Zubereitungstechniken angepaßt war. Hergestellt wurde es von einer Firma, die genauso engagiert war wie die Mitarbeiter bei McDonald's und die Franchisenehmer. McDonald's hatte es verstanden, die Vorteile des Franchisesystems voll zu nutzen.

In manchen Franchisesystemen der Fast food-Branche lag die Macht in den Händen der Franchisegeber, die für die Beschaffung sämtlicher Produkte und die Ausführung zuständig blieben. Andere waren weitgehend dezentralisiert; die Franchisenehmer mit großen Gebietslizenzen trafen ihre eigenen Produktions- und Marketingsentscheidungen. McDonald's bevorzugte ein Gleichgewicht der Kräfte. Bestimmte Bereiche waren streng reglementiert: z. B. Betriebsführung, Ausbildung, Ausrüstungsdesign und Finanzwesen – Arbeitsgebiete, die von einer Zentralisierung und Standardisierung am meisten profitieren. In anderen Bereichen, beispielsweise der Werbung, Verkaufsförderung oder Produktentwicklung, die einen hautnahen Kontakt zu Märkten und Verbrauchen erfordern, gab man den Franchisenehmern enormen Handlungsspielraum. Und anstatt sich durch die Belieferung seiner Verkaufsstellen einem Interessenkonflikt auszusetzen, bediente sich McDonald's unabhängiger und engagierter Lieferanten, die gewillt waren, mit der Entwicklung neuer, geeigneter Produkte die Bedürfnisse ihres Kunden und den Marketing-Instinkt der Franchisenehmer zu berücksichtigen.

Zehn Jahre nach der Eröffnung des McDonald's-Pilotbetriebes in Des Plaines hatte McDonald's die Konkurrenz ›abgehängt‹, ein spektakulärer Erfolg, aber nicht Krocs größtes Verdienst. Seine einzigartige Leistung bestand darin, nicht ein einzelnes Unternehmen, sondern ein komplexes System aufzubauen, in dem alle Partner unabhängig voneinander operierten und dennoch als verschworene Gemeinschaft dasselbe Ziel verfolgten. Dieses perfekte Zusammenwirken, das sich allmählich entwickelte, war so einzigartig und unvorhergesehen, daß Kroc selbst seine Bedeutung erst nach und nach zu begreifen begann. Ende der 50er Jahre schien es noch, als Kroc die vollständige Kontrolle über das gesamte System anstrebte. Aber sobald die Kette expandierte und neue Produkte und Verkaufstechniken entwickelte, ent-

deckte er das kreative Potential, das autonome Franchisenehmer und Lieferanten darstellten. Sie waren vollwertige
Systempartner, ohne die McDonald's seine dominierende
Marktposition niemals erreicht hätte. Langsam und fast
unmerklich begannen sich auch die Systempartner – Franchisenehmer und Lieferanten – zu profilieren.

KAPITEL 10

An der Börse und im Fernsehen

Der Aufbau von McDonald's war für Krocs Lebenswerk, und sein Berufs- und Privatleben waren auf engste Weise miteinander verbunden. Anfang der 60er Jahre trat jedoch ein Ereignis ein, das einschneidende Veränderungen mit sich brachte.

Seit 1922 war er mit Ethel verheiratet. Als er 1957 wegen einer Lizenzverhandlung zu Jim Zien nach Minneapolis reiste, traf er dort die Frau, die er eines Tages zu heiraten hoffte. Ihr Name war Joan Smith; sie spielte Klavier im Criterion, Jim Ziens Feinschmeckerlokal in St. Paul.

Kroc hatte, als er Anfang Zwanzig war, selbst als Barpianist seinen Lebensunterhalt verdient. Er bewunderte Menschen, die dieses Instrument perfekt beherrschten, und besuchte häufig die Pianobars von Chicago. Daher war es kein Wunder, daß er sich nur schwer auf das Verhandlungsgespräch mit Zien konzentrieren konnte. Joan war nicht nur begabt, sie war auch eine äußerst attraktive blonde Endzwanzigerin, und Kroc verliebte sich auf der Stelle in sie.

Damit wäre die Geschichte wahrscheinlich zu Ende gewesen – wenn Zien nicht Rawley Smith, Joans Ehemann, als Manager in seinem ersten McDonald's-Restaurant eingestellt hätte. Smith war zur Hälfte am Gewinn beteiligt. Da der Umsatz bereits im ersten Geschäftsjahr Rekordhöhen erreichte, erhielt er einen Bonus von 12 000 Dollar, das Doppelte des Gehaltes, das er als Eisenbahningenieur verdient hatte. Im nächsten Jahr eröffneten Zien und Rawley Smith ein weiteres Lokal in Rapid City, und von nun an gehörte auch Joan Smith zur McDonald's-Familie.

Obwohl Kroc Joan in den nächsten Jahren nur sporadisch

zu Gesicht bekam, wußte er, daß eine Trennung von seiner Frau unumgänglich war. In seiner Autobiografie *Grinding It Out*, die 1977 erschien, erinnerte er sich an die endlosen Telefongespräche, die er mit Joan über die Entwicklung des Restaurants in Rapid City führe; aber beiden war klar, daß Krocs Interesse über den geschäftlichen Bereich hinausging. Sie fühlten, daß sie zueinander gehörten.

1961 fielen die Würfel: Kroc reichte die Scheidung ein und machte Joan einen Heiratsantrag. Da er in diesem Jahr erstmalig ein Gehalt von McDonald's abgezweigt hatte (75 000 Dollar) und sich bereit erklärte, Ethel das Haus zu überlassen und jährlich 30 000 Dollar Unterhalt zu zahlen, konnte er die Scheidung nur durch den Verkauf sämtlicher Anteile an der Prince Castle Sales finanzieren. Harry Sonneborn beschaffte den an früherer Stelle erwähnten acht McDonald's-Managern (er selbst gehörte nicht dazu) einen Kredit von der American National Bank in Chicago, damit sie das Unternehmen übernehmen und Kroc den Start in ein neues Leben ermöglichen konnten. Kroc beschloß, nach Kalifornien zu ziehen. Joan und er kauften ein Haus in den Woodland Hills bei Los Angeles und begannen mit den Hochzeitsvorbereitungen.

Doch dann begann Joan das schlechte Gewissen zu plagen. Ihre Scheidung von Rawley und die bevorstehende Heirat waren von ihrer Familie mit großem Vorbehalt aufgenommen worden. »Sie mochten Ray, aber sie fragten immer wieder, was der arme Rawley ohne mich anfangen würde.« Der vernichtende Schlag kam von Linda, Joans vierzehnjähriger Tochter. »Wenn du den Mann heiratest, kannst du mich vergessen«, drohte sie.

Joan sagte die Hochzeit ab. Kroc war am Boden zerstört. Der Umzug ließ sich jedoch nicht mehr rückgängig machen. Kroc fühlte sich auf Anhieb wohl in Kalifornien. Er liebte das Land und die Mentalität der Leute im Süden. Gerry Newman, McDonald's Buchhaltungschef, meinte: »Ray war vom Glanz Kaliforniens fasziniert; er hatte schon immer eine Vorliebe für das Showbusiness.«

Im Mai 1962 zog Kroc nach Kalifornien, allein. Ein Jahr

1

2

Ray Krocs erster Multimixer
mit fünfarmigem Rührwerk
führt 1954 zu ersten Kontak-
ten mit den McDonalds.
Kroc bei der Vorführung des
Gerätes auf seinem Stand bei
der »Nationalen Restaurant
Show« (1).
Kroc verkaufte den Brüdern
Dick und Mac McDonald zehn
Multimixer für ihr neues
Fast-Food-Drive-In in San
Bernardino, siehe oben (2).

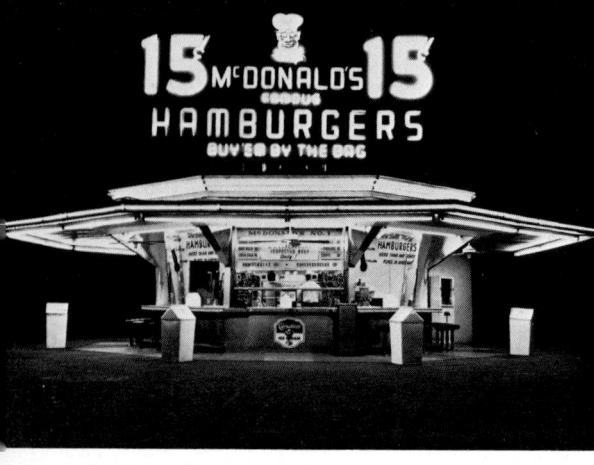

3

Das erste McDonald's war
ein achteckiges Gebäude, das
die Brüder 1940 errichten
ließen: 1940 wurde aus dem
konventionellen Drive-in ein
Fast-Food-Restaurant (**3**).
Mac McDonald (**4**) galt als
der Organisationsspezialist,
Dick als der Marketing-
experte. Dick (rechts) und
Mac (Mitte) bei einer Bespre-
chung mit dem Repräsentanten der Southern California
Edison über den Entwurf
neuer Neonreklameschilder
(**5**).

4

5

6

Die männliche Belegschaft
von McDonald's; jedes Mit-
glied betreute einen bestimm-
ten Aufgabenbereich. Hier mit
Art Bender, ehemals counter-
man bei den Gebrüdern
McDonald und Krocs erstem
Franchisenehmer vor
Benders Drive-in in Fresno,
Kalifornien (**6**).

Seit der Eröffnung von Krocs erstem McDonald's in Des Plaines, Illinois, im Jahre 1955 – heute ein Museum – hat sich die Architektur drastisch gewandelt (**7**).

7

In den sechziger Jahren entstanden die ursprünglich goldenen Bögen (**8**).

8

Das Symbol verschwand, als die Kette Gebäude mit Mansardendach und Sitzplätzen im Restaurant einführte (**9**).

9

Heute ist das Design von McDonald's individueller, wie beispielsweise bei diesem ultramodernen Restaurant, das 1983 in New Orleans entstand (**10**).

10

11

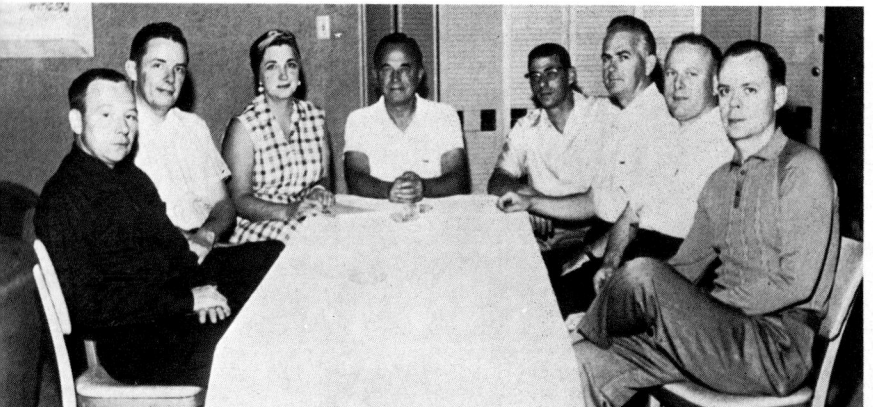

12

In den Bürogebäuden in Chicagos Loop-District* (11) stellte Kroc das erste vollständige Management-Team der Fast-Food-Branche zusammen, hier bei einem informellen Meeting (12). Von links nach rechts: Firmenanwalt Tom Casey, Rechnungsführer Dick Boylan, Sekretärin June Martino, Ray Kroc, Immobilien- und Finanzspezialist Harry Sonneborn, Lizenzdirektor und Pilot Dan Conley, Konstruktions- und Ausrüstungsexperte Jim Schindler und Betriebschef Fred Turner.

Krocs erste Mitarbeiter spielten bei der Entwicklung von McDonald's eine entscheidende Rolle. June Martino in ihrem Lokal in Chicago (13). Fred Turner gehörte zu den ersten grillmen in Krocs McDonald's in Des Plaines (14). Sonneborn entwickelte die Finanzstrategien, wurde Präsident der Kette und brachte das McDonald's 1966 an die New Yorker Börse. Sonneborn (links) bei einer Kostprobe der McDonald's-Produkte mit dem Präsidenten der NYSE (15).

Krocs PR-Mitarbeiter Al Golin (links) und Max Cooper (rechts) feiern mit Präsident Fred Turner und Vorstandsmitglied Ray Kroc den 15. Geburtstag von McDonald's. (16).

* Büro- und Geschäftsviertel in der Chicagoer City

17

18

19

20

Mehr als jede andere Fast-Food-Kette verläßt sich McDonald's auf die Marketing-Ideen seiner Lizenznehmer. Herb Peterson (**17**), ein Lizenznehmer aus Santa Barbara, kreierte den Egg McMuffin, Lou Groen (**18**) den Fishmäc und Jim Delligatti (**19**) – McDonald's-Lizenznehmer in Pittsburgh – das wohl bekannteste Produkt, den Big Mäc. Franchisenehmer, die inzwischen Legende sind: John Gibson (links) und Oscar Goldstein (zweiter von rechts) mit Konzernmanagern von McDonald's bei der Eröffnung eines ihrer Lokale in Washington, D. C. Sie schufen die Figur des Ronald McDonald, um den Kundenmarkt zu fördern, und brachten es auf 43 Lizenzen (**20**).

21 McDonald's war eine der ersten Fast-Food-Ketten mit eigenem Flugbetrieb. Die erste Maschine war eine Cessna 195, die dem Lizenzdirektor Don Conley, der auch als Pilot fungierte, gehörte. Vor der Maschine: Dick (links) und Mac McDonald, in der Mitte Dolores Conley (**21**). Anfang der 70er Jahre erwarb McDonald's eine Gulfstream II, einen Jet, der von Herb Lotman (links) und Lynal Root im Jahre 1973 extensiv genutzt wurde, um die McDonald's-Restaurants trotz der Rindfleisch-Verknappung

22 ausreichend zu versorgen (**22**).

23 Von den Werbeanzeigen der fünfziger Jahre (**23**) zu regionalen Fernsehspots mit Willard Scott, dem ersten Ronald McDonald (**24**), und landesweiten Werbekampagnen, die die Fast-Food-Branche revolutionierten. Das »Hygiene«-Commercial von 1969 gehörte zu den ersten der »Mach mal Pause«-Serie (**25**).

24

25

26

27

28

McDonald's entwickelte völlig neue Produktionsverfahren, um dem Massenabsatz und den Quali-tätsansprüchen gerecht zu werden. Kroc inspiziert mit Lieferant Jack Simplot Fließbandfertigung und Lagerhaltung der Pommes frites (**26, 27, 28**). McDonald's entwickelte spezifische Herstellungs- und Gefrierverfahren für Hamburger-Patties (**29**); McDonald's Brotlieferanten gehören zu den größten und rationellsten Betrieben der Welt (**30**).

31

32

33

34

35

36

37

Nach seiner Heirat mit Joan Smith (**31**) zog sich Kroc aus dem Unternehmensalltag zurück. Die Leitung von McDonald's übernahm Fred Turner (**32**). Zu Turners betriebsorientiertem Management-Team gehörten Ed Schmitt (**33**), hier bei einer Demonstration von Küchengeräten anläßlich der Halbjahrestagung der McDonald's-Franchisenehmer und Manager; Ed Rensi, der Präsident der amerikanischen McDonald's-Niederlassungen (**34**), der Dick McDonald 1984 den fünfzigmilliardsten Hamburger serviert; Vizepräsident Gerry Newman (**36**) und Vorstandsmitglied Michael Quinlan, hier mit dem achtzigjährigen Ray Kroc (**35**).

Vizepräsident Paul Schrage überreicht Kroc an seinem 70. Geburtstag den Ronald-McDonald-Preis, der normalerweise Lizenznehmern für besondere Marketing-Leistungen vorbehalten ist (**37**). Die Inschrift lautet: Dem ewig jungen Mr. McDonald.

38

39

40

41

Nichts unterscheidet McDonald's mehr von der
Konkurrenz als der erfolgreiche Export seines
amerikanischen Service-Konzepts auf internationale Märkte. Bei der Einweihung des ersten
Restaurants in Holland (1970) demonstriert Kroc
sein Hygieneverständnis, das alle Zuschauer, bis
auf Steven Barnes (rechts), den Vorstandsvorsitzenden von McDonald's International – der wissend lächelt –, zu verblüffen scheint (**38**). George
Cohon, Präsident der McDonald's Canada, hinter
der Theke eines der 500 kanadischen Restaurants, die zu den leistungsstärksten ausländischen
McDonald's-Niederlassungen zählen (**39**).

42

Der japanische McDonald's-Partner Den Fujita bei der Einweihung des ersten McDonald's-Restaurants an Tokios belebter Ginza (**40**); das Restaurant wurde bald zum umsatzstärksten des ganzen
Systems (**41**). Bob Rhea (im Bild rechts), Präsident von McDonald's England, (**42**) mit seinen Partnern
Geoffrey Wade, Kroc und Turner bei der Eröffnung der ersten von 200 englischen McDonald's-Lokalen im Jahr 1974.

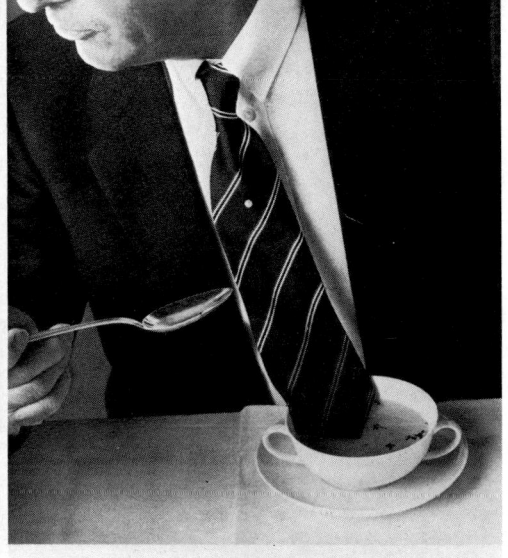

43

Jede Eßkultur hat ihre Tücken.

Das etwas andere Restaurant

McDonald's exportierte zwar das amerikanische Menü- und Fast-Food-System, stimmte aber das Marketing auf die lokalen Märkte ab. Eine in Deutschland erschienene Anzeige (**43**) zeigt die Vorliebe der Europäer für einfallsreiche und humorvolle Werbegags und entkräftet die Kritik, daß McDonald's einen negativen Einfluß auf die deutsche Eßkultur habe. Mit der Überschrift wird angedeutet, daß auch ein traditionelles Restaurant seine Nachteile hat.

McDonald's soziales Engagement zeigt sich u. a. in den mehr als einhundert Ronald-McDonald-Häusern, wie dieses in Charleston, South Carolina (**44**).

44

45

46

McDonald's war die erste Fast-Food-
Kette mit eigenem Trainingscenter.
Studenten vor der Hamburger Universität, die in einem Kellerraum eines
McDonald's-Lokals in Chicago untergebracht war (45). Heute werden
Franchisenehmer und Führungskräftenachwuchs in einem Trainingscenter
geschult, das 40 Millionen Dollar
gekostet hat und mit keinem der
Branche zu vergleichen ist (46).
Ray Kroc starb 1984, aber die grundlegenden Richtlinien, nach denen er die
größte Fast-Food-Kette der Welt
aufgebaut hat, prägen bis heute die
McDonald's-Doktrin.

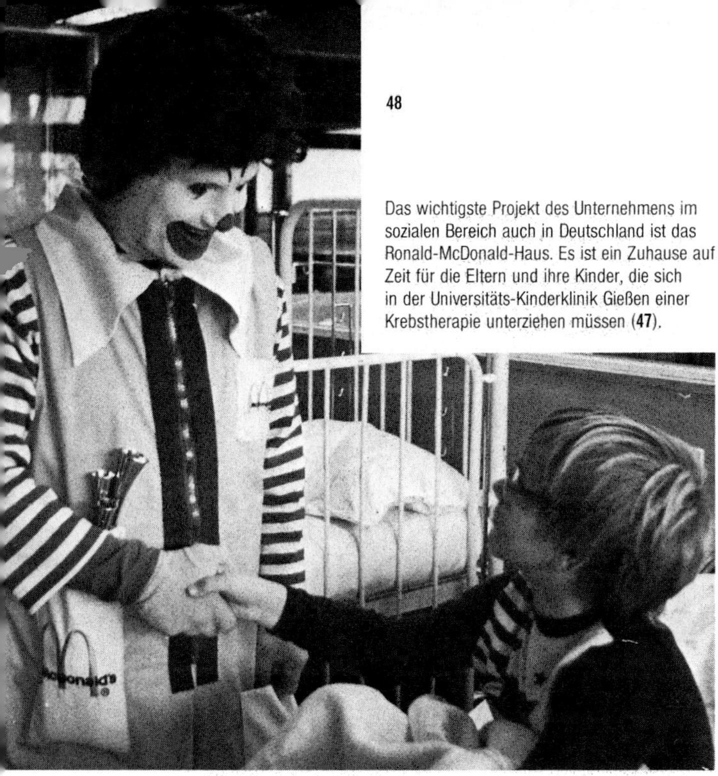

Das wichtigste Projekt des Unternehmens im sozialen Bereich auch in Deutschland ist das Ronald-McDonald-Haus. Es ist ein Zuhause auf Zeit für die Eltern und ihre Kinder, die sich in der Universitäts-Kinderklinik Gießen einer Krebstherapie unterziehen müssen (**47**).

Diesem gemeinnützigen Verein gehören an: ein medizinisches Beraterteam der Universitäts-Kinderklinik, eine Freiwilligengruppe, die sich weitgehend aus einer Gießener Eltern-Initiative zusammensetzt, und McDonald's Deutschland und seine Lizenznehmer, die den Verein finanziell unterstützen und an der Verwirklichung und Kontinuität des Projekts mitarbeiten.
(Quelle: McDonald's Informationsschrift) (**48**).

Abfälle
McDonald's

49

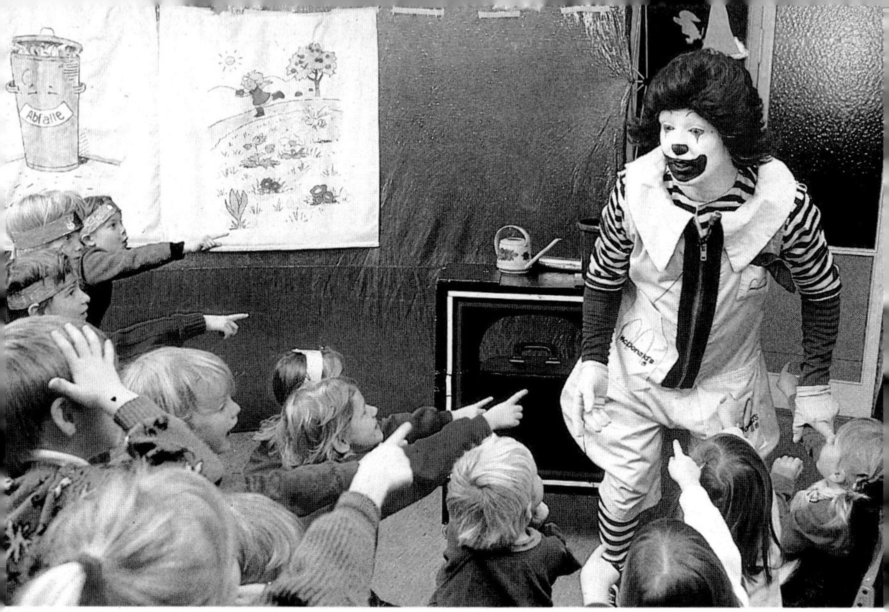

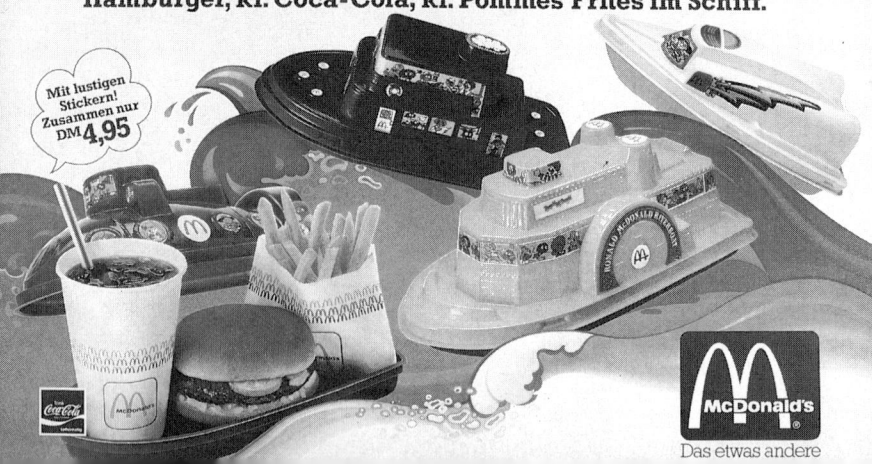

Neben dem Engagement für Kinder und Jugendliche ist auch aktives Mitwirken im regionalen und sozialen Umfeld für McDonald's und seine Lizenznehmer Pflicht – zugunsten eines Bekanntheitsgrades, der in Deutschland bei 97 Prozent liegt.
Die Abbildung: Ronald-McDonald-Kindergarten-Umweltschutztournee 1987 (**49**).

50

Schiffe in Sicht!
Hamburger, kl. Coca-Cola, kl. Pommes Frites im Schiff.
Mit lustigen Stickern! Zusammen nur DM 4,95
RONALD McDONALD RIVERBOAT
McDonald's
Das etwas andere

Die Hauptzielgruppe von McDonald's besteht im wesentlichen aus Kindern und Jugendlichen. Darum pflegt McDonald's (in weiser Voraussicht) diese Gruppe – sie sind die Kunden von morgen. Für diese Gruppe gibt es eigene Programme, eigene Veranstaltungen, z. B. Kindergeburtstage (Bild unten) und eigene Großflächenplakate (**50, 51, 52**).

52

»McDonald's? Ich? Immer!!!«

McDonald's

Das etwas andere Restaurant

53

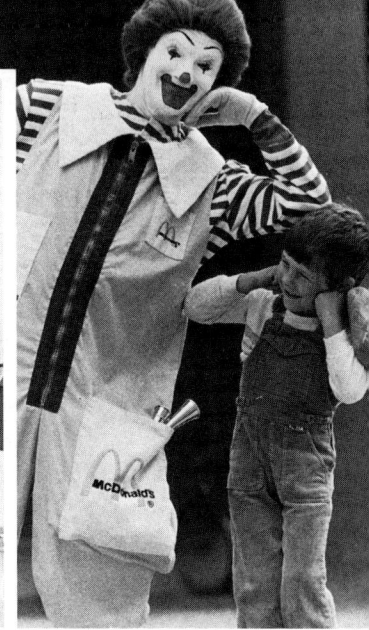

54 **55**

Mit der Figur des Ronald McDonald
stellt McDonald's geschickt seine
Kinderfreundlichkeit unter Beweis.
Sie ist immer dann dabei, wenn es
um Spiel und Spaß geht (**53**).
McDonald's fördert den Breiten-
sport, vor allem den Schwimmsport. Bereits seit 1983 unterstützt
McDonald's den deutschen
Schwimmsport, nicht um Spitzen-
athleten zu produzieren, sondern
um den Schwimmsport und seine
Bedeutung für einen gesunden
sportlichen Ausgleich in seiner
Gesamtheit zu fördern (**54**).
Der größte Milch-Shake der Welt
mit einem Fassungsvermögen von
tausend Litern Milch-Shake und
den stattlichen Maßen von drei
Meter Höhe ohne Strohhalm, 5,28
Meter Höhe mit Strohhalm und
einem Durchmesser von über zwei
Meter ist ebenfalls von McDonald's.
Er wurde im Juni 1985 in Bonn
erstmals der Öffentlichkeit präsentiert und mittlerweile ins Guiness-
Buch der Rekorde eingetragen
(**55**).

Urkunde

Wir bestätigen, daß

Mc Donald's-Deutschland

den Rekord

größter Milch-Shake

aufgestellt hat.

"In letzter Minute", GUINNESS '86

Berlin, den 15. September 1985

**GUINNESS
BUCH DER REKORDE**

Hans-Heinrich Kümmel
Chefredakteur

Den Big Mäc, das Paradestück von McDonald's, gibt es unverändert seit nunmehr zwanzig Jahren.
Der Big Mäc, das sind nach McDonald'sscher Beschreibung: zwei Lagen Rindfleisch mit Eisbergsalat, Chesterkäse, Gurken, Zwiebeln und einer »Spezialsauce«, alles eingebettet in ein Sesambrötchen (**56**).

Das Fischmäc-Menü: Gemäß der Werbeaussage ist dies »ein ausgesuchtes, grätenfreies Kabeljaufilet aus dänischen Gewässern mit einer Scheibe Chesterkäse und Sauce Tatar«. Dazu gehören nach amerikanischem Vorbild Pommes frites und Cola (**57**).

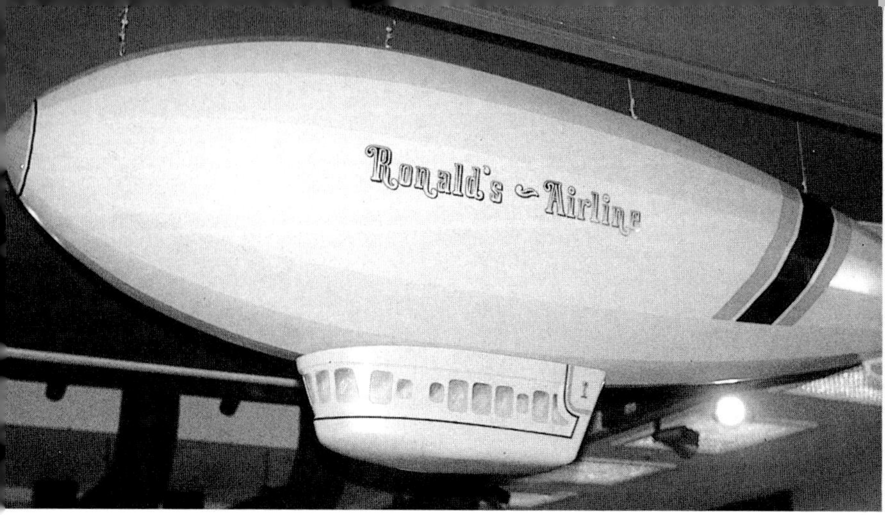

58

Ob Restaurant-»Jubiläum« (Bild oben und links: München, Im Tal –
Store Nr. 6000, weltweit) oder Fasching in Frankfurt, McDonald's
präsentiert sich (**58**, **59**, **60**).

59

60

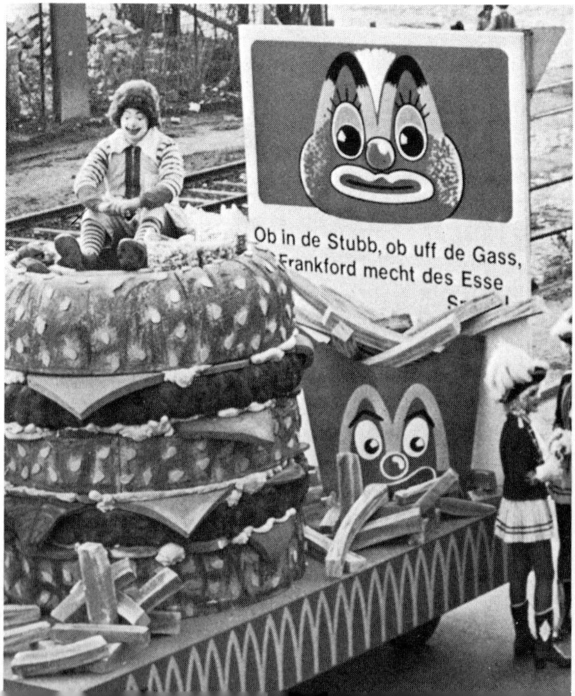

Welcome!
Herzlich
Willkommen

Ob in de Stubb, ob uff de Gass,
Frankford mecht des Esse
Spass!

上海味澆汁黄金鷄塊 *
*Chicken McNuggets ›Shanghai‹
mit 4 chinesischen Saucen und Stäbchen.
McDonald's
Das etwas andere
Restaurant
*Solange der Vorrat reicht.

McDonald's betrieb von jeher extensive Plakatwerbung mit Hilfe überdimensionaler Abbildungen und exakter Produktbeschreibung. Der Werbestil weist heute – im Gegensatz zu den Werbekampagnen Ende der sechziger/Anfang der siebziger Jahre – eine typisch europäische Note auf. Phantasie ist stärker gefragt als harter Realismus. Humorvolle Werbeargumente haben größere Zugkraft als ernste Werbebotschaften. 61

Das Anliegen in den Werbeaussagen von McDonald's ist, sich nicht als amerikanischen Fast-Food-Giganten darzustellen, der die deutsche Eßkultur zu beeinflussen versucht, sondern als ein Unternehmen, das »von deutschem Lebensgefühl geprägt ist« (**61**, **62**, **63**, **64**).

62

Salat, Salat, Salat!
Neu!
3,65
McDonald's

63

Nimm's doch mit!
McDonald's
Essen mit Spaß

64

»Ich bin ein Heck Donald's-Fan.«
Dieter Thomas Heck
McDonald's
10 Jahre in Deutschland

65

Sofort nach der Ver-
arbeitung werden die
als »Hamburger«
geformten Hackfleisch-
stücke aus 100 Prozent
Rindfleisch bei mehr
als 80 Grad minus
schockgefroren. Allein
für Deutschland ver-
lassen täglich fertig
zum Verpacken
1 500 000 McDonald's-
Hamburger das Pro-
duktionsband in Günz-
burg (**65, 66**).

66

McDonald's-Restaurant
Darmstadt, Heidelberger Straße (**67**).
Als 1971 McDonald's auf den äußerst traditionsgebundenen deutschen Markt ging, meinte es, neben dem veränderten Produktangebot auch das Restaurant-Design dem Geschmack des deutschen Kunden anzupassen. Aber erst als die deutschen McDonald's-Restaurants ihr Aussehen änderten und im Design den amerikanischen angeglichen wurden, steigerte sich der Umsatz.
Heute zeigen die McDonald's-Restaurants einen überwiegend eleganten und luxuriösen, oftmals sogar avantgardistischen Inneneinrichtungsstil (siehe auch Bilder auf den folgenden Seiten).
McDonald's-Restaurant Erlangen, »Alte Post« (**68**, **69**).

70

McDonald's-Restaurant Berlin, Kurfürstendamm (**70**, **71**).

Bei der Planung neuer Restaurants versucht McDonald's, sich der gewachsenen Bausubstanz anzupassen. Man ist bemüht, in Zusammenarbeit mit den zuständigen Stellen ansprechende bauliche Lösungen zu finden.

71

McDonald's-Restaurant Berlin, Clayallee (**72**).

72

McDonald's-Restaurant Garmisch (**73**).

73

74

75

McDonald's-Restaurant Nr. 1 in Deutschland:
München, Martin-Luther-Straße (**74**).
McDonald's jetzt auch im Frankfurter Flughafen.
Der internationale Airport Frankfurt/Main hat als
erster europäischer Flughafen ein McDonald's-
Restaurant. Obwohl das Restaurant eines der
kleinsten in Deutschland überhaupt ist, nutzten
bereits wenige Wochen nach der Eröffnung
mehr als 2500 Gäste täglich diese gastronomische Alternative. »McDonald's Rhein-Main«
ist von 8.00 bis 23.00 Uhr geöffnet (**75**).
McDonald's-Restaurant Marburg (**76**).

76

77

McDonald's-Restaurant Landshut (**77**).

McDonald's-Restaurant Sindelfingen (**78**).

78

McDonald's-Restaurant Wiesbaden (**79**).

79

McDonald's-Restaurant
Duisburg (**80**).

McDonald's-Restaurant
München, Ingolstädter
Straße.
Am 2. November 1984
eröffnete McDonald's
hier sein 200. Restau-
rant. Dieses
McDonald's mit Auto-
schalter ist an 364
Tagen im Jahr rund um
die Uhr geöffnet (**81**).

81

1977 war das Gründungsjahr für das
erste McDonald's-Restaurant in
Österreich. Es wurde eröffnet in Wien
am Schwarzenbergplatz (**82**).

82

83

McDonald's-Restaurant Salz-
burg, Getreidegasse (**83**).

84

McDonald's-Restau-
rant Rom (**84**, **85**, **86**).

85   86

Als im Jahr 1986 McDonald's auch seine Zelte in Rom aufschlug, kam es geradezu zum Skandal: Da
schritten die einheimischen Zeitungen ein, Politiker protestierten, Künstler demonstrierten. Inzwischen haben sich die Wogen geglättet; McDonald's Rom zählt zwischenzeitlich zu den umsatzstärksten in Europa, und im übrigen Italien machen auch bereits McDonald's den Pizza- und Spaghetti-
Köchen Konkurrenz (**86**).

McDonald's-Restau-
rant Paris: »Die
Bibliothek« (**87**).

87

88

McDonald's-Restaurant Orvieto, Spanien (**88**).

89

McDonald's-Restaurant Malaga, Spanien (**89**).

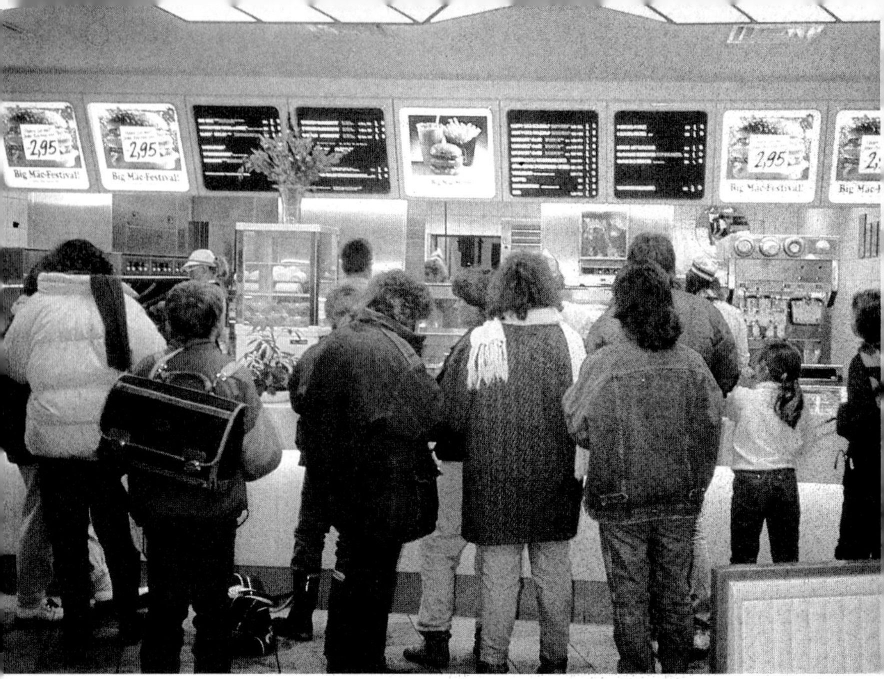

Counter des McDonald's-Restaurants Moers (**90**). 90

McDonald's an der Brenner-Autobahn in Schönberg/Österreich (**91**). 91

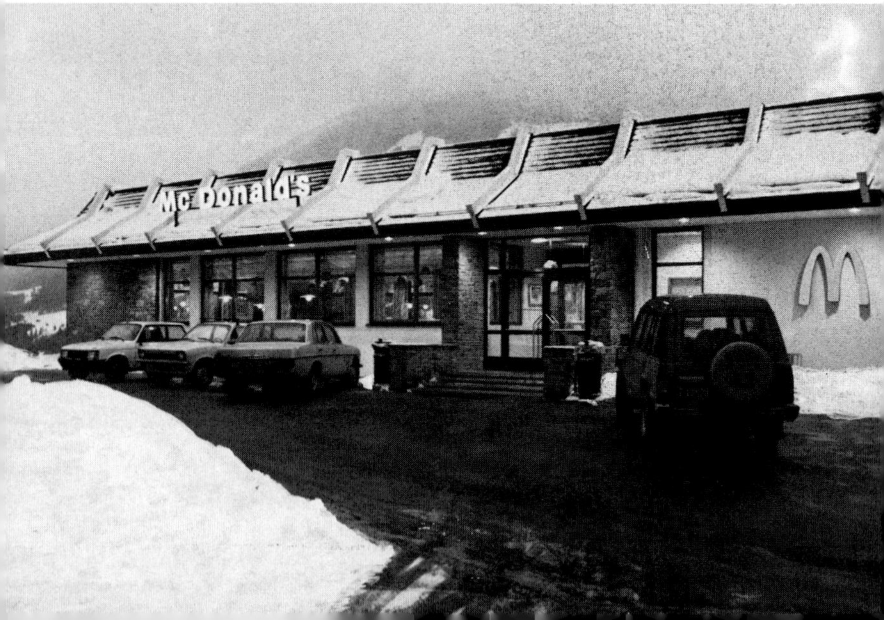

später änderte Joan ihre Meinung und flog nach St. Paul, um ihrer Familie klarzumachen, daß sie auch ohne die Zustimmung ihrer Familie Kroc zu heiraten gedachte. Aber ihre Mutter hatte eine unangenehme Überraschung für sie: »Ich habe heute morgen mit Ray telefoniert. Er heiratet.«

Die zweite Mrs. Kroc war Jane Dobbins Green; sie hatte als Skriptgirl an einigen John-Wayne-Filmen mitgewirkt. Zwei Wochen, nachdem sie sich kennengelernt hatten, fand die Hochzeit statt. Kroc war ein Mann, der nicht lange allein leben konnte. »Ich habe Jane geheiratet, weil ich jemanden brauchte, der zu mir gehört; aber ich konnte Joan nicht vergessen.«

Der Umzug an die Westküste war zwar aus rein persönlichen Gründen erfolgt, hatte aber unvorhergesehene Konsequenzen für McDonald's. Bei vielen Außenstehenden entstand der Eindruck, als ob der Sechzigjährige dem Konzern in einem Augenblick den Rücken kehrte, als sein Ziel, eine landesweite Kette aufzubauen, in greifbare Nähe gerückt war.

Nichts lag Kroc ferner. Er hatte nie beabsichtigt, sich in ein selbstgewähltes Exil zurückzuziehen, sondern die persönliche Niederlage in einen Sieg zu verwandeln. Er wollte den ›Angriff‹ auf die Westküste – den wohl lukrativsten und gleichzeitig enttäuschendsten Markt für McDonald's – selbst führen. Wie attraktiv dieser Markt war, den er 1957 aufgegeben hatte, weil er die äußerst eigenwilligen Franchisenehmer von Chicago aus nicht kontrollieren konnte, entdeckte er jetzt aufs neue. Ein Jahr vor Krocs Ankunft in Kalifornien hatte McDonald's hier einen neuen Start gewagt. Bis Mitte 1962 waren allerdings nicht mehr als sechzehn Restaurants errichtet worden; die Marktdurchdringung und der damit verbundene Vorsprung vor der großen Schar der Konkurrenten, die das Konzept der McDonald's-Brüder kopiert hatte, blieb reines Wunschdenken. Der Umsatz der kalifornischen Lokale lag regelmäßig 20 % unter dem landesweiten Durchschnitt der Kette, weshalb sich dieser Bundesstaat für McDonald's als ein permanentes ›Katastrophengebiet‹ erwies.

Die Eroberung der Westküste wurde für Kroc zum Prüfstein seiner ehrgeizigen Expansionsstrategie. Trotz der spektakulären Erfolge im Mittleren Westen und an der Ostküste war McDonald's nach Krocs Ansicht ohne eine größere Vorbereitung an der Westküste kein ernstzunehmender Konkurrent auf den Inlandsmärkten. Er begann, einen Plan auszuarbeiten, mit dessen Hilfe sich auch in Kalifornien eine starke Machtbasis schaffen und das andernorts bewährte Kontroll- und Weisungssystem von McDonald's einführen ließ.

Kroc nahm die gewieftesten der Chicagoer Manager nach Kalifornien mit: den Betriebsspezialisten Nick Karos, den Bauingenieur Bob Papp, den Leiter der Personalabteilung Jim Kuhn und 1964 schließlich den Einkaufschef Steve Barnes, der die Position des ersten Regionalmanagers übernehmen sollte. Kroc begann, eine Art Mini-McDonald's in Los Angeles zu errichten; das letzte noch fehlende Glied in seiner landesweiten Kette beschloß er persönlich zu überwachen. Fred Turner, der während seiner Abwesenheit die McDonald's Corporation in Chicago leitete, besaß sein volles Vertrauen. »Du bist für McDonald's östlich, und ich westlich der Rocky Mountains zuständig«, erklärte er ihm.

Aufgrund dieser Teilung konnte Turner Anfang der 60er Jahre seine wachsenden Führungsqualitäten unter Beweis stellen. Dank Sonneborns genialen Kapitalbeschaffungsstrategien nahm McDonald's pro Jahr im Schnitt hundert neue Restaurants in Betrieb – doppelt soviel wie sein stärkster Konkurrent in der Hamburger-Branche. Im gleichen Maße wuchsen Turners Zuständigkeiten. Er zentralisierte das gesamte Beschaffungswesen, verbesserte das Ausbildungsprogramm und schuf neue Trainingszentren für die zunehmende Zahl der McOpCo-Einheiten, die sich inzwischen auf Chicago, Boston, Los Angeles, Atlanta und Columbus, Ohio, erstreckten. Zwei Jahre später errichtete McDonald's im Rahmen einer strukturellen Reorganisation regionale Verwaltungszentren in allen fünf Städten. Mit ihren nahezu 700 Verkaufsstellen in 44 amerikanischen Bundesstaaten brauchte die Kette eine dezentralisierte Organisationsstruktur, um den hautnahen Kontakt zu den individuellen Märkten nicht zu verlieren.

Trotz der Strukturverbesserungen hatte Turner Mühe, geeignetes Personal zu finden, das die Einhaltung des McDonald's-Standards überwachte. Auf jeder Reise suchte er nach vielversprechenden Kandidaten. Er sprach das Bodenpersonal der Fluggesellschaften, Flugpassagiere und eigentlich jeden an, der sich für das Dienstleistungsgewerbe zu interessieren schien und bereit war, sich in dieses neue Serviceformat einzuarbeiten. Zu den Auserwählten zählten ein Sozialarbeiter, ein Eisenbahnangestellter, ein Versicherungsvertreter und ein Bankschalterbeamter; sie stammten aus allen Berufssparten – außer der traditionellen Gastronomie-Branche.

Da Kroc und Turner dieselben Ziele verfolgten und eine ausgezeichnete Kommunikationsbasis hatten, erlitt die gemeinsame Sache durch Krocs Umzug nach Kalifornien in einer Periode explosiven Wachstums zunächst keinen Schaden. Aber mit der Erschließung der Westküste unter Krocs Leitung kristallisierte sich immer mehr heraus, daß das Unternehmen de facto in zwei Lager gespalten war: Auf der einen Seite standen die verfahrensorientierten Manager, die sich um Kroc scharten, auf der anderen Seite diejenigen, die die Interessen des Finanzmannes Sonneborn vertraten.

Das allein hätte keinen Anlaß zu Konflikten gegeben, wenn nicht noch ein anderes Faktum hinzugekommen wäre: Die Erschließung der Westküstenmärkte erforderte Krocs volle Konzentration auf die Lösung verfahrenstechnischer Probleme. Den finanziellen und administrativen Aspekten des Unternehmens schenkte er, da sie ihn ohnehin wenig interessierten, zu wenig Aufmerksamkeit. Aber gerade diese beiden Bereiche waren in der Expansionsphase von McDonald's zunehmend wichtig geworden und hatten Sonneborn eine Machtposition verschafft, die zu starken Rivalitäten zwischen ihm und dem Firmengründer führen mußten. Während Kroc sich auf die Erschließung der Westküstenmärkte konzentrierte, übernahm Sonneborn in Chicago das ›Zepter‹. Damit war der Kollisionskurs zwischen Kroc, der die Kette primär als Hamburger-Unternehmen, und Sonneborn, der sie als Grundstücks-Venture-Kapitalunternehmen ansah, vorgezeichnet.

Zur offenen Konfrontation kam es erst Mitte der 60er Jahre; der Anlaß war eine an und für sich unbedeutende Veränderung, die Bostoner Versicherungsgesellschaften als nötig erwiesen hätte. Die beiden Firmen McDonald's System, Inc., der Kroc vorstand, und die Tochtergesellschaft Franchise Realty Corporation, die Immobilienfirma, die Sonneborn leitete, waren – zur Absicherung der Kreditgeber – zu einem Unternehmen verschmolzen worden: der McDonald's Corporation. Sonneborns neuer Status als Präsident des Gesamtunternehmens bereitete Kroc wenig Kopfzerbrechen. Als Gründer und geistiger Führer von McDonald's, mit Firmenanteilen in Höhe von 52 %, bestand für ihn kein Zweifel, wer der Boss war. Turner meinte: »Für Ray hatte das wenig Bedeutung. Aber Harry hat es sehr wörtlich genommen.«

Da Kroc an der Westküste ›weit vom Schuß‹ war, nutzte Sonneborn die Zeit, um den Charakter des Unternehmens in seinem Sinne zu verändern: Die betriebliche Orientierung wich allmählich der finanztechnischen. Von 1962 bis 1966, als Kroc in Kalifornien Fuß zu fassen versuchte, war Sonneborn faktisch gesehen der Firmenleiter, nicht nur, weil sein Fachbereich im Zuge der Expansion an Bedeutung gewonnen hatte, sondern auch wegen Krocs mangelndem Interesse am Finanzwesen.

Anfang der 60er Jahre begann Sonneborn mit Hilfe seiner geschickten Finanzstrategien nicht nur den Kurs von McDonald's, sondern auch seine Wachstumsrate zu bestimmen. Er zeigte sich zunehmend unnachgiebiger, wenn es um größere Investitionen ging. »Wir haben ja nichts Unmögliches verlangt«, erinnert sich Boylan, »aber in Harrys Augen stellten wir unverschämte Forderungen. Er war sehr geizig.«

Sonneborn sicherte sich die Kontrolle darüber, wie viele neue Verkaufsstellen jährlich eröffnet wurden, indem er die Zahl der Mitarbeiter in der Immobilienabteilung begrenzte. Anfangs wirkten sich Sonneborns Restriktionen nur in geringem Maße auf das Wachstum der Kette aus. Aber er hatte ein weiteres Druckmittel zur Hand: Er entschied von nun an auch, welche Standorte für ein McDonald's-Restaurant in Frage kamen. Grundstücke, die mehr als 50 000 Dollar kosteten, lehnte er entschieden ab, und sein Team wurde angehalten, in den Verhandlungsgesprächen mehr Härte zu zeigen. Boylan erklärte: »Wenn jemand 1000 Dollar Pacht für ein McDonald's-Lokal ausgehandelt hatte, wies Harry ihn an, den Verpächter um 50 Dollar herunterzuhandeln.«

Der Kampf um gewerbliche Grundstücke in den Stadtrandgebieten war inzwischen härter geworden. Einige der McDonald's-Manager hatten mittlerweile festgestellt, daß Sonneborns unflexible 50 000-Dollar-Grenze das Unternehmen zwang, mit zweitklassigen Standorten vorliebzunehmen. Ihnen wurde allmählich bewußt, daß Sonneborn den möglichen Standort für ein Lokal nicht nach dem Marktpotential, sondern auf seinen Grundstückswert hin taxierte.

Dick Schubot, einer der unabhängigen Immobilienmakler von McDonald's während der 60er Jahre, war – wie er meint – vor allem deshalb so erfolgreich, weil es ihm gelang, Sonneborn zu umgehen und seine Projekte Kroc direkt vorzulegen. Da Sonneborn seine Vorschläge wiederholt abgelehnt hatte, bestieg er des öfteren mit Kroc, wenn dieser gerade wieder auf dem Weg zur Westküste war, ein Flugzeug und zeigte ihm aus der Luft all die Standorte, die ihm geeignet erschienen. Nachts, in seinem Hotelzimmer, arbeitete er die Pachtverträge aus, die Kroc am nächsten Morgen ausnahmslos unterschrieb. »Harry schaute nur auf die Grundstückspreise anstatt auf den Umsatz, der McDonald's aufgrund seiner Kostengrenze verloren ging«, meinte Schubot.

Aber daß jemand wie Schubot Sonneborn umgehen konnte, war eher die Ausnahme als die Regel. Der McDonald's-Präsident kontrollierte im Laufe der Zeit immer stärker das Unternehmensbudget. Der Punkt, an dem eine offene Konfrontation zwischen Kroc und Sonneborn unvermeidlich wurde, war erreicht, als ein Ereignis eintrat, das im Leben jedes Unternehmens, und vor allem im finanztechnischen Bereich, einschneidende Wirkung hat: McDonald's wurde in eine Aktiengesellschaft umgewandelt.

Da Sonneborn das Wachstum bremste, brauchte Mc-Donald's keine weiteren Kredite, um die Expansion zu finanzieren. Die Entscheidung, das Unternehmen in eine AG umzuwandeln, beruhte auf dem Wunsch des Gründers, einen bestimmten Prozentsatz der Firmenanteile (1965 hatte Kroc 52,7 %, Harry Sonneborn 15,2 % und June Martino 7,7 %) zu kapitalisieren. Die drei McDonald's-Veteranen besaßen zwar Millionen, aber ihr Kapital war gebunden. Ihre Bezüge hatten sich im Laufe der Zeit erhöht, waren aber keineswegs überragend: Kroc verdiente rund 115 000 Dollar pro Jahr, Sonneborn 90 000 Dollar und June Martino 65 000 Dollar. Alle drei waren der einhelligen Meinung, es sei nunmehr an der Zeit, ihr schwer verdientes Geld auch ausgeben zu können.

Sonneborn überwachte und lenkte jede Phase des Umwandlungsprozesses, von der Planung, die 1964 begann, bis hin zum ersten Tag des Angebots der Akten am 15. April 1965. Er verhandelte mit Anwälten, Wirtschaftsprüfern und Investmentbanken und betrat damit eine Welt, die eine ungeheure Faszination auf ihn ausübte. Er umgab sich mit Beratern, die ihn in Rechts-, Finanz- und Wirtschaftsfragen unterstützten und seine Auffassung von McDonald's teilten. Er engagierte eine neue Anwaltsfirma – Chapman und Cutler –, die sich auf Finanztransaktionen spezialisiert hatte; er ernannte den Anlageberater Lee Stacks zum Direktor der Firma und beauftragte dessen Maklerfirma Paine, Webber, Jackson und Curtis, die ihm den ersten Kredit von Kapitalanlegern der Ostküste vermittelt hatte; und die renommierte, zu den ›Großen Acht‹ zählende Revisionsfirma Arthur Young and Company, welche an die Stelle des bisherigen Wirtschaftsprüfer Doty und Doty trat. Fred Turner kommentierte: »Harry stach der Hafer.«

Sonneborn hatte schon zu einem früheren Zeitpunkt die Möglichkeiten erkundet, McDonald's durch eine Fusion mit einer bestehenden Aktiengesellschaft in eine AG umzuwandeln, da dieser Weg an der Börse für McDonald's weniger kostenintensiv und für die drei Aktionäre steuerlich günstiger gewesen wäre. Er hatte dabei die Consolidated Food

Company (inzwischen in Sara Lee Corporation umbenannt) oder die United Fruit in New York ins Auge gefaßt. Diese beiden Giganten in der Lebensmittelverarbeitungsbranche hätten nichts dagegen gehabt, sich das marktführende Fast food-Unternehmen einzuverleiben. Aber es gab einen Stolperstein in Sonneborns Plan: Er wollte, daß McDonald's bei der Fusion als Einheit überlebte – der Schwanz, der mit dem Hund wedelt. »Sie hielten mich für verrückt«, erinnert sich Sonneborn.

Da eine Fusion nicht mehr in Frage kam, stimmte Sonneborn dafür, 300 000 McDonald's-Aktien freihändig zu verkaufen. Das Aktienpaket stammte von den drei größten Aktionären Kroc, Sonneborn und Martino sowie von der Paul-Revere- und der State-Mutual-Lebensversicherungsgesellschaft, die ihren Bonus für den 1,5 Millionen-Dollar-Kredit in bares Geld umsetzen wollten.

Trotz des Wachstums der Kette und der positiven Aktienmarktentwicklung Mitte der 60er Jahre hatte die Broker-Firma Paine Webber Schwierigkeiten, ein Konsortium zu finden, das an McDonald's interessiert war. Die meisten erstklassigen Emissionsbanken lehnten ab. »Heute kann man die Zurückhaltung, die die Magnaten der Wall Street an den Tag legten, kaum verstehen. Sie wollten mit McDonald's nichts zu schaffen haben«, meinte Harry Fisher, ein Partner von Paine Webber, der die Fast food-Kette betreute. »Für sie war das eine viel zu unsichere Sache.«

Zum Teil war dieses Problem darauf zurückzuführen, daß die renommierten Broker ihren Sitz in New York hatten, wo bis zu diesem Zeitpunkt weder McDonald's noch die Fast food-Branche generell Fuß fassen konnten. Obwohl es inzwischen mehr als 700 McDonald's-Verkaufsstellen gab, hörten viele der bekannten Emissionsbanken den Namen zum erstenmal.

Dazu kam, daß es an der Wall Street damals kein Unternehmen gab, mit dem man die Leistungen von McDonald's vergleichen konnte. Heute haben fast alle marktführenden Konzerne – wie beispielsweise Kentucky Fried Chicken, Burger King oder Pizza Hut – eine öffentliche Rechtsform ange-

nommen und werden von einem ganzen Heer von Effektenberatern auf Herz und Nieren geprüft, aber damals war
keine Fast food-Kette als Aktiengesellschaft tätig. »Hier handelte es sich nicht um eine Eisenbahngesellschaft, einen
Stahlkonzern oder namhaften Automobilhersteller, sondern
um ein Unternehmen, von dem man an der Wall Street
noch nie etwas gehört hatte«, erklärte Fisher. »Und Mitte
der 60er Jahre waren die Investment- und Emissionsbanken
besonders vorsichtig und traditionsbewußt.«

Es fanden sich nach und nach einige Broker-Firmen, die
wie Paine und Webber zu der Überzeugung gekommen
waren, McDonald's könne für weniger kapitalkräftige, individuelle Anleger interessant sein, die sich höchstens hundert
Akten leisten konnten. McDonald's sprach auch hier zunächst wieder – wie schon mit seinen Hamburgern – einen
weiten Kundenkreis an. In der ersten Jahren waren 80 % der
McDonald's-Aktionäre Privatleute. Im Gegensatz dazu sind
heute 55 % der Aktien in Händen von Institutionen und
Großanlegern.

Der Zeitpunkt der Aktienangebote war zudem gut ge-
wählt. 1965 herrschte am Effektenmarkt eine fieberhafte
Tätigkeit. Viele Anleger kauften Wertpapiere ohne vorherige
Prüfung der Emissionsfirma und meinten, sie würden automatisch von der wohl größten Hausse in der amerikanischen
Börsengeschichte profitieren. »Es war zwar unverständlich«,
meinte Fisher, »aber die Kurse kletterten in schwindelnde
Höhen, und selbst die Anleger, die noch nie etwas vom Fast
food-Business gehört hatten, meinten, daß sich ihre Mc-
Donald's-Aktien schon am nächsten Tag mit Gewinn verkau-
fen ließen.«

Als der 15. April, der Tag der Aktienausgabe, sich
näherte, war allen klar, daß McDonald's gefragt war. Die
Brokerfirmen wurden der Flut der Aufträge kaum noch
Herr. Sonneborn wußte, daß der Wert der Aktien steigen
würde, und vereinbarte mit den Emissionsfirmen einen
Preis, der am oberen Ende des Effektenmarktes anzusiedeln
war. Er bestand auf einem Ausgabepreis von 22,50 Dollar
pro Aktie, ein beachtliches Aufgeld für ein neun Jahre altes

Unternehmen, das in einer brandneuen Branche tätig war. Kein Wunder, daß das Konsortium im letzten Augenblick noch nervös wurde. Paine Webber setzte sich noch kurz vor der Stunde Null mit Sonneborn in Verbindung, um den Preis unter 20 Dollar zu drücken. »Ich habe strikt abgelehnt«, erklärte Sonneborn. »Was ich ihnen erzählt habe, ist nicht druckreif.«

Sonneborns Meinung erwies sich als gerechtfertigt. Von dem Augenblick an, als die Aktien in Umlauf kamen, war der Zulauf so groß, daß die Broker sogar ihren Stammkunden Absagen erteilen mußten. Am Ende des ersten Ausgabetages war der Kurs auf 30 Dollar, in der folgenden Woche auf 36 Dollar und kurz danach auf 49 Dollar gestiegen. McDonald's war zum heißesten Börsentip geworden!

Die Aktienausgabe ›katapultierte‹ Kroc, Sonneborn und Martino in den Kreis der Superreichen. Kroc verdiente am Verkauf eines Teils seiner Aktien 3 Millionen Dollar, Sonneborn 1,2 Millionen und June Martino rund 300 000 Dollar. Durch die Spitzennotierungen war auch der Wert der McDonald's-Anteile, die ihnen noch verblieben, gestiegen. Kroc behielt Anteile im Wert von 32 Millionen Dollar, Sonneborn von 8,5 Millionen und June Martino von 5 Millionen Dollar.

Für einige McDonald's-Manager bleib es unverständlich, warum das Übernahmekonsortium die drei Anteilseigner ›übervorteilt‹ und die Aktien weit unter dem Preis angeboten hatte, den die Anleger zu zahlen bereit gewesen waren. Daß sich bei einem höheren Preis unter Umständen kein Markt gefunden hätte, ließen sie nicht als Argument gelten. Fisher meinte: »Alle McDonald's-Mitarbeiter hielten sich für Börsenkenner. Das hat mich geärgert.« Als die Broker-Firma eine Woche nach dem ersten Ausgabetag McDonald's die ›Ausbeute‹ präsentierte, wurde sie recht kühl empfangen. Auch heute noch sind viele McDonald's-Manager, die sich inzwischen zu Recht als börsenkundig bezeichnen dürften, der Überzeugung, daß es richtig war, den Brokern die kalte Schulter zu zeigen. »Wir müssen den Tatsachen ins Auge sehen«, meinte Turner. »Paine Webber hat die Aktien zu einem Schleuderpreis angeboten.«

Der Umwandlungsprozeß stärkte nicht nur Sonneborns Machtposition, sondern auch sein Image als der Mann, der Amerikas größte Fast food-Kette leitete. Da Kroc sich vornehmlich an der Westküste aufhielt, stand Sonneborn plötzlich im Rampenlicht, und zum Erstaunen derer, die ›Mr. Inside‹ schon längere Zeit beobachtet hatten, schien er seine Rolle zu genießen.

Seitdem McDonald's in eine Aktiengesellschaft umgewandelt worden war, hatte das Finanzwesen an Bedeutung gewonnen. Sonneborn genoß seine neue Machtposition und hielt beispielsweise Vorträge vor New Yorker Effektenberatern. Ein Jahr später, als McDonald's mit seiner tatkräftigen Unterstützung an der New Yorker Börse zugelassen wurde, hatte er den Höhepunkt seiner Karriere erreicht.

Sonneborn hatte allen Grund, auf diese Leistung stolz zu sein. Die Umwandlung in eine Aktiengesellschaft ist relativ einfach; dem finanziellen Standard der New Yorker Börse gerecht zu werden ungleich schwieriger. Hier wurden Aktien so illustrer Gesellschaften wie General Motors, U.S. Steel und AT & T gehandelt. Als McDonald's in den elitären Kreis aufgenommen wurde, war sein langersehntes Ziel erreicht: Es genoß über Nacht Glaubwürdigkeit und das Ansehen, das er sich schon immer gewünscht hatte, was ihm in der Fast food-Branche einen ungeheuren Vorsprung vor der Konkurrenz sicherte. 1985 wurde er als erstes Dienstleistungsunternehmen in den Dow-Jones-Index aufgenommen: Der damit verbundene Prestigegewinn hatte jedoch schon an dem Tag seinen Anfang genommen, als McDonald's an der New Yorker Börse gelistet wurde.

Sonneborn sorgte dafür, daß das große Ereignis auf werbewirksame und ungewöhnliche Weise gefeiert wurde: Er schickte den Börsenmaklern Hunderte von Hamburgern. Zuvor hatte er schon einmal deutlich zu verstehen gegeben, daß sich McDonald's nicht an die Traditionen des Establishments zu halten gedachte: Das Direktorium der New York Stock Exchange hatte die McDonald's-Manager zu einem Essen eingeladen. Sonneborn bestand darauf, seine Frau Aloyis, die als Sekretärin und Schatzmeisterin von Mc-

Donald's fungierte, und June Martino mitzunehmen. Man informierte ihn, daß der Kodex, allein Männern den Zutritt zu den ›geheiligten Hallen‹ zu gewähren, nur ein einziges Mal gebrochen worden sei – für Königin Elisabeth – und daß man für McDonald's keine Ausnahme machen würde. Sonneborn blieb hartnäckig. »Was für die Queen recht und billig war, ist es auch für meine Frau.« Die Direktoren ließen sich nicht umstimmen. »In diesem Fall können Sie die Einführung an der Börse vergessen«, drohte man ihm.

Das war natürlich eine maßlose Übertreibung. Aber in der Aufregung des Tages hatte man einen weit wichtigeren Aspekt der Zeremonie völlig übersehen: Ray A. Kroc, der Firmengründer, fehlte. Kroc befand sich zu diesem Zeitpunkt mit seiner zweiten Frau, Jane, auf einer Weltreise. Seine Abwesenheit symbolisierte, wie wenig er vom Finanzwesen verstand und, was noch wichtiger war, wie wenig es ihn interessierte. »Es war für Ray einfach zu viel, daß seine Firma an die Börse ging«, sagt Turner.

Kroc mied den Empfang noch aus einem anderen Grund, demselben, der auch für sein Fernbleiben vom McDonald's-Hauptquartier galt: Sein Verhältnis zu Sonneborn hatte sich entschieden verschlechtert. Er hatte Angst, daß sich seine wachsende Enttäuschung über den langjährigen Partner in einem Wutausbruch Luft machen könnte.

Für Außenstehende waren die Spannungen zwischen Sonneborn und Kroc kaum sichtbar. Es schien jetzt, als sei Sonneborn die höchste Instanz bei McDonald's. In den ersten beiden Jahren, seit der Umwandlung in eine AG, hatte er – und nicht Kroc – im Mittelpunkt des öffentlichen Interesses gestanden. Er war nicht länger einer unter vielen, sondern aus dem Schatten des Gründers herausgetreten.

Als Prinz Philip die Vereinigten Staaten besuchte, um Geld für die Variety Clubs, eine gemeinnützige Organisation, zu sammeln, spendete Sonneborn zwei ›Sonnenschein-Busse‹ für den Transport behinderter Kinder. Und als der Stadtrat von St. Louis die Topmanager von McDonald's zur Einweihung des Gateway Arch, eines monumentalen Triumphbogens, einlud, war es wiederum Sonneborn, der das Unternehmen repräsentierte.

Die Einladung nach St. Louis war eine schlichte Geste der Anerkennung für die wachsende Bedeutung der McDonald's-Bögen in der US-amerikanischen Landschaft. Aber Sonneborn griff die Gelegenheit beim Schopf, um jene Art von Publicity herauszuschlagen, für die Kroc berühmt geworden war. Am Vortag der Einweihung der Gateway Arch machte er publik, daß das McDonald's-Restaurant in St. Louis 100 000 Dollar spenden werde, um den Spanischen Pavillon der New Yorker Weltausstellung von 1964 am Fuß der Gateway Arch wieder aufbauen zu lassen. Sonneborn wußte natürlich, daß der Pavillon das Lieblingskind des spanischstämmigen Bürgermeisters Alphonso Cervantes war. Am folgenden Tag der Einweihung saß er neben dem Bürgermeister, und das Fernsehen widmete ihm und McDonald's einen Gutteil seiner Berichterstattung.

Nach der Umwandlung in eine Aktiengesellschaft begann Sonneborn, sich auch auf einem weiteren Gebiet zu profilieren, das bald zu den sichtbarsten Unternehmensaktivitäten zählen sollte: die landesweite Fernsehwerbung. Das Thema stand bei der ersten Tagung aller McDonald's-Lizenznehmer in Hollywood Beach, Kalifornien, auf der Geschäftsordnung. Marketing-Direktor Cooper forderte eine landesweite TV-Werbekampagne, nach dem Muster der erfolgreichen regionalen Werbeaktionen, die von allen Franchisenehmern getragen werden sollte.

Vom ökonomischen Standpunkt aus gab es wenig, was für eine überregionale Fernsehwerbung sprach. McDonald's hatte 1965 weniger als 800 Verkaufsstellen, und das geringe Marktvolumen rechtfertigte eine so kostenintensive Werbemaßnahme nicht. Sonneborn ignorierte diese Tatsache, als Max Cooper ihm im Herbst 1965 das Angebot machte, von der National Broadcasting Company (NBC) dreieinhalb Minuten Sendezeit für 75 000 Dollar zu kaufen. Die Warenhauskette Macy's veranstaltete am Thanksgiving Day in New York eine Parade, an deren Kosten sich McDonald's zu einem Viertel beteiligen sollte.

Seltsamerweise hatte Cooper dasselbe Projekt drei Wochen vorher abgelehnt, als der Werbemanager John Horn mit einem ›sagenhaft guten Angebot von NBC‹ in sein Büro gestürmt war. Horn blieb der Satz beinahe im Hals stecken, als Cooper, der sonst sehr auf Promotion aus war, zu lachen begann. »Sind Sie verrückt?« fragte er Horn. Aber Horn ließ nicht locker und versuchte es später noch einmal. »Max, ich begreife einfach nicht, warum sie den Macy's-Deal ablehnen«, insistierte er. »Was meinen Sie damit?« fragte Cooper verblüfft. »Die Macy's-Parade, ich habe Ihnen doch gerade erst davon erzählt.« »Macy's?« rief Cooper aus. »Ich habe Mason's verstanden!«

Cooper unterrichtete Sonneborn sofort von dem NBC-Angebot, der sich diesmal seiner Neigung zur Kostenkürzung widersetzte. Sonneborn hatte als gebürtiger New Yorker die spektakulären Paraden oft miterlebt und stimmte dem Vorschlag trotz seiner allseits bekannten Sparsamkeit nicht nur begeistert zu, sondern bat auch den PR-Mann Al Golin, dafür zu sorgen, daß McDonald's mit einer eigenen Musikkapelle daran teilnahm.

Da die Parade bereits in wenigen Wochen stattfinden würde, war die Zeit natürlich äußerst knapp. Aber als sich Golin mit Macy's in Verbindung setzte, um die Einzelheiten des Gemeinschaftsprojektes zu besprechen, erfuhr er, daß eine High-School-Band aus Pennsylvania die Teilnahme abgesagt hatte, weil ihr das nötige Fahrgeld nach New York fehlte. Sonneborn erklärte sich einverstanden, die Band zu sponsern, vorausgesetzt, daß alle Mitglieder des McDonald's-Emblem – die Goldenen Bögen – an ihren Uniformen trugen.

Golin erhielt den Auftrag, die größte Trommel, die es gab, aufzutreiben und mit dem Namen McDonald's zu versehen. Golins Glückssträhne hielt an, denn er fand einen Instrumentenbauer, der für die University of Texas die größte Trommel der Welt gefertigt hatte. Die Universität suchte zufällig gerade nach einem Käufer. Der Instrumentenbauer erneuerte die Bespannung, brachte darauf den Namen und das Logo McDonald's an und schickte die Trommel gerade noch rechtzeitig zur Parade nach New York. Damit hatte Sonneborn eindeutig gegen Macy's Auflage verstoßen, die Beteiligung an der Parade nicht zu Werbezwecken zu nutzen. Aber diesen Vertragsbruch entdeckte Macy's erst am Thanksgiving Day, als Name und Emblem von McDonald's nicht zu übersehen waren, und da war es bereits zu spät zum Eingreifen. Damit hatte Sonneborn gerechnet. »Die Paraden werden schon ein Jahr vorher geplant, und man kann in letzter Minute nichts mehr ändern«, meinte er.

»Als die Repräsentanten von Macy's uns auf die Zuschauertribüne einluden, schickte ich Mac hin; mir ist es lieber, wenn andere sich Magengeschwüre holen.«

Max Cooper hatte bereits im Vorjahr die Werbeagentur D'Arcy Advertising in Chicago (heute als D'Arcy, Masius, Benton and Bowles bekannt) mit der Produktion der Werbespots, die auf regionaler Basis ausgestrahlt werden sollten, beauftragt. Mit diesen Spots gab McDonald's nun sein landesweites Fernsehdebüt.

Auf Coopers Drängen hin sollte der Clown Ronald McDonald, der den Washingtoner Markt im Sturm erobert hatte, die Hauptrolle in den landesweit ausgestrahlten Commercials übernehmen. Es gab jedoch hitzige Debatten darüber, ob er weiterhin als Clown auftreten sollte. Da der Westernfilm gerade seinen Siegeszug im Fernsehen angetreten hatte, überlegte man, ob man Ronald nicht in einen Cowboy verwandeln sollte, oder in einen Astronauten, weil Sendungen über die Raumfahrt bei den Fernsehzuschauern gleichermaßen beliebt waren. »Das waren die lächerlichsten Konferenzen, die ich je erlebt hatte«, meinte Paul Schrage, der damals zu den D'Arcy-Klienten gehörte und heute das Amt des Vizepräsidenten und Leiters der Marketing-Abteilung von McDonald's bekleidet. »Der Clown Ronald war in Washington ein Renner, und die Agentur suchte händeringend nach einem neuen ›Aushängeschild‹. Aber schließlich siegte doch der gesunde Menschenverstand.«

Ronald McDonald wurde nun auch in den landesweit ausgestrahlten Commercials zum Star, nur den Schauspieler, der die Rolle bisher gespielt hatte, ließ man sang- und klanglos fallen. Schrage flog nach Washington, um Probeaufnahmen mit Willard Scott zu machen. Scott erinnert sich, daß er von Anfang an merkte, daß man auf seine Mitarbeit verzichten wollte. Die Agentur hatte sich einen agilen, drahtigen Ronald vorgestellt und fand Scott für die Rolle zu übergewichtig.

Scott war am Boden zerstört. Als Star der McDonald's-Commercials hatte er die Chance gehabt, nicht nur regional, sondern in allen Sendebereichen der USA auf den Bildschirmen zu erscheinen, und er konnte einfach nicht begreifen, daß man ihm nun einen Part verweigerte, den er sich redlich verdient zu haben glaubte. Er hatte dem Clown eigene Charakterzüge verliehen und war bei der Jugend aufgrund seiner kindlich-naiven Ausstrahlung angekommen. »Das war ein harter Schlag für mich«, meinte Scott. »Zum erstenmal mußte ich erfahren, welche Macht die Medien haben.«

Scott verlor seine Rolle an Coco, einen Clown, der in dem Zirkus Ringling Brothers, Barnum und Bailey als internationaler Star galt. Da Coco nur Ungarisch sprach, blieb er in den Commercials, die unter dem Motto ›McDonald's ist euer Lokal‹ liefen, stumm. Die Titelmelodie war keine Eigenkomposition, sondern eine Variation von ›Down by the Riverside‹. In der ersten Sequenz wurde z.B. gezeigt, wie Ronald McDonald in einer fliegenden hamburgerähnlichen Untertasse vor einem Drive-in landete. Diese Serie war es auch, die McDonald's in letzter Minute in den Werbesendungen von NBC während der Übertragung der Thanksgiving-Day-Parade 1965 unterbringen konnte.

Die Jahreszeit, die man für das Fernsehdebüt gewählt hatte, war ungewöhnlich. Aber Cooper machte Sonneborn klar, daß sich dadurch der Umsatz, der in der Fast food-Branche in den Wintermonaten erfahrungsgemäß rückläufig war, vielleicht stimulieren ließ. Kroc war schon bei der Gründung des McDonald's entschlossen, sich nicht an die Gepflogenheiten zu halten, die Öffnung der Fast food-Restaurants auf den Sommer zu beschränken. Er brauchte seine ganze Überzeugungskraft, um die Neuerung durchzusetzen, denn die Franchisenehmer hatten im Winter regelmäßig ein Defizit aufzuweisen. Das Umsatzvolumen betrug zwar Ende der 50er, Anfang der 60er Jahre mehr als 200 000 Dollar pro Restaurant, aber das Hauptgeschäft wurde während der Sommermonate gemacht. In San Bernardino war der Jahresumsatz beinahe doppelt so hoch wie in anderen McDonald's-Restaurants, aber in dieser Region gab es auch keinen Winter. Kroc hatte unverzüglich dafür gesorgt, daß die Verkaufsstellen ein abnehmbares Schutzdach aus Glas und Aluminium erhielten, damit die Kunden vor dem Verkaufsfenster vor der Witterung geschützt waren. Trotzdem konnten die Lizenznehmer von Dezember bis Februar selten einen höheren Umsatz als 12 000 Dollar erzielen und waren daher wenig geneigt, ihre Lokale auch im Winter geöffnet zu halten.

Die Beteiligung an der Macy's-Parade zeigte eine prompte und nachhaltige Wirkung, nicht nur, weil zum erstenmal eine Fast food-Kette den Sprung ins überregionale Werbefernsehen geschafft hatte, sondern weil die Umsatzflaute während der Wintermonate damit schlagartig beendet war. Statt des üblichen Umsatzeinbruches stieg das Volumen im Dezember um 8 %.

Die Teilnahme an der Parade brachte auch langfristige Vorteile. Bernie Sklar, der für den Beitrag von Macy's verantwortlich war, und Arch Robb, Leiter der Sonderprogramme bei NBC, schlugen Golin vor, daß McDonald's künftig an allen Paraden mit einer eigenen Musikkapelle teilnehmen sollte. Als Kapellmeister ließe sich Paul Lavalle engagieren, der Direktor der legendären Radio City Music Hall, der schon lange davon geträumt hatte, eine ›All-American-Band‹ zu gründen, die sich aus High-School-Absolventen aus allen Teilen des Landes zusammensetzte. Golin war von der Idee begeistert, und seither ist McDonald's bei jeder Thanksgiving-Day-Parade in New York mit einer eigenen Musikkapelle unter Leitung von Paul Lavalle vertreten. Diese Form der Publicity hat ihre Wirkung auf McDonald's wichtigste Zielgruppe – die Familien – nie verfehlt.

Die Umsatzsteigerung, die durch die Teilnahme an der Parade erreicht wurde, zeigte McDonald's, wie effektiv das Medium Fernsehen als Werbeträger war. CBS machte der Kette im darauffolgenden Jahr das Angebot, sich mit zwei Minuten Sendezeit an einer brandneuen Sendung, der Übertragung eines Footballspiels nach dem Ende der Saison, zu beteiligen. CBS versprach Cooper, durch eine extensive Promotion für entsprechende Einschaltquoten zu sorgen, damit der exorbitante Preis von 200 000 Dollar für zwei Minuten gerechtfertigt war. Das Projekt war nicht nur teuer, (dreieinhalb Minuten Sendezeit während der Thanksgiving-Day-Parade hatten nicht einmal die Hälfte gekostet), sondern auch riskant, denn die Übertragung der Parade war ein etabliertes Programm, das Footballspiel hingegen ein brandneues, noch unerprobtes Werbekonzept.

NBC und CBS, die Sender, die beide die Sendung planten, konnten keineswegs mit Sicherheit sagen, wie hoch die Einschaltquoten tatsächlich sein würden. Ihre Behauptung, daß das Footballspiel einen großen Zuschauerkreis anlocken würde, wurde bei weitem nicht von allen Sponsoren geteilt. Deshalb hatte CBS auch Ende Dezember, einige Wochen vor der Übertragung, immer noch Sendezeit zu vergeben. Als McDonald's deshalb auf einem Preisnachlaß bestand, waren die Verantwortlichen sofort bereit, sich auf 170 000 Dollar herunterhandeln zu lassen und außerdem noch einige Spots gratis in ihr Kinderprogramm am Samstagmorgen aufzunehmen. Außerdem gelang es Sonneborn, mit NBC zu vereinbaren, daß McDonald's für einen einminütigen Spot bei der Übertragung des Spiels 75 000 Dollar berechnet wurden. Unternehmen, die mehr Erfahrung mit dem Werbefernsehen hatten, wären vor dieser Ausgabe vielleicht zurückgeschreckt. Aber für einen Neuling wie McDonald's gab der Preisnachlaß den Ausschlag, um sich auf ein Wagnis einzulassen, das ihm ungeahnte Werbeerfolge bescheren sollte.

Die Einschaltquoten, die das Footballspiel zu verzeichnen hatte, überraschten selbst NBC und CBS. Es spielte keine Rolle, daß die Kampfstärke der beiden Football-Mannschaften nicht zu vergleichen war. Allein die Tatsache, daß das Spiel so viele Zuschauer vor den Bildschirm lockte, zählte, und von dieser Stunde an nahmen die Spiele um den Supercup im Football – eine Art Weltmeisterschaft der Profis – ihren Anfang.

Die Resultate von Macy's-Parade hatten bei McDonald's die Begeisterung für das Medium Fernsehen geweckt; die Entscheidung, sich an der Übertragung des ersten Supercup-Spiels zu beteiligen, hatte zur Folge, daß die Kette zum ›Fernseh-Fanatiker‹ wurde. Den 35:10-Sieg der Green-Bay-Footballmannschaft verfolgten 41% aller amerikanischen Haushalte am Bildschirm; die Sendung konnte die höchsten Einschaltquoten des Jahres verbuchen und gilt bis heute als die wohl populärste in der Geschichte des Fernsehens. Und da McDonald's der einzige Sponsor der sowohl CBS wie von NBC übertragenen Spiele zählte, profitierte es auch als einzige Fast food-Kette von der ungeheuren Werbewirkung. Der normalerweise schleppende Umsatz der McDonald's-Restaurants im Januar stieg trotz der ersten Preiserhöhung des Hamburgers von 15 auf 18 Cents um ganze 22%.

Damit waren auch die letzten Zweifel an der Wirksamkeit des Werbeträgers Fernsehen beseitigt. Schon seit zwei Jahren hatten die Konzern-Manager die Gründung einer überregionalen Werbegemeinschaft vorgeschlagen, ähnlich denen, die sich auf regionaler Basis zusammengeschlossen hatten. Nach der Supercup-Übertragung wurde allen klar, daß eine landesweite Ausstrahlung der Commercials geboten war. Als McDonald's 1966 alle Lizenznehmer aufforderte, 1% ihres Umsatzes in einen nationalen Werbefond einzuzahlen, stimmten mehr als 95% zu. 1965 hatte die Kette 75 000 Dollar für Werbung ausgegeben; jetzt stand ihr ein Budget von 2,3 Millionen Dollar zur Verfügung oder rund 1% des 266-Millionen-Dollar-Umsatzes, den die tausend McDonald's-Restaurants 1967 erzielen konnten.

Das Budget wurde allerdings nicht vom Konzern selbst verwaltet, sondern von den regionalen Werbegemeinschaft der Franchisenehmer, die ihre Kontroll- und Planungsinstanzen selbst wählten. Die Entscheidungsprozesse wurden auch dann noch dezentral gesteuert, als 1967 die Operators National Advertising Cooperative, OPNAD, die für die landesweite Koordination der Werbung zuständig war, gegründet wurde.

Die OPNAD blieb zwar nicht die einzige Organisation, die für eine Machtverteilung zwischen Franchisenehmern und Franchisegebern sorgte, aber sie veranschaulicht am deutlichsten, welchen Stellenwert die kollektive Entscheidungsfindung bei McDonald's einnimmt. Die dreißig Mitglieder der OPNAD, die die Lizenznehmer der einzelnen Verkaufsregionen aus ihrer Mitte wählten, mußten allen Entscheidungen hinsichtlich des Werbeetats, der Medienwahl und der Werbeprogramme zustimmen.

Damit war die OPNAD eine Institution, mit der nicht nur McDonald's, sondern auch die Medien zu rechnen hatten, insbesondere das Fernsehen, das inzwischen zu McDonald's bevorzugtem Werbeträger avanciert war. Ergebnis: Die McDonald's-Franchisenehmer kontrollieren inzwischen einen der größten Werbeetats der Vereinigten Staaten. 1991 investierte McDonald's 572 Millionen Dollar in die landesweite US-Fernsehwerbung, was einem Anteil von 66 % an den weltweiten Ausgaben des Unternehmens für Werbung und Verkaufsförderung entspricht. Kein anderer Markenname auf der Welt erscheint öfter auf der Mattscheibe, und da jeder Pfennig, der in die Fernsehwerbung fließt, von jedem einzelnen Franchisenehmer abgesegnet wird, ist die McDonald's-Werbung wahrscheinlich das demokratischste Medienprogramm der Werbeindustrie.

KAPITEL 11

McDonald's Ost – McDonald's West

Während der 60er Jahre gab Lou Perlman, McDonald's einziger Papierlieferant, jedes Jahr eine Weihnachtsparty für die Konzern-Manager und ihre Ehefrauen. Das Fest gehörte zu den gesellschaftlichen Höhepunkten bei McDonald's und bot den inzwischen weit verstreuten und hochspezialisierten Topmanagern die Möglichkeit, sich einmal wieder in privatem Kreis zu treffen. 1965 nahmen auch Kroc und seine zweite Frau Jane daran teil.

Jane kannte einige Manager von Krocs Westküstenzentrale, aber kaum jemanden aus Chicago. Sie hatte allerdings genug von den Vorgängen bei McDonald's mitbekommen, um June Martino vor Beginn der Party die bezeichnende Frage zu stellen: »Sagen Sie mir, wer gehört zu Rays Männern, und wer zu Harrys?«

Mitte der 60er Jahre war der Bruch zwischen Kroc und Sonneborn auch in der McDonald's-Führungsetage nicht mehr zu übersehen. Es gab zwar keine offenen Rivalitäten oder Intrigen aber die Manager empfingen ihre Anweisungen von zwei Chefs – Kroc und Sonneborn. Die Kluft zwischen McDonald's Ost und McDonald's West war inzwischen so tief geworden, daß sich auch im Hauptquartier zwei Lager gebildet hatten. Auf der einen Seite standen Krocs Verbündete, die Betriebsspezialisten, auf der anderen Seite Sonneborns Gefolge, die Finanzstrategien.

Die Rivalität zwischen Kroc und Sonneborn hatte ihren Ursprung in der unterschiedlichen Persönlichkeitsstruktur der beiden Männer. Jahrelange war es ihnen gelungen, in friedvoller – und konstruktiver – Koexistenz zu leben. Das änderte sich in dem Augenblick, als McDonald's in eine

Aktiengesellschaft umgewandelt wurde. Obwohl Sonneborn mit seinen geschickten Strategien McDonald's Zugang zum Immobilienmarkt, zur Welt der Hochfinanz, zur New Yorker Börse und zum Werbefernsehen verschaffte, brachte der Umwandlungsprozess Charaktereigenschaften des Initiators an die Oberfläche, die zu einer direkten Konfrontation mit Kroc führen mußten.

1965 hatte sich Sonneborn bereits zu einem hochkarätigen, statusbewußten Spitzenmanager entwickelt, der sich mit den Wirtschaftsbossen und Leitern jedes ›Fortune 500‹-Unternehmens messen konnte. Er verkehrte in den höchsten Finanzkreisen, wußte sich auf diesem ›glatten Parkett‹ hervorragend zu behaupten und umgab sich mit Juristen und Finanzberatern, die klangvolle Namen vorweisen konnten. Er hatte das Büro an der North LaSalle Street 221 – die Zentrale von McDonald's Ost –, dem Status erfolgreicher Unternehmen entsprechend, neu gestalten lassen. Mit seinen dunkelgrünen Teppichböden und den Mahagoni-Paneelen wirkte das Büro eher wie die Kanzlei einer alteingesessenen Anwaltsfirma als wie die ›Kommandozentrale‹ einer Fast food-Kette, die sich allen Traditionen zum Trotz durchgesetzt hatte. Im Konferenzzimmer glänzten rote Ledersessel und kostbare Lüster. Die Räume der Spitzenmanager waren mit Gemälden und Skulpturen des 19. Jahrhunderts ausgestattet, einschließlich eines echten Renoir. Auf einer Wandtafel neben dem Schreibtisch der Empfangssekretärin waren die aktuellen Börsennotierungen der McDonald's-Aktien zu sehen.

Die Veränderungen bei McDonald's Ost waren nicht nur ›kosmetischer‹ Natur. Die persönliche und informelle Kommunikationsbasis, die den Konzern zuvor zu einer eingeschworenen Gemeinschaft zusammengeschweißt hatte, war bürokratischen Strukturen und Organisationsschemata gewichen. Die kollektive Entscheidungsfindung, die alle Unternehmensebenen mit einbezogen hatte, wurde durch formale Managementinformationssysteme ersetzt.

An der Firmenspitze herrschte die sogenannte ›Troika‹, die Sonneborn unterstand: Boylan als Leiter des Finanzwesens, Turner, zuständig für Verfahrensfragen und Ausbildung, und Pete Crow, ehemaliger Mitarbeiter der Standard Oil of Indiana, der den Geschäftsbereich Immobilien und Bauwesen betreute. Die neue Organisationsstruktur schuf drei gleichwertige Entscheidungsinstanzen und hatte eine ›Wucherung‹ der Stäbe zur Folge. Mitarbeiter, die im Grunde nichts mit einem Hamburger-Unternehmen zu tun haben – wie beispielsweise Rechnungs- und Buchprüfer, Anwälte und Investment-Berater begannen, eine zunehmend wichtige Rolle zu spielen.

Die bürokratische Orientierung war zum Teil eine notwendige Begleiterscheinung für die Umwandlung in eine Aktiengesellschaft. Der Prüfungsausschuß und die Aktionäre verlangten Rechenschaftsberichte, und um sie zufriedenzustellen, wurde eine Verstärkung der Stäbe notwendig. In der Regel hat eine solche Machtkonzentration wenig Einfluß auf die Orientierung und den Führungsstil des Topmanagements; anders in diesem Fall. Sonneborn begann, das Unternehmen wie ein professioneller Organisator zu leiten; in Krocs Augen war der unternehmerische Aspekt vorrangig. Für Sonneborn hatte die Sicherheit in der Expansionsphase höchsten Stellenwert. Er versuchte, die Basis zu schützen, die sich McDonald's geschaffen hatte; Kroc wollte die Basis verbreitern und war dabei einem Risiko nicht abgeneigt. Sonneborn orientierte sich am kleinen Kreis der Banker und Börsenspezialisten, Kroc primär an Kunden und Märkten. Sonneborn hielt Finanzberater und Juristen für absolut unentbehrlich, Kroc für ein notwendiges Übel. Krocs Verhältnis zu den Franchisenehmern und Restaurants wurde während der Jahre in Kalifornien noch enger; Sonneborn, den beides nie interessiert hatte, ging noch mehr auf Distanz. Selbst in ihrer Kleidung machte sich der Kontrast bemerkbar: Kroc bevorzugte sportliche Anzüge, Sonneborn Nadelstreifen.

»In einer Aktiengesellschaft spielen Anwälte, Finanz- und Steuerexperten zwangsläufig eine größere Rolle«, meinte Fred Turner, »Ray hatte keine Probleme, diese Spezialisten in ihre Schranken zu verweisen, aber Harry war von ihnen fasziniert. Sein Vokabular bestand nur noch aus juristischen, finanz- und steuertechnischen Termini. Er hat uns auf einen völlig neuen Kurs gebracht, und das mußte zu einer Konfrontation mit Ray führen.«

Kroc machte inzwischen aus seiner Verachtung, die er für Sonneborns übervorsichtigen Führungsstil empfand, keinen Hehl mehr. Sonneborn war seinerseits frustriert über Krocs Unfähigkeit, zu akzeptieren, daß McDonald's nunmehr eine AG – den Aktionären verantwortlich – und nicht länger die Domäne eines Hamburger-Barons war. Die Unternehmenspolitik mußte von Strukturen bestimmt und durfte nicht mehr von den Launen des Gründers abhängig sein, lauteten seine Argumente. Die allerhöchste Autorität und Zuständigkeit hatte beim Vorstandsvorsitzenden zu liegen, und das war er. Er wollte nicht nur den klangvollen Titel, sondern auch die Rechte und Privilegien, die im allgemeinen mit einer solchen Machtposition verbunden sind.

Krocs Einstellung war eine ganz andere. Er war der Firmengründer und besaß 43 % vom McDonald's-Aktienkapital. Dies war sein Unternehmen. Er kannte jedes Lokal von McDonald's. Er war stolz, wenn seine Prinzipien – Qualität, Service, Hygiene – befolgt wurden. Verstöße gegen seine Bestimmungen empfand er als persönlichen Affront. Er glaubte, daß McDonald's für die Öffentlichkeit attraktiv sei, aber die Öffentlichkeit war in seinen Augen der Kunde, der Hamburger kaufte, und nicht die Aktionäre. Titel hatten ihm nie etwas bedeutet; es machte ihm nichts aus, daß Sonneborn als Präsident des Unternehmens fungierte – solange er akzeptierte, daß Kroc der Boss war.

Nachdem McDonald's in eine AG umgewandelt worden war, trugen die beiden Kontrahenten ihre Differenzen auf eine ganz einfache Weise aus: Sie sprachen kein Wort mehr miteinander. Die Fast food-Kette, die durch phänomenale Erfolge auf sich aufmerksam gemacht hatte, wurde von einem Präsidenten in Kalifornien und einem Präsidenten in Chicago geleitet, die nur über einen ›Unterhändler‹ kommunizierten. Diese undankbare Aufgabe war June Martino zugefallen, deren Sympathie und Bewunderung beiden galt.

In den letzten zwei Jahren vor der endgültigen Trennung war June Martino das einzige ›Sprachrohr‹ der beiden, und sie dämpfte den scharfen Ton und schwächte die beleidigenden Äußerungen ab, mit denen sie sich gegenseitig bedachten. Wenn die Spannungen in einen offenen Krieg auszuarten drohten, opferte sich June Martino nicht selten als Sündenbock, der eine Botschaft mißverständlich wiedergegeben hatte, die in Wirklichkeit eindeutig war.

Wenn einer der Rivalen einen moralischen Tiefpunkt erreicht hatte, munterte sie ihn auf. Als Sonneborn drohte, zu gehen, weil er Krocs Anmaßungen und cholerisches Temperament nicht länger zu ertragen glaubte, versuchte sie, Verständnis für den Gegner zu wecken. »Du kennst Ray doch schon seit Jahren; man kann ihn nicht ändern. Laß ihn doch toben und sich die Haare raufen. Du weißt, was du tust, und daß es richtig ist.« Im umgekehrten Fall – wenn Kroc drohte, den Rivalen auf der Stelle zu feuern – erinnerte sie ihn an Sonneborns Leistungen. »McDonald's hat mit Harrys Hilfe viel erreicht. Warum willst du das alles aufs Spiel setzen?«

Hätte June Martino nicht eine Art ›Puffer‹ gespielt, wäre die Partnerschaft zwischen Kroc und Sonneborn wohl schon zu einem früheren Zeitpunkt zerbrochen, zum Schaden von McDonald's. Selbst wenn man June Martino keine anderen Verdienste zuschreiben könnte – allein wegen ihrer Rolle als Vermittlerin hätte sie 8 % der McDonald's-Aktien redlich verdient. Selbst heute noch haben die Erinnerungen an diese aufreibende Zeit für sie einen bitter-süßen Beigeschmack. »Ich mochte und respektierte beide«, sagte sie. »Für mich war das damals die Hölle. Ich hatte immer das Gefühl, ich würde auf dem Hochseil balancieren.«

Die Differenzen zwischen Kroc und Sonneborn beschränkten sich allerdings nicht nur auf den unterschiedlichen Führungsstil. Es gab Zeiten, in denen nicht einmal June Martinos Diplomatie ausreichte, um hitzige und erbitterte Duelle bei firmenpolitischen Entscheidungen zu beenden, die ihre Ursache in der unterschiedlichen Auffassung von McDonald's-Geschäftsbereich – Hamburger oder Immobilien – hatten.

Kroc glaubte, wenn der Hamburger-Umsatz sank, müsse auch McDonald's eine wirtschaftliche Talfahrt antreten. Seine Perspektive war die eines klassischen Einzelhandelskaufmanns: Mit steigenden Umsätzen war die Ertragslage des Unternehmens gesichert. Sonneborn sah das Ganze aus einer völlig entgegengesetzten Perspektive: Wenn der Umsatz zurückging, hatte McDonald's immer noch ausreichende Vermögenswerte, auf die man zurückgreifen konnte. Seine Methode, für eine ausgeglichene Bilanz zu sorgen, bestand darin, die Kosten rigoros zu dämpfen. Und als der Konzern Mitte der 60er Jahre erstmals beachtliche Gewinne abwarf, versuchte er – auf Sicherheit bedacht –, diese Ressourcen zu schützen, indem er die Expansion bremste und nicht durch Kredite, sondern eigene Mittel finanzierte.

Als McDonald's eine Aktiengesellschaft wurde, durchtrennte Sonneborn die ›letzte‹ Nabelschnur, die ihn mit den Restaurants verband. »Harry zog sich aus dem Immobiliengeschäft zurück, das nun Pete Crow übernahm«, erinnert sich Turner. »Damit entfernte er sich noch weiter von den Leuten, die an vorderster Front agierten. Zunächst hatte er sich noch um die Immobilien gekümmert und dadurch Kontakt zu den Franchisenehmern gehalten. Jetzt verbrachte er seine ganze Zeit mit Juristen und Anlegern.« Sonneborn selbst gibt zu, daß sein ohnehin geringes Interesse am Hamburger-Geschäft im Laufe der Zeit völlig schwand. »Ich habe Ray immer wieder gesagt, daß er sich um die verdammten Hamburger kümmern soll. Ich wollte nichts damit zu tun haben. Ich habe sie nicht einmal gegessen.«

Mitte der 60er Jahre hatten Krocs und Sonneborn divergierende Auffassungen zu endlosen Disputen über den Führungsstil geführt. Selbst die kleinste Meinungsverschiedenheit endete in einem erbitterten Kampf. Als Kroc beispielsweise den Verwandten seiner Frau Jane Franchisen erteilte, ignorierte er die Bestimmungen, daß jeder Franchisenehmer 15 000 Dollar in bar als Kaution zu hinterlegen hatte, und begnügte sich mit einem persönlichen Schuldschein. Sonneborn protestierte gegen diesen Verstoß, zu Recht. Aber damit war die leidige Angelegenheit nicht beendet. Anfang der 60er Jahre erstellte die Anwaltsfirma, die McDonald's repräsentierte, ein Rechtsgutachten, das Sonneborn Position unterstützte. Daraufhin lieh Kroc den Verwandten seiner Frau die erforderliche Kautionssumme. Aber er vergaß nie, wie sehr ihn sein eigener Unternehmenspräsident und seine eigenen Rechtsberater gedemütigt hatten.

Sonneborn war frustriert darüber, daß Kroc sich so selten in Chicago sehen ließ. Er selbst war 1966 wegen eines Ischiasleidens lange Zeit ans Haus gefesselt und gezwungen, alle dringenden Geschäfte telefonisch abzuwickeln. Sogar Konferenzen wurden dort abgehalten. Kroc, der selbst an Arthritis litt, hatte kein Verständnis für die Krankheiten anderer. »Harry war nur stundenweise in seinem Büro, regelte das Notwendigste und verschwand dann wieder. In Chicago fehlte einfach die Führung.«

Wie wenig fundamentale Gemeinsamkeiten es zwischen Kroc und Sonneborn gab, wurde am deutlichsten, wenn es um Fragen der Expansion ging. Bis Mitte der 60er Jahre hatte man diesem Thema wenig Beachtung geschenkt, weil die USA für die Fast food-Branche praktisch Neuland waren. McDonald's hatte weit mehr Expansionsmöglichkeiten als Ressourcen; das Risiko eines Mißerfolges war gering, denn die Kette hatte nicht viel zu verlieren.

Aber nach der Umwandlung in eine AG änderten sich die Umstände. Plötzlich war McDonald's finanziell und organisatorisch gesehen in der Lage, die Wachstumsrate erheblich zu steigern. Da das Unternehmen inzwischen beachtliche finanzielle Erfolge vorweisen konnte, hatte es folglich auch mehr zu verlieren, wenn die Expansionspläne scheiterten. Aber zum erstenmal konnte Kroc seinen Unternehmergeist gegen Sonneborns Zahlen und Fakten ins Feld führen. Kroc beabsichtigte, nach den Sternen zu greifen; für Sonneborn war dieser Ehrgeiz ein Exzeß.

Obwohl seine Finanzstrategien kühn und risikofreudig gewesen waren, begann Sonneborn jetzt, in diesem Bereich Disziplin zu üben. Er hielt es für absolut notwendig, daß er die Finanzen kontrollierte, wenn schon der Gründer kein Geschick oder Interesse dafür zeigte. Aber seine Restriktionsmaßnahmen waren unangebracht und unnatürlich für eine Fast food-Kette, die bis Mitte der 60er Jahre nur mit einem einzigen Lokal Schiffbruch erlitten hatte.

Anstatt entsprechend der verbesserten Finanzlage zu expandieren, entschied sich Sonneborn für das genaue Gegenteil. Nachdem McDonald's 1962 mit der Eröffnung von 116 neuen Restaurants alle Rekorde gebrochen hatte und aufgrund des 1,5-Millionen-Dollar-Kredites über eine ausreichende Kapitalmenge verfügte, reduzierte er in den folgenden drei Jahren die Wachstumsrate spürbar. Der Tiefpunkt war 1965 erreicht, in dem Jahr, als McDonald's AG wurde. Genau an dem Punkt, wo andere Unternehmen in den höchsten Gang umschalten, legte Sonneborn den Leerlauf ein. Die Kette war 1965 mit 731 Restaurants den Konkurrenten zahlenmäßig zwar noch überlegen, aber sie hatte in diesem Jahr nur 81 neue Lokale in Betrieb genommen, statt 107 wie im Vorjahr.

Das Wachstum wäre sicher noch abrupter gebremst worden, wenn es Ray Krocs Gruppe an der Westküste nicht gegeben hätte. Mit Krocs Zustimmung ignorierte diese Sonneborns restriktive Expansions- und Immobilienpolitik. Sie kaufte Grundstücke, deren Preis Sonneborns Limit von 50 000 Dollar zum Teil um das Doppelte überstieg. Das lag einerseits daran, daß die Grundstückspreise in Kalifornien weit höher als in anderen Regionen waren, und andererseits an Krocs Weigerung, zweitklassige Standorte zu akzeptieren.

McDonald's West expandierte auf dem Immobiliensektor wesentlich schneller als McDonald's Ost. Es kümmerte sich wenig um den Baustopp, den Sonneborn verhängt hatte. Zwischen 1964 und 1967 ging die Eröffnung von rund einem Drittel aller neuen Restaurants auf die Initiative der kalifornischen Gruppe zurück. Während McDonald's West hastig vorwärts eilte, veranlaßte Sonneborn McDonald's Ost, den Status quo beizubehalten.

Die Ost-West-Spannungen reichten allerdings weit über die Expansionspolitik hinaus. Die beiden Unternehmen begannen sich in völlig unterschiedliche Richtung zu entwickeln. McDonald's Ost war straff organisiert; McDonald's

West zeigte ein überaus flexibles Gefüge. McDonald's West war risikoorientiert; McDonald's Ost wurde zum ›Sicherheitsnetz‹ des gesamten Unternehmens. Sonneborns Führungsstil ließ wenig Raum für Experimente; Krocs förderte sie. Selbst das Arbeitsklima spiegelte den Unterschied zwischen Kroc und Sonneborn wider. »Die Manager in Kalifornien, zeigten echten Teamgeist und trafen sich häufig auch privat«, kommentierte Turner. »Als Ray weg war, hörte das gegenseitige Beisammensein in Chicago auf.«

McDonald's West war innovationsfreudig: ständig wurden neue Konzepte, insbesondere bei Architektur und Design, erprobt. Kroc befriedigte sein Bedürfnis, dem Hamburger-Geschäft mehr Stil zu geben; er bezog nicht nur die Gebäude, sondern auch die Landschaft in die stilistischen Verbesserungen ein. Er ließ die Außenbeleuchtung an den Zufahrtswegen und in den Randzonen von McDonald's verstärken, umgab das Areal, auf dem Abfallcontainer oder Leergut deponiert waren, mit einer dekorativen Mauer und ersetzte die rot-weißen Ziegel, die zum Standard gehörten, durch neue Baumaterialien, z. B. ungebrannte Ziegel, Schotter- oder Backsteine.

Die wohl auffallendste Neuerung waren die offenen Patios-Lichthöfe mit Tischen, Stühlen und Sonnenschirmen. Einige Restaurants hatten bereits Anfang der 60er Jahre eine beschränkte Anzahl von Sitzgelegenheiten unter der Überdachung am Verkaufsfenster aufgestellt; aber im Grunde genommen war McDonald's ein klassisches Drive-in: Das Essen wurde mit nach Hause genommen oder auf dem Parkplatz verzehrt. Mit der Einführung der Patio, die aufgrund des milden kalifornischen Klimas ganzjährig geöffnet blieben, änderte McDonald's West sein Image: Aus dem Drive-in wurde ein richtiges Restaurant.

Vom technischen und juristischen Standpunkt aus wäre Kroc durchaus in der Lage gewesen, diese Innovation in sämtlichen Lokalen einzuführen, auch gegen Sonneborns Einwände. Aber er war viel zu sehr Pragmatiker, um eine Konfrontation im Management zu riskieren. Er war darauf bedacht, durch Leitbilder und nicht durch Verordnungen zu führen, und Kalifornien war ein solches Leitbild. »Wir befinden uns oft im Zwiespalt, weil unsere Loyalität geteilt war«, meinte Jim Kuhn, der damals als Leiter der Personalabteilung an der Westküste fungierte. »Ray baute nicht gerade ein Feindbild auf, aber er hielt einige Leute in Chicago für sture Bürokraten. Er betonte immer wieder: ›Wenn die sagen, jetzt ist Schluß, macht ruhig weiter!‹ Er wollte die Firma nicht spalten, sondern seinen eigenen Weg gehen, und er hoffte, daß Chicago ihm eines Tages folgen würde.«

Aber die Spaltung war bereits vollzogen; es gab zwei Lager: Krocs Leute versus Sonneborns. Die Situation war besonders unangenehm für die kalifornischen Manager, die für jede Veränderung die Zustimmung der Chicagoer Zentrale brauchten. Robert Papp, der Leiter der Abteilung Bauwesen, den Kroc von Chicago nach Kalifornien geholt hatte, erinnert sich, daß seine Tätigkeit oft einem Drahtseilakt glich. »Ray wollte Taten und Fortschritte sehen, Chicago wurde durch seine eigene Bürokratie handlungsunfähig. Auf der einen Seite bekam ich von Ray die Anweisung, endlich mit den baulichen Veränderungen anzufangen, auf der anderen Seite meldete Chicago seinen Einspruch an. Ray sagte nur: ›Zum Teufel mit Chicago, ich gebe hier die Anordnungen.‹«

Papp tat sein Bestes, keine der beiden Seiten zu verärgern; manchmal deklarierte er die Änderungen im Design sogar als Auflagen der kalifornischen Baubehörden. Aber es konnte kein Zweifel darüber bestehen, daß Sonneborn mit den Experimenten an der Westküste nicht einverstanden war. Er vertrat den Standpunkt: »Warum soll man an einem erfolgreichen Konzept herumpfuschen, vor allem wenn dadurch die Kosten auch noch steigen?«

Schließlich hatte Kroc genug von dem Widerstand, den Chicago seinen Bauplänen entgegensetzte. Papp sollte nach seinem Beschluß die Position eines Vizepräsidenten der Abteilung Bauwesen bei McDonald's erhalten. Zu diesem Zweck schickte Kroc ihn nach Chicago als eine Geste des guten Willens; Sonneborn sollte die Gelegenheit haben, seinem Vorschlag zuzustimmen. Aber Sonneborn ließ Papp zwei Tage lang von morgens bis abends vor seinem Büro warten.

Papp war so frustriert, daß er das nächste Flugzeug nach Kalifornien bestieg. »Was machen Sie denn hier?« wollte Kroc wissen. »Es gab Probleme in Chicago«, antwortete Papp, und erzählte, wie Sonneborn ihm die kalte Schulter gezeigt hatte. Kroc griff auf der Stelle zum Telefon. »Sein Gebrüll war im ganzen Haus zu hören«, meinte Papp.

Innerhalb von einer Woche war Papp wieder in Chicago, um seine neue Stellung anzutreten. Er war vor drei Jahren an die Westküste gegangen, aber er hatte das Gefühl, als beträte er ein völlig unbekanntes Unternehmen. »Wenn man Material oder Leute brauchte, um etwas Neues auszuprobieren, hieß es: ›Können wir nicht zur Verfügung stellen.‹ Neue Ideen wurden von vornherein als untauglich abgelehnt.«

Die Geschäftspolitik, um jeden Preis am Status quo festzuhalten, wurde noch verstärkt durch das komplexe Weisungs- und Kontrollsystem, das unternehmerische Entscheidungen ausschloß. Gerry Newman, der als Chefrevisor das Aufblähen der Bürokratie aus erster Hand verfolgen konnte, meinte: »In Sonneborns Bereich waren alle internen Abläufe strikt reglementiert. Wir waren ein gewinnorientiertes Unternehmen, und alle Beschaffungsmaßnahmen mußten begründet und von mehreren Instanzen gegengezeichnet sein. Bob Ryan Schatzmeister und Dick Boylan Leiter der Finanzabteilung überprüften jeden Grundstücks-Kaufvertrag. Der Papierwust lag manchmal wochenlang auf dem Schreibtisch, weil niemand solche Mengen bewältigen konnte.«

Nicht jeder in Chicago war Veränderungen gegenüber so abgeneigt wie Sonneborn. Kroc hatte auch dort noch Verbündete. Einer der stärksten und loyalsten war Fred Turner. Aber Sonneborns Status-quo-Politik lähmte Turners Antriebskraft und führte langsam zu Depressionen. Da bis 1956 insgesamt fünf regionale Verwaltungsbüros außerhalb Chicagos eröffnet und unter Turners Leitung gestellt waren, war er von seinem Mentor Kroc und dem Geschäft in Kalifornien isoliert.

Er begann, Angebote von mehreren McDonald's-Konkurrenten und McDonald's-Franchisenehmern ernsthaft in Betracht zu ziehen. Turner hatte den Aufbau von McDonald's als sein Lebenswerk betrachtet. Im Chicagoer Mitarbeiterstab war er als Krocs treuester Adlatus bekannt. Die Tatsache, daß gerade er einen Firmenwechsel erwog, galt als sicheres Zeichen dafür, daß die Moral der Kroc-Anhänger in Chicago auf den Nullpunkt gesunken war.

Es gab sogar Zeiten, wo Turners Frustrationen noch von Kroc verstärkt wurden, der ihn als innovationsfeindlich brandmarkte, weil er bei McDonald's Ost blieb. Kroc machte ihm mehrmals den Vorwurf, seine neue Produktideen – z. B. das Dessert – nur deshalb abzulehnen, weil damit die eingespielten Produktionsverfahren in den Verkaufsstellen durcheinandergeraten könnten. 1966, auf der Weihnachtsparty von Perlman, mußte Turner dann den schlimmsten Tadel – dazu noch in aller Öffentlichkeit – über sich ergehen lassen. Er ging wieder einmal um die von Kroc geplante Einführung eines Desserts; diesmal handelte es sich um einen Shortcake*, dem Turner wenig Erfolgschancen eingeräumt hatte. Kroc reichte es endgültig; im Beisein von Turners Frau Patty und einem halben Dutzend McDonald's-Managern herrschte er Turner an: »Deine Einstellung wird immer negativer. Alles, was ich vorgeschlagen habe, hast du abgelehnt. Das will ich dir sagen, Fred Turner: Dieser verdammte Kuchen wird ein Bombenerfolg, auch ohne dich.«

Während der zehnminütigen Tirade, die folgte, trommelte Kroc erregt auf Turners Brust ein. Die meisten Manager verließen entrüstet den Raum. Turner war sprachlos. Als die Party beendet war, fuhren Patty und er schweigend nach Hause. In ihrer Begleitung war Litton Cochran, ein Franchisenehmer aus Knoxville, mit dem Turner ein Zeichen für den gemeinsamen Aufbruch verabredet hatte. Auf dem Heimweg meinte Cochran: »Fred, ich glaube, du hast mit dem Zeichen zum Aufbruch zu lange gewartet.«

Abgesehen von seiner Tätigkeit als Vertreter für Fuller Brush war dies für Turner die schlimmste Zeit seines Le-

---

* Mürbteiggebäck mit Fruchtfüllung

bens. Kroc bezeichnete ihn als erzkonservativ, wenn es um die Einführung neuer Produkte ging, obwohl beide wußten, daß McDonald's in Wirklichkeit nicht die Chance verpaßte, sein Menü zu verbessern, sondern die Kette zu erweitern. »Ich hatte das Gefühl, Ray wurde mir immer fremder und ließ mich im Stich«, erinnert sich Turner. »Er machte seinen Einfluß nicht so geltend, wie er sollte. Ich habe mich oft gefragt: ›Warum läßt er alles so laufen?‹ Es hat mich tief getroffen, daß er sich von uns zurückzog. Ich war enttäuscht.«

Turner war nicht der einzige der Kroc-Anhänger, der zu der Überzeugung gelangte, McDonald's würde seine Expansionschancen verpassen. Burger Chef und Burger King hatten ihren Wachstumsraten beschleunigt und begannen, sich als Marktführer zu profilieren. Sonneborn ließ immer deutlicher erkennen, wie wenig ihn das Hamburger-Geschäft interessierte. Statt der üblichen zwölf Arbeitsstunden pro Tag – vor der Umwandlung in eine AG – saß er nunmehr nur noch pflichtgemäß von neun bis fünf in seinem Büro.

Mel Garb, ein langjähriger McDonald's-Franchisenehmer, kann sich noch erinnern, wie er Ende 1966 in Sonneborns Büro stürmte, um sich zu beschweren, warum er in Detroit nur eine neue Lizenz erhalten, wo ihm Kroc doch drei versprochen hatte. Er wußte, daß Sonneborn als zäher Verhandlungspartner galt, und war auf das Schlimmste gefaßt. Als er, gefolgt vom damaligen Franchising-Vizepräsidenten Ed Bood, die Tür öffnete, war er erstaunt, Sonneborn weit in seinen Stuhl zurückgelehnt vorzufinden – offenbar von einem seiner Ischiasanfälle geplagt. »Die Antwort ist nein«, scherzte Sonneborn. »Worum geht es, Melvin?«

»Ihr Kerle seid Lügner«, rief Garb und rüstete sich auf die Auseinandersetzung, die unausweichlich schien. Aber Sonneborn war nicht wiederzuerkennen. »Ich habe Sie nie angelogen«, sagte er gelassen, womit er Garb völlig entwaffnete, der natürlich wußte, daß Sonneborn recht hatte. Aber so leicht gab er nicht auf. »Ray hat mir mehrere Läden in Detroit versprochen«, hielt Garb dagegen, der zu dieser Zeit sechs Restaurants in Saginaw, Michigan, betrieb, etwa fünfundsiebzig Meilen nördlich von Detroit. »Und jetzt bekomme ich eine Lizenz für einen Laden. Was soll ich machen – soll ich jemanden dorthin schicken, damit er sich nur um einen kümmert?«

Sonneborn vermied einen Streit. Statt dessen wies er Bood an, Garb Optionen auf sämtliche neue Lizenzen einzuräumen, die McDonald's in Detroit vergeben würde. McDonald's hatte schon seit Jahren keine innerstädtischen Lizenzen mehr gewährt. Jedem, der sich bei McDonald's auskannte, war klar, daß Sonneborn Garb eine Goldgrube versprochen hatte, und Garb hatte von dem normalerweise als hartgesotten bekannten Sonneborn mehr erhalten, als er sich in seinen kühnsten Träumen ausgemalt hatte. Im ganzen Raum Detroit gab es nur vierzehn McDonald's, und Garb hatte nun das Recht auf jedes neue Restaurant, das noch folgen sollte.

Garb ging schnurstracks zu Turner und bot ihm einen Anteil von 25 % auf seine Detroit-Option, wenn er die Restaurants managen würde. »Ich würde gerne zusagen«, gestand Turner, »aber so, wie sich diese Firma entwickelt, würde ich mit Sicherheit zurückkommen, wenn man mich ruft, um McDonald's vor dem Ruin zu retten.« Garb verstand die Welt nicht mehr. »Dieser Kerl ist todunglücklich, und wir machen ihm so ein Angebot«, erzählte Garb seinem Franchisepartner Harold Stern. »Wie verrückt kann man eigentlich sein?« (1968 verkauften Garb und Stern ihre Restaurants in Michigan und Nevada sowie ihre Territoriallizenz in Detroit für 2,5 Millionen Dollar an die Gesellschaft zurück. Heute stehen im einstigen Garb-und-Stern-Territorium in Detroit 139 McDonald's.)

Turner schlug Garbs Angebot ab, weil er vorhersah, daß die Zusammenarbeit zwischen Kroc und Sonneborn nicht mehr lange gutgehen würde. Es mußte einfach etwas passieren – und zwar bald. Sonneborn glaubte, McDonald's bereits am Zenit seiner Marktposition angekommen zu sehen. Das brachte ihn unweigerlich auf Kollisionskurs zu Kroc, der überzeugt davon war, daß man gerade erst die untere Grenze des McDonald's-Potentials erschlossen habe.

Nach der Expansionsflaute im Jahre 1965 gewann Mc-

Donald's durch Krocs Initiative im darauffolgenden Jahr neue Antriebskraft: 1966 wurden 126 weitere Lokale eröffnet, 50 % mehr als im Vorjahr. Krocs Manager wollten diese Wachstumsrate 1967 noch steigern, aber Sonneborn war nicht gewillt, ihre Forderungen zu erfüllen. Er fürchtete eine wirtschaftliche Rezession in den USA und zog noch einmal die Bremse an: Ende 1966 kürzte er den Grundstücketat, womit er erreichte, daß McDonald's 1967 weit weniger neue Verkaufsstellen in Betrieb nehmen konnte als 1966. Das allein forderte Krocs Zorn heraus; aber Sonneborn schürte das Feuer noch, als er im Sommer 1966 in aller Öffentlichkeit einen Konjunkturrückgang in der amerikanischen Wirt-schaft und bei McDonald's eine stagnierende Entwicklung prophezeite. Innerhalb von zwei Wochen waren daraufhin die Mcdonald's-Aktien um mehr als sieben Punkte gefallen. Turner erinnert sich: »Kroc war fuchsteufelswild.«

Sonneborn engte das gesamte McDonald's-System ein, das für ein beschleunigtes Wachstum geradezu prädestiniert schien. Die Grundstücksexperten hatten genügend Grund-stücke gefunden, die als Standorte für neue Lokale bestens geeignet waren. Durch die Fernseh-Werbekampagne war die Hamburger-Nachfrage stimuliert worden und hätte die Eröffnung neuer Verkaufsstellen mehr als gerechtfertigt. Seit der ersten Hälfte der 60er Jahre hatten die Restaurants ein kontinuierliches Umsatzvolumen von 200 000 Dollar zu verzeichnen. 1966 stieg es sogar auf 275 000 Dollar und lag um 40 % höher als der durchschnittliche Umsatz von 1963. Mit Hilfe der massiven Werbung konnte McDonald's neue, breitere Marktsegmente erschließen. Der Erfolg der Kette sorgte auch für erhöhte Wachstumsraten bei den Konkurrenten und Branchen-Neulingen, die in das glänzende Fast food-Geschäft eintreten wollten.

In Anbetracht dieser Situation erschien Sonneborns Status-quo-Politik unverständlich und unrealistisch. »Der Schrumpfungsprozeß war unnatürlich«, erklärte Turner. »Diejenigen, die den Markt kannten, wußten, daß der Kurs falsch war. Wir mußten uns Harrys Belehrungen über die Finanzlage anhören, aber wir konnten keinen Sinn in ihnen sehen. Er tat, als ob wir vor einer Wirtschaftskrise standen, und ich stellte mir vor, wie er mit einem Handwagen Hamsterkäufe tätigte.«

Krocs Männer argwöhnten, daß Sonneborn nun auch noch den letzten Rest von Vertrauen zum Hamburger-Geschäft eingebüßt habe. Sonneborn hatte die Expansion jedoch einzig aus wirtschaftlichen Erwägungen heraus gedämpft. Seine Furcht vor einer Rezession war nicht ganz unbegründet, denn keiner wußte besser als er, welch exponierte Stellung McDonald's einnahm. »Die Kette war nur mit Fremdkapital aufgebaut worden«, erklärte er Jahre später. »Hätten wir Lokale schließen und auch noch die ausstehende Pacht zahlen müssen, wäre das unser Ruin gewesen. Warum also ein Risiko eingehen, wenn es nicht erforderlich ist?«

Sonneborn war nicht der einzige, der eine Wirtschaftsflaute fürchtete und deshalb eine konservative Expansionsstrategie vorzog. Die amerikanische Wirtschaft hatte nach dem Zweiten Weltkrieg einen ungeheuren Aufschwung erlebt, und es mehrten sich die Stimmen, die ein Ende dieses ›Höhenfluges‹ voraussagten. Zinssätze und Inflationsraten begannen Mitte der 70er Jahre unaufhaltsam, wenn auch noch in Maßen, zu steigen.

Zu denen, die Sonneborns Skepsis teilten, gehörte Allen Stults, der damals zum Vorstand der American National Bank of Chicago gehörte, eine der ersten, die McDonald's größere Kredite gewährt hatte. Stults war sich des langfristigen Potentials der Kette wohl bewußt, aber er fürchtete ebenfalls, daß ein drastischer Konjunkturrückgang für ein Unternehmen, das in so hohem Ausmaß mit fremden Mitteln finanziert wurde wie McDonald's, unüberwindliche Probleme mit sich bringen würde. Stults gehörte zu den Finanzexperten, die Sonneborns volles Vertrauen genossen. Beide waren sich einig, daß es besser war, das Wachstum zu drosseln, um für die 1967 zu erwartende Rezession gewappnet zu sein. »McDonald's hatte buchstäblich keinerlei finanzielle Reserven mehr, und deshalb war eine Pause in der Expansion ratsam«, erklärte Stults. »Harry und ich wollten die Liquidität des Unternehmens verbessern, so daß wir zu einem späteren Zeitpunkt von einer solideren Basis aus das Wachstum wieder beschleunigen konnten. Wir hielten es für besser, vorläufig auf eine weitere Expansion zu verzichten und dafür die Sicherheit einzutauschen, daß McDonald's sich im Fall einer Wirtschaftskrise würde behaupten können.«

Obwohl die Wirtschaftskrise erst drei Jahre später eintrat, als McDonald's längst stark genug war, um ihr zu trotzen, ist Stults noch heute der Meinung, Sonneborns Entscheidung, das Wachstum 1967 zu bremsen, sei richtig gewesen. »Es ist doch beruhigend, wenn man eine Lebensversicherung abgeschlossen hat, auch wenn man nicht während der Laufzeit stirbt, oder?« meinte Stults.

Auch innerhalb des McDonald's-Systems gab es erste Anzeichen, die Sonneborns Theorie des verhaltenen Wachstums rechtfertigten. Obwohl der durchschnittliche Umsatz der Kette stieg, hatte in den vergangenen Jahren die Zahl der Verkaufsstellen, die in isolierten oder unzureichend entwickelten Märkten operierten und infolgedessen ein Ertragsdefizit verbuchen mußten oder gerade eben die Rentabilitätsschwelle erreichten, zugenommen. Das Problem war nicht zuletzt darauf zurückzuführen, daß sich nach Krocs Weggang die Qualität des Franchising rapide verschlechtert hatte. McDonald's hatte zwischen 1961 und 1963 335 neue Restaurants eröffnet; der Umfang der Kette war in dieser Zeit mehr als verdoppelt worden. Die Franchiseabteilung war nicht in der Lage, qualifizierte Franchisenehmer für alle neuen Verkaufspunkte zu finden; sie löste das Problem dadurch, daß sie Krocs Auswahlkriterien ignorierte und trotz der schlechten Erfahrungen mit Krocs Rolling-Green-Freunden wieder den ›Investoren‹ eine Chance gab oder Franchisenehmer allein aufgrund der Tatsache akzeptierte, daß diese Freunde oder Fürsprecher besaßen, die bereits ein McDonald's-Restaurant betrieben. Man machte Konzessionen, die Kroc niemals geduldet hätte: Man verringerte die Lizenzgebühren für Bewerber, denen das nötige Kapital fehlte, und kapitalstarke Kandidaten wurden ohne weitere Überprüfung angenommen. »Ray wußte aus Erfahrung, über welche Eigenschaften ein Lizenznehmer verfügen mußte, um erfolgreich zu sein, und spätestens nach einem halbstündigen Gespräch konnte er dann sagen, ob jemand geeignet war oder nicht«, meinte J. Kenneth Props, der damals 83jährige Direktor der Franchise-Abteilung, der 35 Jahre lang als Marketing-Direktor für die Standard Oil of Indiana gearbeitet hatte, bevor er 1962 in die Immobilienabteilung von McDonald's überwechselte. »Aber die Leute in der Abteilung hatten überhaupt keine Ahnung, welche Kriterien bei der Wahl der Franchisenehmer ausschlaggebend sind, und Ray war nicht mehr da.«

1964 wurden für Sonneborn die Probleme so groß, daß er eine – wie er es nannte – ›Säuberungsabteilung‹ ins Leben rief und Props an deren Spitze stellte. Sonneborn beauftragte Props, jene vierundzwanzig Einheiten abzustoßen, die monatlich einen Verlust von 1000 Dollar einfuhren. Sie gehörten alle der Muttergesellschaft – zum Teil deshalb, weil ihre Betreiber das Handtuch geworfen hatten, und zum Teil, weil die Franchiseabteilung keine geeigneten Lizenznehmer fand. Innerhalb eines ganzen Jahres war es Props lediglich gelungen, zwei der Sorgenkinder loszuwerden. Zum Glück hatte sich Sonneborn sechs Jahre zuvor ein ›Sonderprogramm‹ ausgedacht, um das Restaurant, das McDonald's von Milo Kroc zurückbekommen hatte, über Wasser zu halten, und Props griff nun auf dieses Instrument zurück, um sein Problem zu lösen. Statt das Restaurant an neue Franchisenehmer zu verkaufen, schlug er die überzähligen zweiundzwanzig Einheiten zu besonders günstigen Pachten los. Hinzu kam, daß lediglich 5000 Dollar, ein Drittel der sonst üblichen Kautionssumme, hinterlegt werden mußten. »Sonneborn hatte gute Gründe, Neubauten vorerst auf Eis zu legen«, meint Props. »Aber er übersah, daß das eigentliche Problem nicht die mangelnde Nachfrage nach neuen Restaurants war, sondern die Unfähigkeit der Franchiseabteilung, fähige Franchisenehmer auszuwählen.«

Auch ohne die begründeten Sorgen wegen einer möglichen Wirtschaftsrezession oder geringer Erträge mancher

Lokale wäre es zwischen Kroc und Sonneborn zu eklatanten Meinungsverschiedenheiten über die Wachstumsstrategie von McDonald's gekommen. Kroc war bereit, alles auf eine Karte zu setzen. Sonneborn wollte kein Risiko eingehen. »Wenn man ein Unternehmen aufbaut, versucht man, so schnell wie möglich schuldenfrei zu sein«, erklärte Sonneborn. »In der Phase, als uns die nötigen Mittel fehlten und die Expansion mit Fremdkapital finanziert werden mußte, hatten wir wenig zu verlieren. Aber als es um unser eigenes Kapital ging, konnten wir uns kein Risiko leisten. Wenn man anfängt, mit dem Wachstum zu spekulieren, kann man genausogut russisches Roulette spielen.«

Deshalb entwickelte Sonneborn Anfang 1967 einen langfristigen Plan, der ein gemäßigtes Wachstum vorsah, bis ein Ende der Rezession in Sicht war. In der nächsten Dekade sollten nur 200 neue Restaurants pro Jahr in Betrieb genommen und vollständig aus eigenen Mitteln finanziert werden. Am Ende dieser Periode hatte McDonald's – nach Sonneborns Prognose – genügend Kapital und keine Schulden mehr. Der einzige Fehler in dieser ›Rechnung‹ war, daß Sonneborn das McDonald's-Potential unterschätzte: Bis Ende 1977 würde die Kette nach seinem Modell knapp dreitausend Verkaufsstellen gehabt haben – zweitausend weniger als dies tatsächlich der Fall war.

Kroc sah in Sonneborns gebremster Wachstumspolitik den Beweis, daß dieser die bisherigen Leistungen von McDonald's nicht zu schätzen wußte und kein Vertrauen in die Zukunft von McDonald's hatte. Von Anfang an habe er gespürt – gestand er später –, daß ihre Partnerschaft eines Tages an ihrer unterschiedlichen Einschätzung der Aussichten von McDonald's scheitern würde. »Geld hat mich nie interessiert«, meinte Kroc. »Daß wir Gewinne erwirtschaftet konnten, war für mich selbstverständlich. Mir ging es vor allem darum, McDonald's zum stärksten Konkurrenten am Markt zu machen. Aber Harry kümmerte sich nur um die Finanzen; die Hamburger waren ihm völlig egal. Ich konnte nicht einmal mit ihm reden, weil er vom Hamburger-Geschäft nicht das geringste verstand. Dadurch mußten wir uns entfremden. Ich hatte Angst, daß er McDonald's zu einem Spekulationsunternehmen machen würde.«

Letztlich war es wohl der Erfolg, den beide angestrebt hatten, der – als er endlich erreicht war – zum endgültigen Bruch führte. Solange McDonald's ums Überleben zu kämpfen hatte, waren sich Kroc und Sonneborn in Expansionsfragen einig. Erst als die Kette finanziell relativ gesichert war, ließen sich Sonneborns Bedürfnis, noch mehr Geld zu verdienen, und Krocs Bedürfnis, noch mehr Hamburger zu verkaufen, nicht mehr vereinbaren. »Harry wollte mit McDonald's das große Geld verdienen, und als er sein Ziel erreicht hatte, stieg er aus«, sagte Kroc. Für Kroc, der bis zu seinem Tod im Alter von 81 Jahren im Unternehmen aktiv mitarbeitete, standen nicht die Millionen, die er verdient hatte, an erster Stelle, sondern das Image, das der Konzern im Laufe der Zeit beim Verbraucher schaffen und verfestigen konnte. »Und wenn ich hundert Jahre alt werde, ich sitze jeden Morgen hinter meinem Schreibtisch«, sagte Kroc ein Jahr vor seinem Tod.

Abgesehen von der Expansionspolitik gab es 1966 noch weitere Differenzen zwischen Kroc und Sonneborn, z. B. über den Hamburger-Preis (der sich in den vergangenen zwanzig Jahren nicht geändert hatte). Kroc beabsichtigte, den Preis infolge der Inflation auf 18 Cents zu erhöhen, und war der Meinung, daß allein die Produktqualität die Loyalität der Kunden gewährleisten würde. Sonneborn argumentierte, daß der Niedrigpreis für die große Konsumentennachfrage verantwortlich und es daher töricht sei, ein bewährtes Marketingkonzept zu verändern. Die Diskussionen waren schließlich so festgefahren, daß Sonneborn nur noch einen Ausweg aus dem Dilemma sah, den Führungskräfte normalerweise unter allen Umständen vermeiden: Er trug die ›Preisfrage‹ den McDonald's-Direktoren vor.

Heutzutage ist ein Unternehmensvorstand in wesentlich höherem Maße mit der Festsetzung der Unternehmensrichtlinien befaßt, aber Mitte der 60er Jahre war er primär für Routinefragen zuständig und das Ansinnen, ihm die Entscheidung über einen ›Preiskonflikt‹ zu überlassen, ungeheuer und nur aus dem Ernst der Situation zu erklären. »Anstatt die Differenzen im persönlichen Gespräch beizulegen, erklärte Harry die Vorstandsetage zum Schlachtfeld«, meinte Turner.

Zuvor hatte sowohl Kroc als auch Sonneborn von Gerry Newman eine detaillierte Preisanalyse gefordert, um ihren jeweiligen Standpunkt in der Vorstandssitzung erhärten zu können. Newman zog sich geschickt aus der Affäre: Er erstellte eine Analyse für und eine gegen eine Preiserhöhung.

Das Duell in der Vorstandsetage erreichte seinen Höhepunkt, als Sonneborn darauf bestand, den Ablauf der Sitzung auf Tonband festzuhalten, damit sein Standpunkt in der Preisdebatte und bei anderen Streitfragen unverfälscht dokumentiert wurde. Diese Forderung ließ bei niemandem mehr Zweifel aufkommen, daß ein Ende der Partnerschaft zwischen Kroc und Sonneborn bevorstand. Turners Kommentar: »In unserer kleinen Gemeinschaft herrschte Vertrauen. Niemand wäre auf die Idee gekommen, ein Gespräch mitzuschneiden, um später einmal ein Beweismittel zu haben.«

Noch ungewöhnlicher war Krocs Verhalten während der ›Anhörung‹. Er suchte verzweifelt Rückendeckung. Obwohl der Gründer nach der Umwandlung von McDonald's in eine AG noch 43 % der Unternehmensanteile besaß, schien der Vorstand sich eindeutig für Sonneborn entschieden zu haben. Da sich Kroc bisher hauptsächlich mit kaufmännischen Problemen befaßt hatte, war Sonneborn – und nicht Kroc – für die Verwaltung zuständig gewesen, und der Vorstand setzte sich in der Mehrzahl aus Mitgliedern zusammen, die eher Sonneborns als Krocs Ansichten teilten.

Vorstandsmitglieder waren zu dem Zeitpunkt zwei ›Insider‹ – Dick Boylan, Finanzexperte und Sonneborns rechte Hand, und June Martino, die sich verzweifelt bemüht hatte, neutral zu bleiben. Ferner die beiden ›Outsider‹ Allen Stults von der American National und Lee Stack von der Agentur Paine Webber. »Ray hatte im Vorstand eigentlich niemanden, mit dessen Unterstützung er rechnen konnte«, meinte Donald Lubin, der inzwischen selbst zum McDonald's-Vorstand gehört und damals Sozius in der Anwaltsfirma Sonnenschein, Carlin, Nath und Rosenthal war, die noch heute McDonald's anwaltlich berät.

Lubins Sozietät war schon einmal, bis Anfang 1960, für McDonald's tätig gewesen. Dann entschied sich Sonneborn für eine andere Anwaltsfirma – Chapman and Cutter. Da diese als Sonneborns Rechtsberater galten, wandte sich Kroc 1966, als die McDonald's-Managementstrukturen auseinanderzubrechen drohten, an Lubin. Lubins Bereitwilligkeit, einen Vorstandsposten anzunehmen und McDonald's als Klienten zu akzeptieren, zeigt, wie hoch man allgemein eine Geschäftsbeziehung zur marktführenden Fast food-Kette einschätzte.

Von nun an war Lubin für alle Rechtsfragen zuständig, die Kroc ihm antrug. Im Januar 1967 erhielt er ein Mandat, von dem die meisten Justitiare nur träumen könnten. Lubin hatte zwar von den Unstimmigkeiten zwischen Kroc und Sonneborn gehört, war aber nicht vorbereitet auf den Auftrag, den Kroc ihm per Telefon erteilte: »Ich habe Probleme mit Harry. Er will McDonald's verlassen, und das ist auch in meinem Sinn. Ich möchte, daß Sie die Abwicklung übernehmen. Von nun an sind Sie McDonald's Rechtsberater.«

Lubin war überwältigt. Mit 33 Jahren galt er nicht einmal als vollwertiger Partner in seiner Firma. Aber Kroc war von seinem Können beeindruckt und zögerte nicht, ihn zum Vorstandsmitglied zu ernennen – ein erster Schritt, um seine Position im Direktorium zu stärken.

Es bestand keine unmittelbare Gefahr, daß man eine Art ›Palastrevolution‹ anzetteln konnte. Kroc besaß mehr als 40 % der McDonald's-Anteile und hätte sicher Aktionäre gefunden, die sich auf seine Seite geschlagen hätten, wenn es zum offenen Kampf gekommen wäre. Aber Kroc wollte sich nun um jeden Preis von Sonneborn trennen, um McDonald's neue Antriebskraft zu geben, und ein offener Machtkampf war das letzte, was er sich gewünscht hätte. Er konnte sich nur von Sonneborn befreien, wenn sich der Vorstand einverstanden erklärte.

Daß Kroc nicht vorher versucht hatte, mehr Einfluß auf

den Unternehmensvorstand zu gewinnen, brachte ihn in eine schwierige Position. Es war kaum zu erwarten, daß sich die Direktoren, die eher mit Sonneborn als mit Kroc paktierten, bereit erklären würden, Sonneborn seines Amtes zu entheben. »Ray war überzeugt, daß er keine Verbündeten im Vorstand hatte und sein Antrag, Sonneborn zu entlassen, auf wenig Sympathie stoßen würde«, erklärte Lubin.

Nicht alle Vorstandsmitglieder hätten Krocs Ansicht so pauschal geteilt. »Der Vorstand war nicht generell pro Sonneborn eingestellt«, meinte Stults, »aber wir teilten seine Auffassung, daß finanzielle Stabilität vorrangig sei. Andererseits war Ray der Mann, der das Unternehmen gegründet und ihm seinen Stempel aufgedrückt hatte. Seine Ideen und seine Philosophie waren vernünftig, und in dieser Beziehung hatte er die volle Unterstützung des Vorstandes. Es wäre absurd, zu behaupten, daß wir gegen ihn ›Front‹ gemacht hätten.«

Absurd oder nicht, Kroc hatte zumindest das Gefühl, der Vorstand sei auf Sonneborns Seite und war deshalb entschlossen, Sympathisanten ›einzuschleusen‹, die seine Unternehmensperspektiven teilten. Lubin, der neue Rechtsberater von McDonald's, schlug David Wallerstein vor, ehemals Präsident der Kino- und Theaterkette Balaban und Katz, und wie Kroc eher Einzelhandelskaufmann als Finanzexperte. Außerdem gehörte er zu dem von Kroc seit langem bewunderten Showgeschäft und hatte zudem noch einen Vorstandsposten bei der American Broadcasting Corporation, die seine Kette später übernahm. Er schien der richtige Mann, um Sonneborns Machtposition im McDonald's-Direktorium zu unterminieren.

Kroc wollte nun mit allen Mitteln die vollständige Kontrolle über das Unternehmen zurückgewinnen. Dem Vorstand war klar, daß der Waffenstillstand für Kroc vorüber und er bereit war, grundlegende Veränderungen an der Führungsspitze vorzunehmen. Der Versuch, von Allen Stults, die Partnerschaft noch in letzter Minute zu retten, indem er Kroc darauf hinwies, daß es ein Fehler sei, auf einen so kompetenten Finanzstrategen wie Sonneborn zu verzichten, scheiterte. »Sie brauchen jemanden, der das Unternehmen in Ihrer Abwesenheit führt«, insistierte Stults. »Sie haben Harry die Leitung übertragen, und daß er sich bewährt hat, ist erwiesen.«

Kroc und Stults diskutierten mehrfach über dieses Thema, aber Stults sah, daß Kroc nicht mehr bereit war, einzulenken. »Harry ist zu weit gegangen. Er muß gehen«, erklärte Kroc.

»Und wer soll um Himmels willen seine Stelle einnehmen?« wollte Stults wissen. »Ich schlage vor, Fred Turner. Er ist ein cleverer Bursche; auch wenn er noch einiges lernen muß, er schafft es.«

Als Kroc meinte, ausreichend auf die letzte Konfrontation mit Sonneborn vor dem Firmenvorstand vorbereitet zu sein, mußte er entdecken, daß sein Gegner nicht mehr an einem Duell interessiert war, sondern kampflos das Feld zu räumen gedachte. Sonneborn hatte schon 1966, aufgrund seines Ischiasleidens, ein Rücktrittsgesuch eingereicht, das aber von Kroc abgelehnt worden war. Nun akzeptierte der Gründer es mit Freuden. Wer den Stein letztlich ins Rollen brachte, ist unklar. Kroc behauptete später, er habe Sonneborn entlassen. Sonneborn erklärte, er sei freiwillig gegangen; er habe genug für McDonald's geleistet und wollte seine restlichen Tage in Frieden verbringen.

Heute ist Harry Sonneborn, außer bei McDonald's-Insidern, nahezu in Vergessenheit geraten. Das mag auch daran liegen, daß das Management nach Sonneborns Ausscheiden das Unternehmen als Hamburger-Kette und nicht als Immobilienunternehmen betrachtete. Sonneborn selbst tat wenig dafür, sich ewigen Ruhm in den Annalen von McDonald's zu sichern: er hatte so wenig Vertrauen in die Zukunft des Konzerns, daß er nach seinem Rücktritt im Jahre 1967 sämtliche McDonald's-Aktien für rund 12 Millionen Dollar verkaufte. Sein Aktienpaket – 170 000 Anteile oder 11 % des gesamten Portefeuilles – wäre heute 720 Millionen Dollar wert.

Als er sich mit 51 Jahren ins Privatleben zurückzog, riß der Kontakt zu den McDonald's-Managern ab; von seinen

Erfolgen spricht man nicht mehr. Erst 1983 ließ Fred Turner von Sonneborn ein Porträt für die McDonald's-Manager-Galerie anfertigen, ein erster Schritt, den einstigen Präsidenten zu rehabilitieren und ihm den Platz einzuräumen, der ihm gebührt. Da Turner Kroc besser als jeder andere kannte und wußte, daß dieser seine Meinung über einen Menschen selten ändert, wurde das Porträt erst nach Krocs Tod im Januar 1984 aufgehängt.

Bis zum Jahre 1967 hatte sich zwischen Kroc und Turner eine enge, Vater-Sohn-ähnliche Beziehung entwickelt, und es war offensichtlich, daß Turner Sonneborns Nachfolge antreten sollte. Fast hätte Kroc mit dieser Ernennung zu lange gewartet. Turner war nahe daran, McDonald's zu verlassen; er war wie das Unternehmen selbst an einem Tiefpunkt angelangt. Trotz seiner 35 Jahre hatte kein anderer soviel Erfahrung mit dem System wie er, und keiner, außer Kroc, soviel Vertrauen in die Zukunft von McDonald's. Aber es gab auch niemanden, der frustrierter war über Sonneborns langjährigen Einfluß. Er hatte seine Wut und Enttäuschung seit Monaten ›geschluckt‹, und als Kroc ihn bei einem Essen in Whitehall Hotel über Sonneborns Rücktritt und seine Ernennung zum Nachfolger im Präsidentenamt informierte, ließ er seinen Gefühlen – positiven wie negativen – freien Lauf. Schon als Kroc ihn zu McDonald's geholt hatte, war es sein Ziel gewesen, einmal an der Spitze des Unternehmens zu stehen. Aber in die Freude darüber, daß dieser Traum endlich Wirklichkeit geworden war, mischte sich Bitterkeit über Krocs Unentschlossenheit, Sonneborn schon zu einem früheren Zeitpunkt die Stirn zu bieten. »Wo zum Teufel bist du gewesen, als man dich brauchte? Warum hast du nicht schon eher eingegriffen?« fuhr er Kroc an.

Das war wohl kaum die Antwort, die Kroc erwartet hatte. Aber er wußte, daß Turner seine wahren Gefühle, wie er selbst, allzulange unter Verschluß gehalten hatte und sie nun abreagieren mußte. »Es ging nicht früher«, antwortete er. »Solche Dinge brauchen eben ihre Zeit.«

KAPITEL 12

Spitzentempo

Es war neun Uhr morgens, Kroc hatte in der Nacht zuvor nur zwei Stunden geschlafen. Dennoch fühlte er sich voller Energie als er das Rednerpult bestieg, wo er im Herbst 1968 anläßlich einer Tagung der McDonald's-Franchisenehmer ein Referat halten sollte. Aber gleichzeitig fühlte er sich auch verunsichert. Er hatte den Saal nach Joan Smith abgesucht, sie aber nirgend entdecken können.

Seit sie vor sieben Jahren die Hochzeit abgesagt hatte, war Kroc ihr nicht mehr begegnet – das heißt, bis zum Abend vorher. Wie andere Franchisenehmer war auch Joan mit ihrem Mann Rawley, der ein McDonald's-Restaurant in Winnipeg, Manitoba, betrieb, am Vorabend nach San Diego gekommen und nach der großen Dinnerparty in Krocs Hotelzimmer gelandet.

Es war ein harmloses Rendezvous, schon deshalb, weil Carl Erickson, Krocs Chauffeur, die ganze Zeit anwesend war. Stundenlang hatten Kroc und Joan am Klavier ihre alten Lieblingsmelodien gespielt – und sich aufs neue ineinander verliebt. »Leg noch Holz nach, Carl«, ersuchte Kroc immer wieder seinen Fahrer, bis es schließlich vier Uhr morgens war und Rawley seine Frau in das eigene Hotelzimmer zitierte. Joans Mutter, die das Paar nach San Diego begleitet hatte, um ein Aufflammen der Romanze zwischen Kroc und ihrer Tochter zu verhindern, bestand darauf, unverzüglich abzureisen. »Das ist ja, als wenn man Benzin ins Feuer schüttet«, klagte sie.

Kroc war entschlossen, Joan nicht ein zweites Mal zu verlieren. Er hatte ihr am Abend zuvor bereits erklärt, daß er sich scheiden lassen und sie heiraten wolle, und Joan versprach, sich endgültig von Rawley zu trennen. Aber als er sie unter den Zuhörern nirgends entdecken konnte, fürchtete er, sie hätte wieder einmal ›kalte Füße‹ bekommen. Er sah nur eine Möglichkeit, sich Gewißheit zu verschaffen. »Ich möchte alle neuen Franchisenehmer aus Kanada besonders begrüßen«, verkündete er. »Warum stehen Sie nicht einmal auf, damit wir alle Sie besser sehen können?«

Wie er bereits vermutet hatte, war Joan nicht unter ihnen. Aber bald wußte er, daß sie sich zum letztenmal nach den Wünschen ihrer Mutter gerichtet hatte. »Als sie mich an diesem Morgen aus der Stadt schleppten, waren die Würfel gefallen. Ich war fest entschlossen, Ray zu heiraten, auch gegen den Widerstand meiner Familie.«

So überraschend wie die Scheidung von seiner ersten Frau Ethel gab Kroc nun auch die Trennung von Jane bekannt. Kurz nach der Tagung in San Diego hatte sich eine Reihe von McDonald's-Spitzenmanagern, Direktoren, Lizenznehmern und Lieferanten in Fort Lauderdale versammelt, um Kroc und Jane zu verabschieden, die an Bord der Kingsholm, eines skandinavischen Schiffes, eine Weltreise antreten wollten. Die Abschiedsparty für das Paar auf einer gecharterten Yacht war schon Monate vorher geplant worden, und Kroc konnte schlecht in letzter Minute einen Rückzieher machen. Die McDonald's-Familie kreuzte vor der Küste, aber die Party entwickelte sich ganz anders als erwartet. Die Nachricht von Krocs bevorstehender Scheidung schlug ein wie eine Bombe. Überall hatten sich kleine Gruppen gebildet, und man unterhielt sich im Flüsterton über die neuesten Kapriolen des Gründers. Jane war in Tränen aufgelöst und mußte von ihren Freunden getröstet werden. Lou Perlman klagte laut darüber, daß der von ihm bestellte Champagner, die Früchte und die Blumen in Krocs und Janes Kabine unbeachtet blieben. Die Party auf der Yacht war, wie Don Lubin später meinte, die McDonald's-Version des Films *Das Narrenschiff*.

Wieder einmal sollte Krocs Privatleben entscheidenden Einfluß auf die Zukunft des Unternehmens haben. Nach Sonneborns Ausscheiden hatte Kroc die Unternehmensführung übernommen. Turner sollte erst ein Jahr später seine

Nachfolge antreten, um genügend Zeit zu haben, in seine neue Rolle hineinzuwachsen. Kroc war überzeugt, daß McDonald's einen starken Mann an der Spitze brauchte, der Sonneborn ersetzen konnte und im gleichen Maße wie er selbst an die Zukunft der Kette und die McDonald's-Richtlinien glaubte. Es lag zwar nicht in seiner Absicht, sich ganz aus dem Unternehmen zurückzuziehen, aber er wollte auch nicht zu den Firmengründern gehören, die ihre Macht erst dann aus der Hand geben, wenn es zu spät ist.

Ein Jahr nach Sonneborns Ausscheiden war für ihn der richtige Zeitpunkt gekommen, die Zügel einem anderen zu überlassen und mit Joan ein neues Leben zu beginnen. »Ray war der klassische Typ eines Unternehmer«, meinte Harry Fisher, einer der Partner der Firma Paine Webber, die seit einem Jahrzehnt als McDonald's Investment-Berater fungiert hatte. »Ray kam gerade rechtzeitig nach Chicago zurück, um Sonneborn loszuwerden. Als er wußte, daß er die richtigen Leute ›im Sattel‹ hatte – allen voran Fred Turner – war er vernünftig genug, abzutreten.«

In Anbetracht der negativen Erfahrungen, die Kroc mit Sonneborn gemacht hatte, ist es vielleicht erstaunlich, daß er so bald nach dem Machtwechsel bereit war, seinen Führungsanspruch wieder aufzugeben. Aber Kroc konnte sicher sein, daß Turner der Mann war, der das Unternehmen auf dem richtigen Kurs steuern würde, weil er seine eigenen Zukunftsvisionen von McDonald's wie kein anderer teilte.

Auch dieses Mal verlangte Kroc nicht, daß Turner seinen Führungsstil kopierte. Für Außenstehende waren die beiden Männer – was ihre Persönlichkeit betraf – nicht weniger unterschiedlich als Kroc und Sonneborn. Kroc war stets tadellos gekleidet, Turner legte sichtlich geringeren Wert auf sein äußeres Erscheinungsbild. Bei der Einweihung der neuen Hamburger-Universität (Kostenpunkt 500 000 Dollar) im Jahr 1968, nahm June Martino den frischgebackenen Firmenpräsidenten beiseite und sagte ihm, Direktor Allan Stults habe seine ausgebeulten Hosen kritisiert. Turner wußte, die Rüge war in Wirklichkeit von Kroc ausgegangen.

Kroc war ein Mensch, der das wachsende Interesse der

Öffentlichkeit genoß und keinen Hehl aus seinem Reichtum machte. Turner versuchte – genauso wie Sonneborn – so wenig Aufsehen wie möglich zu erregen und lehnte die typischen Statussymbole, die mit seiner neuen Stellung verbunden waren, ostentativ ab. Er zog es vor, mit seiner Frau Patty in der Reihenhaussiedlung am Stadtrand zu bleiben, obwohl er sich leicht eine Villa in einer der exklusiven Enklaven Chicagos, die den erfolgreichen Geschäftsleuten vorbehalten waren, hätte leisten können. Und obwohl er sich auf Krocs Bitte hin zur Arbeit chauffieren ließ, schaffte er die Cadillac-Limousine ab, weil sie sich in seinen Augen nicht mit einem so egalitären Konzept wie einer Hamburger-Kette vereinbaren ließe.

Kroc war für den Vorsitz von McDonald's bestens geeignet; er kannte seine Publicitywirksamkeit und war sich bewußt, daß das Showgeschäft zu McDonald's gehörte. Turner hat, im Gegensatz zu Kroc, das Rampenlicht immer gemieden. Er ist ein willensstarker und entschlußfreudiger Mann, aber er zieht die Arbeit hinter den Kulissen vor. Er hat nie versucht, die Presse auf sich aufmerksam zu machen – im Gegenteil. Wenn Pressekonferenzen oder Interviews unumgänglich sind, merkt man bald, daß ihm Krocs Flair und Eloquenz fehlen. Er wirkt ernst und neigt dazu, die Dinge vereinfacht und schwarzweiß darzustellen. Das alles sind Charaktereigenschaften, die ihn verletzlich machen gegenüber Reportern, die in ihm aufgrund seiner Offenheit eine leichte Beute sehen.

1979 veröffentlichte der Journalist Dan Dorfman im *Esquire*-Magazin eine Kolumne, in der er der ständigen Sorge der Wall Street Ausdruck verlieh, der Fast food-Markt sei gesättigt und McDonald's Wachstumsphase endgültig beendet. Diese Befürchtung hatte sich stets als unbegründet erwiesen, und Dorfmans Analyse war so abgedroschen, daß ein anderer als Turner sie ignoriert oder dem Verfasser geraten hätte, sich auf etwas Produktiveres zu konzentrieren. Aber Turner nahm sie ernst, faßte sie beinahe als Kampfansage auf und ging damit ahnungslos in Dorfmans Falle. Dieser schrieb in seinem nächsten Artikel: »Turner fühlte sich in die Defensive gedrängt, war oft nervös und cholerisch. Wenn es um eine besonders schwierige Frage ging, ließ er sich mit der Antwort Zeit und lief unruhig im Büro auf und ab. Während des dreistündigen Interviews ... redete er ständig mit geschlossenen Augen, drehte seinen Kopf zur Seite und massierte mit der rechten Hand seine Stirn. Er kam mir vor wie ein Mann, dem allerhand im Kopf herumgeht ...« In den folgenden zwei Jahren lehnte Turner Interviews ab.

Obwohl Turner länger als Kroc an der Unternehmensspitze steht, ist es ihm nie gelungen, aus dem Schatten des Gründers herauszutreten. Das liegt zum Teil sicher daran, daß er bewußt Kroc die Starrolle zuspielte. »Fred ist von Natur aus bescheiden, und vielleicht ist ihm noch in allzuguter Erinnerung, wie es Sonneborn ergangen war, als er Kroc den Rang abzulaufen versuchte«, meinte McDonald's-Vorstandsmitglied David Wallerstein. »Aber Fred respektierte und mochte Kroc so sehr, daß es ihm nicht schwerfiel, in seinem Mentor die dominierende Persönlichkeit bei McDonald's zu sehen. Das ist vor allem deshalb ungewöhnlich, weil man heute in den meisten großen Unternehmen überhaupt keine echten Führungspersönlichkeiten mehr findet.«

Während der 70er Jahre blieb Kroc der wichtigste Repräsentant von McDonald's. Dank seiner Rolle blieb die Kette im Blickpunkt des öffentlichen Interesses und trotz des ungeheuren Wachstums eine am Menschen orientierte Organisation. Es war Kroc, der Reden vor großem Publikum hielt oder vor Fernsehkameras seinen Auftritt hatte. Es war Kroc – und nicht Turner –, den man in Zeitungen und Zeitschriften zitierte. Und es war Kroc, der engen Kontakt zu den für McDonald's wichtigsten Leuten – den Franchisenehmern – hielt. In seinem Büro (das er 1974 von Los Angeles nach San Diego verlegt hatte) erschienen jede Woche Dutzende von Franchisenehmern, die seinen Rat suchten.

Turner war keineswegs servil, aber er erkannte Krocs Autorität als Gründer der Kette an und nannte ihn ›Boß‹. Selbst wenn es um scheinbar bedeutungslose Themen ging, machte Turner deutlich, daß der Boß das letzte Wort hatte, wenn er wollte.

Obwohl Turner bei Multimillionen-Dollar-Projekten die Entscheidungsbefugnis nicht aus der Hand gab, bestand er darauf, daß Kroc über sämtliche Gehälter und Bonuszahlungen entschied, denn er wußte, daß Kroc großen Wert darauf legte, zum Beispiel einem Manager 1000 Dollar vom Bonus abzuziehen, um sie bei einem anderen draufzulegen. Bisweilen brauchte man viel Fingerspitzengefühl, um sich auf Krocs Launen einzustellen. Als Truppen der Nationalgarde 1970 vier Studenten der Kent State University niederschossen, bestand Kroc darauf, bei McDonald's alle Fahnen auf vollmast zu belassen. Ein verzweifelter Restaurantbetreiber meldete sich bei Turner und teilte ihm mit, daß Studenten – seine Hauptkundschaft – von ihm und anderen Geschäftsleuten verlangten, seine Fahnen zu Ehren der toten Demonstranten auf halbmast zu setzen. Turner paukte den Betreiber heraus, ohne schlafende Hunde zu wecken: Er riet ihm, den Fahnenmast mit dem Lastwagen seines Brotlieferanten umzufahren.

Kroc war und blieb sein Mentor, dessen fachliche Kompetenz er zutiefst bewunderte. Deshalb spielte Kroc – obwohl er wieder an der Westküste zurückging, als Turner Präsident wurde – weiterhin eine aktive Rolle im Unternehmensalltag. Er kümmerte sich besonders intensiv um die Entwicklung neuer Produkte und um die Standortwahl, er überwachte die Umsatzberichte der einzelnen Lokale und nahm persönlich die Lizenznehmer ins ›Gebet‹, die in irgendeiner Form ein Leistungsdefizit aufwiesen.

Wenn er der Überzeugung war, ein Kurswechsel in der Unternehmens- oder Franchisepolitik sei angezeigt, setzte er sich mit allen Mitteln dafür ein. Zum Beispiel ordnete er 1969 an, daß die Lizenzen nicht mehr einen Drei-Meilen-Radius umfassen, sondern auf ein einzelnes Restaurant beschränkt werden sollten. Er sah voraus, daß es eines Tages mehrere McDonald's-Lokale auf engstem Raum geben würde. »Er ließ nicht locker«, meinte Fred Turner. »Und weil er so hartnäckig darauf bestand, gaben wir schließlich nach.«

Turners enges persönliches Verhältnis zum Firmengründer trug dazu bei, die Harmonie an der Führungsspitze wiederherzustellen, die Mitte der 60er Jahre, als McDonald's in zwei Lager gespalten war, fehlte. »Fred wurde für Kroc der Sohn, den er nie gehabt hatte«, erklärte David Wallerstein. »Und Fred bewunderte Kroc; er verstand es, mit ihm umzugehen und gab ihm das Gefühl, Vorschläge, die er selbst machte, seien ursprünglich Krocs Idee gewesen.« Und Allen Stults fügte hinzu: »Für Fred war es mehr als ein kluger Schachzug, wenn er Kroc in Kalifornien anrief, um den ›Boss‹ um seinen Rat zu bitten; aber im Grunde besaß er dieselbe Führungsstärke und Qualifikation wie Harry.«

Kroc blieb jedoch für die Öffentlichkeit bis zu seinem Tod eine so schillernde und dominierende Persönlichkeit, daß der Name Turner selbst Kennern der Szene, die eigentlich über den Präsidenten eines Elf-Milliarden-Dollar-Unternehmens informiert sein sollten, nicht unbedingt geläufig ist. Diese Anonymität wäre vielleicht gerechtfertigt, wenn er lediglich als eine Art Stellvertreter für Kroc fungiert hätte, was aber eindeutig den Tatsachen widerspricht.

Obwohl Kroc als Architekt von McDonald's im Blickpunkt der Öffentlichkeit stand, war Turner derjenige, in dessen Hand alle Fäden zusammenliefen. Allein seine Autorität und Entscheidungen zeigen, daß er alles andere als Krocs verlängerter Arm oder ›zweite Garnitur‹ war. In den ersten fünf Jahren seiner Präsidentschaft – von 1969 bis 1973 – setzte er mehr Veränderungen bei McDonald's durch als Kroc in den ersten fünfzehn Jahren nach der Unternehmensgründung. Kroc hatte das Fundament der Kette gelegt und den Rohbau gestaltet: Turner veränderte die vorgegebene Konstruktion in solchem Maße, daß sie mit den ursprünglichen Plänen wenig gemein hatte. David Wallerstein erklärte: »Das moderne McDonald's trägt eindeutig Turners Stempel.«

Als Turner 1968 Unternehmenspräsident wurde, befand sich McDonald's, wie viele Unternehmen, die die Startphase überstanden haben, an einem Wendepunkt. Ihm stand der schwierige Übergang von einer Firma relativ bescheidenen Ausmaßes zu einem Industriegiganten bevor. Vor Turners Amtsantritt schien man bei McDonald's nicht geneigt, diesen risikoreichen, entscheidenden Schritt zu wagen. Die Fast food-Branche hatte eine Wachstumsexplosion erlebt, und McDonald's Vorrangstellung am Markt wurde ständig durch alte und neue Konkurrenten bedroht, die genauso befähigt und begierig waren, Marktführer zu werden.

Tatsache ist, daß einige der Konkurrenten diesem Ziel bedrohlich nahe kamen. 1967 hatte Burger King die selbstgesetzte Expansionsgrenze von hundert Verkaufsstellen pro Jahr erreicht und sich damit dem Tempo von McDonald's angepaßt. Damit konnte die Kette zwar nur ein Drittel der Lokale vorweisen, die McDonald's hatte, war aber durch die Fusion mit der Pillsbury Corporation, der drittgrößten US-Kette (die abgepackte Lebensmittel vertreibt), zum finanzstärksten Gegner geworden. Burger Chef stellte eine noch größere Herausforderung dar. Zu Beginn des Jahres 1968 hatte dieses Unternehmen den Expansionsvorsprung von McDonald's bis auf rund hundert Verkaufsstellen aufgeholt. Im selben Jahr war auch General Foods auf dem Fast food-Sektor aktiv geworden und hatte 20 Millionen Dollar zur Verfügung gestellt, um Burger Chef zu kaufen.

Der erbitterte Konkurrenzkampf der Fast food-Unternehmen hatte begonnen. In wenigen Jahren nahmen nahezu alle nahrungsmittelverarbeitenden Betriebe am ›großen Rennen‹ teil. Ralston Purina erwarb die an der Westküste etablierte Drive-in-Kette Jack-in-the-Box. Borden's baute eine neue Hamburger-Kette namens Burger Boy auf. Consolidated Foods hatte Chicken Delight gekauft. Great Western stieg in Shakey's Pizza ein. Servomation sorgte dafür, daß Red Barn einen spektakulären Start hatte. Und die Marriott Corporation versuchte erneut ihr Glück mit der Fast food-Kette Roy Rogers.

Die Zahl der Unternehmen, die vom ›Fast food-Fieber‹ gepackt wurden, stieg rapide an. Berühmte Persönlichkeiten, die ihren Namen hergaben, sorgten für die Werbewirksamkeit der neuen Fast food-Ketten. Minnie Pearl, eine Diva, die an der legendären Grand Ole Opry Triumphe gefeiert hatte, lieh den Minni-Pearl-Chicken-Restaurants, die sich im Süden der USA etablierten, ihren Namen, der des Charakterdarstellers Arthur Treacher prangte an einer Fish-and-Chips-Kette. Ein anderer ›Neuzugang‹ versuchte, aus dem Namen des populären Talkmasters Johnny Carsons Kapital zu schlagen. Und im Zuge dieser hektischen Wettbewerbskonzentration hatte Sonneborns Angst vor einer Rezession – und hatte als Folge davon, durch seine gebremste Wachstumspolitik, McDonald's in eine Position manövriert, die das Unternehmen extrem verletzlich machte: Es war ein Marktführer geworden, der es versäumt hatte, auf das explosive Wachstum der Branche zu reagieren. Fast jede Woche entstand eine neue Kette.

Bei dem zunehmenden Konkurrenzdruck schien es alles andere als sicher, ob McDonald's seine Führungsposition am Markt und gleichzeitig seine Unabhängigkeit bewahren konnte. Ein anderer als Ray Kroc hätte es unter diesen Umständen vielleicht vorgezogen, sein Unternehmen in den sicheren Hafen einer gut betuchten Muttergesellschaft zu führen. Die Gelegenheit dazu hatte sich bereits kurz nach Fred Turners Amtsübernahme geboten: Kroc, Turner und Boylan waren von Nate Cummings, dem vornehmlich mit Akquisitionsstrategien befaßten Vorstandsvorsitzenden von Consolidated Foods, zu einem Essen in dessen New Yorker Domizil gebeten worden. Die Wände seiner Suite im standesgemäßen Waldorf-Astoria-Hotel waren mit echten Impressionisten geschmückt, die selten ihre Wirkung auf die Firmen verfehlten, an denen Cummings Interesse bekundete. »Ich habe mich wie eine Fliege im Spinnennetz gefühlt«, gestand Turner.

Cummings brachte unverzüglich taktvoll sein Anliegen zur Sprache. »Sehen Sie eine Möglichkeit zu einem Zusammenschluß unserer Firmen?« fragte er Kroc, wobei er vorsichtig, die wohl zutreffendere Bezeichnung ›Übernahme‹ vermied. »Ihr Unternehmen genießt einen ausgezeichneten Ruf, und das ist ein großes Kompliment«, antwortete Kroc aalglatt. »Wir hätten Ihren Vorschlag gar nicht erst in Erwägung gezogen, wenn wir nicht wüßten, daß McDonald's in dieser Partnerschaft dominierend sein wird, aber ich fürchte, wir sind noch nicht soweit, ein Unternehmen wie das Ihre zu führen.« Turner erinnert sich noch heute an Cummings Reaktion: »Ihm fiel buchstäblich das Kinn herunter. Ich bin sicher, er war an Widerstand gewöhnt, aber das war eine Abfuhr, die er wohl nie mehr vergaß.«

Krocs gekonnte Replik war nicht nur für Cummings, sondern auch für Turner aufschlußreich. Der Gründer war nicht im mindesten an einem Unternehmenszusammenschluß interessiert, und das bewog Turner, die Expansion von McDonald's mit Höchstgeschwindigkeit voranzutreiben. Er entwickelte daraufhin eine Wachstumsstrategie, die selbst alten Fast food-Hasen wie Kroc den Atem verschlug.

Die Investment-Experten hatten immer wieder eine Marktsättigung prognostiziert, an die Turner nicht recht glauben konnte. »Die Nachfrage war kaum zu bewältigen, und es hatte sich gezeigt, daß alle unsere Märkte weitere Restaurants verkraften würden«, erklärte Turner. »Um wettbewerbsfähig zu bleiben, waren wir auf den zusätzlichen Werbeetat der neuen Verkaufsstellen angewiesen. Das wußten nicht nur die Konzernmanager, sondern auch die Franchisenehmer. Ihre Umsatzberichte ließen keine Zweifel offen.«

Auch wenn eine beschleunigte Wachstumsrate die naheliegendste Lösung des Wettbewerbsproblems erschien, überraschte Turners Expansionsstrategie jedermann, am meisten die Konkurrenz. In den ersten beiden Jahren seiner Präsidentschaft verdoppelte Turner das Personal auf dem Grundstücks- und Bausektor, um für die geplante Erweiterung von einhundert auf fünfhundert Verkaufsstellen pro Jahr in einem Zeitraum von fünf Jahren gewappnet zu sein. Burger Chef und Burger Kind waren nicht in der Lage, bei dem Tempo, das McDonald's nun vorlegte, mitzuhalten: sie mußten sich 1969 mit 211, 1970 mit 294, 1971 mit 312, 1972 mit 368, 1973 mit 445 und 1974 mit 515 neuen Lokalen begnügen.

Bis 1974 hatte McDonald's insgesamt 3000 Restaurants in Betrieb, Turner sein ›Erbe‹ um das Dreifache gemehrt. Und, was noch wichtiger war, McDonald's konnte seinen Führungsanspruch in einer besonders kritischen Phase, als nämlich langfristig Marktpositionen abgesteckt wurden, behaupten. Man kann mit Recht sagen, daß der Zeitpunkt, den Turner für die Wachstumsbeschleunigung wählte, nicht besser hätte gewählt sein können: McDonald's legte in dem Augenblick den höchsten Gang ein, als die Konkurrenten den Fehler begingen, sich in Sicherheit zu wähnen.

Aus Furcht, die wachsende Konkurrenz könne auch Burger King aus dem Markt katapultieren, verlangsamte Pillsbury das aggressive Expansionstempo und blieb 1974 mit 2000 Verkaufsstellen weniger als McDonald's weit hinter dem Marktführer zurück: Jim McLamore, der gehofft hatte, durch die Fusion mit Pillsbury McDonald's die Mittel aufzutreiben, um McDonald's auf den Fersen zu bleiben, trat von seinem Amt als Burger-King-Präsident zurück, verbittert darüber, daß Pillsbury seine Erwartungen nicht erfüllt hatte. McLamore ist der Ansicht, vor allem die Ereignisse zwischen 1969 und '72 seien dafür verantwortlich, daß McDonald's bis 1991 in den Vereinigten Staaten beim Hamburgerverkauf seinen Vorsprung auf 2,2 : 1 (weltweit 2,8 : 1) gegenüber Burger King ausbauen konnte. »Ende der 60er Jahre waren wir McDonald's gut drei Jahre lang dicht auf den Fersen, unsere Wachstumsraten waren unterm Strich sogar höher«, erinnert sich McLamore. »1969 beging Pillsbury den großen Fehler, das Wachstum von Burger King zu verlangsamen, was McDonald's unweigerlich ausnutzte. Ray Kroc erkannte damals – und dieses Verdienst kann ihm keiner nehmen –, daß dies exakt der richtige Zeitpunkt war, um in der Fast food-Branche durchzustarten.«

In Anbetracht des Desasters, das sich bei der General-Foods-Tochter Burger Chef abzuzeichnen begann, mußte sich das Pillybury-Management zu Recht fragen, ob eine ›Ehe‹ zwischen Fast food-Business und nahrungsmittelverarbeitender Industrie tatsächlich gut durchdacht gewesen war. Die meisten branchenfremden Unternehmen, die sich Ende der 60er Jahre auf den neuen lukrativen Markt wagten, mußten schon bald feststellen, wie komplex das Geschäft und wie dürftig die Ergebnisse im Vergleich dazu waren. Servomation bereitete selbst den Untergang seiner einst so vielversprechenden Red-Barn-Kette vor, weil die Muttergesellschaft das nötige Kapital verweigerte, das ein junges Unternehmen in der Entwicklungsphase braucht, wenn die Rentabilitätsschwelle gerade eben noch nicht erreicht ist. Auch Ralston Purina war schlecht beraten, ihre Jack-in-the-Box-Kette über ihre starke Basis im Südwesten des Landes hinaus auszudehnen, und mußte später wohl oder übel den Rückzug antreten.

Aber keiner der Newcomer wurde bitterer enttäuscht als General Foods. Als Burger Chef Anfang 1968 an General Foods verkaufte, hatte die Kette 850 Verkaufsstellen (McDonald's 970) und begann, die Lücke zum Marktführer in halsbrecherischem Tempo mit 300 neuen Lokalen pro Jahr zu schließen – dreimal mehr, als Harry Sonneborn anpeilte. »Wir hatten die Chance, uns weiter zu vergrößern, aber leider mehr Wachstumspotential, als wir finanzieren konnten«, erinnert sich Robert Wildman, der ehemalige Vizepräsident von Burger Chef. »Wir verkauften an General Foods in der Hoffnung, an das erforderliche Geld zu kommen, aber es funktionierte nicht.«

Robert Wildman, ehemaliger Vorstandsvorsitzender von Burger Chef, war eine Fusion mit General Foods eingegangen, in der Hoffnung, der finanzstarke Konzern sei gewillt und in der Lage, das Wachstum der Kette zu finanzieren.

Anfangs pumpten General Foods die erhofften Ressourcen in die Kette; aber sie machten einen entscheidenden Fehler: Das für die Entwicklung der Standorte und Verkaufsstellen zuständige Burger-Chef-Team wurde aufgelöst. Man glaubte, ihre Gehälter, die zum Teil höher waren als die der General-Foods-Manager, einsparen zu können und übergab ihren Aufgabenbereich unabhängigen Grundstücksmaklern. Diese zeigten zwar großen Eifer, aber wenig Sachkenntnis. Und so entglitt General Foods die Kontrolle über die Entwicklung neuer Restaurants immer mehr, bis man 1971 nach Verlusten in Höhe von 75 Millionen Dollar die Expansion ruckartig zum Stillstand brachte.

In einem einzigen Jahr hatte General Foods es geschafft, mehr Geld zu verlieren, als McDonald's in den vorangegangenen zehn Jahren verdient hatte. Burger Chef sollte nie wieder eine ernsthafte Bedrohung für McDonald's darstellen. Mit insgesamt 1200 Restaurants (Anfang der 70er Jahre) war die Kette nicht länger konkurrenzfähig, und nach einer weiteren Serie von Mißerfolgen verkaufte General Foods sie an Hardees. Inzwischen ist Burger Chef eine Abteilung von Hardees; die Zahl ihrer Verkaufsstellen hat sich auf weniger als hundert reduziert.

Der Abstieg von Burger Chef war für andere Fast food-Giganten und Konglomerate, die aus der nahrungsmittelverarbeitenden Industrie stammten, ein untrügliches Zeichen dafür, daß das Fast food-Business doch nicht so lukrativ war, wie es schien, zumindest für einen großen und stark diversifizierten Konzern, der das Fast food-Geschäft wie andere Unternehmensbereiche zentralisiert verwaltete. Diese Firmen entdeckten mit einiger Verspätung, daß zwischen der Führung eines Herstellungsbetriebes, dessen Marktpartner vornehmlich der Großhandel ist, und einem Restaurant, das in direktem Kontakt zum Konsumenten steht, ein erheblicher Unterschied besteht. Ein Produktionsbetrieb läßt sich zentralisiert verwalten und wesentlich leichter kontrollieren, während der Absatz durch fremde Verkaufsorgane gefördert werden kann. Dieser Absatzweg ist weitgehend dezentralisiert und in weit geringerem Maße steuerbar, da jede Verkaufsstelle eine autonome Produktionseinheit darstellt. Der Direktabsatz ist außerdem in hohem Maße von der individuellen Dienstleistungsqualität abhängig. »Burger Chef paßte einfach nicht in die Managementstrukturen von General Foods«, meinte Wildman. »General Foods war ein Unternehmen, das auf die Herstellung und Verpackung von Marmeladen eingestellt und daran gewöhnt war, durch massive Werbung Nachfrage zu schaffen. Unsere Branche war den G.F.-Managern fremd; sie hatten keine Erfahrung mit Kunden und Dienstleistungsgewerbe. Die zu Burger Chef versetzten Manager fühlten sich, als hätte man sie nach Sibirien verbannt.«

Kroc hatte McDonald's dieses Schicksal erspart, weil er auf der Unabhängigkeit des Unternehmens bestand. Aber diese Entscheidung verringerte nicht das Risiko, das Turner mit seinem gewagten Expansionsprogramm einging. Selbst wenn eine Fusion vermeidbar blieb, gab es keine Garantie dafür, daß McDonald's die Kontrolle über sein Wachstum nicht verlieren würde, wie es General Foods mit Burger Chef ergangen war.

Turner wußte jedoch, daß McDonald's Organisationsstrukturen weit effektiver als die anderer Ketten war. 1965 wurden die ersten regionalen Verwaltungsbüros gegründet, deren Anzahl Turner zwischen 1967 und 1973 im Zuge der Expansion von fünf auf acht erhöhte. Die Regionalmanager erhielten außerdem größere Befugnisse. Früher hatte die Wahl des Standorts und der neuen Franchisenehmer ausschließlich in der Zuständigkeit der Konzernmanager gelegen; von jetzt an sollten die Regionalmanager die einzigen Entscheidungsträger sein. Sie hatten das letzte Wort, wenn es um Franchising- oder Grundstücksfragen ging.

In nur wenigen Jahren war es Turner gelungen, die verhältnismäßig zentralisierten Managementstrukturen Sonneborns in die wohl am stärksten dezentralisierte Vertriebsstruktur Amerikas umzuwandeln. Eben diese Auflockerung der Macht in einem Dienstleistungssektor, wo das Endprodukt auf der letzten Wirtschaftsstufe hergestellt wird und wo die Orientierung an spezifischen Märkten und Kundensegmenten mehr noch als in anderen Branchen über Erfolg oder Mißerfolg entscheidet, erleichterte McDonald's die Kontrolle über die Expansion. Die Manager hatten hautnahen Kontakt zum Marktgeschehen und konnten aufgrund ihrer Informationen aus ›erster Hand‹ die individuellen Probleme und Wachstumschancen ihrer Märkte besser beurteilen. Kurz gesagt: McDonald's entschied sich für ein Managementkonzept, das demjenigen der Konkurrenten aus der nahrungsmittelverarbeitenden Industrie diametral entgegengesetzt war.

Daß der Schritt zur Dezentralisierung richtig war, zeigte sich bald am Umsatzvolumen der Verkaufsstellen. Während der Umsatz von Burger Chef und anderen rasch expandierenden Ketten Ende der 60er Jahre stagnierte, stieg er bei McDonald's, unter Turners Führung, in den ersten fünf Jahren von 333 000 Dollar auf 621 000 Dollar pro Restaurant, ungeachtet der Tatsache, daß sich die Zahl der Lokale inzwischen verdreifacht hatte.

Die Kontrolle über das rapide Wachstum zu behalten, war nur eine der zahlreichen Herausforderungen, denen sich McDonald's zu stellen hatte. Das massive Expansionsprogramm stellte auch eine beträchtliche finanzielle Belastung dar. Sonneborn hatte geglaubt, den Konzern aus dem Engpaß herausgeführt zu haben, indem er die Anzahl der neuen Filialen auf hundert pro Jahr reduzierte. Turner hingegen plante jeweils hundert neue Lokale mehr als im Vorjahr. Aber nicht nur die Wachstumsrate wirkte sich auf die Finanzlage aus, sondern auch Turners Anweisung, nunmehr möglichst alle neuen Grundstücke und Gebäude zu kaufen, womit zwei Drittel der neuen Restaurants in McDonald's Besitz übergingen.

Obwohl der Kauf von Grundstücken zunächst kostenintensiver ist als die Pacht, sind die Zahlungen beim Kauf auf eine absehbare Zeitspanne begrenzt, während sie bei der Pacht weiterlaufen. Und, so argumentierte Turner, mit der Wertsteigerung von Immobilien wird sich mit großer Wahrscheinlichkeit auch der Pachtzins erhöhen, möglicherweise um das Drei- oder Vierfache, denn Pachtverträge werden nach ihrem Auslaufen meistens neu ausgehandelt. »Natürlich sind die Erträge eines verpachteten Lokals in den ersten fünf Jahren höher; aber danach ist es lukrativer, Land und Gebäude zu besitzen.«

Diese Grundstücksstrategie spiegelt die langfristige Gewinnperspektive wider, die anderen Unternehmen fehlte. Diese konzentrierten sich Ende der 60er, Anfang der 70er Jahre vornehmlich darauf, die Erträge jedes Geschäftsquartals zu maximieren. McDonald's ging mit seiner Grundstückspolitik allerdings ein beträchtliches Risiko ein, denn die Kapitalmenge, die für die Eröffnung jedes neuen Restaurants gebraucht wurde, verdoppelte sich nun – was eine noch größere Verschuldung bedeutete. Turners Spiel auf dem Grundstücksmarkt ließ Sonneborns an sich schon gewagte Strategien verblassen. Andererseits waren die langfristigen

Vorteile auch nicht zu übersehen. Heute ist McDonald's Grundstückseigentümer von 69 % seiner Inlandslokale, während andere Ketten auch weiterhin das Leasingverfahren vorziehen. Im Verlauf der Entwicklung der Fast food-Branche ist der Leasingzins jedoch zu einem erheblichen und steigenden Kostenfaktor geworden. Während die meisten Fast food-Konkurrenten Sonneborns Pachtstrategien folgten, hat Turner dafür gesorgt, daß McDonald's Markt- und Machtstellung als einer der weltgrößten Eigentümer gewerblich genutzten Einzelhandelseigentums ungebrochen ist.

Eine weitere finanzielle Bürde war die Entscheidung, den Lokalen, deren Design noch aus den 50er Jahren und von den McDonald-Brüdern stammte, eine zeitgerechtere Architektur zu geben. Sämtliche McDonald's-Restaurants waren auf den Straßenverkauf spezialisiert, der über das Verkaufsfenster an der Frontseite der Gebäude abgewickelt wurde. Aufgrund der positiven Erfahrungen, die Kroc in Kalifornien mit der Einführung von Patios gemacht hatte, schien es jetzt an der Zeit, in allen Restaurants Sitzplätze einzurichten. »Der Fast food-Markt nahm individuellere Formen an, und die Kunden achteten zunehmend auf Komfort«, meinte Turner. Außerdem wurden Ende der 60er Jahre die ersten Stimmen der Landschaftsschützer laut, die in den rot-weißen Ziegelgebäuden mit den goldenen Bögen ein Relikt aus der Vergangenheit sahen, das nicht mehr in das zeitgenössische amerikanische Landschaftsbild paßte.

Das neue Design, das 1968 erstmalig zu sehen war, wies gravierende Unterschiede zum alten auf. Die Goldenen Bögen, einst das Wahrzeichen von McDonald's, wurden von den Restaurants entfernt und nur noch im Firmenschild beibehalten. Die Ziegel ließ man durch Backsteine ersetzen. Das Walmdach wich dem moderneren Mansardendach. Aber die wohl größte – und vielleicht einschneidendste – Veränderung war die Erweiterung der Gebäude, um Raum für ca. fünfzig Sitzplätze zu schaffen. »Zuerst waren wir ein typisches Drive-in mit Schwerpunkt Straßenverkauf; jetzt verwandelten wir uns in ein richtiges Restaurant«, erklärte Turner.

Das neue Konzept war auch in finanzieller Hinsicht traumatisch, sowohl für die Franchisenehmer als auch für McDonald's. Der Umbau kostete rund 50 000 Dollar pro Lokal; McDonald's deckte die Kosten auf eine Weise, die kein anderer Franchisegeber je in Betracht gezogen hatte: Die Franchisenehmer wurden aufgefordert, das erforderliche Kapital bereitzustellen, wobei die Forderung damit begründet wurde, daß sich der Umsatz der Verkaufsstellen durch die Sitzplätze um mindestens 20 % steigern ließ und die Investition sich nach Ablauf von drei Jahren amortisiert habe.

Diese Prognose sollte sich als reichlich konservativ erweisen; aber damals war die Frage, wie die Franchisenehmer reagieren würden. Ende der 60er Jahre hatte McDonald's jedoch seine Weitsicht bezüglich der Investitionspolitik schon hinlänglich bewiesen. Die Vorhersage, daß sich der Absatz der Systempartner durch wesentlich kleinere Investitionen, z. B. in Fischfriteusen oder eine Überdachung für den Winter, entwickeln ließ, hatte sich bestätigt. Als man nun einen radikalen Umbau vorschlug, waren die meisten Franchisenehmer von der Richtigkeit der Umsatzprognosen überzeugt. Im wesentlichen ließ sich das Umbauprogramm also nur deshalb finanzieren, weil McDonald's etwas erreicht hatte, was anderen Ketten nicht gelungen war; eine echte Vertrauensbasis zwischen Franchisegeber und Franchisenehmer zu schaffen.

Aber natürlich konnte sich die Konzernleitung durchsetzen. Immerhin wurden nach 1968 sämtliche Restaurants in dem neuen Design errichtet, was Turners ehrgeizige Expansionspläne unter einen hohen Erfolgsdruck setzte. Das neue McDonald's-Gebäude kostete 100 000 Dollar pro Stück – doppelt so viel wie die alten rot-weiß gestreiften. Wenn man das zu den hohen Grundstückspreisen addierte und den enormen Umfang des neuen Restaurantkonzepts in Relation stellte, war klar, daß die Finanzierung der Expansion unglaubliche Summen verschlingen würde.

Turner selbst ließ sich dadurch nicht beirren. Er delegierte dieses Problem an Dick Boylan, den Leiter des Finanzund Rechnungswesens. Normalerweise bestand seine Aufgabe darin, den Firmenpräsidenten darüber aufzuklären, wieviel Kapital ihm jährlich für die Expansion zur Verfügung stand; aber 1968 war Turner nicht geneigt, die von seinem Finanzchef geforderten Sparmaßnahmen zu berücksichtigen. »Ich habe Dick gesagt: ›Schluß damit, wir kaufen, und du beschaffst das Geld.‹«

Von da an entwickelte sich eine interessante Beziehung zwischen Turner und Boylan, der Sonneborns rechte Hand gewesen war und bei vielen als sein Nachfolger galt. Sonneborn selbst hatte ihn als solchen in die engere Wahl gezogen und ihn 1961 in den Vorstand berufen. In Anbetracht dessen wäre es verständlich gewesen, wenn Turner auf eine Zusammenarbeit mit ihm verzichtet hätte. Aber das Gegenteil war der Fall. Er verließ sich in noch stärkerem Maße auf Boylan, als Sonneborn es getan hatte, und erteilte ihm nahezu unbegrenzte Vollmachten im Finanzbereich. Turner war im allgemeinen nicht nur mit Boylans Vorschlägen, sondern auch damit einverstanden, daß er direkt dem Vorstand Bericht erstattete und ihn nur so weit wie nötig informierte. Boylans Ermessens- und Handlungsspielraum war so groß, daß Turner ihn einmal anläßlich einer Aktionärsversammlung mit den Worten vorstellte: »Und das ist Dick Boylan, Leiter unserer Finanzabteilung, der nur einen einzigen Chef hat: seine Frau Rose.«

Turner hatte guten Grund, Boylan mit derartig weitläufigen Befugnissen auszustatten. Er selbst war ein Neuling auf dem Finanzgebiet und überdies voll damit beschäftigt, die Durchführung des Expansionsprogrammes zu überwachen. Er brauchte jemanden, der sich um die finanziellen Aspekte der Expansionsstrategie kümmerte. Für Boylan war dieser Machtstatus auf dem Finanzsektor zweifellos ein Grund, im Unternehmen zu bleiben, nachdem er die Position an der Spitze an Turner verloren hatte. »Ich habe mich nie in Dicks Aufgabenbereich eingemischt, folglich hat er auch meine Arbeitsweise akzeptiert«, meinte Turner. »Er hätte sich auch gegen mich stellen können; damit wäre vieles komplizierter geworden. Natürlich war er enttäuscht, daß man ihn nicht zu Sonneborns Nachfolger ernannt hatte, zumal er meiner

Ansicht nach glaubte, für dieses Amt wesentlich qualifizierter zu sein. Aber wir haben uns gegenseitig respektiert und kamen beruflich gut miteinander aus. Es herrschte eine Art Waffenstillstand zwischen uns.«

Die unerwartete Kooperation zwischen Turner, der für die generelle Unternehmensführung, und Boylan, der für die Finanzen zuständig war, stellte einen ebenso entscheidenden Wendepunkt in der Entwicklung von McDonald's dar wie Sonneborns Ablösung. Hätte Turner den Finanzbereich übernommen, wäre die Expansion des Konzerns wohl weitgehend durch Aktienverkauf, die billigste Form der Kapitalbeschaffung, finanziert worden, die in Boylans Augen die teuerste war. »Für Kredite zahlt man einen bestimmten Zinssatz, und das nur so lange, bis die Rückzahlung erfolgt ist. Wenn man das nötige Kapital durch eine zusätzliche Aktienausgabe beschafft, tritt zwangsläufig eine zunehmende Aktienverwässerung ein.«

Boylan und Turner stimmten darin überein, daß die Finanzierung des Wachstums durch Fremdkapital nicht kurz-, sondern langfristige Vorteile hatte – ein Konzept, das nicht alle McDonald's-Mitarbeiter verstanden. Da die Unternehmensaktien eine beachtliche Dividende abwarfen, hielten es viele für einfacher, das benötigte Kapital durch Aktienverkauf zu beschaffen, wodurch die Zahlung von Zinsen entfallen wäre. »Ich wurde ständig unter Druck gesetzt, weitere Aktien auszugeben«, meinte Boylan.

Der sanfte, nachgiebige Boylan schien auf den ersten Blick ein Werkzeug in den Händen des willensstarken Turner zu sein. Aber wenn es um Finanzfragen ging, zeigte er sich unerbittlich und hart. Trotz des wachsenden Drucks von seiten Turners und der Investmentbankiers, neue Aktien auszugeben, entschied sich Boylan für die Finanzierung des Expansionsprogrammes durch Kredite. Ende 1968 hatte McDonald's langfristige Darlehen in Höhe von 43,5 Millionen Dollar zurückzuzahlen; Ende 1974, aufgrund von Boylans Finanzierungsprogramm, 353 Millionen. In diesem Zeitraum wurden Aktien im Wert von 65 Millionen Dollar ausgegeben – der einzige Kompromiß, zu dem Boylan bereit war. Diese Aktien-Emission, einschließlich der Erstausgabe, waren von Kroc und den anderen Großaktionären getätigt worden.

In gewisser Hinsicht war die hohe Verschuldung der riskanteste Faktor des Expansionsprogrammes. Im Fall eines Erfolges würden die Aktionäre davon profitieren. Aber sollte es einschneidende Veränderungen am Fast food-Markt geben, wäre McDonald's in finanzielle Bedrängnis geraten.

Boylan steuerte mit dieser Finanzierungsmethode einen völlig entgegengesetzten Kurs zu dem, welchen Sonneborn konzipiert hatte, der für einen steten Abbau des Schuldenberges plädiert hatte. Unter Boylans Ägide wies McDonald's nun den wohl höchsten Verschuldungsgrad der gesamten Fast food-Branche auf: Das Verhältnis zwischen Verbindlichkeiten und Eigenkapital war mehr als außergewöhnlich. Konservative Finanzexperten halten bereits das Verhältnis eins zu eins in einem so riskanten Geschäftszweig wie der Fast food-Branche für leichtsinnig. Boylan war weit über diesen Rahmen hinausgegangen; 1973 hatte McDonald's 40 % mehr Verbindlichkeiten als Eigenkapital vorzuweisen.

Aber Boylan hatte sorgfältige Gewinnprognosen für die kommenden fünf Jahre aufgestellt, um sicherzugehen, daß die Fremdfinanzierung nicht zum Bankrott führte. Wenn die Investmentberater und McDonald's-Direktoren argumentierten, der Konzern müsse für mindestens 100 Millionen Dollar Aktien ausgeben, um ein ausgewogeneres Verhältnis zwischen Aktiva und Passiva zu erreichen, legte er Berichte und Analysen vor, die bewiesen, daß McDonald's auch ohne Aktienverkauf, allein durch die zu erwartenden Gewinne, sein Konto innerhalb weniger Monate auszugleichen vermochte.

Rückblickend kann man wohl sagen, daß Boylans Finanzierungsprogramm eine taktische Meisterleistung war. Der größte Teil der Kredite wurde Anfang der 70er Jahre aufgenommen, als der Konzern sein Wachstum beschleunigte. Boylan nahm die meisten Kredite zu einer Zeit auf, als die Zinssätze relativ niedrig waren. 1979 war McDonald's in der Lage, den Schuldenberg aufgrund des Ertragszuwachses allmählich abzubauen. Zu diesem Zeitpunkt stieg der Zinssatz auf 20%. Boylans Verzicht auf weitere Aktienemissionen sicherte den Aktionären eine fabelhafte Dividende. Aufgrund elfmaliger Aktiensplits (und der Ausgabe einer Berichtigungsaktie) stieg der Wert einer McDonald's-Aktie seit dem Erstausgabetag um das 372fache: von 22,50 Dollar 1965 auf heute mehr als 10 000 Dollar. »Es war nicht ohne Risiko«, urteilt Harry Fisher, McDonald's ehemaliger Investmentspezialist, »aber die Entscheidung, auf Leverage zu setzen, hat sich voll ausgezahlt.«

Obwohl die Ausarbeitung der Finanzierungsstrategien in Boylans Aufgabengebiet fiel, zeigte Turner für den Finanzsektor dasselbe Interesse wie für kaufmännische Fragen. Er hatte den Jargon der Wall Street schnell gelernt und überraschte die Welt der Hochfinanz dadurch, daß er erstaunlich offen über McDonald's Finanzprobleme sprach, anstatt sie zu kaschieren. Allerdings hatte er, unberührt von den Gepflogenheiten dieses elitären Zirkels, seine eigenen, ziemlich unorthodoxen Problemlösungsmethoden entwickelt.

Fisher erinnert sich noch, wie der McDonald's-Präsident um Zinssätze feilschte. Er widersetzte sich den althergebrachten Zinsberechnungen der Banken, die vor allem auf Vergleichsdaten mit anderen Unternehmen basierten. Als ihm die Investmentbanker Zinskalkulationen ›vergleichbarer‹ Firmen unter die Nase hielten, riß sie Turner in kleine Stücke. »Andere Firmen sind mir scheißegal«, brüllte er, »wir sind McDonald's!« Turner verhielt sich einfach so wie bei Verhandlungen über Fleisch oder Kartoffeln, aber die zugeknöpften Banker traf er damit unter der Gürtellinie.

In Turners Augen verdiente die Fast food-Branche dieselbe Achtung und Behandlung wie die etablierten. Das war für die traditionsbewußten Investmentbanker schwer einzusehen. Ende der 60er Jahre galten Fast food-Aktien als Fehlinvestition. Nur wenige hatten, gänzlich unerwartet, Gewinne zu verzeichnen; die meisten waren ein Verlustgeschäft. Deshalb ist es nicht verwunderlich, daß konservative Investmentbanken die Fast food-Unternehmen als eine uninteressante Novität betrachteten.

Turner erwartete, daß die Wall Street McDonald's als vielversprechenden und ernstzunehmenden Newcomer akzeptierte und war besonders frustriert darüber, daß nicht einmal die eigene Broker-Firma Paine Webber zu diesem Zugeständnis bereit schien. Fisher erinnert sich noch heute daran, wie er Turner überredete, zu einem Verhandlungsgespräch mit Tom Wenzell, seinem Chef und Leiter der Investment-Abteilung von Paine Webber, nach New York zu fliegen. Nach Fishers Beschreibung floß in Wenzells Adern blaueres Blut als im Donauwalzer von Strauß; er hatte außerdem in Harvard Jura studiert, war Vorsitzender der prestigeschweren Audobon-Gesellschaft, lebte in Connecticut und sprach mit dem Akzent der Ostküste, der verriet, daß seine Familie zum alteingesessenen Geldadel gehörte. Er entsprach haargenau Turners Vorstellungen von einem Investmentbanker – bewandert in den Börsennotierungen von Standard Oil, AT & T und U.S. Steel, aber ein Snob, wenn es um die Fast food-Branche ging.

Wenzell bat Turner zu einem Geschäftsessen in New Yorks renommierten Club 21. Solange man über die Wall Street sprach, hatte Wenzell festen Grund unter den Füßen, aber als er versuchte, Turner ein paar höfliche Fragen über die Tätigkeit seines Unternehmens zu stellen, wurde der Gegensatz zwischen dem ›Mann aus dem Volke‹ und dem Angehörigen der Oberschicht deutlich. »Ich habe gehört, daß in den McDonald's-Restaurants auch Coca Cola verkauft wird«, meinte Wenzell. »Ist das richtig?« Als Turner die Frage bejahte, fuhr Wenzell fort: »Was tun Sie nur mit all den leeren Flaschen?«

Turner empfand die Bemerkung beleidigend. Dieser Mann, der von einer der heißesten Aktien am Markt profitierte, wußte nicht einmal, daß Coca Cola bei McDonald's aus einem Getränkeautomaten ausgeschenkt und im Pappbecher serviert wurde. »Wieso, zum Teufel, sind Sie unser Investmentbanker?« fragte Turner wütend. »Sie haben noch nie in Ihrem Leben ein McDonald's-Lokal betreten!« Das Essen wurde abrupt beendet. Paine Webber behielt zwar seinen Klienten, aber Turner verzieh Wenzell seinen Fauxpas nie.

Während Turner versuchte, die Vorurteile der Wall Street gegenüber McDonald's abzubauen, machte er selbst eine erstaunliche Entwicklung durch. Aus dem Mann, der sich an die Spitze der Unternehmenshierarchie emporgearbeitet hatte, weil er die richtige Temperatur zum Fritieren der Pommes frites und die perfekte Menge der Eiskristalle in den Milchshakes durch unermüdliches Experimentieren herausgefunden hatte, wurde ein Finanzexperte, der sich im Kampf um das ›große Geld‹ mit Bravour behauptete. In mancher Hinsicht war er ein noch besserer Stratege als sein Vorgänger Sonneborn. Er hatte McDonald's eine Position auf dem Grundstücksmarkt verschafft, von der Sonneborn nicht einmal zu träumen gewagt hätte. Aber er sah darüber hinaus auch ein Gewinnpotential, das seinem Vorgänger entgangen war. Im Gegensatz zu Sonneborn, der McDonald's bis zuletzt fast ausschließlich als Franchisesystem verstanden hatte, entdeckte Turner nach seiner Amtsübernahme, welche Gewinne dem Unternehmen dadurch verlorengingen, daß es den größten Teil seiner Verkaufsstellen nicht auf eigene Rechnung betrieb, sondern nach dem Franchiseprinzip führte.

Turner überlegte weiterhin, daß sich in bestimmten Märkten durch Zusammenfügen der Geschäftsstellen zu einem umfassenden Cluster Kostensenkungspotentiale ausschöpfen ließen. Da in den meisten größeren McDonald's-Märkten das Franchisesystem dominierend war, konnte man nur dann ein Profit-Center-Modell aufbauen, wenn die größten und ökonomisch erfolgreichsten Franchisenehmer abgefunden wurden. Ende 1967 begann Turner damit, trotz des laufenden Umbauprogramms, Franchisen zurückzukaufen. Viele der McDonald's-Franchise-›Veteranen‹ waren inzwischen Millionäre – auf dem Papier – und nicht abgeneigt, ihren Reichtum in klingende Münze umzuwandeln.

Der fantastische Kurs der McDonald's-Aktien tat sein übriges – die Franchisenehmer sparten bei der Transaktion Steuern und profitierten außerdem noch von den beachtlichen Dividenden. »Manche Francisenehmer hatten ein riesiges Kapital, aber kein Geld«, erläutert Turner. »Wir hatten Mc-

Donald's-Aktien mit fünfundzwanzigfacher Gewinnrendite, um Restaurants mit siebenfacher Rendite zu kaufen. Der Leverage-Effekt war riesig, ebenso das Renditenwachstum.« McDonald's konnte sich die rentabelsten Restaurants herauspicken, und kein anderer als Turner, der jeden einzelnen Betrieb bestens kannte, war als Rosinenpicker besser geeignet.

Die Verhandlungen mit den Franchisenehmern, die ein massives Wachstum der betriebseigenen McOpCo-Filialen zur Folge hatten, führte allerdings Kroc und nicht Turner. Zu den ökonomisch erfolgreichsten Franchisenehmer gehörten u. a. John Gibson und Oskar Goldstein mit ihrer inzwischen auf 43 Verkaufsstellen angewachsenen Gee Gee Corporation in Washington, D.C., die sie für stolze 16,8 Millionen Dollar an McDonald's verkauften. Der Kaufpreis war sechsmal so hoch wie der, den Kroc den Brüdern McDonald gezahlt hatte und entsprach ungefähr der Summe, die Pillsbury und General Foods für die Übernahme von Burger King und Burger Chef hinblättern mußten.

In Anbetracht der Größe der Transaktion wollte Kroc die Restaurants mit Aktien ablösen, aber Gibson und Goldstein bestanden auf Bargeld. »Wenn ihr Bargeld wollt, kostet mich das mein letztes Hemd«, grummelte Kroc. Weil aber Gee Gee ein so perfekt eingespieltes Team von Betreibern gehabt hatte und ihnen als einzigen das Recht eingeräumt worden war, ihre Immobilien selbst zu besitzen, war Kroc ganz besonders daran interessiert, sich den einzigen Franchisenehmer, der keine Pacht zahlte, unter den Nagel zu reißen. Er bezahlte schließlich bar, genauso wie er es fünf Jahre zuvor bei den McDonald's-Brüdern getan hatte, verzieh Gibson und Goldstein aber nie, daß sie sein Aktienangebot abgelehnt hatten. Nicht lange, nachdem der Deal unter Dach und Fach war, rief Goldstein Kroc von Florida aus an, wo er sich zur Ruhe gesetzt hatte, beklagte sich, ihm sei langweilig und bat ihm um eine neue Franchiselizenz. Kroc war eiskalt: »Goldy, als du Bares von mir wolltest, hast du dir dein Grab geschaufelt.«

Die Übernahme der Gee Gee Corporation war der Beginn

eines ›Ausverkaufs‹, der Dutzende von McDonald's-Pionieren auf der Stelle zu Millionären machte. Während dieses Prozesses hatte der Konzern eine Reihe von erfahrenen Managern für die wie Pilze aus dem Boden schießenden McOpCo-Lokale eingestellt. Turner konnte eine beachtliche Lizenz-Ausbeute verzeichnen: sieben Restaurants in Minneapolis von Fred Zien; zweiundvierzig von Mel Garb und Harold Stern in so verstreuten Märkten wie Michigan, Nevada, Kalifornien und Omaha; sechzehn von Jack Penrod im Süden Floridas und einundzwanzig in der Region Tampa– St. Petersburg von Phil und Vern Vineyard.

In der Zeit von 1967 bis 1976 – der Periode der Rückkäufe – gelang es Kroc und Turner, insgesamt 536 Franchisen für eine Gesamtsumme von 189 Millionen Dollar, in bar oder als Aktien, zurückzukaufen. Danach war die Zahl der McOpCo-Filialen etwa halb so groß wie die der franchisierten Betriebe. Das Akquisitionsprogramm hatte dem Konzern eine dritte beachtliche Einkommensquelle gesichert – eine willkommene Anstockung der Erträge aus Grundbesitz sowie Lizenz- und Servicegebühren. 1991 erwirtschafteten die 4161 betriebseigenen Verkaufsstellen rund 70 % des Gesamtgewinns der Kette, was den grundlegenden Charakter des Unternehmens nicht unbeeinflußt ließ. In den ersten fünf Jahren hatte sich dank Turners Programm der Prozentsatz der betriebseigenen Lokale von 9 auf 33 % erhöht. Um dieses exponentielle Wachstum der Kette beibehalten zu können, benötigte McDonald's zusätzliche betriebseigene Restaurants, um neue Manager anzuwerben. Aber Turners Expansionspläne waren noch ehrgeiziger.

Die McOpCo-Lokale hatten bereits zu einer beachtlichen Ertragssteigerung beigetragen, und Turner war überzeugt, daß die Bilanzen damit erheblich verbessert wurden. »Freds Akquisitionsprogramm war nicht mit der herkömmlichen Vorstellung in Einklang zu bringen, daß die betriebseigenen Filialen in erster Linie dem Führungskräftenachwuchs als Übungsfeld dienen«, erklärte Vizepräsident Gerry Newman. »Turners Idee war die Gewinnmaximierung, für McDonald's eine ganz neue Perspektive.« Sie war nicht nur neu, sondern auch nicht ganz ungefährlich. Turners Franchiserückkaufpolitik und die relativ einfache und kostengünstige Aufstockung der McOpCo-Filialen hätte McDonald's unter Umständen in Versuchung führen können, im Laufe der Zeit auf die Franchisenehmer ganz zu verzichten.

Turner war sich dieser Gefahr wohl bewußt. Anfang der 70er Jahre stellte er fest, daß die Expansion der McOpCo-Lokale allmählich außer Kontrolle geriet und langsam für das gesamte System bedrohlich wurde. Das Management wurde über Gebühr beansprucht, was sich bereits am Leistungsniveau einzelner Restaurants bemerkbar machte. Den Geschäftsführern mangelte es an der Motivation und dem Unternehmergeist, den die Franchisenehmer gezeigt hatten. Die Gewinne der McOpCo-Lokale blieben in der Regel hinter denen der franchisierten Betriebe zurück. Sie erreichten zwar in Märkten mit durchschnittlichem Potential eine angemessene Ertragslage, aber nicht eine solche mit durchschnittlichem Volumen oder in Ballungszentren, wo die einzelnen Fast food-Unternehmen konzentrierter und das Marketing spezifischer waren. Gerade in diesen umsatzschwachen Märkten mit hohen Sättigungsgrad zeigte sich, in welchem Maße die Markt- und Ertragsentwicklung vom persönlichem Engagement echter Systempartner abhängig war. »Als wir mit den betriebseigenen Verkaufsstellen die 25 %-Marke erreicht hatten, glaubte ich, daß auch 33 % machbar wären«, erinnert sich Turner. »Damit habe ich mich verschätzt.«

Turner hätte das Problem dadurch lösen können, daß er das zentrale und regionale Management-Team vergrößerte. Aber diese Möglichkeit lehnte er ab. »Wenn die Anzahl der betriebseigenen Verkaufsstellen überhandnimmt, schwächt man das Rückgrat des Systems, die Gruppe der Franchisenehmer«, erläuterte Turner. Genau das passierte in Washington, D.C. Turner gab zu: »Unser Leistungsprogramm ließ in dieser Region bedrohlich nach, denn wir haben uns dort zuwenig um die Lizenznehmer gekümmert.«

Dieser Trend war Turner nicht willkommen. Die McOpCo-Lokale brachten McDonald's zwar den Vorteil, die Gewinne nicht mit millionenschweren Franchisenehmern teilen zu müssen, was zwar kurzfristige Vorteile brachte, langfristig gesehen jedoch die Wettbewerbsstellung – und das Ertragsniveau – gefährden mußte.

Deshalb legte McDonald's von nun an wieder größeres Gewicht auf das Franchising. Turner stoppte das Wachstum der McOpCo-Filialen an der 33 %-Marke und reduzierte sie danach durch eine verstärkte Lizenzvergabe und ein Einfrieren des Akquisitonsprogrammes auf 25 %. »Ein McDonald's-Restaurant braucht an 363* Tagen im Jahr eine starke Hand«, meinte Turner. »Und die Franchisenehmer waren weit leistungsfähiger als die von uns eingesetzten Manager.«

Der Lizenzrückkauf hatte jedoch keinen Einfluß auf die Machtposition der Franchisenehmer. Im Gegenteil, sie wurde noch dadurch gestärkt, daß Turner nunmehr keine Investoren, sondern nur noch Franchisenehmer akzeptierte, die ihre Lokale selbst führten. Während die Franchises vorher zu 50 % von Investoren besessen werden konnten, die sich am Restaurantbetrieb nicht unmittelbar beteiligten, verlangte Turner nun, daß jeder zukünftige Franchisebetrieb zu 100 % einem Vollzeiteigner gehören müsse.

Obwohl sich die Reihen der Lizenznehmer gelichtet hatten, blieb deren Einfluß auf das System erhalten. Mehr denn je drängten sie den Konzern, betriebliche Organisationskonzepte zu verbessern. Gelegentlich nahm das McDonald's-Management die Vorschläge schon deshalb an, weil man ihnen sonst den ›Krieg erklärt‹ hätte. Ein Beispiel dafür, wie radikal die Franchisenehmer ihre Wünsche durchzusetzen versuchten, ist Tom Christian, der ein Restaurant in Elkart, Indiana, betrieb. Er war der erste, der es – Mitte der 60er Jahre – wagte, eine der fundamentalen Regeln Krocs zu verletzen: Er stellte eine Frau ein.

Zu der Zeit war die Arbeitslosenquote in den USA gering und Christian hatte Schwierigkeiten, männliches Personal zu finden. »Ich mußte schon auf die ›zweite Wahl‹ zurück-

---

* an Thanksgiving und am Weihnachtstag sind die Restaurants geschlossen

greifen und habe mir gesagt, eine erstklassige Bedienung ist besser als eine zweitklassige männliche.«

Um die Probleme zu vermeiden, die durch die ›carhops‹ in den älteren Drive-in-Modellen entstanden waren, stellte Christian als erstes eine Pfarrersfrau und danach Hausfrauen mit schulpflichtigen Kindern ein und beharrte auf informellen, aber strikten Verhaltensmaßregeln. »Frauen in einem McDonald's-Restaurant stellten einen echten Durchbruch dar, auf den ich nicht verzichten wollte, weil er nicht nur den Frauen, sondern auch mir Vorteile brachte«, meinte Christian.

Christian hatte seine Personalprobleme über Nacht gelöst und entdeckte, daß seine weiblichen Mitarbeiter sich durchaus mit dem männlichen Personal messen konnte. Das machte auf McDonald's allerdings wenig Eindruck. Sobald die Inspektoren die Frauen in der Elkart-Filiale zu Gesicht bekamen, forderten sie Christian auf, sie auf der Stelle zu entlassen. Christian weigerte sich. Sechs Monate später wurde erneut ermahnt. Dieses Mal wurde Christian rabiat. »Wenn es tatsächlich gegen die Einstellungspolitik verstoßen sollte, Frauen zu engagieren, dann möchte ich das schriftlich sehen. Ohne schriftliche Stellungnahme brauchen Sie dieses Thema bei mir nicht wieder anzuschneiden.«

Die Erklärung blieb aus, und schon bald folgten andere Franchisenehmer Christians Beispiel und verletzten damit den Krocschen Kodex, nur Männer einzustellen. 1968 mußte McDonald's endlich die Waffen strecken, und den Franchisenehmern wurde offiziell erlaubt, weibliches Personal zu beschäftigen. Die neue Einstellungspolitik bevorzugte den gesetzten, mütterlichen Frauentyp. Die Haare mußten kurzgeschnitten und die Frisur einfach sein; nur eine Andeutung von Make-up war erlaubt. Falsche Wimpern, Lidschatten, farbiger Nagellack, greller Lippenstift, Rouge und ›übermäßiger Gebrauch von Parfüm‹ waren verboten. Im Betriebshandbuch war sogar nachzulesen, daß Frauen mit unreinem Teint nicht zur Bedienung eingeteilt werden sollten. Jede Art von Schmuck – außer Ehering und Uhr – war untersagt. Frauen durften nur bis 17 Uhr in Schichtdienst eingeteilt werden. Ihnen wurden die leichten Arbeiten zugewiesen, z. B. die Annahme der Bestellungen oder das Verpacken von Hamburgern. »Vergessen Sie nicht, daß bestimmte Arbeitsbereiche, wie die Betätigung des Grills, weit mehr Kraft und Ausdauer erfordern, als die meisten Frauen besitzen«, heißt es im Handbuch.

Manche Einstellungskriterien waren so diskriminierend, daß man es nicht wagte, sie im Handbuch zu veröffentlichen. »Damals haben wir nur Frauen beschäftigt, die wenig Busen hatten. Sie sollten nicht zu attraktiv für die Männer sein«, erklärte Kroc. »Unser erster weiblicher Manager trug eine Brille und derbe Schuhe mit flachen Absätzen. Sie fluchte wie ein Seemann, aber sie wurde von all ihren männlichen Mitarbeitern respektiert.« Krocs Furcht, das weibliche Bedienungspersonal würde aus McDonald's einen Tummelplatz für Teenager machen, erwies sich als unbegründet. Heute sind 56 % der McDonald's-Mitarbeiter weiblichen Geschlechts, und 46 % aller Verkaufsstellen werden von Frauen geleitet.

Die Franchisenehmer blieben – trotz Turners Expansionsprogramm – auch auf dem Gebiet aktiv, auf dem sie ihren wertvollsten Beitrag geleistet hatten: im Marketing. In großen, landesweiten Einzelhandelssystemen werden neue Marketingprogramme normalerweise von zentraler Stelle aus entwickelt. Die Ideen eines einzelnen, auch wenn sie noch so viel Markterfahrung widerspiegeln, werden im allgemeinen von den Entscheidungsinstanzen selten zur Kenntnis genommen. McDonald's wählte den entgegengesetzten Weg, was sich am deutlichsten im Bereich der Produktentwicklung zeigt.

Die Franchisenehmer wurden zunehmend innovativer und einflußreicher, wenn es um die Erweiterung des Speiseangebotes ging. In den ersten fünf Jahren nach Turners Amtsantritt führten sie so viele neue und erfolgreiche Produkte ein, daß man die herkömmliche Definition eines Fast food-Restaurants ändern mußte. Abgesehen vom Fischsandwich, das Anfang der 60er Jahre in die Speisekarte aufgenommen wurde, hatte sich die limitierte, von den Mc-

Donald-Brüdern übernommene Angebotspalette kaum gewandelt. Anfang der 70er Jahre wurde das Angebot um zwei neue Hamburger-Gerichte und um ein paar Desserts erweitert, die erfolgreich waren. Die Franchisenehmer experimentierten zwischenzeitlich mit den verschiedensten Produkten und verschafften McDonald's damit Zutritt zu einem Marktsegment, das die Fast food-Branche bisher ignoriert hatte. das Geschäft mit Frühstücksgerichten. Mit Ausnahme des Viertelpfünders wurden übrigens alle erfolgreichen neuen Produkte von Franchisenehmern, nicht vom Konzern selbst entwickelt.

So auch der absolute ›Hit‹ in der langen Reihe der Neuprodukte: der doppelstöckige Hamburger, Big Mac genannt, der doppelt so teuer wie ein einfacher Hamburger war. Er wurde 1968 in allen amerikanischen Verkaufsstellen eingeführt. Die Produktidee stammte vom Jim Delligatti, einem der ersten von Krocs rekrutierten Franchisenehmern, der Ende der 60er Jahre rund ein Dutzend Restaurants in Pittsburgh hatte. Trotz der Exklusivlizenz für die Stadt Pittsburgh arbeitete Delligatti hart an der Rentabilitätsgrenze. Er war überzeugt, daß sich der Umsatz nur beleben ließe, wenn er den Kundenstamm vergrößern konnte, und das erforderte in seinen Augen ein breiter gefächertes Produktangebot.

Er nutzte jede Gelegenheit, sich mit anderen Franchisenehmern oder Konzernmanagern zusammenzusetzen, um über sein Lieblingsthema zu diskutieren: die Notwendigkeit, Produkte einzuführen, die auf Erwachsene ansprechend wirkten, und damit das Umsatztief zu überwinden. 1967 erhielt er dank seiner Beharrlichkeit die Erlaubnis, ein von ihm entwickeltes Gericht zu testen: einen Hamburger mit zwei Fleischgerichten, der 45 Cents kosten sollte. Er nannte ihn Big Mac.

Das Konzept an sich stammte ursprünglich von Bob Wian, dem Gründer der Drive-in-Kette Big Boy. Ihr Hauptprodukt war ein Sandwich, das aus zwei, durch eine Brötchenscheibe getrennte Schichten Rinderhackfleisch, Salat, Gurke, Zwiebeln, Käse und einer Sauce auf Mayonnaisenbasis bestand. Delligatti hatte Anfang der 50er Jahre im Süden Kaliforniens ein Drive-in geführt, wo Wians Big Boy ein Renner wurde, und das Gericht, wie rund ein Dutzend anderer Gastronomen, kopiert. Als er nach einem neuen Produkt für sein McDonald's-Lokal suchte, dachte er natürlich sofort an ein ähnliches Konzept. »Ich habe nicht gerade die Glühbirne erfunden«, lautete Delligattis Kommentar. »Die war schon da. Ich habe sie lediglich in den Sockel geschraubt.«

Dennoch war es gar nicht so einfach, das McDonald's-Management zu überzeugen, daß ein Produkt zum doppelten Preis ein Renner werden könnte. Obwohl Fred Turner eine äußerst aggressive Expansionspolitik betrieb, war er nahezu reaktionär, wenn es um die Erweiterung des Speisenangebotes ging. Er fürchtete, daß die Einführung einer neuen Produktreihe den reibungslosen Arbeitsablauf, an dessen Konzeption er maßgeblich beteiligt gewesen war, stören könnte. Im Grunde hatte Delligatti es wohl nur der Intervention von Ralph Lanphar, dem für Columbus zuständigen Regionalmanager, zu verdanken, daß er den Big Mac überhaupt testen durfte. Dieser machte sich an ›höchster Stelle‹ zu seinen Fürsprecher. Mit der Erlaubnis, das neue Produkt zu testen, waren allerdings Auflagen verbunden: der Big Mac durfte nur in einem einzigen Restaurant versuchsweise eingeführt werden, und nur unter der Bedingung, daß die Standard-Buns von McDonald's verwendet wurden. Delligatti setzte sich über diese Restriktionen hinweg und bestellte ein großes Sesambrötchen, das dreimal durchgeschnitten wurde. Innerhalb weniger Monate sorgte der Big Mac für eine spektakuläre Umsatzsteigerung des Lokals von mehr als 12 %.

Danach bot Delligatti es in all seinen Restaurants an, und überall hatte er damit denselben Erfolg. Die Konzern-Manager und andere Lizenznehmer belagerten ihn, um sich über diesen Verkaufsschlager zu informieren. McDonald's verlor keine Zeit, ihn auch auf anderen Testmärkten einzuführen, und als auch dort Umsatzsteigerungen von 10 % und mehr erzielt wurden, kam der Big Mac Ende 1968 in allen Inlandsrestaurants auf die Speisekarte.

Schon im darauffolgenden Jahr bestritt der Big Mac 19 % des gesamten McDonald's-Umsatzes. Und, was noch wichtiger war, mit dem neuen Hamburger gelang es McDonald's, sein Marktvolumen entscheidend zu vergrößern, weil die Kette nun auch für die Erwachsenen, die bisher wenig Interesse an Fast food-Restaurants gezeigt hatten, attraktiv wurde. Über Nacht war der Big Mac zum erfolgreichsten McDonald's-Produkt aller Zeiten und zum zentralen Marketingthema geworden. Der Siegeszug des Big Mac ließ sich, wie die Presse berichtete, nicht aufhalten, und jedes Kind kannte den Werbesong, in dem die sieben Ingredienzien aufgezählt sind.

Daß Delligattis sensationeller Erfolg mit dem Big Mac eine Welle von Produktexperimenten auslöste, ist nicht verwunderlich. Jeder dieser innovationsbesessenen Franchisenehmer hoffte, sich mit ähnlich revolutionären Neueinführungen zu profilieren. Litton Cochran, der mehrere Restaurants in Knoxville betrieb, glaubte, mit einem Dessert seinen Markt erobern zu können, und Turner gab ihm freie Hand, zu experimentieren, in der Hoffnung damit Krocs Serie von Mißerfolgen zu beenden.

Cochran kam zu der Auffassung, daß Kroc das Naheliegendste übersehen hatte, und das war die Vorliebe seiner Landsleute für Apfelkuchen, das ebenso ein Nationalgericht war, wie inzwischen der Hamburger und die Pommes frites. Cochran konnte sich noch gut an die tiefgefrorenen Apfeltaschen erinnern, mit dem die Mutter seinen Hunger bis zur Essenszeit ›überbrückt‹ hatte. Die halbmondförmigen Blätterteigtaschen mit Apfelfüllung waren in den Südstaaten besonders beliebt, und da sie portionsweise zubereitet werden konnte, für ein Fast food-Restaurant bestens geeignet. Cochrans Mutter und Schwester machten die Apfeltaschen für Cochrans Restaurant in Knoxville anfangs selbst, bei steigender Nachfrage mußte dieser allerdings auf einen kommerziellen Lieferanten zurückgreifen. »Wir Südstaatler brauchen eben unseren Nachtisch«, meinte er. 1970 gehörte Cochrans Apfeltaschen in allen amerikanischen McDonald's-Lokalen zum Standardmenü – und der ›Erfinder‹ in die Reihen der legendären Franchisenehmer.

Nicht alle neuen, von Lizenznehmern entwickelten Produkte konnten solche Erfolge verbuchen. 1967 schlug Nick Karos, der Spezialist für Neueröffnungen, der nun ein Restaurant in Cleveland betrieb, vor, ein Roastbeef-Sandwich zu testen. Turner lehnte ab; daraufhin wandte sich Karos an Kroc, weil er wußte, daß dieser eher zustimmen würde, selbst wenn der Firmenpräsident Einspruch erhoben hatte. Karos hatte sich nicht getäuscht, und als er das neue Produkt in seiner Verkaufsstelle am Stadtrandgebiet von Northfield testete, schien er einen Treffer gelandet zu haben. Sein Umsatz stieg um 33 %, wovon 15 % auf das Roastbeef-Sandwich entfielen.

Diese drastische Umsatzentwicklung mußte Turners Interesse wecken. 1968 entschied er, das Sandwich in sämtlichen Verkaufsstellen einzuführen. Aber anstatt das Roastbeef, wie Karos es tat, im Backofen zuzubereiten, sollte es, dem McDonald's-Standard entsprechend, in Öl fritiert werden. Jim Schindler konstruierte eigens zu diesem Zweck ein Gerät, das er Tepidarium nannte. Mit Turners Segen wurde die erste – und einzige Roastbeef-Friteuse der Welt in Betrieb genommen.

Leider waren die Roastbeef-Sandwiches trockener und weniger würzig als die Karos. Trotzdem wurden sie innerhalb kürzester Zeit ein Hit. McDonald's beschloß daher, das neue Produkt in allen Lokalen einzuführen. Aber buchstäblich in letzter Minute entdeckte der Finanzexperte Gerry Newman einen gravierenden Fehler: Man hatte den Schrumpfungsprozeß des Roastbeefs nicht berechnet, und mit einem Sandwich für 59 Cents ließ sich auch bei der größten Nachfrage kein Geld verdienen. Da Turner einen höheren Preis ablehnte, war das Projekt gestorben. Zu allem Unglück hatte man schon tausend Tranchiermesser – eines für jedes Restaurant – bestellt. Die Kosten in Höhe von 300 000 Dollar mußte man nun wohl oder übel abschreiben. Turner sah darin eine recht teure Lektion: Bei der rasanten Expansionsrate war es angezeigt, neue Produkte vor der systemweiten Einführung noch gründlicher zu analysieren.

Solche Fehlschläge konnten die Suche nach neuen Produkten jedoch nicht hemmen. McDonald's schien bereit,

Vorschläge von jedem – selbst aus dem Vorstand – in Betracht zu ziehen. Als Direktor David Wallerstein die Idee hatte, größere Pommes frites-Portionen anzubieten, war man zunächst skeptisch. »Wenn die Leute mehr Pommes frites wollen, können sie zwei Tüten kaufen«, meinte Kroc. Aber Wallerstein glaubte, die Psyche des Kunden besser zu kennen. »Zwei Tüten zu bestellen sieht nach Gefräßigkeit aus«, argumentierte er. »Da kauft man lieber eine große Portion mit 60 % mehr Inhalt für 75 % Aufpreis.« Mit Wallerstein ›Psychostrategie‹ ließ sich zudem der Umsatz des Produktes mit der höchsten Gewinnspanne steigern.

Wallerstein beobachtete zwei Tage lang das Kundenverhalten in einem McDonald's-Restaurant in Chicago. Das Ergebnis war nicht nur für ihn, sondern auch für Kroc überraschend: Jeder Kunde verzehrte seine gesamte Portion Pommes frites. Hätte diese pseudowissenschaftliche Erkenntnis von einem anderen als Wallerstein gestammt, wäre sie vielleicht auf taube Ohren gestoßen; aber Wallerstein galt als Snack-Experte. Als Präsident der Kinokette Balaban und Kaz hatte er statt der üblichen kleinen Tüten Popcorn Schachteln eingeführt und schließlich karamelisiertes Popcorn, das in noch größeren Behältnissen verkauft wurde. Deshalb akzeptierte Kroc dann doch seinen Vorschlag und führte 1972 die große Pommes frites-Portion ein. Heute wird mehr als die Hälfte der Pommes frites in großen Portionen verlangt.

Aber der größte Durchbruch gelang McDonald's nicht mit einem neuen Produkt, sondern mit einer brandneuen Produktlinie, und auch hier stammte die Idee wieder von einem Franchisenehmer. Delligatti, der sich noch in seinem mit dem Big Mac erworbenen Ruhm sonnte, bat, einfach Frühstücksgerichte in seinem Lokal testen zu dürfen. Das Restaurant öffnete um sieben Uhr morgens, und er begann, Kaffee, Doughnuts und Brötchen zu verkaufen. Später erweiterte er sein Frühstücksmenü noch auf Pfannkuchen und Würstchen. »Wir zahlten für 24 Stunden am Tag Miete, Stromkosten und Versicherungen, aber unser Geschäft hatte nur die Hälfte der Zeit geöffnet«, erklärte Delligatti. »Die Stunden bis zur mittäglichen Stoßzeit mußten sich doch irgendwie nutzen lassen.«

Trotz des limitierten Angebotes machte das Frühstücksmenü bald 5 % des gesamten Umsatzes seines Restaurants aus. Im Gegensatz zu anderen neuen Produkten hatte diese Innovation keinen Umsatzrückgang für die restlichen Gerichte zur Folge. Aber die Öffnungszeiten von sieben Uhr morgens bis elf Uhr nachts waren kaum zumutbar, und nur wenige Lizenznehmer erklärten sich bereit, ihre Arbeitszeit zu verlängern, es sei denn, daß ein Produkt entwickelt wurde, mit dem sich entsprechend attraktive Gewinnsteigerungen erzielen ließen.

Dieses Produkt fand Herb Peterson, ein Franchisenehmer in Santa Barbara, Ende 1971. Peterson hatte zuvor bei der D'Arcy-Advertising-Agentur die McDonald's-Werbung betreut. Er sah in der Frühstücksmenü-Linie eine echte Marktchance. Aber im Unterschied zu Delligatti, der Standardgerichte bevorzugte, glaubte Peterson, um diese neue Produktlinie populär zu machen, müsse sie dieselbe Voraussetzung wie alle anderen McDonald's-Gerichte erfüllen: nämlich aus der Hand eßbar sein. Er fand die Lösung, als er mit einem Eiersandwich experimentierte, das der Konkurrent Jack-in-the-Box auf den Markt gebracht hatte.

Bis Weihnachten desselben Jahres hatte Peterson die Lösung gefunden. Er ersetzte das Dressing durch eine Scheibe Schmelzkäse, die auf dem heißen Ei zerlief und ihm die Konsistenz gab, die er suchte. Außerdem hatte er eine Möglichkeit entdeckt, Spiegeleier nach dem Fließbandprinzip zuzubereiten: Er entwickelte ein neues Küchengerät – sechs aneinandergeschweißte, teflonbeschichtete Ringe, die auf dem Grill gelegt werden konnten und Form und Größe der Muffins* hatten. Als weitere Zutat fügte er kanadischen Frühstücksspeck hinzu und hatte damit ein Produkt kreiert, das sich für eine Fast food-Kette bestens eignet.

Kroc, der Weihnachten auf seiner Ranch in der Nähe von Santa Barbara feierte, suchte Peterson auf dessen Bitte hin

---

* weiches rundes Brötchen

auf. Als Kroc eintraf, präsentierte ihm Peterson sein Überraschungsei und legte gleich noch eine Kostenkalkulation daneben. Obwohl Kroc gerade erst zu Mittag gegessen hatte, war er so begeistert, daß er gleich zwei der neuen Eier-Speck-Muffins verschlang. Zwei Wochen darauf traf Peterson mit seinen Teflonringen in Chicago ein und führte den anderen Spitzenmanagern sein neues Frühstücks-Sandwich vor, die ebenso beeindruckt waren wie Kroc.

Um das neue Produkt landesweit zu testen, fehlte nur noch ein Name. Peterson favorisierte ›McDonalds' Fast Break Breakfast‹, doch der Name war bereits geschützt – von Nabisco, obwohl die ihn nie benutzt hatten. McDonald's Marketing war zu diesem Zeitpunkt noch nicht so ausgeklügelt, daß man über eine vorgefertigte Palette von Produktnamen verfügt hätte. Petersons Kreation war bodenständig, also mußte auch ihr Name entsprechend klingen. Als die Turners eines Abends mit den Krocs zum Essen gingen, schlug Patty Turner den Namen Egg McMuffin vor. Dabei blieb es.

Es dauert noch fast vier Jahre, bis es in sämtlichen Restaurants angeboten wurde. Mit Delligattis Pfannkuchen und Würstchen sowie Petersons Spiegeleiern bot McDonald's 1976 ein komplettes Frühstücksmenü an. Die Fast food-Konkurrenten erkannten erst Mitte der 80er Jahre, daß es hier echte Marktchancen gab. Zu dem Zeitpunkt hatte McDonald's dank der Findigkeit seiner Franchisenehmer bereits eine Monopolstellung am Frühstücksmarkt. Mit dieser Produktlinie werden 15 % des gesamten Umsatzes erzielt (1991 bei McDonald's durchschnittlich 1,66 Millionen Dollar pro Lokal, bei Burger King beziehungsweise Wendy's vergleichsweise 1 Million respektive 852 000 Dollar), was McDonald's einen beachtlichen Wettbewerbsvorsprung verschaffte.

McDonald's hatte sich allerdings schon vor Einführung der Frühstücksmenüs die Marktführung gesichert. In den ersten fünf Jahren nach Turners Amtsantritt hatte sich das Gesicht der Kette drastisch gewandelt. Das typische Drive-in-Format mit begrenztem Speiseangebot und Bedienung am Tresen war einem Restaurant mit Sitzplätzen und vollem

Service gewichen. Aus einer Kette regionaler Verkaufspunkte war ein landesweit betriebenes starkes System geworden. Ein Umwandlungsprozeß hatte stattgefunden, der die Konkurrenz in den Schatten stellte. 1974, als McDonald's die Einweihung seines dreitausendsten Lokals feierte, hatte Burger King gerade eintausend Restaurants, Burger Chef sollte diese Marke nie erreichen. Und da Dave Thomas mit seiner inzwischen erst fünf Jahre alten Wendy's-Kette die Distanz zum Marktführer dadurch aufzuholen hoffte, daß er große Territoriallizenzen an kapitalkräftige Investoren vergab, war McDonald's mit seinen engagierten Systempartnern nicht mehr zu schlagen.

Nur fünf Jahre vorher schien McDonald's allen Schwung verloren zu haben. Es war nur noch eine Frage der Zeit, wann es von einem aggressiveren Konkurrenten, der unter der Ägide einer finanzkräftigen Muttergesellschaft stand, vom ersten Platz verdrängt werden würde. Es war abzusehen, daß sich die gerade ›flügge‹ gewordenen Fast food-Branche innerhalb der nächsten fünf Jahre zu einem Wirtschaftszweig entwickeln würde, mit dem man zu rechnen hatte. Zu Beginn dieser Periode galt McDonald's als Marktführer, dem die Konkurrenz dicht auf den Fersen folgte; am Ende als einer, dessen Spitzenposition unerreichbar war.

Der Umwandlungsprozeß ließ die fundamentale Stärke des Unternehmens – Krocs Franchising-Philosophie – unangetastet. Die Kette hatte trotz ihres Umfanges den hautnahen Kontakt zu ihren Franchisenehmern nicht verloren. Sie profitierte mehr denn je von deren in der Praxis erprobten und bewährte Marketing-Know-how. Es war ihr gelungen, auch ohne Fusion mit einem finanzstarken Konzern zu überleben, der ihm seinen eigenen Stempel aufgedrückt hatte. McDonald's hatte in einem äußerst riskanten Spiel mit höchstem Einsatz gepokert – und gewonnen. Es hatte die Marktführung errungen, ohne seine Eigenständigkeit zu verlieren.

Als Fred Turner zum Präsidenten gewählt wurde, hatten sich nicht wenige Beobachter gefragt, ob es klug sei, den Vorsitz einem Mann anzuvertrauen, dessen Stärke die Qualitätsverbesserung der Hamburger, Milchshakes und Pommes frites war. Anfang der 70er Jahre gab es an Turners Befähigung als Leiter eines komplexen Unternehmens keine Zweifel mehr. »Freds Kompetenz wuchs im gleichen Maß wie McDonald's«, meinte Investment-Berater Harry Fisher. »Er paßte in kein Schema. Er stand vielleicht weniger im Blickpunkt der Öffentlichkeit als andere Firmenchefs, aber seine Leistungen brauchten sich hinter den ihren nicht zu verbergen. Er war der Architekt des modernen McDonald's.«

Turner kam zweifellos zugute, daß Kroc und Sonneborn für ein dauerhaftes Fundament gesorgt hatten. Ein oberflächlicher Betrachter könnte vielleicht behaupten, er sei mit der riesigen Fast food-Welle an die Oberfläche gespült worden. Aber die Insider wissen es besser. Direktor David Wallerstein bemerkte: »Fred Turner hat die Welle ganz sicher im richtigen Moment erwischt, aber was nutzt das, wenn man nicht wellenreiten kann? Er konnte es, und darin besteht ja das Management.«

KAPITEL 13

Medienzauber

Ende der 60er Jahre besaß McDonald's alle Voraussetzungen, um Turners ehrgeiziges Expansionsprogramm zu realisieren. Es galt als erfolgreichster Grundstücksaufkäufer der Branche, hatte eine stabile finanzielle Grundlage und das Wachstum fest unter Kontrolle. Es bot dem Nachwuchs mit der Hamburger-Universität eine gut fundierte, in der Branche bisher unerreichte Ausbildung.

Seltsamerweise war Marketing das einzige schwache Glied der Kette. Obwohl McDonald's heute zu den anerkannten Experten im Konsumgüter-Marketing zählt, hatte es sich bis zu Turners Amtsantritt primär auf das Marketing-Know-how seiner Franchisenehmer verlassen. In der Zentrale in Chicago gab es nicht einmal eine eigene Marketing-Abteilung.

So innovativ die Werbe- und Promotionsprogramme auch waren, die Franchisenehmer hatten damit nur die Oberfläche eines Teilmarktes angekratzt und sich vornehmlich an Familien mit knappem Budget orientiert – McDonald's größtem und ansprechbarstem Marktsegment. Aber im Verlauf des massiven Expansionsprojektes begann Turner nach neuen Marktnischen zu suchen. McDonald's sah sich jetzt der weit größeren Herausforderung gegenüber, den überregionalen Massenmarkt zu entwickeln. Dieser Aufgabe waren regionale Franchisenehmer nicht gewachsen. Ohne eine zentrale koordinierte, effektive Werbung ließen sich der nötige Massenappeal nicht erreichen und Turners Expansionsziele nicht in die Praxis umsetzen.

Ende 1967 hatte der Durchschnitt der McDonald's-Restaurants ein relativ langsames Wachstum des Umsatzvolumens zu verzeichnen: Es war in einem Zeitraum von zehn Jahren von 200 000 Dollar auf nicht mehr als 291 000 Dollar gestiegen. Da Turner plante, die Zahl der Verkaufsstellen zu verdreifachen, war mit einem Umsatzrückgang zu rechnen – möglicherweise bis zur Rentabilitätsschwelle –, wenn es McDonald's nicht gelingen würde, durch eine differenzierte Zielgruppenansprache neue Kundensegmente zu erschließen.

Die Erweiterung des Speiseangebotes hatte bereits Wirkung gezeigt: zu den Neukunden gehörten jetzt viele Erwachsene oder Konsumenten, die McDonald's wegen der fehlenden Sitzmöglichkeiten nicht frequentiert hatten. Aber McDonald's mußte nicht nur ein Fast food-Restaurant mit breiterer Basis sein, sondern dieses Image auch festigen.

Turner glaubte, sein Ziel nur durch eine massive Fernsehwerbekampagne erreichen zu können, auch wenn McDonald's – und andere Fast food-Konkurrenten – damit wenig Erfahrung hatte. Der neue Präsident verkündete stolz, daß – vorausgesetzt, es treffe zu, daß erfolgreiches Marketing der einzige Schlüssel zum Erfolg sei – jenige Fast food-Kette die erfolgreichste werde, die ihren gesamten Werbeetat in die drei größten Fernsehstationen pumpe: ABC, CBS und NBC. Obwohl McDonald's das natürlich nie in die Tat umsetzte, machte man 1968 den ersten großen Schritt in Richtung verstärkter Fernsehwerbung.

Im Vorjahr hatten die Franchisenehmer sich zu einer landesweiten Werbekooperative (OPNAD)* zusammengeschlossen. Jeder Franchisenehmer zahlte 1 % der Verkaufserlöse in einen Fond ein, zusätzlich zu den 2 % bis 3 %, die er für regionale Werbung ausgab. Mit der Gründung der OPNAD stand McDonald's plötzlich das gesamte Fernsehnetz offen. Beinahe über Nacht hatte der Konzern drei Millionen Dollar für die Öffentlichkeitsarbeit zur Verfügung – in Anbetracht der Wachstumskurve, die die Kette aufzuweisen hatte, ein eher bescheidener Anfang. 1974, als Turners Expansionsprogramm den Höhepunkt erreicht hatte, betrug das Budget der OPNAD bereits 20 Millionen Dollar; 1985 wurde es auf 180

---

* Operators National Advertising

Millionen Dollar aufgestockt. Einschließlich der regionalen Budgets gab McDonald's in diesem Jahr 302 Millionen Dollar für Fernsehwerbung aus und wurde damit zum drittgrößten Fernsehwerbetreibenden in den USA (nach Procter und Gamble mit einem 779 Millionen- und Phillip Morris mit einem 485 Millionen-Dollar-Etat). Für keinen anderen Markennamen wurde damals im Fernsehen mehr Geld ausgegeben. McDonald's neue nationale und regionale Werbekooperativen machten es der Kette möglich, sich des mächtigsten Werbemediums in einer Weise zu bedienen, die in der Nahrungsmittelindustrie ohne Beispiel war.

Aber die Aufstockung des Budgets allein war noch nicht die Lösung. Von nun an mußte die Entwicklung eines zentral koordinierten Marketingprogrammes höchste Priorität haben, denn mit der Entwicklung eines Markenimages auf dem gesamten Inlandsmarkt waren die einzelnen Franchisenehmer trotz aller Marketingorientierung überfordert. Bis 1968 hatte sich McDonald's vornehmlich auf die Standardisierung der Betriebsbereiche und auf die Finanzierung des Unternehmenswachstums konzentriert. Jetzt setzte sich Turner zum Ziel, die Märkte aktiv zu gestalten, und um dieses Ziel schnellstmöglich zu erreichen, brauchte er die Hilfe von Medienexperten.

Turner stellte Paul Schrage, der McDonald's im Auftrag der Werbeagentur D'Arcy betreut hatte, ein, um die erste firmeneigene Marketing-Abteilung zu organisieren. Schrage holte sich zur Unterstützung Barry Klein, der die Position des ersten nationalen PR-Managers erhielt und seit Anfang der sechziger Jahre für die Agentur Kal, Ehrlich und Merrick in Washington, D.C., gearbeitet hatte, die Figur des Ronald McDonald für John Gibson und Oscar Goldstein geschaffen hatte. Klein war der Schöpfer praktisch aller Ronald-McDonald-Werbespots, die die Agentur im Auftrag der Washingtoner Franchisenehmer kreiert hatte.

Die neue Marketing-Abteilung wandte im Vergleich zur gesamten Fast food-Branche völlig neue Werbemethoden an, die zum Teil noch unkonventioneller als die der Franchisenehmer waren. Bisher stand in der Werbung der Fast food-Branche das Produkt und der Preis im Vordergrund; Schrage und sein Marketing-Team stellten nun ein ehrgeiziges, aber vielversprechenderes Werbeziel in den Mittelpunkt: Schaffung eines Corporate-Image. Die Kunden sollten Hamburger mit dem Namen McDonald's identifizieren, wie es beispielsweise der Firma Miller mit ihrem Bier gelungen war. McDonald's bekam nun das, was Kroc immer angestrebt hatte: Die Kette war nicht länger im Hamburger-Geschäft aktiv, sondern im Showbusiness.

Kroc hatte auf Paul Schrage großen Eindruck gemacht. »Ray hat uns immer gepredigt, Hamburger könne jeder machen, und deshalb müßten wir uns etwas einfallen lassen«, erinnert sich Schrage, der inzwischen zu den langjährigen McDonald's-Vorstandsmitgliedern gehört. »Wir suchen nach einer Werbebotschaft, mit der sich McDonald's aus der Schar der Konkurrenten positiv abhob. Wir hatten uns zum Ziel gesetzt, dem Namen eine zusätzliche Dimension zu geben, aus ihm eine Attraktion zu machen, die ohnegleichen war.«

Schon die ersten Commercials der D'Arcy-Agentur enthielten eine indirekte Werbebotschaft; sie waren genauso unterhaltend wie informativ. Bei der Einführung des Big Mac vermied man langweilige Produktinformationen und präsentierte den Riesen-Hamburger als dreistöckiges Monument, vor dem eine Gruppe von Touristen stand und den Erklärungen ihres Reiseführers lauschte. In einem anderen Commercial, das sich um die zentrale Werbebotschaft ›Hygiene‹ rankte, schritt ein weißbehandschuhter General zur Inspektion einer McDonald's-Küche. Auch bei McDonald's wichtigstem Produkt – den Pommes frites – stand der psychologische Aspekt im Mittelpunkt der Werbung: Ein Commercial zeigte einen Jungen, der mit einer Pommes frites-Schachtel in der Hand durch einen Park wandert, Eichhörnchen füttert und die leere Schachtel umweltbewußt in seinen Hosentaschen verstaut. Die eigentliche Botschaft konzentrierte sich nicht auf das Produkt, sondern auf die Freuden, die sein Genuß verschaffte.

Schrage hatte kaum seine neue Stellung angetreten, als er

bemerkte, daß die Werbeagentur D'Arcy ihrem größten Kunden – der Standard Oil of Indiana – zuviel und McDonald's zuwenig Aufmerksamkeit schenkte. »Ich hatte das Gefühl, sie glaubten nicht recht an unseren Erfolg«, meinte er.

Deshalb begann McDonald's 1969, sich nach einer neuen Werbeagentur umzusehen. Um die Suche abzukürzen, stellte Schrage den Kandidaten lediglich ein paar Fragen, u. a. die, welches zentrale Verkaufsargument (Unique Selling Proposition oder USP) war ein Werbekonzept, das besonders im Medium Fernsehen große Popularität genoß und von Rossier Reeves von der Ted-Bates-Werbeagentur perfektioniert wurde. Rossier riet seinen Klienten, daß es gerade in einem Medium wie dem Fernsehen, wo eine große Zahl von Werbespots in schneller Folge gesendet wird, darauf ankäme, den Zuschauern das wichtigste Produktmerkmal durch ständige Wiederholung einzuprägen. Die Bates-Agentur hämmerte den Fernsehzuschauern diese Botschaft förmlich ein – der klassische Werbespot für Anacin, welches pochende Kopfschmerzen nach und nach lindere, ist hierfür das beste Beispiel.

Aber Keith Reinhard, der im Auftrag der Agentur Needham, Harper und Steers McDonald's betreute, kam zu der Ansicht, daß man McDonald's nicht auf ein zentrales Verkaufsargument festlegen könne, das für alle Zielmärkte gleichermaßen gültig sei und so unterschiedliche Gruppen wie Kinder, Eltern und Jugendliche anspräche. Deshalb schlug er eine differenzierte Zielgruppenansprache vor, die er ebenfalls USP nannte – Unique Selling Personality. Der Unterschied bestand darin, so Reinhard, »das Verkaufsargument individuell auf die einzelnen Kundengruppen maßzuschneidern«.

Reinhards Vorschlag beruhte auf einer weitläufigen Verbraucherumfrage, die in den McDonald's-Restaurants durchgeführt wurde. Bei der Erhebung hatte sich herausgestellt, daß die einzelnen Kunden McDonald's zwar aus verschiedenen Gründen bevorzugten, aber einstimmig der Meinung waren, ein Besuch von McDonald's sei ein besonderes Ereignis für die ganze Familie: Die Kinder hatten dort viel zu bestaunen und konnten überdies auf Besteck verzichten, und die Eltern waren von der Qualität der Gerichte, den Preisen, der Sauberkeit und der Atmosphäre begeistert. Diese Mischung aus Behaglichkeit und Spaß, die in erster Linie emotionale Empfindungen auslöste, sollte in der McDonald's-Werbung im Mittelpunkt stehen.

Es gab zwar ähnliche Konzepte in der Einzelhandels-, aber nicht in der Gastronomiewerbung, die sich bis dato auf Produktmerkmale und Preis gestützt hatte. Bis zu den 70er Jahren hatte die Branche das Medium Fernsehen als Werbeträger ignoriert, und ein Standard-Werbespot hätte sicher auf den Niedrigpreis und eine endlose Reihe dampfender Hamburger Bezug genommen. Aber Reinhard plante, McDonald's als eine kundenorientierte Institution darzustellen – ein Restaurant, in dem man auf die aktuellen Bedürfnisse des einzelnen einzugehen verstand und das ein aufregendes Erlebnis für jedermann darstellte.

Genau das war das zentrale Verkaufsargument, nach dem Schrage gesucht hatte, und deshalb erhielt die Needham-Agentur den Auftrag, innerhalb von drei Monaten ein Werbekonzept auszuarbeiten. »Unsere Umfragen hatten gezeigt, daß die Kunden einen Besuch von McDonald's wie einen Ausflug vom Alltag, ähnlich einem Rückzug auf eine einsame Insel betrachteten«, erinnert sich Reinhard. »Die Kinder hatten viel zu sehen, die Mütter mußten sich einmal nicht ums Essen kümmern und die Väter konnten sich von der anstrengenden Arbeit erholen.«

Die Agentur ließ ein Dutzend neuer Werbespots mit dem ›Inselthema‹ produzieren. Untermalt wurde es von einem Chor, der das Lied ›Komm auf die McDonald's-Insel‹ intonierte. Luftaufnahmen zeigten McDonald's-Restaurants, die wie ein sicherer Hafen in dem ringsum brandenden Verkehr wirkten. Turner war von den Commercials begeistert, daß er einen Reporter des *Wall Street Journal*, der ihn einige Tage zuvor interviewt hatte, anrief und ihm mitteilte, er wolle die Umsatzprognosen korrigieren; die Zahlen seien zu niedrig angesetzt.

Die Agentur war zwei Wochen vor Termin mit der Produktion fertig geworden und das Fernsehdebüt konnte stattfinden. Doch es kam nicht soweit. McDonald's Mitarbeiter hatten bei einer Inspektionstour in Oklahoma Werbeschilder gesichtet, auf denn es hieß: »A & W Root Bier – ihr Rückzug auf eine einsame Insel.« A & W hatte den Werbeslogan zwar nur für eine regionale Kampagne genutzt, aber McDonald's-Anwälte rieten ab, das Thema zu kopieren. Needham hatte zwei Wochen Zeit, um sich etwas Neues auszudenken. »Wir gerieten in Panik«, erinnert sich Reinhard. »Wir saßen mit völlig leeren Köpfen da, ohne jede Idee.«

Die Zeit drängte. Für Reinhard begann eine hektische Suche. In New York traf er mit Sid Woloshin, der sich als Komponist von Werbesongs einen Namen gemacht hatte, und mit Gordon Fenton, einem erfahrenen Werbetexter, zusammen. Reinhard und Fenton brüteten die ganze Nacht über den Versen, Woloshin über einer eingängigen Melodie. Für das neue Lied konnten sie eigentlich nur auf eine Zeile aus dem Insel-Spot zurückgreifen: »Es ist näher, als man denkt, komm, wohin das Glück dich lenkt – zu McDonald's.« Um diese Zeile herum bastelten sie neue und gaben sie Woloshin, der sich am Klavier bereits ein paar neue Melodien hatte einfallen lassen.

Auf die Melodie einigte man sich rasch. Rhythmisch und erhebend paßte sie fast perfekt zu den Texten, die sich Reinhard und Fenton ausgedacht hatten. In einem New Yorker Studio wurde der Song in Windeseile aufgenommen und kurz darauf Barry Klein und Matt Lambert, einem weiteren Marketingmanager, präsentiert. Sie waren begeistert, vor allem von der Stelle, an der der Chor den Refrain anstimmte: »Es ist näher, als man denkt, komm, wohin das Glück dich lenkt – zu McDonald's.« »Das ist Spitze«, rief Lambert aus. »Es lief mir eiskalt den Rücken runter. Aber wie war nochmal der Text?«

Das war das Problem – kein Mensch konnte den Refrain verstehen, die Kernaussage. Als Reinhard sich das Gehirn nach einer neuen Zeile zermarterte, war es mit seiner Kreativität plötzlich zu Ende. Er hatte sich verausgabt, war völlig blockiert. Aus lauter Verzweiflung nahm er sich noch einmal die Kundeninterviews vor, die Needham für McDonald's gemacht hatte. In vielen von ihnen tauchte immer wieder das Wort Pause auf. Manche Kunden sprachen von der ›Pause vom Alltag‹, andere von der ›Pause vom Kochen‹ und wieder andere von ›Preispause‹. Das Wort Pause schrie förmlich danach, für das neue Lied verwendet zu werden. Buchstäblich jeder in der Agentur bemühte sich, Reinhard aus der Patsche zu helfen. Eine kleine, einzeilige Nachricht von Al Klatt, dem Chef von Needhams, brachte schließlich die Lösung. Er hatte auf ein Blatt Papier den Satz »Mach doch mal Pause« geschrieben.

Das war's. »Mach doch mal Pause, geh zu McDonald's.« Der Text paßte nicht nur hervorragend zur Melodie, sondern ließ sich auch in zahllosen Commercials mit Werbebotschaften für die unterschiedlichsten Zielgruppen verwenden. Innerhalb eines Jahres wurde der Werbeslogan in den USA zum Hit. Das Lied war so populär, daß es der Sänger Barry Manilow sogar in seine Auftritte einbaute, was einige Musikkritiker dazu verleitete, Manilow für den Komponisten des Pausensongs zu halten.

Die ›Pause‹-Commercials verschafften McDonald's einen ungeheuren Vorsprung vor der Konkurrenz. Keiner konnte eine eigene Erkennungsmelodie vorweisen, die zum Gassenhauer geworden war. Aber Needhams kreative Werbestrategien hatten wesentlich mehr ›Tiefgang‹: Im Gegensatz zur – damals wie heute – üblichen Fast food-Werbung wurde das Werbeobjekt nie direkt angepriesen, sondern war Teil einer positiven emotionalen Erfahrung, die ein Besuch von McDonald's versprach. Diese Werbeformel, die sich auf die drei Komponenten ›food, folks, fun‹ (Essen, Menschen, Spaß) reduzieren läßt, findet man noch heute in den McDonald's-Werbekampagnen.

Aber das Food-folks-fun-Werbekonzept war mehr als eine Aufforderung zu einem Besuch von McDonald's. Die Spots sagten etwas über den Charakter des Unternehmens aus, das so massiv Werbung trieb. Diese Imagepflege wurde schließlich vorrangig und die Produktwerbung so subtil und indirekt, daß Schrage darauf bestand, jeden Spot mit einem

Titel und dem McDonald's-Logo zu versehen. »Wir hatten soviel von unserer Persönlichkeit in die Spots eingebracht, daß wir nahe daran waren, das Gefühl für unsere eigene Identität zu verlieren«, meinte er.

In den ›Pause-Spots‹ verzichtete man auf eine direkte Produktwerbung und vermittelte statt dessen indirekte, sanftere und manchmal sehr humorvoll verpackte Werbebotschaften, die die Vorurteile gegenüber der Fast food-Branche abbauen halfen. Sie waren deshalb so effektiv, weil niemand eine derartige Form der Werbung von einer Fast food-Kette erwartete, nicht einmal die Konkurrenz. In der ›Butler-Serie‹, eine der ersten Commercial-Sequenzen der Needham-Agentur, holt ein Butler im Rolls-Royce Hamburger, Pommes frites und einen Softdrink und serviert das Essen auf einer Silberplatte seinen millionenschweren Boss, der offensichtlich erfreut darüber ist, Wechselgeld zurückzubekommen. Im ›Zug-Commercial‹ wartet eine Familie, die es offenbar eilig hat, vor einer geschlossenen Bahnschranke im Auto; sie ist über die Verzögerung verärgert – bis der Vater ein McDonald's-Lokal entdeckt, aus dem Auto springt und mit Hamburgern für die ganze Familie zurückkommt, gerade als der Zug durchgefahren ist.

Selbst wenn es um so trockene Themen wie Hygiene ging, fand Needham eine unterhaltsame und ansprechende ›Verpackung‹. Mit dieser Form der Werbung erreichte McDonald's dasselbe hohe Niveau wie die Softdrink-Hersteller, deren Spots eine musikalische Untermalung hatten, die Broadway-Qualität besaß. Der Produktionsetat in Höhe von 130 000 Dollar war für die Fast food-Branche außergewöhnlich hoch, aber McDonald's war der Meinung, wenn ein Unternehmen für seine Produkt- und Servicequalität wirbt, muß auch die Werbung Qualität besitzen.

›Clean‹ (sauber), der ›Hygiene-Spot‹, unterschied sich von allen anderen Werbespots für Nahrungsmittel dadurch, daß kein Essen im Bild erschien. Statt dessen tanzten sieben Crew-Mitglieder um ein Restaurant-Modell herum und sangen dazu eine neue Strophe des Pausensongs: »Schnapp dir 'nen Eimer und wische / unter alle Tische / das macht nicht krank / mach alles blitzblank.«

Die bühnenreifen Needham-Commercials trugen dazu bei, daß viele junge oder bisher unbekannte Schauspieler zu Fernseh- oder Filmstars avancierten. In einem der ›Hygiene-Spots‹ war beispielsweise John Amos zu sehen, der später die Hauptrolle in der weltweit ausgestrahlten Fernsehserie *Roots* spielte. Und lange vor der Oskar-Nominierung von *Tootsie* agierte die Hauptdarstellerin Teri Garr in einem McDonald's-Commercial als Mutter, die stundenlang nach einem Kleid für ihre Tochter sucht und sich dann mit einem Besuch bei McDonald's für ihre Ausdauer belohnt. Auch Michael J. Fox trat in einem McDonald's-Commercial auf, bevor er zum Teenie-Star avancierte.

Needham gab auch den Ronald-McDonald-Spots ein völlig neues Flair; er bereicherte das ›McDonaldland der Fantasie‹ mit neuen Charakteren: dem Hamburger-Langfinger (nach dem Motto: »Jeder Held braucht seinen Schurken«), Bürgermeister McCheese, Officer Big Mac und Grimassengesicht (der süchtig ist nach Milchshakes). Diese Figuren wurden zwar nie so populär wie Ronald McDonald, inspirierten Schrage aber zu der Idee, Kinderspielecken vor oder in einem McDonald's-Lokal einzurichten. Die Idee stammte ursprünglich von George Gabriel, einem Franchisenehmer, der damit Ende der 60er Jahre in seinem Restaurant in Bensalem, Pennsylvania, großen Erfolg hatte. Als die Popularität der McDonaldland-Charaktere zunahm, wurde das sogenannte Spielparadies zur zentralen Marketingstrategie, die die Zahl der ›kleinen‹ Kunden wesentlich erhöhte. Heute haben 30 % aller McDonald's-Restaurants im In- und Ausland ihr Spielparadies. Don Ament, ein Walt-Disney-Designer, sorgte für die Requisiten, die in den von Needhams konzipierten McDonald's-Fernsehspots gebraucht wurden, und machte auch mit der Ausstattung der Spielecken ein lukratives Geschäft.

Im Verlauf eines Jahrzehnts, von Mitte der 60er bis Mitte der 70er Jahre, hatte sich das Marketing von McDonald's stark gewandelt. In den 60er Jahren waren die einzelnen Franchisenehmer im Werbe- und Promotionsbereich aufgrund ihrer Kreativität dominierend. Der Erfolg der ›Pause‹-Commercials machte McDonald's zu einem Marketingexperten von Weltklasse. Durch das Konzept der indirekten, unterschwelligen Werbebotschaften hatte sich der Umsatz pro Verkaufsstelle in nur fünf Jahren verdoppelt und erreichte 1973 ein Spitzenniveau von 621000 Dollar. McDonald's war auf dem Weg, sich zum größten Werbungtreibenden im Fernsehen zu entwickeln. Heute produziert es rund 130 neue Commercials pro Jahr und hat dafür einen Etat von mehr als 20 Millionen Dollar zur Verfügung.

Im Marketing hatte eindeutig eine Machtverschiebung stattgefunden. Jetzt oblag es dem Konzern, das McDonald's-Image zu prägen, die Werbespots zu kreieren und die Marketingthemen zu entwickeln. Ende der 60er Jahre war eine zentrale Marketing-Entscheidungsinstanz absolut notwendig, aber nach und nach entdeckte man, daß es gefährlich sein könne, alle Macht den Konzern-Managern zu überlassen. Einer der größten Vorteile der McDonald's-Marketingstrategien war schon immer der starke Einfluß der Franchisenehmer gewesen, die in hautnahen Kontakt zu Kunden und Märkten standen. Der sensationelle Erfolg der Fernsehwerbung barg die Gefahr, daß McDonald's vergessen könnte, wo seine außergewöhnliche Werbemethoden ihre Wurzeln hatten: nämlich in der kollektiven Stärke und Innovationsfreudigkeit seiner Franchisenehmer.

Zum Glück hatte McDonald's diese Gefahr rechtzeitig erkannt. Die Werbegemeinschaften, die McDonald's den Einstieg ins Werbefernsehen überhaupt erst ermöglicht hatten, sorgten nun dafür, daß die Zuständigkeiten klar abgegrenzt wurden: Die Marketing-Abteilung und die vom Konzern engagierten Werbeagenturen waren ausschließlich mit der landesweiten Medienwerbung befaßt; die regionalen Werbe- und Verkaufsförderungskampagnen, die 60 % des gesamten Marketings ausmachen, blieben in der Hand der 167 regionalen Werbegemeinschaften. Und mit der OPNAD hatten die Franchisenehmer ein Organ geschaffen, das ihnen erlaubte, sämtliche Medienaktivitäten des Konzerns zu kontrollieren und mitzugestalten.

Auch bei der Fernsehwerbung machten die Franchisenehmer ihren Einfluß geltend. Mitte der 70er Jahre wurde erstmals Kritik an Needhams Werbekonzept laut. Die Agentur wurde gedrängt, produktorientiertere Commercials zu liefern. Die Franchisenehmer beklagten sich darüber, daß ein ausgewogeneres Verhältnis zwischen Unterhaltungs- und Informationswert – besonders in den Spots, die McDonald's Renner, den Big Mac, zum Thema hatten – erforderlich sei. »McDonald's bestand darauf«, meinte Reinhard, »daß alle Ingredienzien des Big Mac aufgezählt wurden. Können Sie sich vorstellen, wie langweilig das war?«

In ihrer Verzweiflung begannen Reinhard und Dan Nichols, ein Mitglied der Werbeagentur, alle acht Ingredienzien zu einem einzigen Wort zusammenzuziehen. »Wir haben einen Zungenbrecher daraus gemacht: Ein Profi sollte blitzschnell und fehlerlos sagen: ›Zwei-Schichten-schieres-Rindfleisch-Spezialsauce-Salat-Käse-Gurken-Zwiebel-auf-Sesambrötchen.‹«

Daraus machte man zwar ein Commercial, aber es fand kein besonderes Echo und hatte daher nur eine kurze Laufzeit. Max Cooper, ein Franchisenehmer aus Birmingham, Alabama, inspirierte McDonald's jedoch zu der Idee, den Text nicht von einem Schauspieler, sondern von Kunden sprechen zu lassen. Coopers Werbeagentur erhielt den Auftrag, einen Radiospot in seinem Restaurant aufzunehmen. Wer den Zungenbrecher innerhalb von vier Sekunden fehlerlos sagen konnte, erhielt einen Big Mac gratis. Wer den Satz vermasselte, trat in Coopers Radio-Spots auf.

Der Werbeerfolg in Birmingham war riesig. Innerhalb von wenigen Wochen hatten mehrere regionale Radiosender den Zungenbrecher-Wettbewerb in ihrem Programm. Cooper gab ein entsprechendes Commercial in Auftrag. Jedes Schulkind kannte inzwischen den Spruch – und, was noch wichtiger war – der Umsatz der Birminghamer Restaurants stieg um 25 %.

Der Fernseh-Werbespot wurde zunächst von den Südstaaten-Restaurants und nachdem die Needham-Agentur eine Neufassung mit echten McDonald's-Kunden hergestellt hatte, landesweit aufgegriffen. Er kam so gut an, daß er in der Big-Mac-Werbung heute noch aktuell ist.

Besonders erfinderisch zeigten sich die Franchisenehmer auf dem Gebiet der Anzeigenwerbung. Während der 60er und 70er Jahre gingen fast alle Promotion-Kampagnen von den regionalen Werbegemeinschaften aus, einschließlich derjenigen, die in überregionalen Fernseh-Werbesendungen ausgestrahlt wurden Auch wenn ein Teil der Werbung auf regionale Märkte beschränkt blieb, war und ist die Bedeutung der lokalen Werbegemeinschaften für die gesamte Öffentlichkeitsarbeit von McDonald's nicht zu unterschätzen, denn ihr Werbebudget (im Jahre 1991 waren es 324 Millionen Dollar) überstieg bei weitem das der OPNAD mit einem Budget von 248 Millionen Dollar.

McDonald's regionale Werbegemeinschaften gehören zu den größten und wirkungsvollsten Inserenten. Die meisten arbeiten mit eigenen Werbeagenturen zusammen, die den von Franchisenehmern gegründeten Gemeinschaften, nicht dem Konzern gegenüber, verantwortlich sind. Der McDonald's-Konzern beschäftigt eine einzige Werbeagentur (sowie Burell und Conill Advertising, die sich auf die Werbung für die farbigen Kunden und den spanischsprachigen Markt spezialisiert haben), aber die regionalen Werbegemeinschaften insgesamt 65 Agenturen, und jede entwickelt Verkaufsförderungs- und Werbestrategien, die den regionalen Märkten angepaßt sind.

Der Hauptgrund für die Schlagkraft der lokalen Werbegemeinschaften liegt jedoch darin, daß sie auf ihren Märkten erfolgreiche Kampagnen starten, die andere lokale Zusammenschlüsse entwickelt haben. Gute Promotion-Ideen werden unter den lokalen Werbegemeinschaften im gesamten McDonald's-System weitergereicht. Die erfolgreichsten Konzepte werden vom McDonald's-Konzern aufgegriffen und auf landesweiter Ebene via Fernsehen ausgestrahlt. Daß die Impulse von der Basis ausgehen, ist noch heute in McDonald's Werbung spürbar.

Der mintgrüne Shamrock Shake, der in mehr als 2000 McDonald's verkauft wird, hinterläßt nur deshalb den Eindruck einer zentral gesteuerten Werbekampagne, weil er am St. Patrick's Day verteilt wird. In Wahrheit stammt die Idee von Hal Rosen, einem Franchisenehmer aus Connecticut. Noch weitere Kreise zog eine Idee von Dick Brams von der regionalen Werbegemeinschaft in Kansas City, der bei der Agentur Bernstein, Rein and Boasberg unter Vertrag stand. Er packte einen Hamburger, Pommes frites und einen Softdrink in Schachteln, die wie Zirkuswagen aussahen und die man aneinanderhängen konnte. Unter dem Namen ›Juniortüte‹ schlug die Zirkuswagen-Kampagne bei Kindern ein wie eine Bombe. Seit 1979 sind die Juniortüten McDonald's wichtigste Promotion-Aktion. Allein 1992 kamen zehn nationale und sieben regionale Juniortüten heraus, alle mit unterschiedlichen Themen.

Wird eine regionale Verkaufsförderungskampagne vom gesamten System akzeptiert, profitieren der Franchisenehmer und seine Werbeagentur davon. Allein der Prestigegewinn ist Ansporn genug, nach kreativen und wirksamen Werbekonzepten zu suchen, die nicht nur für die lokalen, sondern auch für die überregionalen Märkte geeignet sind.

Als die McDonald's-Werbegemeinschaft in Boston eine Einführungskampagne für das neue Frühstücksmenü plante, schloß sie sich mit dem Gillette-Konzern zusammen, der gerade seine neue Good-News-Rasiergeräteserie auf den Markt brachte. Die Gemeinschaftswerbung war so erfolgreich, daß andere McDonald's-Gemeinschaften dem Beispiel folgten. Gillette hatte diese Werbung eigentlich nur für Boston vorgesehen, war dann aber aufgrund des Erfolges mit einer landesweiten Promotion einverstanden. Ergebnis: Gillette verkaufte, zum Entzücken seiner Marketing-Experten, zwanzig Millionen Rasiergeräte – bevor ihnen der Vorrat ausging.

Einen noch größeren Erfolg konnte eine Werbeidee der Los Angeles Werbegemeinschaft Ende der 70er Jahre verbuchen. Die kalifornische PR-Firma Simon Marketing entwickelte für sie ein Lotteriespiel, bei dem jeder Kunde ein ›Rubbellos‹ erhielt und sofort feststellen konnte, was er gewonnen hatte. Allein diesem Werbegag hatten die Mc-

Donald's-Restaurants in Los Angeles das höchste Umsatzvolumen im gesamten System zu verdanken.

Der eigentliche Gewinner in diesem Spiel war jedoch Simon Marketing. Sämtliche McDonald's-Lokale führten ihr eigenes Gewinnspiel ein, und McDonald's Corporation entschloß sich 1981 für eine landesweite Lotterie, ›Bau den Big Mac‹ genannt. Da es Preise im Wert von acht Millionen Dollar zu gewinnen gab, war es kein Wunder, daß der landesweite Umsatz um 6% stieg. Dieser Erfolg führte in der gesamten Fast food-Branche zu einer Lotteriemanie, und nach kurzer Zeit hatten Fluggesellschaften, Supermärkte und Einzelhandelsketten ihre eigenen Spiele, die zum größten Teil von Simon Marketing konzipiert worden waren.

Die Werbeagenturen profitieren hauptsächlich von dem Prestigegewinn, der sich zwangsläufig einstellt und zu einer enormen Erweiterung des Klientenstammes beiträgt, wenn man für einen Medienführer wie McDonald's arbeitet. 65 Werbeagenturen im ganzen Land sind bemüht, mit ihrer Verkaufsförderung den Sprung von der regionalen zur überregionalen McDonald's-Werbung zu schaffen. »Uns steht ein schier unerschöpfliches Reservoir von Werbeideen zur Verfügung, wie kein anderes Unternehmen es hat, weil keines so strukturiert ist wie wir«, meinte Schrage. »In anderen Firmen werden die Werbekampagnen von der Firmenspitze diktiert. Aber Marketing ist eine Herausforderung, die differenzierte Reaktionen erfordert, und deshalb kommen die besten Marketingideen von der Basis, nicht von der Spitze.«

Natürlich hätte die dezentralisierte Marketingstruktur auch zu Fehlplanungen, Vergeudungen vom Geldern und einer Kakophonie divergierender Werbebotschaften führen können. McDonald's versucht, diese Gefahr zu meiden, indem man die regionalen Werbeagenturen in die Planungsprozesse des Unternehmens mit einbezieht. Zweimal im Jahr findet eine Zusammenkunft mit allen 65 Werbeagenturen und den Repräsentanten der OPNAD statt, um neue Marketingprogramme aufzustellen und laufende zu revidieren. Einmal pro Jahr treffen sich diese Gruppen und die Vertreter der 167 regionalen Werbekooperativen, um einen Marketingplan und die Einzelbudgets aufzustellen. Das Geschäftsjahr wird dabei in acht und zehn Abschnitte unterteilt, in denen verschiedene Produkte im Mittelpunkt der Werbung stehen.

Der Plan legt den exakten Zeitpunkt für den Beginn der einzelnen Werbekampagnen fest. Vor dem Start erhalten alle regionalen Werbegemeinschaften von der McDonald's-Marketingabteilung eine detaillierte Beschreibung der Werbekampagnen mit der Bitte, sich zum festgesetzten Zeitpunkt daran zu beteiligen. Weil die meisten Werbeideen von regionalen Gemeinschaften stammen, müssen sie von zentraler Stelle aus koordiniert werden. Da die Beteiligung im Ermessen jeder einzelnen Kooperative liegt, besteht natürlich immer die Gefahr, daß eine Kampagne mangels Interesse scheitert. Wird sie jedoch vom gesamten System akzeptiert, sind eine sorgfältige Vorausplanung und Beschaffungsmaßnahmen absolut notwendig. Für die Harry-Meal-Werbung kaufte McDonald's z. B. 44 Millionen Spielzeugautos von Mattel ein – ein Drittel seiner weltweiten Produktion. Schrage meinte dazu: »Wenn die Vorbereitungen nicht zentral gesteuert würden, könnten wir unser Marketing vergessen.«

Zentrale Planung und Koordinierung bedeutet bei McDonald's allerdings nicht zentrale Kontrolle. Der Konzern mag eine Marketingmaschine sein, aber sie hat viele Fahrer. Gerade im Marketingbereich wird die Macht der Franchisenehmer am deutlichsten spürbar. Da sich das Werbebudget nahezu ausschließlich aus den finanziellen Beiträgen der Franchisenehmer zusammensetzt, ist es nur recht und billig, daß diese mitentscheiden, wie es verwandt wird. Andere Franchisegeber arbeiten zwar nach demselben Prinzip, aber sie räumen ihren Franchisenehmern nur selten ein Mitspracherecht bei der Gestaltung der Werbeprogramme ein.

Der stärkste Interessenvertreter der Franchisenehmer ist die OPNAD, die 60 Mitglieder zählt: 31 gewählte Franchisenehmer und 29 regionale McDonald's-Werbemanager, wobei jeder Franchisenehmer eine und jeder Manager eine halbe Stimme hat.

Obwohl die OPNAD außerhalb des McDonald's-Systems kaum bekannt ist, gehört sie wegen ihres massiven Werbebudgets von mehr als 180 Millionen Dollar zu den Organisationen, deren Stimme im Medienbereich Gewicht hat. Sie unterscheidet sich jedoch hinsichtlich ihrer Struktur grundlegend von anderen Großinserenten. Die Entscheidungsfindungsprozesse der OPNAD sind so demokratisch und transparent, daß sie im Grunde im Widerspruch zu den gängigen Führungspraktiken stehen. Die Ergebnisse werden nach einer Methode erzielt, die bei der Verabschiedung von Gesetzen üblich ist: durch offene und manchmal hitzige Debatten und anschließende freie Wahlen.

Die OPNAD-Mitglieder treffen sich vierteljährlich und stimmen über jedes einzelne Werbebudget ab. Die Sitzungen ziehen sich normalerweise über drei Tage hin. Sämtliche Werbeprogramme, die von McDonald's vorgeschlagen und von seinen Werbeagenturen ausgearbeitet wurden, werden eingehend geprüft. Danach beginnt die Debatte. Manche Mitglieder zweifeln bisweilen die Qualität einzelner Programme an oder sind skeptisch, ob sie überall im McDonald's-System einsetzbar sind. Andere halten bestimmte Programme für zu wenig auf ihren Markt zugeschnitten und zwingen die Werbeagentur, die voraussichtlichen Kosten der Kampagne im Verhältnis zur Sehbeteiligung offenzulegen. Wenn die Kosten pro Prozent Sehbeteiligung die Prognosen übersteigen, ist es gängige Praxis, die Werbeagentur aufzufordern, nachträgliche Verkaufsanalysen zu erstellen. Es werden auch immer wieder Stimmen laut, daß zu viele verschiedene Medien eingesetzt würden und man statt dessen die Geldmittel auf bestimmte Werbeträger konzentrieren sollte.

Über die Jahre hinweg hat sich der Einfluß von OPNAD auf die Organisation der McDonald's-Werbung noch verstärkt. Man konnte zum Beispiel durchsetzen, verstärkt 30-Sekunden-Werbespots auszustrahlen, obwohl der Konzern und seine Werbeagentur 60-Sekunden-Spots bevorzugten. Auf OPNAD-Initiative hin liefen McDonald's-Spots auch auf landesweit ausgestrahlten Radiosendern – entgegen den Plänen der Firmenleitung, die nur Fernsehwerbung machen wollte. Andererseits hat sich das Komitee auch wiederholt geweigert, der Forderung der Muttergesellschaft nach mehr landesweiter Werbung in den Printmedien nachzukommen. Auch die Tatsache, daß immer mehr Sportereignisse in die Werbekampagnen eingebaut wurden, geht auf eine Forderung von OPNAD zurück. Ebenso wurden bestimmten Plänen des Konzerns, besondere Programme anzukaufen, klare Absagen erteilt. OPNAD erarbeitet zwar keine Konzepte für die landesweit ausgestrahlten Commercials, gibt aber ihr Urteil über die laufenden ab und trägt somit zur Gestaltung von Neuproduktionen bei.

Die OPNAD ist weder eine homogene Organisation noch ein willensschwaches Werkzeug in den Händen eines mächtigen Konzerns. Die Mitglieder betreiben in der Regel mehrere McDonald's-Restaurants und sind mit der Werbebranche in ihren Teilmärkten bestens vertraut. Sie kandidieren für ihr ›Amt‹, das im Durchschnitt auf fünf Jahre begrenzt ist, und im Laufe dieser Zeit haben sie genügend Erfahrung im Medienbereich gesammelt, um sich gegenüber dem Konzern und seinen eigenen Werbeagenturen zu behaupten.

OPNAD-Sitzungen verlaufen im allgemeinen ziemlich hitzig. Die Mitglieder mögen 90 % der Konzernvorschläge absegnen, was sie nicht daran hindert, über die restlichen 10 % erbittert zu debattieren. »Die meisten McDonald's-Betreiber unterschätzen den Einfluß, den sie durch die OPNAD auf die Firmenleitung haben«, meint Irv Klein, ein langjähriger Franchisenehmer aus New York, der zweimal Vorsitzender der OPNAD war. »Wir haben zwar keinen direkten Einfluß auf einzelne Werbespots, aber langfristig schlägt sich die Handschrift der OPNAD auf das, was der Konzern über die Mattscheibe flimmern läßt, deutlich nieder.«

Der Einfluß der OPNAD reicht weit über die Planung einzelner Verkaufsförderungskonzepte hinaus. Er macht sich vor allem in McDonald's langfristiger Medienpolitik bemerkbar. Der Konzern und seine Werbeagenturen wären schlecht beraten, wenn sie diese Impulse ignorieren würden. Wie schon zuvor erwähnt, übte die OPNAD in den 70er Jahren herbe Kritik an Needhams Werbekonzepten, die ihrer Meinung nach zu sehr das Image von McDonald's betonten und zu wenig produktbezogen waren. Diese Werbeform konnte sich nur schwer gegen die direkteren, produktorientierten und innovativen Werbekonzepte von Konkurrenten wie beispielsweise Burger King oder Wendy's durchsetzen.

Needham zeigte sich nicht sonderlich beeindruckt. Man veränderte die Titellieder der Werbekampagnen, die Inhalte blieben aber mehr oder weniger identisch. »Qualitativ konnte uns kein Konkurrent in der Fast food-Branche das Wasser reichen, nur haben wir das nicht deutlich genug rübergebracht«, urteilt Ernie Trefz, der im Raum New York City zweiundvierzig McDonald's betrieb. »Wir verkauften nur eine Menge fröhlicher, ausgelassener Menschen.«

Ein Teil des Problems lag darin begründet, daß Keith Reinhard, der kreative Kopf von Needham – beflügelt durch den anfänglichen Erfolg seiner McDonald's-Kampagne – die Leitung der Agentur übernommen hatte. Damit fehlte Needham ein kreativer Geist für die Konzeption neuer Kampagnen. Nach dem Dafürhalten Schrages, Turners und anderer gingen Needham von diesem Zeitpunkt die Ideen aus. Als Schrage nachhakte und nach neuen kreativen Köpfen verlangte, präsentierte Needham innerhalb eines Jahres lediglich zwei Kandidaten – der eine lehnte den Job ab, der andere war Marketing-Experte bei Burger King. »Um Himmels willen«, sagte Schrage, als er von Needhams Vorschlag hörte. »Auf keinen Fall.«

Als die Kritik der OPNAD zunehmend lauter und härter wurde, brach man Ende 1981 auf einstimmigen Beschluß des Topmanagement die Beziehung zur Needham-Agentur ab und wechselte zur Agentur Leo Burnett über, die heute noch mit McDonald's zusammenarbeitet. (1990 beauftragte man Needham erneut mit einem Teil der Werbearbeit, der Großteil blieb jedoch bei Burnett)

Welche Rolle die OPNAD bei diesem Wechsel gespielt hat, ist umstritten, weil zu diesem Zeitpunkt Management und Franchisenehmer übereinstimmend der Meinung waren, daß Needham nicht länger tragbar sei. Der entscheidende Schritt wurde vom Management unternommen, obwohl es mit seinem Trennungsvorschlag bei der OPNAD mit Sicherheit ›offene Türen‹ einrannte. Der Anstoß ging jedoch eindeutig von den Franchisenehmern aus, die aus ihrer Unzufriedenheit mit Needhams allzu ›sanfter‹ Werbung keinen Hehl machten. »McDonald's versucht soweit wie möglich auf die Wünsche der Franchisenehmer einzugehen«, meinte Klein. »Nicht, weil wir Angst vor Konsequenzen haben, sondern weil wir im Laufe der Zeit feststellen konnten, daß sie berechtigt waren.«

Aber die Franchisenehmer nehmen nicht nur mittels der OPNAD Einfluß auf den Marketingkurs von McDonald's. Sie haben direktere und wirksamere Mittel. McDonald's Werbung und Verkaufsförderung wirkt zwar wie aus einem Guß, setzt sich aber in Wirklichkeit aus einer Vielfalt regionaler und nicht nationaler Medienaktivitäten zusammen. Über ihre 165 Werbegemeinschaften haben die Betreiber denselben Einfluß auf regionale Werbebudgets wie OPNAD auf nationale – wenn nicht sogar mehr. Auf regionaler Ebene vergibt die von Franchisenehmern kontrollierte Werbegemeinschaft – nicht der Konzern – ihre Aufträge an regionale Agenturen, die auf die Gegebenheiten und Wünsche ihrer Kunden – die regionalen Restaurantbetreiber – eingehen. Auf regionaler Ebene haben also die Betreiber alles selbst in der Hand, nicht nur das Werbevolumen, sondern auch den Inhalt der Werbespots und -kampagnen. Wenn die Betreiber mit dem, was ihnen die Firmenleitung anbietet, nicht einverstanden sind, steht es ihnen frei, sich selbst nach etwas anderem umzusehen.

Das gilt auch für die kleineren Gemeinschaften, die mangels entsprechender Ressourcen auf die Werbekonzepte des Konzerns angewiesen sind. Nur die Hälfte der 130 von McDonald's Marketingabteilung und der Leo-Burnett-Agentur produzierten Commercials wird landesweit ausgestrahlt; der Rest bleibt auf regionale Märkte beschränkt. Die Werbegemeinschaften können aus dem umfangreichen ›Werbemenü‹ des Konzerns frei wählen. Manche Commercials haben auf den regionalen Märkten Riesenerfolg, andere erweisen sich als Flop. Deshalb ist die McDonald's-Werbung regional so unterschiedlich. Allein dadurch, daß die Franchisenehmer entscheiden, welche Commercials für ihre individuellen Märkte geeignet sind, greifen sie in die Marketingprozesse des Konzerns ein. Fred Turner meint: »Wenn unsere Franchisenehmer ein Commercial ablehnen, ist das für uns ein wichtiger Hinweis.«

Dasselbe ›Wahlrecht‹ gilt für die landesweiten Promotionskampagnen. Als die Franchisenehmer in Kalifornien das Lotteriespiel einführen, das McDonald's aufgriff und auf nationaler Ebene verbreitete, lehnten es einige Franchisenehmer ab, sich an dieser Form der Werbung zu beteiligen, weil sie sich ihrer Meinung nach auf McDonald's Image negativ auswirkte.

Als der Konzern 1983 mit dem ›Eine-Million-Dollar-Geschmacks-Spiel‹ versuchte, den hartnäckigen Widerstand abzubauen, lehnte die Hälfte der Franchisenehmer die Werbeidee ab. Seither hat McDonald's national nur noch ein einziges Spiel angeboten.

Tatsache ist, daß McDonald's wenig daran gelegen sein kann, Commercials zu produzieren, die nicht von allen Franchisenehmern übernommen werden. Somit haben die Franchisenehmer mittels ihres Vetorechtes einen ungeheuer starken Einfluß auf die Werbung des Konzerns und seiner Agenturen.

In solch großen Märkten wie New York, Chicago oder Los Angeles gehen die Franchisenehmer, wenn notwendig, sogar noch einen Schritt weiter. Sie zögern nicht, die von McDonald's produzierten Commercials, die sie für ungeeignet halten, durch eigene Spots zu ersetzen.

Als McDonald's z. B. 1980 die Chicken McNuggets einführte, plädieren die Franchisenehmer in New York für eine direktere, produktbezogenere Werbung als die vom Konzern vorgeschlagene. Da die 320 Mitglieder der Werbegemeinschaft über ein Jahresbudget von 16 Millionen Dollar verfügen, gaben sie bei ihrer Werbeagentur Rosenfeld, Sirowitz und Lawson eigene McNugget-Werbeanzeigen in Auftrag.

Die Anzeigen, auf denen eine Bedienung abgebildet war, die Gratisproben der Chicken McNuggets an die Kunden verteilte, wurde mit einem zugkräftigen Werbeprogramm gekoppelt: Die McDonald's-Restaurants im Raum New York boten ihren Kunden als Einführung dreißig Tage lang Chicken-McNuggets-Proben gratis an. Die Agentur RS&L erhielt für ihre Werbekampagne den McDonald's Outstanding Agency Award, einen Preis, den der Konzern den besten Werbeagenturen verleiht. Die Anzeigenwerbung wurde von sämtlichen McDonald's-Franchisenehmern übernommen. Damit hatte die New Yorker Werbegemeinschaft nicht nur eine Alternative zur firmeneigenen McNuggets-Werbung geschaffen, sondern konnte auch durch die finanzielle Beteiligung der anderen Gemeinschaften ihre Herstellungskosten decken. Ein Jahr später produzierte die New-Yorker-Kooperative eine Serie ebenso produktorientierter Commercials, in deren Mittelpunkt ein Wettbewerb stand, mit dem man den Grad der Beliebtheit von Big Mac bzw. McNuggets ermitteln wollte. Die Kunden, die ihre ›Stimmen‹ abgaben, nahmen an einer Preisverlosung teil.

Diese freie Wahl der Marketing-Optionen ist nicht billig. Die beiden Big-Mac- und McNuggets-Spots kosteten die New Yorker Werbekooperative rund 500 000 Dollar; die firmeneigenen Werbeideen wären gratis gewesen.

Dies hatte zur Folge, daß sich im McDonald's-System neben der national zuständigen Agentur rund ein halbes Dutzend größerer regionaler Agenturen tummelt, die nur auf die Chance warten, ins nationale Geschäft einzusteigen. Nicht alle regionalen Werbegemeinschaften sind groß genug, um eigene Werbekonzepte auf die Beine zu stellen, aber im Zuge des anhaltenden Wachstums des McDonald's-Imperiums, sind immer mehr dazu in der Lage. Aufgrund McDonald's dezentraler Struktur, ist gerade das Marketing der Bereich, in dem die Einflußmöglichkeiten der Franchisenehmer wachsen, und zwar in dem Maße, wie der Gesamtkonzern expandiert. In anderen Bereichen läuft es andersherum. Aufgrund des Wachstums von McDonald's nimmt die Macht der Konzernspitze nicht nur in den Bereichen Einkauf und Distribution weiter zu. Bei Immobilien, Neubauten, Design und Produktionsablauf entwickelt sich der Konzern immer mehr zum Alleinherrscher, je mehr das System seine heiligen Uniformitätsstandards auf andere Bereiche ausdehnt.

Wenn es um eine besonders kritische Frage geht, auf welche Weise man das Marktpotential voll ausschöpft, macht sich der Einfluß der Franchisenehmer auf die Unternehmensentscheidungen am stärksten bemerkbar. Gerade hier ist die kollektive Kreativität der Systempartner gefragt. Als sich McDonald's Ende der 60er Jahre zu einer Medienmacht entwickelte, zeigte sich, daß die Franchisenehmer durch ihre Impulse die Marketingmaschine in Gang hielten und für die Flexibilität sorgten, die durch die rasanten Veränderungen am Fast food-Markt unerläßlich ist. Schrage sagte dazu: »Unsere Lizenznehmer sind echte Unternehmer, aber wir bestimmen den Kurs und legen in den Betriebshandbüchern die Produkt- und Servicequalität fest. Nur im Marketingbereich genießen sie uneingeschränkte Freiheit. McDonald's wäre nicht das geworden, was es heute ist, wenn wir ihnen diese letzte Bastion genommen hätten.«

Seit einiger Zeit hat sich der Einfluß der Franchisenehmer auf dem Werbe- und Verkaufsförderungssektor allerdings erheblich verringert. Der größte Teil der Verkaufsförderungskampagnen wird von der Marketingabteilung des Konzerns konzipiert. Als Reaktion auf die zunehmend aggressive Werbung von Konkurrenten wie Burger King oder Wendy's haben sich die meisten McDonald's-Werbegemeinschaften entschieden, gemeinsam gegen den Feind Front zu machen, um eine maximale Werbewirkung zu erzielen.

Obwohl der harte Konkurrenzkampf diese Marketingstrategie vielleicht sogar diktiert, besteht die Gefahr, daß McDonald's Marketing seinen heterogenen Charakter verliert, der drei Jahrzehnte lang bestimmend war. Die Franchisenehmer könnten vergessen, welche Schlagkraft die Kreativität und Initiative jedes einzelnen dem gesamten System verliehen hat, das gerade jetzt seinen Vorsprung vor der Konkurrenz halten und ausbauen muß. Marketingdirektor Schrage ist sich dieser Gefahr sehr wohl bewußt, aber er beteuerte: »Ich bin absolut sicher, daß wir niemals vergessen werden, welche Wurzeln unser Marketing hat.«

KAPITEL 14

Die ›McDonaldisierung‹ der Lieferanten

Bis Mitte der 70er Jahre, als Fred Turners Expansionsprogramm sich dem Höhepunkt näherte, hatte McDonald's den Charakter der amerikanischen Gastronomie und Eßkultur revolutioniert. Im Restaurant zu essen war genauso selbstverständlich geworden wie selber zu kochen. Und mit seinen landesweit ausgestrahlten Commercials hatte der Konzern ein Image geschaffen, das in der Branche unerreicht war.

Aber eine der bahnbrechenden Neuerungen ist bis heute wenig beachtet worden: McDonald's hat nicht nur das Gesicht der Gastronomie, sondern auch das der nahrungsmittelverarbeitenden Industrie maßgeblich beeinflußt.

Es hat quasi im Alleingang den Charakter einer ganzen Branche verändert. Da sich die traditionellen Lieferanten auf die spezifischen Anforderungen von McDonald's nicht einstellen konnten oder wollten, suchte der Konzern nach anderen Bezugsquellen. Er entwickelte neue und spezifische Verpackungsmethoden und verbesserte Verteilungs- und Verpackungsmethoden. Er arbeitete mit einer Handvoll kleinerer Lieferanten zusammen, die in der nahrungsmittelverarbeitenden Industrie eine Randposition einnahmen und bereit waren, wie McDonald's mit den Traditionen der Gastronomiebranche zu brechen.

Aufgrund der Geschäfte mit McDonald's gehören sie inzwischen zu den größten Nahrungsmittelherstellern und Verteilern der Welt, obwohl ihre Namen den meisten Verbrauchern unbekannt sind. Außerhalb von McDonald's kennen nur wenige den inzwischen größten Hamburger-Hersteller der Welt mit einem Jahresumsatz von einer Milliarde Dollar, oder den kartoffelverarbeitenden Konzern (Jahresumsatz 650 Millionen Dollar), der den Pommes frites-Markt beherrscht. Noch unbekannter sind die Lieferanten von Käse für die Cheeseburger oder von tiefgefrorenen Obstkuchen. Keystone Foods (Hamburger), Martin-Brower (der größte Verteiler im Fast food-Markt), Schreiber Cheese (der 65 % des Käsebedarfs von McDonald's von jährlich 130 Millionen Pfund liefert), Jack Simplot (der König der Pommes frites) und Bama Pie (der Marktführer bei Obstkuchen) genießen nicht dasselbe Image wie die Giganten Kraft, Heinz und Del Monte oder das Corporate-Image von General Foods, Beatrice oder General Mills. McDonald's hat sich für Lieferanten entschieden, die damals zu den weniger oder gänzlich Unbekannten der Branche gehörten, aber denselben Unternehmergeist wie seine Franchisenehmer zeigten.

Daß McDonald's auf ›unbekannte Größe‹ zurückgriff, war nicht geplant. Die bekannten nahrungsmittelverarbeitenden Unternehmen hatten ihre Chance, mit McDonald's ins Geschäft zu kommen, verpaßt. Swift und Armour könnten heute das gesamte McDonald's-System mit Hamburgern beliefern, wenn sie sich nicht geweigert hätten, Kroc bei der Eröffnung seiner ersten Verkaufsstelle einen größeren Kredit einzuräumen. Als Hires es ablehnte, sich an die von einem ehemaligen Handelsvertreter ausgehandelten Konditionen zu halten, kaufte McDonald's seinen Fruchtsaft künftig bei einem weniger bekannten Hersteller, R. W. Snyder, ein. Kraft verlor bis auf ein Restgeschäft von 25 % den Kunden McDonald's, weil die Firma nicht in der Lage war, McDonald's eine würzigere Käsesorte anzubieten. Nutznießer dieses Lieferantenwechsels war der kleine L. D. Schrieber, ein Käsehersteller aus Green Bay, Wisconsin, der sein Wachstum allein der Kundschaft von McDonald's verdankt. Bis 1973 deckte die Firma Heinz 90 % des Ketchup- und Gurkenbedarfs; während einer Zeit der Tomatenverknappung blieb die Ketchup-Lieferung aus, und als Folge ist Heinz nur noch zu 6 % am 65-Millionen-Dollar-Ketchup-Geschäft von McDonald's beteiligt. Und Bays, der die englischen Muffins geliefert hatte, verlor McDonald's als Kunden, weil man es ablehnte, ein Brötchen zu liefern, das in gleichmäßig dicke Schreiben geschnitten und von einheitlicher Form war. Die Änderung hätte, laut Aussage des Managements gegen die Herstellungstradition verstoßen. Heute profitieren weniger bekannte Brothersteller wie East Balt und West Baking von dem einträglichen Geschäft, McDonald's jährlich mit rund 30 Millionen Muffins zu versorgen.

McDonald's hatte anfangs keine Vorurteile gegen die renommierten Branchenriesen; man mußte allerdings feststellen, daß die großen Lieferfirmen nicht auf die spezifischen Forderungen reagieren konnten oder wollten. Sie boten lediglich die üblichen Standardprodukte an und zeigten wenig Neigung, Produkte exklusiv für McDonald's zu entwickeln. Ihre augenblickliche Produktionskapazität zu maximieren erschien ihnen wichtiger, als ein neues Potential auszuschöpfen und eine möglicherweise riskante Geschäftsverbindung einzugehen.

Aber das Problem ging über wirtschaftliche Gesichtspunkte hinaus. Das Ganze war im Grunde eine Frage der Dienstleistungsqualität und -bereitschaft. McDonald's spezifische Wünsche erforderten einen Extraaufwand, den die kleineren Firmen bereitwillig in Kauf nahmen. »Die großen Unternehmen waren zu behäbig geworden; ihr After-sales-Service ließ zu wünschen übrig, und außerdem hatten sie eine hohe Fluktuationsquote«, erklärt Lynal A. Root, der als Vizepräsident bei McDonald's für die Beschaffung von Lebensmittel- und Papierprodukten in Höhe von vier Milliarden Dollar jährlich verantwortlich ist. »Die kleineren Lieferanten hatten mit uns zwar einiges zu verlieren, aber auch einiges zu gewinnen. Sie nahmen das Fast food-Geschäft ernst und reagierten schneller. Einen Kraft-Manager habe ich erst zu Gesicht bekommen, als wir nur noch 50 % unseres Käse-Geschäftes bei ihnen tätigten.«

McDonald's Vorliebe für Lieferanten mit Unternehmergeist war jedoch nicht ganz ungefährlich. Nachdem Turner seine Expansionsziele gesetzt hatte, war es fraglich, ob sie mit einer Kette Schritt halten konnten, die auf dem besten Weg war, der Konkurrenz mit Riesenschritten wegzulaufen. McDonald's war kein gemütlicher Familienbetrieb mehr, sondern ein komplexes, landesweit operierendes System mit tausend und mehr Verkaufsstellen. Es brauchte Lieferanten mit einem funktionierenden Verteilungssystem, mit hohem Produktionsvolumen, die Kostensenkungspotentiale ausschöpfen konnten und technologisches Know-how und genügend finanzielle Ressourcen besaßen, um mit dem Wachstum ihres Kunden mithalten zu können. All diese Voraussetzungen erfüllten die marktführenden Unternehmen; ob die kleinen Firmen, die sich teilweise noch in der Aufbauphase befanden, dazu in der Lage waren, schien zweifelhaft.

McDonald's spielte dieses Vabanquespiel mit kleinen Lieferanten noch zu einem Zeitpunkt, als abzusehen war, daß Lieferanten für die Wettbewerbsfähigkeit der Fast food-Kette von entscheidender Bedeutung sein würden. Schon Ende der 60er Jahre begann sich eine Explosion in der Fast food-Branche, insbesondere im Hamburger-Geschäft abzuzeichnen, und nur die Firmen hatten eine Überlebenschance, die ein qualitativ hochwertiges Produkt herstellen, es aggressiv vermarkten und es über ein landesweites Verteilungsnetz absetzen konnten.

Im Kampf der Fast food-Titanen würde die Leistungsfähigkeit der Lieferanten eine zentrale Rolle spielen; nur der konnte siegen, dessen Lieferanten die niedrigsten Produktionskosten, die besten Herstellungstechnologien und die größte Innovationskraft hatten. Es gab keine Garantie dafür, daß es McDonald's gelingen könnte, aus einer Handvoll kleiner Firmen leistungsstarke, wachstumsorientierte Unternehmen zu machen. Verglichen mit anderen Fast food-Ketten, die mit den großen etablierten Lieferanten zusammenarbeiteten, schien McDonald's, unter diesem Aspekt gesehen, kein vielversprechender Anwärter auf die Führungsposition am Fast food-Markt zu sein.

Aber McDonald's sicherte sich, allen Skeptikern zum Trotz, die Marktführerschaft. Es schuf aus einer Vielfalt kleiner, unabhängiger Zulieferbetriebe das wohl homogenste, effizienteste und innovativste Warenwirtschaftssystem der gesamten Fast food-Branche. Dieses System ist heute in hohem

Maße für die Einheitlichkeit der McDonald's-Produkte verantwortlich. Durch sein extensives Franchise- und Trainingsprogramm trug McDonald's schon in den 50er Jahren zur Homogenität des Systems bei. Ende der 60er Jahre begann es, auch die vorgeordneten Stufen der Handelskette in den Prozeß der Vereinheitlichung miteinzubeziehen. Die Produkte wurden weitgehend standardisiert, so daß die Zubereitung in den einzelnen Lokalen nahezu fehlerfrei ablaufen konnte. Die Produktionsstätten wurden zu Produktionsbetrieben zusammengelegt, die ausschließlich für McDonald's arbeiteten. Mitte der 80er Jahre hatte McDonald's ein Verteilungssystem aufgebaut, das in der Branche bis heute unerreicht ist.

Die Zahl der Fleischlieferanten wurde von 175 auf fünf reduziert; sie gehören inzwischen zu den größten und modernsten Betrieben in der gesamten fleischverarbeitenden Industrie. Die 175 Kartoffellieferanten, die im ganzen Land verstreut und oft nicht in der Lage waren, die von McDonald's georderten Bestellmengen zu liefern, wurden durch eine Firma – die Simplot Company – ersetzt, die heute mit ihren vier riesigen Fabriken, in denen Tiefkühl-Pommes frites hergestellt werden, im ›Pommes frites‹-Markt dominiert. Alle Lieferungen für die McDonald's-Restaurants werden zweimal pro Woche per Lastwagen zugestellt und in riesigen Depots zwischengelagert.

Aber McDonald's ging es nicht nur um die Effizienz der Lieferanten, sondern vor allem auch um ihr Engagement und ihre Loyalität, die gerade in dieser Branche selten ist. Fred Turner sagte einmal, die Lieferanten seien ›McDonaldisiert‹ worden. Da sie ihr Wachstum in erster Linie der Kette zu verdanken hatten, blieb sie ihr größter – und zum Teil einziger – Kunde. Deshalb waren sie im gleichen Maße wie McDonald's selbst an der Systemqualität interessiert. Sie führten nicht nur ihre eigenen Qualitätskontrollen durch, sondern achteten auch auf die technische und wirtschaftliche Eignung der Waren anderer Lieferanten des Systems. Sie beschäftigten eigene Inspektoren, die die Herstellung und Lagerhaltung überwachten. Und sie griffen ein, wenn sie feststellten, daß die Integrität des Systems durch ein einzelnes Mitglied gefährdet war.

McDonald's erwartete von seinen Lieferanten ein Maß an Eigenständigkeit und Verantwortung, das andere Unternehmen normalerweise nur von den eigenen Mitarbeitern verlangen. Ted Perlman, Präsident der Firma Perlman-Rocque, die drei riesige Verteilungscenter unterhält und – Einkauf, Lagerung und Auslieferung von Papierprodukten – für einige tausend Einheiten von McDonald's übernommen hatte, erinnert sich an eine Kontroverse, die er mit Turner hatte: auf Bitten eines Konzern-Managers hin lieferte er billigere Pommes frites-Tüten aus dünnerem Papier. Es stellte sich allerdings heraus, daß sich aufgrund des nachgiebigen Materials die Abfüllmengen nicht mehr genau bemessen ließen. Als Turner davon erfuhr, erhielt nicht nur der Manager, der die Änderung veranlaßt hatte, sondern auch Perlman eine Strafpredigt; er hätte wissen müssen, daß man mit McDonald's wichtigstem Produkt nicht experimentiert. Perlman hat diese Lektion nie vergessen. Er meinte: »Meine Aufgabe besteht darin, McDonald's vor schwerwiegenden Fehlern zu bewahren.«

Die McDonald's-Lieferanten waren nicht nur um die Erhaltung, sondern auch um die Verbesserung des Qualitätsstandards bemüht. Seit den 60er Jahren haben sie ein Mitspracherecht bei der Festlegung des Neuprodukt-Programmes. Die meisten Produktinnovationen waren nur möglich, weil sich die Lieferanten bereit zeigten, in neue Herstellungstechnologien zu investieren und das Risiko einer Fehlinvestition in Kauf zu nehmen. Jim Williams, Vorstandsvorsitzender von Golden State Foods, einem der größten McDonald's-Lieferanten, erklärte, seine Mitarbeiter würden sich zeitweilig so stark für die Verbesserung der bestehenden Produktlinien und die Entwicklung neuer Produkte einsetzen, daß sie sich schon fast wie McDonald's-Angestellte betrachten. »Wenn ein neuer Mitarbeiter auf all unseren Produkten das McDonald's-Firmenzeichen liest und sieht, daß sich alles um den McDonald's-Kunden dreht, ist es ja kein Wunder, daß wir ihn daran erinnern müssen, für wen er eigentlich arbeitet.«

Wie hat McDonald's dieses Engagement bewirkt? Die Antwort läßt sich in einem Wort zusammenfassen: Loyalität. McDonald's hat sich einen anfangs kleinen Lieferanten gegenüber absolut loyal erwiesen und das Wachstum der Betriebe mitgesteuert, die gewillt waren, neue Kapazitäten zu schaffen und neue, wirksame Technologien zu erproben. McDonald's hat darauf verzichtet, ständig nach den Lieferanten mit den besten Preisen und Konditionen zu suchen. Es stellte außergewöhnlich hohe Ansprüche, aber diejenigen, die ihnen genügten, wurden dafür mit überdurchschnittlichen Gewinnen belohnt, als McDonald's explosionsartig wuchs.

Mit anderen Worten, McDonald's verlangte von seinen Lieferanten dieselbe Loyalität, die ihnen gegenüber bewiesen wurde. Kein Lieferant hat McDonald's als Kunden verloren, weil ein Konkurrent ihn preislich unterbieten konnte. McDonald's ist rechtlich gesehen in keiner Weise zur Loyalität verpflichtet. Es gibt keine schriftlichen Verträge mit den Lieferanten; Geschäfte werden noch per Handschlag abgeschlossen, selbst mit den Firmen, die von McDonald's voll abhängig sind. Diese Praktiken irritieren zwar oft die Banken der Lieferanten, nicht aber die Lieferanten selbst. »Um McDonald's als Kunden zu verlieren, müßte man schon taub, blind und dumm sein«, meinte Perlman. Und Williams von der Golden State fügte hinzu: »Wenn man McDonald's als Kunden verliert, hat man es sich selbst zuzuschreiben.«

Wenn das Fehlen schriftlich festgelegter Verträge überhaupt jemandem schadete, dann McDonald's selbst. 1984 verlor der Konzern einen Prozeß gegen die Central Ice Cream Company, die McDonald's Anfang der 70er Jahre eine Eisbombe namens Triple Ripple lieferte. Als Kroc mit Thomas Cummings, dem Inhaber der Firma, das Geschäft per Handschlag besiegelte, glaubte man bei McDonald's, endlich das Dessert gefunden zu haben, nach dem man schon seit Ende der 50er Jahre gesucht hatte. Das Produkt versprach ein echter Renner zu werden: es bestand aus Vanille-, Erdbeer- und Schokoladeneis mit einer Zuckerglasur und kostete 25 Cents. »Ein vielversprechendes Produkt«, meinte Turner. »Wir dachten, wir könnten -zig Millionen Stück verkaufen.«

Tausende von Kunden probierten das Eis – aber nur einmal. Die Eisbombe wurde für Kroc nur eine weitere in der Reihe der Dessert-›Bomben‹. Aber diese ›Bombe‹ hatte eine Sprengkraft wie keine zuvor: Als man das Dessert nach drei Jahren mangels Nachfrage als Flop abschrieb, behauptete die Central Ice Cream Company, McDonald's habe sich nicht an Krocs mündliche Zusage gehalten, das Dessert in allen Lokalen einzuführen. Die Firma engagierte den Staranwalt Jerry Spence, der sich in spektakulären Prozessen gegen Wirtschaftskonzerne einen Namen gemacht hatte, und verlangte einen Schadenersatz in Höhe von 52 Millionen Dollar. In einem Vergleich konnte McDonald's den Prozeßgegner auf 15,5 Millionen Dollar herunterhandeln.

Wäre McDonald's im Besitz eines schriftlichen Vertrages gewesen, hätten seine Anwälte schon dafür gesorgt, daß der Konzern durch entsprechende Klauseln gegen Vertragsbruch geschützt war. Aber Kroc gehörte zu dem Typ Geschäftsmann, der glaubt, daß die Vertrauensbasis nicht durch schriftliche Verträge gestärkt wird, und diese Philosophie hat für McDonald's noch heute Gültigkeit. Trotz der Niederlage im Prozeß gegen die Central Ice Cream Company zog McDonald's es auch weiterhin vor, Geschäfte mit Lieferanten per Handschlag abzuschließen und Vertrauen auf etwas mehr als einem Stück Papier aufzubauen.

Nirgendwo ist das Engagement der McDonald's-Lieferanten sichtbarer als bei der Innovation und Verbesserung von Produkten. Im Laufe der Jahre sind die Lieferanten fast zu einem ›verlängerten Arm‹ der firmeneigenen Produktentwicklungsabteilung geworden und haben ihre Bereitschaft bewiesen, Millionen in die Neuproduktentwicklung oder die Verbesserung der Produktionstechnologie zu investieren. Sie wußten: wenn McDonald's das neue Produkt oder Produktionsverfahren akzeptierte, würde derjenige, der es entwickelt hatte, am meisten davon profitieren.

Einer der ersten, die der ›Waffenbruderschaft‹ der McDonald's-Lieferanten beitraten, war Bud Sweeney, der als

Account Manager für die Gorton-Unternehmensgruppe arbeitete und mit der Einführung des Fischmäc, Anfang der 60er Jahre, dafür sorgte, daß McDonald's 80 % der Fischprodukte bei seiner Firma kaufte. Viele andere Lieferanten sicherten sich durch ihre neuen Produktideen McDonald's Loyalität, wie beispielsweise die Firma Jack Simplot, die die Hälfte des McDonald's Pommes frites-Bedarfes von rund 1,8 Milliarden Pfund im Jahr deckt und damit zum Branchenführer avancierte. Auch dieser Lieferant hat, wie Sweeney, seinen kometenhaften Aufstieg der Bereitwilligkeit zu verdanken, mit der er auf die Wünsche von McDonald's einging.

Als Simplot McDonald's Anfang der 60er Jahre den Vorschlag machte, die Beschaffungsprobleme mit McDonald's Spitzenprodukt, Pommes frites, zu lösen, gehörte das Unternehmen bereits zu den Großen der Branche und konnte es sich leisten, 400 000 Dollar dabei zu investieren. Die größte Schwierigkeit bestand darin, daß die von McDonald's verwendete Kartoffelsorte, die Idaho Russet, nur neun Monate im Jahr frisch auf den Markt kam. Sie wurde meist als baked potatoe zubereitet, im Herbst geerntet und den Winter über in kalten, zumeist unterirdischen Räumen gelagert. Sie war extrem hitzeempfindlich, und in den Sommermonaten mußte McDonald's auf die in Kalifornien angebauten white potatoes zurückgreifen, die im Frühjahr auf den Markt kamen.

Die White-potato-Sorte war jedoch weniger knusprig nach dem Fritieren. Simplot baute als erstes Lagerhallen, in dem die Idaho-Russet-Sorte auch in den Sommermonaten kühl gelagert werden konnte. Die Firma arbeitete mit lokalen Verteilern zusammen, die rund 20 % des McDonald'sschen Kartoffelbedarfes deckten; Simplot glaubte, daß sich das Volumen bei entsprechenden Serviceleistungen noch erhöhen ließ. Er sorgte dafür, daß ingesamt dreihundert Wagenladungen Kartoffeln im ganzen Land verteilt in Kühlräumen gelagert wurden, genug, um McDonald's auch im Sommer ausreichend zu versorgen. Bisher hatte noch niemand versucht, die Idaho Russets über den Sommer zu lagern, und Simplot hatte keine Garantie dafür, daß McDonald's – im Fall einer

Qualitätsminderung – die Lieferung abnehmen würde. Der finanzielle Verlust wäre dann allein auf sein Konto gegangen.

Eine solche Risikobereitschaft war charakteristisch für Jack Simplot. Er hatte bereits mit vierzehn Jahren einen Altmetallhandel eröffnet, der dank seiner unkonventionellen Ideen florierte, und ihn dann mit ansehnlichem Gewinn verkauft. Er investierte das Geld zunächst in eine Schweinezucht, und den daraus erzielten Profit in eine Kartoffelfarm. Als eine neue elektrische Kartoffelsortiermaschine auf den Markt kam, die das mühevolle Handverlesen ersetzte, verkaufte er die Farm und machte einen der ersten vollautomatisierten Kartoffelsortierbetriebe in den USA auf.

Nach und nach baute er sein Unternehmen aus und handelte mit Kartoffeln, Zwiebeln und schließlich mit Trockenzwiebeln, die er mit einem brandneuen Dehydriergerät herstellte. Simplot profitierte als einer der ersten von dieser Innovation: Während des Zweiten Weltkrieges belieferte er die amerikanischen Streitkräfte mit Kartoffelflocken, die zu Püree verarbeitet wurden. Bei Kriegsende hatte er bereits vierzehn Fabriken für getrocknete Kartoffelprodukte in Betrieb. Um die Produktionskapazität voll auszulasten, kaufte er selbst riesige Kartoffelfarmen und verwendete als einer der ersten Kunstdünger, um die Ernteerträge zu verbessern. Als sich die Beschaffung der Kunstdüngerpräparate während der Kriegsjahre als zunehmend problematisch erwies, machte sich Simplot selbst auf die Suche nach geeigneten Rohstoffen und entdeckte dabei eine der größten Phosphat-Minen im Westen der USA. Und als der Bedarf an getrockneten Kartoffelprodukten nach dem Krieg zurückging, kurbelte Simplot sein Geschäft mit einem ganz neuen Produktionskonzept an: Er verlegte sich auf die Herstellung von tiefgefrorenen Kartoffelprodukten.

Simplot hatte bisher mit jedem seiner Einfälle einen Riesenerfolg gehabt, aber die Idee, frische Idaho Russets im Sommer einzulagern, erwies sich als Schuß, der nach hinten losging. Fast alle Kartoffeln wiesen Fäulnisbildung auf, und Simplot hatte einen Verlust von 400 000 Dollar zu beklagen.

Das war der erste große Rückschlag, den er verkraften mußte; aber seine Reaktion zeigte McDonald's, wie ernst es ihm mit der Erweiterung der Geschäftsbeziehungen war. Simplot machte seinem Kunden einen noch kühneren Vorschlag: Um die sommerliche ›Durststrecke‹ zu überwinden, sollte McDonald's statt der frischen tiefgefrorene Pommes frites verwenden.

Mitte der 60er Jahre zählte Simplot bereits zu den größten Herstellern von Tiefkühl-Pommes frites, was nicht viel besagt, weil in der Branche noch zu 95 % frische Kartoffeln verwendet wurden. Simplot brauchte einen großen und innovativen Kunden wie McDonald's,um den Widerstand des Marktes gegen die neue Technologie zu brechen. Bei einer Tagung der Kartoffelfarmer hatte er Steve Barnes, den Beschaffungsmanager von McDonald's kennengelernt und ihm seine Idee schmackhaft gemacht. Barnes trug sie dem damaligen Unternehmenspräsident Sonneborn vor. »Er lachte uns glattweg aus. Tiefgefrorene Pommes frites waren für ihn kein Thema.«

Daß man nicht mit McDonald's wichtigstem Produkt experimentieren wollte, ist verständlich. Kein Konkurrenzprodukt – nicht einem Simplots – war in Farbe, Knusprigkeit und Geschmack mit McDonald's-Pommes frites zu vergleichen. Als Sonneborn Simplot die kalte Schulter zeigte, schlug ihm Barnes vor, sich an die allerhöchste Instanz zu wenden – an Ray Kroc. Kroc, der seine Fähigkeiten in der Verteilungsoptimierung schon hinlänglich unter Beweis gestellt hatte, war sich der landesweiten Verteilungsprobleme sehr wohl bewußt. Mitte der 60er Jahre bezog die Kette ihre Kartoffeln von 175 Lieferanten vor Ort, und einige waren nicht abgeneigt, ihre Gewinnspannen dadurch zu erhöhen, daß sie McDonald's mit einer billigeren und qualitativ minderwertigen Ware versorgten. Klugerweise plädierte Simplot für die tiefgefrorenen Pommes frites aus Qualitätsgründen, nicht des Preises wegen, und Qualität war für Kroc bekanntlich von zentraler Bedeutung. »Ich versuchte ihn zu überzeugen, daß er mit gefrorenen Pommes frites Qualität und Konsistenz seiner Lieferungen viel besser kontrollieren könnte«, erinnert sich Simplot. »In den Restaurants hatte man große Probleme mit der Qualität der Kartoffeln. Ihr Zuckergehalt schwankte ständig, was zur Folge hatte, daß die Pommes frites in allen Regenbogenfarben schillerten.«

Schon bevor Simplots Vorschlag an ihn herangetragen wurde, hatte Kroc Ken Strong, den Leiter des firmeneigenen verfahrenstechnischen Labors in Addison, Illinois, und Ed Traisman, den Bruder von Betty Agate und McDonald's-Franchisenehmer in Madison, Wisconsin, auf seine Farm nördlich von Santa Barbara geholt, um dort mit verschiedenen Kartoffelsorten und Verarbeitungstechniken zu experimentieren. Strongs erster Auftrag war die Entwicklung gefrorener Pommes frites. Kroc wollte ein Produkt, daß vom frischen nicht zu unterscheiden war, und das gab es in der Tiefkühlbranche bislang noch nicht. Als langjähriger Lebensmitteltechniker von Lamb Weston, einem großen Kartoffellieferanten, war Strong für die Aufgabe wie geschaffen. Ed Traisman, ein McDonald's-Franchisenehmer aus Madison, Wisconsin, arbeitete auf Krocs Betreiben hin an demselben Projekt. Traisman, der Bruder von Betty Agate, gehörte zu jenen mutigen Zeitgenossen, die im Gefolge des Erfolges von Sandy Agate in Waukegan Franchisenehmer geworden waren. Zudem hatte Traisman eine Zeitlang die Forschungs- und Entwicklungsarbeit der Milch- und Käseproduktefirma Kraft geleitet, wovon sich Kroc viel für die Lösung seines Kartoffel-Problems versprach.

Strong und Traisman wußten, daß sich durch den Gefrierprozeß bei Pommes frites die molekulare Zusammensetzung und damit auch der Geschmack verändert. Mit den üblichen Produktionsmethoden der Tiefkühlkartoffel-Industrie ließ sich dieses Problem nicht in den Griff bekommen. Hier wurden die geschälten und geschnittenen Kartoffeln in kochendem Wasser blanchiert, kurz in Öl fritiert und dann eingefroren. Aber selbst die Hersteller von Tiefkühl-Pommes frites gaben zu, daß sich ihre Produkte, was Knusprigkeit oder Geschmack betraf, nicht mit frischen vergleichen ließen.

Nach Monaten intensiver Suche fanden Strong und Traisman heraus, daß der Fehler im Herstellungsprozeß lag.

Traisman erkannte, daß das in der Kartoffel enthaltene Wasser beim Gefrieren Eiskristalle bildete, die die Stärkebildung während des Fritierens verhinderten und für die Struktur- und Geschmacksveränderung verantwortlich waren. Deshalb, so folgerten sie, mußte man den blanchierten Kartoffeln vor dem Fritieren die Flüssigkeit entziehen. Traisman erhielt zwar ein Patent auf seine Entdeckung, stellte aber seine Forschungsergebnisse Strong und McDonald's zur Verfügung. In der Zwischenzeit hatte Strong herausgefunden, daß die Blanchierzeit zu lang war und dadurch sowohl das Aroma als auch der natürliche Zuckergehalt, der für die goldbraune Farbe und die feste Konsistenz der Pommes frites sorgt, verloren gingen, ähnlich wie bei herkömmlichen tiefgekühlten Pommes frites.

Strong ersetzte das Blanchieren im Wasser durch ein verkürztes Dampf-Blanchierverfahren, bei dem Zucker und andere Geschmacksstoffe erhalten blieben. Anstatt die Pommes frites sofort nach dem Blanchieren kurz zu fritieren, wurden sie vorher mit heißer Luft getrocknet, um ihnen die Flüssigkeit ganz zu entziehen und somit die negative Wirkung des Gefrierprozesses auszuschalten. Bislang hatte man den Pommes frites einen Teil ihrer Flüssigkeit entzogen, indem man die vorgefrorenen Kartoffeln in der Fabrik kurz fritierte und im Restaurant fertiggarte. Das Resultat waren Pommes frites gewesen, die alles andere als knusprig waren. Durch Strongs neues Gefriertrockenverfahren konnte den Kartoffeln ein Großteil ihrer Flüssigkeit entzogen werden, wodurch die fertigen Pommes frites erstklassig knusprig blieben.

Selbst Skeptiker mußten zugeben, daß Strongs Produkt genausogut war wie das aus frischen Idaho-Kartoffeln gewonnene. McDonald's ließ die Fertigungsmethode patentieren. Auch bei Simplot hatte man an der Verbesserung tiefgefrorener Pommes frites gearbeitet und war zu ähnlichen Ergebnissen gekommen wie Strong. Simplot baute voll darauf, daß sein Team den von Strong entwickelten Herstellungsprozeß im kommerziellen Maßstab betreiben konnte und investierte trotz seiner Vorjahresverluste annähernd die zehnfache Summe, um mit McDonald's in Geschäft zu kommen.

Per Handschlag (mit Kroc) verpflichtete sich Simplot, 3,5 Millionen Dollar in die Produktionsanlagen für das neue Produkt, (mit einem Ausstoß von 25 000 Pfund pro Stunde) die bisher allerdings noch nicht über das Teststadium hinausgekommen war, zu investieren. Wenn Simplots Pommes frites McDonald's Qualitätsansprüchen nicht genügt hätten, wären seine Verluste weit höher als im Vorjahr gewesen und hätten u. U. zu einem finanziellen Fiasko geführt. Deshalb hatte wohl auch Lamb Weston, ein Hersteller von Kartoffelprodukten, zu dem McDonald's schon Kontakt aufgenommen hatte, bevor Simplot auf der Bildfläche erschien, die aufwendige Umstellung der Produktion abgelehnt. Aber Simplot ließ sich nicht entmutigen. »Ich dachte mir, egal, wenn mir der Alte [Kroc] meine Pommes frites nicht abkauft, dann vermarkte ich sie selbst«, erklärt er. »Das war für mich ein passender Vorwand, genau die Pommes frites-Fabrik hochzuziehen, die ich mir vorstellte.«

Seine Investition zahlte sich aus – mehr als ihm vielleicht lieb war. Seine einzige Sorge bestand nämlich bald darin, McDonald's Nachfrage noch decken zu können. Der Konzern hatte anfangs geplant, nur in den Sommermonaten tiefgefrorene Pommes frites anzubieten. Aber als Simplots Produktion angelaufen war, beschloß man, im gleichen Tempo wie er die Kapazität erhöhte, auf die tiefgekühlten ›Mac Fries‹ umzustellen.

Noch im selben Jahr baute Simplot seine zweite Fabrik. 1972 hatte McDonald's nur noch gefrorene Pommes frites im Programm, und Simplots kometenhafter Aufstieg begann. In der Zwischenzeit waren alle größeren McDonald's-Konkurrenten dem Beispiel des Marktführers gefolgt und experimentierten mit Strongs neuen Produktionsmethoden. Simplot modifizierte sie und begann, Wendy's und andere Fast food-Ketten mit seinen Pommes frites zu beliefern. Seine Verbindung mit McDonald's machte ihn zum Branchenführer am amerikanischen Markt.

Simplots vier Fabriken beliefern McDonald's jährlich mit rund 450 Millionen Pfund Pommes frites. Damit deckt McDonald's etwa die Hälfte seines Bedarfs, die andere Hälfte teilen sich Lamb Weston und Carnation. Alles in allem kontrolliert Simplot heute 30 % des Marktes für Kartoffelprodukte. Seit 1965, als Simplot Kroc kennenlernte, ist die einst wacklige Firma um das Zwanzigfache gewachsen und erzielt heute einen Jahresumsatz von 650 Millionen Dollar.

McDonald's Umstellung von frischen auf tiefgefrorenen Pommes frites zeigt, welch kreatives Potential ein Fanchisesystem besitzt, in dem alle Partner – Konzernmanager, Franchisenehmer und Lieferanten – an Problemlösungsprozessen beteiligt sind und ihre spezifischen Kenntnisse und Erfahrungen einbringen. Die Flexibilität, die McDonald's bei der Lösung des Pommes frites-Problems dank der kollektiven Kreativität seiner Franchisenehmer gezeigt hatte, blieb nicht ohne Wirkung: Die gesamte Industrie folgte McDonald's Beispiel. Heute wird nahezu ein Viertel der gesamten amerikanischen Kartoffelernte zu gefrorenen Pommes frites verarbeitet; Ende der 50er Jahre waren es nur 2 %. Dabei entfallen allein 25 % der Pommes frites-Produktion auf McDonald's.

Wenige Jahre nach der Umstellung begann eine andere Gruppe von risikofreudigen Unternehmern, sich um McDonald's Gunst zu bemühen: Al Justin, Jack Catt und Herb Lotman, die bis dahin in der fleischverarbeitenden Industrie tätig waren. Catt verdingte sich als selbständiger Fleischhändler, der mit einer Reihe von Firmen Geschäfte machte. Zu seinen Kunden zählte unter anderem die Polarized Meat Corporation, eine Firma, die Justin in Scranton, Pennsylvania, aufgebaut hatte und die portionierte, tiefgefrorene Fleischvorspeisen an Großkunden wie Kantinen und Krankenhäuser verkaufte. Lotman betrieb zusammen mit seinem Vater eine kleine Schlächterei in Philadelphia, die Polarized mit knochenfreiem Fleisch belieferte.

Ende der 60er Jahre suchten die drei intensiv nach neuen Geschäftsverbindungen. Justin hatte seine Firma Polarized gerade verkauft; Catt brauchte dringend einen neuen Kunden, der Polarized ersetzen konnte, und Lotman hielt nach einer Möglichkeit Ausschau, seinen Familienbetrieb zu sanieren. Als nämlich Iowa Beef begonnen hatte, das Fleisch bereits in der Fabrik auszulösen und Supermärkte mit abgepackten Portionen zu beliefern, war Lotman überflüssig geworden, dessen Betrieb Fleischreste, die in den Metzgereien der Supermärkte anfielen, an die fleischverarbeitende Industrie weiterverkauft hatte.

Catt, der landesweit agierende Fleischhändler, erkannte als erster das Problem, das McDonald's mit der Frischfleisch-Bestellung hatte. Da die McDonald's-Lokale geografisch weitverstreut lagen, wurden sie von insgesamt 175 Lieferanten vor Ort dreimal wöchentlich mit frischen Hamburger-Patties versorgt. Obwohl McDonald's die Lieferungen und Fleischfabriken gründlichst inspizierte, war die Struktur der Verteilungsnetzes für die Kette eine Quelle ständigen Ärgers. Und selbst wenn die Fabriken Hamburger lieferten, die dem geforderten Standard entsprachen, gab es keine Garantie dafür, daß die einzelnen Restaurants auch qualitativ hochwertige Hamburger anboten.

Eine ständige Sorge war, daß die freitags angelieferten Hamburger über das Wochenende nicht verkauft werden konnten, z. B. aufgrund der Wetterverhältnisse. Für diesen Fall waren die Franchisenehmer angewiesen, das übriggebliebene Fleisch wegzuwerfen. Dennoch bestand das Risiko, daß einige es trotzdem verwendeten, um keine finanziellen Einbußen zu haben. Dieser Gedanke bereitete Kroc Alpträume. »Ich bin manchmal nachts aufgewacht, weil ich von Tausenden von Kunden mit verdorbenen Mägen geträumt hatte, und habe mich gefragt, wie wir diese Katastrophe überleben würden«, gestand Kroc.

Der Widerstand bei McDonald's gegen eine Umstellung von frischem auf gefrorenes Fleisch war nicht minder vehement wie bei der Umstellung von frischen auf gefrorene Pommes frites. Man argumentierte, daß das gefrorene Fleisch qualitativ minderwertig sei, daß es durch den Gefrierprozeß an Geschmack und beim Grillen zuviel Saft verlieren würde. Es sei außerdem von Haus aus zäher. Der Qualitätsverlust war so groß, daß McDonald's es vorzog, die Risiken in Kauf zu nehmen, die mit der Verwendung von Frischfleisch und der nahezu unkontrollierbaren Zahl der

Lieferanten verbunden waren. Ab 1965 empfahl Catt Mc-Donald's immer wieder, auf Tiefkühlprodukte umzustellen, aber jedesmal erhielt er eine abschlägige Antwort.

1967 zahlte sich seine Hartnäckigkeit endlich aus. Er konnte Don Devitt, den Einkaufsleiter von McDonald's überreden, eine begrenzte Menge tiefgekühlter Patties zu testen, die nach einem neuen Schockgefrierverfahren, bei dem man mit Temperaturen unter minus 200 Grad Fahrenheit* arbeitete, hergestellt worden waren. Dadurch wurde der Fleischsaft in Hamburger versiegelt und lief beim Grillen nicht mehr aus.

Catt, Justin und Lotman testeten das gefrorene Fleisch für McDonald's in Lotmans Fabrik. Sie gründeten eine Firma namens Equity Meat Company und investierten je 250 000 Dollar in Anlagen, mit denen man Hamburgerfleisch faschieren, zu Patties formen und gefrieren konnte, die dann an die drei Verkaufsstellen geliefert wurden, die Devitt als Testmarkt bestimmt hatte. War der Test ein Mißerfolg, hätten die Partner ihren Einsatz eingebüßt. Für Justin wäre der Verlust noch am ehesten zu verkraften gewesen: Er hatte seine Firma Polarized gerade erst für acht Millionen Dollar verkauft. Aber Lotman und Catt hatten ihre gesamten Ersparnisse in das Projekt investiert, und Lotman mußte zusätzlich noch sein Segelboot verkaufen, um das nötige Kapital aufzubringen.

Das Trio merkte allerdings erst nach der Gründung von Equity, wie riskant das Unternehmen war, auf das sie sich eingelassen hatten. Justin, Lotman und Catt waren nach Chicago geflogen; zu einem Gespräch mit Lynal Root, Devitts Nachfolger. Als Root sie dem frischgebackenen McDonald's-Präsidenten Fred Turner vorstellte, rutschte ihnen erst einmal das Herz in die Hose.

Lotman wird die Begegnung nie vergessen: »Fred eröffnete uns, daß er gefrorene Hamburger haßt. Als grillman [in Krocs Restaurant in Des Plaines] hatte er immer ein paar Schachteln mit gefrorenen Hamburgern als Reserve in der

---

* –93,3 Grad Celsius

Gefriertruhe, und er erinnerte sich noch gut daran, wie er sich die Finger wundgescheuert hatte, um die trockenen Dinger voneinander zu trennen. Deshalb würden gefrorene Hamburger für McDonald's nie in Frage kommen.«

Turner erklärte den Partnern, er würde gefrorene Hamburger überhaupt nur dann in Betracht ziehen, wenn sie ein Produkt entwickelten, das schneller und einfacher zuzubereiten, saftiger und mürber war und weniger schrumpfte als ein frischer Hamburger. Lotmann erinnert sich: »Ich bekam fast einen Herzinfarkt. Wir hatten unser gesamtes Vermögen investiert, und der Präsident von McDonald's erzählt uns, daß das Projekt quasi schon gestorben sei, bevor es überhaupt begonnen hatte. Auf dem Rückflug nach Philadelphia waren wir drei sehr schweigsam.«

Keine der großen Fleischfabriken war bereit, ein solches Risiko einzugehen. Selbst wenn es Equity gelingen würde, Hamburger zu liefern, die beim Gefrieren nicht austrockneten, schien es fast unmöglich, den übrigen Anforderungen gerecht zu werden. Turner verlangte Wunder, die niemand vollbringen konnte. Aber den Partnern blieb keine andere Wahl, als sich etwas einfallen zu lassen, wenn sie ihr Geld nicht verlieren wollten. »Fred Turner hat bewirkt, daß wir noch intensiver nach einem Produkt suchten, das seinen Ansprüchen genügte.«

Die Partner arbeiteten in den nächsten neun Monaten in Lotmans Werk – sieben Tage die Woche, zwölf Stunden täglich und mehr. Sie verfeinerten das Schockgefrierverfahren und testeten verschiedene Kühlstoffe, bevor sie sich für flüssigen Stickstoff entschieden. Sie analysierten die Auswirkungen unterschiedlicher Gefrierzellen. Sie experimentierten mit den verschiedensten Fleischsorten, und entwickelten das erste computergesteuerte Faschiergerät, das Hamburger mit einer optimalen Fleisch-Fettmischung herstellte. Und sie suchten nach der besten Grilltemperatur für die tiefgefrorenen Patties.

Die Qualität der Hamburger überraschte sie selbst. Das Schockgefrierverfahren und die spezifische Grilltemperatur sorgten dafür, daß der Saft im Fleisch blieb und die Hamburger größer und saftiger als die aus Frischfleisch zubereiteten waren. Die Eiskristalle, die sich beim Gefrierprozeß mit flüssigem Stickstoff bildeten, waren so kalt, daß sie bestimmte Fleischfasern zerstörten, was die Hamburger mürber machte. Das tiefgefrorene Fleisch war so bruchsicher, daß die Patties ohne trennendes Wachspapier in Kartons aufbewahrt und mühelos voneinander gelöst werden konnten. Selbst Skeptiker wie Turner mußten zugeben, daß die gefrorenen Hamburger besser waren als die frischen.

Trotzdem wäre das Projekt in der Testphase beinahe gescheitert. Der erste Probelauf fand in einem Restaurant in Minneapolis statt, und Catt und Lotman standen bereit, um die Hamburger aus der Fabrik in Philadelphia in Empfang zu nehmen. Lotman öffnete eine Schachtel und traute seinen Augen nicht: Die Hamburger waren gefroren – zusammengefroren. Das Kühlaggregat des LKWs war kurze Zeit ausgefallen, was das Eis auf der Oberfläche zum Tauen gebracht hatte; danach waren sie wieder gefroren. Nachdem man kein Trennpapier verwendet hatte, klebten die Patties in einem Block aneinander. Daß Equity keine Schuld traf, war nebensächlich. In Anbetracht der Skepsis bei McDonald's konnte jedes Mißgeschick bei der ersten Pattie-Lieferung als Anlaß genommen werden, weitere Versuche mit gefrorenen Hamburgern auf Eis zu legen.

Lotmans erster Gedanke war, daß der Restaurantbetreiber nichts merken durfte. Er und Catt stellten sich, mit Schraubenziehern bewaffnet, in den Kühlraum des Restaurants und mühten sich ab, die Patties voneinander zu trennen. Dabei erinnerten sie sich lebhaft an Turners Schilderung seiner Erfahrung mit gefrorenen Hamburgern in Des Plaines. Als es auf die Mittagszeit zuging, brachte Catt die Hamburger, ohne sich etwas anmerken zu lassen, in die Küche, während Lotman weiter an den Hamburger-Blöcken herumstocherte. Irgendwie schafften sie es, die Mittagszeit zu überstehen, ohne daß der Restaurant-Manager etwas merkte. »Wenn wir den mittäglichen Kundenansturm nicht überstanden hätten, wäre der Test wahrscheinlich von Anfang an in die Hose gegangen«, erinnert sich Lotman.

Das neue Tiefkühlprodukt wurde nicht nur vom Mc-Donald's-Management akzeptiert, sondern auch von den Richtern, deren Urteil das größte Gewicht hat: die Verbraucher. Die meisten Kunden konnten keinen Geschmacksunterschied feststellen; eine kleine Minderheit hielt sie sogar für qualitativ besser. Das neue Produkt vereinfachte zudem noch die Verteilung und die Zubereitung in den McDonald's-Lokalen. Die Grillzeit wurde von vier auf dreieinhalb Minuten gesenkt, und der tiefgefrorene Hamburger schrumpfte während des Grillens weniger als ein frischer.

Die Franchisenehmer, die das letzte Wort bei der Einführung des neuen Produktes hatten, akzeptierten es auf Anhieb. 1973, zwei Jahre nach Testbeginn, hatte sich McDonald's vollständig von Frisch- auf Tiefkühlfleisch umgestellt. Die Firma Equity war nicht mehr in der Lage, den Bedarf zu decken. Sie hielt sich jedoch an eine Bedingung, die McDonald's all seinen Systempartnern stellt: Wenn ein Lieferant ein neues Produkt oder Herstellungsverfahren exklusiv für McDonald's entwickelt, muß es die Technologie allen von McDonald's gewählten Zulieferbetrieben kostenlos zur Verfügung stellen. Ray Kroc hatte seinen Lieferanten schon seit langem begreiflich gemacht, daß auch sie Teil des McDonald's-Systems waren und das Wohl der Gemeinschaft höchste Priorität hatte.

Dieser freie Informationsaustausch ist vielleicht das sichtbarste Zeichen dafür, daß die Lieferanten auf McDonald's Loyalität vertrauten. Niemand hätte den Konzern daran hindern können, die Produktionsgeheimnisse des einen an einen anderen Lieferanten weiterzugeben und diesem somit den Löwenanteil des Geschäftes zuzuspielen. Keiner wußte das besser als die Firma Equity. Ihre neue Schockgefriermethode war eine Goldmine, die sie aber nur ausbeuten konnte, wenn McDonald's den Großteil seiner Hamburger bei ihr bezog.

Equity war bereit, dieses Risiko einzugehen. Zu dem Zeitpunkt, als die Firma mit der Produktentwicklung für McDonald's begann, war in der Branche hinlänglich bekannt, daß der Konzern um das Wohl seiner Lieferanten bemüht war und niemanden übervorteilte. Aus den kleinen Firmen waren inzwischen Mammutunternehmen, aus den Inhabern Millionäre geworden. Lou Perlmans Firma Martin-Brower blieb McDonald's einziger Papierlieferant. Harry Smargons winzige Backfett-Fabrik hatte sich zu einem Millionenunternehmen entwickelt. Taylor Freez profilierte sich durch die Entwicklung einer vollautomatischen Milchshake-Maschine, aus der sich die Mixgetränke so schnell wie Bier zapfen ließen, und gilt heute als branchenführend. Kleine Bäckereien, wie beispielsweise die von Dick West oder Harold Fuend, prosperierten dank ihres Großkunden McDonald's und gehören heute zu den größten und modernsten Herstellern von Brot- und Backwaren in den USA. Und Simplot hat seine unbestrittene Marktführerschaft einzig McDonald's Loyalität zu verdanken.

Deshalb war Equity sofort gewillt, seine Innovation den Frischfleischlieferanten zugänglich zu machen, die McDonald's bestimmt hatte, um seinen ungeheuren Bedarf an Hamburgern zu decken. Zu ihnen gehörten die Firma Golden State in Los Angeles, Otto and Sons in Chicago, Anderson Meat in Oklahoma City und die Pabst Meat Company in Minneapolis. Gemeinsam sorgten sie dafür, daß McDonald's reibungslos von frischen auf gefrorene Hamburger umstellen konnte – eine Aufgabe, die Equity allein niemals hätte bewältigen können.

Equity entstanden keine Nachteile dadurch, daß es seine Geheimnisse bereitwillig preisgegeben hatte. Innerhalb von zwei Jahren war McDonald's Beschaffungssystem enger geknüpft und auf fünf Lieferanten beschränkt worden. Equity hat bis heute den nachweislich größten Anteil am McDonald's Hamburger-Geschäft. Heute liefern seine zwei Fabriken fast 40 % der mehr als 490 Millionen Pfund Hamburger-Fleisch, die McDonald's jährlich verbraucht. Die Firma tauchte 1970 buchstäblich aus dem Nichts auf und verwandelte sich innerhalb eines Jahrzehnts in den größten Hamburger-Hersteller der Welt. Heute wird sie unter dem Namen Keystone Foods geführt; die Aktienmehrheit hält Northern Foods, ein Lebensmittelkonzern mit Sitz in Londen. Lotman, der jahrelang versucht hatte, seinen 4-Millionen-Dollar-Familienbetrieb zu sanieren, blieb Vorstandsvorsitzender und alleiniger Eigentümer von Keystone und setzte 1990 mehr als 750 Millionen Dollar um – ausschließlich mit McDonald's.

Keystones Marktanteil wäre heute mit Sicherheit noch größer, wenn sich der Konzern entschieden hätte, auch für andere Fast food-Ketten zu produzieren. Aber Lotman hatte sich überlegt: Wenn sein Betrieb ausschließlich McDonald's belieferte, würde man ihm unter Umständen den Produktionsauftrag für ein weiteres von McDonald's entwickeltes Fleischgericht geben. Seine Annahme erwies sich als richtig: 1980 erklärte ihm Lynal Root, daß McDonald's einen Hersteller für ein fritiertes Hähnchengericht suchte, das der Konzern gerade entwickelte. Man hatte schon seit einem Jahrzehnt mit dieser Produktlinie experimentiert, aber ohne zufriedenstellendes Ergebnis. Nun glaubte man, das Richtige gefunden zu haben: unregelmäßig geformte, panierte und fritierte Hähnchenfilets, Keystone sollte die Massenproduktion übernehmen.

McDonald's Serie von Mißerfolgen mit Hähnchenprodukten war zu einem ernsthaften Problem geworden. Der Rindfleischkonsum in den USA war beträchtlich zurückgegangen, und die vielversprechendste Alternative war Geflügel. Ein für McDonald's geeignetes Gericht zu finden, beschäftigte nicht nur die firmeninterne Produktentwicklungsabteilung, sondern auch Rene Arend, den aus Luxemburg stammenden Maitre des Cuisine, der seine Kochkunst im exklusiven Klub des Whitehall Hotels in Chicago ausübte. Während seines Aufenthaltes in Chicago wohnte Kroc im Whitehall Hotel, wo er Arend kennenlernte, mit dem ihn bald eine enge Freundschaft verband. Die beiden Männer redeten stundenlang über ihr Lieblingsthema – Essen. Kroc war fasziniert von Arends Kochkünsten, Arend von Krocs genialer Leistung, ein Hamburger-Imperium aufzubauen. Jahrelang versuchte Kroc vergebens, Arend als McDonald's-Mitarbeiter zu gewinnen. Die Antwort des Chefkochs blieb dieselbe: »Wie könnte ich dir nützen, Ray? Ich bin Koch, kein Hamburger-Experte.«

Arend war nicht der einzige, der sich diese Frage stellte. Turner lehnte es strikt ab, einen Koch zu engagieren. Aber Kroc suchte ständig nach neuen Produkten, weil er der Ansicht war, die Umsätze der Restaurants ließen sich nur dann steigern, wenn die vorhandenen Gerichte verbessert und die Speiseangebote erweitert würden, so daß man nicht primär vom Hamburger-Geschäft abhängig war. Er glaubte, Arend könne als Außenseiter für neue Impulse sorgen, neue spezielle Saucen, ein Hähnchengericht oder ein Dessert kreieren. Die Systemmanager und Franchisenehmer, die inzwischen mit der Fast food-Branche verwachsen waren, schienen ihm in zu festgefahrenen Bahnen zu denken. Turners trockener Kommentar zu derartigen Überlegungen lautete: »Was willst du unseren Kunden denn servieren – flambierte Bananen à la mode?«

1976 übernahm Arend dann auf Krocs ständiges Drängen hin den Posten als McDonald's Küchenchef. Er experimentierte mit Hähnchengerichten (der von Kroc vorgeschlagene ›Geflügel-Pie‹, den gefüllten Obsttaschen ähnlich, kam über das Teststadium nicht hinaus), ferner mit Steaksaucen und fritierten Hähnchen, die in größere Portionen geschnitten wurden. Aber die Konkurrenz auf diesem Markt war so groß, daß McDonald's etwas mehr als eine bescheidene Produktverbesserung brauchte, um sich positiv von anderen Anbietern abzuheben.

Trotz einer nicht abreißenden Kette von Mißerfolgen konnte Arend schließlich doch noch einen triumphalen Erfolg bei dem Mann verbuchen, der anfangs sein größter Kritiker gewesen war: Fred Turner. Kroc hatte Arend gebeten, ein neues Zwiebelgericht namens Onion Nuggets zu entwickeln, das aus in mundgerechte Bissen geschnittenen, panierten und fritierten Zwiebeln bestand. Aber die Vielfalt der Zwiebelsorten machte eine Qualitätskontrolle unmöglich, und Turner empfahl ihm eines Morgens, die Arbeit an diesem Produkt einzustellen. »Warum machen Sie nicht mit den Hähnchenteilen weiter?« wollte der Firmenpräsident wissen.

An diesem Morgen schnitt Arend das Hühnerfleisch in

mundgerechte Stücke und panierte und fritierte sie wie die Onion Nuggets. Am späten Nachmittag servierte er Turner die ersten Proben. Dieser war begeistert, aber er sah auch, welche Probleme die Massenherstellung bringen würde, denn bislang gab es keine technischen Vorrichtung, mit der man das Geflügelfleisch von den Knochen lösen und mundgerecht portionieren konnte.

McDonald's wandte sich an die Firma Banquet Foods, die tiefgefrorene Geflügelgerichte herstellte. Aber ihre Technologien waren veraltet und ungeeignet: Die Nuggets waren vom Geschmack, Aussehen und von der Konsistenz her tiefgefrorenen und in Stücke geschnittenen Geflügel-Würstchen ähnlich. Sogar die unregelmäßige Form wirkte künstlich.

McDonald's blieb nichts anderes übrig, als selbst eine völlig neue Technologie zu entwickeln. Turner hätte damit die firmeninterne Forschungs- und Entwicklungsabteilung beauftragen können, denn die Produktidee für die Chicken McNuggets stammte dieses Mal aus den eigenen Reihen. Als die Lieferanten sich seinerzeit an der Entwicklung von gefrorenen Fisch-, Kartoffel- und Fleischprodukten beteiligten, beschäftigte man in der Entwicklungsabteilung von McDonald's nur wenige Mitarbeiter. Während der 80er Jahre war zwar das Team auf vierzehn Mitglieder, die sich auf verschiedene Produktbereiche spezialisiert hatten, angewachsen. Turner hatte trotzdem erkannt, daß der Markterfolg neuer McDonald's-Produkte nicht zuletzt auf der Innovationsbereitschaft des Lieferantennetzes beruhte, und er war bereit, diesen Vorteil zu nutzen.

Er rief Bud Sweeney an, der den Fischmäc kreiert hatte und für die Firma Gorton arbeitete. Er wollte Sweeney für sechs Monate ›ausleihen‹, damit er ungestört nach einer Lösung der Chicken-Nuggets-Probleme suchen konnte. »Nichts zu machen, Fred. Dafür bräuchte ich jede Menge Leute, und der ganze Bürokraten-Kram würde mir über den Kopf wachsen«, antwortete Sweeney. Er war sich dessen bewußt, daß sich McDonald's seit jener Zeit vor zwanzig Jahren, als er den Fischmäc entwickelt hatte, in ein bürokratisches Monstrum verwandelt hatte. Aber das Chicken-Nugget-Projekt war Turners Baby, und er rückte dem Fischlieferanten auf den Pelz: »Bud, du solltest besser zuhören.«

Nach anfänglichem Zögern akzeptierte Sweeney, unter der Bedingung, daß er sein eigenes Team aus den Reihen der McDonald's-Mitarbeiter zusammenstellen durfte und nur Turner selbst verantwortlich war. Turner stimmt diesem unüblichen Arrangement zu, und Sweeney gründete das sogenannte SWAT-Team, das sich ausschließlich mit der Entwicklung der Chicken McNuggets befaßte und völlig unabhängig von der McDonald's-Bürokratie operierte. Seine Autonomie ging sogar so weit, daß Vorgesetzten der Teammitglieder, die sich über die Fortschritte des Projektes informieren wollten, Auskünfte verweigert wurden.

Das SWAT-Team ist wohl das beste Beispiel dafür, was McDonald's unter einer echten Partnerschaft mit seinen Lieferanten auf dem Gebiet der Neuproduktenentwicklung versteht. Sweeney hatte bei der Firma Gorton ein umfangreiches Wissen und Erfahrung mit Panaden und Zubereitungstechniken erworben, die zur Einführung des Fischmäc geführt hatten. Er arbeitete eng mit den McDonald's-Abteilungen zusammen, die mit der Produktenentwicklung und der Qualitätskontrolle befaßt waren, um sich besser auf die spezifischen Bedürfnisse des Konzerns einstellen und die Reaktion der Kunden auf den Testmärkten analysieren zu können. McDonald's Küchenchef Arend fiel die Aufgabe zu, vier Saucen zu kreieren, die zu den Chicken McNuggets angeboten wurden. Und Keystone sollte das größte Problem lösen: das Geflügel nach einer möglichst rationellen Methode zu filetieren und mundgerecht zu portionieren.

Kein Anbieter sah sich bei der Massenproduktion von Geflügelgerichten so spezifischen Anforderungen gegenüber, und daher waren die vorhandenen Technologien auch weitgehend ungeeignet. Nach wochenlanger ergebnisloser Suche war Sweeney nahe daran, aufzugeben; er fand keine Möglichkeit, die Hähnchenteile maschinell in der geforderten Größe zu portionieren. Aber Victor Wortmann, einer der Manager, der bei McDonald's für die Qualitätskontrolle zuständig war, bestand auf einem maschinellen Portionierungsverfahren, da das Produkt für McDonald's sonst unrentabel war, und erzielte schließlich zusammen mit Bud Kivert von der Firma Keystone den technologischen Durchbruch. Sie bauten eine Hamburger-Portioniermaschine um, mit der sich die Hähnchenfilets in Stücke teilen ließen, die man von handgeschnittenen nicht unterscheiden konnte. Bei Keystone selbst wurde das Filetieren anfangs noch manuell durchgeführt, aber innerhalb weniger Jahre konnte man auch dieses Verfahren weitgehend automatisieren und das Produktionsvolumen damit verdreifachen. Daryl Otten, ein Mitglied des SWAT-Teams, arbeitete mit Gorton zusammen an der Entwicklung eines Fritierteiges, der den Chicken McNuggets das Aussehen gab, als seien sie gerade frisch paniert.

Dank der Arbeitsteilung war McDonald's in Rekordzeit in der Lage, die Chicken McNuggets am Markt einzuführen und Wettbewerbsvorteile aus einem neuen Produkt zu ziehen, das sich nur schwer kopieren ließ. Der erste Testmarkt war Litton Cochranes Filiale in Knoxville. Die Einführung fand im März 1980 statt, nur fünf Monate nach Sweeney's Ernennung zum SWAT-Teamchef. Über Nacht wurden die Chicken McNuggets zum Renner; ihr Markterfolg ließ sich nur noch mit Herb Petersons Egg-McMuffin-Gericht vergleichen. Auf den Testmärkten wurden 20 % des Umsatzes mit dem neuen Produkt erzielt. Bevor McDonald's es auf weitere Märkte exportierte, hatte Keystone mit dem Bau einer neuen Fabrik zur Herstellung von Chicken McNuggets begonnen.

Der Bau wurde innerhalb von hundert Tagen fertiggestellt und kostete 13 Millionen Dollar – eine Investition, die genauso unsicher war wie vor fünfzehn Jahren Lotmans Tiefkühl-Hamburger-Produktion. Seine einzige Garantie war der feste Glaube an McDonald's Loyalität. »McDonald's hat seine Lieferanten nie im Stich gelassen«, meinte Lotman dazu. »Wenn es mit den Chicken McNuggets nicht geklappt hätte, wäre ihnen sicher eine andere Verwendungsmöglichkeit für die Fabrik eingefallen.«

Wie sich herausstellte, mußten sich weder Lotman noch McDonald's über eine Auslastungsmöglichkeit den Kopf zerbrechen. Die Nachfrage der McDonald's-Verkaufsstellen in den Testmärkten war so groß, daß die Produktionskapazität schon in der ersten Woche voll ausgeschöpft war. Als die McNuggets eineinhalb Jahre nach dem ersten Testlauf 1980 in allen McDonald's-Märkten eingeführt wurden, mußte sich die Kette, um ihren Bedarf zu decken, einen zweiten Hersteller suchen, Tyson Foods, Keystone weihte Tyson, ohne zu zögern, in die Produktionsgeheimnisse ein. Der neue Lieferant fügte eigene Verbesserungen hinzu und betätigte sich sogar als Geflügelzüchter. Die neue Zucht, ›Mr. McDonald's‹ genannt, eignete sich besonders gut für die Nuggetproduktion. Sie war größer und fleischiger als die in Supermärkten erhältlichen und ließ sich leichter filetieren. Keystone motivierte seine Geflügellieferanten zu ähnlichen Experimenten. Innerhalb von wenigen Jahren, als die Konkurrenz McDonald's neues Produkt zu kopieren begann, war aus dem Geschäft mit Geflügelfilets, das früher nur einen winzigen Teilmarkt darstellte, ein Segment mit ungeheurem Wachstumspotential geworden. »Wir haben das Geflügelgeschäft revolutioniert«, meinte Sweeney.

Kein Wunder, daß Lotmans Firma 65 % des McDonald's-Bedarfs deckte und branchenführend wurde. Innerhalb von drei Jahren betrug der Anteil der Chicken McNuggets am gesamten Inlandsumsatz von McDonald's bereits 7,5 %. Sie zählen noch heute zu den erfolgreichsten Produkten der Fast food-Branche. 1985 verkaufte McDonald's – der Hamburger-König – für mehr als 700 Millionen Dollar McNuggets und wurde – nach dem Hühnerkönig Kentucky Fried Chicken – zum zweitgrößten Anbieter von Geflügelgerichten in den USA (1990 erreichte der Umsatz von McNuggets und Chicken Sandwiches 685 Millionen Dollar.).

Interessanterweise brauchte Keystone drei Jahre, bevor dieses Unternehmen seine eigene Version des Produktes auf den Markt brachte, und das ist vielleicht die wichtigste Lektion in der Geschichte der McNuggets. Das technologische Knowhow seiner Lieferanten hatte McDonald's einen beachtlichen Wettbewerbsvorsprung verschafft und es verfügte über ein Produkt, das die Konkurrenz nicht kopieren konnte – nicht einmal die Firmen, die in der Geflügelbranche führend waren. Es hatte sich nicht nur gezeigt, daß McDonald's einen absoluten Renner auf den Markt gebracht hatte, sondern daß die Konkurrenz reaktionsunfähig war. Das lag daran, daß es sich bei den Nuggets weniger um eine Marketing-Innovation, sondern um eine technische Neuerung handelte. Die Verlagerung spiegelt sich auch in den subtilen, aber bezeichnenden Veränderungen im Charakter der Fast food-Wettbewerbs der 80er Jahre wider. McDonald's hat die Arbeit in seinen Verkaufsstellen dadurch rationalisiert, daß es die Zubereitung der Produkte weitgehend den Lieferanten überlassen und ihnen damit die Möglichkeit gegeben hat, neue Produkte herzustellen, die eine hochentwickelte Technologie voraussetzen. Als Folge davon sind die Lieferanten heute mehr denn je in den Produktentwicklungsprozeß eingebunden und tragen in nicht geringerem Maße zu McDonald's dominierender Wettbewerbsposition bei. Mit der Markteinführung der Chicken McNuggets standen die Lieferanten zum erstenmal im Brennpunkt der Produktinnovation.

Aber nicht nur das technologische Know-how der Lieferanten war für McDonald's Markterfolg entscheidend, sondern auch ihr Talent, McDonald's Wareneingang zu organisieren und das Verteilungssystem zu einem der modernsten und effektivsten im Einzelhandel zu machen.

Während der 60er Jahre waren die McDonald's-Restaurants einem Lastwagen-Depot nicht unähnlich. Dreimal pro Woche wurden Brot- und Backwaren, einmal pro Woche Molkereiprodukte und fünfmal pro Woche Fleisch angeliefert. Ein LKW brachte das Ketchup, einer Fisch, einer Kartoffeln, einer die tiefgefrorenen Obstkuchen und ein anderer den Sirup. Jede Woche trafen mindestens 25 verschiedene Lieferungen von lokalen Verteilern ein. Die Lagerhaltung wurde für die Franchisenehmer zum Problem, und das Vertriebssystem geriet nahezu außer Kontrolle, als die Kette wuchs.

Lou Perlman, McDonald's Papierwaren-Lieferant, erkannte diesen Engpaß als einer der ersten. Er sah darin seine große Chance, mit Hilfe einer effektiven Problemlösung seinen eigenen Umsatz anzukurbeln. Perlmans Firma – die Martin-Brower – hatte Papierprodukte an Cafeterias und Kantinen geliefert, bis Perlman Ray Krocs Restaurant in Des Plaines als Kunden für seine Dixie-Pappbecher gewann. Perlman, der Kroc noch aus der Zeit kannte, als dieser für Lily Tulip arbeitete, war von Anfang an bereit, die in der Branche gängigen Vertriebsmethoden zu ändern, um sein Umsatzvolumen zu erhöhen. Damals war es üblich, daß die Hersteller von Produkten, die für die Gastronomie bestimmt waren, Verteiler, wie beispielsweise Martin-Brower, einschalteten, um die Bestellungen entgegenzunehmen, nicht aber die Waren auszuliefern. Restaurants gehörten zu den Kunden, die ein finanzielles Risiko darstellten, und die Lebensmittel- und Papierhersteller wälzten dieses Risiko auf die Verteiler ab. Die Waren gingen vom Hersteller direkt an den Verbraucher und wurden nicht in den Depots der Zwischenhändler zwischengelagert. Da die meisten von ihnen auf regionaler Basis operierten, arbeiteten die Hersteller mit Dutzenden verschiedener Firmen zusammen, die im ganzen Land verstreut waren. Dieses System gab ihnen nahezu uneingeschränkte Macht über den Absatzweg und sorgte für gleichbleibende Gewinnspannen, denn die regionalen Händler waren den Herstellern, und nicht den Restaurants verpflichtet.

Perlman reorganisierte diese Vertriebspraktiken, indem er in erster Linie für seine Kunden und nicht, wie üblich, für den Hersteller arbeitete. Ted Perlman, der gerade achtzehn war, als sein Vater Lou ihm Krocs Restaurant in Des Plaines zeigte, erinnert sich: »Rays Konzept, eine landesweite Fast food-Kette aufzubauen, faszinierte ihn. Er war überzeugt, daß McDonald's überall, wo Restaurants entstanden, Papierwaren brauchte und daß diese Verkaufsstellen weniger Arbeit hatten und er mehr Umsatz machen konnte, wenn die verschiedenen Produkte zu einer Lieferung zusammengefaßt werden konnten.«

Perlmans Innovation hatte einen zweifachen Effekt. Erstens plante er, die Distribution nicht nur für Chicago, sondern landesweit zu übernehmen. Dadurch konnte er weit größere Mengen einkaufen, lagern und McDonald's auf dem üblichen Transportweg zustellen. Zweitens ließen sich durch das erhöhte Einkaufsvolumen weit günstigere Einkaufspreise aushandeln. Statt des üblichen Rabatts von 3 % war bei dieser Abnahmemenge mit Preisnachlässen zwischen 5 % und 7 % zu rechnen. Die Einsparungen waren höher als die Lagerhaltungs- und Versandkosten, die bei einem zentralen Depot anfielen. Die Kosten ließen sich außerdem gleichmäßig auf die einzelnen Verkaufsstellen von McDonald's verteilen, so daß jeder Franchisenehmer denselben Endpreis für die Papierprodukte zu zahlen hatte. »Dad wollte die ganze Papierindustrie umkrempeln«, sagt Ted Perlman. »Es ergab einfach keinen Sinn, daß alle Lieferungen direkt zu jedem einzelnen McDonald's gingen.«

Die Lagerung der für McDonald's bestimmten Papiererzeugnisse in einem zentralen Depot, von dem aus die Zustellung erfolgte, führte zu einer weiteren Innovation im Vertriebssystem. Papierprodukte und andere haltbare Waren sollten in den vom gesamten McDonald's-System benötigten Mengen von den verschiedenen Herstellern an Zentrallager versandt werden. Bislang wurde ein McDonald's-Restaurant zum Beispiel mit fünf 75-Pfund-Packungen getrockneter Zwiebeln beliefert – genug für zwei Monate. Dazu kamen achtundvierzig Kanister Sirup – ebenfalls genug für zwei Monate –, und Zucker wurde ebenfalls im Abstand von zwei Monaten geliefert. Das Problem bestand darin, daß aus dem McDonald's selbst ein Lagerhaus wurde, allein aus dem Grund, weil für den jeweiligen Hersteller kleinere Lieferungen zu teuer kamen. Perlman versuchte nun sämtliche haltbaren Waren zusammen und in kleinen Bestellmengen auszuliefern. Deshalb war er stets auf der Suche nach neuen Artikeln, die sich einkaufen, lagern und in einer einzigen Lieferung für McDonald's zusammenfassen ließen.

Kroc sorgte dafür, daß Perlman von seiner Idee genauso profitierte wie McDonald's. Im gleichen Maße wie die Kette, wuchs und florierte auch die einst winzige Firma Martin-Brower, die heute zu den größten amerikanischen Verteilern zählt. 58,9 Prozent der 2-Milliarden-Dollar-Erträge erzielt der

Branchenriese aus dem Geschäft mit McDonald's, zu dessen größten Lieferanten er mittlerweile gehört.

Perlman war ständig bemüht, die Liste seiner für McDonald's bestimmten Produkte zu erweitern – ob es sich dabei um neue Reinigungsmittel oder um Coca-Cola handelte. Schon in den frühen 60er Jahren wurde er zu McDonald's wichtigstem Zulieferer. Er wurde genauso Teil des Unternehmens wie Kroc selbst. Er stand McDonald's so nahe, daß er auf Krocs Vorschlag hin seine Geschäftsbücher offenlegte, damit die Franchisenehmer auf Wunsch einsehen konnten, daß Perlman ihnen den niedrigsten Preis machte, der möglich war.

Dies geschah 1961, nicht lange nach einer Begebenheit in Fred Turners Büro. Vater und Sohn Perlman saßen gerade in Turners Büro, als dieser einen Brief von Dick McDonald öffnete, der ihn unterrichtete, daß die Schulen in Kalifornien Dixie-Pappbecher billiger einkauften als McDonald's. »Lou«, fragte Turner, »bekommen wir eigentlich auf diese Becher Rabatt?« Mit versteinertem Gesicht antwortete Perlman, daß McDonald's den üblichen 5 %-Rabatt auf Pappbecher erhielt.

Zornig griff Turner nach dem Telefon und rief Jerry Beatty an, den Manager von Dixie in Chicago. Mit eingeschaltetem Zimmerlautsprecher erkundigte sich Turner, warum McDonald's nicht ebensoviel Rabatt erhielt wie die kalifornischen Schulen. »Wie hoch ist der Rabatt, den Sie Lou geben?« fragte Turner unverfroren. »Er bekommt die üblichen 5 % plus 7 % extra«, antwortete Beatty. Perlman erinnert sich: »Wir hätten uns am liebsten unter den Tisch verkrochen. Aber Fred sah meinem Dad einfach ins Gesicht und meinte: ›Na, Lou, hab' ich Sie also erwischt?‹« Von diesem Zeitpunkt an rechnete McDonald's bei allen Lieferanten mit prozentualem Aufschlag ab, was zur Folge hatte, daß alle ihre Geschäftsbücher offenlegten.

Perlman war nicht der einzige Lieferant, der in einer Verbesserung der Vertriebssysteme eigene Vorteile sah. Golden State zeigte dasselbe Interesse und Engagement. Die kleine Firma hatte einige Restaurants und Hotels im Süden Kaliforniens mit Fleisch beliefert, als sie Ende der 50er Jahre mit den McDonald's-Lokalen an der Westküste ins Geschäft kam. Der Firmengründer, Bill Moore, war ein wachstumsorientierter Unternehmer und wurde Krocs Freund, als dieser 1962 nach Kalifornien zog.

Moores Wachstumsstrategien brachten die Firma fast an den Rand des Ruins, als er 1962 die Kapazität seiner Fleischfabrik und Lagerhallen verdreifachte und neben McDonald's nicht genügend Abnehmer für seine Produkte fand. Moores Problemlösung bestand darin, sich ausschließlich auf McDonald's zu konzentrieren, als die Kette unter Krocs Leitung eine massive Expansion in Kalifornien plante. »Wir haben voll und ganz auf McDonald's gesetzt und unsere Zukunft riskiert, in der Hoffnung, daß die angekündigten Verkaufsstellen auch wirklich eröffnet würden«, erklärte Jim Williams, der Präsident von Golden State.

Aber selbst McDonald's Expansion bot keine Lösung für die Golden-State-Probleme mit der überschüssigen Kapazität. Deshalb versuchte Moore, ein größeres Stück vom McDonald's-Kuchen zu ergattern, indem er, wie Perlman, neben der Fleischherstellung weitere Produkte kaufte, lagerte und an McDonald's lieferte. So zum Beispiel Tiefkühlfisch, Ketchup, Aromastoffe für Milchshakes, Saucen, Kartoffeln. Als McDonald's von Frischfleich auf Gefrierfleisch umstellte, gehörte die Firma Golden State zu den fünf verbleibenden Lieferanten und hatte zudem noch ihre Angebotspalette vervollständigt.

Moore war es auch, der dem reorganisierten Vertriebssystem den letzten Schliff gab – der nicht nur McDonald's, sondern der gesamten Fast food-Branche zugute kam. Golden State baute einen eigenen Fuhrpark auf, mit dem die Waren angeliefert wurden. Dadurch wurde die Firma noch wettbewerbsfähiger als Martin-Brower und übernahm 1973 den Papiervertrieb für sämtliche McDonald's-Lokale in Südkalifornien. Martin-Brower reagierte prompt auf diese Kampfansage und attackierte nun im gleichen Maße die Domäne von Golden States, den Lebensmittelvertrieb, so wie Golden State in seinen Geschäftszweig, die Papierbranche, eindrang.

Andere von McDonald's-Lieferanten folgten diesem Beispiel und erweiterten ihr Leistungsprogramm. Herb Lotmans Firma (Hamburger-Hersteller) dehnte ihre Geschäfte nunmehr auch auf die Lebensmittel- und Papierprodukt-Distribution aus. Bis Mitte der 80er Jahre war das zersplitterte Vertriebssystem durch McDonald's und seine Lieferanten das wohl wirksamste und konzentrierteste der Branche geworden.

Die insgesamt zweihundert Händler, die in den 70er Jahren rund 1500 amerikanische McDonald's-Restaurants belieferten, wurden auf zehn reduziert, von denen wiederum vier (Martin-Brower, Golden State, Keystone und Perlman-Rocque) 85 % der 9000 Lokale in den USA mit den verschiedensten Produkten versorgen. Die bei 275 Herstellern gekauften Waren (insgesamt mehr als vierhundert unterschiedliche Artikel) werden in siebenunddreißig riesigen zentralen Depots eingelagert und achtmal pro Monat (statt wie früher fünfundzwanzigmal pro Woche in Einzellieferungen) den Verkaufsstellen zugestellt. Dadurch konnte man nicht nur die Transportkosten um 5 % verringern, sondern auch die Lagerhaltungskosten der Franchisenehmer deutlich reduzieren.

Diese Leistungssteigerung hatte nicht nur ihre Wirkung auf die Beschaffungskosten, sondern auch auf die Koordination des gesamten Beschaffungswesens. Die Franchisenehmer geben in der Regel – anhand einer Umsatzprognose für die kommende Woche – einmal wöchentlich ihre Bestellungen auf, und der Verteiler berechnet pro Computer die optimalen Bestellmengen – angefangen von Gurken, über Kartoffeln bis hin zu Ketchup – entsprechend dem jeweiligen Produktbedarf und der Lagerkapazität der einzelnen Restaurants. Der Franchisenehmer erhält jeden Monat einen Bericht, in dem sämtliche bestellten Erzeugnisse aufgeführt sind. Damit hat er – zusammen mit seinem eigenen Inventarverzeichnis und den Umsatzberichten – ein Instrument zur Hand, mit dem sich das Leistungsniveau optimal bestimmen läßt. Die Zahlungsmodalitäten werden ebenfalls zentral festgelegt. Die Rechnungen der Lieferanten werden

z. B. als ein Betrag von den Konten der Franchisenehmer abgebucht.

Als sich das Beschaffungswesen von McDonald's auf einige wenige Lieferanten zu konzentrieren begann, festigten die Franchisenehmer ihre Machtposiiton, indem sie sich Anfang der 60er Jahre, ähnlich wie die Werbegemeinschaften, zu Einkaufsgemeinschaften zusammenschlossen. Die Franchisenehmer einer Region verhandelten nicht mehr einzeln mit den Händlern, sondern nutzten ihre kollektive Kaufkraft, um auf die Wahl der McDonald's-Lieferanten und ihre Preisstellung Einfluß zu nehmen.

Der Zusammenschluß der Franchisenehmer zu Einkaufsgemeinschaften und die Konzentration der McDonald's-Lieferanten sind eng miteinander verknüpft. Durch ihre Gemeinschaften konnten die Franchisenehmer nicht nur auf die Beschaffungspolitik von McDonald's Einfluß nehmen, sondern auch dem Konzern den Übergang zu einigen wenigen Großlieferanten erleichtern. Es wäre für McDonald's unmöglich gewesen, jeden einzelnen Franchisenehmer davon zu überzeugen, daß Lotmans tiefgefrorene Hamburger, Simplots Tiefkühl-Pommes frites oder Golden States Vertriebsmethoden besser waren. Durch die Gründung der Einkaufsgemeinschaften konnte McDonald's nun seine Veränderungsvorschläge einem von Franchisenehmern gewählten Beschaffungskomitee vortragen.

Die Einkaufsgemeinschaften wurden ebenso stark wie die regionalen Werbekooperativen. McDonald's brauchte nahezu ein Jahrzehnt, um das neue Vertriebskonzept in die Praxis umzusetzen, weil der Konzern die Wahl der Lieferanten nicht diktieren, sondern nur mehr empfehlen konnte. In manchen Fällen wurde McDonald's sogar überstimmt, oder die Einkaufsgemeinschaften suchten sich eigene Bezugsquellen, wenn sie mit den Lieferanten von McDonald's unzufrieden waren.

War ein Lieferant bei McDonald's oder den Einkaufsgemeinschaften in Ungnade gefallen, witterten die übrigen eine Chance, sich ein größeres Stück vom ›McDonald's-Kuchen‹ abzuschneiden. Sie sind die dritte Kraft, die darüber wacht, daß die Machtverteilung im McDonald's-System im Gleichgewicht bleibt. Ihr Leistungsniveau wird nicht nur von Franchisenehmern und Konzern-Management, sondern auch von den Mitgliedern der eigenen Gruppe streng kontrolliert.

Eben diese drohende Gefahr, daß die Konkurrenten eine Schwachstelle in ihrer Logistik entdecken und zu ihrem Vorteil nutzen, spornt McDonald's-Lieferanten an, ihre Produkte und Serviceleistungen ständig zu verbessern. Sie liefern sich untereinander einen harten Konkurrenzkampf – nicht, indem sie sich preislich unterbieten, sondern durch die permanente Suche nach neuen und besseren Produkten.

Als der Hamburger-Lieferant Golden State 1970 beschloß, sich ausschließlich auf die Belieferung von McDonald's zu konzentrieren, suchte der Firmenchef Bill Moore nach einem Produkt, mit dem sich seine Angebotspalette erweitern ließ. Er sah eine gute Chance, die McDonald's-Restaurants an der Westküste mit Milchshakes und Aromastoffen für Softdrinks zu versorgen: Diese Produkte wurden von Firmen an der Ostküste geliefert und ließen in seinen Augen qualitativ zu wünschen übrig – was nach seiner Erfahrung der einzige Grund für McDonald's sein konnte, einen Lieferantenwechsel in Betracht zu ziehen. Golden State startete in Los Angeles ein aufwendiges Forschungsprojekt, das unter der Leitung eines Chemikers der renommierten Firma Nesbitt stand, entwickelte neue Aromastoffe und baute eine eigene Sirup-Fabrik, ohne von McDonald's eine definitive Zusage zu haben, die Produkte auch abzunehmen. Als Golden State die McDonald's-Manager und die Franchisenehmer von der Qualitätsverbesserung überzeugen konnte, war ihr die Belieferung der Westküsten-Restaurants sicher.

Ebenso reaktionsfähig zeigte sich Golden State, als ihr Gerüchte zu Ohren kamen, daß McDonald's und einige Franchisenehmergemeinschaften mit der Qualität der von Conway gelieferten Saucen unzufrieden waren. Golden State kannte die Beschwerden aus erster Hand: »Es gab ständig Reklamationen, und McDonald's forderte Conway mehrmals auf, sorgfältigere Qualitätskontrollen durchzuführen und die Produkte zu verbessern«, meinte Jim Williams von Golden State. »Conway hat einen fatalen Fehler gemacht: Man war dort der Meinung, daß McDonald's nicht auf sie verzichten könne.«

Golden State sah eine Chance, den leistungsschwachen Konkurrenten auszubooten. Die Firma baute eine Saucenfabrik in Atlanta und übernahm Conways Geschäft in Südosten. Heute gehört Conway nicht mehr zu den McDonald's-Lieferanten; ihre Saucen bezieht die Kette von Golden State. McCormick und Kraft. Aufgrund der Expansion und Diversifikation ist Golden State heute nach Martin-Brower und Keystone McDonald's drittgrößter Zulieferer, Moores aggressive Akquisitionsstratgien und Kundendienstpolitik trugen nicht nur zur Sanierung seines Unternehmens bei, sondern sicherten ihm auch eine Spitzenposition am Markt. 1985 hatte Golden State einen Rekordumsatz von 680 Millionen Dollar zu verzeichnen, den es einem einzigen Großkunden verdankt – McDonald's.

Aber selbst Golden State blieb die schmerzliche Erfahrung nicht erspart, daß die Maxime ›Kontrolle‹ und ›Gleichgewicht‹, von der die Firma so oft profitiert hatte, sich als Bumerang erweisen kann. 1976 wurde sie im Norden Kaliforniens von der Firma Martin-Brower verdrängt, teils deshalb, weil bei Golden State die betriebswirtschaftliche Abteilung unterbesetzt war und sich folgliche die Servicequalität spürbar verschlechterte. »Das war für uns eine harte Lektion«, erklärte Williams. »Aber wir haben daraus gelernt und seither nie wieder einen McDonald's-Kunden verloren.«

Einige Zeit später bekam auch die Firma Martin-Brower den Bumerangeffekt zu spüren. Nachdem sie 1972 von Clorox aufgekauft worden war, entschied das von Clorox eingesetzte Managementteam, daß McDonald's ein wenig ›Preisdisziplin‹ brauchte und Martin-Browers Gewinnspannen einer ›Aufpolsterung‹ bedurften, um sie den eigenen, im Konsumgütermarkt erzielten Gewinnen anzugleichen. Die Neuigkeit wurde von McDonald's äußerst ungnädig aufgenommen, vor allem, weil sie von Managern stammte, die trotz mangelnder Erfahrung auf dem Vertriebswesen mehr

Weisungsbefugnisse hatten als Mel Schnieder, der Mitbegründer des Unternehmens und Partner von Lou Perlman. Schnieder zog sich angewidert aus der Firma zurück, und obwohl Perlmans Sohn weiterhin eine leitende Position bekleidete und für McDonald's-Kunden zuständig war, ließ sich kaum verhehlen, daß das neue Topmanagement ›andere Saiten aufzuziehen‹ gedachte. Fred Turner erteilte Clorox noch eine letzte Warnung: »Ich möchte, daß Sie eines wissen: Wir verhandeln nur mit Ted Perlman.«

Sie blieb ohne Wirkung. Ted Perlman verließ das Unternehmen ein Jahr später wegen der ständigen Einmischung seitens des Clorox-Managements und gründete mit seinem Partner Bob Rocque eine eigene Vertriebsgesellschaft, die exklusiv für McDonald's arbeitete und hatte ca. 1000 Verkaufsstellen mit verschiedenen Waren und die gesamte Kette als einziger mit Papierprodukten beliefert. 1980 wurde Martin-Brower an Dalgety verkauft. Das neue Management hat aus der Vergangenheit gelernt und ist darauf bedacht, das Geschäft mit McDonald's vor weiterem Verfall zu bewahren.

Obwohl sich Lieferanten von McDonald's intensiv für die Erhaltung der Systemqualität einsetzen und auf ihren Großkunden angewiesen sind, haben sie ihre Eigenständigkeit und Unabhängigkeit bewahrt. Das mag daran liegen, daß McDonald's risikofreudige kleine Firmen den großen, etablierten vorzog. Als Folge davon muß sich der Konzern mit Lieferanten auseinandersetzen, die nicht zögern, Unternehmensentscheidungen in Frage zu stellen, wenn diese ihrer Auffassung vom Wohl der Systempartner zuwiderlaufen. Nicht nur die Franchisenehmer, sondern auch die Lieferanten sorgten dafür, daß das Gleichgewicht der Kräfte im McDonald's-System bleibt.

Ihre Kritik machte nicht einmal vor dem McDonald's-Gründer halt. Jack Simplot, McDonald's Kartoffellieferant, der von Kroc in das Vorstandsgremium berufen wurde, wagte es beispielsweise, offen gegen Krocs Vorschlag zu stimmen, einen Firmenjet für McDonald's anzuschaffen. »Wenn ich Anteile einer Firma besäße, die ein eigenes Flugzeug anschafft«, so Simplot auf seiner allerersten Vorstandssitzung, »würde ich meine verdammten Anteile verkaufen.« Kroc bezahlte daraufhin das Flugzeug aus eigener Tasche und vermietete es an McDonald's – für einen Dollar pro Jahr.

Aber auch kleinere Zulieferfirmen meldeten ihren Einspruch an, wenn sie der Meinung waren, daß Manager oder Franchisenehmer einen falschen Kurs einschlugen. Die Firma Bama Pie, die sämtliche McDonald's-Restaurants in den USA mit Apfel- und Kirschtaschen beliefert, ist beispielsweise ein Zwerg im Vergleich zum Giganten Simplot. Trotz ihrer Abhängigkeit vom Großkunden McDonald's hat der Gründer, Paul Marshall, bewiesen, daß er sich nicht in seiner unternehmerischen Freiheit beschneiden läßt.

Marshall ist einer der klassischen Vertreter der McDonald's-Lieferanten. Bevor er Ende der 60er Jahre mit dem Konzern ins Geschäft kam, betrieb er eine kleine Kuchenfabrik, die den Markt in Oklahoma belieferte. Er stattete McDonald's unangemeldet einen Besuch ab – gerade zu dem Zeitpunkt, als man einen neuen Kuchenlieferanten suchte –, kam mit der Kette ins Geschäft und sah sich plötzlich einer Nachfrage gegenüber, die er nicht mehr bewältigen konnte. Da ihm das nötige Kapital zum Bau einer neuen Fabrik fehlte, intervenierte McDonald's bei seiner Bank und erreiche, daß man ihm dort einen Kredit in Höhe von 250 000 Dollar bewilligte.

Marshal versteht sich jedoch keineswegs als McDonald's Vasall. Als beispielsweise eine Reihe von Franchisenehmern seine Fabrik in Tulsa besichtigen wollte (die 150 000 tiefgefrorene Obstkuchen pro Stunde produziert), verwehrte er ihnen den Zutritt, weil sie bei einem Essen am Abend zuvor eine unverzeihliche Sünde begangen hatten: Sie hatten im gleichen Atemzug seine Heimatstadt und seine Produkte beleidigt. Am nächsten Morgen versuchte Vizepräsident Lynal Root, ihn zu versöhnen, doch vergeblich. »Ich konnte dreimal am Tag essen, bevor ich mit McDonald's zusammengearbeitet habe, und ich denke, daß ich auch ohne euch nicht verhungern werde«, lautete sein Kommentar.

Die Wogen wurden geglättet, aber einige Jahre später ereignete sich ein ähnlicher Vorfall. McDonald's hatte eine Produktmanagerin für ein Jahr in die Bama-Fabrik geschickt, um mit Marshall zusammen ein neues Biskuit zu entwickeln. Marshall gestattete ihr großzügig, seine Produktionsanlagen zu benutzen. Als die Dame auf einem Herstellungsverfahren bestand, das nach seiner Überzeugung völlig ungeeignet war, setzte er sie kurzerhand vor die Tür. »Das war das einzige Mal, daß McDonald's versuchte, seine Macht auszuspielen«, meinte Marshall.

Nur wenige Großkunden hätten einen derartigen Affront von ihren Lieferanten geduldet, aber McDonald's war bereit, ›Insubordination‹, Ungehorsam, in Kauf zu nehmen, weil man wußte, daß der Widerspruchsgeist auch ein gewisses Maß an Objektivität garantierte. »Die meisten Lieferanten tun genau das, was man ihnen sagt. Nur echte Freunde machen einen auf Fehler aufmerksam. Wir brauchen keine ›Jasager‹, sondern Partner, die ihre Verantwortung kennen und sich nicht scheuen, auf Mißstände hinzuweisen.«

Aufgrund dieser Einstellung waren McDonald's-Lieferanten mehr als einmal in der Lage, den Konzern vor einem größeren Unglück zu bewahren. Es gibt dafür wohl kein besseres Beispiel als Herb Lotmans Blitzreaktion im Sommer 1973, als sich die staatlichen Lohn- und Preiskontrollen nachteilig auf seinen Umsatz auszuwirken begannen. Die Rindfleischpreise der fleischverarbeitenden Industrie wurden eingefroren, nicht aber die für lebendes Vieh, und letztere schnellten bald so sehr in die Höhe, daß den Fleischfabriken kaum noch Gewinnspannen blieben.

Zum Glück erkannte Lotman die Gefahr rechtzeitig und warnte den McDonald's-Vizepräsident Lynal Root, daß bald immer mehr Firmen gezwungen sein würden, ihre Tore zu schließen. Lotman hatte eine geniale Idee: McDonald's sollte das lebende Vieh aufkaufen und den Fleischfabriken zu einem Preis anbieten, der ihnen eine angemessene Gewinnspanne erlaubte. Lotman glaubte, daß sich McDonald's

Fleischbedarf auch ohne Importe oder auf den Schwarzen Markt zurückgreifen zu müssen, decken ließ. Das bedeutete, daß McDonald's – und nicht seine Fleischlieferanten – für die Verluste aufkommen würde.

Um die Aktion zu finanzieren, wurden die Franchisenehmer gebeten, 5 % von ihrem August-Umsatz in einem Fond einzuzahlen. Ausgestattet mit einem Kapital von insgesamt fünf Millionen Dollar konnte sich die eigens zu diesem Zweck gegründete ›Lynal Root Agentur‹, bestehend aus Root und Lotman, im firmeneigenen Gulfstream-Jet wöchentlich einmal auf den Weg zu den insgesamt zwanzig an der Operation beteiligten Fabriken aufmachen. Die Aktion dauerte acht Wochen (bis die Preiskontrollen aufgehoben wurden), in deren Verlauf Root und Lotman 66 000 Meilen per Flugzeug zurücklegten und 76 000 Stück Vieh für 3,8 Millionen Dollar aufkauften.

Sie hatten es geschafft, McDonald's Hamburger-Nachschub in einer Zeit zu sichern, in der die Lager des Fleischgroßhandels leer blieben, weil immer mehr Fleischfabriken die Produktion einstellen mußten. In dieser Periode machte sich die Findigkeit der Systempartner bezahlt, denn McDonald's gehörte zu den wenigen Restaurants in den USA, die trotz eingefrorener Rindfleischpreise noch Hamburger auf der Speisekarte hatten, wodurch der Umsatz um fast 15 % stieg.

Lotmans Schlüsselrolle in dieser Krisensituation zeigt deutlich, wie engagiert die McDonald's-Lieferanten sind. Ihre Interessen und die des Konzerns sind untrennbar miteinander verschmolzen. Nach Beendigung der Rindfleisch-Verknappung bot Kroc Lotman ein Beraterhonorar von 150 000 Dollar an, um ihn für die aufgewendete Zeit zu entschädigen. Lotman erklärte Kroc, daß er nicht nur McDonald's, sondern auch seinen eigenen Lieferanten, den Fleischfabriken – die voll und ganz auf McDonald's angewiesen seien –, geholfen habe und daher nur einen symbolischen Lohn akzeptierte: einen Dollar.

»Ich werde oft gefragt, ob ich überhaupt noch ruhig schlafen kann, weil ich nur einen einzigen Kunden und nicht einmal einen schriftlichen Vertrag habe«, meinte Lotman. »Ich antworte immer, daß ein Vertrag nur soviel taugt wie die Leute, die ihn unterschreiben. Wenn sie ehrliche Absichten haben, ist eine schriftliche Vereinbarung überflüssig. Ich brauche jedenfalls keinen Vertrag mit McDonald's.«

KAPITEL 15

Die öffentliche Herausforderung

Der Umsatz der McDonald's-Restaurants in Atlanta war seit Herbst 1976 rückläufig, und die Franchisenehmer wußten, warum. In der Stadt ging das Gerücht um, bei McDonald's würden dem Hamburger-Fleisch Würmer zugesetzt.

Die Behauptung war grotesk, aber Gerüchte haben ein Eigenleben. Ihnen mit harten Fakten entgegenzuwirken, ist meistens eine unzureichende Verteidigungsstrategie. Tatsache war, daß McDonald's sein Fleisch von Fabriken bezog, die sich strikt an die amerikanischen Hygienebestimmungen hielten; zudem hatte die Kette Reinheit und Qualität der Hamburger noch dadurch verbessert, daß sie auf jegliche Zusätze und Füllstoffe verzichtete. Das Fleisch wurde strenger auf Bakterien geprüft, als es von staatlicher Seite aus erforderlich war. Aber die Verwendung solcher Informationen würden dem lächerlichen Gerücht nur neue Nahrung geben.

Es war besser, der Presse gegenüber zu schweigen. Das war zumindest Fred Turners Anweisung an seinen PR-Manager, bevor er für ein paar Tage nach Missouri auf die Jagd ging. Aber die Franchisenehmer in Atlanta drängten den Konzern, etwas gegen das Unheil, das sich zusammenbraute, zu unternehmen, und die PR-Manager von McDonald's kamen zu dem Schluß, daß sie nicht untätig zusehen konnten. Gegen Turners Anordnungen und ohne Wissen des externen PR-Experten La Polin, beriefen die Franchisenehmer in Atlanta eine Pressekonferenz ein, um etwas zu dementieren, was die Medien bisher noch gar nicht aufgegriffen hatten. Das war an sich schon schlimm genug. Wie eine Bombe schlug jedoch die Erklärung eines Franchisenehmers ein, daß sein Umsatz wegen der Gerüchte stark zurückgegangen sei.

Aus dem lokalen Problem wurde über Nacht ein globales. Presse, Funk und Fernsehen brachten am nächsten Tag einen Bericht über die Umsatzeinbrüche aufgrund des Wurm-Gerüchtes. Als Turner die sensationelle Story in der Lokalzeitung von St. Joseph, Missouri, las, wußte er instinktiv, daß der Schaden immens war. »Ich dachte, mein Herz würde aussetzen. Durch die Berichterstattung erhielt das Gerücht einen Hauch von Glaubwürdigkeit; es verselbständigte sich.«

Die Veröffentlichung wirkte sich im ganzen Südosten des Landes negativ auf den Umsatz der Kette aus; daß McDonald's hartnäckig dementierte, konnte daran nichts ändern. Ray Krocs Reaktion war vielleicht noch die wirkungsvollste. Leider war in diesem Augenblick die Presse nicht zur Stelle. »Wir könnten uns gar nicht leisten, Würmer unter das Fleisch zu mischen«, meinte der Firmengründer mit galligem Humor. »Hamburger kosten eineinhalb Dollar das Pfund. Würmer sechs.« Kroc war nicht der einzige, der die Komik in der Situation sah. NBC brachte am Samstagabend in den satirischen Nachrichten der Sendung *Saturday Night Live* einen Kommentar. Die Sprecherin, Jane Curtin, berichtete, daß McDonald's-Management verwehre sich energisch gegen Gerüchte, daß dem Fleisch Würmer beigesetzt seien, aber – so fügte sie hinzu – es habe bisher keine Erklärung abgegeben, warum bei einem halbierten Big Mac die beiden Fleischhälften in entgegengesetzter Richtung davonkröchen.

Leider ließ sich der Schaden auch mit Humor nicht wiedergutmachen. Die Gerüchte hielten sich hartnäckig und wirkten sich monatelang auf den Umsatz aus. Der PR-Manager, der von der Einberufung der Pressekonferenz gewußt hatte, wurde auf der Stelle entlassen, und Turner beauftragte seine Mitarbeiter, dem Gerücht auf den Grund zu gehen. Nach umfangreichen Recherchen stellte sich heraus, daß eine Zeitschrift einen Artikel über einen findigen Unternehmer veröffentlicht hatte, der Wurmzucht-Lizenzen vergab. »Ich beabsichtige, McDonald's unter den Wurmzüchtern zu werden«, erklärte er stolz. Zu wissen, welchen Ursprung das Gerücht hatte, gab Turner wenig Trost. Noch heute bringt er das Wort Würmer nicht über seine Lippen: Er zieht es vor, in diesem Zusammenhang von dem Gericht-mit-den-vier-Buchstaben zu sprechen.

Die Episode in Atlanta zeigt vielleicht deutlicher als jedes andere Ereignis, daß McDonald's Mitte der 70er Jahre den Preis für seinen spektakulären Erfolg zu zahlen hatte. Als junges, aufstrebendes Unternehmen, das mit den Traditionen der Gastronomie gebrochen und ein brandneues Konzept eingeführt hatte, stand es in den Augen der Öffentlichkeit ohne ›Fehl und Tadel‹ da. Verbraucher und selbst Konkurrenten fragten sich, wie es Kroc sowie seinen Managern und Franchisenehmern gelungen war, das Image der Fast food-Branche aufzupolieren und landesweit für systemkonformes Verhalten zu sorgen. In sämtlichen Bundesstaaten herrschte rege Nachfrage nach McDonald's-Restaurants. Und in den Städten, in denen sich die Kette niedergelassen hatte, waren die Kommunalpolitiker beeindruckt vom sozialen Engagement der Franchisenehmer. Die steten Umsatz- und Gewinnsteigerungen von 20 % pro Geschäftsquartal hatten McDonald's-Aktien zum heißesten Tip der Wall Street gemacht. Und der Firmengründer Ray Kroc galt als ein Mann, der seinen Geschäftspartnern Millionen einbrachte.

Als McDonald's mit Hilfe von Fred Turners Expansionsprogramm all das erreichte, was es sich vorgenommen hatte, änderte sich die Einstellung der Öffentlichkeit. Mit seinen zahllosen, über die ganze USA verteilten Restaurants, den inzwischen reich gewordenen Anteilseignern und Franchisenehmern und der unbestrittenen Führungsposition in einer gigantischen Wachstumsbranche war McDonald's eine Institution geworden. Die Öffentlichkeitsarbeit war so werbewirksam und allgegenwärtig, daß man leicht vergessen konnte, daß es sich nicht um einen homogenen Konzern, sondern um einen Zusammenschluß einzelner, selbständiger Unternehmer handelte. McDonald's stellte ein Marketing-Imperium dar. Ein Besuch im McDonald's-Restaurant war seit langem nichts Neues und Aufregendes mehr, sondern eine

Selbstverständlichkeit. Al Golin meinte: »McDonald's konnte man nicht länger als trautes Familienunternehmen bezeichnen.«

Es konnte auch nicht mehr von der Sympathie der amerikanischen Öffentlichkeit für dynamische junge Unternehmen profitieren, die sich über althergebrachte Traditionen hinwegsetzten. Aufgrund seines spektakulären Erfolges wurde es nun Opfer einer weiteren, typisch amerikanischen Neigung: der abgrundtiefen Skepsis, mit der die Öffentlichkeit jegliche Form der Machtkonzentration betrachtet. »Wir hatten anfangs eine großartige Publicity«, meinte Al Golin. »Man brachte uns ungeheuer viel Sympathie entgegen. Aber jetzt galten wir als eine Institution, die man von Haus aus mit Mißtrauen betrachtet. Unsere Größe war uns zum Verhängnis geworden. All die Faktoren, die McDonald's zum Erfolg verholfen hatten – seine dank strikter Kontrollen gleichbleibende Qualität und Konformität –, legte man nun als Mangel an Individualität aus. McDonald's wurde als eine Kette abgestempelt, die aus dem Boden gestampft worden war, um Massenprodukte anzubieten. Wir galten als Symbol einer Plastikgesellschaft, die von den Gesellschaftskritikern verurteilt wurde. Zum erstenmal in unserer Entwicklungsgeschichte befanden wir uns in der Defensive.«

Derartig harsche Kritik hätte man eigentlich erwarten müssen. Der Einfluß McDonald's auf die amerikanischen Verbraucher war so groß, daß der Konzern die Aufmerksamkeit der Weltöffentlichkeit auf sich lenkte. Alle seine Schritte und geschäftlichen Tätigkeiten, auch wenn sie völlig ohne Konsequenzen für die Gesellschaft blieben, waren eine Schlagzeile wert. McDonald's war eine leicht zu treffende Zielscheibe geworden. »Wir standen so sehr im Mittelpunkt, daß jede noch so kleine Notiz in der Lokalpresse weltweit Aufmerksamkeit erregte«, erklärte Al Golin.

McDonald's war auf diese Form der Publicity und der öffentlichen Herausforderung nicht vorbereitet. Es hatte sich voll und ganz auf die Perfektionierung des Systems konzentriert und keine Vorsorge getroffen, um es vor Angriffen seitens der Öffentlichkeit zu schützen. »Es war ein Schock, als wir erkennen mußten, daß man an unserer Legitimität zweifelte«, erklärte Fred Turner. »Wir lebten in einem Zeitalter, in dem man uns als ›Neureiche‹ bezeichnete und der politischen und sozialen Naivität bezichtigte.«

Nirgendwo fand diese Naivität deutlicher ihren Niederschlag, als beim ersten öffentlichen Angriff auf McDonald's Integrität und Glaubwürdigkeit. Die Kritik entzündete sich daran, daß Ray Kroc 1972 den zur Wiederwahl aufgestellten Präsidentschaftskandidaten Richard Nixon mit einer Wahlspende in Höhe von 250 000 Dollar – die aus seinem persönlichen Vermögen stammte – unterstützte. Hätte Kroc auch nur im entferntesten geahnt, welchen Wirbel seine Wahlkampfbeteiligung auslösen sollte, wäre er niemals das Risiko eingegangen, in dieser Form politisch aktiv zu werden. Obwohl er sich des öfteren besorgt über die Entwicklung der USA zum Wohlfahrtsstaat äußerte, hatte er nie versucht, politische oder gesellschaftliche Prozesse zu beeinflussen, noch hatte er sich je für eine bestimmte Partei oder einen Politiker eingesetzt. »Rays Interesse an Politik war äußerst gering«, meinte Turner.

Die klare Abgrenzung zwischen Konservativen und Liberalen, die 1972 im Wahlkampf zwischen McGovern und Nixon zutage trat, veranlaßte Kroc, Stellung zu beziehen und für ein freies Wirtschaftssystem einzutreten, das seinen Erfolg ermöglicht hatte. Kroc gehörte inzwischen zu den reichsten Männern des Landes, die überall auf der Welt von den Politikern als erste zu Wahlspenden aufgerufen werden. Als er daher von Handelsminister Maurice Stans zu einem Galadiner der Republikaner eingeladen wurde, hatte er bereits beschlossen, Nixons Partei mit 25 000 Dollar zu unterstützen. Da er selber Verkaufstalent besaß, hatte er eine Schwäche für Leute mit Charisma und Überzeugungskraft. Stans rhetorische Stärke verfehlte an diesem Abend ihre Wirkung nicht. »Nach Stans Rede hängte Ray einfach noch eine Null an«, meinte Turner.

Was aus einem Impuls heraus geschah, wurde in der Öffentlichkeit als sorgsam ausgearbeitete Strategie dargestellt, mit dem Ziel, die Nixon-Administration zu beeinflussen, Mc-

Donald's zu favorisieren. Man warf dem Konzern vor, daß er damit eine Erhöhung der Mindestlöhne verhindern wolle, die jungen Arbeitnehmern in seinen Restaurants gezahlt wurden. Hunderte von Franchisenehmern hatten sich offen gegen die Mindestlohn-Erhöhung ausgesprochen, ebenso wie gegen die Verabschiedung eines Gesetzes, das Studenten von der Mindestlohn-Regelung ausschloß. Die Kontroverse, die um diese Ausnahmeregelung entbrannte, wurde von den Gegnern McDonald's als ›McDonald's-Quittung‹ bezeichnet – eine Anspielung auf Krocs Wahlspende für die Nixon-Kampagne (eine deutlich abgespeckte Mindestlohn-Regelung wurde später vom Kongreß verabschiedet).

Weiteren Zündstoff lieferte eine Entscheidung der Lohn-Preis-Kontrollkommission, McDonald's Ersuchen stattzugeben, den Preis für seinen Viertelpfünder zu erhöhen. Nixons Preiskontrollen waren für dieses neue, erfolgreiche Produkt ein ernsthaftes Problem. Während der Markteinführungsphase hatte Kroc beschlossen, für den Viertelpfünder statt einer zwei Scheiben Käse zu verwenden. Das Produkt war nach dieser Änderung nur dann wirtschaftlich, wenn der Einführungspreis um 4 % erhöht wurde. Turner war der Meinung, daß sich die neue Preisstellung durch die Qualitätsverbesserung des Produktes und die Steigerung der Selbstkosten rechtfertigen und mit den bestehenden Preisrichtlinien vereinbaren ließ. Da sich McDonald's Anwälte weigerten, ohne formale Genehmigung für die Preiserhöhung das Produkt anzumelden, trug Turner den Fall, wenn auch widerwillig, der Lohn-Preis-Kontrollkommission vor.

Dieser Schritt löste eine öffentliche Debatte aus. Die Kommission gab McDonald's Ersuchen statt, was wiederum nicht den scharfen Augen des Journalisten Jack Anderson entging. Er brachte die Entscheidung der Kommission mit Krocs Spende in Verbindung und beschuldigte McDonald's zudem, mittels seines Einflusses die Lösung der Mindestlohn-Frage zu verzögern. Bevor McDonald's wußte, wie ihm geschah, stand es im Mittelpunkt der exzessiven Pressekampagnen, die sich um die Watergate-Affäre rankten. Kroc, der mit seiner Wahlspende keineswegs beabsichtigt hatte, spezifische politische Maßnahmen – am wenigsten so hochbrisante wie die Regelung der Mindestlohn-Frage – zu unterstützen, war von der Lawine der negativen Publicity, die durch seine Wahlspende ausgelöst wurde, wohl am meisten überrascht.

Turner kannte Krocs Motive für die Wahlspende und die Preiserhöhung, nicht aber die Öffentlichkeit, und ihre Reaktion hatte verheerende Folgen. Ein Unternehmen mit bisher makellosem Ruf wurde plötzlich mit Anrufen und Briefen, die allesamt negative Kritik und sogar Drohungen enthielten, bombardiert. Turner selbst ging eine Briefbombe zu. Zum Glück entdeckte seine Sekretärin einige heraushängende Drähte und alarmierte das Sicherheitspersonal, das die Bombe rechtzeitig entschärfen konnte.

McDonald's war wieder einmal unzureichend auf den Stimmungsumschwung der Öffentlichkeit vorbereitet gewesen. »Die Affäre war peinlich und demoralisierend«, erklärte Turner. »Wir alle waren gebrandmarkt. Wir haben uns immer wieder gefragt, wie sich die leidige Affäre auf die Franchisenehmer und ihre Angehörigen auswirken mochte. Zwischen den Zeilen wurde wiederholt angedeutet, daß wir unredlich gehandelt hatten.«

Bereits vor der Nixon-Affäre war McDonald's in den Brennpunkt öffentlichen Interesses geraten und mit Kritik überhäuft worden. Anlaß war eine Reihe von Ereignissen, die zunächst auf lokaler Ebene zu Kontroversen führten. 1968 wurde McDonald's von einer militanten Gruppe farbiger Aktivisten, deren Anführer ein Radikaler namens David Hill war, unter ›Beschuß‹ genommen. McDonald's hatte versucht, farbige Franchisenehmer zu finden und bereits vier Kandidaten zur Wahl, als Hill die Farbigen in Cleveland zu einem Boykott aufrief. Bevor die Kette reagieren konnte, demolierten Hunderte farbiger Demonstranten die sechs Lokale der weißen Lizenznehmer, die sich in der primär von Farbigen bewohnten East Side angesiedelt hatten.

Zeit und Ort für eine solche Kontroverse mit rassistischem Hintergrund konnten gar nicht schlechter gewählt sein. Martin Luther King war gerade ermordet worden, und

Cleveland gehörte zu den amerikanischen Städten, in der die Rassenfrage unlösbar schien. Zum erstenmal war ein Farbiger, Carl Stokes, zum Bürgermeister gewählt worden, aber statt dadurch Spannungen abzubauen, wurde der Rassenkampf noch verstärkt. Stokes galt als Sympathisant der Black Panther, einer Gruppe, die sich aus militanten Farbigen zusammensetzte. Das war natürlich Wasser auf die Mühlen der ohnehin schon politisch äußerst aktiven weißen Mitbürger der West Side.

Die Stadt war buchstäblich in zwei Lager gespalten – East Side versus West Side –, und McDonald's wurde das erste Opfer dieser Spaltung. Hill und andere farbige Gruppierungen weigerten sich, ihre Streikposten vor den McDonald's-Restaurants abzuziehen und forderten die weißen Franchisenehmer auf, ihre Restaurants sofort zu verlassen. Sie scheuten sich nicht, Gewalt anzuwenden: Sie versuchten, die Franchisenehmer mit ihren Gummiknüppeln, Patronengürteln und schließlich mit einem Steinhagel einzuschüchtern, bis der Terror so eskalierte, daß McDonald's eine Reihe erfahrener Manager aus Washington nach Cleveland schickte, die den Belagerten zu Hilfe kommen und vorübergehend die Leitung der Lokale übernehmen sollte.

Bob Beavers, ein farbiger Konzern-Manager und McDonald's-Veteran, der die Wiedereröffnung überwachen sollte, war nicht so leicht einzuschüchtern. Um Straßenschlachten zu verhindern, hatte die Polizei die Streikposten ungeschoren gelassen, aber bevor Beavers sich auf das Areal rund um das erste Lokal wagte, gab ihm ein weißer Polizist einen Rat, der so manchen zum Rückzug bewogen hätte. »Ich würde Ihnen vorschlagen, ins Hotel zurückzugehen und Ihren Namen zu ändern.« Dann drückte er dem verblüfften Beavers einen Revolver in die Hand und meinte: »Wenn Sie den benutzen müssen, sollten Sie darauf achten, daß Sie auch treffen.«

McDonald's begann, mit der schwarzen Koalition zu verhandeln, aber auch dabei herrschte eine feindselige Atmosphäre, und es fehlte nicht an Einschüchterungsversuchen. Carl Stokes sorgte dafür, daß die Verhandlungen zwischen den Konzern-Managern und Repräsentanten der schwarzen Gruppen in einem Büro der Stadtverwaltung stattfinden konnten, aber auch das war alles andere als neutraler Boden. Ed Bood, der Franchisedirektor von McDonald's, wurde beim Betreten des Sitzungssaales von bewaffneten ›Wachposten‹ in Empfang genommen. Hill und die übrigen schwarzen Kämpfer verlangten ein Mitbestimmungsrecht bei der Auswahl der farbigen Franchisenehmer und als Entgelt für ihre Dienste eine ›Provision‹. Bood und die betroffenen weißen Franchisenehmer stimmten zu, die Lokale auf der East Side farbigen Unter-Franchisenehmern zu überlassen, aber er lehnte Hills Bedingungen ab. Erst später wurde Bood bewußt, wie gefährlich die Lage gewesen war: Am Tisch gegenüber hatte ein Vertreter der Gegenpartei ständig mit einer Waffe unter dem Tisch hantiert. »Der Bürgermeister Carl Stokes war keine Hilfe«, meinte Turner.

Erst als Dr. Kenneth Clement, ein farbiger Arzt, den Boykott öffentlich als ›shake down‹, mithin als Erpressung bezeichnete, schlug die Meinung der Bewohner von Cleveland zugunsten McDonald's um. Clement war derjenige gewesen, der nicht unwesentlich zur Wahl von Carl Stokes beigetragen, aber nach Amtsantritt mit ihm gebrochen hatte. Kurz nach Clements öffentlicher Stellungnahme endete der Boykott, und die sechs Restaurants in der East Side wurden von Farbigen übernommen. Clements negative Einstellung zu Hill und seinem Gefolge ist heute mehr als gerechtfertigt: Hill wurde später aufgrund seiner Rolle bei der Übergabe der McDonald's-Lokale an farbige Franchisenehmer rechtskräftig wegen Erpressung und Nötigung verurteilt. Er konnte fliehen und soll in Guyana untergetaucht sein.

So hart dieser Schlag für McDonald's auch war, er richtete bei weitem nicht den Schaden an, den McDonald's 1974 zu spüren bekam, als es mit der New Yorker High-Society auf Kollisionskurs ging. McDonald's hatte in Cleveland einen Fehler gemacht, das Rassenproblem zu ignorieren und nicht rechtzeitig für farbige Mitglieder in den Reihen der Franchisenehmer zu sorgen. Als sich die Bewohner von New Yorks nobler Upper East Side gegen den Bau eines Mc-

Donald's-Restaurants an der 66. Straße/Ecke Lexington Avenue zur Wehr setzten, beging McDonald's einen noch unverzeihlicheren Fehler: Es erkannte zu spät, daß es geschlagen war.

Der Bau eines Lokals an der 66. Straße/Ecke Lexington Avenue war Teil einer neuen Strategie, die Märkte in Großstädten zu entwickeln, die McDonald's in den ersten fünfzehn Jahren seit der Gründung ignoriert hatte. Manhattan hatte dabei höchste Priorität. Die Kette besaß bereits zehn neue Restaurants in Manhattan, und das McDonald's-Management schien der Meinung zu sein, ein Lokal in dieser eleganten Nachbarschaft müsse eine Goldmine sein. Aber es zeigt sich, daß es sich hier wohl eher um eine Tellermine handelte; vielleicht wäre es sinnvoller gewesen, wenn man den Central Park als Standort gewählt hätte. Die Nachbarschaft an der 66. Straße/Ecke Lexington Avenue war exklusiv: Auf der einen Seite des McDonalds-Baugeländes stand ein historisches Gebäude, das das Institut für Heraldik beherbergte, auf der anderen ein Apartment-Hochhaus für zahlungskräftige Mieter, und auf der dritten befand sich der Cosmopolitan-Club, ein traditioneller Damen-Club, zu deren Mitgliedern New Yorks obere Zehntausend zählten. Um die Ecke wohnte David Rockefeller, der Präsident der Chase Manhattan Bank. Die Residenten gehörten zu den einflußreichsten Leuten der Stadt: berühmte Autoren, Banker, Anwälte und Spitzenmanager.

Als bekannt wurde, daß McDonald's den Bau eines kleinen Bürogebäudes mit einer McDonalds-Filiale im Erdgeschoß auf dem leerstehenden Grundstück plante, organisierte der Architekt David Beer unverzüglich eine Bürgerinitiative, die das Projekt mit allen Mitteln bekämpfte. McDonald's unterschätzte mit provinzieller Naivität die Machtposition der New Yorker Elite und setzte den Bau fort, als ob es keine Opposition gäbe. »McDonald's New Yorker Manager waren ein bißchen zu arrogant«, meinte Howard Rubenstein, ein Spitzenmann in der New Yorker Werbebranche, der später McDonald's PR übernahm. Rubinsteins Urteil zu der ganzen Angelegenheit: »McDonald's Position war die, daß dem Unternehmen das Grundstück gehörte, daß es klar abgegrenzt war, und daß McDonald's ein verbürgtes Recht darauf hatte, dort ein Restaurant zu bauen.«

McDonald's unterschätzte den Einfluß der Bürgerinitiative, die Beer ins Leben gerufen hatte. Seine Petition gegen den Bau eines McDonald's-Lokales hatten mehr als 15 000 Mitbürger unterzeichnet; darunter befanden sich so prominente Namen wie David Rockefeller, Arthur Schlesinger, Jr., oder Theodore White, Verfasser des Bestsellers *Making of the President.*

Als McDonald's sich weigerte, mit der Gruppe zu verhandeln, spielte sie ihre größte Macht aus: ihre Verbindungen zu allem, was Rang und Namen hatte. In den Nachrichtensendungen der regionalen Fernsehstationen sah man regelmäßig Bilder von Protestkundgebungen vor dem Baugelände. in der *New York Times* erschienen Artikel, in denen man sich darüber beklagte, daß ein McDonald's-Restaurant ein Schandfleck für die exklusive Wohngegend sei. Und die New Yorker Brokerfirma Baker, Weeks and Company strich McDonald's von der Liste der Aktiengesellschaften, die sie ihren Anlegern empfahl, mit der Begründung, McDonald's habe zwar die leicht zu entwickelnden Vorstadt-Märkte gesättigt, aber wenig Aussichten, in den Metropolen Fuß zu fassen.

McDonald's – und insbesondere Turner – waren nicht bereit, aufzugeben. Die von der Bürgerinitiative ausgelöste Anti-McDonald's-Welle erreichte ihren Höhepunkt, als Mimi Sheraton, eine Kolumnistin der *New York Times*, die für die Sparte ›Essen und Trinken‹ verantwortlich war, einen beißenden Artikel unter dem vielsagenden Titel ›Der Burger, der New York verschlingt‹ veröffentlichte. Die Journalistin faßte darin die Klagen der Bürgerinitiative in einem Satz zusammen: McDonald's würde eine magnetische Anziehungskraft auf obskure Elemente haben und die Wohnqualität erheblich mindern. Aber damit nicht genug: Sie benutzte die Story lediglich als Vorwand für eine Hetzkampagne gegen McDonald's, in dem sie den Konzern gnadenlos anprangerte: wegen Krocs Wahlspende an Nixon, wegen dubioser

Finanztransaktionen, wegen mutwilliger Zerstörung der Landschaft und wegen der Ausbeutung junger Arbeitnehmer.

Aber die vernichtendste Kritik übte sie am McDonald's-Menü. »Das Essen ist absolut ungenießbar. Es ist unverständlich, was jemand an den Hamburgern findet. Das Fleisch wird von schweren Maschinen zermanscht, geknetet und ausgespuckt und ähnelt Mehlkleister, der nach dem Grillen eine gummiartige Konsistenz hat. Dieser unappetitliche Fleischkloß wird in ein schwammiges Brötchen geklemmt, mit Gurken, die wie schon einmal gegessen aussehen, mit strohigen Trockenzwiebeln oder kleingeschnittenem Salat, der nassen Luftschlangen gleicht, und mit undefinierbaren Saucen garniert. Die Pommes frites mögen ja knusprig sein, aber sie schmecken nach nichts. Die Shakes (bezeichnenderweise nicht Milchshakes genannt) sehen wie ein Gebräu aus der chemischen Giftküche aus.«

McDonald's empfand diesen Artikel als beabsichtigte Provokation, entschloß sich aber, auf rechtliche Maßnahmen gegen die Verfasserin zu verzichten, um nicht noch mehr Aufmerksamkeit darauf zu lenken. Turner ist allerdings bis heute davon überzeugt, daß Mrs. Sheraton als Strohmann für die Bürgerinitiative fungierte. »Eine Kolumnistin, die für die *New York Times* über Essen und Trinken schreibt, versteht etwas von ihrem Metier. Sie mußte sich darüber im klaren sein, daß ihre Behauptungen reine Fiktion waren.«

Mimi Sheraton nahm in ihrer Story auch Bezug auf einen Artikel in der Zeitschrift *Barron's*, der von Professor Abraham Briloff verfaßt wurde und McDonald's Buchführungsmethoden anprangerte. Gleich im ersten Absatz war von der Kontroverse mit der Bürgerinitiative die Rede, danach folgte die Behauptung, McDonald's bediene sich fragwürdiger Bilanzierungstechniken, um seine Nettoerträge aufzupolieren, oder versuche durch raffinierte Kontenzusammenlegung bei Firmenübernahmen die eigene Vermögenslage zu verschleiern. Briloff gehörte zu der wachsenden Anzahl von Kritikern dieser ›Pooling-Methode‹, der sich außer McDonald's noch Hunderte anderer expandierender Unternehmen bedienten. Briloff argumentierte, daß durch die Kontenzusammenlegung die tatsächlichen Kosten der Firmenübernahme zu niedrig und die Nettoeinnahmen zu hoch angesetzt würden. Die Polling-Methode wurde von den Wirtschaftsprüfern zwar später verworfen, aber sie gehörte zu dem Zeitpunkt, als Briloff mit dem McDonald's-Artikel ein Forum für eine Attacke auf diese Variante der Bilanzierung suchte, zu den legalen und gängigen Praktiken.

Im gleichen Artikel bezichtigte Briloff McDonald's, falsche Angaben über seine Vermögenslage gemacht zu haben, da versäumt wurde, in der Bilanz in Höhe von acht Millionen Dollar Aktien als Aufgabe zu verbuchen, die Ray Kroc anläßlich seines 70. Geburtstages seinen Mitarbeitern und deren Familien übereignet hatte. Das war eine der wohl großzügigsten Gesten, mit der je ein Firmengründer die Treue seiner Mitarbeiter belohnt hat. Allein Turner und seine Frau erhielten Aktienanteile im Wert von je einer Million Dollar, die Topmanager und ihre Frauen von je 125 000 Dollar. Briloff vertrat den Standpunkt, daß eine derartig voluminöse Schenkung des Hauptaktionärs als Firmenunkosten hätten verbucht werden müssen, da Kroc das Kapital in Wirklichkeit dem McDonald's-Konzern übereignete, der es dann wiederum als Entgelt für die Leistungen seiner Angestellten verwendete.

Obwohl McDonald's mit einer Gegendarstellung reagierte, die weitere Angriffe im Keim erstickte – zumal sich die Börsenaufsichtsbehörde eindeutig auf die Seite McDonald's stellte –, richtete der Artikel genau den Schaden an, der bei den Topmanagern von Aktiengesellschaften zu Alpträumen führt: An dem Tag, als er erschien, sanken die McDonald's-Aktien um neun Punkte oder 19 %. Allein dadurch reduzierte sich McDonald's-Marktwert um mehr als 357 Millionen Dollar. »Erst da bin ich ›aufgewacht‹ und habe eingesehen, daß die Bürgerinitiative mehr Kampfstärke als wir besaßen. Aber ich habe mir damals geschworen, daß wir es ihnen eines Tages heimzahlen würden.«

Rubenstein, McDonald's PR-Agentur, handelte die ›Waffenstillstandsbedingungen‹ aus: Die Bürgerinitiative sollte ihre Demonstrationen und Hetzkampagnen einstellen. McDonald's würde als Gegenleistung auf sein Bauvorhaben verzichten. Die Kontroverse war beendet, und heute besitzt McDonald's an der 66. Straße/Ecke Lexington Avenue ein zweistöckiges Bürogebäude, das einen Tribut an die honorige Nachbarschaft darstellt. Es beherbergt kein McDonald's-Restaurant, sondern zu ebener Erde eine elegante Boutique, die sich auf Damenkleidung in Übergrößen spezialisiert hat. Rubinsteins Urteil zu der ganzen Angelegenheit: »Das war eine der brutalsten Kampagnen, die jemals gegen ein Unternehmen gelaufen ist.«

Turner bekam schließlich seine Genugtuung. Obwohl es keine Beweise dafür gab, glaubten er und andere McDonald's-Mitarbeiter, daß die konzertierte Aktion gegen ein McDonald's-Restaurant an der 66. Straße/Ecke Lexington Avenue von jemanden inszeniert worden war, der einen besseren Draht zur Macht besaß als der Architekt Beer. Turner vermutete, daß der eigentliche Urheber der Anti-McDonald's-Kampagne Margaret Rockefeller, die Frau des Chase Manhattan Bankvorstandsvorsitzenden, war.

Obwohl das Management der Chase Manhattan Bank später wiederholt beteuerte, nicht an dem organisierten Widerstand beteiligt gewesen zu sein, ließ Turner sich nicht überzeugen und konterte mit der stärksten Waffe, die ihm zur Verfügung stand: McDonald's Bankverbindungen. Die Kette hatte im Zuge der Expansion einen immer größeren Teil ihrer weltweiten finanziellen Transaktionen über die Chase Manhattan abgewickelt, bis Turner 1982, nach dem sechsmonatigen ›Krieg‹ mit der Bürgerinitiative, zu anderen Großbanken wie First Chicago, First of Boston und Citicorp überwechselte.

Vergeltungsmaßnahmen waren aber keine Lösung, um das angeschlagene Image des Konzerns, das sich Anfang der 70er Jahre auszuwirken begann, wieder herzustellen. Die spektakuläre Größe und Monopolstellung des Konzerns machte McDonald's zur Zielscheibe, und es mußte – um dieser öffentlichen Herausforderung wirksam zu begegnen – lernen, mit den Konsequenzen dieses Wachstums umzugehen.

Während der ersten Hälfte der Dekade hatte McDonald's alle Anzeichen eines Unternehmens gezeigt, das sich in der Phase der ›Pubertät‹ befindet: aggressives Wachstum, gekoppelt mit einer unbeholfenen Selbstdarstellung, grenzenlose, noch ungezähmte Energie und verwegene Methoden, die mangelnde Erfahrung erkennen ließen. Aber McDonald's war über das Stadium hinaus, in dem Jugendtorheiten entschuldbar sind. Es war zu mächtig geworden, um sich noch Disziplinlosigkeit leisten zu können. Es war in Rekordzeit gewachsen, nun mußte es auch in Rekordzeit reifen.

McDonald's Reifeprozeß dauerte fast ein volles Jahrzehnt und war in gewisser Hinsicht wesentlich komplexer, wenn auch bei weitem nicht so spektakulär wie Krocs Firmengründung oder Turners Expansionspolitik. In relativ kurzer Zeit mußte es eine radikale Umwandlung vollziehen, sich auf die harten, oft unfairen Methoden der Medien einstellen, in seinen Entscheidungsprozessen die Bedürfnisse der Gesellschaft sowie die politischen Risiken und sozialen Interessen der verschiedensten Gruppierungen berücksichtigen. Bis zu diesem Zeitpunkt hatte sich die Kette vornehmlich auf die Verbesserung des Leistungsstandards und der Produkte konzentriert. Und das erklärt, warum sie unvorbereitet war auf infame Gerüchte über die Qualität ihrer Gerichte, auf hochexplosive Kontroversen mit rassistischem Hintergrund, auf Proteste aus den Reihen der High-Society oder auf Anklagen, ihre Machtstellung zu unrechtmäßiger Einflußnahme auf Politiker zu mißbrauchen.

Es ist bemerkenswert, daß es McDonald's gelang, all diese Vorwürfe nicht nur zu entkräften, sondern auch als Plus zu verbuchen. Ende der 70er Jahre zeigte der Konzern, daß er den Herausforderungen an allen ›Fronten‹ gewachsen war und aus seinen Fehlern gelernt hatte.

Kroc war über die Reaktion der Journalisten auf seine 250 000-Dollar-Spende an Nixon so empört, daß er sich nie wieder mit annähernd solchen Summen in die Politik einmischte. Die einzige Ausnahme war eine Spende in Höhe von 45 000 Dollar für den Wahlkampf des Republikaners James Thompson, der sich 1976 um das Amt des Gouverneurs von Illinois bewarb. Als Thompson Kroc zwei Jahre später erneut um eine Spende bat, ging er jedoch leer aus. Seit der Nixon-Affäre, so Kroc gegenüber Thompson, vergleiche er Zuwendungen an Politiker mit der Unterstützung, die Eltern ihren Kindern geben. »Ich ermögliche es ihnen, aufs College zu gehen«, erzählte er dem Gouverneur. »Mit dieser Unterstützung habe ich Sie in die Politik gebracht. Jetzt müssen Sie selbst sehen, wie Sie weiterkommen.«

Aber McDonald's fand dennoch einen Weg, effektiv auf Regierung und Gesetzgebung einzuwirken: Man gründete 1975 das sogenannte Government Relations Department, eine Abteilung, die eng mit der Regierung zusammenarbeitet.

Diese Abteilung hat es geschafft, McDonald's aus hochbrisanten politischen Kontroversen herauszuhalten, wie z. B. der Diskussion um die Mindestlohnregelung. Vor der Gründung hatte McDonald's die Lobby der Franchisenehmer, die gegen eine Erhöhung waren, tatkräftig unterstützt. Aber als sich die Franchisenehmer 1977 mit einer gemeinsamen Kampagne an die Kongreßabgeordneten in ihren jeweiligen Wahlkreisen wandten, verhielt sich McDonald's absolut neutral. »McDonald's und Mindestlohn verhalten sich zueinander wie Feuer und Wasser. Hier handelt es sich eindeutig um einen Interessenkonflikt, in dem wir nicht Partei ergreifen sollten«, erklärte Turner.

Die Abteilung befaßte sich vielmehr mit Themen und Aktivitäten, die einen positiveren Beiklang hatten. Zum Beispiel startete McDonald's ein Projekt, um der von Kritikern der Fast food-Branche stammenden Abwertung seiner Gerichte als ›Plastik-Produkte‹ entgegenzuwirken. Der Konzern beauftragte eine firmenexterne Beraterfirma, eine Studie über den Nährwert des McDonald's Menüs durchzuführen, wobei klar nachgewiesen wurde, daß sich mit einem Menü, bestehend aus Hamburger, Pommes frites und Milchshake, ein hoher Prozentsatz des täglichen Nährstoffbedarfs decken ließ und eine ausgewogene Kost gewährleistet war.

Leider verhinderten die strikten Lebensmittelgesetze in den USA eine ausreichende Produktinformation für die Verbraucher. McDonald's durfte zwar eine detaillierte Nährwertanalyse in seine Speisekarte aufnehmen oder auf die einzelnen Produktverpackungen aufdrucken, aber eine umfassendere und wirkungsvollere Aufklärungskampagne, z. B. in Form von Broschüren, die in den Verkaufsstellen auslagen, war nicht gestattet. »Unsere Produkte gerieten in Verruf«, meinte Clifford Raber, der Leiter des Government Relations Department, »aber positive Informationen zu liefern, war uns untersagt.«

1978 konnte Raber seinen Standpunkt schließlich dem Senatsausschuß für Ernährungsfragen begreiflich machen. Es ist wohl eine Ironie des Schicksals, daß George McGoverns den Vorsitz hatte – der Kandidat, den Nixon 1972 mit Hilfe der finanziellen Unterstützung von Ray Kroc und anderen gutsituierten Geschäftsleuten besiegt hatte. 1978 jedoch standen McDonald's und McGovern Seite an Seite, um eine Botschaft zu verkünden, die auch bei der ländlichen Wählerschaft McGoverns in South Dakota gut ankommen würde – daß amerikanische Lebensmittel wie Rindfleisch, Kartoffeln und Milchprodukte wirklich gesund seien.

Deshalb fand Raber mit seiner Anschuldigung, die Regierungsbehörden würden eine Aufklärung der Verbraucher verhindern, ein offenes Ohr. Da McDonald's dem Komitee seine volle Unterstützung zusagte, beschloß man, im Februar 1979 Hearings zu dem strittigen Thema abzuhalten. Rabers landete mit seinem Engagement einen Coup, von dem die Government-relations-Spezialisten nicht einmal zu träumen gewagt hatten. In seiner Eröffnungsrede erklärte McGovern rundheraus, daß Fast food-Produkte qualitativ hochwertig seien. Dieses Statement von einem bekannten Verfechter einer ausgewogeneren Ernährungsweise als der damals in den USA üblichen und einem Liberalen, der sich bisher gehütet hatte, im Zusammenhang mit dem amerikanischen ›Big Business‹ genannt zu werden, war eine Sensation. Am Abend brachten alle drei großen amerikanischen Fernsehstationen einen Bericht darüber. Diese Entwicklung löste soviel Wirbel aus, daß 1972 eine Gesetzesänderung erfolgte, die McDonald's und anderen Fast food-Ketten nunmehr erlaubte, ihre Produktanalysen den Verbrauchern in Broschüren zugänglich zu machen.

Noch wichtiger war jedoch, daß McDonald's jetzt endlich das politische Feingefühl entwickelte, das es 1974 in der ›Schlacht von Manhattan‹ vermissen ließ. Der Konzern hatte gelernt, das politische Klima sorgfältig zu prüfen, bevor er sich endgültig für einen Standort entschied, und rechtzeitig auf Opposition zu reagieren, d. h., bevor sich die Positionen verhärtet hatten und in den Brennpunkt der öffentlichen Meinung gerieten.

Dieser Fortschritt war vor allem einer Einstellungsänderung im Topmanagement zu verdanken. »Im Kampf gegen die Bürgerinitiative handelte McDonald's instinktiv. Kroc und Turner plädierten dafür, sich mit allen Mitteln zur Wehr zu setzen und keine Konzessionen zu machen. Sie erklärten, McDonald's sei ein erstklassiges Unternehmen und kein Nachbar, dessen man sich schämen müsse. Aber sie haben schnell eingesehen, daß zur Wahl des richtigen Standortes mehr gehört als wirtschaftliche und rechtliche Überlegungen, nämlich auch ein günstiges politisches Klima«, meinte Rubinstein.

Rubinstein gehörte zu den ehemaligen Wahlhelfern des New Yorker Bürgermeisters Abe Beame und galt als einer der fähigsten PR-Spezialisten. McDonald's engagierte ihn und andere seines Fachs, um auch in den übrigen Regionen Öffentlichkeitsarbeit zu leisten und ähnliche Katastrophen bei der Standortwahl rechtzeitig zu verhindern. McDonald's hatte zwar noch des öfteren hitzige Kontroversen mit Planungsbehörden und kommunalen Beamten, aber man wußte von nun an, seinen Opponenten wirksamer zu begegnen.

In New York hatte Rubinstein durch seine guten Kontakte zu prominenten Bürgern aus Politik und Wirtschaft ein perfekt funktionierendes ›Frühwarnsystem‹ aufgebaut, um Widerstände rechtzeitig zu erkennen und abzubauen. Als McDonald's sich z. B. für die Eröffnung einer Filiale in Brooklyn entschieden hatte und die Anrainer protestierten, fotografierte Rubinstein den Standort: ein heruntergekommenes Gebäude, das ein Sex-Kino beherbergte. Als er die Bilder einem Stadtrat vorlegte, versprach dieser, seinen Einfluß geltend zu machen: »Fangen Sie unbesorgt an zu bauen«, meinte er. »Wenn Sie glauben, mir wäre ein Sex-Kino lieber als ein McDonald's, haben Sie sich geirrt.«

Besonders kampflustig und kreativ reagierte McDonald's nun auf die wohl größte öffentliche Herausforderung der damaligen Zeit: das Minderheitenproblem, das sich erstmalig in Cleveland in den Reihen der Franchisenehmer manifestiert hatte. Als die militanten Farbigen 1968 Streikposten vor den von Weißen geführten McDonald's-Restaurants auf der East Side aufgestellt hatten, war Bob Beavers schon seit sechs Monaten Leiter der McDonald's-Abteilung für kommunale Probleme und Marktentwicklung, die u. a. auch mit der Rekrutierung von farbigen Franchisenehmern und Angehörigen anderer Minderheiten befaßt war. Seine Aufgabe wurde allerdings erschwert durch die neuen Lizenzrichtlinien, die Turner nach seinem Amtsantritt erlassen hatte. Sie forderten, daß die Manager der Lokale alleinige Inhaber der Franchiserechte und nicht von Investoren außerhalb des Systems abhängig waren.

Der Kurswechsel in der Lizenzpolitik war durch McDonald's bisherige Erfahrungen zwar gerechtfertigt, beeinträchtigte jedoch die Flexibilität der Kette, das Minderheitenproblem bei der Franchisevergabe in den Griff zu bekommen. Nach den neuen Lizenzrichtlinien konnte ein Franchisenehmer nur mehr die Hälfte des Kapitals (damals 150 000, heute 400 000 Dollar), das für die Eröffnung eines Restaurants, d. h. für den Franchiseerwerb, für den Kauf von Kücheneinrichtung und Einrichtungsgegenständen sowie für das McDonald's-Firmenzeichen nötig war, durch Kredite beschaffen, und die wenigsten farbigen Lizenzanwärter verfügten über 75 000 Dollar Ersparnisse. Selbst das Gros der besser bemittelten Kandidaten wurde von den regionalen Lizenzabteilungen abgelehnt, weil sie, wie Beaver erklärte, »nicht unseren Vorstellungen entsprachen. Ihnen fehlte der nötige Schliff. Die kleine Zahl der farbigen Franchisenehmer, die aus eigener Kraft dem Ghettoleben entronnen war, konnte sich aufgrund ihres sozialen Hintergrundes selten mit den weißen messen, und das trug leider auch dazu bei, eine gewisse ›Schwellenangst‹ bei ihnen auszulösen.«

Cleveland brachte den Stein ins Rollen. Der Zwischenfall wirkte wie ein Katalysator und führte zu einem der spektakulärsten Durchbrüche ethnischer Minderheiten in der amerikanischen Geschäftswelt. 1969 hatte McDonald's nur vier farbige Franchisenehmer; Ende 1972 war ihre Zahl auf ca. fünfzig – oder 10 % – gestiegen. »Cleveland hat uns aufgerüttelt und bewußt gemacht, daß es höchste Zeit war, eine Regelung unseres Minoritätenproblems zu finden.«

Genauso wichtig wie die Änderung in der Einstellung zu diesen Problemen waren die Hilfsmaßnahmen, die McDonald's auf Unternehmensebene einleitete, um eine Chancengleichheit bei der Lizenzvergabe zu gewährleisten. In enger Zusammenarbeit mit staatlichen Stellen und Interessengruppen, die um die Förderung und Entwicklung kleiner oder von Minderheiten geführter Betriebe bemüht waren (beispielsweise die Small Business Administration und das Office of Minority Business Enterprise), sorgte McDonald's dafür, daß seinen farbigen Franchiseanwärtern Kredite gewährt wurden. Außerdem traf man für sie eine Ausnahmeregelung hinsichtlich der Fremdfinanzierungsgrenze, so daß farbige Franchisenehmer mit nur 30 000 Dollar Eigenkapital – oder 20 % der Gesamtinvestition – ein McDonald's-Lokal eröffnen konnten.

Aber der radikalste Bruch mit den Lizenzgepflogenheiten war die Einführung des sogenannten ›Zebraprogrammes‹. Ende der 60er Jahre gestattete McDonald's einer Gruppe von acht farbigen Franchiseanwärtern, ein Joint Venture mit zwei weißen Investoren einzugehen, die das Kapital für die Lizenzrechte und die nötige Einrichtung der Restaurants lieferten. Das war ein eindeutiger Verstoß gegen eine der grundlegenden McDonald's-Regeln, nur solche Franchisenehmer zu akzeptieren, die ihre Lokale selbst führten. Darüber hinaus ignorierte man damit noch einen zweiten, ebenso festgefügten Grundsatz: daß die Franchisenehmer in unmittelbarer Umgebung ihrer Lokale ansässig sein mußten. Die beiden weißen Investoren lebten in Chicago, ihre Restaurants waren in verschiedenen amerikanischen Bundesstaaten angesiedelt.

Die Investoren hatten McDonald's die Zusage gegeben, ihre Rechte nach und nach an die farbigen Lizenznehmer abzutreten. Sie hielten sich jedoch nicht an die Vereinbarung, und das vielversprechende ›Zebraprogramm‹ entwickelte sich zu einem Desaster. Die beiden Investoren hintergingen nicht nur die farbigen Franchisenehmer, sondern sämtliche Geschäftspartner – sogar sich gegenseitig. Die Lieferantenrechnungen wurden nicht bezahlt, ebensowenig wie die Franchisegebühren und die Pacht. Zum Schluß heuerte jeder nach Mafiamanier seinen eigenen ›Geldeintreiber‹ an, der von Verkaufsstelle zu Verkaufsstelle hetzte und versuchte, die Gewinne als erster abzukassieren. »Wir haben mit allen Lizenzregeln gebrochen und alle erfolgreichen Konzepte mißachtet, um farbige Lizenznehmer zu rekrutieren«, meinte Burt Cohen, Vizepräsident und Leiter der McDonald's-Lizenzabteilung, »aber das hat sich schließlich gerächt.«

Die Lage hatte sich zum Schluß so zugespitzt, daß Cohen ein Jahr lang verzweifelt versuchte, das ›Zebraknäuel‹ wieder zu entwirren. Er beruhigte die Banken und Lieferanten, die auf ihr Geld warteten, und suchte nach neuen Finanzierungsmöglichkeiten für die farbigen Franchisenehmer. Das Experiment kostete McDonald's 500 000 Dollar, aber am Ende hatten die Lizenznehmer die alleinige Kontrolle über ihre Restaurants, und die weißen Investoren konnten abgeschoben werden.

Wenn auch die lockere Interpretation der Lizenzregeln für farbige Franchisenehmer zu einigen Exzessen führte, so griff McDonald's damit doch in gesellschaftliche Prozesse ein und sorgte für eine wirtschaftliche Gleichstellung von Minderheiten, die in den USA nur in der Unterhaltungsbranche und im Profisport bestand. Bis heute ist die Zahl der Betriebe, die von Angehörigen von Minderheiten geführt werden, von fünfzig auf 762 angewachsen, die achtundzwanzig Schwarzen, die sich derzeit in Ausbildung zum Franchisenehmer befinden, nicht eingerechnet. Momentan werden gut siebenhundert McDonald's-Restaurants von Schwarzen geleitet, was mehr als der Hälfte aller von Schwarzen geleiteten Franchise-Restaurants in den Vereinigten Staaten entspricht. Und selbst durch die Wolken, die einst das Zebraprogramm verdunkelten, ist ein schwacher Silberstreif am Horizont erkennbar. Obwohl sechs von acht schwarzen Franchisenehmern das Handtuch werfen und ihre Lokale zurückgeben mußten, wurden zwei von ihnen Millionäre: Herman Petty, der fünf Lizenzen in Chicago besitzt, und Lonear Heard, Eigentümer bzw. Betreiber von sechs Restaurants in Los Angeles.

Aber die Sonderregelung für farbige Franchisenehmer war kein Almosen. Als Teil des Systems galt für sie derselbe Leistungsstandard wie für jeden anderen Franchisenehmer. Ein Drittel der ersten fünfzig von Beavers rekrutierten farbigen Franchisenehmer schied nach wenigen Jahren auf eigenen Wunsch aus oder erhielt keine Erneuerung der Lizenz. Das Risiko, das McDonald's mit dieser Entwicklung einging, war mindestens ebenso groß und problematisch für die Stabilisierung des politischen Klimas in den einzelnen Kommunen wie die Ereignisse in Cleveland, die zu einer verstärkten Aufnahme farbiger Franchisenehmer geführt hatten. »Für McDonald's hätte sich das Minoritäten-Franchising leicht als Schuß in den Ofen erweisen können«, meint Beavers.

Allerdings sahen die meisten farbigen Franchisenehmer weniger die politische Brisanz der Situation, sondern vielmehr ihre große Chance, bei McDonald's Karriere zu machen. Viele der ersten fünfzig farbigen Lizenznehmer gehören noch heute zum System und haben, ebenso wie ihre weißen Kollegen, inzwischen ein Vermögen erworben. Zu ihnen zählt Narlie Roberts, der auch ohne High-School-Diplom eine kleine Baufirma betrieb und 1969 eines der sechs McDonald's-Restaurants in Cleveland übernahm. Ihm gehörten acht Lokale in Cleveland, deren Umsatz 40 % über dem Landesdurchschnitt lag. Nach seinem Tod verkaufte seine Witwe alle bis auf eines. Auch Lee Dunham übertraf den Landesdurchschnitt mit seinen acht Lokalen in Harlem, jenem Stadtteil, in dem er einst als Polizist Patrouille gegangen war. Dunham hat inzwischen seine Restaurants in Harlem verkauft und betreibt heute zwei in New Jersey und ein weiteres am New Yorker Broadway. Solche Umsatzvolumen sind keineswegs die Ausnahme. Die durchschnittlichen Umsätze der McDonald's-Franchisenehmer, die ethnischen Minderheiten angehören und in größeren Städten tätig sind, liegen in der Regel höher als die weißen Franchisenehmer.

Nicht nur die Minderheiten profitieren von McDonald's neuer Lizenzpolitik, sondern auch der Konzern. Aufgrund der profunden Kenntnisse seiner ethnischen Märkte konnte McDonald's ein Marktpotential abschöpfen, das ihm bisher verschlossen war. Eines der besten Beispiele ist wohl Hermann Petty, der 1968 als erster Farbiger ein McDonald's-Restaurant in Chicagos vor allem von Schwarzen bewohnten South Side übernahm. Petty hat sechs Jahre lang in zwei verschiedenen Jobs gleichzeitig gearbeitet – tagsüber als Friseur und nachts als Busfahrer –, um das Geld für eine Franchise aufzubringen. Er kannte jeden in der Gemeinde. Sein Friseurladen war nur wenige Blocks von seiner künftigen Arbeitsstelle entfernt, und er ergriff die Gelegenheit, jeden Kunden auf den bevorstehenden Berufswechsel aufmerksam zu machen. Er warb sogar in einem der wichtigsten Kommunikationszentren schwarzer Gemeinden, der Kirche, für McDonald's – mit Gratis-Hamburgern, die er bei gesellschaftlichen Veranstaltungen spendete. Er traf sich regelmäßig mit anderen engagierten und aktiven Gemeindemitgliedern und machte aus dem einst etwas verwahrlosten McDonald's-Restaurant ein wahres Prunkstück.

Pettys Expansion blieb auch auf den sozialen Hintergrund der schwarzen Gemeinde nicht ohne Wirkung. Er war fest überzeugt, daß sich durch den Zuzug neuer Unternehmen die Wohnqualität einer Gegend, die von Weißen fluchtartig verlassen worden war, verbessern ließ. Sein drittes McDonald's-Lokal eröffnete er daher in einem völlig heruntergekommenen Stadtteil, in dem es – bis auf eine Shell-Tankstelle, die gerade dabei war, den Rückzug anzutreten – keinerlei gewerbliche Aktivitäten mehr gab. Petty handelte mit den zuständigen Behörden aus, ein McDonald's-Restaurant dort zu eröffnen, wenn die Stadtväter für eine bessere Beleuchtung, regelmäßige Müllabfuhr sowie für den Bau neuer und die Reparatur alter Gehsteige rund um das Restaurant sorgten. Als der Tankstellenpächter sah, daß der geplante Bau des McDonald's-Lokals Fortschritte machte, beschloß auch er, zu bleiben und sein Geschäft zu renovieren.

Franchisenehmer aus den Reihen der Konkurrenz kamen regelmäßig in das neue McDonald's-Restaurant und staunten über Pettys freundliche Mitarbeiter und den Kundenandrang. Trotz der extrem hohen Kriminalität in diesem Bezirk hatte Petty nicht ein einziges Mal die Polizei bemühen müssen, um für Ruhe und Ordnung zu sorgen. Es gab im Restaurant nicht das geringste Zeichen für Vandalismus: Weder waren die Sitze aufgeschnitten noch die Wände mit Graffiti beschmiert. Pettys hatte erkannt, daß man mit einem höflichen und erstklassigen Service bewirkt, daß sich auch die Kunden höflich und erstklassig verhalten. 40 % seiner Stammgäste waren Weiße – Vertreter, Bauarbeiter und Besucher des Stadtviertels, die ihr Essen in entspannter und sicherer Atmosphäre genießen wollten.

Schon bald siedelten sich zwei Fast food-Konkurrenten in Pettys Nachbarschaft an. Church's Fried Chicken und Popeye's. Das leerstehende Gebäude auf der gegenüberliegenden Straßenseite wurde renoviert. Dort entstand ein Ärztezentrum, und nach und nach wurden sämtliche von Weißen aufgegebenen Geschäfte von Farbigen wiedereröffnet. »Es gab keine schlechte Wohngegend«, meinte Petty. »Man muß nur verstehen, das Beste daraus zu machen.«

Pettys Restaurant in der berüchtigten South Side von Chicago wirkten sich vor allem positiv auf die Lage der jugendlichen Arbeitslosen aus. Bis Anfang der 80er Jahre beschäftigte er rund 500 Farbige; die meisten von ihnen ohne Berufserfahrung. Petty sorgte dafür, daß ihr Eintritt in die Arbeitswelt – für sie selbst und für McDonald's – eine positive Erfahrung wurde. Er legte besonderen Wert auf eine fundierte Ausbildung, engagierte eine Lehrerin, die für das Training verantwortlich war, und richtete im Untergeschoß seines dritten Lokals einen Unterrichtsraum ein. Da die wenigsten seiner Schüler über eine abgeschlossene Schulausbildung verfügen, geht der Lehrstoff weit über die Zubereitung von Hamburgern hinaus. »Klassenvorurteile haben wir unseren Schülern schnellstens ausgetrieben«, erklärte Bett. »Wir bringen ihnen bei, daß jeder Mensch ein Anrecht darauf hat, als menschliches Wesen behandelt zu werden, oder welche Vorteil es hat, zu arbeiten und Geld zu verdienen.« Obwohl Bett harte Anforderungen stellt und Mindestlöhne zahlt, hat er keinen Mangel an Bewerbern. »Leute, die einmal für uns gearbeitet haben, kommen zu mir und bitten mich, ihre jüngeren Geschwister einzustellen. Sie wissen, daß sie hier eine gute Ausbildung erhalten und anerkannt werden. Viele haben mir gesagt, daß McDonald's ihnen dabei geholfen habe, sich einen Platz in der Welt zu erobern.«

Nicht zuletzt dank Pettys Bemühungen wurden McDonald's seit den Vorkommnissen in Cleveland nie wieder rassistische Vorwürfe gemacht. Selbst vor Gericht machte das Minoritäten-Franchising McDonald's Eindruck. Charles Griffis, ein Schwarzer, der vier Lizenzen hatte, brachte die Firma 1982 mit dem Vorwurf vor Gericht, sie würde ihm aufgrund rassistischer Vorurteile weitere Lizenzen vorenthalten. Er geriet zwar landesweit in die Schlagzeilen und erhielt Rückendeckung von zwei Regionalverbänden der National Association for the Advancement of Colored People, die dazu aufriefen, McDonald's zu boykottieren. Die Führungsspitze der NAACP weigerte sich hingegen, den Boykott zu unterstützen, denn die Berge von Statistiken, die McDonald's dem Gericht vorlegte, waren in der Tat beeindruckend. McDonald's konnte unter anderem nachweisen, daß 60 % aller Lizenzen im Raum Los Angeles, die nach 1980 (als Griffis seine letzte erhalten hatte) vergeben worden waren, an Schwarze oder Hispano-Amerikaner gegangen waren. An schwarze Betreiber waren dort zwei Drittel mehr zusätzliche Franchises ausgegeben worden als an weiße. McDonald's gewann den Prozeß und kaufte Griffis' Lokale zurück, um sie an andere Angehörige von Minderheiten weiterzuverpachten.

Die wohl langfristig entscheidendste und spektakulärste Reaktion auf die zunehmende Anzahl öffentlicher Herausforderungen, denen sich McDonald's seit Beginn der 70er Jahre stellen mußte, war die Einstellungsänderung gegenüber der Presse. McDonald's wurde in vielerlei Hinsicht das populärste Unternehmen Amerikas.

Nach den imageabträglichen Gerüchten in Atlanta, den Kämpfen um den Standort an der Lexington Avenue, der Kontroverse um Krocs Wahlspende und den negativen Artikeln im *Barron's* und der *New York Times,* reagierte McDonald's zunächst so, wie die meisten Unternehmen, die sich die Finger an den Medien ›verbrannt‹ haben: Es hüllte sich in Schweigen. Das Topmanagement lehnte Interviews ab; man ging der Presse so weit wie möglich aus dem Weg. Nur selten zeigte sich der Konzern bereit, selbst die Initiative zu ergreifen und sein Image durch eine positivere Selbstdarstellung zu korrigieren. »Wir hatten das Gefühl, daß sich die Medien gegen uns verschworen hatten«, meinte Dick Starmann, Vizepräsident der Kommunikationsabteilung von McDonald's, zur Medienpolitik des Konzerns Ende der 70er Jahre. »Es galt bei uns als ungeschriebenes Gesetz, unseren Namen aus der Presse herauszuhalten.«

Diese Medienfeindlichkeit trug indessen wenig zur Stabilisierung eines positiven Images bei, das Ray Kroc in den Anfangstagen von McDonald's aufgrund seines Charmes geschaffen hatte. McDonald's zeigte sich den Medien gegenüber so zurückhaltend, daß es für die Presse kaum noch interessant und für die Öffentlichkeit nur noch vage zu existieren schien. Bei den seltenen Gelegenheiten, wenn der Konzern aus der Anonymität auftauchte – z. B. 1978, als Fred Turners Interview mit Dan Dorfman im *Esquire* erschien – war die Resonanz eindeutig negativ gewesen. Nach dem Dorfman-Debakel entschloß sich McDonald's jedoch, in die Offensive zu gehen und seine Probleme mit der Öffentlichkeitsarbeit aus dem Weg zu räumen. »Es gab nichts, dessen wir uns schämen müßten«, erklärte Starmann. »Ganz im Gegenteil, wir hatten einiges über unseren beispiellosen Erfolg zu berichten.«

Der erste Schritt bestand in der Gründung einer firmeneigenen Kommunikationsabteilung im Jahre 1974, die zunächst von einem ehemaligen Rechtsberater des Konzerns geleitet wurde, der keinerlei Erfahrung im Umgang mit den Medien hatte. Nach den Ereignissen in Atlanta wurde er durch einen Marketing-Experten ersetzt, der den Kommunikationsaustausch zwischen Konzern, Öffentlichkeit, Medien und kommunalen Ansprechpartnern besser zu koordinieren verstand.

In der Medienpolitik von McDonald's machte sich aber erst 1981 eine grundlegende Veränderung bemerkbar, als Starmann die Leitung der Kommunikationsabteilung übernahm. Starmann hatte sich aus dem Marketingbereich an die Spitze der Unternehmenshierarchie emporgearbeitet. Er hatte zwar keine formale Ausbildung oder langjährige PR-Erfahrung vorzuweisen, besaß aber das volle Vertrauen des Topmanagements (im Gegensatz zu seinem Vorgänger, der wegen der Krawalle in Atlanta in das Kreuzfeuer der firmeninternen wie -externen Kritik geraten war und eine Fachausbildung, nicht aber das Topmanagement auf seiner Seite hatte). »Ich tappte oft völlig im dunklen«, erklärte Starmann. »Irgend jemand teilte mir die Entscheidung von oben mit, und verlangte von mir, eine Erklärung abzugeben.«

1981 änderte sich das. Er wurde bei allen Entscheidungen des Topmanagements, die McDonald's Image betrafen, zugezogen und bestimmte die Medienpolitik mit. Die Kommunikationsabteilung war inzwischen auf 35 Mitarbeiter angewachsen. Erst jetzt gab man Starmann die Autonomie, die nötig ist, um wirksame – und glaubwürdige – Öffentlichkeitsarbeit zu leisten. Er war nur dem Präsidenten der McDonald's Corporation, Michael Quinlan, direkt unterstellt. Von nun an konnte das Team schneller auf Herausforderungen reagieren, an denen es in der Vergangenheit mehrfach gescheitert war.

McDonald's neue Medienpolitik ging weit über ein Krisenmanagement hinaus. 1980 hatte der Konzern beschlossen, seine Entwicklungsgeschichte der Öffentlichkeit preiszugeben. Das Management zeigte sich offener gegenüber der

Presse. Man griff sogar wieder auf die Werbestrategien zurück, die Al Golin seinerzeit schon mit großem Erfolg angewandt hatte, als er die magische Wirkung des Gründers Ray Kroc bewußt einsetzte, um seine Werbeziele zu erreichen. McDonald's sorgte wieder für Imagepflege und werbewirksame Publicity. Als der Konzern z.B. dreihundert Restaurants an amerikanischen Marinestützpunkten errichtete, posierte Ronald McDonald vor einem Flugzeugträger. Und anläßlich des zehnjährigen Bestehens der Ronald-McDonald-Häuser drehte ABC einen Werbefilm mit den Eltern und Kindern, die im Haus in Philadelphia untergebracht waren. Mit ihrer unisono vorgetragenen Begrüßung »Guten Morgen, America«, eröffnete die Fernsehstation ihr Vormittagsprogramm.

Das spektakulärste Medienereignis, das McDonald's inszenierte, war die Feier am 21. November 1984 in New York, als die Kette ihren 50milliardensten Hamburger servierte. Die Weltpresse war geladen und sah zu, wie Ed Rensi, Präsident von McDonald's USA, den Hamburger eigenhändig zubereitete und Dick McDonald, der sechsunddreißig Jahre zuvor den ersten Hamburger verkauft hatte, präsentierte. Der Chance, nostalgische Bilder und Interviews zu machen, konnte kaum jemand widerstehen: Mehr als zweihundert Journalisten aus aller Welt waren angereist, und die Kameras surrten auf drei eigens gebauten Plattformen. Sämtliche Fernsehstationen, Tageszeitungen und Magazine wie *Time* oder *Newsweek* berichteten über das Ereignis. Golin meinte: »Es war wie eine Rückkehr in Ray Krocs Domäne – das Showgeschäft.«

Der Kurswechsel in der Öffentlichkeit spiegelte sich wohl am deutlichsten in McDonald's Reaktionen auf sich anbahnende imageschädigende Ereignisse wider. 1982 wurde der Konzern mit einer neuen Katastrophenmeldung konfrontiert: Mikrobiologen des Bundesgesundheitsamtes hatten in einer Pressemitteilung angedeutet, daß es möglicherweise eine Verbindung zwischen einer derzeitig grassierenden Darmerkrankung gab und den seltenen Bakterien, die man im Fleisch einer ›bekannten Fast food-Kette‹ entdeckt zu haben glaubte. Als ein Reporter aus Miami diese Kette richtig als McDonald's identifizierte und darüber einen Bericht im *Miami Herald* brachte, sah sich McDonald's plötzlich einer Herausforderung gegenüber, die noch drohender schien als die früheren Wurm-Gerüchte.

Aber McDonald's Reaktion war eine völlig andere, und somit auch das Ergebnis. Das Bundesgesundheitsamt hatte gleich, nachdem die ersten Erkrankungen in Traverse City, Michigan, und in Medford, Oregon, gemeldet wurden, recherchiert und festgestellt, daß die meisten Infizierten kurz zuvor Fleisch bei McDonald's gegessen hatten. Lange bevor die ersten Meldungen durch die Presse gingen, war McDonald's – in enger Zusammenarbeit mit den zuständigen Behörden – den rätselhaften Vorfällen auf die Spur gegangen. 25 McDonald's-Manager, einschließlich Betriebsspezialisten, Mikrobiologen, Lebensmitteltechnologen und -inspektoren, nahmen in den beiden betroffenen McDonald's-Restaurants buchstäblich jedes Küchengerät – Grill, Belüftungsanlagen, Filter und Gefriertruhen – auseinander, um die Produkte und die Zubereitung genauestens zu überprüfen. Man fand nichts, was auf das Vorhandensein von krankheitserregenden Bakterienkulturen hinwies. Genauso sorgfältig inspizierte man die Fleischlieferanten, und auch hier war nichts zu beanstanden. Die Vertreter des Bundesgesundheitsamtes gaben sogar zu, daß ihnen nie eine ähnlich strikte Qualitätskontrolle wie in diesen Fabriken begegnet sei.

Als die Pressemeldungen erschienen, war McDonald's folglich bestens darauf vorbereitet. Anhand der Untersuchungsergebnisse konnte man eindeutig nachweisen, daß zwischen dem Besuch des McDonald's und der Viruserkrankung lediglich eine rein statistische Verbindung bestand, die sich allein aus der großen Anzahl der Lokale erklären ließ: wenn sechzehn Millionen Amerikaner – oder ca. 6 % der Bevölkerung – einmal pro Tag bei McDonald's aßen, habe folglich auch ein hoher Prozentsatz ein McDonald's innerhalb der vier Tage besucht, an dem die Viruserkrankung zum Ausbruch gekommen war. Wenn die Erreger in McDonald's-Produkten gewesen wären, hätten sich weit mehr Menschen infizieren müssen. Weder McDonald's noch das Bundesgesundheitsamt konnten einen ursächlichen Zusammenhang entdecken. Als McDonald's seine Untersuchungsergebnisse veröffentlichte, zeigte sich, daß es aus dem Debakel von Atlanta gelernt hatte. Die Erkrankungen ließen sich nachweislich nicht mit McDonald's-Produkten in Zusammenhang bringen, lautete das Statement des Konzern. Noch deutlicher wurde der stellvertretende Vorstandsvorsitzende des Konzerns, Edward Schmitt, der bei einem Fernsehinterview in einem McDonald's-Restaurant einen Hamburger aß und erklärte: »Sie können darauf wetten, daß es der Gesundheit nicht abträglich ist, bei McDonald's zu essen.«

Das Bundesgesundheitsamt veröffentliche schließlich doch noch einen Bericht, in dem es hieß, der Virusherd sei Hamburger-Fleisch, das bei zu niedrigen Temperaturen gegrillt worden wäre. Diese Schlußfolgerung – die einzig darauf beruhte, daß man in *einem* Hamburger den seltenen Virus entdeckte – ist bei McDonald's noch heute umstritten, vor allem deshalb, weil die Behörde keine stichhaltigen Beweise für ihre Behauptungen vorlegen konnte. Sie war vielmehr auf eine neue und rätselhafte infektiöse Erkrankung gestoßen, die nach bisherigen Erkenntnissen auf den Genuß von Fleisch generell zurückgeht. Sie ist in den USA sporadisch wieder aufgetaucht, wurde aber nie mehr in Zusammenhang mit McDonald's gebracht.

Obwohl die Umsätze in den betroffenen Regionen kurzfristig zurückgingen, hielt sich der Schaden in Grenzen. McDonald's war es dieses Mal gelungen, durch seine Blitzreaktion einer öffentlichen Anprangerung vorzubeugen. Der Konzern hatte erst Stellung bezogen, *nachdem* er alle verfügbaren Fakten gesammelt und durch gesicherte Untersuchungsergebnisse belegt hatte. Die Verlautbarungen an die Presse waren sorgfältig vorbereitet und stammten von einem Angehörigen des Topmanagements, der sich persönlich an den umfangreichen Recherchen des Unternehmens beteiligt hatte. Und, was noch wichtiger war: McDonald's hatte gezeigt, daß es seine soziale Verantwortung akzeptierte, daß es nichts zu verbergen hatte und an einer Aufklärung ebenso interessiert war wie die offiziell damit betrauten Behörden. Dr. Alan H. Harris, ein bekannter Epidemiologe aus Chicago, der McDonald's in der Krisensituation als Berater zur Seite stand, ist sogar der Ansicht, das Bundesgesundheitsamt hätte nie zu Ergebnissen kommen können, wenn McDonald's ihm nicht so freigebig Informationen geliefert hätte. Obwohl es Schlußfolgerungen zog, die im Widerspruch zu denen von McDonald's standen, hatte die Zusammenarbeit letztlich eine positive Wirkung. »Es kann keinen Zweifel daran geben, daß sich McDonald's Kooperationsbereitschaft günstig auf die Beziehung zu den Gesundheitsbehörden ausgewirkt hat«, erklärt Dr. Harris. »Und das hatte wiederum Einfluß auf den Tenor ihrer Berichterstattung.«

Aber die Episode mit der Viruserkrankung sollte nur ein relativ harmloses Vorspiel für eine Krise sein, die McDonald's am 18. Juli 1984 wie ein Keulenschlag traf. Um 17 Uhr 30 hatte Starmann anläßlich des Geburtstages seiner Frau Kathy einen Tisch in einem Chicagoer Nobelrestaurant bestellt. Sie saßen kaum, als der Ober ein Telefon brachte. Der Anrufer war der dreizehnjährige Sohn Starmann's, der in den Fernsehnachrichten einen Bericht von einer Schießerei in einem McDonald's-Restaurant in Kalifornien gesehen hatte.

Man sollte meinen, daß ein solches Ereignis nur für die Lokalpresse interessant ist, aber keine Krise darstellt, die eine Blitzreaktion des Konzerns erforderte. Aber nach wenigen Minuten kam ein zweiter Anruf – bei der Schießerei waren vier Menschen ums Leben gekommen. Nach weiteren Meldungen hatte sich die Zahl der Toten auf sechs, später auf acht erhöht.

Das war kein Fall mehr für die Lokalpresse. Noch bevor das Essen serviert wurde, stürzte Starmann aus dem Restaurant und fuhr umgehend in die Unternehmenszentrale in Oak Brook. Als er dort ankam, war die Zahl der Todesfälle weiter gestiegen. Starmann versuchte, sich über die Folgen dieses wohl blutigsten Massakers, in das ein amerikanischer Konzern je verwickelt war, klar zu werden. Ein Psychopath namens John Huberty hatte am Spätnachmittag das Mc-

Donald's-Lokal in San Ysidro betreten und wild mit seinem Karabiner um sich gefeuert. Bevor er von einem Scharfschützen der Polizei erschossen wurde, hatte er einundzwanzig unschuldige Menschen – McDonald's-Kunden, Angestellte und Passanten – getötet.

McDonald's war nie zuvor mit einem tragischeren Ereignis als dem konfrontiert worden, das sich in der armseligen Kleinstadt an der mexikanischen Grenze ereignet hatte. Dennoch leitete es spontan einen so umfangreichen Maßnahmenkatalog ein, als wäre es eine Organisation, die mit Katastrophenmeldungen vertraut ist. Sofort nach Ankunft in seinem Büro setzte sich Starmann mit Marketingdirektor Paul Schrage und Präsident Michael Quinlan in Verbindung. Schrage entschied, in den kommenden vier Tagen auf jegliche Medienwerbung zu verzichten, was Starmann den Reportern mitteilte, die auf eine Stellungnahme des Konzerns warteten. Am darauffolgenden Tag gab Starmann fünfzehn Stunden hintereinander eine Pressekonferenz und stellte sich am Abend desselben Tages einem Interview, das alle amerikanischen Fernsehstationen sendeten. Am nächsten Tag legte er zusammen mit Angehörigen des Topmanagements den Aktionskurs fest. Da Fred Turner sich zu dem Zeitpunkt außer Landes befand, entschied Quinlan, daß McDonald's eine Million Dollar in einen Spendenfond für die überlebenden Angehörigen der Opfer einzahlen sollte, den Joan Kroc am Vortrag gegründet und dem sie als erste 100 000 Dollar zur Verfügung gestellt hatte.

In derselben Nacht flog eine Gruppe von Topmanagern nach San Ysidro, um der Beerdigung von acht Opfern beizuwohnen. Auf dem Rückweg empfahl Starmann, die Verkaufsstelle zu schließen, aber der Rest der Gruppe hatte Bedenken, daß ein solcher Schritt als Eingeständnis einer Niederlage ausgelegt werden könne. Außerdem sähe das nach Effekthascherei aus, argumentierte man. Die McDonald's-Manager hatten, um jeglichen Vorwurf in dieser Richtung zu vermeiden, der Presse nicht einmal ihre Teilnahme am Begräbnis angekündigt.

Daß die Schließung des Restaurants eine endgültige Entscheidung blieb, wurde allen klar, als die Repräsentanten von McDonald's sich beim Begräbnis zeigten, mit den Angehörigen und dem Pfarrer der kleinen katholischen Gemeinde, Monsignore Francisco Aldesarro, sprachen. »Für die Stadt war das McDonald's-Restaurant eine Art Wallfahrtsstätte geworden. Die Leuten hatten dort Blumen und Kränze niedergelegt, Kerzen und Votivlichter brannten, und sie beteten«, erklärte Starmann. »Das Restaurant angesichts dieser Welle menschlicher Emotionen wiederzueröffnen, wäre absolut falsch gewesen.«

Ed Rensi traf die Entscheidung, daß das Restaurant endgültig und, ohne Aufsehen zu erregen, geschlossen werden sollte, um jeden Verdacht zu entkräften, McDonald's schlachte das tragische Ereignis zu einer Mediensensation aus. Deshalb gab Starmann dem Regionalmanager Steve Zdunek die Anweisung, die McDonald's-Schilder Montag morgens um drei Uhr in einer ›Nacht-und-Nebel-Aktion‹ zu entfernen, bevor die Presse Wind davon bekam. »Soll ich die Polizei davon informieren?« fragte Zdunek. »Um Himmels willen, nein«, meinte Starmann. »Von da sickern die meisten Informationen an die Presse durch.«

Fünf Wochen später, nach Gesprächen mit den kommunalen Behörden, schenkte McDonald's Grundstück und Gebäude der Stadt San Ysidro, die frei darüber verfügen konnte. Während der Krise, erklärte Vizepräsident Donald P. Horwitz, sei allen Unternehmensentscheidungen eines gemein gewesen: »Wir beschlossen, das zu tun, was wir als unsere moralische Pflicht betrachteten – gleichgültig, ob es vom juristischen, finanziellen oder kommunikationspolitischen Standpunkt aus gesehen korrekt, angemessen oder nur verständlich war. Wir fühlten uns moralisch verpflichtet, richtig zu handeln, ungeachtet der Tatsache, daß niemand weiß, was in einer solchen Situation richtig ist.«

Es steht außer Zweifel, daß McDonald's seine einstige Unsicherheit im Umgang mit der Öffentlichkeit abgelegt und die Konsequenzen seiner starken Präsenz zu tragen gelernt hatte. San Ysidro war ein tragisches Ereignis, bei dem McDonald's auf publicitywirksame Effekthascherei verzichtete, und die feinfühlige Haltung des Konzerns brachte ihm eine Flut positiver Leserzuschriften sowie großes Lob und Anerkennung seitens der Presse ein.

Auch die Einwohner von San Ysidro waren der Meinung, daß es McDonald's gelungen sei, eine klare Grenze zwischen Imagepflege und Würdigung einer der größten Tragödien in der Geschichte der Stadt zu ziehen. McDonald's hat in San Ysidro heute mehr Anhänger als je zuvor. Inzwischen gibt es dort wieder ein McDonald's-Lokal, nur drei Blocks vom alten entfernt, und wie sehr die Bewohner die Haltung des Konzerns respektieren, zeigt sich auch darin, daß der Umsatz des neuen Restaurants um ein Drittel höher ist wie bei dem früheren.

KAPITEL 16

Kontrolle und Gleichgewicht

So bedrohlich die öffentlich ausgetragenen Kontroversen auch waren, in die McDonald's während der 70er Jahre verwickelt wurde, der Konzern schien sie weit eher zu verkraften, als eine Herausforderung, die aus den eigenen Reihen stammte – von den Mitgliedern des Systems, die auf die ›McDonald's-Lokomotive‹ aufgesprungen waren – den Franchisenehmern.

Abgesehen davon, daß die drohende Gefahr größer war – sie kam auch völlig überraschend. Daß McDonald's ein gut sichtbares Angriffsziel bot, als es sich von einem kleinen Betrieb zu einem Mammutkonzern ›gemausert‹ hatte, war zu erwarten gewesen. Aber daß die Systempartner zu den ›Heckenschützen‹ zählen könnten, schien unvorstellbar. Mehr als jeder andere Franchisegeber hatte McDonald's es verstanden, die Franchisenehmer in das McDonald's Fast food-System einzubinden. Sie galten als gleichberechtigte Partner mit mehr als ausreichenden Möglichkeiten, ihre Kreativität zu entfalten.

Sie hatten ausgiebig vom Erfolg des Konzerns profitiert. Kein Unternehmen im gesamten US-Wirtschaftssystem hatte seinen Angehörigen solch immensen Wohlstand beschert. Mitte der 70er Jahre konnten die meisten Franchisenehmer einen Netto-Jahresgewinn von rund 100 000 Dollar pro Restaurant erzielen. Seit der Gründung hatte McDonald's Tausenden von Franchisenehmern, Lieferanten und Konzern-Managern zu einem Millionenvermögen verholfen. Nach Meinung Außenstehender kam ein Angriff der Franchisenehmer daher einem finanziellen Selbstmord gleich.

Aber die Hintergründe der Spannungen, die sich nun in

der Beziehung zwischen Franchisegeber und Franchisenehmern bemerkbar machten, waren weit komplexer. Die rund fünfzig Mitglieder der Franchisenehmergruppe, die sich zu einem organisierten Angriff auf McDonald's entschlossen, handelten aus den unterschiedlichsten Motiven. Die einzige Gemeinsamkeit war, daß sie nahezu ausnahmslos von dem kumulativen Effekt betroffen waren, den Fred Turners massives Expansionsprogramm auf das gesamte System hatte.

Diese Expansionspolitik hatte den Veteranen unter den McDonald's-Franchisenehmern einen Reichtum beschert, den sich keiner von ihnen je geträumt hätte. Ihre Gewinne hatten sie in mehrere Lizenzen investiert, die damals auf eine Laufzeit von zwanzig Jahren befristet waren. Da das Vertragsende näherrückte, sahen einige leistungsschwache Franchisenehmer offensichtlich ihre einzige Chance darin, McDonald's soviel Ärger zu bereiten, daß der Konzern sie *abfand*, bevor er sie *abschob*.

Während diese kleine Gruppe an der Oberfläche Schaum schlug, regte sich auch darunter bei vielen hundert Franchisenehmern Unzufriedenheit darüber, daß sie mehr und mehr den Kontakt zur Firmenleitung verloren.

Viele McDonald's-Veteranen empfanden Fred Turners Expansionsprogramm als persönliche Kränkung: sie hatten das Gefühl, nicht länger dem ›inneren Zirkel‹ um Kroc und Turner, oder dem kleinen Kreis der Fast food-Pioniere anzugehören, die das Unternehmen aufgebaut hatten. Die McDonald's Zentrale war aus der North LaSalle Street 221 in einen neuen achtstöckigen Bürokomplex nach Oak Brook, am Stadtrandgebiet von Chicago, verlegt worden. Der Mitarbeiterstab, der sich im Zuge der Expansion zwangsläufig vergrößert hatte, schuf bisher unbekannte bürokratische Barrieren zwischen Franchisenehmern und McDonald's Topmanagement. Vorher waren Kroc und Turner direkte Ansprechpartner gewesen, aber bei einer Schar von mehr als tausend Lizenznehmern ließen sich enge persönliche Beziehungen und Kontakte schwerlich aufrechterhalten. Nach Ansicht der Veteranen spitzte der Konzern die Situation noch dadurch zu, daß er mehr als hundert neue Franchisenehmer jährlich anwarb – ein Konzept, das heute noch Gültigkeit und den Sinn hat, das System zu verjüngen und mit neuer Energie und kreativen Ideen zu versorgen.

Mit der Einrichtung fünf neuer Verwaltungszentralen außerhalb Chicagos im Jahre 1965 änderten sich nicht nur die Organisationsstrukturen, sondern auch die Beziehungen zu den Franchisenehmern. Als Turner 1968 die Zuständigkeit für den Grundstückserwerb und die Eröffnung neuer Restaurants in die Hände regionaler Manager legte, die jünger und weniger erfahren waren im Umgang mit Franchisenehmern als die ›Männer der ersten Stunde‹, vertiefte sich der Riß. Das Wachstum der McOpCos – von 9 % im Jahre 1968 auf 31 % im Jahre 1975 – wurde primär durch den Rückkauf von Franchises ermöglicht und von manchen Franchsisenehmern als Bedrohung empfunden, die im System verbleiben wollten. Sie fürchteten, daß der Konzern den Rückkaufskurs beibehalten und damit sich vom Franchising abwenden würde.

Besonders problematisch waren die Umsatzeinbußen, den die bereits bestehenden Lokale durch die Eröffnung neuer McDonald's-Restaurants hinnehmen mußten. Während der 60er Jahre waren die USA Neuland für die Fast food-Branche, und die Marktwirkung neuer Verkaufsstellen war selten ein Thema. McDonald's expandierte damals nur in exklusiven Märkten mit einem Potential von mindestens 50 000 Kunden. Wenn ein Franchisenehmer hier scheiterte, war es seine eigene Schuld.

1975 änderte sich die Lage. Gerry Newman, Vizepräsident des Rechnungswesens, der die Bilanzen der Franchisenehmer besser als irgendein anderer kannte, schätzt, daß 30 % der neuen Lokale dem Umsatz bereits bestehender erheblich beeinträchtigten. Nicht jedermann bei McDonald's ist seiner Meinung; sie führen an, daß der Umsatz pro Restaurant zu der Zeit ein gesundes Wachstum zeigte, was zum Teil auch auf die Menüerweiterung zurückzuführen war. Trotzdem behauptete Newman, daß durch die massive Expansionspolitik bei etwa 5 % aller neuen Restaurants zumindest die nahe gelegenen bestehenden Lokale erhebliche Einbußen hatten.

Ein Ergebnis der massiven Expansion war – und das ist unbestritten –, daß die Entfremdung der Franchisenehmer von der Organisation, die Ray Kroc aufgebaut hatte, zunahm. »Hier ging es mehr um Einstellungen als um Fakten«, meinte Newman. »Aber die Franchisenehmer hatten das Gefühl, daß der Kommunikationsaustausch mit dem Topmanagement gelitten hatte. Der direkte Zugang zu Fred Turner und Ray Kroc war erschwert, und wenn sie versuchten, die Regionalmanager zu übergehen, sanken ihre Expansionschancen. Besorgniserregend war auch die zunehmende Anzahl der McOpCo. Viele Franchisenehmer sahen in McDonald's nicht nur den Franchisegeber oder Verpächter, sondern nun auch einen übermächtigen Konkurrenten. Die Spannungen begannen mit der Dezentralisierung, und sie wurden noch durch die rasante Erweiterung des Systems verschärft.«

Das Management wurde von der harschen Kritik aus den eigenen Reihen ebenso überrascht wie zuvor vom Stimmungsumschwung der Öffentlichkeit. Die Positionen verhärteten sich bei einer Tagung der Franchisenehmer in Atlanta, zu der Kroc, Turner und verschiedene Topmanager eingeladen waren. Oberflächlich gesehen ließ nichts den Verdacht aufkommen, daß es sich hier um den Beginn einer offenen Revolte handeln könnte. Kroc und Turner hatten sich schon früher mit Klagen über Umsatzeinbußen oder der zunehmenden Entfremdung vom Topmanagement auseinandersetzen müssen. Dieses Mal hatten die Franchisenehmer nicht signalisiert, daß das Meeting in Atlanta sich von anderen unterscheiden und eine letzte Gelegenheit sein sollte, die Differenzen zu bereinigen.

Kroc, Turner, Newman, Vizepräsident Ed Schmitt und Marketingdirektor Paul Schrage lehnten die Teilnahme ab. »Wir hatten früher an fast allen Tagungen teilgenommen, und immer liefen sie auf dasselbe hinaus«, meinte Fred Turner. McDonald's schickte zwar John Coons als Repräsentanten nach Atlanta, aber das Fehlen des restlichen Topmanagements war für die Franchisenehmer, laut Ed Schmitt, »ein Anzeichen, daß der Konzern ihren – wie sie glaubten, legitimen – Problemen gleichgültig gegenüberstand.«

McDonald's verpaßte damit die Gelegenheit, eine Revolte im Keim zu ersticken. In Atlanta begannen sich die Franchisenehmer zu organisieren. Sie beriefen eine Nachfolgekonferenz in Florida ein, wo ein Komitee ›gewählt‹ wurde, das mit Ray Kroc persönlich verhandeln sollte. Kroc war anfangs zu einem Gespräch bereit, unter der Voraussetzung, daß Bob Kinsley, ein Franchisenehmer aus Colorado, den Kroc für allzu aufrührerisch hielt, nicht dem Komitee angehörte. Die Franchisenehmer-Gruppe lehnte dieses Ansinnen ab, und das Gespräch kam nicht zustande. »Hätte Ray sich mit dem Komitee zusammengesetzt, würde es heute keinen McDonald's-Franchisenehmer-Verband geben«, meinte Don Conley, ehemaliger McDonald's-Franchisedirektor, der selbst zu den ›Dissidenten‹ zählte.

Der Verband wurde beim nächsten Meeting der abtrünnigen Franchisenehmer in Colorado, Mitte 1975, gegründet. Er verstand sich als unabhängige Franchisenehmer-Lobby, die es sich zur Aufgabe gemacht hatte, Beschlüsse des Konzerns durch organisierten Widerstand zu unterlaufen. Die McDonald's-Familie hielt den Atem an. Die Entwicklung deutete auf eine Konfrontation hin, die sich McDonald's am allerwenigsten leisten konnte – einen offenen Kampf gegen die eigenen Franchisenehmer.

Der McDonald's-Franchisenehmer-Verband (McDonald's Operators Association, kurz MOA) setzte sich nicht aus rebellischen ›Systemneulingen‹ zusammen: In ihren Reihen waren einige der ältesten und einflußreichsten Franchisenehmer zu finden. Don Conley, ehemaliger Franchisedirektor und mittlerweile Inhaber von vier McDonald's-Restaurants in Chicago, wurde zum Vorsitzenden gewählt, aber er war nach Meinung vieler nicht mehr als eine Galionsfigur. Als eigentliche Drahtzieher galten Richard Frankel, der 23 Lokale in North Carolina betrieb, und Max Cooper, McDonald's-Franchisenehmer und ehemaliger Partner des PR-Experten Al Golin. Die ersten MOA-Mitglieder stammten vornehmlich aus dem Südosten der USA; später stießen Franchisenehmer aus anderen Landesteilen dazu. Einer der ersten stellvertretenden Vorsitzenden des Verbandes war Ron Lopaty, der heute mit seiner

Familie 12 McDonald's-Restaurants in Kalifornien und 32 in Tennessee betreibt. Die MOA wies alle Merkmale einer Organisation auf, die sich auf eine lange Lebensdauer einrichtet: Sie hatte einen leitenden Vorsitzenden ernannt, der sich ausschließlich um die Interessen und Belange der Gruppe kümmerte, und gab monatlich erscheinende, achtseitige Infos für ihre Mitglieder heraus.

Schon im ersten Rundschreiben wurde deutlich, daß die MOA sich als ›Opposition‹ verstand. Ihre Grundsatzerklärungen standen eindeutig im Widerspruch zu den von Kroc aufgestellten Franchiseprinzipien. Unter anderem proklamierte man dort, daß die Franchisenehmer das Recht auf eine automatische Erneuerung ihrer Lizenzen nach Ablauf von zwanzig Jahren hätten; daß alle neuen Verkaufsstellen nur von Franchisenehmern übernommen werden durften, die im Umkreis bereits ein McDonald's-Restaurant betrieben; daß größere Investitionen zur Modernisierung der Verkaufsstellen statt wie bisher von den Franchisenehmern vom Konzern getätigt werden sollten; und daß neue Einheiten nur dann gebaut werden dürften, wenn damit kein merklicher Umsatzrückgang für die bereits vorhandenen verbunden war.

Im wesentlichen verlangte die MOA, daß die Entwicklung der McOpCo-Filialen und die Expansion des Franchisesystems generell mit sofortiger Wirkung gestoppt werden sollte. Statt der Rivalität in den eigenen Reihen forderte sie Wachstumsgarantien, lebenslange Franchiserechte und einen Schutz vor Wettbewerb. Kurz gesagt – sie wollten das zerstören, was die Stärke des McDonald's-Fundamentes ausmachte: das äußerst empfindliche System von Kontrolle und Gleichgewicht zwischen Konzernmanagement, Franchisenehmern und Lieferanten. Während der massiven, von Turner konzipierten Expansionsphase war das Pendel zweifellos zugunsten des Konzerns ausgeschlagen. Nun wollte die MOA ihr Gewicht in die Waagschale werfen, damit es kräftig zu ihrer Seite ausschlug.

Die Forderung der MOA widersprachen so eindeutig den McDonald's-Prinzipien, daß selbst heute noch umstritten ist, wie ernst die Herausforderung überhaupt zu nehmen war. Turner gehört zu der kleinen Zahl von Konzern-Managern, die ihre Bedeutung gering einschätzt. Er argumentiert, daß die MOA eine Minderheit von reichen, egozentrischen Franchisenehmern repräsentierte, die ihre Verkaufsstellen an den Konzern zurückgeben und mit nahezu erpresserischen Mitteln den Kaufpreis in die Höhe treiben wollten. Turner war darüber so erbost, daß er in seiner Rede anläßlich einer Franchisenehmer-Tagung im Jahre 1976 die McDonald's Operators Organization (MOA) mit sardonischem Spott in ›Millionaire Operators Organization‹ (Verband der Lizenznehmer-Millionäre) umbenannte.

Die meisten McDonald's-Manager teilten jedoch Ed Schmitts Meinung, die MOA hatte – auf der Höhe ihrer Macht – nur fünfzig Mitglieder, aber Schmitt vermutet, daß rund ein Drittel aller Franchisenehmer heimlich mit der MOA sympathisierte. Er glaubte außerdem, daß es den MOA-Mitgliedern und Sympathisanten um mehr als reine Opposition ging: daß sie sich vielmehr bemühten, eine maßgebliche Rolle in der Unternehmensführung zu spielen und McDonald's Autorität gegenüber seinen Franchisenehmern zu unterminieren. »Wenn die MOA damit Erfolg gehabt hätte, wäre das McDonald's-System zerbrochen«, erklärte Schmitt. »Selbst wenn die Gruppe nur einen Teilerfolg hätte verbuchen können, wären die Folgen für McDonald's katastrophal gewesen. Man sollte sich hüten, die Ereignisse zu unterschätzen: In der Zeit von 1968 bis 1975 hatte McDonald's ein dynamisches Wachstum zu verzeichnen; aber dieses Wachstum war auch der Nährboden für die wohl tiefste Spaltung, mit der wir je konfrontiert wurden.«

Wenn die Ziele der MOA so maßlos waren, warum nahmen dann Schmitt und andere McDonald's-Manager die Herausforderung überhaupt ernst? Tatsache ist, daß viele Anschuldigungen der MOA mehr als ein Körnchen Wahrheit enthielten. Zugegeben, viele MOA-Mitglieder benutzten den Verband für eigennützige Zwecke. Viele wußten, daß ihr Leistungsdefizit ihnen wenig Hoffnung auf eine Erneuerung der Franchises ließ. Für sie war die MOA ein willkommenes Mittel, um den Preis in die Höhe zu treiben, den Mc-Donald's zahlen würde, damit die Querulanten freiwillig gingen. Tatsache ist auch, daß McDonald's der wachsenden Krtik durch diese Abfindungen neue Nahrung gab.

Aber damit ist die eigentliche Frage nicht beantwortet. Selbst wenn die meisten Franchisenehmer eigennützige Motive hatten, so gab es dennoch Dutzende von loyalen Franchisenehmern,die berechtigten Grund zur Klage hatten. Die Hauptursache war die zunehmende Dezentralisierung. McDonald's hatte 1965 fünf regionale Verwaltungszentren eingerichtet, um den Entscheidungsprozeß marktbezogener zu gestalten. 1975 war die Zahl auf zwölf angewachsen – im gleichen Maß, wie Macht und Befugnisse der Regionalmanager. McDonald's hatte versäumt, entsprechend effektive Unternehmensstrukturen zu schaffen, um die Vorgänge in den einzelnen Regionen minuziös zu überwachen und bei unfairen oder willkürlichen Entscheidungen der Regionalmanager einzugreifen.

Manchen Regionalmanagern schien es wichtiger, die Zahl der Restaurants zu erhöhen, als die Gewinneinbußen der bereits bestehenden Restaurants durch die zunehmende Wettbewerbsverdichtung zu berücksichtigen. Andere zogen eindeutig die firmeneigenen McOpCo-Restaurants den franchisierten vor. »Viele Regionalmanager handelten nach dem Grundsatz, zunächst einmal ein firmeneigenes Lokal zu eröffnen, und erst, wenn der Erfolg ausblieb, einen Franchisenehmer dafür zu suchen«, erklärte Gerry Newman. »Sie haben die Warnsignale übersehen.«

Es gab keine Garantie dafür, daß Krocs und Turners Maxime der Fairneß von den Regionalmanagern und Grundstückssachbearbeitern gleichermaßen geachtet wurde. Einige Manager schien sich mehr oder weniger bewußt über die legitimen Interessen und Ansprüche der Franchisenehmer hinwegzusetzen, und die Franchisenehmer hatten kaum Möglichkeiten, sich gegen diese Willkür zu wehren. McDonald's hatte keine Regelung für einen formalen Einspruch seitens der Franchisenehmer getroffen, die sich z. B. durch die Entscheidung eines Regionalmanagers, in ihrer unmittelbaren Nähe ein neues Restaurant zu eröffnen oder einen Kandidaten von außerhalb eine Franchise zu erteilen, geschädigt fühlten. Die großen Gewinne im McDonald's-System machten die Franchisenehmer, die mehrere Verkaufsstellen leiteten, und viele Franchisenehmer beklagten sich, daß die Regionalmanager ihnen den Zugang zu dem Reichtum verwehrten, den McDonald's seinen Systempartnern versprach.

Außerdem hatte der Konzern es versäumt, empirisch Kriterien zu entwickeln, mit denen sich der potentielle Schaden für ein bestehendes Restaurant aufgrund einer neuen Einheit messen ließ und Anlaß zu begründeter Klage geben würde. Sein Interesse galt in erster Linie der Expansion, nicht dem Schutz seiner Franchisenehmer. »In dieser Periode des explosiven Wachstums wurde McDonald's zwangsläufig introvertierter«, erläuterte Ed Schmitt. »Wir hatten uns auf die Entwicklung der Unternehmensstrukturen, auf die Sicherung der Arbeitsplätze, auf die Ausbildung des Führungskräfte-Nachwuchses konzentriert und dabei den wichtigsten Faktor in unserem System vergessen – unsere Franchisenehmer.«

Mit wenigen Ausnahmen war die Verlagerung der Prioritäten eine natürliche Folge der Expansion, nicht der Versuch, die Franchisenehmer zu übervorteilen. Allerdings gab es auch Regionalmanager, deren Absichten nachweislich unlauter waren und gerade zu dem Zeitpunkt in den Brennpunkt des Interesses rückten, als sich die massiven Anschuldigungen der MOA gegen McDonald's häuften – was logischerweise dazu beitrug, ihnen eine gewisse Glaubwürdigkeit zu verleihen.

Beschuldigt wurde vor allem ein Regionalmanager in Südosten der USA, der unter falschem Namen Grundstücke erworben und mit einem beachtlichen Gewinn – der in die eigene Tasche wanderte – an McDonald's verkauft hatte. Der Käufer war zwar der Konzern, aber der eigentliche Geschädigte der Franchisenehmer, dessen Pachtzins sich nach dem Kaufpreis richtete, den die Kette gezahlt hatte. Da der Manager großes Verhandlungsgeschick besaß, konnte er den

Grundstückspreis drücken und die Immobilien mit einem Aufpreis von 10 bis 25 % weiterverkaufen, ohne Verdacht zu erregen. Erst als er zu gierig wurde und bis zu 100 % auf den ursprünglichen Kaufpreis aufschlug, begannen sich die Franchisenehmer zu beschweren. Ihr Einspruch wurde zwar von McDonald's geprüft, aber man fand zunächst nichts, was auf eine Ungesetzmäßigkeit hindeutete.

Als der Betrug dann schließlich doch aufgedeckt wurde, war der Schaden, den die Franchisenehmer im Südosten der USA erlitten hatten, nicht mehr gutzumachen. McDonald's fand heraus, daß der Manager bereits seit zehn Jahren als ›Mittelsmann‹ fungiert und sich dabei einen Gewinn von mehr als einer Million Dollar unrechtmäßig angeeignet hatte.

Der Grundstücksschwindel akzentuierte lediglich ein Führungsproblem, das McDonald's im Südosten schon zu lange ignoriert hatte. Es gab auch in anderen Regionen gelegentlich Auswüchse oder Fälle von Machtmißbrauch, aber dieser Regionalmanager hatte sich seit Anfang der 70er Jahre von Franchisenehmern, die Anträge auf weitere Franchisen stellten oder ein Leistungsdefizit aufwiesen, bestechen lassen. Als er durch einen neuen Regionalmanager ersetzt wurde, sahen sich die Franchisenehmer plötzlich einem Ansprechpartner gegenüber, der nicht bereit war, ihre Unzulänglichkeiten zu dulden. In Anbetracht dieser Krisensituation, die noch durch Bekanntwerden der Betrugsaffäre verstärkt wurde, ist es nicht verwunderlich, daß sich die MOA im Südosten etablieren und buchstäblich sämtliche Franchisenehmer der Region als Mitglieder gewinnen konnte.

In den übrigen Regionen waren die Führungsprobleme vielleicht weniger spektakulär, aber nicht minder gravierend. Die wohl negativste Auswirkung der Expansion war der Umstand, daß einige Regionalmanager die Franchisenehmer nicht mehr als selbständige Unternehmer, sondern vielmehr als McDonald's-Angestellte, oder schlimmstenfalls als Untergebene behandelten. Nirgendwo machte sich diese Einstellungsänderung stärker bemerkbar als bei McDonald's Außendienstberatern, die für die Überwachung und Kontrolle des Leistungsstandards in den einzelnen Verkaufsstellen verantwortlich und zu Recht der Stolz Fred Turners waren, der diese Funktion, die McDonald's einen klaren Vorteil vor der Konkurrenz einbrachte, geschaffen hatte.

Turner sah in der Aufgabenstellung seines Außendienstteams mehr als die Bewertung eines Restaurants nach den von ihm erarbeiteten Kriterien. Wichtig war für ihn vor allem der enge und regelmäßige Kontakt zu den Franchisenehmern und somit zu den individuellen Märkten, die der Schlüssel zum Erfolg des Konzerns waren. Der Außendienst holte sich Tips und Anregungen bei den erfahrenen Franchisenehmern und gab sie an die Branchenneulinge weiter. McDonald's Außendienst war eher eine Informationsaustausch-Zentrale, die für eine stete Leistungsverbesserung der Restaurants sorgte, als eine Kontrollinstanz.

Während der massiven Expansion beschränkte sich der Außendienst in manchen Regionen nun mehr auf seine Kontrollfunktion. Manche Mitarbeiter ließen die Franchisenehmer deutlich ihre Macht und Überlegenheit spüren. Das mochte teils daran liegen, daß der Konzern zwangsläufig seinen Mitarbeiterstab vergrößern und dabei auch auf Leute zurückgreifen mußte, die vorher keine beratenden Tätigkeit ausgeübt hatten und ihre Hauptaufgabe vornehmlich darin sahen, die Grilltemperaturen zu messen, die Verfallsdaten für die einzelnen Produkte zu bestimmen oder auf die Einhaltung der Hygienevorschriften zu achten.

Ed Rensi, heute Präsident von McDonald's USA, der seine Karriere in dieser Periode des ›Aufruhrs‹ als Außendienstberater in Ohio begann, spricht offen und selbstkritisch über diese Zeit. Er erinnert sich z. B. noch an einen Disput mit Lou Groen, dem legendären Franchisenehmer, der den Fischmäc kreiert hatte. Rensi gab Groen die schlechteste Note auf der Bewertungsskala, weil dieser eine neue Kasse, die von McDonald's nicht genehmigt worden war, aufgestellt und auch sonst einige kosmetische Veränderungen in seinem Restaurant durchgeführt hatte. Groen nahm Rensis Entscheidung nicht widerspruchslos hin, sondern brüllte den jungen Außendienstmitarbeiter an: »Wagen Sie nie wieder,

mit Ihrer verdammten Bürokratie meine Kreativität zu beschneiden.« Rensi gibt heute zu, daß die Standpauke wohl-
verdient war. »Ich war ein richtiger Autokrat, und das hatte
Lou weiß Gott nicht verdient. Von dem Tag an habe ich mir
ein Bein ausgerissen, um vor diesem Mann zu bestehen.«

Aber Rensi räumt auch ein, daß damals viele jüngere
Außendienstler ein ähnliches Verhalten an den Tag legten:
»Der Außendienst war damals eher kontraproduktiv. Wir
übten einfach Kritik an den Restaurants, anstatt zu sagen:
›Hier liegt das Problem, dort die Lösung, und jetzt versuchen
wir gemeinsam, das hinzubekommen.‹«

Als McDonald's das Problem in seiner ganzen Tragweite
erkannte, war der Riß schon nicht mehr zu kitten. Die MOA-
Mitglieder hatten vom Kongreß verlangt, die Gesetze zu ändern, die dem Franchisegeber erlaubten, nach Gutdünken
neue Franchisen zu erteilen oder alte auslaufen zu lassen.
Diese Forderung war nur der Anfang einer Reihe von
Rechtsstreitigkeiten, denen sich die Kette nun konfrontiert
sah. Die MOA und ihre Sympathisanten begannen, ihre Beschwerden nur mehr vor Gericht vorzubringen. Mitte der
70er Jahre waren rund ein halbes Dutzend Verfahren gegen
McDonald's anhängig – angestrengt von Franchisenehmern,
die die grundlegende Prinzipien des Systems anfochten, um
mehr Einfluß zu nehmen. Sie verlangten, daß gerichtlich geprüft würde, ob McDonald's das Recht hatte, Grundstücke
an seine Franchisenehmer zu verpachten, oder Franchisenehmern, die gegen den QSC-Standard verstoßen oder ein
Leistungsdefizit aufzuweisen hatten, eine Erneuerung der
Franchisen nach Ablauf der 20-Jahres-Frist zu verweigern.
Für McDonald's waren dies Forderungen, die sein Fundament zu erschüttern drohten. Wenn die Gerichte ihm diese
Rechte absprachen, wäre der Konzern nicht mehr das gewesen, was er war.

1975 befand sich McDonald's an einem Scheideweg. Es
mußte lernen, mit seinem Erfolg zu leben: das heißt, die im-
posante Größe des Franchisesystems im Griff zu behalten,
ohne seine fundamentalen Grundlagen zu unterminieren.
McDonald's beging in diesem Jahr seinen zwanzigsten Ge-

burtstag und hatte allen Grund zu feiern: 1975 waren die Gesamtumsätze trotz der Rezession um 28 % auf 2,5 Milliarden Dollar gestiegen. Aber es konnte den Triumph über seine Konkurrenten nicht genießen, weil die internen Streitigkeiten ein allgemeines Gefühl von Unbehagen verursachten. »Ich war ein armer Junge aus Ohio, der es dank McDonald's zu etwas brachte«, sagt Rensi. »McDonald's war meine Familie, und sie wurde vor meinen Augen auseinandergerissen, ohne daß ich etwas dagegen tun konnte.«

Wäre nicht Krocs Prinzip der Fairneß gegenüber den Systempartnern so fest verankert gewesen, hätten die McDonald's-Manager unter Umständen ungeschickter oder überhaupt nicht auf die Anklagen der Franchisenehmer reagiert. Aber Kroc hatte seit den 50er Jahren eine Unternehmensphilosophie geprägt, die im gesamten Franchising beispiellos war. Erst als die MOA den ›Aufstand probte‹, schlug das Konzern-Management mit aller Härte zurück.

McDonald's ging auf direkten Konfrontationskurs. Sobald sich die MOA-Mitglieder organisiert hatten, sprachen Schmitt und Turner persönlich mit jedem der zwanzig Anführer. Die meisten warfen dem Konzern in erster Linie die zunehmende Entfremdung zwischen Franchisenehmern und Konzern-Management vor. In der Aufbauphase war der Informationsfluß im System zwar informell, aber reibungslos verlaufen. Durch das explosive Wachstum waren die Informationskanäle überlastet. »Die Betreiber waren völlig verunsichert«, urteilte Schmitt, nachdem er sich ihre Beschwerden angehört hatte. »Sie fühlten sich ohnmächtig, auf die Entwicklung des Systems Einfluß zu nehmen.«

Schmitt und Kroc leiteten tiefgreifende Veränderungen ein, um das Gleichgewicht der Macht wiederherzustellen. Sie richteten neue Kommuniktionskanäle ein, die den Franchisenehmern einen direkterem Kontakt zum Konzernmanagement und eine effektivere Kontrolle über die Individualentscheidungen des Unternehmens erlaubten. Dieses Manöver war brillant: Schmitt verwandelte die Attacken der MOA in ein konstruktives Instrument, um den Franchisenehmern größere Machtbefugnisse zuzuspielen. Dieses Konzept deckte sich voll und ganz mit Ray Krocs Franchising-Zauberformel: je stärker die Franchisenehmer, desto stärker der Franchisegeber. Schmitts Reaktion war im Grunde nur eine Erweiterung der von Kroc entwickelten Unternehmensphilosophie.

Aber auch Schmitt konnte das einstige Gleichgewicht nicht wiederherstellen, ohne die Machtposition der McDonald's-Regionalmanager zu beschneiden, und das war ein äußerst gewagtes Ansinnen. Fred Turners Entschluß, die Entscheidungsfindung auf regionale Ebene zu verlagern, hatte der Kette enorme Wettbewerbsvorteile gegenüber der Fast food-Konkurrenz eingebracht, weil dadurch eine Marktnähe und Flexibilität gewährleistet wurde, die anderen Ketten fehlte. Die Regionalmanager waren nicht an die Unternehmensregeln gebunden, sofern diese ihren individuellen Märkten zuwiderliefen.

Als Folge davon hatten die meisten genausoviel Unternehmergeist und Erfindungsreichtum bewiesen wie die Franchisenehmer. Auch sie begannen, individuelle Marketing-Konzepte zu entwickeln und in ihren Bereichen in die Praxis umzusetzen: In Zusammenarbeit mit Paul Schrage hatte Jim Zien, ein ehemaliger Franchisenehmer, der inzwischen als Regionalmanager von McDonald's in San Diego tätig war, das erste Playland, ein Spielparadies für die Kinder, eingeführt; 1982 hatte Jim Klinefelter, Regionalmanager in Minneapolis, McSnack gegründet, ein Mini-McDonald's, das nur ein Zehntel des Raumes bedurfte, den konventionelle Restaurants benötigten und daher besonders in den Stadtzentren attraktiv waren; oder Larry Ingram, Regionalmanager in Dallas, der 1975 mit dem Bau des ersten Drive-thru* ein individuelles Marktbedürfnis befriedigte (eines der Restaurants, für die er verantwortlich war, lag in unmittelbarer Nähe des Luftwaffenstützpunktes Tinker AFB. Gemäß einer neuen Bestimmung war es den Soldaten verboten, in Zivilkleidung ein Lokal zu betreten). Als der Umsatz des Drive-

---

* Drive-in mit Verkaufsfenster, an dem die Kunden im Auto ihre Bestellung aufgeben und entgegennehmen

thru schon im ersten Jahr um mehr als 28 % stieg, erkannte McDonald's, daß sich dieses Konzept auch auf andere Märkte übertragen ließ. Heute bieten 90 % aller amerikanischen McDonald's-Restaurants diesen Extraservice an, der im Schnitt über 50 % ihrer Umsätze ausmacht.

Es konnte nicht in McDonald's Interesse liegen, durch eine Einschränkung der Autonomie das kreative Potential der Regionalmanager zu blockieren. Aber es mußte sich gegen die Auswüchse, die Anfang der 70er Jahre offenbar wurden, zur Wehr setzen. Das Leistungsniveau der Franchisenehmer unterlag strengster Überwachung, das der Regionalmanager war unzureichend überprüfbar. Und da die einzelnen Verkaufsregionen rasant wuchsen, mußten man zunehmend auf jüngere, unerfahrenere Kandidaten zurückgreifen. Die Konflikte zwischen Franchise-Veteranen und Führungsnachwuchs auf regionaler Ebene waren vorgezeichnet. »Das Topmanagement hatte keine Ahnung, was in den einzelnen Regionen vor sich ging«, meinte Michael Quinlan. »Zum Teil lag das wohl auch daran, daß es zuwenig Spitzenmanager in der Führungsetage bei McDonald's gab, und die Regionalmanager sie über ihre Tätigkeit aufzuklären versäumten. Sie bezogen weder uns noch die Franchisenehmer in ihre Entscheidungsprozesse ein. Sie hatten eine steile Karriere gemacht und führten nun ein autokratisches Regime.«

Quinlan war mit dem karrierefördernden McDonald's-Milieu bestens vertraut. 1963 hatte June Martino dem vielversprechenden jungen Mann und Kommilitonen ihres Sohnes John einen Teilzeitjob als Botenjunge und Lagerarbeiter vermittelt, mit dem er sein Studium finanzierte. 1968, mit 23 Jahren, bewarb er sich um eine Vollzeit-Anstellung bei McDonald's und wurde in Ed Schmitts Region – Chicago – eingesetzt. Schmitt war von Quinlan beeindruckt und förderte den jungen Mann nach besten Kräften. Er machte innerhalb von zehn Jahren eine steile Karriere: Verwaltungsassistent, stellvertretender Filialleiter, danach Außendienstberater, Außendienstleiter über fünf McOpCo-Filialen und schließlich Gebietsleiter von St. Louis. 1973 übernahm er die größte

McDonald's-Region, Washington, D.C., mit 360 Verkaufsstellen. Quinlan war zu diesem Zeitpunkt erst 28 Jahre alt und verantwortlich für rund ein Achtel aller McDonald's-Restaurants.

Trotz seiner Jugend wurde er von allen respektiert. Während seiner Zeit als Regionalmanager in Washington hatte er den Bau und die Lizenzvergabe von 210 neuen Restaurants völlig eigenständig abgewickelt. Erst fünfzehn Monate nach Antritt seiner neuen Stellung suchte ihn einer der langjährigen Konzernmanager auf. Wie die übrigen Regionalmanager, so hatte auch Quinlan in seiner Domäne absolute Autorität. »Es gab kein formales Instrument, um die Entscheidungs- und Führungsfähigkeiten eines Regionalmanagers zu überprüfen«, erklärte er. »Solange man im Hauptquartier Oak Brook keine gravierenden Fehler in der regionalen Lizenzpolitik fand, hatten wir absolute ›Narrenfreiheit‹, ob es den Franchisenehmern paßte oder nicht.«

McDonald's reagierte auf die Herausforderung der MOA mit der Einrichtung einer zusätzlichen Kontrollinstanz, um eventuelle Exzesse zu verhindern, ohne die Kreativität der Regionalmanager einzuschränken. Der Konzern schuf die Position eines Gebietsmanagers, der das Leistungsniveau von fünf Regionen zu überwachen hatte. Das Training der Außendienstmitarbeiter wurde entscheidend verbessert und ihr Aufgabenbereich wieder als beratende Tätigkeit und nicht als Kontrollfunktion umschrieben. Obwohl sie auch heute noch einmal jährlich eine ›große Inspektion‹ vornehmen und die Leistungen der einzelnen Verkaufsstellen nach einem spezifischen Punktesystem messen, wurden die Bewertungskriterien klarer definiert und dadurch objektivere Beurteilungen ermöglicht.

Schmitt, der die Strategien im Kampf gegen die MOA festlegte, hatte erkannt, daß nicht eine Schwächung des Managements auf regionaler Ebene das Gleichgewicht der Macht wiederherstellen konnte, sondern vielmehr eine engere Beziehung zwischen Konzern und Franchisenehmern. Sie brauchten, laut Schmitt, sowohl kollektive als auch individuelle Mechanismen, die für einen Machtausgleich sorgten.

Als kollektives Kontrollinstrument sollte ein von Turner ins Leben gerufenes Beratergremium dienen, das sich aus Franchisenehmern zusammensetzte und bei unternehmenspolitischen Entscheidungen die Franchisenehmerseite repäsentierte. Schmitts Version des National Operators Advisory Board (NOAB) ähnelte dem von Turner gegründeten, mit der Ausnahme, daß nunmehr zwei Repräsentanten aus jeder Region von den Franchisenehmern *gewählt* anstatt vom Konzern bestimmt wurden. Obwohl es bei allen Entscheidungen, die die Beziehungen zwischen Konzernmanagement und Franchisenehmern betrafen, nur eine beratende Funktion hatte, ließ sich sein Standpunkt nicht einfach ignorieren. Es wäre durchaus in der Lage gewesen, seine Macht auszuspielen. Als Präsident Fred Turner Schmitts Vorschlag akzeptierte, war McDonald's das erste Unternehmen, das die ›natürliche Ordnung‹ des Franchisesystems auf den Kopf stellte: Es gab seinen Franchisenehmern die Macht zurück.

Der neue Kurs in der Franchisingpolitik – sich nunmehr stärker als bisher an den individuellen Wünschen und Bedürfnissen der Lizenznehmern zu orientieren – wurde von Ray Kroc initiiert und ging auf ein Konzept der skandinavischen Herrscherdynastien zurück, das sich bis in das 3. Jahrhundert n. Chr. zurückdatieren läßt. Die Könige von Schweden, Norwegen und Dänemark hatten Berater, die sogenannten Ombudsmen, die die bürgerlichen Freiheiten des Volkes vor der Willkür der königlichen Minister schützten. Im McDonald's-System sollten die Ombudsmen als neutrale dritte Partei fungieren, die Beschwerden seitens der Franchisenehmer über willkürliche Entscheidungen des Regionalmanagements – vor allem bei der Vergabe neuer Franchisen – und des damit verbundenen Umsatzrückganges – prüften.

Dem NOAB und den Ombudsmen ist zu verdanken, daß die Revolte der MOA im Keim erstickt wurde. Sie sind bis heute ein Charakteristikum der McDonald's-Franchisepolitik geblieben. Von Anfang an war klar, daß der NOAB mit den Franchisenehmern, nicht dem Konzern ›paktierte‹, was sich schon daran zeigte, daß man als ersten Vorsitzenden des Beratergremiums Art Korf wählte, einen Franchisenehmer, der zu den führenden Köpfen und Organisatoren der MOA gehört hatte.

Der NOAB beschleunigte die Veränderungsprozesse im McDonald's-Konzern. Dieser hatte zwar schon erste Reaktionen auf die MOA-Beschwerden gezeigt, aber der NOAB drängte zu noch umfangreicheren korrigierenden Maßnahmen. Er spielte u. a. eine Schlüsselrolle bei den Reformen im Außendienstbereich, sorgte für mehr Transparenz in der Expansionspolitik des Konzerns, für klarere Prognosen bezüglich der Wachstumschancen der einzelnen Verkaufsstellen und für eine objektive Beurteilung der Umsatzentwicklung bei zunehmender Dichte der Verkaufspunkte. »Sie machten uns ganz schön zu schaffen«, sagt Quinlan, »aber es kam McDonald's zugute.«

Und, was noch wichtiger war, der NOAB schritt auch nur bei dem leisesten Anzeichen einer Autoritätsanmaßung seitens des Konzerns zur Tat. 1979 hatte McDonald's z. B. mit den sogenannten ›Kompaktverträgen‹ neue Franchise-Abkommen eingeführt, die keine subjektive Deutung der Lizenzbedingungen mehr zuließen. Allerdings war sich das Topmanagement von McDonald's wohl nicht bewußt, welchen Zündstoff es damit lieferte.

Als der NOAB darauf aufmerksam wurde, begann sich der Funke zu entzünden. Das Gremium war mit vielen Punkten der neuen Franchiseregelung nicht einverstanden und bereit, die Differenzen notfalls auch vor Gericht auszutragen. Die Lizenznehmer wurden aufgerufen, mit 50 Dollar pro Lokal die ›Kriegskasse‹ zu füllen, und innerhalb weniger Wochen wurden mit den 100 000 Dollar, die zusammenkamen, die besten Anwälte des Landes engagiert. Man ließ keinen Zweifel aufkommen, daß dies nur das Vorspiel war. McDonald's zeigte sich daraufhin versöhnlich: die neuen Franchiseverträge wurden wieder außer Kraft gesetzt.

Während der NOAB die kollektiven Rechte der Franchisenehmer schützte, wachten die Ombudsmen nicht minder effektiv über die individuellen. Im Laufe der Zeit galten ihre Empfehlungen bei Streitigkeiten zwischen einem Franchisenehmer und dem Konzern nahezu als ›Evangelium‹, nicht nur in Franchisenehmerkreisen, sondern auch im Mc-Donald's-Management, das in keiner Weise verpflichtet ist, ihnen Folge zu leisten. Gerade hierin spiegelt sich der Tribut wider, den McDonald's der ›Mittlerrolle‹ im allgemeinen und dem Mann im besonderen zollte, der sie als einer der ersten bekleidete und ihr durch seine absolute Neutralität allgemein Anerkennung verschaffte: John Cooke.

Cooke hatte bei McDonald's schon diverse Positionen bekleidet, die großes Fingerspitzengefühl erforderten. Als Leiter des Ausschusses, der Ende der 60er, Anfang der 70er Jahre für die Arbeitgeber-Arbeitnehmer-Beziehungen zuständig war, hatte Cooke ausgezeichnete Kontakte zu den lokalen Gewerkschaften, die wiederholt versucht hatten, die Arbeitnehmerschaft in den McDonald's-Lokalen zu organisieren. Theoretisch gesehen bestand Cookes Aufgabe im Kommunikationsaustausch mit den gewerkschaftlich organisierten McDonald's-Mitarbeitern – sie über die Arbeit der Gewerkschaften zu informieren und auf ihre Sorgen und Nöte zu reagieren.

Praktisch war er jedoch eher geneigt, die Gewerkschaften herauszuhalten. McDonald's verstand sich als innovatives Unternehmen, und nach Cookes Meinung war nichts der Kreativität abträglicher als die Einflußnahme der Arbeitnehmerverbände. »Die Gewerkschaften haben kein Verständnis für unsere Ziele. Sie sorgten dafür, daß bei den Arbeitnehmern erst gar keine Motivation aufkommt. Und sie hämmern ihren Mitgliedern ein, daß der Boß ihren Interessen grundsätzlich zuwiderhandelt.«

Cookes Abneigung gegen die Gewerkschaften ging so weit, daß er zum ›organisierten Widerstand‹ aufrief: Er gründete die sogenannte Fliegende Truppe, eine Gruppe von McDonald's-Managern, die immer dann in den einzelnen Restaurants auftauchte, wenn die Gegenseite aktiv zu werden drohte. Er schulte die Geschäftsführer im Umgang mit Gewerkschaftsangehörigen und -funktionären. Er sorgte dafür, daß der Außendienst prompt auf die Klagen von Angestellten reagierte. Als die Gewerkschaften beispielsweise in San Francisco vor einem McDonald's-Restaurant Streik-

posten aufstellten, um den Lebensmittelnachschub zu blok-
kieren, suchte die Cookes-Truppe nach alternativen Versor-
gungswegen.

Cooke gab den Gewerkschaften nicht die mindesten Erfolgschancen, und schließlich kamen sie zu der Einsicht, daß
McDonald's kein lohnendes Ziel darstellte. Alles in allem
vierhundert Versuche, die Anfang der 70er Jahre verstärkt
unternommen wurden, schlugen fehl – mit dem Ergebnis,
daß heute kein einziges, der McDonald's-Restaurants in den
USA gewerkschaftlich organisiert ist.

Die Funktion des Ombudsmannes erforderte von Cooke
ähnliches Geschick und Fingerspitzengefühl. Wenn sich
Franchisenehmer an ihn wenden, weil ihr Umsatz durch
neu eröffnete Lokale merklich einbricht, muß er zwischen
den ›Rivalen‹ schlichten und oft unliebsame Entscheidungen
treffen. In solchen Situationen ist fast immer er der Verlierer, aber seine Entscheidungen werden von den Franchisenehmern fast ausnahmslos akzeptiert und selten von Mc-
Donald's höchster Entscheidungsinstanz – dem Unterneh-
menspräsidenten – verworfen, auch wenn sie für den Konzern nicht verbindlich sind.

Das mag daran liegen, daß niemand an seiner Neutralität
zweifelt, auch wenn er ein Angestellter von McDonald's ist.
Er recherchiert gewissenhaft und vor Ort und zieht dabei
oftmals Franchisenehmer aus anderen Märkten hinzu. Seine
Empfehlung, die selten weniger als vierzig Seiten umfaßt,
liest sich wie die Urteilsbegründung seines Gerichtshofes.

Er ergreift weder Partei für die Franchisenehmer noch für
den Konzern. Er weigert sich, die Untersuchungsergebnisse
mit den McDonald's-Managern zu diskutieren. Niemand
weiß, wie oft er für oder wider den einen oder anderen
Kontrahenten entschieden hat. »Weder Fred Turner noch Ed
Schmitt haben mich je über einen Fall befragt. Dafür bin ich
sehr dankbar, denn das erspart mir die Antwort, daß es sie
nichts angeht.«

Nicht alle Maßnahmen, mit denen man die Vorwürfe der
MOA entkräftete, wurden von Turner oder Schmitt ausgearbeitet. Während Schmitt sich auf organisatorische Verände-

rungen konzentrierte, die zu einer Umverteilung der Macht zugunsten der Franchisenehmer führten, befaßten sich andere Konzernmanager mit den wirtschaftlichen Hintergründen der Unruhen, die seitens der Franchisenehmer aufgetreten waren und von denen die MOA profitiert hatte. Besonders effektive Gegenmaßnahmen leitete Gerry Newman ein, der sich 1975 an ›vorderste Front‹ begab und die einzelnen Regionalbüros persönlich aufsuchte, um sich über die Zustände zu informieren. Die Mammutsitzungen begannen meistens um 7 Uhr morgens und endeten, ohne Mittagspause, selten vor Mitternacht. Jeder Franchisenehmer, der Beschwerden vorzutragen hatte, erhielt eine ›Privataudienz‹ bei Newman.

Bei den meisten Klagen handelte es sich um die Umsatzeinbuße bei älteren Restaurants, die durch neue Lokale entstanden war. In mehr als zwei Drittel aller Fälle konnte Newman eine zufriedenstellende Lösung anbieten. Manchmal war das nicht mehr als ein Mietnachlaß. McDonald's hatte schon in den 60er Jahren einigen wenigen Franchisenehmern diese Vergünstigung gewährt. Aber Mitte der 70er Jahre war die Zahl derer, die minimale Erträge erwirtschafteten, Verluste hinnehmen mußten oder ihr volles Umsatzpotential noch nicht ausschöpfen konnte, gestiegen. Deshalb hatte McDonald's 1975, als die MOA gegründet wurde, mehr als 300 Franchisenehmer zeitweilig Mietnachlässe zugebilligt und in dieses Projekt insgesamt fünf Millionen Dollar investiert.

Diese Lösung war zwar eine temporäre Erleichterung für die betroffenen Lokale, hatte aber keinen Einfluß auf eine positive Umsatzentwicklung. Deshalb konzipierte Newman ein kapitalintensives Marktentwicklungsprogramm, zu dem z.B. die Einführung des Drive-thru-Service oder des Ronald-McDonald-Spielparadieses gehörten.

Newmans Programm brachte für die betroffenen Franchisenehmer keine finanzielle Belastung mit sich. Normalerweise hatten sie die Kosten für die Modernisierung der Verkaufsstellen zu tragen. Aber McDonald's gewährte den Finanzschwachen einen Kredit in Höhe von 50 000 Dollar für die Umbauten, und wenn es den Franchisenehmern nicht gelang, ihren Umsatz innerhalb von zwei Jahren auf 150 000 Dollar zu erhöhen, brauchten sie das Darlehen nicht zurückzuzahlen.

Während des ersten Jahres nutzten ca. 225 Franchisenehmer dieses Finanzierungsprogramm, das Newman-Texas-150 genannt wurde, weil viele der Kreditnehmer aus Texas stammten, wo der Markteintritt für McDonald's sehr schwierig war. Als Ende der 50er Jahre eines der wenigen Lokale in Dallas seine Pforten schloß, erklärte Harry Sonneborn, daß sich die Kette für einige Zeit ganz aus diesem Markt zurückziehen wolle. Als sie Ende der 60er Jahre dort erneut Fuß zu fassen versuchte, wurde sie mit Problemen anderer Art konfrontiert, beispielsweise einer Anordnung des Gerichtes, den Namen McDonald's erst dann zu führen, wenn sie die Rechte dafür von einer lokalen Drive-in-Kette namens George McDonald gekauft hatte. Zu dieser Zeit, als McDonald's in diesem Bundesstaat zu expandieren begann, galt Texas als Hochburg von Burger King, und vermutlich hätten sich nur wenige McDonald's Franchisenehmer ohne Newmans Programm gegen die übermächtige Konkurrenz behaupten können.

Diese Kredite wurden allen umsatz- und finanzschwachen Franchisenehmern – nicht nur MOA-Mitgliedern –, und zwar auf Newmans Initiative hin, nicht aufgrund einer neuen Unternehmensstrategie, gewährt. Die Hilfsmaßnahme war ganz im Sinne von Krocs und Turners Führungsstil, die sich schon immer über Organisationsschemata hinweggesetzt und Eigeninitiative und gegenseitige Hilfeleistungen gefördert hatten. Merkwürdigerweise entstand dadurch kein Kompetenzgerangel, was offensichtlich darauf zurückzuführen war, daß die Manager das Grundprinzip der Zuständigkeiten bei McDonald's verstanden hatten: Die Macht liegt bei dem, der sie ergreift. Deshalb war es Newman, dem Leiter des Rechnungswesens, auch gelungen, eine Lücke zu füllen und sich als Spezialist in Lizenzfragen, als Marketingexperte für Playlands und als Finanzberater für die umsatzschwachen McDonald's-Lokale zu profilieren.

Das ›Newman-Texas-150‹-Hilfsprogramm wurde keineswegs außer Kraft gesetzt, als die MOA-Revolte im Abklingen begriffen war. Es fand so großen Anklang, daß es heute noch zu McDonald's Franchisepaket gehört. Während der vergangenen zehn Jahre hat Newman dafür gesorgt, daß mehr als tausend Franchisenehmer ihre Ronald-McDonald-Spielecken einrichten. In fast allen Fällen war eine Umsatzsteigerung um 150 000 Dollar in zwei Jahren zu verzeichnen, was den Franchisenehmern ermöglichte, ihren Kredit zurückzuzahlen.

Newmans Investition zahlte sich aus. Mit seinem Programm konnten mehr als 400 Lokale saniert und die Kosten, die McDonald's durch Mieterlässe entstanden waren, reduziert werden. Krocs Konzeption von der Interdependenz der Systempartner hatte sich wieder einmal als Zauberformel erwiesen. Durch die Stärkung seiner finanzschwachen Franchisenehmer trat eine Umsatzbelebung ein, die sich auch auf die von McDonald's erhobenen Franchisegebühren und Mieteinnahmen (in Höhe von 11,5 % des Umsatzes) auswirkten. Als Newman feststellte, daß der Umsatz der Verkaufsstellen, die ein Playland eingerichtet hatten, innerhalb weniger Monate um 15 % bis 35 % anstieg, wurde die Novität weltweit von 4900 der insgesamt 14 000 Restaurants übernommen.

Daß sich McDonald's nunmehr stärker für seine umsatzschwachen Systempartner engagierte, war nur Teil der Kursänderung, mit der die Kette auf die Klagen der Franchisenehmer reagierte. McDonald's überließ es nicht nur Männern wie Newman, Abhilfe zu schaffen, sondern versuchte selbst, das Gleichgewicht wieder herzustellen und die Beziehungen zwischen Franchisegebern und Franchisenehmern zu verbessern. Zum Beispiel revidierte das Unternehmen seine Expansionspolitik mit Hilfe einer sorgfältigeren Standortwahl – um Umsatzeinbrüche durch neue Lokale zu vermeiden – und Maßnahmen, die subjektive und auf Beziehungen beruhende Vergaben von Franchisen weitgehend ausschlossen.

Zum erstenmal stellte McDonald's klar die Kriterien heraus, die für eine Expansion einzelner Franchisenehmer zugrunde gelegt wurden. Chancen auf weitere Lizenzen hatte nur derjenige, der bei QSC-Bewertung mindestens die Note B erreichen konnte. Außerdem waren ausreichende finanzielle Ressourcen, Führungsqualitäten, soziales Engagement und Kooperationsbereitschaft gegenüber dem Konzern und anderen Franchisenehmern Voraussetzung. Franchisenehmer und Regionalmanager trafen sich von nun an einmal im Jahr, um über das individuelle Leistungsniveau und die Expansionschancen zu sprechen. Bestand ein Leistungsdefizit, erklärte man dem Franchisenehmer im einzelnen, wie er Abhilfe schaffen könne, um als ›expansionswürdig‹ zu gelten.

Um Vorwürfe zu entkräften, daß die Regionalmanager weitere Lizenzen versprachen und sich dann nicht an ihre Zusagen hielten, verlangte Schmitt vom Regionalmanagement eine schriftliche Bestätigung der Zusage oder Verzicht darauf. Außerdem sollten die Franchisenehmer einen Jahresbericht erhalten, in dem das Expansionsprogramm für die folgenden drei Jahre aufgeführt war. Man garantierte ihnen ein Mitspracherecht bei der Wahl neuer Standorte und versprach, bei der Vergabe neuer Lizenzen besonders diejenigen zu berücksichtigen, die durch die Expansion Umsatzeinbußen erlitten hatten.

Die neuen Wachstumsstrategien erforderten umfassendere Umsatzanalysen und -prognosen für neue wie alte Restaurants. Bis Mitte der 70er Jahre beruhten McDonald's Informationen vornehmlich auf Statistiken über Bevölkerungsdichte und Verkehrsaufkommen im Umkreis der Lokale.

Diese Studien erwiesen sich für eine korrekte Umsatzprognose oft als unzulänglich. Zum Beispiel wurden anfangs Standorte an Hauptverkehrsstraßen, die beispielsweise zum Flughafen führten, bevorzugt. Diese Restaurants erfüllten in der Regel nicht die Umsatzerwartungen, weil Menschen auf dem Weg zum Flughafen selten Zeit haben, noch schnell bei McDonald's einzukehren. Und wenn man sich bei der Standortwahl vornehmlich an der Bevölkerungsdichte orientierte, bleiben die dünnbesiedelten Gebiete, obwohl auch dort Kunden vorhanden waren, unberücksichtigt.

Die gängigen Methoden der Marktanalyse gaben auch keinen Aufschluß über das Erfolgspotential eines neuen Lokals in gesättigten Märkten (wobei man den Wendepunkt in der Umsatzkurve bei ca. 50 000 Konsumenten ansetzte). Anfang der 70er Jahre hatte McDonald's bereits bewiesen, daß sich selbst in Märkten, die als gesättigt galten, ein Marktpotential abschichten ließ. Dabei blieb allerdings die Frage offen: Wann war der Sättigungspunkt in Märkten mit einem Käuferpotential von weniger als 50 000 erreicht?

Das Problem der Standortwahl war schon einige Jahre, bevor die MOA darauf aufmerksam machte, von McDonald's erkannt worden, und zwar nicht von der Grundstücksabteilung, die eigentlich dafür zuständig gewesen wäre, sondern von Marketing-Direktor Paul Schrage. Ebenso wie Newman hatte Schrage eine Schwachstelle im System erkannt und die Frage: »Steuert McDonald's auf den Marktsättigungspunkt zu?« zu beantworten versucht.

Einige Wall-Street-Experten waren schon seit geraumer Zeit zu dieser Schlußfolgerung gelangt, jedoch ohne ihre Vermutungen durch konkrete Marktforschungsergebnisse belegen zu können. Schrage stellte innerhalb der Marketingabteilung ein Team zusammen, das nach wissenschaftlichen Methoden das Erfolgspotential neuer Lokale analysierte. Statistische Analysen waren in der Fast food-Branche damals unbekannt, aber die Projektgruppe führte bald Marktuntersuchungen durch, die denen der großen Supermarktketten ähnelten. Sie führten demoskopische Studien anhand standardisierter Interviews durch, mit denen sich die Infra- und Marktstruktur im Umkreis eines neuen Restaurants bestimmen ließ. Diese Informationen dienten dazu, Marktnischen zu entdecken und neue Verkaufsstellen dort anzusiedeln, wo nicht mit markanten Umsatzeinbrüchen bereits bestehender McDonald's zu rechnen war. Die Regionalmanager, die sich bei der Wahl der Standorte einzig auf ihren Instinkt verlassen hatten, wehrten sich anfangs gegen die neuen Methoden. Als die MOA-Kampagnen das Thema Umsatzrückgang in den Brennpunkt des Interesses rückten, brach der Widerstand jedoch zusammen. Heute ist die empirische Marktforschung bei McDonald's etwas Alltägliches. Überraschend war, daß sich gerade die

Märkte, in denen McDonald's mengenmäßiger Marktanteil am größten war, als besonders aufnahmefähig erwiesen hatten. Als sich allerdings die Beschwerden über Umsatzeinbußen durch neue Restaurants zu häufen begannen, mußte Jim Rand, Direktor der Marketing-Abteilung, nach einer neuen, wirksameren Methode als die bisher praktizierte ›Census-Methode‹ suchen.

Sollte McDonald's an seiner aggressiven Expansionspolitik festhalten, waren detailliertere Standortanalysen und umfassendere statistische Erhebungen vor Ort notwendig. Rand konzipierte ein neues Erhebungsverfahren, das zu den ›Market-Survey-Methoden‹ zählt und nicht nur Fragen nach dem Wohnort, sondern auch nach dem Aufenthaltsort der Kunden vor bzw. nach dem Besuch eines McDonald's-Restaurants enthielt. Rand faßte die Daten auch nach Art der Cluster-Analysen zu bestimmten Gruppen mit gemeinsamen Merkmalsausprägungen zusammen und führte sogar Kundenfrequenzanalysen durch, bei denen die quantitativen demographischen oder soziographischen Merkmale der Personenbewegungen in einem Verkaufspunkt gemessen werden, sowie Verfahren, um die Auswirkung von nahegelegenen Schulen, Büros und Einkaufszentren auf Kundenstromdichte und -geschwindigkeit zu ermitteln.

Rands Version der Stichprobenerhebung, von Insidern ›Abstecher-Erhebung‹ genannt, war eindeutig informativer als alle damals gängigen Erhebungsmethoden im Einzelhandel. Mit diesen Informationen ließen sich Karten anfertigen, auf denen die verschiedenen Kundensegmente farbig markiert waren und eine grafische Darstellung der jeweiligen Umsätze ermöglichten. So konnte man die Geheimnisse jedes McDonald's-Restaurants – zumindest was die Standortwahl betraf – ergründen. Anhand der Karte ließ sich feststellen, wie viele Kunden beispielsweise aus einem Wohngebiet innerhalb eines Drei-Meilen-Radius ihr Geld bei McDonald's ausgaben, wie viele einen Einkaufsbummel mit einem Abstecher zu McDonald's verbanden und wie viele Kunden aus den nahegelegenen Büros McDonald's-Lokale frequentierten.

Mit der Stichprobenerhebung ließ sich vor allem herausfinden, wieviel Umsatz ein neues McDonald's von einem bestehenden Restaurant in derselben Gegend ›abschöpfen‹ würde. Rand und seine Mitarbeiter konnten nun relativ exakt vorhersagen, daß beispielsweise ein Lokal an Standort A einem anderen an Standort B 150 000 Dollar wegnehmen würde – und jenen an den Standorten B und C vielleicht noch einmal 75 000 bis 100 000 Dollar. Mit Hilfe dieser detaillierten Prognosen verhalfen in den späten 70er Jahren McDonald's Regionalmanager expandierfreudigen Betreibern, denen andere McDonald's das Geschäft wegnahmen, zu neuen Restaurants.

Das neue Erhebungsverfahren vergrößerte nicht nur den Informationswert, sondern verringerte auch die Zahl der umsatzgeschädigten Restaurants durch eine geschicktere Standortwahl. McDonald's begann sich zu einem Standortanalyse-Experten zu entwickeln und bewies den Skeptikern in Wall Street, daß die Unkenrufe von der Marktsättigung nichts als Panikmache waren. Dank der neuen Marktforschungstechniken sank die erforderliche Mindestbevölkerungszahl pro Ladengeschäft in den meistbesuchten McDonald's-Restaurants von 50 000 Anfang der 70er Jahre auf 25 000 am Ende des Jahrzehntes. Heute liegt sie zwischen 10 000 und 20 000. In Chicago sind z. B. sechs McDonald's-Lokale in engster Nachbarschaft angesiedelt: eines in einem Hochhaus am Water Tower Place, in dem sich ein Einkaufscenter befindet, eines in einem Apartment-Hochhaus nur sechs Häuserblocks entfernt, und drei weitere, die genau dazwischen liegen.

Wann ist für McDonald's die endgültige Marktsättigungsphase erreicht? Ed Schmitt schockiert die Fragesteller gerne mit der Information, daß es in den USA immer noch mehr General-Motors-Händler als McDonald's-Restaurants gebe. Er erklärt, von Marktsättigung könne nicht die Rede sein, solange der marktführende Autohersteller mehr Verkaufspunkte vorzuweisen habe als der marktführende Hamburger-Hersteller. Und McDonald's Erfolg gerade in reifen oder gesättigten Märkten scheint die Richtigkeit dieser Auffassung zu unterstreichen. Wenn sich die Kette zum Ziel gesetzt hätte, sich bei der Ausdehnung ihrer Verkaufspunkte an die Bevölkerungsdichte in den gesamten USA zu orientieren – wie sie es beispielsweise in den Bundesstaaten Milwaukee, Wisconsin oder Texas getan hat, wo auf 20 000 Einwohner ein McDonald's-Lokal kommt – wäre in Amerika Platz für 12 000 McDonald's-Restaurants – doppelt soviel, wie es bereits gibt.

Die Reformpolitik, die McDonald's Mitte der 70er Jahre mit dem Ombudsmann-Programm, dem NOAB und diversen Neuerungen betriebswirtschaftlicher und organisatorischer Art einleitete, gaben dem Konzern ein Instrumentarium zur Hand, mit dem sich die zunehmende Größe und Komplexität des Systems besser steuern ließen. Das Management konnte auf die individuelle Situation der Franchisenehmer eingehen und fairere Entscheidungen treffen, insbesondere bei der Vergabe von Lizenzen für neue Restaurants. Mehr denn je zuvor näherte sich McDonald's dem Status des Gleichgewichts unter den Systempartnern, den Ray Kroc zur Maxime erhoben hatte.

Deshalb ist es nicht verwunderlich, daß die MOA bis zum Jahr 1977 viel von ihrer ursprünglichen Dynamik eingebüßt hatte. Da sie innerhalb des McDonald's-Systems nur mehr wenige Anhänger fand, war sie – um überhaupt lebensfähig zu bleiben – gezwungen, sich der National Franchise Association anzuschließen, die die Belange und Interessen von Franchisenehmern sämtlicher amerikanischer Franchiseunternehmen vertritt. Die von ihr initiierten rechtlichen Schritte, die sie im Auftrag der Lizenznehmer eingeleitet hatte, waren allerdings nicht mehr rückgängig zu machen. Sie unterminierten das gesamte McDonald's-System, indem sie der Firma das Recht absprachen, die Lizenz nach Ablauf der ersten zwanzig Jahre nicht verlängern zu können. Sie sahen vor, daß McDonald's nicht mehr das Recht hatte, Franchisenehmer dazu verpflichten zu können, Immobilien zu pachten. Und sie sprachen dem Unternehmen das Recht ab, Franchisenehmern zu kündigen, die McDonald's rigiden QSC-Standard nicht erreichten.

Bis Mitte der 70er Jahre war es McDonald's gelungen, ohne Prozesse ›über die Runden‹ zu kommen; man zog die Schlacht am Markt denen im Gerichtssaal vor. Der einzige Rechtsstreit, der in den zwanzig Jahren seit Bestehen vor Gericht ausgefochten wurde, war der Prozeß, den der Konzern gegen Sandy's angestrengt hatte – eine Fast food-Kette, die von Geschäftsleuten in Peoria und ehemaligen McDonald's-Franchisepartnern gegründet worden war. Angespornt durch den Erfolg ihrer Lokale kopierten sie McDonald's und arbeiteten auf eigene Rechnung. Das war ein eindeutiger Verstoß gegen die vertraglich festgelegte McDonald's-Regel, die Franchisenehmern die Führung konzeptionell ähnlicher Unternehmen oder die Imitation spezifischer Verfahrenstechniken untersagt. McDonald's gewann den Prozeß in der Berufung und trug somit zur Klärung eines weiteren nebulösen Themas im Fast food-Franchising – nämlich Geschäftsgeheimnisse – bei. (Sandy's wurde übrigens später von der Hardee's-Kette übernommen.)

In den 60er Jahren waren Prozesse die Ausnahme gewesen; in den 70er Jahren auf dem Höhepunkt der MOA-Revolte, sah sich McDonald's mit zahllosen Rechtsstreitigkeiten aus den Reihen der Franchisenehmer konfrontiert. Teilweise war diese Entwicklung auf die MOA-Aktionen zurückzuführen, was daran zu erkennen war, daß die klageführenden Parteien häufig von dem MOA-Anwalt W. Yale Mathieson vertreten wurden. Aber McDonald's war mittlerweile wegen seines riesigen Erfolges zum lukrativen Ziel für alle Anwälte geworden, die sich auf den Franchisingsektor spezialisiert hatten. Einer, der sich als Rechtsvertreter von Franchisenehmern einen Namen und seine Einstellung zu Franchisegebern generell publik gemacht hatte, war Harold Brown, dessen Buch *Franchising: Trap for the Trusting* (Franchising: Falle für Vertrauensselige) in der Fachwelt Aufsehen erregte.

Die bestehenden rechtlichen Franchisinggrundlagen boten keine ausreichende Rechtsgrundlage, auf die sich McDonald's hätte stützen können. Immer mehr Tankstellenpächter gewannen Prozesse gegen die Ölgesellschaften, die sie zum Kauf von Reifen, Batterien und Zubehör beim Verpächter zwangen. Diese sogenannten Befugnisbindungen stellten eine rechtswidrige Wettbewerbsbeschränkung dar, befand das Gericht, welche die Franchisenehmer wirtschaftlich benachteiligte und in ihrer freien Wahl der Handelspartner einenge. Mitte der 60er Jahre wurde dieses Urteil auch bei Prozessen in der Fast food-Branche rechtskräftig, und zwar erstmalig in einer Klage von Franchisenehmern gegen Chicken Delight. Im Urteil hieß es, die Forderung der Kette, daß die Lizenznehmer ihre Drucktöpfe, Fritiergeräte und andere Waren ausschließlich beim Konzern zu kaufen hätten, sei rechtswidrig. Gerade damit verdiente Chicken Delight aber das meiste Geld, und diese Entscheidung des Gerichtes war ein Schlag, von dem sich das System nicht wieder erholte. Kurze Zeit später war der einstige Branchenriese ›aus dem Rennen‹.

Das Grundsatzurteil betraf lediglich die Franchisegeber, die ihren Lizenznehmern Waren verkauften, und dank Krocs Weitblick galt es nicht für McDonald's. Trotzdem blieben viele Rechtsfragen auf dem Franchising-Sektor unklar. Das Kartellamt – die Federal Trade Commission – äußerte sich besorgt über die wachsende Macht der Franchisegeber. In einigen amerikanischen Bundesstaaten wurden Gesetze verabschiedet, die das Recht des Franchisegebers, Franchiseverträge zu beenden oder auslaufende Verträge zu erneuern, beschnitten. Ein solcher Gesetzantrag wurde dem Kongreß von Abe Mikva, einem Abgeordneten aus Illinois, vorgelegt (und abgelehnt). Allen Silberman, Sozius in McDonald's Anwaltsfirma Sonnenschein, Carlin, Nath und Rosenthal, meinte dazu: »In den Augen der Öffentlichkeit war das Franchisesystem eine erzwungene Form der Zusammenarbeit, in dem die Schwachen genötigt wurden, zu ihrem eigenen wirtschaftlichen Nachteil den Profit der Starken zu erhöhen.«

Angesichts dieser Umstände wäre es McDonald's ein leichtes gewesen, sich außergerichtlich mit den Franchisenehmern zu einigen. Sie hatten den Rechtsweg vor allem deshalb gewählt, um den Franchisegeber zu zwingen, ihre

Franchisen trotz des Leistungsdefizits zu erneuern. McDonald's beschloß zu kämpfen, obwohl das Management mit einer Prozeßlawine wegen Verstoßes gegen die Kartell-(Antitrust-)Bestimmungen rechnen mußte.

Die Tatsache, daß McDonald's nicht zurücksteckte, zeigt, daß seine Reaktionen auf die Vorwürfe der MOA vom Gedanken an das Gemeinwohl bestimmt waren und nicht an die eigene Bequemlichkeit. McDonald's unterschied klar zwischen den Franchisenehmern, die aufgrund ihres schwindenden Einflusses auf unternehmenspolitische Entscheidungen enttäuscht waren, und denen, die die MOA lediglich als Deckmantel benutzten, um ihre unzureichenden Leistungen zu kaschieren. Im ersten Fall versuchte man Abhilfe zu schaffen, im zweiten erfolgte eine offene Kampfansage. Dadurch, daß man ein Instrumentarium schuf, mit dem sich das Gleichgewicht der Macht wiederherstellen ließ und den Franchisenehmern mehr Kontrolle über den Konzern erlaubte, erzielte man denselben positiven Effekt, wie durch die Trennung von einer Handvoll Franchisenehmer, die McDonald's Image beeinträchtigten.

Wenn es um die Einhaltung des Qualitäts- und Leistungsstandards ging, hatte McDonald's nie Kompromisse gemacht. Mehr als jeder andere Franchisegeber in den USA war das Unternehmen darauf bedacht gewesen, die ›faulen Äpfel‹ aus dem Korb zu entfernen – ungeachtet der rechtlichen Konsequenzen oder der Wirkung auf die Öffentlichkeit. »Erfolg im Franchising ist etwas sehr Zerbrechliches«, meinte Donald Horwitz, Vizepräsident in der Rechtsabteilung bei McDonald's. »Und gerade weil wir so erfolgreich waren, blieb uns keine andere Wahl, als drastische Schritte gegen Franchisenehmer einzuleiten, die das mißachteten, was uns zum Erfolg verholfen hatte.«

McDonald's führte Klage gegen die Franchisenehmer, deren Leistungsniveau unzureichend war, wegen groben Verstoßes gegen den vertraglich festgelegten Standard. Einige Franchisenehmer klagten ihrerseits gegen McDonald's aus allerlei Gründen, von illegalen Preisabsprachen bis zu Kopplungsgeschäften, andere, um die Entscheidung des

Konzerns anzufechten, ihre zwanzigjährigen Franchisen nicht zu erneuern.

1975, als sich die Laufzeit der ersten Lizenzen ihrem Ende zuneigte, hatte McDonald's die Regelung eingeführt, daß nur die Franchisenehmer mit einer Erneuerung rechnen konnten, die in der QSC-Bewertung mindestens die Note C erreichten und zu der Annahme berechtigten, daß sie dieses Leistungsniveau für weitere zwanzig Jahre beibehalten konnten. Die Franchisenehmer mußte außerdem die Bereitschaft zeigen, in eine Modernisierung seines Lokals sowie in die Kampagnen der regionalen Werbegemeinschaften zu investieren. Demzufolge konnte auch den Franchisenehmern eine Erneuerung ihrer Verträge verwehrt werden, die aus rein technischer Sicht Anspruch hierauf gehabt hätten. Da viele Franchisenehmer mit einer automatischen Verlängerung der Laufzeit gerechnet hatten, mußte die Veränderung in der Lizenzerneuerungspolitik sowohl bei denen, die am Rande der Gewinnschwelle operierten, als auch bei denen, die dem Qualitätsstandard nicht gerecht wurden, Unruhe auslösen.

Eine solche Politik war in der Branche unbekannt. Die Fast food-Franchisegeber waren vielmehr um mittelmäßige Lizenznehmer bemüht, denn mit ihnen ließ sich das meiste Geld verdienen. McDonald's war im Gegensatz dazu nur an Spitzenkräften interessiert. »Das war für die meisten Franchisenehmer ein unangenehmer und besorgniserregender Gedanke«, meinte Horwitz. »Es war kaum zu erwarten, daß unsere Lizenzerneuerungspolitik bei ihnen Anklang fand. McDonald's sah sich insoweit mit dem größten Problem in der Beziehung Franchisegeber–Franchisenehmer konfrontiert, das sich je gestellt hatte.«

McDonald's setzte seine Politik mit der größten Umsicht und Fairneß in die Praxis um. Die Franchisenehmer, deren Verträge nicht erneuert wurden, erhielten drei Jahre vor Ablauf einen schriftlichen Bescheid, und das Unternehmen war ihnen sogar bei der Suche nach geeigneten Käufern für ihre Betriebe behilflich. Die firmeneigenen McOpCo-Lokale waren nicht kaufberechtigt. Die Frage, ob eine Lizenz erneuert wurde oder nicht, wurde von einem Gremium von Führungskräften durch Mehrheitsbeschluß entschieden, um größtmögliche Objektivität zu gewährleisten. Es gab sogar Fälle, in denen gegen Ray Krocs persönlichen Wunsch für eine Lizenzerneuerung gestimmt wurde. Zudem zeigte sich, daß der Lizenzreformkurs in erster Linie die schwächsten Glieder des Systems aussonderte, denn 91 % aller Franchisenehmer, deren Lizenzen zur Erneuerung anstanden, haben neue Zwanzig-Jahres-Lizenzen erhalten.

Ungeachtet der Tatsache, daß McDonald's in der Frage der Lizenzerneuerung größte Fairneß zeigte und lediglich an einer Trennung von seinen leistungsschwächsten Franchisenehmern interessiert war, mußte man mit einer Prozeßlawine rechnen. In Anbetracht der ominösen Gesetzgebung war es erstaunlich, daß McDonald's überhaupt einen Rechtsstreit gegen seine Franchisenehmer gewann. An ein Wunder grenzt es jedoch, daß es nicht nur aus einem, sondern aus sämtlichen Prozessen als Sieger hervorging!

McDonald's schuf damit mehr als einen Präzedenzfall. Vor der Prozeßlawine war nicht zu übersehen gewesen, daß die Gerichte die unfairen Praktiken der Franchisegeber kollektiv verurteilten. Die McDonald's-Prozesse hatten eine völlig gegenteilige Wirkung. Sie dienten primär zur Klärung der Rechtslage und gaben dem Franchising eine Legitimität, die ihm zuvor gefehlt hatte.

McDonald's gelang es außerdem, die Franchisingprinzipien zu verteidigen, die die Grundlage seines Fast food-Systems bildeten. Zum Beispiel konnte es die Gerichte überzeugen, daß die Verpachtung von Grundstücken an die Franchisenehmer kein illegales Kopplungsgeschäft darstellte, weil Grundstück und Gebäude notwendiger Bestandteil in der Gastronomie seien. Sein Erfolg, so argumentierte McDonald's, sei vor allem auf die Standortwahl und die Kontrolle über die Betriebe zurückzuführen, selbst wenn sich ein Franchisenehmer aus dem Geschäft zurückgezogen habe. In der Urteilsfindung hieß es außerdem, daß die Pacht, die McDonald's erhob, dem Prinzip des freien Wettbewerbs entsprechend, angemessen sei.

McDonald's konnte die Gerichte auch davon überzeugen, daß seine Lizenzerneuerungspolitik fair war. Sie entschieden, daß die Lizenzverträge eindeutig auf eine Laufzeit von zwanzig Jahren begrenzt und keine lebenslange Garantie seien. Auch das Recht des Konzerns, die Verträge der Franchisenehmer auslaufen zu lassen, die dem Qualitätsstandard nicht entsprachen, wurde bestätigt. McDonald's hatte sich stets darum bemüht, einen Käufer für das Restaurant zu finden oder es selbst zum Marktwert zurückzukaufen und einem neuen Franchisenehmer wieder zu verkaufen. Dennoch hatte eine Reihe von Franchisenehmern – auf Anraten ihrer Anwälte – das Kaufangebot zu einem mehr als fairen Preis, der nicht selten rund 550 000 Dollar für ein einziges Restaurant betrug, ausgeschlagen. Sie optierten statt dessen für eine Schadenersatzklage, die keiner gewann. Eine Lizenz, für die man den Inhabern vor Auslaufen Hunderttausende von Dollars und mehr geboten hatte, war nach dem Prozeß wertlos, und Schadenersatz erhielt keiner der klagenden Franchisenehmer.

McDonald's hatte kein Mitleid mit den Franchisenehmern, die sich über seine Richtlinien hinweggesetzt und ihre Rechtmäßigkeit in Frage gestellt hatten. Bob Ahern, ein Franchisenehmer aus Chicago, der McDonald's Rückkaufangebot ablehnte und statt dessen den Rechtsweg vorzog, bekam das zu spüren. Obwohl McDonald's den Prozeß gewann, konnte man ihn nicht von dem Grundstück, das ihm selbst gehörte, vertreiben. Aber McDonald's verlor keine Zeit, ihm seinen kostbarsten Besitz zu rauben – das McDonald's Firmenzeichen.

Um fünf Uhr morgens am Tage nach der Urteilsverkündung erschien Shelby Yastrow, einer von McDonald's Anwälten, mit ein paar Hilfskräften auf seinem Grundstück, um die goldenen Bogen und das Firmenschild zu entfernen. Ahern taufte sein Hamburger-Restaurant in Berney's um. Aber welche Macht mit dem Namen McDonald's verbunden ist, und was es heißt, den Zorn des Riesen herauszufordern, sollte er erst noch entdecken. McDonald's eröffnete kurze Zeit später in seiner unmittelbaren Nähe einen nagelneuen

Franchisebetrieb mit einer Spielecke für die kleinen Kunden, die zu einer Riesenattraktion wurde. Berney's mußte innerhalb eines Jahres sein Geschäft aufgeben.

Das wohl härteste Verdikt wurde 1982 gegen Raymond Dayan verhängt, der als einziger gegen McDonald's Klage erhob, weil der Konzern ihn nach seiner Meinung unrechtmäßig wegen Verletzung des Qualitätsstandards ›ausbooten‹ wollte.

Dayan hatte bereits zwölf McDonald's-Restaurants in Paris eröffnet und die Franchiserechte, den gesamten Markt in Paris zu entwickeln. Er hatte natürlich einiges zu verlieren, aber das traf auf McDonald's in gleichem Maße zu, denn in den Augen des Konzerns war Dayans Geschäftsführung ein unzumutbares Ärgernis. Dayan hatte eindeutig und bewußt gegen die Produktvorschriften des Konzerns verstoßen: Die Hamburger erhielten nicht die Standard-Ingredienzien; das Essen wurde so lange zurückgehalten und schließlich so kalt serviert, daß es nicht mehr genießbar war. Die vorgeschriebenen Kücheneinrichtungen fehlten oder waren in desolatem Zustand, die Grillgeräte nicht geeicht und die Lebensmittelvorräte gleich neben den Reinigungsmitteln gelagert.

Die Veteranen im McDonald's-Management gestanden, daß sie nie verwahrlostere Lokale zu Gesicht bekommen hatten: Das Fritierfett war ranzig und verbrannt, Wände und Boden waren mit einer schmierigen Fettschicht überzogen, im Restaurant häufte sich der Abfall, und unter den Belüftungsklappen an der Decke hingen Behälter, um das herabtropfende Fett aufzufangen. Dayans Restaurants waren als so unhygienisch verschrien, daß die Klagen von Kunden, die sie bei einer Reise nach Paris aufgesucht hatten, bis zu McDonald's Hauptquartier in den USA drangen.

Kein Wunder also, daß andere Systempartner Druck auf McDonald's ausübten, Dayan loszuwerden. George Cohon, Präsident von McDonald's Kanada, schrieb Turner einen Brief, in dem er mit allem Nachdruck forderte, Dayan zu entfernen. Turner gab Cohen die Vollmacht, selbst aktiv zu werden, und Cohon machte Dayan das Angebot, seine Restaurants und die Lizenzrechte für Paris für rund zwölf Millionen Dollar zu übernehmen. Dayan lehnte ab, was er später mit Sicherheit bereut hat. Kurze Zeit später entzog ihm McDonald's die Lizenzrechte, und Dayan parierte diesen Schlag mit einer Klage.

Daß Dayan sich für den Rechtsweg entschied, war vorherzusehen gewesen. Sein Geschäftspartner in Paris war Mathieson, der Anwalt der MOA. Völlig überraschend war jedoch das Gerichtsurteil, das eindeutig zugunsten McDonald's ausfiel. Die Entscheidung wurde vor allem dadurch beeinflußt, daß dem Gericht völlig unterschiedliche Fotos von den Pariser Lokalen vorgelegt wurden: Die von McDonald's gelieferten zeigten verwahrloste, die von Dayan strahlend saubere Restaurants. Die McDonald's-Bilder zeigten Bäume mit vollem Blattwerk, auf Dayans Fotos waren sie kahl – was das Gericht als Beweis ansah, daß der Kläger Dayan die Aufnahmen nach Beendigung des Kontraktes und nach dem Beklagten gemacht hatte.

Verständlicherweise war das Gericht verärgert über die versuchte Täuschung, allerdings nicht so sehr wie über Dayans Mißbrauch des McDonald's-Systems. Nur wenige Gerichte hatten sich in einem Rechtsstreit, in dem ein einzelner gegen einen Konzern kämpfte, so eindeutig entschieden. Durch die Entscheidung von Richter Richard L. Curry konnte McDonald's auch deutlich unter Beweis stellen, daß es seine QSC-Standards als unumstößlich betrachtete. Ein McDonald's Veteran, der das Urteil las, meinte: »Der Richter muß Ketchup im Blut gehabt haben.«

Nach Meinung des Richters Richard L. Curry hatte Dayan McDonald's unrechtmäßig beschuldigt, ihm die Pariser Lizenz entzogen zu haben, um die beachtlichen Gewinne in die eigene Tasche zu stecken. »Wir sind zu der Schlußfolgerung gekommen, daß McDonald's sich nach Kräften bemüht hat, einen ›Infektionsherd‹ zu isolieren, bevor er sich verbreitet und auf das gesamte System übergreift«, hieß es in der Urteilsbegründung. »Wenn Dayan durch seine flagrante Inkompetenz das System und seine Grundlagen dermaßen schädigt, stellt er eine Gefahr für alle dar.«

Besonders bemerkenswert waren die Schlußworte, in

denen Richter Curry keinen Zweifel darüber ließ, auf welcher Seite er stand: »Dayans Absicht scheint gewesen zu sein, die Geschichte vom *häßlichen Amerikaner* fortzusetzen. Er benutzt seine einzigartige und ungeheuer attraktive Lizenz dazu, in Paris ein minderwertiges Produkt anzubieten, mißachtet die gastronomischen Gesetze und Erwartungen seines Gastlandes, täuscht die Kunden, für die der Name McDonald's Qualität verbürgte, hinterging den Mann, den er als seinen Freund bezeichnete (Steve Barnes, Vorstandsvorsitzender von McDonald's International), setzte sich über die grundlegenden betrieblichen Richtlinien, die zu beachten er sich verpflichtet hatte, hinweg, opferte bewährte Organisationskonzepte dem Profitdenken, erwartete vom Gericht, daß es Fakten übergeht und ungeheuerlichen Anschuldigungen Glauben schenkt und beschuldigt zuletzt noch seinen Wohltäter unredlicher Machenschaften. In diesem Fall ist es nicht als Wortspiel zu verstehen, wenn das Gericht behauptet, daß der Kläger vor Gericht keine weiße Weste hat.«

Mit Richter Currys Entscheidung im Fall Dayan endeten die Unruhen in den Reihen der Franchisenehmer, die Mitte der vorherigen Dekade begonnen hatten. McDonald's hatte bewiesen, daß es einer Krisensituation gewachsen war. Das Unternehmen hatte aus seinen Franchiseerfahrungen gelernt und war nun stärker, umsichtiger und leistungsvoller denn je. Es war gewillt und fähig, Ray Krocs Prinzip der Fairneß auch auf ein größeres und komplexeres System anzuwenden. Um dieses Prinzip jedoch vor denen zu schützen, die es ignorierten, war es auch zu einer offenen Kriegserklärung bereit.

In einer Zeit der Unruhen und Verwirrung, der Verbitterung und des Opportunismus hatte McDonald's – gerade zum richtigen Zeitpunkt – Milde und Härte gezeigt. Es stand zu Krocs Geboten der Fairneß, der Ehrlichkeit, der eisernen Disziplin und das Engagements. Wie ein Schulmeister hatte Krocs Führungsnachwuchs und Franchisenehmern diese Prinzipien immer wieder ›eingedrillt‹. Mehr noch als anderen Faktoren war es Krocs gesunder Franchising-Philosophie zu verdanken, daß es McDonald's gelang, den internen und externen Stürmen zu trotzen.

Krocs Prinzipien hatten sich in harten Zeiten bewährt und die Feuerprobe vor dem Gericht bestanden. Donald Lubin, Sozius der Anwaltsfirma Sonnenschein, die McDonald's vertritt, und seit 1966 im McDonald's-Direktorium, führt den überwältigenden Erfolg des Konzerns in den Franchisingprozessen auf ›Ray Krocs Genie‹ und insbesondere auf seine instinktive Entscheidung zurück, keine persönlichen Vorteile aus der Lizenzvergabe oder der Belieferung der Franchisenehmer zu ziehen. »Manchmal legen die Gerichte ihrem Urteil Rechtssätze zugrunde, die verschiedene Deutung zulassen. Noch schwieriger ist es, Recht zu sprechen, wenn die Beweisführung der strittigen Parteien unterschiedlich ausgelegt werden kann. Ray Kroc ist es zu verdanken, daß wir mit unanfechtbaren Fakten aufwarten konnten. Er hatte es abgelehnt, sein Geld auf leichte Weise zu verdienen. Bei allem, was er tat, wurde offenbar, daß sich seine Interessen mit denen der Franchisenehmer deckten.«

. Ray Kroc, ältestes Vorstandsmitglied und Gründer der Kette, arbeitete in seinem Büro in San Diego bis kurz vor seinem Tod im Januar 1984. Er genoß es noch immer, hinter Fred Turners Rücken mit Küchenchef René zu paktieren und an der Entwicklung eines neuen Produktes zu arbeiten. Er überwachte mit Adleraugen das McDonald's-Lokal, das seinem Büro gegenüberlag. Wenn es draußen dämmrig wurde, mußte ihn einer seiner Mitarbeiter daran erinnern, das Licht einzuschalten. Er beobachtete die Autokarawane, die am Verkaufsfenster vorbeizog und stellte fest, daß das Personal mit der Ausgabe von Wechselgeld und Essen überlastet war. (Diese Erkenntnis führte zu einer weiteren Serviceverbesserung in vielen Drive-thrus. Man baute ein zweites Verkaufsfenster ein: das eine dient der Essenausgabe, am anderen wird gezahlt.)

Als Kroc nach zwei Schlaganfällen stationär behandelt werden mußte, spürte er, daß er nicht mehr an seinen Schreibtisch zurückkehren würde. Es war ihm unangenehm, von McDonald's ein Jahresgehalt von 175 000 Dollar zu beziehen, das er sich nicht erarbeitet hatte. Als Turner ihn im Krankenhaus besuchte, bat er seinen langjährigen Freund, Protegé und treuen Partner, ihn von der Gehaltsliste zu streichen.

Auf dem Flug nach San Diego hatte Turner die gerade erst von ihm entdeckten Tonbänder abgehört, die Kroc und die Gebrüder McDonald in den 50er Jahren ausgetauscht hatten, als Kroc das McDonald's-System schuf. Die Aufnahmen dokumentierten nicht nur das grundlegende betriebliche und organisatorische Konzept des Firmengründers, sondern die tief verankerte Stärke des Systems: Krocs unkomplizierte und über alle Zweifel erhabene Unternehmensphilosophie, die mehr als alles andere seine Integrität widerspiegelte. Turner zögerte nicht, auf Krocs Bitte hin zu antworten: »Ich sehe da absolut keine Möglichkeit, Ray. Du hast dir dein Gehalt für die nächsten hundert Jahren verdient.«

KAPITEL 17

McDonald's als
Exporteur

McDonald's war vom Fieber gepackt, ein Fieber, das man als
brennenden Wunsch, ein Imperium zu errichten, als Spiel
mit der Macht oder als Sendungsbewußtsein der Führungs-
elite bezeichnen könnte. Irgendwann einmal ist für jeden
Konzern, der magnetische Anziehungskraft hat, der Zeitpunkt gekommen, an dem er seine Magie auf der Weltbühne
unter Beweis stellen möchte.

Ende der 60er, Anfang der 70er Jahre war in den USA
das Diversifikationsfieber ausgebrochen. Ray Kroc hatte sich
als einer der ersten angesteckt. 1962 beschloß er, auf Harry
Sonneborns Rat hin, ein Restaurant namens Hottinger's im
Süden Chicagos zu kaufen. Das Lokal war den deutschen
Biergärten ähnlich, hatte ein Podium für die Kapelle und
eine Landschaftsarchitektur, die so gepflegt und makellos
wie ein Golfplatz war. Sonneborn war auf die außergewöhnliche Idee gekommen, dort ein Gourmet-Restaurant einzurichten, in dem u. a. auch extra große Hamburger auf Rog-
genbrötchen als Spezialität des Hauses gelten sollten.

Es war McDonald's erster Diversifiktationsversuch. Ein
McDonald's-Team unter Leitung des neuernannten Pro-
duktmanagers Al Bernadin machte sich an die Gestaltung
des Restaurants, das als Modell dienen sollte, um das Interesse potentieller Frachnisenehmer zu wecken. Gerry Newman, Leiter des Rechnungswesen, brütete über Hottinger's
Geschäftsbüchern. June Martino putzte eigenhändig die
Waschräume, um das Lokal für einen Hochzeitsempfang auf
Hochglanz zu bringen. Und Harry Sonneborn stellte sich an
Wochenenden, wenn es Engpässe gab, als Koch zur Verfügung.

Aber das Konzept hatte seine Tücken. Das Personal, das im Biergarten bediente, war überlastet. Im Freien zu sitzen war in Chicago ohnehin nicht ratsam. Selbst im Sommer wehte vom Michigan-See oft eine frische Brise herüber, und der Biergarten war in Minuten leergefegt. Dann konnten die Bedienungen, Barmixer und Musiker nichts weiter tun, als auf das Ende ihrer Schicht und ihren Lohn warten. Achtzehn Monate nach der Übernahme mußte Hottinger's seine Tore schließen und Sonneborn seine Hoffnung, eine zweite Fast food-Kette in Franchisierung zu errichten, begraben. Kroc, Sonneborn und June Martino hatten bei diesem ›Abstecher‹ 1,3 Millionen Dollar eingebüßt. Manche McDonald's-Veteranen sind der Meinung, daß das Hottinger's-Fiasko der Beginn von Krocs und Sonneborns Differenzen war.

Aber diese Fehlinvestition konnte Krocs Ehrgeiz, den Erfolg McDonald's mit einem anderen Projekt zu wiederholen, keinen Abbruch tun. Er liebäugelte weiterhin mit anderen Fast food-Geschäftsplänen. Er war nahe daran, Taco Bell und Baskin Robbins zu erwerben, die später von anderen Unternehmen übernommen wurden. Er interessierte sich ebenfalls für eine kalifornische Kette. Marie Callendar's, die sich auf Kuchen und Backwaren spezialisiert hatte. Als die Firma sein Preisangebot ablehnte, beschloß er, eine eigene Kette mit ähnlicher Produktpalette aufzubauen. Er nannte sie nach seiner zweiten Frau ›Jane Dobbins Pie Shops‹. 1969 errichtete er zwei Restaurants in Los Angeles, in der Hoffnung, Franchisenehmer dafür zu finden. Er sparte bei der Einrichtung an nichts: Die Sitzplätze wurden um einen riesigen Backofen angeordnet, der das ganze Lokal mit einem wunderbaren Duft nach frischgebackenen Kuchen füllte. Er engagierte sogar einen Kuchenexperten, der ihn 50 000 Dollar pro Jahr kostete. Aber zwei Jahre nach der Eröffnung mußte er feststellen, daß die Restaurants Flops waren, und Kroc, der inzwischen von Jane geschieden und mit Joan verheiratet war, verlor das Interesse an ihnen.

Ebenso negative Erfahrungen machte er mit Ramon's, einer Hamburger-Spezialitätenrestaurant-Kette, die er Ende der 60er Jahre auszubauen begann. Ramon's bot ein umfangreicheres Menü als McDonald's und sollte namentlich ein anspruchsvolleres Publikum ansprechen. Die beiden ersten Restaurants, mit exquisiter Inneneinrichtung, entstanden in Märkten, die McDonald's bis dato noch nicht entwickelt hatte – an Beverly Hills Prachtstraße, dem Rodeo Drive, und in der North Michigan Avenue in Chicago. Aber ohne einen Gourmet-Hamburger, der dem üppigen Dekor entsprach, war das Projekt schon beim Start zum Untergang verurteilt. Beide Lokale mußten innerhalb von zwei Jahren schließen. Ray Kroc bewies – ähnlich wie auf dem Gebiet der Neuproduktentwicklung – bei seinen Diversifikationsbemühungen keine glückliche Hand.

Aber diese beiden Flirts mit anderen Fast food-Formaten ließen sich nicht mit den Gefühlen vergleichen, die Kroc in ein weiteres Projekt investierte: Er beabsichtigte, seinem Kameraden aus dem Zweiten Weltkrieg, Walt Disney, Konkurrenz zu machen. Kroc hatte einen PR-Experten namens Henry Steele kennengelernt, der ihm die Idee schmackhaft machte, einen Vergnügungspark wie Disneyland im Nordosten von Los Angeles aufzumachen. Da der Park unter das Wildwestmotto gestellt werden sollte, wollte er ihn McDonald's Insider Western World nennen.

Als Kroc dem McDonald's-Management von seinem Plan berichtete, auf einigen tausend Hektar unberührten kalifornischen Bodens einen riesigen Vergnügungspark zu errichten, waren sie völlig konsterniert. Die meisten stimmten dagegen. Nachdem McDonald's Direktor David Wallerstein das zerklüftete, nahezu unerschließbare Terrain besichtigt hatte, wo die Fernseh-Westernserie *The Lone Ranger* gedreht worden war, versuchte er, Kroc sein gewagtes Vorhaben auszureden.

Wallerstein konnte besser als jeder andere langjährige McDonald's-Mitarbeiter abschätzen, wie gigantisch das Projekt war, das selbst Kroc zu unterschätzen schien. Fünfzehn Jahre vorher hatte ihn Walt Disney gebeten, einen Blick auf ein unbebautes Stück Land in Anaheim, Kalifornien, zu werfen. Wallerstein arbeitete zu der Zeit für ABC, und da die beiden Medienriesen NBC und CBS abgelehnt hatten, zusammen mit Disney hier einen Vergnügungspark zu errichten, hatte sich dieser an die kleinste und schwächste Fernsehstation gewandt. ABC, ständig auf der Suche nach interessanten neuen Programmen, drehte hier die Erfolgsserie *Mickey Mouse Club* und *Wonderful World of Disney* und hatte außerdem die Konzession für einige kleine Snackbars erhalten. Disneyland trug zum Entstehen einer ganz neuen Form der Vergnügungsbranche bei.

Niemand hatte vorher den Mut gehabt, auf diesem Gebiet mit Disney zu konkurrieren. Wallerstein hielt Krocs Vorschlag für unannehmbar; McDonald's mußte, um ihn in die Praxis umzusetzen, Geld opfern, die Turner dringend für seine massive Expansion brauchte. »Ray glaubte, man könne einen Freizeitpark aus dem Nichts zaubern«, erklärte Wallerstein. »Aber ich wußte, was Disney hinter sich hatte. Die besten Techniker des Landes waren vier Jahre lang mit dem Projekt beschäftigt. Wir konnten weder auf das kreative Potential, noch auf einen Gönner wie ABC zurückgreifen.«

Die Opposition Wallersteins und vieler McDonald's-Direktoren konnte Kroc nicht schrecken. Das Projekt faszinierte ihn. Er erwarb mit seinem eigenen Geld die Option auf rund 650 Hektar Land. McDonald's engagierte Berater, die Vorstudien durchführten, um das geplante Western-World-Projekt auf seine Durchführbarkeit zu prüfen. Sie errechneten, daß sich die Kosten allein in der ersten Bauphase auf mehr als 30 Millionen Dollar belaufen würden.

Je mehr McDonald's geneigt war, den ›Startschuß‹ zu geben, desto stärker wurde die Opposition der externen Mitglieder des Direktoriums. Als Kroc die Scheidung von Jane eingereicht und seine Hochzeit mit Joan angekündigt hatte, hielten sie den Zeitpunkt für gekommen, um ihm endgültig diesen kostenintensiven und riskanten Plan auszureden. »Nachdem Turner die Präsidentschaft übernommen hatte, fühlte sich Kroc unausgelastet und suchte nach neuen Aufgaben. Erst als er Joan heiratete, änderte sich das«, meinte Direktor Don Lubin, der McDonald's Rechtsberater und persönlicher Anwalt Krocs war. Als er Kroc vorschlug, das Projekt noch einmal in Anbetracht der Veränderungen, die in seinem Privatleben stattgefunden hatten, zu überdenken, gab der Gründer seinen Plan schließlich doch auf. Die McDonald's-Mitarbeiter glaubten ohne Ausnahme, daß sie noch einmal mit ›heiler Haut davongekommen‹ waren.

Turner hatte zwar wenig vom Western-World-Projekt gehalten, aber selbst bereits nach Diversifikationsmöglichkeiten gesucht, als er den Vorsitz von McDonald's übernahm. Ende der 60er Jahre hatten ihm die Investmentbanken eine Reihe von ›Akquisitonskandidaten‹ vorgestellt, die Turner auf Herz und Nieren prüfte. Es handelte sich dabei um Hotels, Steakhouses, Barbecue-Ketten und Blumengeschäfte. Er hatte sogar in Betracht gezogen, sich an der berühmten Profi-Footballmannschaft Chicago Bears finanziell zu beteiligen, die von George Halas zum Verkauf angeboten wurde.

Er hatte sich auch Gedanken über einen Einstieg in die Freizeitpark-Branche gemacht. In Frage kam beispielsweise der finanziell angeschlagene Astro-World-Park in Houston, Texas, der von dem Richter Roy Hofheinz, Erbauer der Astrodome, errichtet worden war. Noch vielversprechender erschien ihm eine Beteiligung an einem Vergnügungspark, der von Tom Klutznick geplant war, dem Sohn des ehemaligen Handelsministers und Erbauers von Chicagos Luxushotel Walter Tower Place und des gleichnamigem Einkaufszentrums. Schon zu der Zeit, als die ›Nobelherberge‹ gebaut wurde, hatte Klutznick von einem noch ehrgeizigeren Projekt geträumt – einem völlig überdachten Vergnügungspark mit den Ausmaßen Disneylands. Es kam zwar nie über die Planungsphase hinaus, aber Turner war von dieser Idee begeistert.

Turner brauchte zwei Jahre, bis er sich seine Akquisitionsutopien endgültig aus dem Kopf geschlagen hatte. Danach wußte er das, was er an McDonald's hatte, mehr denn je zu schätzen. »Ich habe mit der Suche nach neuen Geschäftsbereichen und neuen Märkten viel Zeit verschwendet«, gestand er. »Und immer wieder mußte ich feststellen, daß es nichts gab, was unserem Fast food-Format das Wasser reichen konnte.«

Rückblickend kann man sagen, daß es gut war, daß sich aus dem Flirt mit der Diversifikation keine leidenschaftliche Affäre entwickelte, denn es gibt wohl keinen Geschäftsbereich, der wie McDonald's eine Kapitalverzinsung von 20 % vorweisen kann. Das gab den Ausschlag für Turners Entscheidung, eine langfristige Wachstumstrategie gegenüber der Diversifikation den Vorzug zu geben. Die mißlungenen Diversifikationsexperimente hatten McDonald's zumindest veranlaßt, beide Wachstumspfade genauestens zu prüfen und den endgültigen Kurs festzulegen. »Was für uns besser war, lag auf der Hand«, meinte Turner. »Wir kannten das Hamburger-Geschäft in- und auswendig und hatten damit einen Bombenerfolg. Wir beschlossen, uns nicht mehr auf gewagte Experimente einzulassen.«

Aber zu Beginn der 70er Jahre wurde auch deutlich, daß McDonald's eine Art ›Spielautomat‹ war, der wesentlich höhere Einnahmen als Ausgaben aufwies. Da man auf eine Diversifikation unwiderruflich verzichtet hatte, mußte man nach Alternativen suchen, und die einzig geeignete war ein Weg, der bisher noch kein anderer Einzelhandelskonzern einzuschlagen gewagt hatte: zu versuchen, auf den Weltmärkten Fuß zu fassen. »Der Entschluß, unser System zu exportieren, war so naheliegend wie die Erkenntnis, daß es einen Markt dafür gab«, erklärte Turner.

Ausmaß und Bedeutung dieses Schritts klingen in Turners Worten jedoch nicht an. Es gab de facto einen internationalen Markt für viele amerikanische Dienstleistungsunternehmen, wie beispielsweise Neimann-Markus, Saks Fifth Avenue und andere renommierte Haute-Couture-Läden – aber sie waren im Inland geblieben. Es gab eine weltweite Nachfrage nach Produkten von J. C. Penney oder Sears, Roebuck & Col. und anderen Warenhausketten – die dennoch im heimischen Markt verblieben. Und es herrschte im Ausland Interesse an der Vielzahl von Spezialitätenläden, die den amerikanischen Einzelhandel in den 70er Jahren revolutionierten – aber niemand hatte das Konzept exportiert.

Als McDonald's sich 1970 anschickte, den Markteintritt im Ausland vorzubereiten, betrat er hundertprozentiges Neuland. Mit Ausnahme der Ölmultis, die die Rohmaterialien für ihre weltweit exportierten Gebrauchsgüter kontrollierten, beschränkte sich der Einzelhandel primär auf die Inlandsmärkte. Gelegentlich gab es einige wenige Mutige, die sich nach Kanada vorwagten, aber sie überschritten selten die magische Grenze des nordamerikanischen Kontinents. Selbst Sears, die heute international wohl am stärksten vertretene amerikanische Einzelhandelskette, tätigte damals nur 11% ihrer Geschäfte im Export, und zwar ausschließlich nach Kanada und Mexiko. Mitte der 60er Jahre hatte die eine oder andere Fast food-Kette mit ausländischen Niederlassungen experimentiert, aber lediglich in kleinem Umfang und mit mehr als mäßigem Erfolg.

Als McDonald's sich zu einer internationalen Expansion entschloß, traf es auf den Auslandsmärkten keinen der Konkurrenten, mit denen es sich in den USA messen mußte. Aber dafür mußte es in Kauf nehmen, daß der Markt noch völlig unterentwickelt war: Das Fast food-Format war weitgehend unbekannt, und in einem Restaurant zu essen – für die Amerikaner inzwischen zur Gewohnheit geworden, galt als Luxus. Besonders in Europa legte man Wert auf gastronomische Tradition: Man hatte dort nur Restaurants mit vollem Service, Kellnern im Frack und Menüs mit mehreren Gängen. Preisgünstige Restaurants nach amerikanischem Zuschnitt gab es keine, und für Familien mit mittlerem Einkommen war ein Essen außer Haus ein besonderes Ereignis.

Um auch im Ausland Erfolg zu haben, mußte McDonald's die spezifischen Eßkulturen und -gewohnheiten verändern. Bis zu einem gewissen Grad war das auch in den USA vor zwei Jahrzehnten notwendig gewesen. »Für die Oldtimer unter uns bedeutete das, wieder einmal Pionierarbeit zu leisten«, meinte Fred Turner.

McDonald's Auslandsniederlassungen leisteten weit mehr, als Restaurants der Mittelklasse zugänglich zu machen. Man versuchte, ein System zu exportieren, das in den USA zum Alltag gehörte, jedoch im Ausland völlig unbekannt war. Das Schnellimbiß-Konzept war auf den amerikanischen Kontinent beschränkt, ebenso wie Drive-ins oder Selbstbedienungsrestaurants. Die Produkte, die McDonald's anzubieten hatte, waren fremdartig wie das Organisationskonzept. Hamburger, Pommes frites und Milchshakes galten inzwischen als fester Bestandteil der amerikanischen Eßkultur, aber im Ausland gab es diese Form der ›Massenspeisung‹ nicht. In den fernöstlichen Ländern, wie beispielsweise Japan, sah sich McDonald's nicht nur mit der Aufgabe konfrontiert, Hamburger, sondern Rindfleisch überhaupt als Nahrungsmittel einzuführen. Insgesamt gesehen schien die Entscheidung, zu exportieren statt zu diversifizieren, eine weit größere Herausforderung zu sein.

McDonald's Erfolgsrezept auf internationalen Märkten gehört zu den bestgehüteten Geheimnissen. In der Fachpresse ist die Story in einer Flut von Berichten über das wachsende Handelsdefizit der USA oder die Überschwemmung des US-Marktes mit billigeren und qualitativ besseren Warenimporten untergegangen. Erst in den letzten fünfzehn Jahren, als die US-Hersteller ihre Wettbewerbsfähigkeit auf den Weltmärkten einzubüßen begannen, wurde man auf McDonald's weltweite Präsenz aufmerksam. Während japanische und deutsche Autohersteller immer mehr Teile des amerikanischen Marktes verschlangen, wurde McDonald's still und nahezu unbemerkt zur Fast food-Kette Nummer eins in Japan, Deutschland, England, Kanada und Australien.

Daß es McDonald's gelungen ist, die Weltmärkte zu erobern, gehört mit zu den hoffnungsvollsten Entwicklungen in den internationalen Handelsbeziehungen der USA. McDonald's hat es geschafft, das Herz der amerikanischen Wirtschaft – den Dienstleistungssektor – zu exportieren. Er dient als Wegbereiter für das wohldurchdachte amerikanische Servicekonzept, das sich primär am Kunden orientiert. Und wenn sein Erfolg Aufschluß über das gesamte Potential dieses Wirtschaftsbereiches gibt, dann darf man mit Recht annehmen, daß er auf den Weltmärkten ebensolche Bedeutung annehmen könnte wie die Hochtechnologie, die Landwirtschaft oder andere im Exportmarketing dominierende Branchen.

Das einstige ›Waisenkind‹, McDonald's International, gehört heute zu den rasant wachsenden Bereichen des Systems, das seine Wachstumsgrenzen noch nicht erreicht zu haben scheint. 1992 verbuchte der Konzern im Ausland einen Umsatz von 8,6 Milliarden Dollar, was 39 % des gesamten, weltweiten Umsatzes von 21,9 Milliarden Dollar entspricht. Noch vor zehn Jahren stammten nur 19 % von ausländischen Verkaufsstellen. Die Auslandsexpansion wird sogar noch beschleunigt: 1992 wurden von insgesamt 675 neuen Restaurants 480 außerhalb der Vereinigten Staaten eröffnet. Allein in den vergangenen vier Jahren hat McDonald's fünfzehn neue Auslandsmärkte erschlossen. Das heißt, 1992 standen 4134 der insgesamt 14 000 McDonald's-Restaurants – nahezu jedes dritte – in jenen 65 Ländern, in denen die Kette Niederlassungen hat.

In vielen dieser Länder ist McDonald's heute die führende Fast food-Kette. Dies trifft auf Japan zu, wo Mitte 1992 865 McDonald's-Restaurants in Betrieb waren. Gleiches gilt für Kanada mit 642 Verkaufsstellen, Deutschland mit 391, Großbritannien mit 445 und Australien mit 304. Ende 1992 konnte McDonald's International mit Umsätzen aufwarten, die fast denen der größten amerikanischen McDonald's-Konkurrenten in den USA entsprachen, und 44 % der 1992 erzielten Bruttoerträge vor Steuern stammten von Restaurants außerhalb der Vereinigten Staaten.

Was noch erstaunlicher ist als dieser durch Zahlen und Fakten belegte phänomenale Aufstieg eines amerikanischen Fast food-Unternehmens ist die Tatsache, daß McDonald's globaler Markterfolg auf demselben Konzept beruht, das es in den USA perfektioniert hatte. In Anbetracht der gewaltigen Unterschiede zwischen Inland und Ausland, z. B. in bezug auf den Lebensstil der Bevölkerung oder die spezifische Marktbeschaffenheit nach einer differenzierten Methode vorgeht, daß es sein System der fremden Kultur anpaßt. Aber nichts dergleichen geschah. McDonald's behielt die grundlegenden Elemente seines Systems bei und glich statt dessen die Kultur dem System an. »Viele haben uns damals gesagt, wir würden es nie schaffen. Franchisenehmer im Ausland zu finden, Grundstücke zu erwerben oder unsere Hamburger zu verkaufen«, meinte Brent Cameron, ehemaliges Vorstandsmitglied. »Wir haben uns Hals über Kopf in das Abenteuer gestürzt und mit demselben System dieselben Erfolge erzielt. Es war, als ob wir das Rad der Zeit noch einmal zurückdrehen würden.«

Als McDonald's International von seinem erprobten Franchisesystem abwich, machte es, wie sich zeigen sollte, einen verhängnisvollen Fehler. Die erste Auslandslizenz erhielten John Gibson und Oscar Goldstein, McDonald's legendäre Franchisenehmer in Washington, für die Karibik. Diese Lizenz war eine sogenannte Marktentwicklungslizenz, was bedeutete, daß McDonald's keinerlei Hilfestellung bei dem Betrieb der karibischen Lokale, dem Kauf von Immobilien oder der Errichtung eines Zuliefernetzes leistete. Das fiel allein in Gibsons und Goldsteins Zuständigkeit. McDonald's verlangte statt der üblichen Servicegebühr von 3 % des Umsatzes zuzüglich 8,5 % Pacht lediglich 0,5 % vom Umsatz der karibischen Restaurants plus einer einmaligen Franchisegebühr von 10 000 Dollar pro Lokal. Die Partner errichteten insgesamt rund 25 McDonald's-Restaurants in der Karibik – in Puerto Rico, Panama, Nicaragua, Honduras und El Salvador. Als sich Goldstein aus der Geschäftsführung zurückzog, ließ das Leistungsniveau der Lokale nach. Sein eher finanzorientierter Partner Gibson führte das Geschäft weiter – in den finanziellen Ruin. Da McDonald's nur mit 0,5 % am Umsatz beteiligt war, hatte es verständlicherweise wenig Interesse daran, das marode Unternehmen zu sanieren.

Marktentwicklungslizenzen waren zweifellos nicht der Schlüssel zu McDonald's Erfolg in den USA gewesen. Dort hatte die Kette sorgfältig die Leistungen aller franchisierten Betriebe überwacht, ein ausgeklügeltes Zuliefernetz aufgebaut, das zu den Restaurants gehörige Land erschlossen und seine Gewinne durch das Umsatzniveau der Lokale erzielt. Die Lizenz für die Karibik wurde von Sonneborn erteilt und zeigt, daß dieser bereits seinen Glauben an McDonald's verloren hatte. Die Lizenzen für den äußerst lukrativen kanadischen Markt verkaufte er zu einem Schleuderpreis an George Tidball (Westkanada, 7500 Dollar) und George Cohon (Ostkanada, 10 000 Dollar zuzüglich Servicegebühren in Höhe von 1 % des Umsatzes). Als Turner die Rechte 1970 zurückkaufte, arbeiteten beide Franchisenehmer mit Verlusten. Tidball hatte seine Lizenz aufgesplittert und an Investoren vergeben, die sich nicht aktiv an der Geschäftsführung beteiligten, und Cohon verfügte nicht über die nötigen finanziellen Mittel, um seine Märkte ausreichend zu entwickeln.

Turner schloß aus diesem Fiasko, daß McDonald's seine ausländischen Operationen genauso strikt überwachen müsse wie seine inländischen, was bei einer Umsatzbeteiligung von nur 1 % unmöglich war. Deshalb schränkte Turner die Vergabe von Marktentwicklungslizenzen drastisch ein. Aber auch er machte einen entscheidenden Fehler, als er vom bewährten Franchise-Konzept abwich. Bei der Erschließung des niederländischen Marktes ging er ein 50:50-Joint-Venture mit der führenden holländischen Supermarktkette Albert Heijn ein. McDonald's hatte damit keinen einzelnen Systempartner wie in den USA, sondern arbeitete mit einem riesigen Konzern zusammen, der zwar Erfahrungen mit dem europäischen Marketing und dem Aufbau eines Vertriebssystems hatte, aber nicht den Unternehmergeist besaß, den McDonald's von seinen amerikanischen Franchisenehmern gewohnt war.

Turner ignorierte noch einen weiteren Grundsatz: daß sich die betriebsorientierten Manager, die im Konzern Karriere gemacht hatten, am besten eigneten, um eine Fast food-Kette aufzubauen. Er hatte zwar Betriebsspezialisten in alle Linienpositionen berufen, aber er engagierte einen Außenseiter, der für die Entwicklung und Bearbeitung der Auslandsmärkte zuständig war. Der Mann hatte langjährige Erfahrungen als Unternehmensberater vorzuweisen und war mit den internationalen Märkten vertraut, aber nicht mit den spezifischen Betriebstechniken von McDonald's oder den Feinheiten des Fast food-Systems. Viele der gravierenden Fehler, die McDonald's in der Anlaufphase des Exports seiner Franchisen beging, waren auf diesen Umstand zurückzuführen.

Bei der Entwicklung des niederländischen Marktes wurde eine Reihe kleinerer Fehler gemacht, die sich schließlich summierten und in einem Desaster endeten, das noch lange Nachwirkungen hatte. Wie in den USA, so entstanden auch hier die ersten Restaurants in den Stadtrandgebieten. Aber im Gegensatz zu Amerika war der Einzelhandel in Europa damals noch auf den Stadtkern konzentriert, und die Randgebiete waren gewerblich kaum erschlossen. Und statt des bewährten McDonald's-Menüs beschlossen die holländischen Partner, auf den Viertelpfünder, eines der gängigsten Produkte, zu verzichten und statt dessen das Menü durch einige holländische Nationalgerichte – wie beispielsweise Apfelmus und fritierte Hühnerkroketten – zu bereichern. »Man hat uns eingeredet, daß wir unbedingt Gerichte aus der heimischen Küche brauchten«, erklärte Turner.

Es dauerte Jahre, bis McDonald's die Fehler, die es in den Niederlanden gemacht hatte, korrigieren konnte. Selbst nach 1975, als der Konzern sich von seinem Partner Heijn trennte, waren die Auswirkungen noch spürbar. McDonald's zahlte einen hohen Preis, aber es lernte auch aus dem niederländischen Experiment.

Statt nach den ersten Fehlschlägen von seinem ehrgeizigen Plan, das Ausland zu erobern, abzugehen, spornten sie McDonald's an, seine Anstrengungen zu verdoppeln. Es zeigte sich bald, daß sich der Konzern – trotz seiner spektakulären Erfolge auf heimischen Märkten – keine weiteren Rückschläge bei der Entwicklung ausländischer Märkte mehr leisten konnte. Aber da es aus den Lektionen in der Karibik, Kanada und den Niederlanden gelernt hatte, wurde auch deutlich, daß der Aufbau einer international präsenten Kette keine Utopie bleiben mußte.

Nirgendwo zeigte sich das in stärkerem Maße als in Kanada. Schon von dem Augenblick an, als Sonneborn die beiden Marktentwicklungslizenzen für einen Schleuderpreis vergeben hatte, bereute Kroc die Entscheidung. Anläßlich der Einweihung des ersten Lokals in London, Ontario, bot er

George Cohon und seinem Partner Ted Tannebaum an, die Exklusivrechte zurückzukaufen.

Cohon und Tannebaum hatten für die Rechte, sieben Restaurants im Osten Kanadas zu eröffnen, 70 000 Dollar gezahlt. Bei einem Dinner am Tag vor der Eröffnung des ersten Lokals machte Kroc ihnen das unglaubliche Angebot, all ihre Schulden zu übernehmen und ihnen zusätzlich eine Million Dollar für die Rückgabe der Exklusivrechte zu zahlen. Die Partner konnten ein Vermögen machen, bevor auch nur der erste Hamburger verkauft war.

Kroc hatte noch nicht zu Ende geredet, als Cohons Vater sich einmischte. »Mein Gott, ist das ernst gemeint?« wollte er wissen. »Sonst hätte Kroc es nicht gesagt«, erklärte ihm der Sohn. »Aber ich habe das Restaurant nicht gebaut, um es gleich wieder zu verkaufen. Und abgesehen davon, wenn Kroc mir eine Million Dollar bietet, muß die Lizenz viel mehr wert sein.«

Er hatte mit seiner Annahme recht. Zwei Jahre später bot Turner – der inzwischen entschlossen war, keine Marktentwicklungslizenzen mehr zu vergeben und stärker in den kanadischen Markt zu investieren – ihm an, die Lizenz zurückzukaufen. Zu diesem Zeitpunkt hatten die Partner 14 McDonald's-Lokale in Betrieb, aber jährliche Verluste von einer Million Dollar zu verkraften, und da der Konzern mit nur 1 % am Umsatz beteiligt war, zeigte er wenig Interesse daran, Hilfestellung zu leisten. Dieses Mal war Cohon mit dem Rückruf der Lizenzen einverstanden, zumal der Preis insgesamt sechs Millionen Dollar betrug. Er wußte, daß der kanadische Markt ein ebenso großes Absatzpotential wie die USA besaß, aber um es voll auszuschöpfen, waren wesentlich mehr McDonald's-Restaurants notwendig, die er ohne eine ›Kapitalspritze‹ aus Oak Brook nicht bauen konnte.

Manche McDonald's-Direktoren zeigten wenig Verständnis für Turners Entscheidung, ein Unternehmen zu erwerben, das ›in den letzten Zügen‹ lag. Die Kritik mehrte sich noch, als der Firmenchef auch Tidballs Lizenz (Westkanada) zurückkaufte, der mit seinen 19 Lokalen ebenfalls in die roten Zahlen geraten war. Insgesamt mußte McDonald's 15

Millionen Dollar aufwenden, um 43 mit Verlust arbeitende Restaurants aufzukaufen. Selbst die Tatsache, daß Turner damit auch das Recht erworben hatte, den gesamten kanadischen Markt zu entwickeln, machte wenig Eindruck auf seine Kritiker. »Die Leute, die meine Haltung nicht akzeptierten, sahen in Kanada nichts als das Land des Schnees und der Elche«, erklärte Turner. »Aber wer erlebt hatte, wie dynamisch die kanadischen Städte waren, konnte mich verstehen.«

Cohon hatte ein starkes Team aufgebaut und bestand darauf, den Angriff auf den kanadischen Markt selbst zu leiten. Für viele amerikanische Unternehmen, die Kanada als Operationsbasis gewählt hatten, war es üblich, den kanadischen Markt als einen ›verlängerten Arm‹ des amerikanischen Marktes zu betrachten, aber das war nicht in Turners Sinn. Das Erfolgsgeheimnis McDonald's beruhte zum großen Teil darauf, daß es in den USA mit unabhängigen Unternehmen zusammenarbeitete, die ihre spezifischen Märkte nach ihrem Gutdünken entwickeln konnten. Deshalb gab Turner Cohon denselben Freiraum wie jedem, der von McDonald's eine Exklusivlizenz erhalten hatte – und das Kapital, das ihm bisher fehlte.

Cohon nutzte diese Freiheit, um aus McDonald's Canada ein Unternehmen kanadischer Provenienz aufzubauen. Er bestand darauf, mit kanadischen Lieferanten, Banken und Franchisenehmern zusammenzuarbeiten. »Unsere Kunden sind Kanadier, wir erzielen unsere Gewinne in Kanada und wir stützen die kanadische Wirtschaft dadurch, daß wir unsere Waren von kanadischen Herstellern kaufen«, meinte er.

Aber der Präsident von McDonald's Canada tat mehr als das. Er engagierte sich für soziale und kommunalpolitische Aktivitäten. Als beispielsweise die Kaufhauskette Eaton's ankündigte, sie könne die inzwischen zur lieben Tradition gewordene Weihnachtsparade in Toronto – ähnlich der, die Macy's in New York veranstaltete – nicht mehr finanzieren, machte Cohon mit seinem Spendenaufruf Schlagzeilen. Er wurde auch auf politischer Ebene aktiv, half mit, Wahlpartys zu organisieren und entwickelte einen ›heißen Draht‹ zu höchsten Regierungskreisen. Einer seiner Freunde, der damalige Premierminister Pierre Trudeau, berief ihn ins kanadische Postministerium. Cohon begann, wie ein Kanadier zu denken und zu reden. Man hörte oft Kommentare von ihm, wie z. B.: »Washington hat kein Recht, uns als 51. Bundesstaat zu behandeln«, oder: »Die Amerikaner tragen immer mehr zur Verschmutzung unserer Seen bei.« 1975 demonstrierte er besonders deutlich, daß er McDonald's Canada als eine kanadische Unternehmung betrachtete: Er nahm die kanadische Staatsbürgerschaft an. »McDonald's ist ein fester Bestandteil der kanadischen Wirtschaft«, erklärte er. »Es ist wichtig, daß die Expansion von McDonald's International in den Händen der jeweiligen Länder liegt.«

Cohon erklärte, daß der Wechsel der Staatsbürgerschaft vornehmlich aus dem Grund erfolgte, weil er Kanada als seine Wahlheimat betrachtete und durch das Wahlrecht den politischen Kurs des Landes mitbestimmen wollte. Dieser Schritt hat zweifellos auch dazu beigetragen, McDonald's Position in Kanada zu festigen. Cohon hat bei seinen Reden vor Studenten immer wieder betont, daß sein Unternehmen seine Waren ausschließlich von kanadischen Lieferanten bezieht. Oft ist es dabei zu hitzigen Debatten mit seinen Zuhörern gekommen, von denen manche ihm vorgehalten haben, daß McDonald's nach wie vor ein zu hundert Prozent amerikanischer Konzern sei. Diesen Einwand hat er auf der Stelle durch den Satz entkräftigt: »Aber ich bin kanadischer Staatsbürger, und das war meine freie Entscheidung, während Sie hier geboren sind und keine Wahl hatten.«

Cohons Bemühen, McDonald's ein durch und durch kanadisches Image zu geben, verschaffte ihm das Wohlwollen der Presse und half, Widerstände – insbesondere in den östlichen Provinzen des Landes – gegen ein weiteres Vordringen des ›American way of life‹ abzubauen. Aber ein positives Image allein war nicht genug, um den kanadischen Markt zu ›knacken‹.

Unzufrieden über die langen, ›mageren Jahre‹ und das Unvermögen, die Umsätze der kanadischen Lokale zu steigern und auch nur in vergleichbarer Nähe der in den USA erzielten zu rücken, entschlossen sich Cohon und Turner zu einem kühnen Schritt, den man wohl nicht in Betracht gezogen hätte, wenn die kanadischen Restaurants allein von der McDonald's-Zentrale aus gesteuert worden wären: Die Preise in Kanada wurden um 20 % gesenkt. »Wir mußten irgend etwas Spektakuläres unternehmen, damit die Leute zu uns kamen und unsere Produkte überhaupt einmal probierten«, erklärte Cohon.

Diese drastische Maßnahme hatte den erhofften Erfolg. Der Umsatz je Verkaufsstelle stieg in nur einem Jahr um 25 %, und selbst, als man zwei Jahre später zum ursprünglichen Preis zurückkehrte, zeigten die Umsätze weiterhin steigende Tendenz. Mit der finanziellen Hilfe der Muttergesellschaft konnte McDonald's Canada Anfang der 70er Jahre aggressiv expandieren. Gegen Ende der Dekade nahm McDonald's am kanadischen Fast food-Markt nahezu eine Monopolstellung ein. Turners vielkritisierte Akquisitionsstrategie erwies sich nun als genialer Schachzug. 1993 erzielten die 674 kanadischen Restaurants einen durchschnittlichen Umsatz von 2,3 Millionen kanadischen Dollar und lagen damit um fast 15 % höher als der durchschnittliche weltweite Umsatz. Allein in diesem Jahr hatte McDonald's Canada Bruttoerträge von 83,6 Millionen Dollar vorzuweisen – fünfmal so viel wie die Summe, die Turner damals gezahlt hatte.

Der Erfolg in Kanada zeigte, daß es angeraten war, auch im Ausland an den bewährten Franchisekonzepten festzuhalten – was allerdings keine Garantie dafür bot, daß McDonald's auch in Ländern mit einer völlig unterschiedlichen Kultur Fuß fassen konnte – mit einem amerikanischen Franchisesystem, einer amerikanischen Speisekarte und amerikanischem Geschäftsgeist. In Japan gelang dies.

Von diesen drei Voraussetzungen erwies sich in Japan die des Geschäftsgeistes als entscheidend, da McDonald's den richtigen Partner gewinnen konnte: Den Fujita, Gründer und ehemals Leiter einer kleinen Importfirma, die sich auf Handtaschen, Schuhe und modische Accessoires spezialisiert hatte. Die meisten Leute machten sich von Japan ein falsches Bild: sie glaubten, Japan sei in erster Linie ein Exportland, und die Stärke japanischer Geschäftsleute liege in ihrem Teamgeist, in der durch Konsens erzielten Entscheidungsfindung, in ihrem Traditionsbewußtsein und in der lebenslangen Loyalität gegenüber einem einzigen Mammutunternehmen. Fujita paßte nicht in diese ›Gußform‹.

Er zeigte denselben Unternehmergeist wie Ray Kroc. Mit 25 Jahren hatte er sein erstes Geschäft gegründet: Er importierte Golfschläger und -schuhe. Dann erkannte er, daß Frauen ein vielversprechender Abnehmer für westliche Produkte waren, weil sie modebewußter sind. Und als die renommierten Couturiers in Europa begannen, Prêt-à-porter-Mode zu entwerfen, sah er richtig voraus, daß die meisten Frauen von den Namen der Modezaren fasziniert waren und sich hier ein Massenmarkt schaffen ließ. Er importierte als einer der ersten Christian-Dior-Modelle und gilt auch heute noch als der größte Importeur von Dior-Handtaschen.

Über seine Handelsniederlassung in Chicago hatte Fujita von McDonald's Expansionsplänen gehört, und da er oft auf Geschäftsreisen in den USA war, kannte er die Vorliebe der Amerikaner für Fast food-Gerichte. Er war überzeugt, daß der Zeitpunkt gekommen war, an dem sich die japanische Kultur einen anderen westlichen Konzept öffnen müsse.

Fujita bestand darauf, McDonald's Japan als völlig autonome japanische Unternehmung zu führen, weil er der Meinung war, daß seine Landsleute ihr Bedürfnis nach westlichen Produkten nicht befriedigen würden, wenn sie diese bei einem amerikanischen Konzern kaufen mußten. »Wir Japaner haben Minderwertigkeitskomplexe gegenüber allem, was aus dem Ausland stammt, weil unsere Kultur durch starke fremde Einflüsse geprägt wurde«, meinte er. »Unsere Schrift haben wir von den Chinesen übernommen, den Buddhismus von den Koreanern und alle Neuerungen nach dem Zweiten Weltkrieg, von Coca-Cola bis IBM, von den Amerikanern.« Er behauptet, die Einstellung der Japaner zum Westen sei äußerst zwiespältig. »Einerseits bewundern wir den Westen, andererseits sind wir extrem ausländerfeindlich. Wir mögen Chinesen nicht, wir mögen die Koreaner nicht und ganz besonders stark ist der Vorbehalt gegen die Amerikaner, weil wir den Krieg gegen sie verloren haben.«

Fujitas Schlußfolgerung: Das amerikanische Fast food-Konzept versprach, ein Riesenerfolg zu werden – weil sich Japan bemühte, an die Entwicklung des Westens anzuknüpfen –, aber nur unter der Voraussetzung, daß es sich um ein rein japanisches Unternehmen handelte, in dem sämtliche Mitarbeiter Japaner waren. Die Japaner würden für die Hamburger Interesse zeigen, wenn sie nicht als amerikanischer Import deklariert waren. »Wenn ich sie als amerikanisches Produkt vermarktet hätte, wären nur wenige bereit gewesen, ihre Eßgewohnheiten zu ändern. Wir mögen die Amerikaner nun einmal nicht besonders.«

Fujita besaß den Unternehmergeist und die Qualifikationen, die McDonald's von seinen ausländischen Systempartnern verlangte. Deshalb willigte es 1971 auch in ein Joint-Venture ein, an dem McDonald's mit 50 % beteiligt war und bei dem sich Fujita und sein Partner, die Brotfirma Daiichiya, die restlichen 50 % teilten. Fujita wurde Präsident und Leiter von McDonald's Japan und kaufte schon nach kurzer Zeit Daiichiyas Anteil auf. Von Anfang an bestimmte er McDonald's Markteinführungsstrategien in Japan. Er war überzeugt, daß ein so fremd anmutendes Produktkonzept wie Hamburger in seinem Land Anklang finden würde – wo man hauptsächlich Fisch-und Reisgerichte aß – ohne das Menü auf den japanischen Geschmack und die Eßkultur abzustimmen (wie McDonald's es in den Niederlanden – ohne Erfolg – versucht hatte). Er beschloß, die Hamburger ohne die geringste Modifikation, als eine Art ›revolutionäres Produkt‹, auf den Markt zu bringen. Er weckte die Aufmerksamkeit der Medien durch seine Vorträge an Universitäten, in denen er sich enthusiastisch über die Produkteigenschaften äußerte und durch seine Enthüllung, daß er die Eröffnung von Hamburger-Lokalen in ganz Japan plane. »Der Grund, warum wir Japaner so klein und so gelb sind, ist darin zu suchen, daß wir seit zweitausend Jahren nur Fisch und Reis gegessen haben«, erzählte er den Reportern. »Wenn wir von jetzt an tausend Jahre lang McDonald's-

Hamburger und Pommes frites essen, werden wir größer, bekommen eine weiße Haut und blonde Haare.«

Fujita ignorierte auch McDonald's Rat, seine ersten Restaurants in Stadtrandgebieten zu eröffnen. Das Experiment in den Niederlanden hatte noch keinen Lernerfolg gezeigt, und die meisten McDonald's-Manager in Oak Brook vertraten die Ansicht, daß man sich bei der Standortwahl an das amerikanische Erfolgsrezept halten sollte, bei dem man die Märkte von den Stadtrandgebieten aus entwickelte. Fujita war damit nicht einverstanden. McDonald's erste Verkaufsstelle argumentierte er, müsse an der Ginza, Tokios Prachtstraße, entstehen. Hier mußten alle neue Importe die Feuertaufe bestehen. Millionen von Passanten, einschließlich Tausende von amerikanischen Touristen, flanierten an den Auslagen vorbei. »Ich war der Meinung, daß amerikanische Touristen, die an der Ginza Hamburger aßen, die Aufmerksamkeit meiner Landsleute erregen würden«, meinte Fujita. »Sie würden sich sagen, wenn die Amerikaner das essen, muß es gut sein.«

Aber an der Ginza mit ihren zahllosen, dicht aneinandergereihten Geschäften waren die Standortmöglichkeiten begrenzt und die Mieten exorbitant. Aber mit der Unterstützung von Mitsukoshi, Japans größte und älteste Warenhauskette, die von Fujitas Firma Geldbörsen bezogen hatte, gelang es Fujita, 500 qm im Erdgeschoß des Kaufhauses für sein erstes Restaurant zu erhalten. Der Verkaufsraum ging zwar auf die Ginza hinaus, hatte aber nur ein Fünftel der Größe eines üblichen McDonald's. Fujita löste das Raumproblem, indem er eine Kompaktküche und statt der Sitze Stehtische installierte.

Die Pachtkonditionen waren noch restriktiver. Mitsukoshi wollte sich durch McDonald's nicht in seinem gewohnten Geschäftsablauf stören lassen und bewilligte ihm vor der Eröffnung des Restaurants genau 93 Stunden – von Sonntagmorgen sechs Uhr bis Dienstag 9 Uhr – für Arbeiten, die normalerweise drei Monate in Anspruch nehmen.

Der Standort war zu günstig, um darauf zu verzichten, also akzeptierte Fujita die Bedingungen. Er mietete außerhalb Tokios ein Lager, in dem die Bauarbeiter üben konnten, wie man in Rekordzeit ein McDonald's aus dem Boden stampft. Jeder der 70 Leute erhielt ein detailliertes Programm mit exaktem Zeitplan. Fujita veranstaltete drei ›Testdurchläufe‹: Er ließ das Restaurant aufbauen, abbauen und wieder aufbauen, und nach dem dritten Versuch hatte die Mannschaft die Arbeitszeit auf 36 Stunden reduziert.

Fujita informierte McDonald's in Chicago per Telex, daß am Dienstag, den 20. Juli 1971 die Eröffnung geplant sei. Ray Kroc und andere McDonald's Topmanager erschienen am Samstag, den 17. Juli, in Tokio. Am nächsten Morgen bat Ken Strong, einer der McDonald's-Manager, das Restaurant besichtigen zu dürfen. Fujita führte ihn zum Fenster des Ladens, in dem die Bauarbeiter abends ihre Glanzleistung vollbringen sollten. »Hier ist es«, erklärte ihm Fujita voller Stolz. »Ja, aber wo ist denn der Laden?« fragte Strong.

Strong konnte Fujitas Erklärungen nicht glauben. »Mr. Fujita, übermorgen ist Eröffnung, wie wollen Sie das schaffen?« »Keine Sorge, wir schaffen es«, versicherte Fujita. Nach seiner Rückkehr ins Hotel erstattete Strong sofort Kroc Bericht. »Wir bekommen Ärger«, meinte er. »In zwei Tagen soll die Eröffnung stattfinden, und absolut nichts ist vorbereitet.«

Die Bauarbeiter führten das ausführlichst geprobte Manöver fehlerlos durch, und als der McDonald's-Gründer am Morgen der Einweihung im Laden erschien, war alles perfekt. Von der ersten Stunde an hatte das Lokal eine nahezu magische Anziehungskraft. Allein am Eröffnungstag konnte sie 3000 Dollar Umsatz verbuchen, danach erreichte der Tagesumsatz Rekordhöhen von mehr als 6000 Dollar. Der weltweite Siegeszug des McDonald's-Hamburgers hatte begonnen.

Das Expansionsprogramm in Japan wurde in demselben rasanten Tempo in die Praxis umgesetzt wie die Errichtung des ersten Restaurants. Fujita erinnerte Kroc daran, daß beide nach dem chinesischen Kalender im Jahr des Tigers geboren waren, und er steuerte die Marktentwicklung mit derselben Kühnheit und Vehemenz, die Kroc in den USA gezeigt hatte. Noch vor Eröffnung des ersten Lokals hatte er eine Hamburger-Universität in Japan errichtet, um die Franchisenehmer mit ihrem neuen Aufgabengebiet vertraut zu machen. Er stellte rund zwanzig Mitarbeiter ein, die jede einzelne Phase des Expansionsprozesses überwachten. Die Wachstumsrate war geradezu beängstigend: Drei Tage nach Inbetriebnahme des ersten Lokals eröffnete er ein McDonald's-Restaurant in Shinjuku-ku, in der Nähe des Bahnhofes, an dem die Pendler von und nach Tokio ein- und ausstiegen, einen Tag später ein drittes. Nach nur achtzehn Monaten hatte Fujita 19 Lokale in Japan, ausschließlich in Ballungszentren, errichtet. Alle hatten mit dem McDonald's-Standard-Menü einen Bombenerfolg zu verzeichnen. »Japan war für uns wie eine Feuertaufe«, meinte Fred Turner. »Nach dieser Erfahrung wußten wir, daß sich das amerikanische Produktkonzept ohne oder mit nur minimalen Modifikationen exportieren ließ.«

Fujita war ohnehin nicht geneigt, die Änderungsvorschläge der McDonald's-Zentrale fraglos zu akzeptieren. Er ließ keinen Zweifel offen, daß McDonald's Japan unter japanischer Leitung stand. Seine Commercials waren eindeutig auf japanische Präferenzen zugeschnitten. Er war überzeugt, daß Japans Jugend, die Kinder und die jungen Familien die attraktivsten Kundenschichten waren, was in seinen Medienkonzepten klar zum Ausdruck kam. »Die Eßgewohnheiten der älteren Generation ließen sich nicht mehr grundlegend verändern«, meinte er. »Aber unserer Jugend konnten wir die Hamburger ›schmackhaft‹ machen.« Fujita änderte sogar die Aussprache des Firmennamens, die für Japaner ein ›Zungenbrecher‹ ist: aus McDonald's wurde Makudonaldo. Aus demselben Grund wurde Ronald McDonald in Donald McDonald umgetauft.

Fujitas Adaptionsprozesse waren für seine amerikanischen Partner nicht immer nachzuvollziehen. Bei einem seiner Japan-Besuche geriet Turner über ein Poster in Wut, das er in einem McDonald's-Lokal nahe der Universität entdeckt hatte: Es zeigte eine Motorradgang in Lederkluft, die große Ähnlichkeit mit den berüchtigten ›Hell's Angels‹ hatte. Fujita versuchte, den Firmenpräsidenten zu beruhigen. »Turner-San, Sie verstehen nicht, das ist westlicher Stil, und junge Japaner lieben westlichen Stil«, erklärte er. »Dieses Lokal ist kein Treffpunkt für Motorradgangs, aber es sieht genauso aus«, erwiderte Turner. »Kein Problem, Turner-San, japanische Menschen verstehen nicht den feinen Unterschied«, konterte Fujita.

Fujita hatte zwar enormen Freiraum im Marketingbereich, aber McDonald's duldete keine Abweichungen von den bewährten Betriebsrichtlinien. Im Vergleich zum typisch japanischen Managementstil war das McDonald's-System äußerst restriktiv. Obwohl in den McDonald's-Betrieben, wie in allen japanischen Unternehmungen, Teamarbeit und Konformität eine zentrale Rolle spielten, wußte Turner, daß die Kette im gleichen Maße abhängig war von der individuellen Leistung und der individuellen Marketingaktivität der Restaurants, die den Schlüssel zu McDonald's kollektiver Kreativität darstellen.

Individuelle Kreativität ist im japanischen Managementsystem schwer zu fördern. Hier bestimmt die Seniorität den beruflichen Aufstieg, hier haben die Entscheidungsfindungsprozesse Konsenscharakter, und hier ist derjenige ein ›guter‹ Mitarbeiter, der genau das tut, was man anordnet. Schon bei seiner ersten Japanreise war Turner aufgefallen, daß die japanische Belegschaft sein Betriebshandbuch buchstabengetreu befolgte. Die grillmen waren das beste Beispiel. Turner meinte: »In den USA mußten wir unseren 28 000 grillmen immer wieder predigen, die erste Reihe Hamburger exakt 10 cm vom linken Rand des Grills, also in optimaler Entfernung zur Feuerstelle zu plazieren. Aber unsere sture Yankee-Mentalität läßt sich nicht zu, daß wir uns von anderen etwas sagen lassen; wir wissen alles besser. Wenn japanische grillmen einmal gelernt haben, wohin die Hamburger gehören, legen sie sie jedesmal wieder an die vorgeschriebene Stelle. Ich habe dreißig Jahre lang nach Personal gesucht, das sich so hundertprozentig an die Vorschriften hält; aber als ich es in Japan fand, hat es mich nervös gemacht.«

Turner erkannte, daß die japanische Managementphilosophie dem McDonald's-System größere Nachteile als Vorteile brachte und daß Japan mehr als eine Gewöhnung an amerikanische Eßkultur brauchte: eine tiefgreifende Änderung seiner Managementkultur.

Obwohl Fujita 1500 japanische Mitarbeiter in führenden Positionen beschäftigt, wird das Unternehmen nicht japanischen Traditionen gemäß geführt. Das mag daranliegen daß Turner einen seiner eigenen Manager nach Japan ›abkommandierte‹. John Asahara ist japanisch-amerikanischer Abstammung und für die Einführung der spezifisch amerikanischen Managementtechniken zuständig, die in den USA zum Erfolg des Konzerns beigetragen haben.

Mit Fujitas Einverständnis hat er ein dynamisches junges Führungsteam aufgebaut, das er von den innovationsfeindlichen Einflüssen der japanischen Managementkultur, in der die Macht ausschließlich in Händen der traditionsorientierten älteren Manager liegt, nach besten Kräften schützt. Er spielt nicht selten die Rolle des Vermittlers, wenn betriebstechnische Entscheidungen des McDonald's-Konzerns nicht mit denen des japanischen Topmanagements in Einklang zu bringen sind. Er ist ständig auf der Suche nach vielversprechenden Führungstalenten, deren Karriere er mehr fördert als die langgedienter Manager – was an sich schon eine Provokation der japanischen Gepflogenheit darstellt, Beförderungen ausschließlich vom Alter abhängig zu machen. Er konnte die Japaner sogar dazu überreden, die Position des Assistant Managers einzuführen, der als Teilzeitmitarbeiter das Führungsteam bei Bedarf unterstützt. Diese Konzeption ist in japanischen Managementkreisen nahezu unbekannt. Für sie ist eine Führungsposition eine lebenslange Vollbeschäftigung in einem Unternehmen.

Asahara vermied es, die Forderungen des amerikanischen Partners zu diktieren; statt dessen versuchte er mit großer Geduld seine Landsleute von der Effizienz des amerikanischen Konzeptes zu überzeugen. Obwohl er großen Einfluß hat, besitzt er keinen offiziellen Titel; aber er hat es verstanden, die gefährliche Gratwanderung zwischen Tradition und Neuerung mit Bravour zu meistern. Asahara selbst meinte dazu: »Ich halte meinen Mund und versuchte, nicht aufzufallen. Keiner außerhalb McDonald's weiß etwas von meiner Existenz.«

Die ›Ehe‹ zwischen einem amerikanischen Produkt- und Organisationskonzept und japanischen Marketingmodellen gehört zu den erfolgreichsten, die je geschlossen wurden. Kanada ist zwar nach wie vor McDonald's umsatzstärkste Auslandsniederlassung, aber das Beispiel Japan war ein Beweis dafür, daß sich das amerikanische Fast food-System auch auf einen völlig fremden Kulturkreis übertragen ließ. 1993 gab es in Japan 1040 McDonald's-Restaurants, die zusammen mehr als 1,6 Milliarden Dollar Umsatz erzielten. Sein Ziel, Kanada als wichtigsten Markt von McDonald's International zu überflügeln, erreichte Fujita bereits 1988.

Fujitas Erfolg brachte McDonald's die Erkenntnis, daß es im Ausland starke Partner brauchte, die dem Marketing eine landesspezifische Note gaben, ohne dabei die Grundlagen zu zerstören, die für die Schlagkraft des McDonald's-Systems in den USA gesorgt hatte. McDonald's Japan wurde zu einem Modell für McDonald's international relevante Lizenzstrategie – die eine enge Zusammenarbeit mit einem Joint-Venture-Partner vorsieht, der noch größere Autonomie als die amerikanischen Franchisenehmer besitzt. Das Beispiel Japan bewies, daß der Schlüssel zum Erfolg auf internationaler Ebene derselbe war wie in den heimischen Märkten: Man brauchte im Inland wie Ausland Unternehmer, die die Entwicklung und Bearbeitung ihrer Märkte eigenständig leiteten und kontrollierten.

Diese Exportpolitik führte zu einer so ungeheueren Vielfalt unterschiedlichster Joint-Ventures, daß McDonald's heute kaum noch Gemeinsamkeiten mit einem typischen Multi hat. Es handelt sich vielmehr um eine lockere Konföderation von unabhängigen Einzelhandelsunternehmen, die zufällig dieselben exakt festgelegten Fast food-Menüs und Betriebstechniken haben, aber ihr Marketing-Mix den heimischen Bedürfnissen und kulturellen Gegebenheiten anpassen. In den meisten Ländern ist McDonald's eine Partnerschaft mit einer Kapitalbeteiligung von 50 % eingegangen. Die Führung der ›Mini-McDonald's‹ liegt in Händen der ausländischen Partner. In einigen Ländern handelt es sich dabei um typische Joint-Venture-Unternehmen, in anderen um individuelle Franchisenehmer, die in ähnlich kooperativer Beziehung zu den jeweiligen McDonald's-Gesellschaften stehen wie die amerikanischen Franchisenehmer zur Zentrale in Oak Brook.

Abgesehen vom Unternehmergeist, der alle auszeichnet, haben die ausländischen McDonald's-Partner wenig Gemeinsamkeiten in bezug auf ihren sozialen Hintergrund oder auf die Arrangements, die sie mit McDonald's getroffen haben. Paul Lederhausen, der erste Lizenznehmer in Schweden, wo McDonald's inzwischen 20 Restaurants unterhält, entdeckte den Fast food-Konzern auf einer seiner Reisen in die USA, die er im Rahmen seiner damaligen Tätigkeit als Lieferant von Großküchen besuchte. Daniel Ng, McDonald's-Partner und Mitbesitzer von 7 der 28 Lokale in Hongkong, war sieben Jahre lang Industriechemiker in einem bekannten Chicagoer Forschungslabor, bevor er in seine Heimatstadt zurückkehrte und ein Joint-Venture mit McDonald's einging. Robert Kwan, McDonald's-Partner mit 16 Restaurants in Singapur, betrieb früher einen Spielzeuggroßhandel. Peter Rodenbeck von McDonald's Brasilien, arbeitete als Leiter einer Investmentbank in Rio de Janeiro, und George Yang besaß auf den Philippinen drei Juwelierläden. Saul Kahan, der neue Fifty-fifty-Partner, hatte einen Autosalon in Mexico City, und Lorenzo Bustillo aus Venezuela ein Import-Export-Geschäft. McDonald's hat bei der Wahl seiner ausländischen Partner bewiesen, daß es aus den Erfahrungen in den USA gelernt hatte, daß branchenfremde Franchisenehmer im allgemeinen erfolgreicher sind als solche, die aus der traditionellen Gastronomie stammen.

In den englischsprachigen Ländern suchte sich McDonald's vornehmlich Partner, die das System in- und auswendig kannten. Es griff auf amerikanische Franchisenehmer zurück. Bob Rhea, langjähriger Freund Fred Turners und Inhaber von fünf Restaurants in Cleveland, entschloß sich zu einem Joint-Venture in England; Donn Wilson (mit sechs Lokalen in Dayton, Ohio) wurde Geschäftsführer von McDonald's Australien. In beiden Fällen sorgte McDonald's dafür, daß Einheimische das Managementteam ergänzten: Geoffrey Wade, der im Immobiliengeschäft einige Erfahrung besaß, beteiligte sich an der englischen Unternehmung; Peter Ritchie, ein australischer Spezialist, ebenfalls aus der Immobilienbranche, wurde stellvertretender Direktor und übernahm 1974, nach Wilsons Ausscheiden, McDonald's Australien.

Selbst in den Märkten, die McDonald's ohne Partner entwickelte, optierte der Konzern für starke lokale Kontroll- und Entscheidungsinstanzen. Die Führung der deutschen Niederlassung wurde einem holländischen Gastronomie-Experten namens Tony Klaus übertragen. Als dieser zusammen mit einer Reihe internationaler Topmanager bei einem Flug über die Schweizer Alpen tödlich verunglückte, ernannte McDonald's einen jungen branchenfremden deutschen Manager zu seinem Nachfolger. Walter Rettenwender übernahm im Alter von 27 Jahren eine Tochtergesellschaft von McDonald's, die mit damals 42 Lokalen und Jahresumsätzen von mehr als 40 Millionen Dollar zu den drei erfolgreichsten Auslandsbasen des Konzerns zählte.

Trotz des unterschiedlichen sozialen und kulturellen Hintergrundes ist den meisten McDonald's-Topmanagern im Ausland eines gemein, das ebenfalls Licht in das Erfolgsgeheimnis des Konzerns bringt: Die wenigsten sind im Land selbst geboren, und niemand gehört zu den Traditionalisten. Die meisten schätzen den amerikanischen Geschäftsstil und den sprichwörtlichen amerikanischen Unternehmergeist: ein großer Teil hat mehrfach die USA besucht und zeitweilig dort gelebt.

»Ein Besuch der USA ist immer wie eine Vitaminspritze«, meinte der schwedische Master-Lizenznehmer Lederhausen, der auf einer Geschäftsreise in Greenville, South Carolina, zum erstenmal ein McDonald's zu Gesicht bekam. »Die Amerikaner sind dynamischer, aggressiver und eher bereit, etwas Neues zu erproben.« Und der Präsident von McDonald's Australien, Ritchie, nahm eine Führungsposition bei Mc-

Donald's an, weil ihn das amerikanische Geschäftsleben faszinierte. »Ich habe die amerikanischen Unternehmen schon immer bewundert. Sie sind viel effizienter und aggressiver als unsere australischen.«

McDonald's internationaler Erfolg ist nicht zuletzt darauf zurückzuführen, daß es den Typus Partner suchte und fand, den Kroc in der Aufbauphase der Kette bevorzugt hatte – unabhängige, risikofreudige Unternehmer, die sich bereit zeigten, Produkte und Techniken einzuführen, die in ihren Heimatländern gänzlich unbekannt waren. Der Berufswechsel von McDonald's Lizenznehmer Ng in Hongkong wurde von seinen Freunden mit äußerster Skepsis betrachtet. »Man hielt mir immer wieder vor, daß wir Chinesen Reis und keine Hamburger essen. Aber als Chinese wußte ich, daß meine Landsleute dieses Gericht zumindest nicht völlig ablehnen würden, und ich rechnete mir gute Absatzchancen aus, wenn das Essen exzellent, die Hygiene tadellos und die Preise vernünftig waren.« Als Lederhausen seinen Küchengroßhandel aufgab und seine gesamten Ersparnisse in den Ausbau seiner McDonald's-Lokale in Schweden investierte, waren die Reaktionen – die er wie Ng überging – ähnlich. Seine ehemaligen Kunden warnten ihn, daß die Schweden Hamburger nichts abgewinnen könnten, und die Journalisten fragten, warum er dieses ›Plastik-Menü‹ unbedingt nach Schweden importieren wolle. »Hamburger sind genauso gesund wie unsere schwedischen Fleischbällchen, nur flacher«, lautete seine Antwort.

Dadurch, daß McDonald's landesangehörige Unternehmer zu seinen Partnern machte, vermied es das negative Image, das den meisten Multis, die gierig nach internationalen Märkten greifen, anhaftet. Das war von allem deshalb wichtig, weil der Einzelhandel generell nicht ohne eine Operationsbasis in anderen Ländern auskommt. Durch McDonald's Einflußnahme auf die spezifischen Eßkulturen war der Konzern besonders anfällig für Marktwiderstände. Denn Fujita hatte gezeigt, daß das Ausland nur dann das amerikanische Fast food-Konzept akzeptieren würde, wenn sich das von Amerika entsandte Management zunächst einmal von der

Kultur beeinflussen ließ, die es zu verändern trachtete. »Wir vermeiden es, als amerikanische Unternehmen aufzutreten, weil es im Ausland viele Vorurteile gegen uns gibt«, meinte der ehemalige Vizepräsident und inzwischen Präsident von McDonald's International, Brent Cameron. »Das haben wir allerdings erst dann erkannt, als die Araber unser Land stürmten und unsere Unternehmen aufkauften.«

Die Auslandsexpansion mit Hilfe einheimischer Partner ist nur ein Teil des Erfolgsgeheimnisses. Der andere, noch wichtigere ist die nahezu grenzenlose Freiheit, die McDonald's ihnen in der Entwicklung und Bearbeitung ihrer Märkte zubilligt. »Die Führungskräfte in australischen Unternehmen können kaum glauben, wieviel Autonomie ich habe, und manchmal kommt es sogar mir unglaublich vor«, meinte Ritchie.

Nicht immer und in allen Bereichen kostet Ritchie diese Freiheit und Machtstellung aus. Obwohl er z. B. berechtigt ist, seine Grundstücksgeschäfte ohne Einmischung aus Oak Brooks zu tätigen, fühlte er sich vor kurzem erst bemüßigt, Turners Zustimmung für ein Objekt einzuholen, das selbst nach McDonald's-Standard einen gigantischen Preis hatte: 4,5 Millionen Dollar – also nahezu die doppelte bis dreifache Summe, die man für die exklusivsten Standorte in Europa aufwenden muß. Ritchie bestand darauf, daß Turner die Grundstücke bei einer Reise nach Australien selbst in Augenschein nahm. »Warum zeigen Sie mir das?« fragte der Firmenchef. »Sie haben mich doch seit mehr als zehn Jahren nicht um meine Erlaubnis gebeten. Warum jetzt damit anfangen?«

McDonald's führte seine ausländischen Partner an der extrem ›langen Leine‹ und erlaubte ihnen somit, sich über bürokratische Barrieren hinwegzusetzen und aus eigenen Fehlern zu lernen. Diese Führungsmethode scheint für ein international operierendes Unternehmen die einzig logische, aber die wenigsten Fast food-Ketten richten sich danach. Rettenwender erklärte, daß die Entscheidungen von Managern anderer amerikanischer Fast food-Ketten in Deutschland zunächst einen ungeheuren Instanzenweg durchlaufen, bevor sie von der Zentrale in den USA abgesegnet wurden. Für ihn war es sicherlich ein Schock, als man dem 27jährigen die alleinige Entscheidungsgewalt über die Verwendung des Werbebudgets, die Wahl der Verkaufsförderungsmaßnahmen für die einzelnen Produkte oder die Zahl und Standortwahl neuer Restaurants übertrug. »Ich mußte eine Verantwortung übernehmen, für die ich im Grunde noch nicht reif war«, lautete sein Kommentar. »Aber man wächst mit den Aufgaben. Es war wie ein Kopfsprung ins eiskalte Wasser, obwohl man weiß, daß man nicht schwimmen kann. Zuerst hat man das Gefühl, zu ertrinken, aber dann schwimmt man sich plötzlich frei.«

Selbst wenn die Entscheidungen der ausländischen Partner den Managern in Oak Brooks gelegentlich mißfallen, ist McDonald's in den meisten Fällen der nachgebende Teil, vor allem, wenn es um den Marketingbereich geht. Es war für McDonald's nichts Neues, den amerikanischen Lizenznehmern freie Hand im Marketing zu gewähren, und es hatte richtig erkannt, daß die ausländischen Partner aufgrund der kulturspezifischen Merkmale maximalen Freiraum bei der Bestimmung ihres Marketing-Instrumentariums brauchten.

Fujita nutzte diesen Freiraum, um McDonald's Japan zu einem Unternehmen japanischer Prägung zu gestalten. Marketingstrategien, die von der McDonald's-Zentrale in Oak Brook vorgeschlagen werden, sind zwar willkommen, aber Fujita behält sich die letzte Entscheidung vor. Als Oak Brook ihn z. B. aufforderte, sich an einer weltweiten Promotion der amerikanischen Fußballvariante ›Soccer‹ zu beteiligen, lehnte Fujita rundweg ab, weil dieser Massensport in Japan wenig Anklang findet. Das Telex, das er nach Oak Brooks schickte, lautete: »Fußball werde ich in Betracht ziehen.« Die McDonald's-Manager hatten es nicht auf Anhieb geschafft, diesen typisch japanischen ›Code‹ zu knacken; deshalb half Fujita mit einer deutlicheren Botschaft nach: »Es sein gegen japanische Tradition nein zu sagen. Wenn sage: ›Ziehe in Betracht‹, heißt: ›Geh zum Teufel!‹«

Während Fujita das McDonald's-System ohne Abwandlungen übernahm, gingen andere Auslandspartner dazu über, Menü oder Restaurantausstattung auf landesspezifische Bedürfnisse abzustimmen. In Australien nahm Ritchie beispielsweise statt des regulären Fischmäc das englische Nationalgericht Fish and Chips in seine Speisekarte auf. Der größte Hit war hier nicht der Hamburger, sondern ein in den USA unbekanntes Hähnchengericht, auf das 30% des australischen Umsatzes entfielen. Der beliebteste Hamburger bestand aus Zutaten, die die Australier bevorzugen – Salat, Tomaten und Mayonnaise. Der reguläre – garniert mit Gurken, Zwiebeln, Ketchup und Senf – konnte dagegen nur einen Umsatz von 1% verbuchen. Überhaupt hatten die Australier mit den Gurken, die McDonald's normalerweise auf alle Hamburger legt, größte Schwierigkeiten. »Gurken waren bei uns überall – auf den Wänden und an der Decke«, berichtet Ritchie. »Wenn wir ein Bild von Ronald McDonald aufhängten, hatte er am Abend mit Sicherheit Gurken auf den Augen.«

Aber im Laufe der Zeit merkten die australischen Manager, was schon Fujita entdeckt hatte: McDonald's mußte, um genauso erfolgreich wie auf heimischen Märkten zu sein, die spezifischen Eßgewohnheiten ändern, anstatt sein Menü an die Eßkultur der jeweiligen Länder anzupassen. Heute bietet McDonald's in Australien dieselben Produkte an wie in den USA. Das Hähnchengericht wurde mittlerweile durch die Chicken McNuggets ersetzt, der Salat-Tomaten-Hamburger und die Fish and Chips gänzlich vom Menü gestrichen. Ritchie sieht die Ursache für die Veränderungen der Präferenzen in McDonald's Einfluß auf seine stärkste Zielgruppe, die Kinder, zurück, die das amerikanische Menü von Anfang an akzeptiert hatten. Sie sind inzwischen erwachsen, haben eigene Kinder und somit für eine Ausweitung des Kundenkreises gesorgt. Als McDonald's Australien auf seine Produktmodifikationen verzichtete, arbeitete die australische Tochter zum erstenmal nach acht Jahren mit Gewinn.

McDonald's Deutschland machte denselben Lernprozeß durch, der sich allerdings als noch härter und umfangreicher erwies. Da der Markt äußerst traditionsgebunden war, sah sich McDonald's anfangs gezwungen, sein Produktangebot und Restaurantdesign dem Geschmack des deutschen Kunden anzupassen: Ein Hamburger war für ihn ein Einwohner der Hansestadt Hamburg, kein Gericht. Es gab zwar Brötchen, aber die weichen Buns waren gänzlich unbekannt. Milchshakes bestanden aus Milch und Aromazusätzen, und deshalb hörte man von den Kunden anfangs immer wieder Klagen – weil die Getränke ›gefroren‹ seien.

Um einem Kulturschock vorzubeugen, kam McDonald's in Deutschland 1971 mit einer veränderten Speisekarte auf den Markt: In allen Lokalen wurden panierte Hähnchenbrustfilets und das Nationalgetränk Bier, eingeführt. Manche Manager erwogen sogar, das Menü durch ein Bratwurstgericht zu erweitern. Auch die Restaurants selbst erhielten ein Design, das auf den deutschen Geschmack abgestimmt war und in den Augen der Kunden weniger steril und ›durchgestylt‹ wirkte. Man bevorzugte dunkle Farben, Holzvertäfelungen und indirektes Licht. Da der Mietspiegel in Deutschland in der Regel vier- bis fünfmal höher lag als in den USA, waren die Restaurants im allgemeinen kleiner und boten statt hundert durchschnittlich vierzig Sitzplätze. In den größeren Lokalen wurden die Sitzecken durch hölzerne Trennelemente abgeteilt, um dem Lokal einen Hauch von Gemütlichkeit zu geben, das für das deutsche – und speziell das süddeutsche – Ambiente charakteristisch ist. Ein Restaurant in München sah sogar wie die Kopie eines Bierkellers aus.

Was auf den deutschen Kunden vertraut wirkte, war für McDonald's fremd. Da Hähnchengerichte nicht zum amerikanischen Standardmenü gehörten, hatte McDonald's die Zubereitungstechniken auch nicht automatisiert, mit dem Ergebnis, daß das Produkt in unterschiedlicher Qualität angeboten wurde. Das im McDonald's ausgeschenkte Bier war billiger als in anderen Lokalen und sorgte dafür, daß namentlich Teenager und Motorradgangs die Lokale frequentierten. Das dunkle Interieur wirkte wenig einladend auf Passanten, noch sprach es die Zielgruppe an, auf die McDonald's größten Wert legte – die Familien. Obwohl in

Deutschland auch damals kein Mangel an Restaurants herrschte, versäumte man, ein kundenspezifisches Marketingkonzept zu entwickeln. »Unsere deutschen Restaurants sind nicht besonders kinderfreundlich«, erklärte Rettenwender. »In manchen sind Hunde eher willkommen als Kinder. Leider haben wir anfangs auch keine Ausnahme gemacht.«

Erst als die deutschen McDonald's-Restaurants ihr Aussehen änderten und im Design den amerikanischen angeglichen wurden, konnte man den Umsatz steigern. Nach einem Besuch Krocs, der über die düstere Atmosphäre entsetzt war, wurden die Restaurants heller und freundlicher gestaltet. Die Holzvertäfelungen verschwanden, ebenso die Trennelemente; die Wände wurden in hellen Farben gestrichen, und man sorgte für eine bessere Beleuchtung. Auch die größeren Lokale erhielten ein ansprechenderes Design. Um dem Image als Familienrestaurant gerecht zu werden, stellte man Hochsitze für die kleinen Gäste auf und bot all die Unterhaltungen für Kinder an – von Ronald McDonald-Spielbussen bis hin zu Geburtstagspartys –, die schon in den USA den Markterfolg von McDonald's mitbegründet hatten.

Auch die Speisekarte wurde dem amerikanischen Standard angepaßt, das Hähnchengericht gestrichen und der Viertelpfünder eingeführt. Bier wird noch immer in allen 496 deutschen McDonald's verkauft, was vor allem daran liegt, daß viele der ersten Restaurants deutschen Brauereien gehörten, die den Verkauf ihres Produkts im Pachtvertrag festschrieben. Um ungewollten Nebenerscheinungen vorzubeugen, wird Bier inzwischen jedoch teurer angeboten als in Kneipen, und der Bierverkauf ist heute nur noch für weniger als 1 % des Gesamtumsatzes verantwortlich. McDonald's Deutschland erzielte 1991 einen Umsatz von 8,4 Milliarden Dollar – siebenmal mehr als 1980, was kaum zu erwarten war, nachdem man in den ersten sechs Jahren Verluste zu verbuchen hatte. »Es scheint, daß sich Abweichungen vom Standard nicht auszahlen«, meinte Rettenwender. »Wir haben festgestellt, daß es für uns besser ist, beim bewährten amerikanischen System zu bleiben und einfach darauf zu warten, daß die deutschen Kunden es akzeptieren.«

Die deutschen bzw. australischen Experimente waren nicht die einzigen. McDonald's sah nur, daß man dann dieselben Erfolge wie auf den Inlandsmärkten erzielen konnte, wenn man sich strikt an das amerikanische Modell hielt. »McDonald's ist ein durch und durch amerikanisches Konzept«, erklärte Steve Barnes, Vorsitzender von McDonald's International. »Wenn wir einen neuen Markt entwickkeln und heimische Gerichte in unser Menü integrieren, büßen wir unsere Identität ein und sind weder Fisch noch Fleisch.«

Statt des Menüs änderten McDonald's Auslandspartner ihr Marketing-Mix, um eine höhere Akzeptanz des amerikanischen Fast food-Systems zu erreichen. Unter anderem kehrte man in der Werbung zum Ausgangspunkt zurück – zur Periode der 50er Jahre, in der McDonald's auch dem amerikanischen Konsumenten das System und seine Wirkungsweise erklären und nahebringen mußte.

Das absatzpolitische Intrumentarium beinhaltete jedoch weit mehr als Basisarbeit. McDonald's betrieb extensive Plakat- und Zeitschriftenwerbung und propagierte den Hamburger als ›revolutionärste Idee seit Erfindung des Beefsteaks‹ mit Hilfe überdimensionaler Abbildungen und einer exakten Produktbeschreibung. Die Notwendigkeit, das neuartige Menü in allen Einzelheiten zu erläutern, führte zu Marketinginnovationen, die später auch in den USA Schule machten. Die Idee, die McDonald's-Auslagen oder Serviertabletts mit Produktabbildungen zu versehen, wie heute weltweit üblich, stammt von McDonald's Deutschland. »In den USA mußte sich McDonald's positiv von anderen starken Wettbewerbsteilnehmern abheben. In Deutschland hatte die Kette anfangs keine Konkurrenten«, meinte Jürgen Knauss, Leiter der für McDonald's Deutschland zuständigen Werbeagentur Heye, Needham und Partner. »Unser Promotion-Konzept bestand darin, den Verbraucher über eine unbekannte Produktlinie zu informieren.«

Die Werbeagentur versuchte außerdem, dem amerikanischen Marketing Know-how eine spezifisch deutsche Prägung zu geben. Nach der Entscheidung, das US-System unverändert beizubehalten, erklärte Knauss: »Wir hatten beschlossen, das amerikanische Konzept in europäischer Verpackung anzubieten.«

Das bedeutete, daß völlig neue Werbestrategien für den deutschen Markt entwickelt werden mußten. Eine Imitation amerikanischer Erfolgskonzepte schien ungeeignet. Zum Beispiel wendet McDonald's Deutschland heute 60 % seines Werbebudgets für Zeitschriften-, Plakat- und Liftfaßsäulen-Werbung auf, mithin Medien, die in den USA nur sparsam eingesetzt werden. Da die Fernsehwerbesendungen in Deutschland auf Spots von vier- bis fünfminütiger Dauer beschränkt sind, konnte dieser Werbeträger von vornherein keine dominierende Rolle spielen. Die Kinowerbung wird hier ebenso häufig eingesetzt wie Fernsehwerbung.

Der Werbestil erhielt eine typisch europäische Note. Fantasie ist stärker gefragt als knallharter Realismus. Humorvolle Werbeargumente haben größere Zugkraft als ernste oder bombastische Werbebotschaften. »In den USA legt man Wert auf den Hinweis, daß man das beste Produkt am Markt hat«, erklärte Knauss. »Wir haben McDonald's europäischen Charakter gegeben, indem wir den Kunden das Gefühl vermittelt haben, daß wir uns nicht allzu ernst nehmen.« Die Chicken McNuggets wurden via Fernsehen mit einem Spot eingeführt, in dem ein Mann im weißen Overall auf und ab hüpft und dazu die deutsche Version des McDonald's-Songs zum besten gibt – und zwar gackernd wie ein Huhn. Und auf einem McDonald's-Hamburger-Poster hieß es: »Immer Kaviar ist Käse.« Knauss erklärte dazu: »Wir wollten McDonald's nicht als einen amerikanischen Fast food-Giganten darstellen, der die deutsche Eßkultur zu beeinflussen versucht, sondern vielmehr als ein Unternehmen, das von deutschem Lebensgefühl geprägt ist.«

McDonald's Deutschland hat jedoch in neuerer Zeit einige seiner kreativsten – und europäischsten – Werbekonzepte geändert, um der wachsenden Kritik entgegenzuwirken, daß das amerikanische Fast food-System zu einem Verfall deutscher Eßkultur beitrage. In einer ganzseitigen Anzeige, die an die Werbekampagnen für den VW-Käfer Anfang der 60er

Jahre erinnert, versuchte der Konzern, die Vorwürfe durch den Hinweis zu entschärfen, McDonald's sei keine multinationale Unternehmung, sondern das Werk deutscher Franchise- und Arbeitnehmer und verwende ausschließlich die in der deutschen Landwirtschaft angebauten Grundprodukte. In einer Anzeige ist einer der 150 deutschen Franchisenehmer mit Frau, Tochter und Hund abgebildet. Die Überschrift lautet: »Ein typisch amerikanisches Unternehmen.« In einer anderen Anzeige heißt es: »Jede Eßkultur hat ihre Tücken.« Knauss von der Werbeagentur Heye, Needham und Partner kommentierte: »Wir haben versucht, unsere Gegner an ihrer Achillesferse zu packen.«

Bob Rhea, Firmenchef von McDonald's England, sah sich mit völlig anderen Marketingproblemen konfrontiert. Die Hamburger wurden in England als Produkt von minderer Qualität betrachtet. »Hamburger gingen hier anfangs überhaupt nicht«, meinte Rhea. »Die McDonald's-Hamburger waren ein hochwertiges Produkt; auf diesem Gebiet hatten sich die Amerikaner als Experten erwiesen.« Deshalb entschloß sich Rhea, dem Produkt mit dem Slogan »The United Tastes of America« mehr Akzeptanz zu verschaffen – einem Slogan, der der Vorliebe der Briten für Anagramme Rechnung trägt.

Damit war das eigentliche Problem allerdings nicht gelöst. Preisgünstige Fast food-Gerichte wurden in England an jeder Ecke angeboten, an Fish-and-Chips-Imbißständen, in den zahllosen Wimpy-Hamburger-Restaurants oder den Pubs. Aber sie waren so minderwertiger Qualität, daß einige Gastronomie-Experten Rhea erklärten, die Engländer wollten offenbar – oder verdienten – gar nichts Besseres. »Ich glaube, die Engländer waren schrecklich enttäuscht darüber, daß preisgünstige Gerichte so minderwertig sein mußten«, meinte Rhea. »Familienrestaurants gab es so gut wie keine. Hier war eine Lücke, die sich schließen ließ.«

Bevor Rhea sich 1974 auf ein Joint-Venture mit McDonald's einließ, hatte er zusammen mit seiner Frau mehrere deutsche Lokale besichtigt. Er kam zu der Schlußfolgerung, daß die kleinen Restaurants, die man hier errichtete, für den englischen Markt ungeeignet waren und doppelt so groß sein müßten. »Wir müssen etwas schaffen, worauf wir stolz sein können. Und wenn wir dabei bankrott gehen sollten, dann bringen wir es schnell hinter uns.«

Die Grundstücks- und Mietpreise waren in England genauso hoch wie in Deutschland, aber statt sich mit Lokalen kleineren Umfangs zu begnügen, baute Rhea riesige, teilweise größere McDonald's als in den USA und sorgte für eine noch verschwenderische Ausstattung, als man es sich in der Zentrale in Oak Brooks je hätte vorstellen können. Die meisten Restaurants erhielten eine luxuriöse Marmorfassade. Davor standen in Kübeln und Kästen frische Blumen, eine Anregung, die von Ray Kroc stammte. Aber die Krönung des Ganzen war die Innenausstattung: Messinggriffe und -geländer, Spiegel, Eichen- und Mahagoni-Sitzmöbel mit Kissen, die anstatt aus Vinyl aus kostbaren Stoffen gewebt waren, Wandgemälde, kostbare Kandelaber und Gobelins waren eher die Regel als die Ausnahme. Als Rhea sein zehntes McDonald's-Restaurant eröffnete, beschäftigte er bereits einen Designer, der sich ausschließlich auf die Innenarchitektur konzentrierte.

Im Gegensatz zu den deutschen Lokalen ließen die englischen jedoch das Original-McDonald's-Design erkennen, wenngleich sie zu den optisch ansprechendsten gehören, die je gebaut wurden. Sie waren auch die teuersten: Die Bau- und Einrichtungskosten beliefen sich auf rund zwei Millionen Dollar – eine Summe, die drei- bis viermal so hoch war wie die Mitte der 70er Jahre in den USA übliche. Die Kosten waren so gigantisch, daß die Insider Rheas Restaurants als ›Rheas Monumente‹ bezeichneten. Aber Rhea hatte von Anfang an beschlossen, die Mehrkosten durch mehr Volumen auszugleichen. »Der Markteintritt sollte ein spektakuläres Ereignis sein, um die Vorurteile gegen Hamburger auszuräumen«, meinte er.

Das spektakuläre Ereignis schnürte Rhea zunächst beinahe den Atem ab. Die feudalen Lokale stießen bei den konservativen Briten anfangs auf geringes Interesse: Die in den Pubs servierten Hamburger waren – wenngleich qualitativ nicht vergleichbar – wesentlich größer als die bei McDonald's angebotenen. »Die Kunden haben uns immer wieder nach der Größe der Portionen gefragt«, meinte Paul Preston, ein Amerikaner, der das erste Restaurant von Rhea in Woolich, zehn Meilen von der Londoner City entfernt, führte. Preston erläuterte, daß es den Engländern vor allem darauf ankam, daß das Preis-Leistungs-Verhältnis stimmte, und dabei zählte natürlich auch die Größe der Portionen.

Der Woolwich-Betrieb steuerte anfangs einer Katastrophe entgegen. Er hatte im ersten Geschäftsjahr einen Umsatz von nur 300 000 Dollar – nicht einmal die Hälfte des Umsatzes, den ein amerikanisches Durchschnittslokal mit einem wesentlich geringeren Investitionsaufwand erwirtschaftete – und dabei 150 000 Dollar Verluste zu verzeichnen. Die Bilanz des zweiten Restaurants kränkelte ebenfalls. Rhea blieb nichts anderes übrig, als aufwendige Werbeaktionen mit Gratisprodukten zu starten, die zwar Kunden, aber keinen festen Kundenstamm brachten. Gelegentlich erwiesen sie sich sogar als Bumerang. Als er in einer Sonntagsmatinee kostenlose Milchshakes für Kinder anbot, wurde das Lokal ›gestürmt‹. »Unsere erwachsenen Kunden waren buchstäblich eingekesselt«, erinnert sich Rhea. »Es war unmöglich, die Milchshakes schnell genug zuzubereiten, um Platz zu schaffen.«

McDonald's England mußte in den ersten fünf Jahren mehr als zehn Millionen Dollar Verluste verkraften; aber Rhea weigerte sich, an den Bau- und Ausstattungskosten zu sparen. 1976 eröffnete er weitere Restaurants im Londoner West End – dem Einkaufs-, Theater- und Touristenviertel der englischen Metropole, wo die Immobilienpreise nahezu unerschwinglich waren. Hier kam Rhea zu der Schußfolgerung, die Fujita fünf Jahre vor ihm gezogen hatte: daß McDonald's ausländische Niederlassungen gerade in den attraktivsten und gewerblich erschlossenen Zonen der Ballungszentren die größten Absatzchancen hatte.

Die West-End-Restaurants brachten endlich den langersehnten Erfolg, was Rhea veranlaßte, erstmalig im Werbefernsehen Reklame für McDonald's zu machen. Zu diesem

Zeitpunkt wußte er genau, welche Marktlücke er zu füllen hatte, und die 30-Sekunden-Spots enthielten genau die Werbebotschaften, die eine differenzierte Zielgruppenansprache gewährleisteten. Zum Beispiel wurde die Konsistenz der Milchshakes hervorgehoben, die der Vorliebe der Engländer für Süßigkeiten in jeder Form entgegenkamen. Ferner betonte man, daß sie geschmacklich weit besser waren als das, was man normalerweise in England unter einem ›Milchshake‹ verstand. Oder man verwies darauf, wie knusprig die Pommes frites waren, im Gegensatz zu den matschigen Produkten, die in den Fish-and-Chips-Lokalen angeboten wurden. In jedem Spot hob man den Straßenverkauf hervor, den die meisten englischen Konsumenten bevorzugten, weil sich dadurch der Bedienungszuschlag von 15 % einsparen ließ. Aber größte Priorität in der TV-Werbung sprach genau das Marktsegment an, das bislang vernachlässigt war: die Familien.

Die Werbespots zeigten spontan Wirkung. Selbst in den ersten, bescheidenen Restaurants stieg der Umsatz um 10 %. Von da an investierte Rhea sein gesamtes Werbebudget in dieses erfolgsträchtige Medium. Von dem Aufwärtstrend ermutigt, baute er 1977 fünfzehn weitere Lokale. Diese Expansionsrate behielt er bei. Mitte 1986 gab es bereits 200 McDonald's-Restaurants. In Anerkennung seiner Leistungen kaufte die McDonald's Corporation 45 % seiner Unternehmensanteile für rund 38 Millionen Dollar. Die Behauptungen der Gastronomie-Experten, daß für die Briten der Begriff ›Kundentreue‹ ein Fremdwort sei oder daß sie niemals ohne Messer und Gabel essen würden, strafte er durch seine Erfolge Lügen. »Die Briten unterscheiden sich nicht von anderen Konsumenten. Der Hamburger ist hier eine genauso große Attraktion geworden wie überall auf der Welt.«

Die anfänglichen Widerstände gegenüber einer fremden Eßkultur abzubauen waren jedoch nur halb so schwer, wie die Probleme in den Griff zu bekommen, die sich durch die spezifischen Beschaffungsmärkte ergaben. Zu der Zeit, als McDonald's sein Fast food-Konzept exportierte, waren Lei-

stungsniveau und Organisationsstrukturen der Herstellungs-
betriebe mangelhaft und mit dem hochentwickelten Zuliefe-
rernetz in den USA nicht zu vergleichen.

Die ausländischen Nahrungsmittelhersteller oder -verar-
beitungsbetriebe verfügten nicht einmal über die grundlegenden Fertigungstechnologien, die in der US-Industrie,
auch schon vor McDonald's-Markteintritt, selbstverständlich waren. Begriffe wie Fließband- oder Massenproduktion
waren hier nahezu unbekannt. In Europa gab es kaum Groß-
bäckereien, die McDonald's die gewünschten Mengen Buns
liefern konnten, und ihr Qualitätsstandard war mit dem von
McDonald's unvereinbar. Hier stellte man ausschließlich
Brötchen mit harter Kruste, Lufteinschlüssen und in un-
regelmäßiger Form her – das Ergebnis einer billigen Back-
mischung, die einen hohen Wasseranteil aufwies. Mc-
Donald's verlangte ein Produkt, das nirgendwo im Ausland
hergestellt wurde; weiche Brötchen in einheitlicher Form,
die einen Eigengeschmack hatten.

In allen Fertigungsbereichen mußten McDonald's Pionierarbeit leisten. Die Fleischfabriken waren mit der Massenherstellung von Hamburgern nicht vertraut, geschweige denn
mit McDonald's spezifischem Schockgefrierverfahren. Die
hygienischen Verhältnisse in den Molkereibetrieben erreichten bei weitem nicht den US-Standard. Tiefgefrorene Pommes frites gab es nicht am Markt. Steve Barnes meinte dazu:
»Amerika war dem Ausland auf technologischem Sektor um
25 Jahre voraus, ob es sich dabei um den Anbau, die Verarbeitung oder den Vertrieb von Nahrungsmitteln handelte.«

Es gab ebenfalls Unterschiede in der Qualität der Rohmaterialien. In Europa bevorzugte man die Freiland-Viehhal-
tung, in den USA eine Kraftfutter-Mischung aus Heu und
Getreide. Die Kartoffelsorte Russet, die McDonald's für die
Pommes frites verwendete, wurde außerhalb Nordamerikas
nicht angebaut. Das größte Problem war jedoch, daß viele
ausländische Herstellerbetriebe den McDonald's-Standard
als ›zu hoch für unsere Verbraucher‹ einschätzten. »Man
wollte von uns wissen, warum wir sie so verwöhnen«, erklärte Barnes. »Diesen Satz habe ich immer wieder gehört –

in Deutschland, England, Frankreich –, und zwar von Leuten, die meiner Meinung nach an Qualitätsprodukten interessiert sein mußten.«

Das Bild, das sich McDonald's bot, war faszinierend und erschreckend zugleich. Europäische Hersteller genossen im Ausland den Ruf, zu den qualitätsorientiertesten der Welt zu gehören. Aber als McDonald's sich anschickte, den europäischen Markt zu erobern, mußte es feststellen, daß es die benötigten Waren entweder importieren oder das logische System in Europa entwickeln mußte.

Manche der ausländischen McDonald's-Partner entschieden sich für die erste Option. Rhea, der darauf bestanden hatte, das angeschlagene Image des Hamburgers in England zu verbessern, lehnte jeden Kompromiß im Hinblick auf die Produktqualität ab. Er war ebensowenig gewillt, zu warten, bis die englischen Herstellerfirmen ihr Niveau verbessert hatten. Deshalb importierte er den größten Teil der Rohprodukte und Küchengeräte aus den USA. Als durch einen Streik der Schauerleute eine Lieferverzögerung eintrat, ließ er die tiefgefrorenen Pommes frites aus Kanada einfliegen, um nicht auf die minderwertigen heimischen Erzeugnisse zurückgreifen zu müssen. »Wir haben uns zu Meisterimporteuren entwickelt«, meinte er. »Wir hatten beschlossen, das amerikanische McDonald's-System minutiös zu kopieren; Kompromisse hätte ich nicht akzeptiert.«

Die Importstrategie war jedoch keine langfristige Lösung, weil sich dadurch die Endkosten um 35 % erhöhten. Schließlich einigten sich McDonald's und seine ausländischen Partner darauf, die Qualität der heimischen Erzeugnisse und das Produktionsniveau der Großküchen-Hersteller zu verbessern. McDonald's schickte seine Design-Experten in alle Welt, um den Produzenten vor Ort zu helfen, den spezifischen Anforderungen der Kette gerecht zu werden. Die Nahrungsmittelhersteller, die mit McDonald's in den USA zusammenarbeiteten, leisteten ihren ausländischen Kollegen ebenfalls ›Starthilfe‹. Um den ausländischen Lieferanten einen Anreiz zu geben, ihren Leistungsstandard anzuheben, räumte McDonald's ihnen langfristige Kredite ein, mit denen sie die

Kosten für die neuen Produktionsanlagen decken und die sie mit den stattlichen Gewinnen aus der Geschäftsverbindung mit ihrem amerikanischen Großkunden innerhalb kürzester Zeit ablösen konnte.

Wenn die Hersteller vor Ort ungeeignet oder nicht bereit waren, ihre Produktionsmethoden McDonald's Anforderungen gemäß umzustellen, spornte der Konzern seine heimischen Lieferanten an, Auslandsniederlassungen zu gründen. Mit einigen ging McDonald's ein Joint-Venture ein: Als Jack Simplot in Deutschland ein Werk mit den wohl größten und modernsten Produktionsanlagen und Lagerhallen für Pommes frites aufbaute, die für die europäischen McDonald's-Lokale bestimmt waren, beteiligte sich die Kette mit zwei Millionen Dollar. Und nach langen und vergeblichen Versuchen, seinen englischen Backwarenlieferanten zu einer Modernisierung seines Betriebes und einer Qualitätsverbesserung seiner Produkte zu überreden, entschloß sich McDonald's zu einem Joint-Venture mit einem englischen Partner und Dick West, der in den USA zwei Backwarenfabriken betreibt und die amerikanischen Verkaufsstellen beliefert. Als sich der lokale Fruchtsaft-Lieferant nicht an McDonald's Anweisung hielt, die Qualitätskontrollen in seinem Werk zu verschärfen, baute Rhea in unmittelbarer Nähe seiner bereits vorhandenen Brotfabrik noch eine Sirupfabrik. McDonald's England nahm sogar den Vertrieb selbst in die Hand, als er feststellen mußte, daß die lokalen Lieferanten unzuverlässig waren. »Die vertikale Diversifikation war unsere Antwort auf die Weigerung der britischen Nahrungsmittelindustrie, unseren Forderungen gerecht zu werden«, meinte Rhea. »Sie hätten mit uns ein Bombengeschäft machen können, aber sie waren risikoscheu und nicht zu größeren Investitionen bereit.«

Während McDonald's Beschaffungsspezialisten weltweit nach Herstellern suchten, die flexibler und geneigt waren, sich nach dem Standard der Fast food-Kette zu richten, arbeiteten die firmeneigenen Lebensmittel-Technologen eng mit den ausländischen Pflanzern und Züchtern zusammen, um eine qualitative Angleichung der Rohmaterialien an das amerikanische Niveau zu erzielen. Heute sind z. B. die ›Idaho Russet‹ in Spanien und Australien angebaut, und in Polen und Holland laufen zur Zeit verschiedene Tests mit dieser Kartoffelsorte. McDonald's experimentierte auch mit diversen Kraftfutter-Mischungen, ähnlich denen, die in den USA in der Rinderhaltung verwendet werden.

Die intensive Kooperation mit ausländischen Partnern und Lieferanten war zwar zeitraubend und risikoreich, aber sie zahlte sich langfristig aus. In den industriell weniger entwickelten Ländern mit entsprechend schwacher Weltmarktposition konnte sich McDonald's den Zutritt zu den Märkten nur durch die Zusammenarbeit mit heimischen Herstellern sichern, deren Erzeugnisse zumeist durch hohe Importzölle geschützt waren. McDonald's kam auch zugute, daß in seinen Exportmarketing-Strategien die Verwendung heimischer Produkte besonders hervorgehoben wurde. »Um im Ausland akzeptiert zu werden, darf man nicht den Eindruck erwecken, daß man die heimische Wirtschaft schädigt«, erklärte Barnes. »Wir hatten uns zum Ziel gesetzt, unsere Technologie zu exportieren.«

Wie sich herausstellen sollte, hatte die enge Zusammenarbeit mit heimischen Herstellern und Lieferanten nicht nur im Marketing entscheidende Vorteile. Sie dienten vielmehr als Bollwerk gegen die zunehmend antiamerikanische Stimmung, die sich nach Beendigung des Vietnam-Krieges überall in der Welt bemerkbar zu machen begann. Im Zuge der Expansion wurde McDonald's zum Symbol des amerikanischen ›big business‹ und zum Hauptangriffsziel für die Attacken des Auslands. Heute scheint es mehr als fraglich, ob es dem Konzern gelungen wäre, ohne seine Auslandspartner diesen Stürmen zu trotzen.

Nirgendwo war die amerikafeindliche Einstellung sichtbarer als in Schweden. Während der 70er Jahre wurden zwei von Lederhausens Restaurants mit Rauchbomben attackiert, und Lederhausen selbst geriet in den Mittelpunkt einer Hetzkampagne. Die heimische Presse warf McDonald's vor, Schweden auszubeuten und die Jugend durch Einführung eines Lebensstils zu korrumpieren, der dem ›gesunden‹ kulturellen Erbe des Landes immensen Schaden zufüge. Ein Journalist stellte die bezeichnende Frage: »Brauchen wir ein Plastikmenü in einem Plastikmileu?«

Lederhausen war fest entschlossen, seinen Widersachern die Stirn zu bieten. Er startete in der lokalen Presse eine ›Ein-Mann-Kampagne‹, in der er buchstäblich auf jede negative Meldung mit einer Gegendarstellung antwortete. Er hielt zahllose Reden, um seine Position darzulegen. Er trat bei Nachrichtensendungen und Talk-Shows im Fernsehen auf. Seine Botschaft war stets dieselbe: »Wir sind ein schwedisches Unternehmen. Wir beziehen unsere Produkte von schwedischen Firmen. Wir beschäftigen schwedische Mitarbeiter und zahlen Löhne, die von den schwedischen Gewerkschaften gebilligt werden. Wir haben nichts zu verbergen.«

Die Anti-Amerika-Welle wurde nicht nur von der Auslandspresse, sondern auch von den heimischen Gewerkschaften angeheizt, insbesondere in Irland und Australien. Dort versuchte man, die McDonald's-Mitarbeiter nicht etwa durch flammende Reden zu beeinflussen, sondern durch massiven Druck auf das lokale Management. Die Funktionäre drohten mit Gewaltanwendung, wenn sich ein Geschäftsführer weigerte, seine Angestellten in die Gewerkschaften gehen zu lassen. Die McDonald's-Manager lehnten es jedoch ab, sich diesen Erpressungsversuchen zu beugen.

Dennoch war die Intensität und das Ausmaß der Opposition erschreckend. In Australien dauerte der Kampf zwischen McDonald's und den Gewerkschaften volle drei Jahre. Die einzelnen Dachverbände schlossen sich zusammen, um McDonald's Nachschub zu blockieren oder die Eröffnung neuer Lokale zu verzögern. Sie wandten sich sogar an das Gewerbeaufsichtsgericht, um die Einstellung jugendlicher Arbeitnehmer zu verhindern. Die australischen Gewerkschaften lancierten einen Anti-McDonald's-Kampagne sowohl in der gewerkschaftseigenen als auch in der freien Presse und griffen die Niederlassung bewußt an ihrer schwächsten Stelle – ihrer Verbindung zu einem amerikanischen Konzern – an. »Sie behaupteten, wir würden die australische Jugend ausbeuten, und riefen die Bevölkerung auf, unsere minderwertigen Plastikprodukte zu boykottieren.« Die Anti-Amerika-Stimmung schlug solche Wellen, daß die Stadtväter von Melbourne das Angebot des australischen McDonald's-Präsidenten Peter Ritchie, dem Kinderkrankenhaus ein Ronald-McDonald-Haus zu stiften, rundweg als reines ›Kommerzdenken‹ ablehnten.

Als sich ähnliche gewerkschaftliche Umtriebe in Irland bemerkbar zu machen begannen, konterte McDonald's mit seinem Marketingslogan, der den Charakter der Kette eindeutig kennzeichnete: »Unser Name mag amerikanisch sein, aber wir sind ein irisches Unternehmen.« (Tatsache ist, daß sogar der Name irischen Ursprungs ist. Dick und Mac McDonald waren Nachkommen von irischen Einwanderern in der zweiten Generation). Ritchie beschloß daraufhin, mit einem ähnlichen Argument die Fronten in Australien zu klären, allerdings mit maximalem Nachdruck: Er leitete ein Gerichtsverfahren wegen diffamierender Äußerungen gegen die Gewerkschaftsführer und zwei Mitglieder des Parlaments ein und schuf mit zahllosen Interviews in sämtlichen Medien ein breites Forum in der Öffentlichkeit. Aber seine Taktik, die Zwangsrekrutierungsmethoden der australischen Gewerkschaften anzuprangern, hatte nur deshalb Erfolg, weil er Australier und nicht weil er Topmanager eines amerikanischen Unternehmens war.

Ende der 70er Jahre gelang es Ritchie mit Hilfe seiner überaus wirksamen Öffentlichkeitsarbeit und der Darstellung von McDonald's als heimisches Einzelhandelsunternehmen die Macht der Gewerkschaften zu brechen. Die Hetzkampagnen in der Presse hörten schlagartig auf. Das Fernsehpublikum stellte sich eindeutig auf Ritchies Seite. McDonald's konnte auch weiterhin überwiegend Jugendliche, die nicht gewerkschaftlich organisiert waren, beschäftigen. Und 1981 wurde dem Alexandria-Hospital in Sydney ein Ronald-McDonald-Haus angegliedert. Es fand so großen Beifall in der Öffentlichkeit, daß die Kommunalpolitiker in Melbourne nun den ›Gang nach Canossa‹ antraten und sich mit der Bitte an Ritchie wandten, ihnen nun doch ein Ronald-McDonald-Haus zu stiften.

Ritchies Reaktion auf die Herausforderung der Gewerkschaften trugen zu einer merklichen Erhöhung des Marktanteils bei, die nicht zuletzt darauf zurückzuführen war, daß seine Marketingstrategien betonten, McDonald's Australien sei ein heimisches Unternehmen und mehr als der Import eines amerikanischen Fast food-Systems. Obwohl der Krieg mit den Gewerkschaften noch nicht beendet war, konnten die australischen Restaurants erstmalig Gewinne verbuchen. Als sich McDonald's Image als australisches Unternehmen gefestigt hatte, begann Ritchie, das auf australische Vorlieben abgestimmte Menü nach und nach zu verändern. Die Australier hatten sich inzwischen nicht nur an die amerikanische Kost gewöhnt, sondern sie auch als ihre eigene ›Erfindung‹ adaptiert. Ritchie erhielt z. B. einen Brief von einer Kundin, die eine dreiwöchige Reise in die UdSSR unternommen hatte. »Ich konnte mich einfach nicht an das Essen dort gewöhnen«, schrieb sie. »Als ich bei der Zwischenlandung in Frankfurt ein McDonald's-Lokal entdeckte, hatte ich das Gefühl, wieder zu Hause zu sein.«

McDonald's hat bei seinen Exportbemühungen nie Ungeduld gezeigt. Andere Fast food-Konkurrenten haben sich, entmutigt durch die Verluste in der Startphase, aus ausländischen Märkten zurückgezogen; McDonald's ist aus anderem Holz geschnitzt. In den Niederlanden – wo die globale Expansion begann – konnte McDonald's erst nach zwölf Jahren die ersten Gewinne erzielen. Im Durchschnitt hat die Kette auf internationalen Märkten neun Jahre auf den entscheidenden Durchbruch gewartet. Sie hat selbst nach katastrophalen Mißerfolgen keinen Rückzieher gemacht. Nachdem die Gibson-Goldstein-Partnerschaft in der Karibik zusammenbrach, wagte McDonald's erneut einen Markteintritt, dieses Mal in Zusammenarbeit mit lokalen ehemaligen oder neuen Franchisenehmern, deren Restaurants in Puerto Rico, Costa Rica oder Panama heute satte Gewinne abwerfen.

McDonald's grenzenloses Vertrauen, daß sich sein amerikanisches Fast food-Konzept weltweit durchsetzen würde, hat selbst manche seiner ausländischen Partner in Erstaunen versetzt. Als McDonald's England in der Anfangszeit riesige Verluste hinnehmen mußte, die das gesamte, durch den Verkauf seiner fünf Restaurants in Ohio erzielte Kapital verschlangen, konnte sich Bon Rhea ausrechnen, daß seine Familie – im Falle seines Todes – völlig mittellos dastehen würde. Als er seine Sorgen Ed Schmitt gestand, veranlaßte dieser, daß McDonald's eine Lebensversicherung in Höhe von zwei Millionen Dollar auf seinen Namen abschloß und die Prämien zahlte.

Nachdem Ritchie 40 Lokale in Australien eröffnet hatte und sich mit sechs Millionen-Dollar-Verlusten konfrontiert sah, begann auch er, an der Zukunft des Unternehmens zu zweifeln. Er schlug Turner sogar vor, Investoren an dem Joint-Venture zu beteiligen, um das Risiko breiter zu streuen, aber Turner lehnte rigoros ab. Statt dessen flog er mit den Topmanagern der australischen Niederlassungen nach Kanada, so daß sie sich aus erster Hand über die ›mageren Jahre‹, die man hier erlebt hatte, informieren konnte. Turner argumentierte: »McDonald's ist an langfristigen Markterfolgen interessiert, und wenn sich die Lizenznehmer an die QSC-Vorschriften halten, stellt sich das Marktvolumen nach und nach ganz von selbst ein.« Ritchie erklärte: »Turner und die kanadischen Manager haben versucht, uns die Angst zu nehmen und ermutigt weiterzumachen.«

Die Geduld hat sich reichlich ausgezahlt. 1994 erzielten die 455 australischen McDonald's-Restaurants einen Umsatz von 1,105 australischen Dollar, was einem Gewinn vor Steuern von 82,6 Millionen gleichkommt. Die meisten der 79 Auslandsniederlassungen können heute stattliche Gewinne verbuchen. Widerstände gegen das McDonald's-Menü in noch zu erschließenden Märkten sind weitgehend abgebaut, wohl deshalb, weil das Fast food-System inzwischen als weltweites Phänomen, nicht als amerikanische Erfindung betrachtet wird. Die Gewinnschwelle wird zudem noch zu einem wesentlich früheren Zeitpunkt erreicht – manchmal schon mit dem ersten Lokal. Nach fünf Jahren mühevoller Suche, die richtigen Partner zu finden und die Genehmigung der staatlichen Behörden zu erhalten, ist McDonald's 1984 ein spektakulärer Markteintritt in Taiwan gelungen.

Der Umsatz der ersten Filiale betrug bereits im ersten Geschäftsjahr 3,7 Millionen Dollar. Womit sie sich auf Anhieb in die Reihe der zehn Auslandsbasen mit dem weltweit höchsten Umsatzvolumen katapultierte. Mit 82 Restaurants in den ersten zehn Jahren gehört Taiwan zu den McDonald's-Märkten mit den höchsten Zuwachsraten.

McDonald's hat bisher nur die Oberfläche des internationalen Marktes ›angekratzt‹. Der Konzern scheint nun an der Schwelle der zweiten Entwicklungsphase zu stehen, ähnlich wie in den USA bei Turners Amtsübernahme. Anfang der 80er Jahre machte die Entwicklung und Bearbeitung der Auslandsmärkte nur zögernde Fortschritte, heute ist das Wachstum explosiv. McDonald's erschließt von einer inzwischen gesicherten internationalen Basis aus eine Reihe brandneuer Märkte. 1992 und '93 erschloß McDonald's neue Märkte in der Tschechischen Republik, in Brunei, Guadeloupe, Island, Israel, Polen, Marokko, Saipan, Saudi-Arabien und Slowenien. 1994 kamen Oman, Kuwait, Neukaledonien (Kanada), Trinidad, Bulgarien, Lettland, Bahrain, Ägypten und die Vereinigten Arabischen Emirate hinzu.

Turner sagt voraus, daß um die Jahrhundertwende die internationalen Verkaufszahlen von McDonald's die nationalen übertreffen werden. Will man dieses Ziel erreichen, sind in den nächsten fünf Jahren der gleiche missionarische Eifer im Fast food-Geschäft und dieselbe Hingabe erforderlich, die in den vergangenen vierzig Jahren zum Gütezeichen von McDonald's geworden sind. Gleichwohl war der McDonald's-Gründer ein begnadeter Unternehmer. Seine leitenden Angestellten waren junge Tiger, die Kroc gegenüber loyal und seiner Mission ergeben waren. Seine Franchisenehmer waren innovative Geschäftsleute, Pioniere, und Kroc gab ihnen einen enormen Anreiz, Pionierrisiken zu übernehmen, weil sein Franchisesystem – mehr als jedes andere davor oder danach – fair und großzügig war. Was für Krocs Beziehung zu seinen Franchisenehmern galt, traf ebenso auf seine Beziehungen zu seinen Lieferanten zu, von denen alle Verkaufsunternehmer waren, die Aufträge von etablierten und mächtigen Lieferanten bekamen – und diese überholten.

Wie kann McDonald's weiterhin an vorderster Front stehen? Turner glaubt, die Antwort liege nicht darin, daß man einen neuen Geschäftsbereich entdecke, sondern daß man das Wesen des bereits bestehenden McDonald's-Geschäftes verstärke: seinen unternehmerischen Geist. McDonald's hat bereits einige Schritte in diese Richtung unternommen. Mit seiner riesigen Unternehmensgröße mußte das Unternehmen notwendigerweise einige bürokratische Maßnahmen einführen, was allerdings widerstrebend geschieht. Nur selten benutzt man Unternehmensberichte, und Manager werden immer noch dazu ermutigt, Kompetenz- und Entscheidungsgrenzen zu überschreiten. McDonald's berief sogar den früheren Personalchef Jim Kuhn auf einen Geschäftsleitungsposten, der in einem amerikanischen Unternehmen wohl einzigartig ist – Vice President für Individualität. Man beauftragte ihn damit, Anreize und andere Programme zu entwickeln, welche die Einzelinitiative fördern und Hemmfaktoren eliminieren sollen.

Die Expansion im Ausland stimuliert das System gleichermaßen, da sie nicht nur eine vielseitige neue Gruppe von Franchisenehmern herbeiführt, sondern auch eine aufregende und herausfordernde Liste neuer Märkte eröffnet, die es zu erobern gilt. Tatsächlich bringt das Betreten ausländischer Märkte Innovationen hervor, die McDonald's überall in der Welt anwenden kann. In den frühen Jahren der internationalen Entwicklung übernahmen McDonald's Auslandspartner Ideen aus den Vereinigten Staaten, während nun amerikanische Manager von einem umgekehrten Innovationsfluß profitieren.

Turner gibt jedoch zu, daß McDonald's – um nicht zu verkrusten – noch mehr Bereitschaft zur Selbsterforschung und -besinnung zeigen muß, um die Kraft der Selbsterneuerung zu finden und bis zur Jahrhundertwende und darüber hinaus seine Innovations- und Risikofreudigkeit zu bewahren.

Sein Lösungsvorschlag ist kühn, aber von verblüffender Logik: Er möchte McDonald's in ein Unternehmen umwandeln, das allen Systempartnern – Konzernmanagern, Franchisenehmern und Lieferanten – gehört; nur so läßt sich, seiner Meinung nach, der Unternehmergeist lebendig halten. Sollte McDonald's diese Idee in die Praxis umsetzen, wäre das ein in jeder Beziehung gigantisches Projekt. McDonald's-Aktien gelten an der Börse als absolute Renner und werden zu Höchstpreisen gehandelt. Die 363 Millionen Aktien hatten 1992 einen Kurswert von rund 17 Milliarden Dollar.

Die Änderung der Besitzverhältnisse ist kein konkreter Plan, eher ein Traum, nicht mehr oder minder realisierbar, wie Krocs Traum vom Aufbau eines globalen Hamburger-Imperiums. Er steht im Einklang mit Krocs Philosophie, die Früchte des Erfolges mit denen zu teilen, die ihn ermöglicht haben. Schon vor langer Zeit hat diese Grundkonzeption bewirkt, daß die McDonald's-Franchisenehmergruppe zu den reichsten ihrer Art in den USA und aus den ehemals kleinen, unbekannten Zulieferfirmen die mächtigsten und reichsten Branchenführer wurden.

Dasselbe Prinzip gilt für das Konzernmanagement. Seit Turners Amtsantritt gehören McDonald's Führungskräfte, nicht nur an der Unternehmensspitze, sondern auf allen Ebenen der Hierarchie, zu den Spitzenverdienern in den USA. Der Konzern hat eines der wohl großzügigsten Gewinnbeteiligungsprogramme konzipiert. Die meisten Vollzeit- und etliche Teilzeitkräfte (insgesamt mehr als 16 000 Firmenangehörige) erhalten aus dem Gewinnbeteiligungsfundus eine Jahresprämie in Höhe von 14 % ihrer Gehälter; 1993 allein betrug die Zuwendungssumme 47,1 Millionen Dollar. Die Regelung des Aktienbezugsrechtes für Betriebsangehörige ist in der amerikanischen Wirtschaftsszene einmalig. Zur Zeit sind ca. 6700 McDonald's-Mitarbeiter – bis hinunter zu Angestellten mit einem Jahresgehalt von 25 000 Dollar – berechtigt, Aktienpakete zu erwerben, die fünfzig bis fünfhundert Anteile umfassen.

Das Aktienbezugsrecht gibt den Mitarbeitern die Möglichkeit, McDonald's-Aktien zum Kurswert des Tages zu erwerben, an dem die Option erteilt wurde. Da der Aktien-Kaufpreis während der siebenjährigen Laufzeit der Optionen eingefroren wird und die Aktien zu den brandheißen Börsentips zählen, haben die McDonald's-Manager reichlich von diesem Optionsprogramm profitiert. Sogar Manager der mittleren Ebene haben zum Teil besser verdient als Chefmanager anderer Unternehmen.

Betrachten wir das Beispiel eines sechsunddreißigjährigen Gebietsleiters, der für einen zweihundert McDonald's-Filialen umfassenden Marktbereich zuständig ist. Sein Jahresverdienst belief sich 1985 auf 175 000 Dollar. Zehn Jahre zuvor verdiente er als zuständiger Verantwortlicher für fünf Filialen jährlich 25 000 Dollar und hatte erstmals Zugang zu den Gewinnbeteiligungs- und Börsenoptionsprogrammen. In diesen zehn Jahren beliefen sich die McDonald's-Zuschüsse zum Gewinnbeteiligungsprogramm auf fast 200 000 Dollar. Der Wert seiner Aktienbezugsrechte – der Marktpreis von 1985 abzüglich des Basispreises, den er für ihren Erwerb bezahlen mußte – lag bei einer Million Dollar. Im Alter von sechsunddreißig Jahren wäre dieser mittlere Manager, der die scheinbar bescheidene Position eines Gebietsleiters der McDonald's Corporation innehatte, Millionär geworden.

McDonald's nahezu sprichwörtliche Großzügigkeit und Fairneß gegenüber seinen Systempartnern bietet nahezu eine Garantie dafür, daß Turners Parole – das Unternehmen den Unternehmern – keine Utopie bleibt. Turner ist fest davon überzeugt, daß die Systempartner über die finanziellen Mittel verfügen, um bis zur Jahrhundertwende zumindest die Hälfte des Aktienbestandes und somit die Majorität zu erwerben. Bei der Tagung der McDonald's-Systempartner 1986 in Los Angeles, an der mehr als sechstausend Franchisenehmer, Lieferanten und Konzernmanager teilnahmen, hat Präsident Fred Turner bereits die erste Phase des Rückkauf-Programmes eingeleitet. Er hat sich zum Ziel gesetzt, innerhalb von wenigen Jahren eine Umverteilung des Eigentums und eine Erhöhung der Systempartner-Anteile von 10 % auf 20 % zu erreichen. »Mir gehört ein Teil Ihres Geschäftes«, meinte er. »Jetzt möchte ich, daß Ihnen auch ein Teil meines Geschäftes gehört.«

Es ist noch verfrüht, Spekulationen anzustellen, ob Turner

seinen Plan in die Tat umsetzen kann; an seinen Motiven gibt es zumindest nichts zu deuten. Er weiß. Wenn McDonald's in die Hände derer übergeht, die dem System zum Erfolg verholfen haben, bleibt es sich selbst und den Prinzipien treu, die sowohl das Fast food-Geschäft als auch die amerikanische Kultur generell entscheidend beeinflußt haben. Nur so kann McDonald's langfristig seinen Unternehmergeist, seine Risikofreudigkeit und seine kreativen Energien bewahren – Eigenschaften, die das System zu dem gemacht haben, was es heute ist. Und letztendlich weiß Turner, daß er mit seinem ehrgeizigen Plan, die von Kroc errichteten Stützpfeiler des Systems – Konzernmanager, Franchisenehmer und Lieferanten – zu Partnern des erfolgreichsten Franchisesystems der Welt zusammengeschweißt hat.

»Das ist mein Traum, mein größter Ehrgeiz«, erklärte der Firmenpräsident. »Liegt es nicht klar auf der Hand, daß wir alle versuchen sollten, diesen Traum zu verwirklichen? Für mich ist dies die Essenz des Unternehmergeistes, des praktischen Managements, des Besitzstrebens und des McDonald's-Modells schlechthin. Wenn uns das gelingt, wäre das System vollkommen.«

EPILOG

Am 14. April 1994 verkündete Michael Quinlan auf der alle zwei Jahre stattfindenden ›weltweiten Versammlung‹ von McDonald's in Las Vegas die stille Revolution des Unternehmens. »Vor zwei Jahren litten wir alle an für McDonald's untypischen Selbstzweifeln, doch statt uns davon verzehren zu lassen, haben wir dagegen angekämpft«, sagte Quinlan zu den mehr als zehntausend anwesenden Franchisenehmern, Lieferanten und Angestellten der McDonald's-Familie, die sich in der Thomas & Mack Arena versammelt hatten. »Lassen Sie uns heute einen Perspektivenwechsel vollziehen und unser Geschäft durch die Augen unserer Kunden betrachten. Dies bedeutet eine radikale Kehrtwendung, und für ein Unternehmen dieser Größe fast eine Revolution.«

Obwohl sich McDonald's seinem vierzigjährigen Jubiläum näherte, war Quinlan – neunundvierzig Jahre alt – erst der dritte Vorsitzende in der Firmengeschichte. Sein Aufstieg vom Angestellten in der Poststelle an die Unternehmensspitze steht exemplarisch für McDonald's Erfolgs-Story. Im März 1987 zum geschäftsführenden Direktor ernannt, hatte er am 31. März 1990 von Fred Turner, der in den Aufsichtsrat wechselte und fortan die Rolle des selbsternannten ›guten Gewissens‹ spielte, die Konzernspitze übernommen. Quinlans Zeit als Präsident von McDonald's wurde seither von vielerlei Problemen überschattet, die die hochgesteckten Erwartungen trübten.

Der neue junge Konzernchef riskierte viel und versuchte sich an einer schwierigen Aufgabe, um mit den Herausforderungen unserer schnellebigen Zeit mitzuhalten – der Veränderung, dem tiefgreifenden Strukturwechsel im gesamten Unternehmen. Auf der Versammlung richtete Quinlan das Augenmerk auf einen Vorgang, der sich *nicht* ereignet hatte und damit das neue McDonald's verdeutlichte.

»Der Verkauf unseres einhundertmilliardsten Hamburgers vor ein paar Wochen markiert einen wichtigen Meilenstein«, fuhr Quinlan fort. »Die Öffentlichkeit nahm davon keine große Notiz, und das ist gut so. Noch vor ein paar Jahren, als wir nur an uns selbst dachten und nicht an die Kunden, hätten wir darum ein Riesenbrimborium veranstaltet, mit Werbespots und Fahnen. Am liebsten hätten wir einen Feiertag daraus gemacht und uns selbst auf die Schultern geklopft.

Aber den Kunden kümmert das wenig. Jemandem, der für einen Hamburger ansteht, ist es egal, ob er den einhundertmilliardsten kauft oder den hundertundeinsmilliardsten. Ab heute sind wir nur noch für unsere Kunden da – für den nächsten, nicht für die einhundert Milliarden, die vor ihm kamen. Der Restaurantbetrieb ist der Schlüssel zur Zufriedenheit unserer Kunden und der Schlüssel zu unserem Erfolg.«

Das Trauma, das das McDonald's-System überschattete, ist in der Öffentlichkeit mehr oder weniger unbemerkt geblieben. Viele Firmen, die in den späten 80er und frühen 90er Jahren zu schmerzvollen Veränderungen gezwungen waren, wären froh gewesen, wenn sie nur mit McDonald's-›Problemen‹ hätten fertig werden müssen. Zwischen 1986 und 1994 stiegen die Umsätze im McDonald's-System um 110 % von 12,4 auf 25,9 Milliarden Dollar, die Gesamteinkünfte verdoppelten sich von 4,1 auf 8,3 Milliarden Dollar, und die Nettogewinne nahmen um 50 % von 480 Millionen auf über 1,2 Milliarden Dollar zu. Diese Ergebnisse kamen jedoch vor allem durch McDonald's International zustande, dessen Umsätze sich 1994 auf 42 % des Gesamtumsatzes beliefen, während sie acht Jahre vorher lediglich 23 % ausgemacht hatten. In den Vereinigten Staaten gingen die Umsätze pro Restaurant in den späten 80er Jahren drastisch zurück – ein Trend, der inzwischen wieder rückläufig ist –, und die Konkurrenz rückte McDonald's dichter auf den Leib.

1990 vollzog sich bei McDonald's hinter den Kulissen ein schmerzvoller Prozeß der Selbstbesinnung, der Veränderungen der von Ray Kroc begründeten und von Fred Turner gefestigten Unternehmensstrukturen nach sich zog. Auf der anderen Seite erwiesen sich aber genau jene Strukturen Krocs und Turners als derart flexibel, daß die tiefgreifenden Veränderungen mit einer Geschwindigkeit vollzogen werden konnten, von der andere Unternehmen vergleichbarer Größe nur träumen können. »Natürlich lassen sich bei McDonald's Richtungswechsel heute nicht mehr so rasch durchsetzen wie in den Anfangsjahren«, meint Al Golin, der Chef von Golin-Harris Communications und einst Ray Krocs erster PR-Berater. »Aber für ein Unternehmen dieser Größe ist Mc-Donald's nach wie vor erstaunlich flexibel.«

Um es auf den Punkt zu bringen: Bei McDonald's vollzog sich eine Art interner Neugründung, ohne daß es jemand bemerkte.

Will man das Dilemma, mit dem sich McDonald's in Amerika konfrontiert sah, verstehen, muß man die Entwicklung der ganzen Schnellservice-Branche in den späten 80er Jahren in die Betrachtung einbeziehen. Die althergebrachte Annahme, daß ein Wachstum auf dem Immobiliensektor automatisch mehr Marktanteile mit sich bringe, erwies sich plötzlich als trügerisch. In den 80er Jahren erkannte man auf einmal, daß zwar immer mehr Schnellservice-Restaurants gebaut wurden, diese jedoch keine Marktanteile von Mittel- und Spitzenklasse-Restaurants mehr dazugewinnen konnten. Die Zahl der McDonald's stieg in den Vereinigten Staaten zwischen 1986 und 1990 von rund 7300 auf 8600, gleichzeitig verloren diese jedoch Marktanteile an die Konkurrenz – vor allem an PepsiCo's, Taco Bell und Pizza Hut.

Auch die Kosten des Wachstums schnellten in die Höhe.

1986 verschlang der Bau eines neuen McDonald's-Restaurants durchschnittlich 1,21 Millionen Dollar, 1990 mußte man dafür schon 1,55 Millionen Dollar hinblättern, 28 % mehr. »Rückblickend investierten wir zuviel und mußten deshalb die Preise erhöhen. Das brachte unsere ganze Kalkulation durcheinander«, erläutert Bob Thurston, der seit 1974 im Aufsichtsrat sitzt. Wie der gesamten amerikanischen Wirtschaft machte vor allem den Lieferanten die risikoreiche Kauf- und Verkaufspolitik auf den Aktienmärkten schwer zu schaffen, und ihr wachsender Schuldenberg schlug sich in Form höherer Rohstoffpreise auch in den Bilanzen von McDonald's nieder.

McDonald's versuchte diese Mehrbelastung durch Preiserhöhungen auszugleichen und wurde damit durch die Rezession der 90er Jahre besonders verwundbar. Zwischen 1985 und 1990 lag die Preisentwicklung bei McDonald's deutlich über der der Konkurrenz und auch deutlich über dem allgemeinen Anstieg der Verbraucherpreise. Diese Preispolitik verhalf dem Fast food-Giganten in den 80er Jahren zwar zu einem Umsatzwachstum von 12 %, verschleierte aber grundlegende Probleme.

Das McDonald's-System wurde aus seinem Dornröschenschlaf erst herausgerissen, als die Rezession in den 90er Jahren brutal zuschlug. Eine Rezession von diesem Ausmaß war in den Vereinigten Staaten bis dahin unbekannt gewesen. Jetzt wurde auch der Dienstleistungssektor erfaßt, und die gesamte amerikanische Industrie litt unter der wachsenden Schuldenlast. Vor allem wurde nun die Rezession von den Verbrauchern angeführt, und der Verbraucherkonsum ist mit Sicherheit *der* Schlüsselindikator für den Erfolg von McDonald's.

Während in den 80er Jahren das Umsatzwachstum im amerikanischen Einzelhandel noch komfortable 6,6 % betrug, ging es 1990 auf 3,4 % zurück, 1991 gar auf 0,7 %. Zwischen den immer zahlreicher werdenden Fast food-Restaurants führte dies zu einem erbitterten Kampf um Kunden, deren Geldbeutel aber nicht dicker wurden. »Wir verließen uns blauäugig auf unseren QSC & V-Standard, der uns in der Vergangenheit so gute Dienste geleistet hatte. In Zeiten der Rezession und des zunehmenden Konkurrenzdrucks aber war das einfach zu wenig«, meinte das Aufsichtsratmitglied David Wallerstein, ein McDonald's-Veteran, der 1993 verstarb. »Als unsere Umsätze zurückgingen, wurde uns plötzlich klar, daß wir etwas verändern mußten.«

Probleme, die man lange als Kleinigkeiten abgetan hatte, erwiesen sich nun plötzlich als ernsthafte Bedrohungen, gegen die man etwas unternehmen mußte. »Mit der Überheblichkeit, die das Management jahrelang an den Tag gelegt hatte, mußte unbedingt Schluß sein«, so Quinlan. »Diese großen Veränderungen hatten sich schon seit fünfzehn Jahren abgezeichnet, aber erst jetzt wurden wir uns dessen hinreichend bewußt, daß sich unsere Erwartungen in den Vereinigten Staaten nie würden erfüllen lassen. Uns lief einfach die Kundschaft davon.«

Fred Turner, unter dessen Führung McDonald's am stärksten expandiert hatte, war der erste, der die Zeit für Veränderungen angebrochen sah. Sein Entschluß, in relativ jungen Jahren die Zügel aus der Hand zu geben, ist der Beweis für seine Einsicht, daß nur ein neues Führungsteam die anstehenden Veränderungen in die Tat umsetzen konnte. »Fred Turner nannte McDonald's immer eine ›junge Firma‹, und er war der erste, der Mike Quinlan in der Position des geschäftsführenden Direktors sehen wollte«, sagt Thurston. »Turner war der eigentliche Architekt des modernen McDonald's, und der Aufsichtsrat war über alle Maßen erstaunt, daß er die Verantwortung als geschäftsführender Direktor schon als relativ junger Mann aus der Hand geben wollte. Aber ich rechne ihm das heute groß an.«

Turner wußte, daß er die Führung an ein tatkräftiges Team von Managern weiterreichte, denn schließlich hatte er jahrelang mit ihnen zusammengearbeitet. Hätte er länger an seinem Stuhl geklebt, hätte die Firma vielleicht das Potential dieser Nachwuchsmanager vergeudet. Mit seinem selbstlosen Rücktritt ebnete Turner den Weg für die Umstrukturierung. »Keiner von uns drängte auf Veränderungen an der Spitze«, erinnert sich das Aufsichtsratmitglied Don Lubin. »Doch Fred hatte vollkommen recht damit, daß eine jüngere Managerriege mit frischem Wind der Firma gut bekommen würde. Seine Entscheidung war absolut richtig. Gewöhnlich gibt niemand die Zügel eines so großen Unternehmens freiwillig aus der Hand. Und ich zolle Fred meinen größten Respekt, daß er keine Zweifel an Quinlans Führungsanspruch aufkommen ließ.«

Der Wechsel wurde am 1. März 1987 vollzogen, als das

Direktorium Quinlan zum neuen Präsidenten und geschäftsführenden Direktor wählte. Turner blieb Aufsichtsratsvorsitzender und übernahm zusätzlich den Vorsitz des neu geschaffenen Exekutivkomitees. Drei Jahre später übernahm Quinlan auch den Aufsichtsratsvorsitz. Ed Rensi blieb Präsident und geschäftsführender Direktor von McDonald's USA, Jim Cantalupo von McDonald's International. 1992 stieg Jim Greenberg – der wie Cantalupo zehn Jahre vorher von der Kanzlei Ernst & Young zu McDonald's gekommen war – als Vizepräsident ins Topmanagement auf, behielt aber seinen Posten als Leiter der Finanzabteilung.

Im Grunde genommen hatte Turner das Unternehmen schon über zwanzig Jahre hinweg allein geleitet, denn Ray Kroc hatte schon seit den späten 60er Jahren kein Interesse mehr an den alltäglichen Führungsaufgaben gehabt. Mit Turners Präsidentschaft war die gesamte Verantwortung für das weltweit operierende Unternehmen mit seinen Hunderttausenden von Angestellten, Franchisenehmern und Zulieferern auf ihn übergegangen, und er hatte diese schwierige Aufgabe mit Bravour gemeistert. Seine letzte Großtat bestand eben darin, Veränderungen einzuleiten, als die Firma sie dringend brauchte.

»Wir haben alles erfüllt, nur nicht unsere eigenen Erwartungen«, urteilt Greenberg. »Bei McDonald's sind die Ziele so hoch gesteckt, daß schon ein kleiner Schluckauf – damit meine ich ein paar magere Jahre – Veränderungen im gesamten System heraufbeschwören.«

Quinlan selbst hält es für reinen Zufall, daß die Rezession genau dann kam, als er den Vorsitz übernahm. Dennoch gab dies sicherlich den Anstoß für Veränderungen. Die Renaissance von McDonald's betrachtet er als zähen Prozeß, der erst in ein paar Jahren Früchte tragen wird. »Unsere Erwartungen in den 80er Jahren waren, nüchtern betrachtet, einfach vermessen, und vielleicht waren wir auch zu arrogant, um einzusehen, daß irgend etwas in unserem System faul sein könnte«, sagt Quinlan. »Die Einsicht kam erst, als die Kosten stiegen, die Verkaufszahlen sanken und die Gewinne der Franchisenehmer in den Keller fielen. Aber immerhin brachten wir eine Reihe von Veränderungen in Gang, um den Niedergang aufzuhalten – ohne Konkurs anmelden zu müssen. Jetzt bläst wieder ein frischer Wind durch das ganze Unternehmen.«

Vielleicht war der offene Brief, den Ed Rensi – Präsident und geschäftsführender Direktor von McDonald's USA – am 21. Juni 1990 an die McDonald's-Familie verschickte, das deutlichste Signal für baldige Veränderungen. Nachdem er darauf hingewiesen hatte, daß das Unternehmen in letzter Zeit bereits einige Veränderungen durchgemacht hatte, schrieb Rensi: »Es ist an der Zeit, daß wir uns selbst erneuern. Innen und nach außen, in einem kontinuierlichen Prozeß. Der Fortbestand unseres Systems hängt einzig und allein von uns ab. Ein altes Sprichwort lautet: ›Wenn's noch nicht kaputt ist, versuch's nicht zu reparieren.‹ Auf unsere Situation übertragen, sollte es lauten: ›Wenn wir warten, bis es kaputt ist, ist es zu spät, um es zu reparieren.‹«

Rensis Brief – er ging an die Privatadresse Tausender Mitarbeiter im McDonald's-System, an Betreiber, Lieferanten und Angestellte (Rensi und andere sprachen gerne von der ›McFamily‹) – setzte einen beharrlichen Austausch über interne Probleme in Gang, der das gesamte System in eine Art Aufbruchsstimmung versetzte.

Umwelt- und Ernährungsfragen hatten McDonald's in den 80er Jahren ziemlich in die Enge getrieben. McDonald's sagenhafte Erfolgsbilanz hatte ihren Preis: Kaum ein anderes Unternehmen stand so im Rampenlicht der Öffentlichkeit. Dies war eine zweischneidige Sache, positiv, wenn es um die Eröffnung eines neuen Restaurants ging, aber negativ, wenn die Firma zum Gegenstand von Kontroversen wurde. »McDonald's ist die leuchtende Fackel für alles und jedes«, meint Golin. »Das ist der Preis unserer Macht.«

McDonald's wurde zum Symbol der Wegwerf-Gesellschaft. »Wir ließen uns zu sehr in die Enge treiben«, meint Lubin. »Die Umweltproblematik wurde nur deshalb zum Problem, weil wir so sehr im Rampenlicht standen.« Aufgrund der Tatsache, daß McDonald's in nahezu jeder amerikanischen Stadt ein Restaurant stehen hat, wurde das Unternehmen im ganzen Land zur Zielscheibe von Umweltaktivisten. Bisweilen ging es auch um Probleme, an deren Entstehung McDonald's nicht im entferntesten beteiligt war.

Die meisten Proteste richteten sich gegen die Styroporverpackungen, vor allem gegen die Klappschachteln, die man eigens für die großen Hamburger entwickelt hatte. Ironischerweise hatte sich McDonald's schon in den 70er Jahren an das Stanford Research Institute gewandt und Experten mit einem Umweltgutachten für verschiedene Verpackungsmaterialen beauftragt. Aufgrund dieser Expertisen entschied sich McDonald's damals für Styroporschaum als praktisches und umweltverträgliches Verpackungsmaterial. Als man in den 80er Jahren entdeckte, daß Fluorchlorkohlenwasserstoffe die Ozonschicht der Erde zerstören, wies McDonald's seine Verpackungslieferanten an, diese Verbindungen aus dem Herstellungsprozeß zu eliminieren – und der Rest der Branche folgte diesem Beispiel.

Dennoch wurden Styroporverpackungen in den USA zum Symbol der Abfallproblematik und McDonald's zum größten Verfechter dieses Materials hochstilisiert. »Die Styroporschachteln machten alle unsere Bemühungen, die wir auf dem Umweltsektor anstrengten, zunichte«, kommentiert Greenberg. Und obwohl man begann, im ganzen System Abfall zu vermeiden und Verpackungsmaterial zu recyceln – McDonald's rief das landesweit umfangreichste Programm zum Styropor-Recycling ins Leben – blieb das Unternehmen der Sündenbock der Umweltaktivisten.

Am 25. Oktober 1990, einem Donnerstag, trat Rensi in einem spektakulären Auftritt an die Öffentlichkeit und verkündete, daß McDonald's USA in Zukunft auf Styropor verzichten werde. Die Spontaneität dieser Aktion verstärkte ihre Wirkung – ursprünglich war für den folgenden Montag eine Pressekonferenz anberaumt, auf der ein nationales Programm zum Styropor-Recycling bekanntgegeben werden sollte. Es war eine harte Entscheidung – aber sie verfehlte ihre Wirkung in der Öffentlichkeit nicht.

Letztendlich hatte die Abneigung der Kunden gegenüber der Styroporverpackung den Ausschlag gegeben, obwohl die technischen Argumente für diese Verpackungsform sprachen. »Dieses Thema beschäftigte uns mehr als der Verkauf unserer Hamburger«, erinnert sich Quinlan. »Mit der Entscheidung, auf die Styroporverpackungen zu verzichten, fiel eine zentnerschwere Last von uns.« Darüber hinaus sparte jedes Restaurant durch die Umstellung auf Pappschachteln rund 2000 Dollar im Jahr.

Durch die ›Waffenbrüderschaft‹ mit dem Environmental Defense Fund (EDF), einer amerikanischen Umweltorganisation, nahm McDonald's der Opposition weiter den Wind aus den Segeln. Aus dieser Zusammenarbeit entstand nicht nur eine rigide Verpflichtung zum Umweltschutz, sondern auch ein umfassendes Programm zur Abfallreduzierung mit zweiundvierzig Initiativen nebst Pilotprojekten und Testreihen in den Bereichen Ressourcenschonung, Wiederverwendung, Recycling und Kompostierung. Alles in allem konnte McDonald's – mit dem Segen des EDF – dank dieser Initiativen seinen Abfallberg um rund 80 % verkleinern.

Praktisch über Nacht hatte sich McDonald's vom Umweltsünder zu einer landesweit anerkannten ›grünen‹ Firma gemausert. In einer Studie der Cambridge University zur Verbrauchermeinung über die umweltpolitische Ausrichtung von dreiundzwanzig führenden US-Unternehmen kam McDonald's 1991 auf den ersten Platz, was einer Verbesserung von 28 % gegenüber der Vorjahresstudie entsprach. Bei der Entwicklung von 100 %-Recycling-Papiertüten für den Außer-Haus-Verkauf wurde McDonald's zum Spitzenreiter der amerikanischen Industrie. Bis 1994 hatte das Unternehmen über eine Milliarde Dollar in Recyclingprodukte investiert, die oft eigens auf McDonald's Drängen hin angefertigt wurden.

Das zweite große Thema, mit dem sich McDonald's auseinanderzusetzen hatte, war noch heikler: der ernährungswissenschaftliche Wert seines Essens. Wieder wurde natürlich der Marktführer zur bevorzugten Zielscheibe von Kritikern jeder Couleur. Die Tatsache, daß McDonald's schon immer rigide Qualitätskontrollen durchgeführt, schon lange freiwillig den jeweiligen Nährwert seiner Produkte veröffentlicht und großangelegte Aufklärungskampagnen angestrengt hatte, vermochte daran nichts zu ändern.

Der Ärger fing an, als ein kleiner Geschäftsmann namens Phil Sokolof im April 1990 ganzseitige Anzeigen in den zwanzig größten amerikanischen Tageszeitungen schaltete. Sie trugen die Überschrift: »Amerika wird vergiftet: McDonald's-Hamburger enthalten zuviel Fett.« Das Unternehmen holte sofort zum Gegenschlag aus.

Um sicherzugehen, daß die Gegendarstellung in denselben Ausgaben erschien, sprach McDonald's am Nachmittag, bevor die Anzeigen herauskamen, bei Associated Press, beim *Wall Street Journal* und bei *USA Today* vor. Man war durch eine Pressemitteilung vorab informiert worden. Am folgenden Tag trat Vizepräsident Dick Starmann zusammen mit Phil Sokolof in den Morgennachrichten der drei großen amerikanischen TV-Anstalten auf, um die Vorwürfe zurückzuweisen. Er kritisierte die Anzeigen nicht nur als unsauber, sondern wies auch auf ihren völlig falschen Inhalt hin. Außerdem schickte der ehemalige Staatssekretär im Gesundheitswesen, Joseph Galfano, der inzwischen als Berater für McDonald's tätig war, einen Brief an die betreffenden Zeitungen, in dem diesen Verleumdungsklagen angedroht wurden.

Ein paar Monate später ließ McDonald's verlauten, daß man nach langer Forschungsarbeit in Kürze eine Pflanzenölmischung statt Fritierfett verwenden werde. Sokolof nahm daraufhin in einer weiteren Anzeige seine Vorwürfe zurück. Durch diesen Schritt konnte McDonald's, ebenso wie beim Verzicht auf Styropor, positiv auf den Nährwert seiner Produkte hinweisen. »Vielleicht machen wir auch manchmal Fehler, wenn wir gegen derartige Vorwürfe zu Felde ziehen«, sagt Lubin. »Aber meistens zeigte McDonald's eine gewisse Einsicht, war bereit, etwas zu ändern, und schlug daraus Kapital.«

Die Probleme mit der Öffentlichkeit hatte man bis Mitte 1991 relativ unter Kontrolle gebracht, das Hauptproblem hingegen – das Ausbleiben der Stammkundschaft – war alles andere als gelöst. Vielleicht hatte sich McDonald's

Ende der 80er Jahre sogar zu sehr auf die Umwelt- und Ernährungsproblematik gestürzt und dabei einige weit schwerer wiegende Mißstände aus den Augen verloren. Dazu Thurston: »Natürlich mußten wir auf die öffentliche Kritik reagieren. Dabei handelte es sich aber vornehmlich um Probleme, die das Unternehmen betrafen, unsere Stammkundschaft kümmerte das wenig. Wenn wir unseren Marktforschungen mehr Aufmerksamkeit geschenkt hätten, wäre uns klar geworden, daß das Problem Nummer eins die Preise waren.« Erst als in den 90er Jahren die Rezession einsetzte, erkannte man, daß McDonald's hohe Preise immer mehr Stammkunden abwandern ließen, vor allem zu Taco Bell, das in der gesamten Fast food-Branche einen Preiskrieg entfacht hatte.

Discountpreise waren bei McDonald's stets als Marketingschachzug auf lokaler Ebene eingesetzt worden, landesweit hatte man hingegen eher darauf verzichtet. Als nun der Preiskrieg überall an Schärfe zunahm, war die Zeit gekommen, sich auf eine nationale Preisstrategie zu verständigen. »Wir haben erkannt, daß man mit den Preisen vorsichtiger umgehen muß«, sagte Wallerstein. »Erst durch den zunehmenden Wettbewerb reifte bei uns die Einsicht, daß wir unsere Preisstrategie überdenken mußten.«

Dies zeigte sich zuerst an einem landesweit angebotenen Happy-Meal-Hamburger für 1,99 Dollar. Das Ergebnis war verblüffend: Sobald man den Happy-Meal-Hamburger für weniger als zwei Dollar anbot, stieg sein Umsatz um 40 bis 50%. Nebenbei experimentierten auch einige lokale Betreiber damit, Promotion-Kampagnen in ausgewählten Verkaufsgebieten – zunächst in Kansas City und Houston – finanziell zu unterstützen, um Schlüsse darauf ziehen zu können, welche Strategie auch auf nationaler Ebene erfolgreich sein würde.

Bald war man soweit, die Ergebnisse der strategischen Testläufe der McDonald's-Familie vorzulegen. »Unser Franchisesystem hat die großartige Eigenschaft, daß wir unsere Partner nur von Dingen überzeugen können, die ihnen sinnvoll erscheinen«, meint Greenberg. »Vielleicht brauchen wir deshalb oft etwas länger, aber wir vermeiden dadurch große Fehler. Wenn sich dann schließlich etwas bewegt, kommt etwas Besseres heraus als bei der Konkurrenz, ganz einfach deshalb, weil unsere Franchisenehmer ihr eigenes Geld aufs Spiel setzen.«

Und das kam dabei heraus: ein Hamburger für 59 Cent, ein Cheeseburger für 69 Cent, Würstchen für 79 Cent und – wie gehabt – der Happy-Meal-Hamburger für 1,99 Dollar. Zusätzlich gab es verschiedene Kombinationen – genannt Extra Value Meals – bestehend aus Hamburger, Pommes frites und einem Getränk. 1991 wurden von der Konzernleitung 47 Millionen Dollar in diese Kampagne investiert, und schließlich trat ein landesweites ›Preiswerbungsprogramm‹ in Kraft. McDonald's empfahl darin seinen Betreibern einen bestimmten Preis, überließ die Entscheidung, ob sie diesen Preis übernahmen, aber seinen Betreibern. Letztendlich hielten sich fast alle an die Empfehlungen. »Vielleicht kam die Initiative ein wenig spät«, räumt Lubin ein, »aber sobald alle Franchisenehmer überzeugt waren und mitzogen, stiegen ihre Umsätze wieder beträchtlich.« Die 47-Millionen-Investition war ein Risiko, wie Quinlan zugibt, aber es wäre ein noch größeres Risiko gewesen, nichts zu unternehmen. »Wir mußten einfach mit den Preisen runtergehen«, sagt Quinlan. »Das brachte uns wieder auf den Boden der Tatsachen.«

Die Preisinitiative brachte das Unternehmen wieder zu seinen Wurzeln zurück – wenn man so will zum 15-Cent-Hamburger, mit dem Ray Kroc McDonald's groß gemacht hatte. Ed Rensi rechnete im Herbst 1991 aus, daß der 59-Cent-Hamburger inflationsbereinigt 1955 13 Cent gekostet hätte. »Ray Kroc hatte Erfolg, weil er viel für wenig Geld bot. Wir machen es ihm jetzt einfach nach«, meint Greenberg.

Wieder einmal waren also die Preise McDonald's Schlüssel zum Erfolg. 1994 kam ein dreistöckiger Hamburger als Extra Value Meal heraus, und außerdem zwei Alternativen: das kleinere und billigere All America Meal und die Super Sizing Option, mit der man das Extra Value Meal um große Pommes frites und ein Getränk erweitern konnte. Im Sommer 1994 nutzte man erstmalig das neue McDonald's Communications Network (MCN), um sich von den Systempartnern die Zustimmung für eine neue nationale Werbekampagne einzuholen. Dank dieser Videoübertragung via Satellit kann das Management seine Marketingpläne live an sämtliche Restaurants in allen 40 amerikanischen Verkaufsgebieten ausstrahlen und noch am selben Tag absegnen lassen. Auf diese Weise konnte die Werbekampagne binnen einer Woche gestartet werden. Das McDonald's-Management betrachtet MCN und andere innovative Kommunikationstechnologien als eine eigene Fahrspur auf dem Daten-Superhighway.

Aber nicht nur die Preise müssen stimmen. Schließlich zog auch die Konkurrenz bei den Preisen mit, um überhaupt eine Chance auf dem Fast food-Markt zu bekommen. Noch wichtiger ist für McDonald's der Gegenwert, den der Kunde für sein Geld bekommt, weshalb man größten Wert auf perfekten Service legt.

Um Wartezeiten gering zu halten, bekam der Kunde bislang sein Essen nur so, wie es der McDonald's-Standard vorsah. Im März 1991 erschien auf der Titelseite der internen Zeitschrift *Management News* ein Foto von Michael Quinlan mit einem Fischmäc in der einen Hand und einem Salatblatt in der anderen. So harmlos das Titelbild auf den ersten Blick auch aussehen mochte, die Botschaft war unmißverständlich: Wenn der Kunde seinen Fischmäc mit Salat möchte, soll er ihn auch so bekommen. »Auch das entspricht nur unserer neuen Grundeinsicht, alles aus den Augen unserer Kunden zu betrachten«, kommentierte Quinlan. »Das gestattet es uns, den bürokratischen Aufwand gering zu halten und mehr strategisch zu denken.«

McDonald's unternahm große Anstrengungen, um diese neue Art der Kundenpflege im gesamten System durchzusetzen, was natürlich nicht ohne interne Reibungen abging. Das McDonald's-System basierte bislang auf standardisierten Abläufen, die keine Abweichungen zuließen. Die Sonderwünsche sorgten für zunehmende Konfusion hinter dem Verkaufstresen, außerdem entstanden längere Wartezeiten.

Um einen reibungslosen Ablauf hinter dem Tresen zu garantieren, setzte man in jüngster Zeit verstärkt auf innovative Technologien bei der Essenszubereitung: einen Klammergrill, in dem die Hamburger auf beiden Seiten gleichzeitig gebraten werden, verbesserte Friteusen, schnellere Toaster und Hightech-Warmhaltevorrichtungen, die sowohl die Temperatur als auch die Feuchtigkeit kontrollieren. Dank dieser neuen Vorrichtungen können die einzelnen Bestandteile einer Mahlzeit warmgehalten werden, um unmittelbar nach der Bestellung durch den Kunden zusammengefügt zu werden. Dadurch wird das Essen nicht nur wärmer und schneller serviert, sondern der Produktionsablauf funktioniert auch bei Sonderbestellungen reibungslos. »Das kommt fast schon einer kleinen Revolution gleich. Wer hätte noch vor fünf Jahren gedacht, daß wir unseren Produktionsablauf ändern würden?« meint Greenberg. »Dies geschah einzig und allein, um unseren Kunden bessere Produkte zu bieten.«

Die neuen Herstellungsmethoden wurden zunächst beim Frühstück angewandt, wo McDonald's bereits stolze 36 % seiner Umsätze verbuchte. Sie brachten erstaunliche Serviceverbesserungen, vor allem beim Drive-in, wo immer mehr Kunden gebeten wurden, ›zum nächsten Schalter vorzufahren‹. 1992 wurden die neuen Zubereitungsmethoden in allen amerikanischen McDonald's auf das gesamte Speisenangebot ausgedehnt. Dies hatte zur Folge, daß die Restaurants sogar während der Mittagszeit Sonderwünsche erfüllen konnten, ohne bei Qualität und Service Abstriche machen zu müssen.

Noch wichtiger als die technischen Neuerungen war die Bereitschaft des Servicepersonals, sich ganz in den Dienst des Kunden zu stellen. Marktanalysen hatten bestätigt, daß die enge Bindung der Kundschaft an McDonald's stark nachgelassen und die Konkurrenz McDonald's in dieser Hinsicht zum Teil überholt hatte und den Vorsprung weiter ausbaute. »Hier hatte sich einiges verändert, was wir erst erkannten, als wir die Kunden selbst befragten. Darauf mußten wir reagieren«, meint Lubin.

Um den Service zu verbessern, wurde zunächst jeder einzelne Restaurantmanager angehalten, alles Erdenkliche zu unternehmen, um die Kundenwünsche zu befriedigen. »Wir haben jetzt sogar die Möglichkeit, das Essengehen im Schnellservice-Restaurant an sich neu zu definieren«, sagt Greenberg. »Unser Ziel ist, das Erlebnis eines McDonald's-Besuches deutlich von dem bei anderen Fast food-Ketten abzuheben. Das Zeug dazu haben wir.« Im Zuge der Serviceverbesserung wurden in den Restaurants die Arbeitsbereiche neu organisiert und eine verbesserte Ausbildung angeboten, um den Angestellten die neue Kundenpriorität schmackhaft zu machen. Man setzte auf mehr Verantwortung der Mannschaft am Tresen, die nun Konflikte mit Gästen selbst bereinigen durfte, ohne unbedingt den Geschäftsführer rufen zu müssen. In anderen Restaurants stellte sich der Manager selbst hinter den Tresen, um näher beim Kunden zu sein. »Ray Kroc wäre begeistert gewesen«, meint Wallerstein. »Er forderte immer, McDonald's müsse anders sein, und er sah es auch gern, wenn sich der Restaurant-Manager selbst um seine Kunden kümmerte.«

1994, zu der Zeit also, da Quinlan auf der ›weltweiten Versammlung‹ auftrat, begannen diese Veränderungen erste Früchte zu tragen. Obwohl Amerika nach wie vor unter der Rezession zu leiden hatte, hatten sich die Umsätze bei McDonald's seit 1991 wieder leicht erhöht, was vor allem auf die neue Preispolitik zurückzuführen war. 1992 stieg der Umsatz um 6 %, 1993 um 7 %, und in beiden Jahren wurde eine Gewinnsteigerung von 4 % erzielt. Vor allem aber hatte man erkannt, daß sich auch mit niedrigeren Preisen Gewinne erzielen ließen, wenn man gleichzeitig Kosten einsparte. Dabei kam McDonald's seine Größe besonders zugute. »Fünfunddreißig Jahre lang lösten wir bei McDonald's Probleme, indem wir einfach jedes Jahr die Umsätze steigerten«, so Greenberg weiter. »Das ist nach wie vor die beste Lösung, aber ein anderes Mittel ist auch die Kostensenkung. Für uns erforderte das ein erhebliches Umdenken. Inzwischen ist Kostensenkung ein enorm wichtiger Faktor. Wir befinden uns ständig auf der Suche nach Einsparungsmöglichkeiten, deren Erfolge auch unseren Kunden zugute kommen.«

In einer Branche, in der viele kleine Beträge umgesetzt werden, dauert es nicht lange, bis sich kleine Sparmaßnahmen bezahlt machen. Durch den Einsatz neuer Fettfilter in den Friteusen sparte zum Beispiel jedes einzelne Restaurant 2800 Dollar im Jahr. Durchschnittlich 4000 Dollar ließen sich pro Restaurant und Jahr einsparen, indem man aus dem firmeneigenen Versicherungsprogramm ausstieg und auf dem freien Markt Versicherungsverträge abschloß. Diese beiden Maßnahmen sowie der Übergang zu Papierverpackungen brachte den 9300 McDonald's-Restaurants in den Vereinigten Staaten Kosteneinsparungen von über achtzig Millionen Dollar im Jahr. »Aufgrund unserer anspruchsvollen Qualitätsstandards können wir nicht die billigsten Anbieter auf dem Markt werden«, meint Greenberg. »Durch Einsparungen in der Produktion werden wir den Kunden aber weiterhin den besten Gegenwert für ihr Geld liefern.«

Viel tut sich auch beim Neubau von Restaurants. Durch entsprechend ausgeklügelte Untersuchungen ermittelte man die optimalen Restaurantgrößen für jeden einzelnen Markt. Zudem kommen heute effektivere Bauweisen und alternative Materialien zum Einsatz. »In der Vergangenheit errichteten wir wunderschöne Restaurants, auf die wir stolz sein können«, erklärt Greenberg. »Aber wir kamen zu einem Punkt, wo es aufgrund der Kosten immer schwieriger wurde, geeignete Standorte zu finden, was wiederum unabdingbar war, um gute Umsätze zu machen.« 1993 lagen die Baukosten eines neuen McDonald's um durchschnittlich 27 % unter denen von 1990.

Inzwischen entwickelte man Restaurants der *Serie 2000*, die halb so groß wie ein traditionelles McDonald's, deren Küche aber so gestaltet sind, daß dort fast ebenso viele Mahlzeiten hergestellt werden können wie in den herkömmlichen Restaurants. Diese ›Mini-McDonald's‹ kosten etwa 30 % weniger als ein Durchschnittsrestaurant 1991, können jedoch ebenso viele Gäste verköstigen wie 96 % der bestehenden ›großen‹ McDonald's. 1993 wurden in den USA rund 80 % aller neuen Restaurants nach dem neuen Konzept errichtet, verglichen mit 60 % im Jahr davor. Ein großer Vorteil dieser kleiner dimensionierten Verkaufsstellen liegt darin, daß sie aufgrund der niedrigen Preise auch in Marktnischen der kleineren Städte und in Randbereichen zwischen bestehenden Märkten rentabel wirtschaften können. »Das bedeutet einen großen strategischen Zugewinn, denn aufgrund der niedrigeren Baukosten besteht weniger Notwendigkeit, hohe Umsätze erzielen zu müssen«, so Greenberg. »Und wenn wir diese Restaurants in Citylagen einrichten, bleibt am Ende einfach mehr Gewinn hängen.«

Zusätzlich begann McDonald's 1993 mittels seiner mobilen Verkaufsstände, die von einem bestehenden Restaurant beliefert werden, auf weitere kleine Märkte vorzudringen. Durch ein Abkommen mit Wal-Mart, einem anderen Einzelhandelsriesen in den USA, eröffnete McDonald's binnen eines Jahres über achtzig kleine Verkaufstheken in den Filialen dieser Kette. Andere befinden sich in Tankstellen, Einkaufszentren, Schulen, Krankenhäusern, Bürogebäuden, Erholungsgebieten und Sportstadien. McDonald's folgt damit der neuen Strategie, seine Produkte dorthin zu bringen, wo die Kundschaft darauf wartet.

McDonald's International, der Unternehmenszweig, der anfänglich von den US-Restaurants mitfinanziert werden mußte, erwirtschaftet mittlerweile hohe Gewinne. »Heute erkennen wir die Weitsicht, die sich hinter vielen von Fred Turners Entscheidungen verbarg – ins Ausland zu expandieren, bevorzugt mit Einzelpersonen statt mit Firmen zusammenzuarbeiten und große Summen zu investieren, obwohl man wußte, daß sich das nicht gleich in barer Münze bezahlt machen würde«, meint Lubin rückblickend. Und Turners Zuversicht in Auslandsmärkte machte sich mehr als bezahlt: Zwischen 1986 und 1994 stieg der Umsatz von McDonald's International pro Jahr um etwa 35 % von 2,9 auf 11 Milliarden Dollar. Der Anteil, den der Auslandsmarkt zu McDonald's Gesamtgewinn beiträgt, stieg im selben Zeitraum von 27 auf 50 %.

»Erst in den letzten fünf Jahren haben wir das Potential von McDonald's International voll erkannt und entsprechend ausgebaut, vor allem durch Verbesserungen der Infrastruktur«, sagt Cantalupo. »Dank unserer Infrastruktur können wir sowohl bestehende Märkte schneller ausbauen als auch neue Märkte rascher erschließen.« 1986 betrieb McDonald's International 2138 Restaurants, Ende 1994 existierten schon 5461 Verkaufsstellen, die auf neunundsiebzig Länder verteilt waren. Die ›Großen Sechs‹ – Australien, Kanada, Großbritannien, Frankreich, Deutschland und Japan – sorgen derzeit für rund 80 % der internationalen Umsätze. In Frankreich kam man bezeichnenderweise erst in die Gewinnzone, als man vor Gericht gegangen war, um den ersten Franchisenehmer loszuwerden. »Heute macht Frankreich gegenüber Deutschland und Großbritannien immer mehr an Boden gut. Damit hätte nach den Schwierigkeiten am Anfang niemand gerechnet«, sagt Cantalupo.

»Unser Potential im Ausland ist grenzenlos«, fügt Quinlan hinzu. »Im Vergleich zu vor fünf Jahren haben wir glänzende Fortschritte gemacht. Heute arbeiten wir weit effektiver und kommen viel schneller in die Gewinnzone.« Thurston glaubt, daß kein anderes Einzelhandelsunternehmen stärker auf internationale Expansion baut als McDonald's. »Wir haben heute genügend Selbstvertrauen, um uns in jeder Kultur, in jedem Land der Welt durchsetzen zu können«, lautet sein Standpunkt. Bis zur Jahrtausendwende sollen weitere achthundert bis tausend Restaurants eröffnet werden. »Solange wir auf bestehenden Märkten mit neuen Restaurants weiter Erfolg haben«, sagt Cantalupo, »werden wir unser Wachstum noch forcieren. Wir machen das langsam und bedächtig, um sicherzustellen, daß die Infrastruktur Schritt hält.«

Abgesehen von dem enormen Wachstum in einigen Ländern – stellvertretend seien die schlagzeilenträchtigen Eröffnungen von McDonald's-Restaurants in Moskau, Peking, Warschau oder Kairo genannt – ist die Erfolgsstory von McDonald's International tatsächlich von bedächtiger und vorausschauender Planung gekennzeichnet. Darauf ist Cantalupo besonders stolz. Man hat gelernt, daß der Aufbau einer soliden Infrastruktur – mit einem Netz aus zuverlässigen Partnern, Franchisenehmern und Zulieferern – eine unabdingbare Voraussetzung für rasches Wachstum ist.

Der Name McDonald's – der zweitbekannteste Markenname auf der Welt – ist überall eine gute Empfehlung. »Der Name McDonald's und das, für was er steht, öffnet einem Tür und Tor«, so Cantalupo. »Alle Regierungen, an die wir uns wenden, geben uns hundertprozentige Rückendeckung, denn sie wissen, daß McDonald's ein System verkaufen will, nicht nur einen Markennamen. Schließlich setzen wir überall auf langfristiges Engagement. Jeder unserer Partner wird bestätigen, daß wir seine Erwartungen, was die Unterstützung betrifft, mehr als zufriedengestellt haben.«

In Osteuropa begannen zum Beispiel die Verhandlungen um das ersten McDonald's in Moskau schon 1986, lange vor Glasnost. McDonald's in Wien ansässige Entwicklungsabteilung für Mitteleuropa legte bereits vor Jahren den Grundstein für die Expansion nach Osteuropa. In Ungarn und im früheren Jugoslawien waren die McDonald's-Bögen schon lange vor dem Fall der Berliner Mauer sichtbar. »42 % der Menschen in der ehemaligen Tschechoslowakei kannten das McDonald's-Logo, bevor dort das erste McDonald's eröffnete«, sagt Cantalupo.

Nirgendwo steht McDonald's langfristige Perspektive härter auf dem Prüfstand als in Rußland. George Cohon, damals Präsident und geschäftsführender Direktor von McDonald's Kanada, führte die ersten Vorgespräche mit sowjetischen Vertretern während der Olympischen Spiele in Montreal. Nach langwierigen Verhandlungen kam man 1988 überein, bis zu zwanzig Restaurants in Moskau zu errichten. Die ganze Welt sah schließlich zu, als an einem kalten Wintermorgen, dem 31. Januar 1990, über 30 000 Menschen auf dem Puschkinplatz darauf warteten, daß das 2200qm große McDonald's seine Pforten öffnete. Niemals zuvor hatte ein McDonald's an einem Tag so viele Kunden gehabt. 1100 Mitarbeiter bedienen dort täglich 40 000 bis 50 000 Kunden. Im ersten Jahr seines Bestehens wurde das McDonald's in

Moskau von fünfzehn Millionen Menschen frequentiert – ein durchschnittliches McDonald's in den USA würde dafür 30 Jahre brauchen. Jeden Monat werden in dem Moskauer Restaurant 487 000 Portionen Pommes frites, 477 000 Getränke, 390 000 Milch-Shakes, 330 000 Big Macs und 227 000 Apfeltaschen verkauft.

Als das Restaurant in Moskau seine Türen öffnete, konnte noch niemand ahnen, daß der Kommunismus bald abdanken mußte, daß die Sowjetunion auseinanderbrechen würde, oder daß das Land von Lebensmittelengpässen heimgesucht werden würde. Das Moskauer Restaurant bediente seine Kunden weiter, selbst dann, als die Weltöffentlichkeit zusah, wie Boris Jelzin den Aufstand niederkämpfte, was den endgültigen Zerfall der Sowjetunion bedeutete. McDonald's war eines der wenigen ausländischen Unternehmen, das nur Rubel akzeptierte, was den Wert seiner Speisen bei den Moskauern noch steigen ließ. »Die langen Schlangen spielten keine Rolle; ausschlaggebend war die Gewißheit, Hamburger, Pommes frites oder einen Shake zu bekommen, wenn man an der Reihe war«, sagt Marc Winer, der Generaldirektor des Joint Venture zwischen McDonald's Restaurants of Canada und Mosrestaurant, der Versorgungsbehörde der Moskauer Stadtverwaltung. »Ich glaube, die Leute machen sich keine Gedanken, wo wir unser Essen herkriegen. Für sie kommt es darauf an, daß das McDonald's funktioniert, und vielleicht gibt ihnen das ein wenig Zuversicht, irgendwann selbst dieses Maß an Zuverlässigkeit zu erreichen.«

Dabei war die Gewährleistung einer zuverlässigen Versorgung mit Rohstoffen alles andere als ein Kinderspiel. Um die nicht enden wollende Nachfrage befriedigen zu können, errichtete McDonald's in Solntsevo vor den Toren Moskaus für fünfundvierzig Millionen Dollar eine Lebensmittelfabrik. Sie ist eine der modernsten ihrer Art in ganz Europa und die einzige, die McDonald's selbst gehört (überall sonst deckt man sich von unabhängigen Zulieferern ein). Die Rohstoffe stammen von fünfundvierzig Lieferanten aus mehreren Mitgliedsstaaten der Russischen Föderation. McDonald's importierte sogar Samen und landwirtschaftliches Gerät, damit die notwendigen Feldfrüchte – z. B. Idaho-Kartoffeln für die McDonald's-Pommes frites – vor Ort angebaut werden konnten. Das Unternehmen hat trotz der wirtschaftlichen und politischen Probleme in Rußland nie Zweifel an seinen Expansionsplänen in der Föderation aufkommen lassen. »Wir investieren in einen Markt mit dreihundert Millionen Menschen, und wir sind uns bewußt, daß wir einen langen Weg gehen müssen«, sagt Greenberg. »Aber es ist eine Investition in die Zukunft.«

»Niemand glaubte, daß es einfach werden würde, als wir nach Moskau gingen, und so kam es auch«, fügt Cantalupo hinzu. »Wir haben dabei viel riskiert, und in Anbetracht der Umstände haben wir uns tapfer geschlagen. Unsere Perspektive ist langfristig, es handelt sich um einen riesigen Markt, und die Tatsache, daß wir bereits dort präsent sind, bestärkt nur unseren Willen. In China planen wir Ähnliches. Heute mag es dort erst einhundertfünfzig Millionen Menschen geben, die sich McDonald's leisten können, aber wenn wir die einmal alle erreicht haben, werden weitere einhundertfünfzig Millionen Kunden dazugekommen sein.«

Die Eröffnung des McDonald's in Peking am 23. April 1991 brach fast den Rekord von Moskau. Rund 40 000 Menschen drängten sich in dem 2600qm großen Restaurant mit seinen neunundzwanzig Kassen. Dank seiner Lage zwischen Wangfujing und Changanjie, mitten im geschäftigen Einkaufsviertel der Stadt, laufen täglich rund 800 000 Menschen an dem Restaurant vorbei.

Schon fünf Jahre vor der Eröffnung hatte McDonald's begonnen, mit der General Corporation of Bejing Agriculture, Industry and Commerce (BAIC) zusammenzuarbeiten, um ein Netz aus lokalen Bauern, Handwerkern und anderen Zulieferern aufzubauen, um nicht nur das Restaurant in Peking, sondern auch die neuen Verkaufsstellen in anderen chinesischen Städten zu beliefern. Als das McDonald's in Peking eröffnete, stammten 95 % seiner Produkte aus lokaler Produktion (wie Rindfleisch, Geflügel, Fisch, Kartoffeln, Salat und eine Reihe von Getränken). Das Potential in einem Land mit 1,2 Milliarden Menschen ist grenzenlos:

vorausgesetzt, der chinesische Markt entwickelt sich entsprechend, müßte man in China rund 24 000 Restaurants einrichten, um dieselbe Flächendeckung wie in den Vereinigten Staaten zu erreichen.

Cantalupo betont den großen Vorteil, die Marktchancen fremder Länder testen zu können, ohne viel investieren zu müssen. »Um die kulturelle Bereitschaft, die lokale Akzeptanz und das voraussichtliche Wachstum abzuschätzen, genügt es, ein Restaurant aufzumachen«, sagt er, nicht ohne rasch anzufügen, daß McDonald's heute in den meisten Ländern von Beginn an Gewinn einfährt. »Nach der Jahrtausendwende werden Länder wie China, Rußland oder Indonesien großartige Wachstumsmöglichkeiten für ungeahnte Umsätze und Gewinne darstellen.«

Abgesehen von diesen spektakulären Aussichten von McDonald's International, verspricht der Ausbau der weltweiten Infrastruktur für die Zukunft noch dramatischere Wachstumsmöglichkeiten. »Wir denken heute viel globaler als früher«, sagt Cantalupo. »Heute agieren wir als weltweites System, im Gegensatz zu früher, als sich jedes Land selbst um Partner und Zulieferer kümmern mußte.« Mit der wirtschaftlichen Macht seiner mehr als 14 000 Verkaufsstellen im Rücken ist McDonald's heute in der Lage, seine Ressourcen effektiver denn je zu nutzen, eine Entwicklung, die Cantalupo als ›Weltstrategie‹ bezeichnet. Dadurch konnten im gesamten McDonald's-System 1992 zwanzig Millionen und 1993 siebzig Millionen Dollar gespart werden.

Heute stammen beispielsweise alle Tischplatten in neueingerichteten McDonald's-Restaurants in Europa aus Belgien, Stühle sowie Fliesen für Wände und Böden aus Italien, Türen aus Österreich und die Beleuchtung aus den Niederlanden. Amerikanische Firmen liefern Heizungen, Belüftungen und Klimaanlagen. Bei allem handelt es sich um preisgünstige, aber qualitativ hochwertige Produkte. Die Bau- und Ausstattungskosten eines neuen europäischen McDonald's konnten dadurch deutlich gesenkt werden.

Obwohl nach wie vor die meisten Restaurants von lokalen

Zulieferern versorgt werden, macht sich McDonald's mehr und mehr seine weltweite Präsenz zunutze, um günstiger einkaufen zu können. »Wir suchen Lieferanten mit guten Produkten zum besten Preis, egal, ob sie sich in den Vereinigten Staaten oder in Kuala Lumpur befinden«, erklärt Cantalupo. So liefert heute Neuseeland Käse für Südamerika, Fleisch aus Uruguay wird in Malaysia verkauft und malaiische Verpackungen sind überall in Asien im Einsatz. Die Vereinigten Staaten beliefern Hongkong und Japan mit Kartoffeln, alle Sesamkörner für die McDonald's-Buns kommen aus Mexiko, Japans Rindfleisch stammt aus Australien, und sämtliche Teigmischungen, die im System verwendet werden, werden von einem einzigen Lieferanten in den USA geliefert. Währungsprobleme umgeht man durch Tauschgeschäfte: Rußland liefert beispielsweise Gebäck nach Deutschland und erhält im Gegenzug Verpackungen, Tabletts und Reinigungsmittel.

»Wir achten besonders darauf, preislich für die breite Mehrheit der Bevölkerung interessant zu sein«, sagt Cantalupo. »Im Rahmen unserer weltweiten Verkaufsstrategie ist es wichtig, uns in allen Ländern, in denen wir präsent sind, die Position eines Billigproduzenten zu sichern. Die nächsten Jahre werden erweisen, ob das klappt.« Für die nahe Zukunft rechnet sich Cantalupo vor allem in Taiwan, Spanien, Italien und Hongkong (zusammen mit China) die größten Wachstumschancen aus, wiewohl auch in Westeuropa, wo nur 1700 Restaurants auf eine Bevölkerung von dreihundertdreißig Millionen Menschen kommen, das Potential noch lange nicht erschöpft zu sein scheint. In Mexiko, Brasilien, Indonesien und Osteuropa entwickelt sich langsam jene Infrastruktur, die für beständig erfolgreiches Wachstum unabdingbar ist. Für das nächste Jahrhundert blickt Cantalupo schon sehnsüchtig auf die bislang praktisch unberührten Länder Afrikas und des Nahen Ostens sowie auf Indien.

»Uns sind einfach keine Grenzen gesetzt«, glaubt er. »Am Ende dieses Jahrhunderts rechne ich mit den ›Großen Fünfzehn‹ und mit weiteren ›Großen Fünfzehn‹ gleich dahinter –

wir haben mit Sicherheit das Potential, eines Tages 1500 Restaurants pro Jahr zu eröffnen.«

Trotz aller Veränderungen blieb McDonald's über die Jahre hinweg seiner Verpflichtung zum sozialen Engagement treu. »Lange Zeit haben wir nicht erkannt, daß das, was wir in den Vereinigten Staaten für die Allgemeinheit tun, auch international von Nutzen sein könnte«, sagt Golin. »Aber die Tatsache, daß weltweit immer mehr Ronald-McDonald-Häuser ihre Türen öffnen und immer mehr Leute mitmachen wollen, spricht für sich.«

Die Firmenphilosophie, den Menschen, mit denen man Handel treibt, etwas zurückzugeben, läßt sich am deutlichsten am Wachstum der Ronald McDonald's Children Charities (RMCC) – sie wurden 1994 in memoriam Ray Kroc eingerichtet – und an der Zunahme der Ronald-McDonald-Häuser ablesen. »RMCC entwickelt sich immer mehr zu einer großen Organisation, schon jetzt ist sie eine der größten Kinderstiftungen, und ihre Mittel steigen immer weiter«, sagt Lubin. »Kaum ein anderer als McDonald's kann so effektiv um Spenden werben und so Kindern in aller Welt helfen.« Bislang vergab die RMCC mehr als 1700 Hilfsgelder, insgesamt über einhundert Millionen Dollar, an Hunderte von Organisationen, die Kinderprojekte in den Bereichen Gesundheit, Rehabilitation und Ausbildung durchführen. In den USA sowie in weiteren elf Ländern stehen 162 Ronald-McDonald-Häuser.

RMCC hat mittlerweile einen Punkt erreicht, von dem aus man »aktiv selbst Projekte entwickeln kann«, und nicht mehr nur auf Hilfegesuche reagiert, betont Lubin. Quinlan glaubt, daß das RMCC-Engagement noch lange nicht das Potential ausschöpft, das in ihm steckt. »Es ist ein großartiges Programm, das wir uns in Erinnerung an Ray Kroc ausgedacht haben, und es macht jedes Jahr weiter Fortschritte«, urteilt Quinlan. »RMCC wächst mit McDonald's mit – und ich hoffe, daß ich den Tag noch erlebe, an dem sich die Stiftung selbst trägt. Im Grunde bräuchten wir einhundertzwanzig bis einhundertvierzig Millionen Dollar, um die zwölf bis fünfzehn Millionen Dollar an Hilfsgeldern, die wir heute pro Jahr verteilen, tragen zu können.«

Auch mit seinem Beschäftigungsprogramm McJobs für geistig und körperlich behinderte Menschen ging McDonald's mit gutem Beispiel voran. Hinzu kommt das McMasters-Programm, um über Fünfundfünfzigjährige wieder ins Berufsleben zu integrieren, und das Diversity-Development-Programm, das nicht nur auf Angestellte, sondern auch auf Franchisenehmer abzielt. Rensi merkt an, daß McDonald's in den Vereinigten Staaten mittlerweile der größte Arbeitgeber für Berufseinsteiger ist, eine Position, die vorher die Armee innehatte. »McDonald's ist heute ein Teil dessen, was Amerika ausmacht«, sagt Rensi.

Nirgendwo in den Vereinigten Staaten sind so viele Franchisenehmer, die Minderheiten angehören, tätig wie im McDonald's-System. Von den zukünftigen Franchisenehmern, die gerade ein Ausbildungsprogramm absolvieren, sind 60 % Frauen oder Angehörige von Minderheiten. Juristische Streitigkeiten innerhalb des Systems konnten im Vergleich zu den turbulenten 70er Jahren drastisch gesenkt werden, was Lubin zu der Äußerung veranlaßt, daß man stets bemüht sei, jeden von Anfang an offen und fair zu behandeln. »Wenn Prinzipien auf dem Spiel standen, hat die Firma stets ihre Politik durchzusetzen versucht. Das verstehen wir unter Fairneß«, erläutert Lubin. »In anderen Franchisesystemen gibt es weit mehr Spannungen. McDonald's konnte immer eine Art Familienatmosphäre bewahren.«

McDonald's, einer der größten Arbeitgeber für junge Menschen, engagiert sich sowohl auf nationaler als auch auf lokaler Ebene an Ausbildungsprogrammen. Das berufliche Weiterkommen seiner studentischen Mitarbeiter genießt einen hohen Stellenwert. McDonald's soziales Engagement wird besonders in Notsituationen und bei Naturkatastrophen sichtbar, so wie bei den Sturmfluten auf Hawaii und in Florida 1992, der Überschwemmung im Mittleren Westen 1993 und beim Erdbeben in Los Angeles 1994. Durch seine enge Zusammenarbeit mit dem amerikanischen Roten Kreuz steht McDonald's nicht nur den Opfern solcher Katastrophen bei, sondern versorgt auch die vielen professionellen und freiwilligen Helfer mit Essen und anderen wichtigen Dingen. Allein die Anwesenheit von McDonald's kann dabei Wunder wirken. Der Sanitäter Harvey Oswald wird nach dem großen Erdbeben in Los Angeles so zitiert: »Kinder sind während einer Katastrophensituation völlig desorientiert. Allein die Tatsache, daß es McDonald's noch gibt, vermittelt ihnen das Gefühl, daß bald alles wieder seinen normalen Gang nehmen wird.«

Die Wirkung seines sozialen Engagements wurde während der Unruhen in Los Angeles im April 1992 besonders augenfällig. McDonald's war von den Zerstörungen durch Plünderung, Brandstiftung und Vandalismus, die insgesamt Schäden in Höhe von zwei Milliarden Dollar verursachten, kaum betroffen. Kurz nachdem die Ausgangssperre aufgehoben wurde, öffneten auch die McDonald's wieder und bedienten sowohl das Hilfspersonal wie auch die Bewohner der betroffenen Stadtteile. Das *Time Magazine* beschrieb die Situation so: »Hunderte von Geschäften – vor allem die schwarzer Inhaber – boten ein Bild der Verwüstung, nachdem der Mob brandschatzend durch den südlichen Teil des Stadtzentrums gezogen war. Die McDonald's-Restaurants waren alle verschont geblieben. ... In Los Angeles zeigte sich, was man mit Hilfe von aufklärerischem Sozialengagement erreichen kann. ... McDonald's ist nicht nur eine der Firmen Amerikas, die sich sozial in die Verantwortung nimmt, sondern auch einer der kompetentesten sozialen Architekten des Landes.« Rensi merkt in diesem Zusammenhang an, daß auch die Restaurantbetreiber entscheidenden Anteil daran hatten. »Der Welt kam das wie ein Wunder vor«, meint er. »Aber es war keine Zauberei, sondern ein Ergebnis unserer jahrelangen Arbeit im sozialen Sektor.«

In der Gewißheit, das Ruder bei McDonald's herumgerissen zu haben, blickt Quinlan mit ungetrübtem Optimismus in die Zukunft. Über Grenzen des Wachstums lacht er nur. »Alle, die mit der Firma groß geworden sind, wissen, daß es immer auf und ab geht«, meint er, fügt aber an, daß das Ausmaß der jüngsten Veränderungen für viele schon überraschend war.

»Wir hatten auf ein bestimmtes Pferd gesetzt und mit ihm viele Rennen gewonnen; deshalb war es kein Wunder, daß wir so manche vor den Kopf stießen, als wir auf ein anderes Pferd setzten«, sagt Quinlan. »Aber ich bin froh, daß es jetzt passierte und nicht später, denn dadurch haben wir die Möglichkeit, in allen Systembereichen wirklich etwas zu verbessern. Jetzt haben wir einen ganzen Stall mit neuen Pferden, auf die wir setzen können.«

Solange McDonald's in der Fast food-Branche sein Potential noch nicht ausgeschöpft hat, sieht Quinlan keinen Anlaß zur Diversifikation. »Wir haben noch mehr als genug zu tun, um McDonald's an seine Grenzen heranzuführen. Auf internationaler Ebene ist unser Potential unumstritten, aber auch in den Vereinigten Staaten bestehen noch erhebliche Wachstumschancen. Durch hundertprozentige Kundenbefriedigung, kontinuierlichen Ausbau unseres Speisenangebotes, die Konzentration auf bestimmte Tageszeiten sowie durch neue und kreative Standortplanung werden wir unseren Kunden das McDonald's-Erlebnis noch schmackhafter machen.«

Lubin merkt an, daß das Umfeld von McDonald's International gerade einmal den Kinderschuhen entwachsen ist. »Wir gehören zu den größten Firmen der Welt. Das garantiert nicht nur kontinuierliches Wachstum für das Unternehmen, sondern auch für jeden einzelnen, der bei McDonald's mitarbeitet.«

Quinlan betont erneut die Wichtigkeit, das Unternehmen McDonald's aus der Sicht des Kunden zu betrachten. Auf diese Weise sei es möglich, einen deutlichen Vorsprung vor der Konkurrenz herauszuarbeiten. »Im Jahr 2000 möchte ich McDonald's als unangefochtenen Marktführer sehen. Außerdem wünsche ich mir, daß unsere Zukunftsaussichten auch dann noch ebenso rosig sind wie heute. Ich möchte, daß wir eines Tages sagen können: ›Hier ist McDonald's, und dann kommt erst einmal lange nichts.‹ Wenn wir uns in puncto Kundenservice so weit von der Konkurrenz absetzen können, wird sich der finanzielle Erfolg von selbst einstellen.«

»Aber im Grunde eignet sich das nicht als Schlußwort für die McDonald's-Story – ganz und gar nicht, denn die besten Jahre haben wir noch vor uns«, fügt Quinlan hinzu. »Dies ist kein Epilog, bestenfalls ein Prolog.«

REGISTER

Das Register enthält überwiegend Personennamen, Firmennamen, Ortsnamen und allgemeine Begriffe. Namen und Begriffe wie Ray Kroc, Fred Turner, Franchise, Management u. v. a. m. kommen allerdings fast auf jeder Seite vor und wurden deswegen nicht aufgenommen.

B

Marketing und Werbung

Kreative Strategien für mehr Erfolg

Wilhelm Heyne Verlag
München

Erfolg im Verkauf

Damit sind Sie der Konkurrenz eine Nasenlänge voraus!

J. T. Auer
Die Kunst des Verkaufens
Der ideale Leitfaden für alle,
die eine Karriere im Verkauf
anstreben!
22/2001

Walter H. Braun
Top-Selling
Die Anatomie des Verkaufserfolgs -
über 100 praxiserprobte Tips
22/188

Ursula Gersbacher
Körpersprache im Beruf:
Außendienst und Verkauf
Automatische Zielansprache -
Unbewußte Signale erkennen -
Positive Impulse senden
22/277

Gabriele Hooffacker
Handbuch Verkaufsförderung
Personal Computer - Telemarketing
- Multimedia: so werden sie effizient
und gewinnbringend eingesetzt
22/306

Gabriele Hooffacker
Optimal werben - mehr
verkaufen mit dem PC
Werbe-Mailings, Fahrtrouten-
Planung, Kunden-Datenbank:
Ihr Computer hilft Ihnen!
22/331

Wolf Ruede-Wissmann
Superselling
Die vier Erfolgsstrategien für den
Verkäufer - Faire und unfaire
Methoden - Wie man das Vertrauen
der Kunden gewinnt
22/274

Wilhelm Heyne Verlag
München

Grundwissen Management

Das grundlegende Fachwissen für alle Unternehmensbereiche in kompakter und verständlicher Form

Raimung Berger/
Wolfgang Borkel
**Grundwissen Betriebs-
organisation**
*Mit zahlreichen Beispielen und
Checklisten für die Praxis*
22/207

Peter Hohenemser
Grundwissen Wirtschaft
*Marktwirtschaft - Wirtschafts-
politik - Weltwirtschaft -
Umwelt und Wachstum*
22/318

Günther Krüger
**Grundwissen praktische
Betriebswirtschaft**
*Abläufe und Strukturen im
Unternehmen*
22/227

Hans-Georg Lettau
Grundwissen Marketing
*Marktforschung und -planung,
Produkt und Preis, Verkauf und
Vertrieb, Werbung und PR*
22/218

Ernst Obermaier
Grundwissen Werbung
*Marktchancen erkennen -
Zielgruppen optimal ansprechen-
Budgets bestimmen - Erfolge
kontrollieren*
22/203

Hans-Hermann Stück
Grundwissen Kalkulation
*Für Einzelhandel, Handwerk und
Industriebetrieb. Mit vielen Bei-
spielen zum Selbststudium*
22/117

Hans-Hermann Stück
Grundwissen Steuern
*Alles Wissenswerte für das Gespräch
mit dem Steuerberater bzw.
Finanzamt*
22/305

Wilhelm Heyne Verlag
München

Griffbereites Wirtschaftswissen

Unentbehrliche Nachschlagewerke für jedes Büro

22/1003

Außerdem erschienen:

Uwe Schreiber
Handlexikon Wirtschaft
22/319

Jakob Wolf
Lexikon Betriebswirtschaft
22/344

Wilhelm Heyne Verlag
München